中华文明起源书系

张海 著

中原核心区
文明起源研究

上海古籍出版社

图书在版编目(CIP)数据

中原核心区文明起源研究 / 张海著. -- 上海：上海古籍出版社，2025.8. -- ISBN 978-7-5732-1689-2

Ⅰ. K872.61

中国国家版本馆 CIP 数据核字第 2025MC1397 号

策划编辑：贾利民
责任编辑：贾利民
技术编辑：耿莹祎
美术编辑：阮　娟

封面摄影：郭　浩

中原核心区文明起源研究

张　海　著

上海古籍出版社出版发行

（上海市闵行区号景路 159 弄 1-5 号 A 座 5F　邮政编码 201101）
(1) 网址：www.guji.com.cn
(2) E-mail: guji1@guji.com.cn
(3) 易文网网址：www.ewen.co

上海雅昌艺术印刷有限公司印刷

开本 710×1000　1/16　印张 32.25　插页 5　字数 595,000

2025 年 8 月第 1 版　2025 年 8 月第 1 次印刷

ISBN 978-7-5732-1689-2

K·3900　定价：158.00 元

如有质量问题，请与承印公司联系

中华文明起源与早期发展的
总体进程(代总序)

近 40 年来,包括"中华文明探源工程"在内的一系列重要考古工作,在揭示中华文明起源、形成、发展的历史脉络上取得了一系列重要研究成果。同时也要看到,要形成比较完整的中国古代文明理论,还需要付出长期艰苦的努力。

中华文明起源,不仅是我国学者潜心研究的重大课题,也是国际学术界持续关注的研究课题。习近平总书记指出:"经过几代学者接续努力,中华文明探源工程等重大工程的研究成果,实证了我国百万年的人类史、一万年的文化史、五千多年的文明史。"中华文明起源于尚无文字记载的古史传说时代,对其进行追溯探讨需要依靠考古学的研究和发现。自我国现代考古学诞生以来,重要考古发现层出不穷。20 世纪 80 年代,我国各地在新石器时代考古方面有了一系列重大发现。基于这些重大发现,学术界认为,探求中华文明的形成,应当着重研究二里头文化之前的新石器时代。在考古学家夏鼐先生和苏秉琦先生倡导下,中华文明起源与早期发展的研究任务被正式提了出来。近 40 年来,包括"中华文明探源工程"在内的一系列重要考古工作深入推进,对中华文明起源与早期发展的总体进程有了比较清楚的认识。

中心聚落开始出现,社会的复杂化全面展开

农业考古发现和研究表明,史前农业自 1 万多年前萌芽以来,经过漫长发展,至晚在距今 6 000 多年时有了长足进步。综合栽培作物的驯化,包括耕作、耘田、收割和谷物加工的全套农具,南方水田田亩整治和给排水构造,以及家畜饲养等多方面情况看,当时的农业已经形成一整套生产体系,成为长江、黄河以及西辽河地区人类最主要的经济活动。农业的发展提供了比较稳定的食物,为人口增殖、社群规模扩大和向复杂化发展奠定了基础。

从大约 5 700 年前开始,许多地方的村落群中出现了中心聚落。例如,陕西省华县泉护村、安徽省含山县凌家滩、江苏省张家港市东山村、湖南省澧县城头山等遗址,它们的面积达几十万甚至上百万平方米,远大于周围几万平方米的普通村落,其内部制陶、石器制造等手工业水平和分工程度也明显高于普通村落。此外,还可从墓葬大小和随葬品质量、数量相差悬殊等情况,看出社会成员财富、地位的明确分层,这表明社会的复杂化在聚落之间和中心聚落内部全面展开了。

中心聚落的出现是划时代的新事物,把那些差别不大的普通村落逐渐整合成一个更大的整体。作为一个整体,它和相邻部落建立起种种关系。于是,在聚落群内部和聚落群之间开始出现前所未有的政治联系。从学术研究上看,这种以一座大型聚落为中心、聚集多座普通村落的社会结构,与先秦文献记载的五帝时代的"邦""国"类似,兹称之为古国。从大约5 700年前以来,古国这种社会组织结构成为各地比较普遍的存在,史前中国从此进入了"天下万国"的古国时代。

良渚文化率先进入文明阶段,开启了史前文明浪潮

自距今5 000年前后,此前阶段发生在聚落群内部的整合行为,在一些地区扩大到聚落群之间乃至整个文化区域,并取得了相当的成功。一些地方率先步入文明阶段,典型代表是分布在江浙地区的良渚文化。

近年来的田野考古揭示了良渚文化的基本面貌:由高墙环绕的规模巨大的良渚古城和古城外围宏大的水利工程反映良渚人掌握了较高的科学技术,更意味着存在一个可以有效组织和运用庞大社会资源的强制性公共权力,并且有迹象表明这种强制性权力甚至可以褫夺他人性命。古城内部存在高规格宫殿建筑。良渚社会有着复杂的行业分工和级差明显的社会阶层,城市居民除了贵族之外,也有制作玉器、漆木器等的手工业者,其按照职能、行业等组成的居民结构迥然不同于依照血缘关系形成的农业村落。古城并无从事农业生产的迹象,城内发现了大规模粮食仓储,据此推算古城直接垄断了大约2 000平方公里范围内的农业剩余和其他资源,从而可知城乡之间存在着明确和紧密的辖制关系。可以说,良渚古城是整个良渚文化范围内最高等级的政治中心、宗教中心和手工制造业中心。

这些情况表明,良渚文化是个高度复杂化的社会,中华大地上波澜壮阔、此起彼伏的史前文明浪潮就此开启。大体而言,与良渚文化同时或稍晚,长江中游地区的屈家岭—石家河文化早期和西辽河流域的红山文化,其社会都呈现出向原始国家形态迅速发展的态势。

二里头文化诞生发展,中华文明进入王朝时代

距今约4 300至3 800年,在考古学上是新石器时代末期,也叫龙山时代。这一时期的突出变化首先表现在文明分布的大格局上。良渚文化、红山文化和石家河文化这些步入文明阶段的先行者先后衰落了,而黄河流域诸文化迅速提高了文明化速度,成都平原也初现文明曙光,其中尤以陕西省神木市石峁、陕西省延安市芦山峁、山西省襄汾县陶寺、四川省成都市新津区宝墩等几座规模巨大的古城令人瞩目。另一个突出变化是在社会文明化的内容上。一方面,从中原到陕北,考古发掘出的暴力和战争相关资料明显增多,社会处在剧烈动荡之中。另一方面,源自中亚的麦类作物及其栽培技术,黄牛、绵羊、山羊等家畜及青铜冶炼技术于这一时期传入中国,先到达西北地区,再传至中原,这些新的生产要素为社会复杂化进程注入了新的动力。例如,陕北的石峁文化迅速崛起的一个重要原因,很可能是引进了羊这种既不与人争食又能在黄土高原上不利于农耕的深沟大壑中饲养的家畜,从而提供了更多的优质食物资源。

这一时段的晚期,中原的龙山文化在剧烈动荡中完成了一系列重组整合,并在广泛吸收周围文明先进因素的基础上,在距今 3 800 年左右诞生了一个新的文化,即以河南省洛阳市偃师区二里头遗址命名的二里头文化。二里头文化分布在豫西晋南地区,与文献中夏人活动地域吻合,年代落在史传夏纪年范围内。就规模和复杂程度来看,二里头遗址无疑是二里头文化的都城。越来越多的考古发现还证实,二里头的一些具有自身特征的物品,如牙璋、玉刀、绿松石镶嵌青铜牌饰、陶封口盉等对外有广泛传播。这些物品并非普通生活用器,而是礼制用器。所以,它们的传播实为中原社会的政治礼仪、制度、思想的播散。二里头文化立足中原又辐射四方,不仅再一次改变了中华文明的进程和格局,还开启了以中原地区为主导、整合其他地方文明的政治和历史进程,中华文明遂进入王朝时代。

不断深化研究,努力形成比较完整的中国古代文明理论

研究发现,良渚、陶寺、石峁等具备原始国家形态的文化,主要有四个特征:一是农业、科学技术显著发展,出现了复杂的社会分工;二是阶级分化,表现为出现了贵族专有的宫殿区和墓地,同时高等级手工业制品的生产和分配为贵族所控制,社会等级制度已经形成;三是出现了作为政治、经济和文化中心的城市;四是社会存在着具有强制性的公共权力即王权,以及由其建立和掌控的区域性政体。这是基于中国历史考古资料总结出来的文明标准,也是对长期缺少中国历史内容的人类早期文明理论的重要补充。这几条标准没有强调国外主要是在西亚、埃及文明资料基础上总结出来的冶金术和文字这两项内容,表明中国史前文明既有人类历史发展普遍性的一面,也有自身特殊性的一面。

总体而言,经过近 40 年的探索,学术界在揭示中华文明起源与早期发展的总体进程、阶段性发展、各阶段的主要内容、最早的国家特征等问题上取得一系列重要研究成果。但也要看到,这些成果中,描述性内容多于理论的总结和升华,要形成比较完整的中国古代文明理论,还需要付出长期艰苦的努力。

与此同时,学术界也愈发意识到中华文明起源与早期发展问题的复杂性。中华文明起源与早期发展不仅是一个长达近 2 000 年的历史过程,还是一个分布在黄河、长江全域以及钱塘江、淮河、西辽河流域等广袤大地上的诸多地方文明构成的巨大丛体,体量为同时期世界古代文明之最,学术界早就形象地称之为史前文化的"多元一体"。同时,这个丛体内部的各地方社会也分别有自己的文明化演进方式和特点。基于此,上海古籍出版社策划出版了"中华文明起源书系",向学界展示这些地方文明演进过程、原因机制、方式道路的研究成果。这有利于进一步了解它们怎样在彼此的取长补短、交流互鉴、融会贯通中逐步扩大发展一体化趋势,凝聚形成中华文明的特色特点,最终形成中华文明延绵不绝和统一多民族国家的历史结果。

北京大学考古文博学院教授

李伯谦

2025 年 5 月

序　　一

张海的大作《中原核心区文明起源研究》的书稿已在出版社编辑了，他嘱我写个序。张海对中原地区的研究过程，除了他本人外，也许我是最清楚的了，所以写序这件事责无旁贷。

张海所在班级的本科实习是在河南邓州八里岗遗址进行的。从那时起，他的学术生活就与河南结下了不解之缘。他读研究生时，正值"夏商周断代工程"煞尾，"中华文明探源工程"启动的当口。密县（现在的新密市）新砦遗址一批有关龙山文化和二里头文化关系的新发现，引起了他对这个错综复杂的历史时段的浓厚兴趣。在李伯谦、刘绪先生的安排下，他参加了禹州瓦店和登封王城岗的田野考古发掘、资料整理以及考古报告的编写工作。在此基础上，张海完成了他的博士论文。这已经是十三年前的事了。李伯谦等几位老先生看过他的论文之后，认为甚好，建议出版。但他本人不满意，想精益求精。毕业之后，张海先是去了英国伦敦大学考古学院开拓学术视野，后回到北大任教。除了完成学院工作之外，他把几乎所有可以自己支配的时间都用在河南的田野考古上了。这期间，他和河南省文物考古研究所的研究者们合作，在郾城郝家台、淮阳平粮台连续做了多年工作。平粮台还是北大本科生两次实习的地点。借助学生实习发掘规模较大的有利条件，考古队把这座著名的龙山城址的兴起和发展过程、布局结构及其演变、古城的环境和农业经济内容、多元文化背景下居民人口的增殖和来源等问题摸得明明白白。这些都是见功力的地方。所以当该遗址考古成果被评选为2019年度全国十大考古新发现之一时，我评价说，平粮台的发掘不是以精彩遗迹遗物引人注意的，而是更像一盘"功夫棋"，是平粮台的考古工作者们凭借深厚功力所揭示出来的坚实厚重的史实打动了评委。有了这一系列亲力亲为的田野考古实践学术积累，这些年来河南境内不断涌现出来的考古新发现的资料基础，以及对当代学术的方法理论的深刻理解把握，张海反复打磨他的论文，终于研璞玉而成精品，将要面世了。

张海的著作是对中原地区早期社会复杂化进程的研究。中原地区在中国历史上有着极为特殊且重要的地位，它凭借居全天下之中的区位优势，汇聚各地史前文化及其背后社会进程中的精华，加以总结和提升，再推广开来，从而引领中国历史进入中央王朝的时代，将多元文化一体化进程推进和落实为社会、政治的一体化进程。这是一个极其复杂的历史过程。对此,学术界虽有不少探讨,但本书的解读是我目前见到的最为深刻和令人信服的。

本书分为五章。

第一章《绪论》在回顾和总结中原地区早期社会复杂化进程研究的学术史基础上指出,在截至目前的研究中存在三个被忽视的角度:1.过往的研究一般把中原看作一个整体,而不太留意各小区域的社会在文明进程中可能扮演了不同的角色和发挥了不同作用。而且在中原的环境下,各小区域之间的不平衡和由此带来的社会发展的复杂性异常突出,最终导致了中原地区文明化进程的众多特点。2.大而言之,从仰韶文化晚期至青铜时代早期,中原地区发生过两次全局性的大动荡,公元前2900年前后伴随大汶口文化西进与屈家岭文化北渐引起的中原内部格局变化和公元前1800年前后的尤以"新砦现象"的发生为标志性事件的中原内部的重组。其实,按本书后面章节的说法,还有更早的一次,即发生在公元前4000年前后的晋西南豫西地区的仰韶文化东庄类型和庙底沟类型迅速东扩,驱逐占据郑州一带的后岗一期文化。这几次全局性的动荡中,社会重组、对待多元文化的态度、新的政治策略的形成等,对塑造中原文明的进程产生了深远影响,是解读中国文明的关键。但在迄今为止的研究中,聚焦于动荡时期的研究还很不充分。以上1和2在研究尺度上是从局部到全局的关联递进的关系,于是自然而然引出研究的路径应当从"古国"的结构和内容开始。但因为学界目前相对忽视关于古国形态的研究,所以在如何将微观聚落形态的碎片化资料整合进古国这一宏观聚落形态的问题上,也很难说开展得多么充分了。

以上三点,千万不要看成只是张海对研究现状的针砭,而是这本著作的纲领。正是因为有了这些对研究现状之关键所在的认识,张海也就建立起他的研究路径,于是有了以下作为本书重点的三章。

因为中原各区地貌环境和对外联系的方向、程度各不相同,导致内中的文化变迁和社会复杂化过程也有差异。这些差异所在及其变化情况,是本书设定的研究重点。所以,中原地区文明化进程的研究要从环境的多样性开始。略去过程,只说结果。本书第二章把中原地区划分为八个小区域,作为进一步比较研究的基本单位。这八个小区虽然是根据地貌、水系等的不同划分的,但从人类活动受限于环境的角度看,自然地貌的区隔当然和人们的宏观社会结构的区划有关。只是我觉得若从聚落分群的角度着眼,或许还可以把上述小区域划分得更精细一些。

在当今考古学复原古代社会的研究中,尤其是对上古社会的复原研究中,已经越来越把物质文化面貌的阶段性、演变脉络以及区域间关系等文化现象看作社会状况在物质遗存面貌上的折射、反映,因而反过来把物质文化史的分析当作触摸社会的途径,是考古学认识社会历史的第一步。为此,第三章用了很大篇幅讨论中原地区的文化过程。但张海不再拘泥于对物质文化史研究中关于文化性质、类型划分等传统问题的强调,而是在对各小区域的年代充分讨论,确认了中原地区文化进程的年代框架之后,把注意力集中在揭示这个时间框架内各区之间,以及它们和外围的文化背景之动态关系的分析上,指出中原地区的文化发展并非顺直稳步的过程,而是经常处在动荡之中。如上所述,张海认为中原地区自仰韶文化以来,全局性的动荡有过三次。其实,发生在公元前2400年前后的庙底沟二期文化东进未尝不可看作单独的一次。每次波动的时间间隔越来越短,而动荡持续的时间越来越长。如龙山时代的中原,多元文化背景下的各地区之间此消彼长的争斗折冲似乎就没有消停过,直到"新砦现象"出现,与二里头文化发生冲突,并以后者(二里头文化二期)最后站稳脚跟才算告一段落。

这里说到了"新砦现象",不免再多议论两句。1979新砦遗址发掘中首次发现了一批与二里头文化关系密切,却同时带有浓重东方色彩而与二里头文化面貌显得大不相同的遗存。此后新砦的再度发掘和巩义花地嘴遗址的发掘等,进一步丰富了新砦类遗存的内涵。其与二里头文化的关系,也立即成为学术界的一个重要话题,先后被纳入"夏商周断代工程"和"中华文明探源工程"的研究课题设置中。这些年来,学术界围绕新砦类遗存与龙山文化和二里头文化关系的问题形成了多种观点,争论不休。但无论持何种观点,诸家的出发点都是墨守长期以来考古学文化研究中形成的"文化""类型""期别"等"稳定"的概念,为新砦类遗存定义。至于将其看作是二里头文化的一部分,还是两个分立的文化,就是研究者主观性极强的"一眼看高、一眼看低"式的结论了。张海在做博士论文期时就对新砦遗址的文化分期有过深入探讨,又就新砦和二里头的碳14系列测年数据分别做过拟合分析和对比研究。过程中,他和我多次就新砦类遗存的问题做过讨论,并以他为主,形成了不同于上述诸家的看法。简单地说,张海把新砦类遗存分早晚两期,二里头一期也分早晚两期,大致上,新砦类遗存晚期在年代上对应二里头一期的早期。乍看起来,这和诸家主张的没有什么不同,区别无非是看待新砦类遗存的年代上早一点、晚一点;文化性质上划归单独,还是合并入某个文化。但张海进一步分析到,从新砦类遗存的构成看,本地龙山文化依然是进入所谓新砦期后的文化基础、底盘,但突然涌入了相当数量的东方文化因素,叠加在这个底盘之上。这种情况既突然又短促,并且基本局限在嵩山以东的郑州地区,而非整个中原的普遍现象。尤其是构成新砦类遗存最主要特征的多为高等级陶器,集中出现在新砦、花地嘴这种高等级遗址,而在郑州地区同时期的普通遗址很少见到,且在这些普通聚落中,东方因素的整体数量占比也远不及新砦遗址。发生在郑州地区龙山文化晚期中的这一短暂而又范围有限的文化现象,不能简单用文化、类型等传统概念定义之,因此张海提出"新砦现象"的命名。我以为,"新砦现象"的叫法非常贴切地描述了文化面貌上发生的局部且短暂的"事件",另一方面也为对剧烈动荡时期的考古学文化研究补充了一个十分有效的概念工具。

将新砦类遗存作为一个重要切入角度,张海进一步讨论了二里头文化的产生。他认为,在中原龙山文化的基盘上,"新砦现象"首先发生在郑州及其以东地区,进而对以洛阳盆地为中心的嵩山以西地区产生影响。但同样处在文化变革之中的西部,虽然接受了来自东方的影响,同时还更多地吸收融合了来自北方、西方和南方的文化因素,糅合出与郑州地区面貌不同的二里头文化。二里头文化自形成之后,曾在短时间内与东侧的新砦类遗存(晚段)并立,但很快从一期晚段起,开始了对郑州及其他地区的大范围整合,最终成就了一番"中央"气象。

最后,张海总结到,中原地区自仰韶文化以来三次文化格局的全局性变革均发生在中全新世三次气温显著波动事件稍后,两者有明确的关联。文化格局的变化如公元前4000年前后仰韶文化东庄类型和庙底沟类型东进,又如公元前2900年前后大汶口文化和屈家岭文化开始大规模进入中原。这些文化现象的背后是较大规模的人群流动和向某些地点集中,为重组的社会注入了新的动力。也是因为这种人群流动和集中并非均匀,从而造成了中原各区域之间不平衡乃至异常复杂动荡的现象。我认为,这个推论是相当合理的。

文化的过程大略如此,但这个过程中对社会文明进程的探索则需要社会内容的支持。这是本书第四章的任务。

第四章对社会状况的分析分宏观和微观两个层次。宏观层次是以小区域为单位的聚落群形态。再从三个方面具体分析:1. 聚落数量与面积反映的人口规模的变化;2. 聚落等级反映的社会结构的变化;3. 聚落分布空间变化反映的社会发展重心的转移。微观层次是对一座聚落,尤其是那些大型的中心聚落的内部社会状况的把握,包括两个方面的考察:1. 聚落内部的社会结构和社会组织;2. 聚落内部各级社会单元的规模、性质,进而推测其社会关系的构成。无论微观还是宏观的分析结果,都将置于过程和区域之间的比较中来考察,最终形成对中原社会复杂化进程的认识。

张海关于宏观和微观两个层次的聚落形态研究之思路、方法,都是没有问题的。但在宏观层次研究的技术处理上,我有点微词。即张海虽然注意到在一个小区域内或许存在不止一个的聚落群,如龙山时代的颍河流域中上游各有一个聚落群;洛阳盆地内龙山聚落分伊洛河南、北两个聚落群,但也许存在进一步划分的可能。郑州地区细分为洛汭地区、索须河流域和双洎河流域三个小区,但从仰韶晚期的遗址分布上看,也似乎不止三个群落。我的看法是,聚落分群,原本是早期农业居民择地而居时因环境限制而形成的现象,反映的是人与环境高度契合的自然状态。但大约在仰韶文化中期,这些自然群落中出现了中心聚落,随之出现了以中心聚落为主导的整合聚落群为一个实体社会的政治动向,并最终把自然群落整合成为参与整个中原社会政治的基本单元。我在最近的一篇文章中主张,这就是先秦文献中追忆上古时所谓的"天下万国"的国,或曰"古国"。而在考古材料上一旦看到由一座中心聚落统领的聚落群结构,那么,就可以认为它具有了"古国"的基本形态。由于古国无论是在古史传说中还是在考古资料显示的宏观社会结构中,都是参与更广泛和更高层社会政治的基本单位。有关它们的形成和兴衰演变的研究,就应当看作是理解史前社会的文明化进程的关键,也是研究上把文明进程落实在一个个具体的社会实体单位上的方法。本书相关章节虽然论及这些聚落群,如对以瓦店遗址为中心的颍河上游和以王城岗遗址为中心的颍河中游地区都有比较详细的论述。但在总体上,张海还是把注意力集中在了按照地理环境特点划分出的小区域上,重点讨论这些小区域与整个中原地区社会政治的关系。当然,要想全面透彻论述各区域内每一座聚落群的结构和兴衰过程,就当前的考古材料而言是强人所难的,本书的做法也是不得已而为之的技术处理。同时在某种意义上看,在有些时候,一个小区域内的聚落可以再分群落,另一些时候,它们也的确被整合成了一个整体。尽管如此,我还是觉得,这种区域内不同聚落群分散、聚合的过程,正是值得深入讨论的地方。

以上所说只是一点小遗憾,但瑕不掩瑜。本书的贡献是第一次从区域间互动的角度系统揭示出中原地区动荡的文化现象背后错综复杂和跌宕起伏的社会复杂化进程的具体内容。按照张海的描述,中原地区自仰韶文化以来三次全局性的文化波动中,每次文化动荡的背后都发生了社会重心的转移,以及人口和多元文化(社会)因素向新重心地区尤其是其中的中心聚落的流动,从而导致当地社会政治结构重组,旧的古国消亡,又诞生了一批新的古国。在古国形成的过程中,我们也可以透过聚落尤其是中心聚落内部的种种迹象看出社会愈发分层化和复杂化的变化:向心式聚落形态渐渐让位于按居民等级身份和经济、社会功能区划开的聚落格局;取代了公共墓地的"大分散、小集中""居葬合一"的埋葬形式所反映出的维系社会成员关系的血缘纽带的松弛;手工业部门及其从业者向大型中心聚落集中及其所带来的中心聚落越发城市化的发展方向等等。我还特别注意到,按照张海的描述和总结,中原地区的文明化进程不是线性的,其社会的复杂化内容是在多次社会重心转移、重组中,亦即新旧古国的交替中,接力式地积累、发展起来的。而从其宏观聚落结构所见社会向早期国家的演进,在古国这个层次上,各地多次上演过从形成发展到衰亡又再次发生的"轮回"或"涅槃"的历史剧。这对于中原地区文明进程的理解和进一步研究,是一个非常重要的启示!也正是在这个意义上,我们可以把二里头文化的产生看作是中原地区文明化进程历史大剧中最新的一出。

但是,二里头文化的历史意义不仅在于它更多、更广泛地吸收了多元文化背景中的先进因素,接受了新的农作物和家畜品种来提高经济,发展青铜冶铸技术并主要服务于社会的政治生活,乃至发展出一套城市规划制度、宫室制度和礼乐制度等等,而是在于它成功地发展了此前古国的政治方向。这一政治方向在双槐树之于郑州地区的仰韶社会,在瓦店之于颍河流域中上游地区和新砦之于郑州地区的龙山社会中已经多次显露出端倪,即在成功整合了聚落群内部,使之结成古国这种政治实体之后,进而朝向古国之间的整合的努力。而真正做到把整个中原社会整合起来的,二里头文化是第一次。也正是这个第一次,开启了中国历史上的"王朝时代"。这是阅读张海著作后的一大心得。

最后,张海在第五章中总结归纳了中原地区文明化的历史过程及其特点,对参与这个过程和塑造了中原文明诸如开放的、务实的等各种特征的各类因素进行了评估,进而就中原地区文明和早期国家起源的特殊模式及其对中华文明发展的长远影响提出了自己的看法。他指出:"中原核心区无论是社会的变革还是技术的进步,多元文化的融合都起到了关键的作用,文化的多元一体化过程是促成中原地区文明和早期国家起源的最核心要素,同时也是中原地区文明化进程的独特模式。"对此,我是非常赞同的。

最后提醒各位读者一句:这是一本打印稿400多页的著作,叙事宏大,图文并茂,交织着作者从各种角度展开的细密思想,丝丝入扣,也展示了作者运用的许多新的分析技术和研究方法,以及借鉴的很多相关理论,当然还有庞大的资料。阅读本书,你将会不由自主地被作者的逻辑牵引,层层剥茧般窥探到远古历史画卷中的细微精妙之处,又会情不自禁为文明进程的宏大和跌宕起伏所折服,而收获连连,心满意足。但实话说,要把它阅读下来,却也绝非一件轻松的事情。读者对此最好有一点心理准备。

2020 年 10 月 23 日

序　二

有幸在第一时间读到张海这本厚厚的专著,作为一名长期从事中原腹心地区考古工作的"老兵",我的内心充溢着欣喜和慰藉。在偃师商城与二里头遗址先后工作了二十余年,我对这片土地是怀有感情的。几乎毕生思考、探研的就是中原核心区的社会复杂化问题,因而对这一领域的研究状况,包括相关考古学年代框架和文化谱系构建上的迟滞不足,研究碎片化导致的对长时段历史文化发展进程把握的欠缺,以及研究取向上的种种问题所在,都是无法释怀的,同时也深刻地理解深化相关研究、廓清诸问题之难度。因而,当张海告知书稿杀青,坦诚邀约时,我慨然应允,愿意不揣浅陋,忝为小序。

2007年,应赵辉老师邀请,去北大参加他的两位博士研究生的学位论文答辩,其中之一就是张海。他博士学位论文的题目是《公元前4000至前1500年中原腹地的文化演进与社会复杂化》,当时的评审意见在十三年后已可解密,这里不妨抄录片段,读者从中可以感知我对张海这篇博士学位论文的偏爱:

> 中原腹地是中国文明和早期国家起源与形成的核心地区。既往相关研究成果甚众,形成研究热点,属于学科前沿课题。但已有综合研究往往失之粗略和肤浅,缺乏精密的论证过程;专题研究又局限于对不同侧面问题的分析。近年的一系列考古工作,获取了关于这一课题研究的新的材料,提供了深入探讨的可能,但学界尚未就此开展系统的梳理分析工作,对相关问题的认识还有待明确和深化。
>
> 在这样的学术背景下,该文整合了既有的多学科研究的收获,尤其是近年的最新发现与研究成果,首次以中原腹地各相对独立的小流域为单元进行了区域对比研究,进而在宏观的时空框架内,从文化谱系、环境变化、聚落形态和经济技术等几个方面,就该区域文化变迁和社会复杂化过程做了长时段多角度的综合研究。可以认为,该文是迄今为止关于这一课题最系统、最深入的研究。
>
> 集多学科成果于一体的大视野的动态考察,是该文最大的创新之处。作者用了极大的篇幅,对中原腹地各小区考古学文化谱系进行了细致梳理,进而逐级比较整合,并结合最新的精确碳14测年数据,构建起了讨论中原腹地文化演进和

社会复杂化进程的基本的时空框架。以小区域为单元的历史主义分析是该文的一大特色。详备的考古学基础研究，为该文的整体研究奠定了坚实的基础，可谓该文的亮点之一。从聚落形态研究的角度入手探索区域间的差异及其相互间的交流与互动，构成该文的核心视角，极具创新性。其中对洛阳盆地等区域聚落形态的细致分析颇见功力，在方法论上具有开拓和启发意义。

正因如此，此后我曾多次鼓励催促张海尽早成书，以飨学界。但他总是报以歉意的微笑，认为还是不太成熟、尚需打磨。当他从英国进修回来时我又旧话重提，他再往后放放的理由中，又增加了视野开阔后对既往研究中概念先行倾向的自警。我深以为是，颇能理解他的坚持，同时又由衷地希望他的系统研究能为更多的人所了解。转型期的中国考古学，太需要这样的研究了。

由于本书是张海在他学位论文的基础上修订而成的，因此对他这书的总体评价，可以上述引文为准，兹不赘述。需要说明的是，读毕新书稿，再看当年我的评审意见中提出的"该文是迄今为止关于这一课题最系统、最深入的研究"，张海在诸多问题上的细致分析"在方法论上具有开拓和启发意义"等论断，十三年之后仍未过时，可以原封不动地拿来评价这本新著。我当时提到的他博士学位论文的一大亮点是"详备的考古学基础研究"，这一亮点在本书中依然保有，新书又收纳了此后的最新发现与研究成果，更新到现在，这都极大地加重了本书的分量。而这些扎实的基础作业，没有深厚的田野考古功夫是根本不可能完成的。

这十几年，除了短暂域外研修的开阔视野、了解考古学理论与实践的最新动向，张海把主要精力都花在了去河南"泡"典型遗址、跑调查和多学科交叉研究上，新的统计分析工具的把握运用，更是让人耳目一新。我们喜见他相关的论文和执笔考古报告的成果不断问世。在总体研究理念及对长时段观察的偏爱上，我和张海是惺惺相惜的；而在方法手段上，则"前浪""后浪"之别可以显见。分析工具、统计手段的更新，大数据的把握，使张海他们从材料中能够提取的历史信息更为丰富。这也提示我们中国考古学的学术史正掀开新的一页。

张海在本书中，把从文化与社会层面开展的对中原核心区早期国家和文明起源的考古学研究之历程分为四个阶段。其中第三阶段，即从20世纪90年代中期到2010年，是聚落形态和文化谱系研究的大发展阶段。他这代人进入考古学之门，接受系统的专业训练，感受中国考古学转型的风潮，都是在这一阶段。而张海跟随赵辉老师开始进入这一领域进行探索，已到了这一阶段的成熟期。从这个意义上讲，张海生逢其时。他划分的研究史第四阶段，是2010年以来，这个最新阶段的特质，被他归纳为

"聚落形态与文化谱系的研究更加精细化",这也正是他把一篇优秀的学位论文一放就是十几年,而倾注心力所做的事。正是这样的学科发展的机遇和张海多年来的不懈探求,使得这本书成为转型期中国考古学的典范之作。

我在前述张海博士学位论文的评审意见中,即指出"以小区域为单元的历史主义分析是该文的一大特色"。这种以小流域为基本研究单元的研究方法,首先在不同小流域分别进行"区域式"的研究,然后在更大范围内讨论不同区域间的差异,并进行逐级地整合。这种超越文化史研究范畴的"考古学文化"概念,对精细化的小区域本位、聚落本位乃至遗迹本位的不同层级的研究,都体现在了张海的书中。我在想,是否可以简单粗暴地把张海的这种努力形容为"解构中原"?从这位年轻学者关于区域文化与社会的精细化研究中,我们可以窥见中国考古学向全方位的、细密的社会考古研究转向的一个面相。

捧读此书,我常常为新的"发现"——作者新的深入解读而感动。按说,张海所述,大部分是我这个从事中原考古的"老兵"所熟悉的。但即便是洛阳盆地的部分,虽然自己是该区域系统调查和二里头遗址发掘的主持者,但却几乎是一直带着一种"新鲜感"来阅读张海的解读的。我为未能达到这样的解读深度而惭愧,同时又为自己的团队尽可能系统客观地记录有裨于他的研究而稍感欣慰。张海的新著也有类似的"述而不作"的气质,以材料及其分析取胜,不做过多的推衍,因而读者会觉得很好用。

譬如著名的登封王城岗城址。多年来围绕该城址是否属夏代初期"禹都阳城"的论争,聚讼纷纭、莫衷一是。张海则他在书中平实地告诉我们,"颍河中上游地区的社会发展重心表现为从仰韶文化时期的上游登封盆地转移到龙山文化时期的中游禹州平原,再到二里头文化时期重新收缩回登封盆地的过程"。也即,社会发展重心在王城岗城址所在的龙山文化时期反而移出了登封盆地,而禹州平原的瓦店聚落才"是龙山文化时期颍河中上游甚至整个嵩山东南地区的政治、经济、文化和贸易中心。发现有城址的王城岗聚落属于中等规模的次级中心……相比而言,瓦店聚落无论从规模还是控制影响力上都高于王城岗聚落"。他曾主持对王城岗城垣修建土方量的模拟实验,其最初发表于王城岗遗址考古报告中的复原估算结论是:"按照一个村落能够常年提供 50-100 个青壮年劳力,要一年完成这个工程,需要征集 10-20 个聚落的劳力。这与我们目前调查发现的登封盆地龙山文化晚期聚落的数量大体符合。"在本书中,他又进一步推论到,"据此我们可以初步判断,王城岗聚落很可能已经成为龙山文化晚期颍河中上游地区登封盆地聚落群的中心,并具有整个聚落群的控制力"。在如此平实理性的分析面前,关于王城岗遗址的性质,其究竟属于多大范围的聚落群的中心乃至政治实体的中心,还用再说什么吗?

要之,张海此书集宏阔与细腻于一身,资料翔实又述而不作,会成为学者继续探究相关问题的一个宝库。即便是新论,张海的论断也往往是令人信服而又留有余地的。如此娴熟的材料梳理和深入理性的分析,当然会生发出更多深刻的洞见,甚至颠覆性的认识。张海给出了一部分,更多地留给了读者做深入的"发掘"。

　　我就"发掘"到了一例,是关于中原中心的形成过程与重要节点问题,张海在书中有丰富翔实的论述,但进一步阐释解读的余地仍然很大。他指出,"与龙山文化的多中心区域复杂社会相比,二里头文化时期形成了以二里头都邑为单一中心的更庞大的复杂政体结构,其控制范围涵盖了整个中原核心区,并在二里头都邑与新兴的不同区域中心之间形成了人口、核心技术和重要资源掌控的社会—政治关系网络"。"二里头早期国家的管理模式以及资源控制已经超出了龙山社会本地化的局限……重新定义了'中心'与'边缘'、'华夏'和'蛮夷'的概念,将地理的中原转变为政治、经济和文化上的中原,开启了真正意义上以中原为中心的历史发展趋势"。在我看来,这支持了真正意义上的中原中心只是到了二里头时代才最终形成的观点。

　　仁者见仁。给读者留下充分的思考余地甚至想象空间的书才是好书,至少我是这么看的。张海此书,就是这样一本好书。

许宏
2020 年 7 月

目　　录

中华文明起源与早期发展的总体进程（代总序） ………………… 赵　辉　1
序一 ………………………………………………………………… 赵　辉　1
序二 ………………………………………………………………… 许　宏　1

第一章　绪论 ……………………………………………………………… 1
　　一、研究范围 ………………………………………………………… 1
　　二、研究简史 ………………………………………………………… 2
　　三、已有的研究成果与存在的问题 ………………………………… 7
　　　　（一）已有的研究成果 …………………………………………… 7
　　　　（二）存在的问题 ………………………………………………… 12
　　四、研究方法 ………………………………………………………… 13
　　　　（一）现有的研究方法 …………………………………………… 13
　　　　（二）本项研究的方法和目标 …………………………………… 15

第二章　地理地貌和区域划分 ………………………………………… 16
　　一、中原核心区的地理地貌 ………………………………………… 16
　　二、小区域的划分和地理概况 ……………………………………… 19
　　　　（一）黄河流域 …………………………………………………… 19
　　　　（二）黄淮流域 …………………………………………………… 27

第三章　考古学文化谱系与编年 ……………………………………… 33
　第一节　仰韶文化时期中原各地的考古学文化谱系 ………………… 33
　　一、中原各地仰韶文化的分期 ……………………………………… 33
　　　　（一）黄河流域 …………………………………………………… 33
　　　　（二）黄淮流域 …………………………………………………… 50
　　二、中原各地仰韶文化的总时空框架 ……………………………… 60
　　　　（一）仰韶文化前期 ……………………………………………… 60

　　　　（二）仰韶文化早期 ………………………………………………………… 61
　　　　（三）仰韶文化中期 ………………………………………………………… 62
　　　　（四）仰韶文化晚期 ………………………………………………………… 63
　　三、中原各地仰韶文化的区域性差异 ……………………………………………… 67
　　　　（一）仰韶文化前期 ………………………………………………………… 68
　　　　（二）仰韶文化早期 ………………………………………………………… 68
　　　　（三）仰韶文化中期 ………………………………………………………… 70
　　　　（四）仰韶文化晚期 ………………………………………………………… 72
　　四、小结 …………………………………………………………………………… 75
　第二节　龙山时代中原各地的考古学文化谱系 ……………………………………… 76
　　一、中原各地龙山文化的分期 …………………………………………………… 76
　　　　（一）黄河流域 ……………………………………………………………… 76
　　　　（二）黄淮流域 ……………………………………………………………… 99
　　二、中原各地龙山文化的总体时空框架 ………………………………………… 119
　　三、中原各地龙山文化的年代 …………………………………………………… 122
　　　　（一）中原各地龙山文化早期遗存的年代 ………………………………… 122
　　　　（二）中原各地龙山文化的年代下限 ……………………………………… 127
　　四、中原各地龙山文化的区域性差异 …………………………………………… 130
　　　　（一）龙山文化早期 ………………………………………………………… 130
　　　　（二）龙山文化晚期 ………………………………………………………… 131
　　五、小结 …………………………………………………………………………… 139
　第三节　二里头文化早期中原各地的考古学文化谱系 ……………………………… 140
　　一、二里头文化早期遗存与典型遗址"新砦类遗存"的分期 …………………… 141
　　　　（一）二里头遗址二里头文化早期遗存的分期 …………………………… 141
　　　　（二）典型遗址"新砦类遗存"的分期 ……………………………………… 151
　　二、中原核心区"新砦类遗存"与二里头文化早期遗存的分期 ………………… 159
　　　　（一）洛阳盆地 ……………………………………………………………… 159
　　　　（二）洛河中游地区 ………………………………………………………… 165
　　　　（三）伊河流域 ……………………………………………………………… 167
　　　　（四）涧河流域 ……………………………………………………………… 171
　　　　（五）济源盆地 ……………………………………………………………… 173
　　　　（六）郑州地区 ……………………………………………………………… 175

　　　　（七）颍河中上游地区 …… 180
　　　　（八）沙汝河流域 …… 184
　　三、中原各地"新砦类遗存"与二里头文化早期遗存的综合分期与编年
　　　　 …… 191
　　　　（一）相对年代的讨论 …… 193
　　　　（二）绝对年代的讨论 …… 197
　　四、中原核心区二里头文化形成与初步发展阶段的考古学文化谱系与
　　　　区域文化互动 …… 204
　　　　（一）"新砦类遗存"早段 …… 204
　　　　（二）"新砦类遗存"晚段与二里头文化一期早段 …… 205
　　　　（三）中原地区龙山向二里头文化转变的考古学文化谱系重构 …… 209
　第四节　区域间的互动与融合：中原核心区文明形成过程中的考古学文化
　　　　谱系特征 …… 213

第四章　聚落形态 …… 217
　第一节　研究方法 …… 217
　　一、层次划分 …… 217
　　二、研究内容 …… 218
　　三、聚落形态"共时性"的确立 …… 220
　第二节　区域聚落形态 …… 221
　　一、洛阳盆地 …… 222
　　二、郑州地区 …… 237
　　三、颍河中上游地区 …… 255
　　四、洛河中游地区 …… 276
　　五、伊河流域 …… 284
　　六、沙颍河冲积平原 …… 293
　　七、小结：宏观聚落形态反映的中原核心区早期社会复杂化进程 …… 301
　　　　（一）人口规模的变化 …… 301
　　　　（二）区域社会复杂化的进程 …… 305
　　　　（三）社会发展重心的移动 …… 309
　第三节　单个聚落形态 …… 311
　　一、单个聚落布局的考察 …… 311

（一）仰韶文化早中期 ……………………………………………………… 311
　　（二）仰韶文化晚期至龙山文化早期 …………………………………… 314
　　（三）龙山文化晚期 ………………………………………………………… 324
　　（四）二里头文化时期 ……………………………………………………… 341
二、聚落内部遗迹现象的考察 ……………………………………………………… 353
　　（一）仰韶文化早中期 ……………………………………………………… 353
　　（二）仰韶文化晚期到龙山文化早期 …………………………………… 362
　　（三）龙山文化晚期 ………………………………………………………… 381
　　（四）二里头文化时期 ……………………………………………………… 403
三、小结：单个聚落形态演变所见中原核心区早期社会复杂化的趋势
　　………………………………………………………………………………………… 437

第五章　结语 …………………………………………………………………………… 443
一、中原核心区的文化演进和社会复杂化过程的宏观架构 ……………… 444
二、中原核心区文化演进与社会复杂化过程的特点 ……………………… 450
三、促成中原核心区文明和早期国家产生的各类因素的评估 …………… 452
四、中原地区文明和早期国家起源的特殊模式及其对中华文明发展的
　　长远影响 …………………………………………………………………………… 455

参考文献 ………………………………………………………………………………… 456

后记 ……………………………………………………………………………………… 483

插 图 目 录

图 1-1　中原核心区重要史前城址与聚落 ············· 9
图 2-1　中原核心区的地理地貌 ················· 16
图 2-2　洛阳盆地地理地貌 ··················· 19
图 2-3　伊洛河流域地理地貌 ·················· 21
图 2-4　洛河中游地区地理地貌 ················· 22
图 2-5　伊河流域地理地貌 ··················· 24
图 2-6　涧河流域地理地貌 ··················· 25
图 2-7　济源盆地地理地貌 ··················· 26
图 2-8　郑州地区地理地貌 ··················· 27
图 2-9　颍河中上游地区地理地貌 ················ 29
图 2-10　沙汝河流域地理地貌 ················· 31
图 3-1-1　洛阳盆地仰韶文化典型陶器分期图 ·········· 35
图 3-1-2　涧河流域仰韶文化典型陶器分期 ··········· 40
图 3-1-3　洛河中游地区仰韶文化典型陶器分期图 ········ 44
图 3-1-4　伊河流域仰韶文化典型陶器分期图 ·········· 46
图 3-1-5　济源盆地仰韶文化典型陶器分期图 ·········· 49
图 3-1-6　郑州地区仰韶文化典型陶器分期图 ·········· 52
图 3-1-7　颍河中上游地区仰韶文化典型陶器分期图 ······· 57
图 3-1-8　沙汝河流域仰韶文化典型陶器分期图 ········· 59
图 3-1-9a　中原地区关键遗址仰韶早期碳 14 年代 ········ 65
图 3-1-9b　中原地区关键遗址仰韶晚期碳 14 年代 ········ 66
图 3-1-10　中原核心区的仰韶文化前期遗存 ··········· 68
图 3-1-11　小口尖底瓶口部形态的演化 ············· 69
图 3-1-12a　仰韶文化前期 ···················· 70
图 3-1-12b　仰韶文化早中期 ··················· 71
图 3-1-12c　仰韶文化晚期早中段 ················· 71
图 3-1-12d　仰韶文化晚期晚段 ·················· 72

图 3-2-1a　洛阳盆地龙山文化典型陶器分期图(一) ………………………… 77
图 3-2-1b　洛阳盆地龙山文化典型陶器分期图(二) ………………………… 79
图 3-2-2a　洛河中游地区龙山文化典型陶器分期图(一) …………………… 83
图 3-2-2b　洛河中游地区龙山文化典型陶器分期图(二) …………………… 84
图 3-2-3　伊河流域龙山文化典型陶器分期图 ………………………………… 88
图 3-2-4　济源盆地龙山文化典型陶器分期图 ………………………………… 93
图 3-2-5　涧河流域龙山文化典型陶器分期图 ………………………………… 98
图 3-2-6　郑州地区龙山文化典型陶器分期图 ………………………………… 101
图 3-2-7a　颍河中上游地区龙山文化典型陶器分期图(一) ………………… 107
图 3-2-7b　颍河中上游地区龙山文化典型陶器分期图(二) ………………… 108
图 3-2-8　沙汝河流域龙山文化典型陶器分期图 ……………………………… 115
图 3-2-9　山西垣曲古城东关遗址典型庙底沟二期文化的分期图 …………… 123
图 3-2-10　中原核心区各地典型龙山文化早期遗存中的庙底沟二期文化因素
　　　　　………………………………………………………………………… 124
图 3-2-11　垣曲古城东关遗址庙底沟二期文化碳 14 年代 …………………… 125
图 3-2-12　洛宁西王村遗址龙山文化碳 14 年代 ……………………………… 126
图 3-2-13　新砦遗址龙山文化晚期遗存碳 14 年代 …………………………… 128
图 3-2-14　瓦店遗址龙山文化晚期遗存碳 14 年代 …………………………… 128
图 3-2-15　郝家台遗址龙山文化晚期遗存碳 14 年代 ………………………… 129
图 3-2-16　禹州前后屯遗址龙山文化早期陶器的两种文化因素共存现象 …… 132
图 3-2-17　中原各地龙山文化典型遗址的陶器器类组合百分比 ……………… 133
图 3-2-18　中原各地典型龙山文化遗址的炊器组合百分比 …………………… 134
图 3-2-19　中原各地龙山文化陶器遗存中的"周边文化"因素 ……………… 136
图 3-2-20　中原各区龙山文化晚期陶器遗存文化谱系的聚类树 ……………… 139
图 3-3-1　二里头遗址Ⅱ·ⅤT104 典型地层关系陶器组合 …………………… 142
图 3-3-2　二里头遗址Ⅱ·ⅤT116 典型地层关系陶器组合 …………………… 143
图 3-3-3a　二里头遗址一、二期遗存分期表(一) …………………………… 145
图 3-3-3b　二里头遗址一、二期遗存分期表(二) …………………………… 146
图 3-3-4　新砦遗址 2000T4 典型地层关系之一陶器组合 …………………… 152
图 3-3-5　新砦遗址 2000T4 典型地层关系之二陶器组合 …………………… 153
图 3-3-6　新砦遗址 2000T5 典型地层关系陶器组合 ………………………… 153
图 3-3-7　新砦遗址 1979 年发掘典型地层关系陶器组合 …………………… 154

图3-3-8	新砦与花地嘴遗址"新类遗存"的分期表	156
图3-3-9	东干沟遗址二里头文化早期遗存的分期	160
图3-3-10	煤李遗址龙山文化晚期晚段与二里头文化一期典型单位	161
图3-3-11	西吕庙遗址"新砦类遗存"	162
图3-3-12	稍柴遗址二里头文化早期遗存的分期	163
图3-3-13	灰嘴遗址的二里头一期遗存	164
图3-3-14	洛河中游地区二里头文化早期遗存	166
图3-3-15	南寨遗址二里头文化早期遗存	167
图3-3-16	白元遗址二里头文化早期遗存	168
图3-3-17	南洼遗址二里头文化遗存	170
图3-3-18	瑶湾遗址二里头文化早期遗存	170
图3-3-19	郑窑遗址二里头文化早期遗存	172
图3-3-20	济源盆地二里头文化早期遗存	174
图3-3-21	郑州地区含"新砦类因素"的龙山文化晚期遗存与二里头一期遗存	176
图3-3-22	王城岗遗址含"新砦类因素"的龙山文化晚期遗存与二里头早期遗存	180
图3-3-23	西范店遗址04DXFDP2H3含"新砦类因素"的龙山文化晚期遗存	181
图3-3-24	瓦店遗址含"新砦类因素"的龙山文化晚期遗存	182
图3-3-25	冀寨遗址含"新砦类因素"的龙山文化晚期遗存与二里头一期遗存	182
图3-3-26	崔庄、董庄遗址二里头遗存	183
图3-3-27	煤山遗址含"新砦类因素"的龙山文化晚期遗存与二里头早期遗存	185
图3-3-28	李楼遗址含"新砦类因素"的龙山文化晚期遗存	186
图3-3-29	郝家台遗址含"新砦类因素"的龙山文化晚期遗存与二里头早期遗存	187
图3-3-30	蒲城店遗址含"新砦类因素"的龙山文化晚期遗存与二里头早期遗存	189
图3-3-31	西平上坡遗址二里头文化早期遗存	190
图3-3-32	"新砦类遗存"晚段与二里头一期早段陶器比较	195

图 3-3-33	新砦遗址"新砦类遗存"碳 14 年代	199
图 3-3-34	二里头遗址二里头文化一、二期碳 14 年代	200
图 3-3-35	郝家台、西范店遗址"新砦类遗存"碳 14 年代	201
图 3-3-36	南寨遗址二里头墓葬碳 14 年代	202
图 3-3-37	中原各地"新砦类遗存"与二里头文化早期碳 14 年代分布范围示意图	203
图 3-3-38	新砦遗址"新砦类遗存"晚段与洛阳盆地二里头一期陶器各类文化因素对比	207
图 3-3-39	中原地区龙山向二里头文化转变的区域格局（聚类图）	210
图 3-3-40	中原地区龙山向二里头文化转变的区域格局	211
图 3-4-1	中国全新世气温变化集成曲线	215
图 4-1-1	聚落形态研究层次划分示意图	218
图 4-1-2	区域聚落形态研究中聚落"共时性"的层次划分方案示意图	221
图 4-2-1a	洛阳盆地地貌河流地貌	225
图 4-2-1b	洛阳盆地仰韶文化时期河流与聚落	225
图 4-2-1c	洛阳盆地龙山文化时期河流与聚落	226
图 4-2-1d	洛阳盆地二里头文化时期河流与聚落	226
图 4-2-2a	洛阳盆地各聚落群不同时期聚落总面积	229
图 4-2-2b	洛阳盆地各聚落群不同时期聚落平均面积	230
图 4-2-3a	伊洛河北聚落面积分布	232
图 4-2-3b	伊洛河南聚落面积分布	232
图 4-2-4	洛阳盆地仰韶至二里头文化聚落面积等级划分	233
图 4-2-5a	洛阳盆地仰韶文化聚落分布密度	234
图 4-2-5b	洛阳盆地龙山文化聚落分布密度	234
图 4-2-5c	洛阳盆地二里头文化聚落分布密度	235
图 4-2-6a	仰韶—龙山聚落密度空间相关分析	236
图 4-2-6b	龙山—二里头聚落密度空间相关分析	236
图 4-2-7	郑州地区的河流流域划分	238
图 4-2-8	郑州地区仰韶至二里头文化时期聚落的数量与面积	241
图 4-2-9	郑州地区聚落面积分布	243
图 4-2-10	索须河流域仰韶至商代聚落面积的等级划分	244
图 4-2-11	洛汭地区仰韶至二里头文化聚落面积的等级划分	245

图4-2-12	双洎河流域仰韶至二里头聚落面积的等级划分	245
图4-2-13a	索须河流域仰韶文化聚落	246
图4-2-13b	索须河流域龙山文化聚落	247
图4-2-13c	索须河流域二里头文化聚落	247
图4-2-14a	洛汭地区仰韶文化聚落	248
图4-2-14b	洛汭地区龙山文化聚落	249
图4-2-14c	洛汭地区新砦聚落	249
图4-2-14d	洛汭地区二里头文化聚落	250
图4-2-15a	双洎河流域仰韶文化聚落	251
图4-2-15b	双洎河流域龙山文化聚落	251
图4-2-15c	双洎河流域新砦聚落	251
图4-2-15d	双洎河流域二里头文化聚落	252
图4-2-16a	索须河流域仰韶—龙山聚落密度	252
图4-2-16b	索须河流域龙山—二里头聚落密度	252
图4-2-17a	洛汭地区仰韶—龙山聚落密度	253
图4-2-17b	洛汭地区龙山—新砦聚落密度	253
图4-2-17c	洛汭地区新砦—二里头聚落密度	253
图4-2-18a	双洎河仰韶—龙山聚落密度	254
图4-2-18b	双洎河龙山—新砦聚落密度	254
图4-2-18c	双洎河新砦—二里头聚落密度	254
图4-2-19	颍河中上游区域划分	256
图4-2-20	颍河中上游地貌单元	257
图4-2-21	颍河中上游地区仰韶至二里头文化聚落规模变化	260
图4-2-22	颍河中上游地区聚落面积分布	261
图4-2-23	颍河中上游地区仰韶至二里头聚落面积的等级划分	262
图4-2-24	瓦店环壕聚落	264
图4-2-25	瓦店龙山聚落出土高等级手工业产品	265
图4-2-26	瓦店聚落出土的系列觚形陶量器	265
图4-2-27a	瓦店遗址觚形陶量器容积	267
图4-2-27b	甘肃秦安大地湾遗址F901出土陶量器容积	267
图4-2-27c	古巴比伦王国容量单位容积	267

图 4-2-27d　春秋战国齐国陈氏新量器容积 …………………………………… 267
图 4-2-28　颍河中上游地区仰韶至二里头文化时期聚落的农作物绝对数量
　　　　　　比例 ………………………………………………………………… 269
图 4-2-29　瓦店龙山人与动物骨骼碳氮稳定同位素 …………………………… 270
图 4-2-30　王城岗龙山文化晚期城址 …………………………………………… 270
图 4-2-31　王城岗龙山文化人骨奠基坑 ………………………………………… 272
图 4-2-32a　颍河中上游地区仰韶文化聚落 ……………………………………… 273
图 4-2-32b　颍河中上游地区龙山文化聚落 ……………………………………… 273
图 4-2-32c　颍河中上游地区二里头文化聚落 …………………………………… 274
图 4-2-33　颍河中上游地区仰韶至二里头文化聚落密度空间相关分析 ……… 275
图 4-2-34　洛河中游地区地貌单元与史前遗址 ………………………………… 276
图 4-2-35　洛河中游地区聚落数量与面积反映的人口规模变化 ……………… 278
图 4-2-36　洛河中游地区聚落面积分布 ………………………………………… 279
图 4-2-37　洛河中游地区仰韶至二里头文化的聚落面积等级划分 …………… 280
图 4-2-38a　洛河中游仰韶文化早中期聚落 ……………………………………… 281
图 4-2-38b　洛河中游仰韶文化晚期至龙山文化早期聚落 ……………………… 281
图 4-2-38c　洛河中游龙山文化晚期聚落 ………………………………………… 282
图 4-2-38d　洛河中游二里头文化聚落 …………………………………………… 282
图 4-2-39　洛河中游地区仰韶至龙山文化聚落密度空间相关分析 …………… 283
图 4-2-40　伊河流域地貌与遗址分布 …………………………………………… 285
图 4-2-41　伊河流域聚落数量与面积反映的人口规模变化 …………………… 286
图 4-2-42a　伊河流域聚落面积分布 ……………………………………………… 288
图 4-2-42b　伊川谷地聚落面积分布 ……………………………………………… 288
图 4-2-42c　嵩县盆地聚落面积分布 ……………………………………………… 288
图 4-2-43　伊河流域仰韶至二里头文化聚落面积分组 ………………………… 289
图 4-2-44a　伊河流域仰韶文化早中期聚落 ……………………………………… 290
图 4-2-44b　伊河流域仰韶文化晚期至龙山文化早期聚落 ……………………… 291
图 4-2-44c　伊河流域龙山文化晚期聚落 ………………………………………… 291
图 4-2-44d　伊河流域二里头文化聚落 …………………………………………… 292
图 4-2-45a　伊河流域仰韶早中期至仰韶晚期聚落密度空间相关性 …………… 292
图 4-2-45b　伊河流域仰韶晚期至龙山晚期聚落密度空间相关性 ……………… 293
图 4-2-45c　伊河流域龙山文化晚期至二里头文化时期聚落密度空间相关性…… 293

图4-2-46	沙颍河冲积平原地貌和遗址	294
图4-2-47	沙颍河冲积平原仰韶至二里头文化时期人口规模的变化	296
图4-2-48	沙颍河冲积平原聚落面积分布	297
图4-2-49	沙颍河冲积平原聚落等级划分直方图	297
图4-2-50a	沙颍河冲积平原仰韶文化时期聚落	299
图4-2-50b	沙颍河冲积平原龙山文化时期聚落	299
图4-2-50c	沙颍河冲积平原二里头文化时期聚落	300
图4-2-51	沙颍河冲积平原聚落密度空间相关性	301
图4-2-52	中原核心区仰韶至二里头文化人口规模变化示意图	302
图4-2-53a	仰韶文化时期人口集中与社会发展重心区	303
图4-2-53b	仰韶文化晚期人口集中与社会发展重心区	303
图4-2-53c	龙山文化时期人口集中与社会发展重心区	304
图4-2-53d	二里头文化时期人口集中与社会发展重心区	304
图4-2-54	中原核心区仰韶—二里头文化时期的社会等级分化与社会—政治关系网络	306
图4-2-55	中原核心区仰韶至二里头文化时期社会发展重心的移动	309
图4-3-1	新安荒坡仰韶文化早期聚落布局	312
图4-3-2	巩义双槐树聚落布局示意图	315
图4-3-3	西山古城平面布局	316
图4-3-4	西山古城城墙与城壕剖面	317
图4-3-5a	大河村南区第三期聚落平面分布图	318
图4-3-5b	大河村北区第三期聚落平面分布图	319
图4-3-5c	大河村北区第四期聚落平面分布图	319
图4-3-6a	青台聚落环壕	321
图4-3-6b	汪沟聚落环壕	321
图4-3-6c	尚岗杨聚落环壕	321
图4-3-7	妯娌聚落平面图	322
图4-3-8	站马屯仰韶晚期聚落	325
图4-3-9	王城岗龙山文化晚期城址平面图	327
图4-3-10a	王城岗小城龙山文化第二期聚落平面图	327
图4-3-10b	王城岗小城龙山文化第三期聚落平面图	327
图4-3-11	古城寨聚落平面图	329

图 4-3-12　新砦聚落平面图 ……………………………………………… 331
图 4-3-13　新砦东城墙解剖图 …………………………………………… 332
图 4-3-14　巩义花地嘴聚落平面图 ……………………………………… 333
图 4-3-15　郝家台龙山文化城址平面图 ………………………………… 334
图 4-3-16　郝家台龙山文化城址房屋密度图 …………………………… 334
图 4-3-17　蒲城店城址平面图 …………………………………………… 335
图 4-3-18　蒲城店龙山文化城墙城壕剖面图 …………………………… 336
图 4-3-19　西金城聚落平面图 …………………………………………… 337
图 4-3-20　瓦店聚落平面图 ……………………………………………… 339
图 4-3-21　二里头聚落平面分布图 ……………………………………… 342
图 4-3-22　大师姑城址平面图 …………………………………………… 346
图 4-3-23　大师姑城址索河东岸剖面 …………………………………… 346
图 4-3-24　东赵城址平面图 ……………………………………………… 347
图 4-3-25　望京楼二里头文化城址平面图 ……………………………… 349
图 4-3-26　望京楼二里头文化城址剖面图 ……………………………… 349
图 4-3-27　南洼二里头环壕聚落平面图 ………………………………… 350
图 4-3-28　蒲城店二里头城壕剖面图 …………………………………… 351
图 4-3-29a　荒坡 F1 平剖面图 …………………………………………… 353
图 4-3-29b　荒坡 F3 平剖面图 …………………………………………… 353
图 4-3-30　王湾聚落 F15 平面图 ………………………………………… 355
图 4-3-31　后庄王 F3(上)平面图 ………………………………………… 356
图 4-3-32　点军台 F1 平面图 …………………………………………… 356
图 4-3-33　洪山庙 M1 平剖面图 ………………………………………… 357
图 4-3-34a　洪山庙 M1 性别比例 ………………………………………… 359
图 4-3-34b　洪山庙 M1 年龄比例 ………………………………………… 359
图 4-3-35　王湾聚落墓地分布图 ………………………………………… 360
图 4-3-36a　后庄王 T13 墓葬、瓮棺分布图 ……………………………… 362
图 4-3-36b　后庄王房基附近瓮棺 ………………………………………… 362
图 4-3-37　仰韶村 F1 平剖面图 ………………………………………… 363
图 4-3-38　小潘沟 F1 平剖面图 ………………………………………… 363
图 4-3-39　大河村 F16 平面剖图 ………………………………………… 364
图 4-3-40　大河村 F13 平剖面图 ………………………………………… 365

图4-3-41	大河村F10平剖面图	365
图4-3-42	大河村F1-F4平剖面图	366
图4-3-43	大河村F19-F20平剖面图	368
图4-3-44	大河村F30-F32平剖面图	368
图4-3-45a	大河村双连壶F1:29	369
图4-3-45b	塌坡双连鼎TP:41	369
图4-3-46	大河村北区T14、T24墓葬分布图	370
图4-3-47	大河村南区T6-T9墓葬分布图	372
图4-3-48	大河村南区T48-T54墓葬分布图	373
图4-3-49	伊阙城M7平剖面图	376
图4-3-50	汝州煤山遗址龙山文化早期墓葬M7及随葬品	377
图4-3-51	伏羲台聚落平面图	378
图4-3-52	大河村H80兽骨坑	379
图4-3-53	中山寨H56人、猪、狗分层埋葬坑	380
图4-3-54	渑池笃忠聚落H82平剖面图	381
图4-3-55	王湾M79	381
图4-3-56	古城寨龙山文化晚期夯土建筑和廊庑建筑平面图	382
图4-3-57	新砦聚落"浅穴式大型建筑基址"	383
图4-3-58	站马屯遗址房屋布局平面图	384
图4-3-59	站马屯F1平剖面图	385
图4-3-60	王城岗F2平剖面图	386
图4-3-61	小潘沟F6平剖面图	386
图4-3-62	煤山F6平剖面图	387
图4-3-63	蒲城店F39平剖面图	388
图4-3-64	郝家台F10龙山文化排房平剖面图	389
图4-3-65	郝家台龙山文化排房与墓葬	390
图4-3-66	瓦店龙山聚落的"居葬合一"形态	392
图4-3-67	瓦店W1大型成人瓮棺葬具与随葬品	393
图4-3-68	新砦聚落"新砦期"的"居葬合一"形态	394
图4-3-69	大河村龙山晚期的"居葬合一"形态	395
图4-3-70	中原地区龙山文化墓葬出土随葬品举例	396
图4-3-71	中原地区"新砦期"阶段墓葬出土随葬品举例	396

图4-3-72	正阳贾庄M12及随葬品	397
图4-3-73	颍河中上游地区(瓦店)龙山文化石料开采与加工地点	400
图4-3-74a	灰嘴遗址H101龙山文化晚期小石片、石屑	400
图4-3-74b	灰嘴遗址东址龙山文化灰坑出土石坯	400
图4-3-75	王湾H79乱葬坑平剖面图	402
图4-3-76	二里头5号宫殿建筑平面图	404
图4-3-77	二里头1号宫殿建筑平面图	405
图4-3-78	二里头2号宫殿建筑平面图	406
图4-3-79	二里头4号宫殿建筑平剖面图	408
图4-3-80a	二里头ⅧF1平剖面图	410
图4-3-80b	王城岗WT15F1平剖面图	410
图4-3-80c	稍柴F4平剖面图	410
图4-3-80d	南寨F2平剖面图	410
图4-3-81a	二里头ⅣF1平剖面图	411
图4-3-81b	南寨F1平剖面图	411
图4-3-82a	二里头ⅢF1平剖面图	412
图4-3-82b	望京楼F7平剖面图	412
图4-3-83	蒲城店二里头文化F10平剖面图	413
图4-3-84	二里头宫城西区墓葬分布	414
图4-3-85a	二里头ⅤM15	415
图4-3-85b	二里头Ⅴ·M15随葬品组合	415
图4-3-86a	二里头ⅤM22	415
图4-3-86b	二里头Ⅴ·M22随葬品组合	415
图4-3-87	二里头1号宫殿北侧墓葬	416
图4-3-88a	二里头ⅤM21	417
图4-3-88b	二里头ⅤM21随葬品	417
图4-3-89a	二里头ⅤM51	417
图4-3-89b	二里头ⅤM51随葬品	417
图4-3-90	二里头宫城东区墓葬分布	418
图4-3-91a	二里头2001ⅤM1	419
图4-3-91b	二里头2001ⅤM1随葬品	419
图4-3-92a	二里头2002ⅤM3	420

图 4-3-92b	二里头 2002ⅤM3 随葬品	420
图 4-3-93a	二里头 2003ⅤM8	421
图 4-3-93b	二里头 2003ⅤM8 随葬品	421
图 4-3-94a	二里头 2003ⅤM11	421
图 4-3-94b	二里头 2003ⅤM11 随葬品	421
图 4-3-95	二里头五号建筑基址及墓葬	422
图 4-3-96a	二里头 2010VM2 平剖面图	423
图 4-3-96b	二里头 2010VM2 出土部分随葬品	423
图 4-3-97	二里头 84YLⅣF1 建筑及其相关墓葬	425
图 4-3-98	二里头Ⅳ区与 84YLⅣF1 相关的部分墓葬及随葬品	425
图 4-3-99	二里头 85YLⅣF3 建筑及其相关墓葬	426
图 4-3-100a	二里头 87YLⅣF8 及其相关墓葬 M58	426
图 4-3-100b	二里头 87YLⅣM58	426
图 4-3-101	二里头 87YLⅣF7 及相关墓葬	427
图 4-3-102	二里头 1987 年发掘Ⅵ区墓葬	428
图 4-3-103	二里头ⅥM57 随葬品	428
图 4-3-104	南寨聚落墓葬分布图	429
图 4-3-105	南洼遗址二里头文化墓地	430
图 4-3-106	南洼 2004M1 及随葬的扇贝覆面	431
图 4-3-107	东杨村遗址二里头文化墓地	431
图 4-3-108a	二里头绿松石作坊集中出土的绿松石料	433
图 4-3-108b	二里头绿松石作坊集中出土的绿松石料	433
图 4-3-109	二里头 2002ⅤH111-H112	435
图 4-3-110	二里头 2002ⅤH463	435
图 4-3-111	灰嘴遗址 J1 平剖面图	436
图 4-3-112	南洼遗址 2004J2 平剖面图	437
图 4-3-113	望京楼 J4 平剖面图	438
图 4-3-114	望京楼 H509 平剖面图	438

表 格 目 录

表 3-1-1	洛阳盆地仰韶文化分期表	34
表 3-1-2	涧河流域仰韶文化分期表	38
表 3-1-3	洛河中游地区仰韶文化分期表	43
表 3-1-4	伊河流域仰韶文化分期表	45
表 3-1-5	济源盆地仰韶文化分期表	48
表 3-1-6	郑州地区仰韶文化典型地层关系的分期	51
表 3-1-7	颍河中上游地区仰韶文化分期表	56
表 3-1-8	沙汝河流域仰韶文化分期表	58
表 3-1-9	中原地区仰韶文化分期表	64
表 3-1-10	中原地区仰韶文化时期的考古学文化演变与区域差异	67
表 3-2-1	洛阳盆地龙山文化遗存分期表	77
表 3-2-2	洛宁西王村遗址龙山文化遗存分期表	82
表 3-2-3	伊河流域龙山文化遗存分期表	87
表 3-2-4	济源盆地龙山文化遗存分期表	92
表 3-2-5	涧河流域龙山文化遗存分期表	97
表 3-2-6	郑州地区龙山文化遗存分期表	99
表 3-2-7	登封王城岗遗址龙山文化遗存分期表	106
表 3-2-8	沙汝河流域龙山文化遗存分期表	114
表 3-2-9	中原各地龙山文化遗存分期对照表	122
表 3-2-10	中原各地龙山文化晚期陶器遗存三类因素量化数据表	138
表 3-3-1	洛阳盆地龙山文化晚期晚段遗存与二里头文化早期遗存分期表	164
表 3-3-2	伊河流域二里头文化遗存分期表	171
表 3-3-3	郑州地区含"新砦类因素"的龙山文化晚期遗存与二里头文化遗存的分期表	179
表 3-3-4	颍河中上游地区含"新砦类因素"的龙山文化晚期遗存与二里头文化遗存分期表	184

表 3-3-5	沙汝河流域含"新砦类因素"的龙山文化晚期遗存与二里头文化遗存分期表	191
表 3-3-6	中原各地"新砦类遗存"与二里头文化早期的相对年代序列对应表	197
表 3-3-7	新砦遗址"新砦类遗存"晚段与洛阳盆地二里头一期陶器各类文化因素对比	208
表 3-3-8	中原各地龙山文化到二里头文化发展演变过程的对应表	209
表 4-2-1	洛阳盆地各聚落群不同时期聚落总面积	229
表 4-2-2	洛阳盆地各聚落群不同时期聚落平均面积	230
表 4-2-3	郑州地区不同时期聚落数量	242
表 4-2-4	郑州地区不同时期聚落总面积	242
表 4-2-5	郑州地区不同时期聚落平均面积	242
表 4-2-6	颍河中上游不同时期聚落数量	260
表 4-2-7	颍河中上游不同时期聚落总面积	260
表 4-2-8	颍河中上游不同时期聚落平均面积	260
表 4-2-9	瓦店聚落出土系列觚形陶量器容积表	266
表 4-2-10	王城岗龙山文化晚期城址修建用工量模拟实验计算结果	271
表 4-2-11	洛河中游地区不同时期聚落数量	278
表 4-2-12	伊河流域不同时期聚落数量	287
表 4-2-13	伊河流域不同时期聚落总面积	287
表 4-2-14	伊河流域不同时期聚落平均面积	287
表 4-2-15	沙颍河冲积平原不同时期聚落数量	296
表 4-3-1	洪山庙 M1 性别年龄统计表	358

第一章　绪　　论

一、研究范围

中原地区是中国文明形成和发展的核心区,这里不仅是夏商周三代文明的诞生之地,而且长期以来在中国历史发展中保持着政治、经济和文化中心的地位。"中原"一词在中国历史文献中作为地理概念的出现大约是在春秋战国时期,特指河南及其附近夏商周三代统治的中心地区,也即现代意义上的狭义中原。至于两汉之后,中原概念逐渐扩大至整个中国北方黄河中下游的广大地区,形成广义的中原地区[1]。考古材料有关中原概念的最早实物证据为出土于陕西省宝鸡市的西周早期周王室宗族青铜重器"何尊",其中有"宅兹中国"的铭文,"中国"即专指以河洛为中心的中原地区,可见至迟到西周早期,中原即中心的概念已经深入人心。

本书所述的中原地区则专指河南省中西部以二里头遗址和二里头文化二里头类型的中心区为代表的中原早期国家的诞生之地,亦即以郑州—洛阳为中心包括嵩山南北的中原核心区。

已有的考古资料表明,"以中原为中心"的历史发展趋势肇始于中国新石器时代晚期。中国史前文明"多元一体"化的总进程发端于公元前 4000 年前后。这一时期,中原核心区以彩陶为特征的仰韶文化在文化面貌上表现出了空前的内部统一。在经过公元前 3300 至前 2500 年的内部文化调整所带来的表面沉寂之后,至于公元前 2500 至前 2000 年的龙山时代,中原文化区在博采周边文化众长的基础上再度崛起,"以中原为中心"的历史发展趋势最终形成[2]。

兴起于公元前 2000 年之后的二里头文化一统中原。作为二里头文化中心的二里头遗址规划有完整的早期城市布局结构,包含大型夯土建筑基址、精美的玉石和青铜礼器,拥有超大规模的聚落形态,这些均表明早期国家形态在中原核心区的出现。在二里头早期青铜文化初步发展的基础上,公元前 1600 年之后的商周青铜文明逐渐步入中国青铜时代的巅峰。

---

[1] 薛瑞则:《中原地区概念的形成》,《寻根》2005 年第 5 期,第 10－12 页。
[2] 赵辉:《以中原为中心的历史发展趋势的形成》,《文物》2000 年第 1 期,第 41－47 页;《中国的史前基础——再论以中原为中心的历史趋势》,《文物》2006 年第 8 期,第 50－54 页。

因此,公元前 4000 至前 1600 年的新石器时代晚期至青铜时代早期是中原地区早期国家与文明起源的关键时段,也是本书将要讨论的时间范围。在研究内容上,本书着重讨论文明起源研究的一个方面——考古学的"文化与社会"的层面,即以物质文化遗存为基础的考古学文化谱系的演变和聚落形态研究所反映的社会组织、社会结构的变化。

二、研究简史

考古学从文化与社会层面开展的对中原核心区早期国家和文明起源的研究可大致分为四个阶段:

1. 20 世纪 50 年代末至 70 年代末:有关夏文化和早期国家特征的讨论

在中国考古学的初始阶段,很多主动性的考古调查和发掘均以历史文献的线索为指引。中原核心区早期国家和文明起源的研究也是从对文献记载的夏文化的探索开始的。

1959 年夏,徐旭生先生为了寻找"夏墟"在豫西地区开展考古调查。他首先梳理历史文献,指出传说中"夏氏族或夏部落"活动的区域:"第一是河南中部的洛阳平原及其附近,尤其是颍水谷的上游登封、禹县地带;第二是山西西南部汾水下游(大约自霍山以南)一带。"在文献线索的指引下,他调查了豫西地区的登封、禹县、巩县和偃师等地,发现了著名的王城岗(当时称为"告成八方间遗址")和二里头遗址[①]。同年,中国科学院考古研究所对二里头遗址进行了首次发掘。从 20 世纪 50 年代末至 70 年代末,二里头遗址经过 10 多次发掘,揭露出了两处大型宫殿基址、若干高等级墓葬和青铜冶铸遗迹,并出土了一批制作精美的陶器、石玉器和青铜礼器。

以二里头遗址的发现和发掘为契机,一些研究者开始了对中原地区早期国家形态的思考。在马克思主义社会发展阶段论的指导下,文献记载的有关夏和早商王朝的某些特征与马克思所论述的奴隶制国家的特点被自然地联系起来,并直接对应到了二里头遗址的重要考古发现上。现在看来,尽管这些机械的对应显得过于简单,但研究者却都指出了二里头遗址在探索夏文化和中原地区早期国家起源研究中的重要地位。

总之,这一阶段有关中原地区早期国家和文明起源的研究主要处于材料的积累阶段,以探索夏文化和早期国家的特征为研究的主要内容。

---

① 徐旭生:《1959 年夏豫西调查"夏墟"的初步报告》,《考古》1959 年第 11 期,第 592 - 600 页。

2. 20 世纪 70 年代末至 90 年代中期：从对文明和早期国家标志性概念的讨论转到对早期国家形成过程的宏观论述

从 20 世纪 70 年代末开始至 90 年代中期，全国范围内一系列重大考古发现，如河南登封王城岗龙山文化城址、山西襄汾陶寺贵族墓葬、辽西赤峰红山文化大型宗教祭祀建筑群、甘肃秦安大地湾仰韶文化大型建筑、长江中游屈家岭—石家河文化城址和长江下游良渚文化贵族墓地等的发掘使得学术界对中国文明起源问题的关注迅速升温，讨论中国文明起源理论和方法的文章大量出现。

随着考古工作的广泛开展和考古资料积累的丰富，严文明先生以"龙山时代"的概念阐发了中国史前文化的多元一体特征，指出龙山时代是"中国的铜石并用时代"，是探索中国文明起源的重要历史阶段[①]。这一时期对中原核心区的文明和早期国家起源的研究也从前一阶段对二里头文化的关注转向了中原地区龙山时代诸考古学文化和类型的研究方面。

这一时期，对中原核心区文明和早期国家起源研究影响最大的是河南登封王城岗龙山文化城址的发现。在此推动下，中原地区国家和文明起源研究进入一个新的阶段，一系列龙山文化晚期的城址如淮阳平粮台、郾城郝家台等相继在中原地区发现。有关中原地区国家和文明起源的研究也主要围绕这些龙山文化城址展开。

80 年代，学术界就王城岗龙山文化城址是否是文献记载的"禹都阳城"展开了热烈讨论。这些讨论多数仍然局限在探索夏文化和早期国家特征的定性上。一方面研究者将历史文献中有关夏王朝的记载与碳 14 测定的龙山文化晚期遗存的年代进行比照，提出中原地区早期国家起源的时间。另一方面，王城岗、煤山等河南龙山文化遗址所发现的杀殉、夯筑、水井、卜骨、早期铜器等新出现的遗迹遗物现象又被研究者用来阐释中原地区文明起源和早期国家的特征。

从 80 年代后期开始，一些研究者在研究方法上开始从对文明和早期国家标志性概念的讨论逐渐转到对国家形成过程的宏观论述方面，提出了诸多"前国家形态"的概念。

林沄先生从先秦文献中归纳出中国早期国家的形成过程，指出了由"邑"到"都鄙"再到"国"的发展模式[②]。杜正胜先生从王城岗、陶寺、二里头等遗址的考古材料出发，由城墙、宫室、礼器三个方面的变化阐释中原地区国家起源及其早期发展过程中

[①] 严文明：《龙山文化和龙山时代》，《文物》1981 年第 6 期，第 41－48 页；《论中国的铜石并用时代》，《史前研究》1984 年第 1 期，第 36－44、45 页。
[②] 林沄：《关于中国早期国家形成的几个问题》，《吉林大学社会科学学报》1986 年第 6 期，第 1－12 页。

国家机构的形成和完备的过程①。苏秉琦先生则从各地考古材料的特点出发不仅逐步提出了中国国家起源的"古国—方国—帝国"的发展过程模式,而且还指出了各地国家形成的"原生型""次生型"和"续生型"三种不同发展类型模式。其中,中原核心区的国家形成模式"是以外部因素影响为主形成的次生型'古国'"②。苏秉琦先生的论述不仅强调了对国家形成过程的研究,而且还指出了各地早期国家形成道路和社会复杂化过程的差异,为考古学深入探讨早期国家的形成和初步发展指明了方向。赵辉先生依据传统文献,提出"古国时代"的概念,指已经发展到国家形态的前王朝国家文明形态③。

除了从文献和考古材料之外,一些学者还将西方文化人类学的"酋邦"概念作为一种"前国家形态"引入到对中国早期国家起源的研究中④。但是,这一阶段有关酋邦的论述还局限在"概念"上,并没有深入到对不同"酋邦"社会的内部结构、演变机制等问题的讨论上。

3. 20世纪90年代中期至2010年:聚落形态和文化谱系研究的大发展阶段

随着聚落考古理念的发展,从20世纪90年代起,聚落考古的方法被广泛应用到中原地区国家和文明起源的研究上。一方面大量新的史前城址被发现,另一方面中外联合开展了一些区域系统调查工作,积累了丰富的田野资料⑤。与此同时,"中华文明探源工程"项目在新世纪之初开始启动,尤其是前两期的工程项目聚焦中原地区,通过推动重点遗址的聚落考古和多学科整合,使得我们对中原地区国家和文明起源研究有了重要进展。

这一时期中原地区的史前城址陆续又有新的发现,郑州西山、辉县孟庄、新密古城寨、新密新砦、平顶山蒲城店、焦作徐堡、博爱西金城等遗址相继发现属于仰韶文化晚期或龙山文化晚期的城址。对这些城址的研究仍然是学术界讨论中原地区国家和

---

① 杜正胜:《从考古资料论中原国家的起源及其早期的发展》,第1-82页,"中研院"历史语言研究所集刊第58本第1分册,1987年。
② 苏秉琦:《国家起源与民族文化传统》(提纲),《华人·龙的传人·中国人》,第132-134页,沈阳:辽宁大学出版社,1994年。
③ 赵辉:《"古国时代"》,《华夏考古》2020年第6期,第109-117页。
④ 谢维扬:《中国国家形成过程中的酋邦》,《华东师范大学学报(哲学社会科学版)》1987年第5期,第40-49页。
⑤ 中国河南省文物考古研究所、美国密苏里州立大学人类学系:《河南颍河上游考古调查中运用GPS与GIS的初步报告》,《华夏考古》1998年第1期,第1-16页。河南省文物考古研究所、密苏里州立大学人类学系、华盛顿大学人类学系:《颍河文明——颍河上游考古调查试掘与研究》,郑州:大象出版社,2008年。陈星灿、刘莉等:《中国文明腹地的社会复杂化进程——伊洛河地区的聚落形态研究》,《考古学报》2003年第2期,第161-218页。中国社会科学院考古研究所、中澳美伊洛河流域联合考古队:《洛阳盆地中东部先秦时期遗址(1997-2007年区域系统调查报告)》,北京:科学出版社,2019年。

文明起源问题的焦点。但不同的是这一时期的研究者开始采用聚落考古的方法,将这些城址置于本地宏观聚落群的范围内讨论其性质和功能。钱耀鹏、赵辉、赵春青、方燕明、许宏、王立新等都开展过系统的论述,虽然结论各有不同,但都关注到中原内部的区域性差异和城址的不同作用,并以此为基础理解中原地区文明和国家起源的特殊性。

这一时期,二里头遗址的考古工作也逐步转向聚落和城市考古研究方面。考古工作者除了对二里头遗址本身进行聚落形态的考察和研究之外[1],还对二里头遗址所在洛阳盆地的部分地区开展了以探索区域聚落形态的演变为目的的区域系统调查[2]。除了二里头遗址本身之外,郑洛地区的大师姑、望京楼,嵩山以南的蒲城店等也陆续发现了二里头文化时期的重要城址,研究者们对二里头时期的宏观聚落形态也有了更多的认识。李志鹏还对二里头文化墓葬进行了综合研究[3]。

除了聚落形态研究的迅猛发展,这一时期文化谱系的研究也取得了长足进展。韩建业、董琦、赵春青、方燕明等[4]学者相继提出了王湾三期文化的分期和分区方案,使得中原地区龙山文化遗存的研究有了可靠的相对年代框架。与此同时,"中华文明探源工程"的碳14年代课题组在王城岗等遗址采用了"系列样品测年"方法,获得了准确的龙山文化晚期遗存的绝对年代,与此同时通过与新砦、花地嘴、二里头遗址的新碳14年代数据的综合比对,提出中原地区龙山向二里头的过渡年代为公元前1800年前后的新认识,革新了我们对中原地区国家和文明起源的年代学的新认识。

文化谱系研究的另一个热点是关于"新砦期"的争论。作为龙山向二里头过渡阶段的考古学遗存,"新砦期"的研究引起了诸多学者的关注。顾万发(顾问)、李维明、赵春青、许宏等[5]先后提出针锋相对的观点,本质上体现出对二里头文化的来源以及龙山向二里头文化过渡的方式存在着不同的看法。

以复原古代社会为研究目标,一些西方的国家和文明起源的研究理论和方法也被借鉴到中原地区社会复杂化研究中。环境生态、聚落形态、资源控制、经济贸易、信

---

[1] 许宏、陈国梁、赵海涛:《二里头遗址聚落形态的初步考察》,《考古》2004年第11期,第23-31页。中国社会科学院考古研究所二里头工作队:《河南偃师二里头遗址宫城及宫殿区外围道路的勘察与发掘》,《考古》2004年第11期,第3-13页。
[2] 中国社会科学院考古研究所二里头工作队:《河南洛阳盆地2001-2003年考古调查简报》,《考古》2005年第5期,第18-37页。
[3] 李志鹏:《二里头文化墓葬研究》,《中国早期青铜文化——二里头文化专题研究》,第1-123页,北京:科学出版社,2008年。
[4] 详见本书第三章第二节。
[5] 详见本书第三章第三节。

息流通等方面的交互作用及其在早期国家形成和初步发展过程中的重要性得到较多的介绍和阐释。与此同时，一些专门研究早期国家特征的西方文化人类学和考古学的概念，诸如"酋邦"（Chiefdom）、"城市国家"（City-State）[1]、"控制策略"（Control Strategy）[2]、"资讯革命"（Information Revolution）[3]、"杂种优势文化"[4]理论等被引入到对中原地区国家和文明起源的研究中。

4. 2010 年以来：聚落形态与文化谱系的研究更加精细化

进入 21 世纪的第二个十年，中原地区早期国家和文明起源研究持续进行，但受到良渚、石峁等周边地区重大新发现的影响，略显有些沉寂。这一时期聚落和谱系的研究都更加精细化。

一些中心聚落的发掘，如青台、双槐树、郝家台、古城寨、新砦、二里头、东赵等，都更加注重探索聚落内部的布局结构。与前一阶段相比，这一时期中原地区的单个聚落形态的研究更受关注。付永敢利用"家户"的概念对王城岗、瓦店、郝家台的龙山聚落的房址和窖穴进行功能性的分组研究，进而提出核心家庭的家户为基本生产生活的社会组织结构[5]。李唯对郝家台龙山墓葬和排房的空间组合关系进行了细致的分组研究，提出中原地区龙山文化存在"大分散、小聚拢"的特征[6]。郜向平对王湾三期文化与二里头文化的墓葬形态进行了详细的比对研究，指出了二者之间葬俗上的重要差异[7]。这些研究对于我们深入认识中原地区国家和文明起源过程中的社会组织结构的特征和演变具有重要意义。

文化谱系的研究在这一阶段不再聚焦在分期、分区方面，而更多关注与周边考古学文化关系的研究上，从而探索二里头文化的来源。段天璟讨论嵩山以西王湾三期

---

[1] 刘莉、陈星灿：《城：夏商时期对自然资源的控制问题》，《东南文化》2000 年第 3 期，第 45－60 页；《中国早期国家的形成——从二里头和二里岗时期的中心和边缘之间的关系谈起》，《古代文明（第一卷）》，第 71－134 页，北京：文物出版社，2002 年。Li Liu, "Settlement patterns, chiefdom variability, and the development of early states in North China", *Journal of Anthropological Archaeology* 15 (1996); "The development and decline of social complexity in China: Some environmental and social factors", *Indo-Pacific Prehistory Association Bulletin (Maelaka Papers)* 20 (2000); *The Chinese Neolithic: Trajectories to Early States*, Cambridge: Cambridge University Press, 2004.

[2] Yun Kuen Lee, "Control strategies and polity competition in the lower Yi-Luo Valley, North China", *Journal of Anthropological Archaeology* 23 (2004): 172－195.

[3] 李润权：《资讯革命和国家起源兼谈二里头是否进入国家社会》，《北京论坛（2004）文明的和谐与共同繁荣："东亚古代文化的交流"考古分论坛论文》，北京，2004 年。

[4] 陈良佐：《从生态学的交会带、边缘效应试论史前中原核心文明的形成》，《中国考古学与历史学之整合研究》，台北："中研院"历史语言研究所出版品编辑委员会，1996 年。

[5] 付永敢：《嵩山东南地区龙山时代的聚落与社会》，山东大学博士学位论文，2016 年。

[6] 李唯：《试论郝家台遗址龙山文化时期的墓葬》，《华夏考古》2017 年第 3 期，第 109－122 页。

[7] 郜向平：《王湾三期文化至二里头文化埋葬方式的演进》，《早期夏文化与先商文化研究论文集》，第 141－150 页，北京：科学出版社，2012 年。

文化与三里桥类型及煤山类型龙山文化的关系,提出了与以往不同的新认识①。靳松安讨论了王湾三期文化向江汉地区扩张的问题②。魏继印对王湾三期文化来源的讨论和对新砦类遗存的再讨论③。张东讨论洛阳盆地二里头文化的形成背景④等等。除此之外,段天璟对二里头文化格局的研究⑤、张莉对新砦期遗存的系统研究⑥、常怀颖对二里头一期文化遗存的专题研究⑦等等,都是这一时期从文化谱系角度开展的全面系统的综合类研究。这些研究都在很大程度上进一步深化了我们对中原地区国家和文明起源阶段文化演进和区域文化互动的认识。

值得注意的是,这一时期对中原地区文明起源研究的理论探索出现了新的动向。"探源工程"的整合课题从整个长江、黄河流域的文明起源的长时段背景定位中原地区的历史作用,将二里头文明的出现看作中国早期文明起源的高级阶段。张弛从中西文化交流和青铜时代早期"世界体系"的视角下重新审视从龙山到二里头的社会变革⑧。这些研究一方面反映了中原地区国家和文明起源研究的理论探索已经从单纯的借鉴西方模式逐步向探索本土模式的转变,另一方面从更大的视野下认识和定位中原地区的文明起源进程、特点及其贡献成为今后重要的探索方向。

三、已有的研究成果与存在的问题

(一)已有的研究成果

如果从20世纪50年代末徐旭生先生豫西调查夏墟开始,考古学对中原地区文明和早期国家起源研究已经开展了半个多世纪。概括来讲,这些工作主要体现在田野资料的积累和学术研究的深入两个方面。

---

① 段天璟:《龙山时代晚期嵩山以西地区遗存的性质——从王湾遗址第三期遗存谈起》,《中原文物》2013年第6期,第13-21页。
② 靳松安:《试论河洛与海岱地区史前文化交流的格局、途径与历史背景》,《中州学刊》2010年第3期,第170-175页;《论龙山时代河洛与海岱地区的文化交流及历史动因》,《郑州大学学报(哲学社会科学版)》2010年第43卷第3期,第158-163页。
③ 魏继印:《试析王湾三期文化的来源》,《考古》2017年第8期,第80-90页;《论新砦文化的源流及性质》,《考古学报》2018年第1期,第5-28页。
④ 张东:《试论洛阳盆地二里头文化的形成背景》,《中原文物》2013年第3期,第27-34、73页;《编年与阐释——二里头文化年代学研究的时间观》,《文物》2013年第6期,第74-81页。
⑤ 段天璟:《二里头文化时期的中国》,北京:社会科学文献出版社,2014年。
⑥ 张莉:《新砦期年代与性质管见》,《文物》2012年第4期,第83-89页。
⑦ 常怀颖:《二里头文化一期初步研究》,《早期夏文化与先商文化研究论文集》,第45-71页,北京:科学出版社,2012年。
⑧ 张弛:《龙山—二里头——中国史前文化格局的改变与青铜时代全球化的形成》,《文物》2017年第6期,第50-59页。

1. 田野工作

田野工作是考古学研究获取资料的基本手段,尤其是有明确学术目标的主动性田野工作。中原地区围绕早期国家和文明起源研究的主动性田野工作主要包括重点遗址的考古发掘和区域考古调查两类。

重点遗址的考古发掘主要是对重要聚落和城址的发掘。

目前,中原核心区考古调查发现且经过正式发掘的城址有仰韶文化晚期的郑州西山、郑州大河村,龙山文化晚期的登封王城岗、新密古城寨、郾城郝家台、新密新砦、焦作徐堡、博爱西金城,龙山文化晚期到二里头文化早期的平顶山蒲城店、郑州东赵,以及二里头文化中晚期的二里头宫城城址、郑州大师姑和新郑望京楼。年代涵盖了仰韶文化晚期到二里头文化晚期整个中原核心区文明和早期国家起源与初步发展的最重要的时段。

其他各个时期经过大规模发掘的中原各地的重要聚落主要有仰韶文化时期的渑池班村、孟津妯娌、汝州中山寨、巩义双槐树、荥阳青台等,龙山文化时期的洛宁西王村、禹州瓦店、巩义花地嘴、济源原城、叶县余庄等,二里头文化时期的偃师二里头、洛阳东干沟、巩义稍柴、登封南洼、伊川南寨、渑池郑窑等,以及包括多个时期聚落遗存的仰韶到龙山文化的郑州大河村、洛阳王湾,龙山到二里头文化的洛阳矬李、偃师灰嘴、伊川白元、洛阳吉利东杨村、汝州煤山、郾城郝家台、平顶山蒲城店、西平上坡等等。这些经过正式发掘且出土资料丰富的重要聚落年代上涵盖了仰韶到二里头文化的各个时期,空间上也包括了整个中原核心区的范围(图1-1)。

具有明确学术目标的区域考古调查也广泛开展。从调查方法来看,可分为两类:

(1)采用"传统方法"开展的调查主要有:

1959年,徐旭生先生开展的豫西地区(包括颍河中上游、洛阳盆地和沙汝河流域)的重点区域和重点遗址的考古调查,以及1975年中国科学院考古研究所洛阳工作队对这些遗址的再次复查。1975-1979年,河南省文物工作队(河南省文物研究所前身)对颍河中上游地区的登封和禹县境内仰韶到二里头文化遗址的全面调查和重点试掘。1984年,洛阳市文物普查队对洛阳盆地及其周边地区的孟津、新安、偃师及洛阳市郊仰韶到二里头文化遗址的系统的文物普查。1995年中国社会科学院考古研究所河南一队等对河南焦作地区仰韶到二里头文化遗址的重点调查。

(2)借鉴西方聚落形态考古研究流行的"区域系统考古调查"方法的调查有:

1998年,河南省文物考古研究所与美国密苏里州立大学人类学系合作在颍河上游地区开展的运用GPS和GIS技术的系统考古调查。1998至2000年,中澳联合考古队在伊洛河下游支流干沟河和坞罗河流域开展的区域系统调查。2001至2003年,中

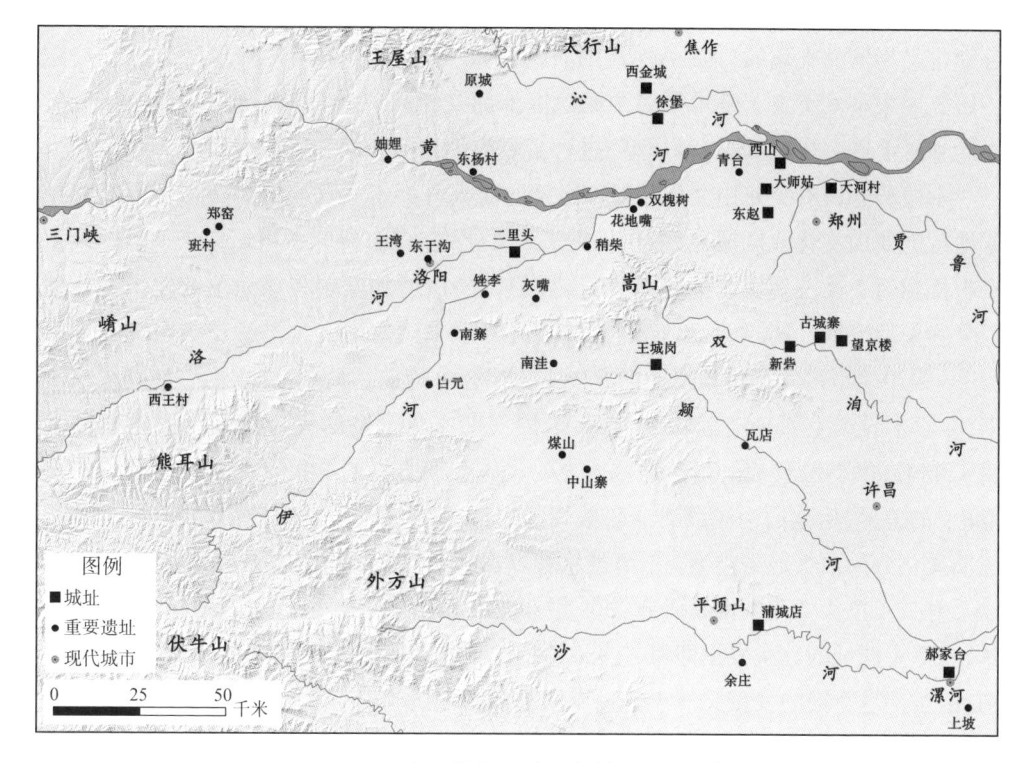

图 1-1 中原核心区重要史前城址与聚落

国社会科学院考古研究所二里头工作队在洛阳盆地东部中心区开展的区域系统调查。2005 至 2007 年，北京大学考古文博学院与河南省文物考古研究所联合在登封和禹州开展的植物考古调查。2011 至 2012 年，北京大学考古文博学院与河南省文物考古研究所在禹州地区的区域系统调查。

以上这些以探索中原地区文明和早期国家起源为目标的田野发掘和调查工作为全面开展中原核心区文化演进和文明化进程提供了丰富的基础资料。

2. 学术研究

大致来讲，目前有关中原核心区文明和早期国家起源研究的学术成果可概括为三个主要的方面：

第一，考古学文化谱系的研究。

文化谱系的研究基本构建起了中原核心区仰韶到二里头考古学文化发展的宏观架构。

有关中原地区仰韶文化的分期和谱系研究以洛阳王湾遗址的分期和严文明先生对仰韶文化的划分为代表。严文明先生根据洛阳王湾遗址的分期将中原地区的仰韶文化纳入整个黄河中上游地区仰韶文化研究的宏观视角中,将其划分为前后四期,并分别定义为仰韶文化的"东庄类型""阎村类型""秦王寨类型"和"谷水河类型"[1]。这一研究成果基本奠定了学术界对中原地区仰韶文化研究的分期方案[2]。更有研究者在此基础上进一步对"秦王寨类型"进行了更为细致的分期和谱系梳理[3]。

中原核心区有关龙山文化分期和谱系的研究开展得较为充分。学术界一般将中原地区的龙山文化晚期遗存称为"王湾三期文化"。多有研究者根据重点遗址的发掘资料提出对王湾三期文化的分期方案,如王城岗遗址的发掘将该遗址的龙山文化遗存分为前后五期。2002至2005年的发掘又将王城岗龙山文化进一步归纳为三期五段[4]。煤山遗址的发掘将该遗址的龙山文化遗存分为前后两期,即煤山一期与煤山二期,在学术界产生了一定影响[5]。有关王湾三期文化谱系的综合研究以韩建业[6]、董琦[7]、赵春青[8]等为代表。虽然这些研究的具体分期方案各不相同,有"三期说"和"两段论"的差异,但他们均注意到了区域性的差异,并以嵩山为界将中原核心区的王湾三期文化分为两个地方类型:王湾类型和煤山类型(或王城岗类型、郝家台类型)。

有关二里头文化的谱系研究主要是二里头文化四期划分方案的确立。早在1959年,二里头遗址的首次发掘即将二里头遗址的文化遗存分为早、中、晚三期[9]。70年代初,由于一号宫殿的发掘又发现了较以前分期更晚的遗存,随之提出了二里头文化的四期划分方案[10]。随着田野工作的广泛开展,二里头文化分期的四分法逐步得到了学术界的广泛认同,新版的田野考古报告以此为基础将二里头文化的四期又细分为早晚段[11]。

中原核心区的文化谱系研究中始终有一个热点,即有关"新砦期"的热烈讨论,并

---

[1] 严文明:《略论仰韶文化的起源和发展阶段》,《仰韶文化研究》,第122—165页,北京:文物出版社,1989年。
[2] 学术界对于严文明先生对中原地区仰韶文化前三期的划分并无异议,但也有相当数量的研究者主张将仰韶文化第四期的"谷水河类型"划入到龙山文化早期的范畴。
[3] 孙祖初:《秦王寨文化研究》,《华夏考古》1991年第3期,第64—78页。
[4] 河南省文物研究所、中国历史博物馆考古部:《登封王城岗与阳城》,北京:文物出版社,1992年。北京大学考古文博学院、河南省文物考古研究所:《登封王城岗考古发现与研究(2002—2005)》,郑州:大象出版社,2007年。
[5] 中国社会科学院考古研究所河南二队:《河南临汝煤山遗址发掘报告》,《考古学报》1982年第4期,第427—475页。
[6] 韩建业、杨新改:《王湾三期文化研究》,《考古学报》1997年第1期,第1—21页。
[7] 董琦:《虞夏时期的中原》,北京:科学出版社,2000年。
[8] 赵春青:《中原龙山文化王湾类型再分析》,《洛阳考古四十年》,第95—115页,北京:科学出版社,1996年。
[9] 中国科学院考古研究所洛阳发掘队:《1959年河南偃师二里头试掘简报》,《考古》1961年第2期,第82—85、81页。
[10] 中国科学院考古研究所二里头工作队:《河南偃师二里头早商宫殿遗址发掘简报》,《考古》1974年第4期,第234—248页。
[11] 中国社会科学院考古研究所:《二里头(1999—2006)》,北京:文物出版社,2014年。

形成了诸多不同的意见,开启了探索二里头文化来源的谱系研究的独特视角。有关这一方面的具体内容将在本书的相关章节中详细讨论。

值得注意的是,一些研究者已经注意到了中原地区的内部区域性差异,并尝试从区域间比较的角度探索二里头文化二里头类型的形成过程与中原不同区域间的文化交流互动的关系,本书对文化谱系的讨论也基本遵循这一思路[①]。

第二,聚落形态的研究。

有关中原核心区聚落形态的研究主要从宏观和微观两个视角展开。

宏观聚落形态的研究主要考察不同规模的聚落群内部的聚落之间的等级关系,使用的材料主要是不同聚落的性质和面积数据,并参考其他可以说明聚落等级的发掘材料。研究者或立足于区域系统调查的材料,将研究范围限定在小流域之内,如前述洛阳盆地、伊洛河下游地区的区域系统考古调查及相应的研究成果;或将研究的视角置于整个中原的范围,利用已有的调查材料讨论不同时期聚落群的空间分布的变动和等级分化的演变[②]。

宏观聚落形态研究中,中原地区普遍发现的龙山文化城址受到了特殊关注,多有研究者撰文从宏观聚落形态分析的角度研究这些城址的功能和性质。如钱耀鹏研究城址在不同聚落群中的空间位置,提出"扇形聚落群结构"的观点[③];赵辉、魏峻则通过比对聚落群中城址与其他聚落的规模差异的变化,提出中原地区国家形成的特殊方式[④]。除了对城址的研究外,对整个中原地区宏观聚落形态的研究也较多,研究者普遍注意到嵩山南北聚落群发展上的差异性。但对这种差异的理解却有分歧。赵春青认为中原地区的龙山聚落存在以伊洛平原为主体,其他区域为次级的"主从式聚落结构"[⑤];方燕明[⑥]、王立新[⑦]和许宏[⑧]等认为嵩山南北存在对峙情况,二者是对峙的关系

[①] 德留大辅:《二里头文化二里头类型的地域间交流——初期王朝形成过程中的诸问题》,《中国考古学(第四号)》,第79-110页,福冈:日本中国考古学会,2004年。
[②] Li Liu, "Settlement patterns, chiefdom variability, and the development of early states in North China", *Journal of Anthropological Archaeology* 15(1996)。张海:《ArcView地理信息系统在中原地区聚落考古研究中的应用》,《华夏考古》2004年第1期,第98-106页。
[③] 钱耀鹏:《中原龙山城址的聚落考古学研究》,《中原文物》2001年第1期,第29-39页。
[④] 赵辉、魏峻:《中国新石器时代城址的发现与研究》,《古代文明(第一卷)》,第1-34页,北京:文物出版社,2002年。
[⑤] 赵春青:《郑洛地区新时期时代聚落的演变》,北京:北京大学出版社,2001年。
[⑥] 方燕明:《颍河上游早夏文化遗存的聚落形态考察》,《庆祝张忠培先生七十岁论文集》,北京:科学出版社,2004年。
[⑦] 王立新:《从嵩山南北的文化整合看夏王朝的出现》,《二里头文化遗址与二里头文化研究》,北京:科学出版社,2006年。
[⑧] 许宏:《嵩山南北龙山文化至二里头文化演进过程管窥》,《中原地区文明化进程学术研讨会论文集》,第212-222页,北京:科学出版社,2006年。

而不是主从的关系,王湾三期文化时期并不存在一个文化中心,直至二里头文化的崛起,才形成了单中心、凝聚式的聚落布局结构。二里头文化时期宏观聚落形态的研究基本上认同中原地区二里头聚落存在多级"中心"和"次中心"的主从式结构特征,也认同二里头遗址的"都邑"性地位。

微观聚落形态的研究相对较为薄弱,主要是从单个聚落的角度出发,立足于对中心聚落或城址的田野发掘工作,通过对聚落内部遗迹的年代、功能和空间分布的考察,探索单个社群内部的组织结构和社会关系。其中,中心聚落形态的研究以二里头遗址的城市考古和聚落考古工作为代表[1],其他中心聚落的研究以围绕王城岗遗址的功能性的讨论为代表[2]。除了城址和中心聚落之外,对不同时期墓地、墓葬以及居葬关系的研究也是微观聚落形态的重要组成部分。

第三,国家与文明起源的指导理论。

有关中原地区国家与文明起源的指导理论主要有如下四个:1. 酋邦理论,源自西方文化人类学,以多元进化理论为基础,强调人类社会的文明演进形态的阶段性变化,以分级管理机构的复杂程度定义社会复杂化程度,又有"简单酋邦""复杂酋邦"的差异;2. 苏秉琦提出的"古国—方国—帝国"三阶段论和"原生型""次生型""续生型"的三模式论,其中中原地区为"次生型"文明的代表;3. 严文明的"重瓣花朵"理论,即文明的多元一体格局论;4. 赵辉的"以中原为中心历史发展趋势"论,即强调国家与文明起源过程中的中原中心地位形成与发展的过程。

(二) 存在的问题

目前为止,尽管学术界有关中原核心区的文明和早期国家起源的研究已经广泛开展并取得了上述丰硕的成果,但仍然存在一些问题。

第一,区域性差异。

对中原核心区的区域性差异及文化与社会变动的复杂性认识不足。中原各地地貌环境和相应自然资源的差异导致了不同区域间文化、社会和生业经济的差异和发展的不平衡。虽然已有研究者指出仰韶到龙山文化时期的嵩山南北或中原东西之间存在考古学文化类型上的差异,但这种概括仍嫌粗略。已有的考古材料表明,中原核心区基于不同河流流域的相对独立的小区域地理空间才是相对完整的文化和社会发展的基本单元。只有在对这些小区域间的差异和对比研究以及对它们之间长时段的

---

[1] 许宏等:《二里头遗址聚落形态的初步考察》,《考古》2004 年第 11 期,第 23 - 31 页。
[2] 董琦:《王城岗城堡遗址分析》,《文物》1984 年第 11 期,第 69 - 72 页。钱耀鹏:《中原龙山城址的聚落考古学研究》,《中原文物》2001 年第 1 期,第 29 - 39 页。马世之:《登封王城岗城址与禹都阳城》,《中原文物》2008 年第 2 期,第 22 - 26 页。

互动关系的考察基础上,才能搞清整个中原核心区不同时期的文化演变与社会变革的整体脉络及其文明和早期国家起源的特殊过程。然而,遗憾的是目前这种基于不同小流域的区域考古对比研究还十分缺乏。

第二,长时段不均衡。

缺乏对中原核心区仰韶到二里头文化的长时段历史发展过程的连续性和波动性的关注。由于受到学科划分的限制,以往的研究或从三代文明特质的角度出发采用溯源式的方法讨论二里头早期国家文明形态的起源过程和起源机制,或从新石器时代的文化谱系梳理和聚落形态演变的角度出发讨论中原地区史前社会的复杂化过程。少有研究能够打通新石器到青铜时代早期,将其作为一个连续的历史过程进行讨论。另一方面,已有的考古材料表明,中原地区仰韶文化到二里头文化的历史过程并非均衡发展的模式,尤其是从仰韶文化晚期开始,至青铜时代早期,文化与社会发展出现过至少两次重大的波动,即公元前2900年前后(大汶口文化西进与屈家岭文化北渐)和前1800年前后(新砦期遗存的闪现),且均伴随着大范围内的人口迁徙和社会动荡。遗憾的是目前少有研究能够将这两次波动所带来的社会调整与变革进行长时段的关联,进而阐明其对中原早期国家和文明起源的重大影响。

第三,不同尺度上的社会单元与社会结构。

尽管中原地区开展了大量的宏观和微观聚落形态研究,然而仍然缺乏考古学上有效观察社会组织结构的基本方法,致使研究趋于碎片化。究其原因,主要在于研究尺度上的错位。一方面,中原地区进入龙山时代之后,社会结构趋于分散,在龙山聚落中鲜有仰韶聚落严整的规划结构和完整的居葬形态,研究常常无处下手,很大程度上限制了研究者对最小社会组织结构的观察和认识。另一方面,小区域之间的差异性十分显著,传统的考古类型学地域划分的方法受到挑战,争论激烈,宏观聚落形态的研究难以在不同区域间实现有效整合。中原地区自仰韶文化晚期以来小区域(小流域)成为一级重要的社会组织的基本单元,并对中原社会的整体运作至关重要,然而这一尺度上的研究并未得到足够的重视。

四、研究方法

(一) 现有的研究方法

综合来看,考古学研究中原地区早期国家与文明起源大致有两种基本方法:考古学文化谱系与历史文献记载的对应;通过聚落形态研究探索社会结构。

1. 考古学文化谱系的梳理与历史文献记载的对应研究

考古学文化谱系研究又称作"文化史"研究,是对不同考古学文化的发展演变脉络以及在这一过程中不同考古学文化之间的交互作用关系的综合研究。梳理考古学文化,在分期分区基础上划分类型,是文化谱系研究的核心。

在文明起源研究中,构建各地考古学文化谱系是一项基础性的重要工作。我们对任何考古遗存的理解首先必须置于正确的时空框架内。在缺乏系统文献史料编年的情况下,考古学文化谱系研究的成果是搭建各地史前史基本时空框架的最有效手段。从这个意义上讲,考古学文化谱系是史前年代学研究的基础和目标。同时,考古学文化谱系研究也是理清各地考古学文化的发展脉络和相互关系的有效手段,是文明起源研究的基础。前代学者们在文化谱系研究基础上提出的中国文明起源的"多元一体"特征[1]和中国文明"三段论""三模式"等都是在文化谱系研究基础上的重要成果[2]。

中国有关于古史传说时代的丰富史料,虽然这些"古史"资料需要仔细甄别,但是徐旭生先生豫西调查"夏墟"的实践证明,系统梳理考订后的文献可以作为有效线索,帮助我们抓住关键地区,有重点地开展考古工作。

2. 聚落形态研究

考古学的聚落形态研究在我国很早就已开始实践,但直到20世纪80年代才得到进一步的发展[3]。尽管学术界对于聚落考古和聚落形态有着不同的定义,但是大家都认为聚落考古是考古学研究社会关系的有效手段。

聚落考古研究首先要有层次性。聚落考古研究中,张光直强调"聚落单位的整理、聚落布局、同时诸聚落在较大区域内之联接和聚落形态的变迁"是聚落考古研究的四个不同层次的具体内容[4]。严文明也指出聚落考古有三个方面的内容:"(一)单个聚落形态和内部结构的研究,(二)聚落分布和聚落之间关系的研究,(三)聚落形态历史演变的研究。"[5]

聚落考古研究空间布局,但也注重时间变化。张光直强调了聚落考古研究中不同聚落单元"共时性"的确定和"历时性"的演变[6]。严文明则着重强调了聚落与遗址的差别,指出"研究聚落之间的关系,首先要确定聚落的年代"[7]。

聚落形态研究的优势在于能够从长时段的角度讨论聚落的发展演变及规律性,进而探讨不同社会的复杂化道路和文明演进的不同轨迹。也正基于此,近年来越来

---

[1] 严文明:《中国史前文化的统一性和多样性》,《文物》1987年第3期,第38-50页。
[2] 苏秉琦:《国家起源与民族文化传统》(提纲),《华人·龙的传人·中国人》,第132-134页,沈阳:辽宁大学出版社,1994年。
[3][5][7] 严文明:《聚落考古与史前社会研究》,《走向21世纪的考古学》,第104-122页,西安:三秦出版社,1997年。
[4][6] 张光直著,胡鸿保等译:《考古学中的聚落形态》,《华夏考古》2002年第1期,第61-84页。张光直:《谈聚落形态考古》,《考古学专题六讲》,第74-93页,北京:文物出版社,1986年。

越多的国内学者开始通过聚落考古研究的方法探讨各地社会复杂化过程和文明起源,并取得了很大的成效。

(二) 本项研究的方法和目标

基于中原地区考古材料自身的特点,"小区域(小流域)"是中原社会早期国家和文明起源过程中被忽视的一级重要的社会组织单元,因此本书将重点以小流域为基本研究单元,首先在不同小流域分别进行"区域式"的研究,然后在更大范围内讨论不同区域间的差异,并进行逐级地整合。具体的研究将主要包括两个方面:

1. 考古学文化谱系的梳理与编年

首先在各个小流域范围内,建立起各自新石器时代晚期至青铜时代早期(仰韶文化至二里头文化早期)的文化发展序列。进而讨论各小流域间文化序列的对应关系以及小区域间的交流互动。结合各流域有效系列碳14测年数据综合提出中原核心区早期国家和文明起源过程的整体时空框架,并依据区域间的文化发展的不平衡性等特征,讨论周边考古学文化的影响以及区域互动对二里头文化形成的作用。

文化谱系研究中,有两个关键时段将被特别关注。公元前3500年前后的仰韶向龙山文化的过渡和公元前1800年前后的龙山向二里头文化的过渡(所谓"新砦期")。

2. 聚落形态研究

聚落形态研究将以小流域为单元,分别从宏观聚落形态和微观聚落形态两个角度展开。再逐级进行归纳整合。宏观聚落形态将重点考察不同时期人口规模的变化和聚落等级结构的状况,从而评估不同小流域在不同时期的社会复杂化程度以及流域之间的互动关系。微观聚落形态将利用居址和墓葬两部分的基本资料,重点分级考察单个聚落内部基本社会单元的规模和社会组织、聚落内部的功能性区划和单个聚落结构所反映的社会组织及社会关系。

最终,聚落形态研究将从聚落内部、聚落群和聚落群之间三个层次归纳整合,讨论中原核心区仰韶至二里头文化不同时空尺度上所观察到的社会组织结构和社会关系的变化。

总之,研究中原核心区的国家和文明的起源是一项长远而艰巨的工程,需要我们在长期的资料积累中不断更新认识并不断取得进步。本书力图综合考古学文化谱系和聚落演变研究,从文化与社会变迁的视角出发,为全面阐释中原核心区新石器时代晚期至青铜时代早期的国家和文明起源关键历史发展时期的社会复杂化过程提供线索,并尝试初步阐释中原地区早期国家和文明起源的特殊模式和进一步研究探索这一模式的有效方法。而考古学研究社会复杂化过程、文明起源和早期国家的形成都应该具有开放的理论架构和灵活的操作形式,从而保证研究工作的时新性和长期性。

第二章　地理地貌和区域划分

一、中原核心区的地理地貌

本书论及的中原核心区专指河南省的中西部,北至黄河以北太行、王屋山南麓,西以崤山与三门峡为界,南至伏牛山以北,东到焦作、郑州、许昌、漯河一线的豫东平原西部。该区天下居中,是联系东西南北交通的要地,也是八方文化辐辏之地,地理位置十分重要。

中原核心区地处秦岭东端余脉,为我国地理第二阶梯向第三阶梯的过渡地区,地势西高东低,地形地貌复杂多样。根据地质学的研究,河南的地貌轮廓和山川大势基本形成于晚更新世。进入全新世以来,除了黄河不断改道带来古冲积扇的发育和发展之外,基本山川地貌没有大的改变①。

从人地关系的角度看,中原核心区的地理地貌有如下重要特点:(图2-1)

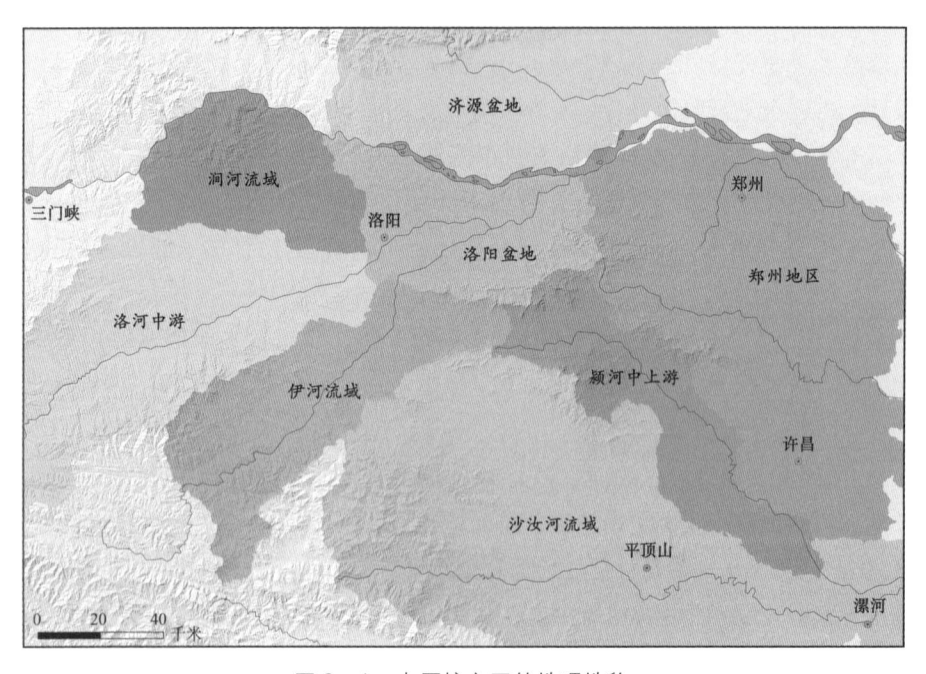

图2-1　中原核心区的地理地貌

---

① 张光业:《河南省第四纪古地理的演变》,《河南大学学报(自然科学版)》1985年第3期,第11-22页。

1. 多山多川　山水相间

本区山地多呈扇状展开：太行、王屋二山呈西南东北走向，是本区的最北界。最南部是作为秦岭余脉的伏牛山，呈西北东南走向，也是分割黄河、长江水系的重要分水岭。崤山位于本区西部，为西南东北走向，并一直延续至黄河边，继而转向东，高度下降并延伸至河洛之间，形成邙山。熊耳山和外方山位于中部偏西，均呈西南东北走向。嵩山及其余脉具茨山以及箕山则位于本区的中北部，大体呈西北东南走向。

在各山脉之间均有较大的河流：黄河位于北部太行、王屋山与南部诸山之间，崤山与熊耳山之间为西南东北流向的洛河，熊耳山与外方山之间为西南东北流向的伊河，嵩山与箕山之间是西北东南流向的颍河，而伏牛山与外方山和箕山之间则是自西向东流的沙汝河，颍河与东部的双洎河之间以嵩山相隔，而西部的涧河与黄河也以邙山为界。

这些处于山脉之间的河流谷地常与山间盆地相连，地势较低。其中有洛河中游的宜洛盆地，伊河中游的嵩县盆地、伊川盆地，伊洛河流域的洛阳盆地，颍河上游的登封盆地，汝河中游的临汝盆地以及沁河流域的济源盆地等。这些盆地内部河谷两侧或分布有发达的晚更新世黄土堆积，或在晚更新世至全新世河流冲积、洪积层上形成发达的一、二级阶地。这些山间盆地既相对独立，又能通过河流与外界交往，十分便利于古人类的生活，因此盆地内沿河的黄土塬或河流阶地上常有古文化遗址发现。

2. 河网密布　水系发达

中原核心区的河流主要分属两大水系：黄河水系和淮河水系。

其中属于黄河水系的河流位于嵩山的西北部，主要是黄河以北的沁河和黄河以南的伊、洛河。沁河源于王屋山，向东南注入黄河，其下游有较大支流蟒河。洛河源于陕西华山南麓，伊河源于伏牛山北麓，两条河流均自西南流向东北，交汇于偃师后称伊洛河，并注入黄河。洛河下游有源自三门峡的较大支流涧河，伊河下游有源自嵩山的大型支流白降河。

属于淮河水系的河流均位于嵩山的东南部，主要有源自嵩山东麓的贾鲁河、双洎河，源自嵩山南麓的颍河和源自伏牛山北麓和外方山东麓的沙河和北汝河。这些河流均自西北流向东南，共同汇入淮河。

以上河流均有发达的一、二级支流，共同组成了密布的河网系统。一方面，这些河网系统内部不同水系之间的分水岭多由浅山构成，便于交通。比如黄河水系的伊河支流白降河与淮河水系的颍河均源于嵩山南麓，并在登封颍阳处相通；伊河上游杜康河等支流与淮河水系的北汝河也在汝阳等处相通。另一方面，这些黄淮水系的河流同时也是联系中原与周边地区的交通要道。据一些学者的总结，《禹贡》及一些青铜铭文中所记载的"金道锡行"即与这些黄淮水系有着密切的关系①。

总之,中原核心区由各河流组成了发达的内外交通、物流的网络系统,十分便利于文化的交往与融合。从已有的考古调查资料看,中原核心区的史前遗址均沿河流分布,形成类似于"葡萄串"般的聚落分布模式。一些研究者在研究王湾三期文化时提出了以嵩山为界,南北有别的类型划分方案②。这种考古学研究的成果恰好与本区地理上的黄河水系和淮河水系的划分一致,反映出不同周边文化背景影响下的中原文化区内部的差异,其中河流水系的沟通作用不言而喻。

3. 地貌复杂多变

中原地区基本地貌类型由山地丘陵、黄土丘陵和平原三类组成。区内地势起伏较大,西部山区海拔多有1500米以上,东部低山丘陵海拔不过800米。西部相对高度500－1000米以上,山势陡峻,但也发育有平坦的山间河谷;东部相对高度200－800米,地势相对低缓,河谷开阔③。

如果从农业自然区划来看,各地亦有较大差别。伊洛河流域黄土丘陵盆地多黄土塬,河川海拔200米左右,两侧阶地和黄土塬高出河床20－60米。黄土质地均匀,富含碳酸钙,适宜于旱作农业。双洎河、颍河和北汝河流域,河流普遍有两级阶地,但相对河床高度不高,其黄土堆积多属于洪坡积次生褐土类的立黄土,土壤肥力较高,适合多种作物的种植④。

不同的地貌景观也带来了各地气候的差异。总体来讲,中原各地均属于暖温带半湿润半干旱气候,气候特征是四季明显,旱涝灾害交替发生。但西部洛河流域和中部洛阳平原地区略温凉干旱,属于温和温凉半干旱地区;东部贾鲁河、双洎河和南部颍河、沙汝河流域则略温暖湿润,属于温和半湿润半干旱地区⑤。从降水特征看,南部地区年降水量700毫米以上,明显高于北部地区的500－650毫米⑥。而一些山口的圈椅式和喇叭口式地形还容易造成小区域的暴雨发生⑦。

已有的考古材料表明,中原核心区仰韶到二里头文化时期各地文化发展和经济

---

① 刘莉、陈星灿:《中国早期国家的形成——从二里头和二里岗时期的中心和边缘之间的关系谈起》,《古代文明(第一卷)》,第71－134页,北京:文物出版社,2002年。
② 董琦:《虞夏时期的中原》,第22－28页,北京:科学出版社,2000年。韩建业、杨新改:《王湾三期文化研究》,《考古学报》1997年第1期,第1－21页。赵春青:《中原龙山文化王湾类型再分析》,《洛阳考古四十年》,第95－115页,北京:科学出版社,1996年。
③ 周华山:《豫西中部山地区的地貌与国土整治》,《河南大学学报(自然科学版)》1986年第1期,第33页。
④⑤ 全石琳、司锡明:《河南省农业综合自然区划》,《河南师范大学学报》1980年第2期,第67－95页。
⑥ 李克煌:《论豫西山地区的水分平衡和气候干燥度》,《河南大学学报(自然科学版)》1985年第1期,第4页。
⑦ 施其仁:《伊洛河流域暴雨主要特征及其成因分析》,《河南师大学报》1983年第1期,第43－49页。《淮河上游地形对大暴雨的影响》,《河南大学学报(自然科学版)》1997年第1期,第63－69页。

类型存在较大的差异,这应与上述中原各地地貌和环境的复杂多变有一定关系。

以上中原核心区地理地貌的特点表明,各地诸多半封闭式的山间盆地、河谷平原构成了适合古人类生息繁衍的独立地理小单元。这些小地理单元以河流相沟通,且相互之间的地貌环境都有差异,其考古学文化和经济类型也有所不同。这种复杂的小地域性的差异决定了我们在讨论中原核心区早期国家和文明起源时首先要在各个小地理单元的层次上开展,然后再进行区域间的对比和整合。

二、小区域的划分和地理概况

我们按照不同河流流域将中原核心区划分为以下八个区:

(一) 黄河流域

1. 洛阳盆地

洛阳盆地是指嵩山以西,黄河以南,伊、洛河下游以洛阳为中心的冲积平原,包括洛阳、偃师、巩义以及宜阳、伊川的部分地区。该区地处豫西中心,四面环山:北依邙山,南对伊阙,东靠嵩山,西临崤山。伊河与洛河在此交汇形成伊洛河。盆地内部地势平坦开阔,交通便利。东北经巩义与郑州地区相连,东南通过伊河及其支流白降河、杜康河等与颍河、沙汝河相通,西北沿涧河、黄河可达三门峡地区。整体上看,洛阳盆地处于中原中心,既相对独立又四通八达,地理位置相当优越。二里头文化的中心遗址二里头、稍柴均位于此,这里是早期国家的核心地带。(图2-2)

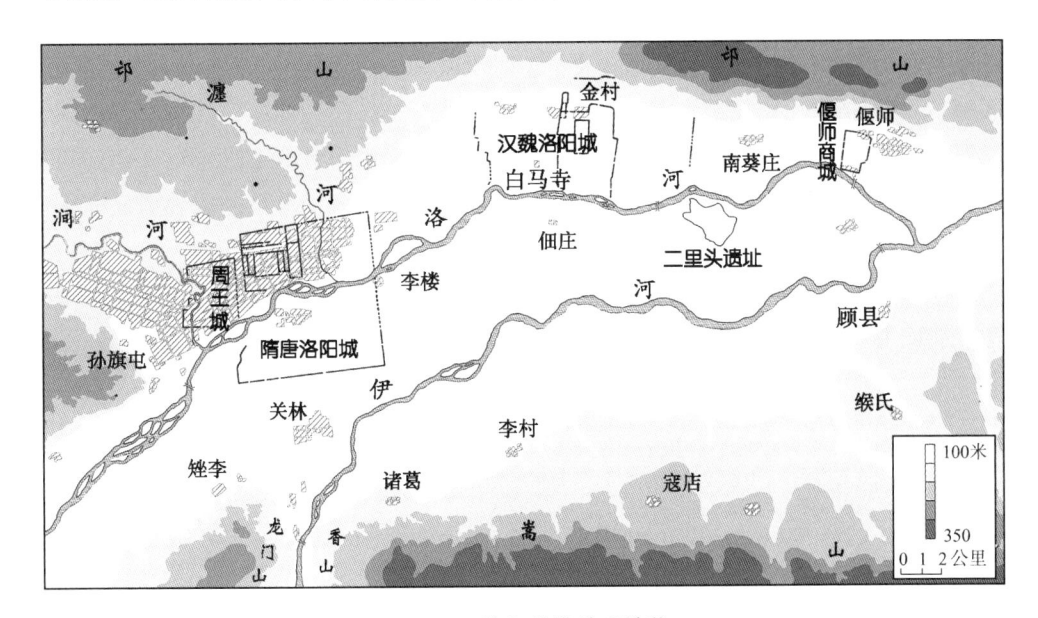

图2-2 洛阳盆地地理地貌

洛阳盆地的水系以伊河和洛河为主干,并汇入各小支流。其中较大的支流有洛河下游的瀍河和涧河。伊、洛、瀍、涧构成了洛阳盆地四条主要河流,均属黄河水系。根据地质学和考古学的综合研究,全新世以来,洛阳盆地河道呈规律性变化:洛河河道不断北移,伊河河道不断向东加长,且河床不断南北摆动,最终导致伊、洛河交汇处不断东移[①]。另外,通过对寺河南剖面的软体动物化石研究,表明在仰韶至二里头文化时期,洛阳盆地经历过气候的变化,在气候温暖时期,应该有一定范围的湖沼分布[②]。

该区属暖温带大陆性半湿润气候,现在年均气温 14.2 – 14.7 ℃,年均降水量 532.3 – 685.4 毫米,全年日照 2 148.7 小时,无霜期 207 – 226 天[③]。盆地内西高东低,西部最高海拔 400 米,东北最低海拔 100 米。按地貌类型和区域可大致将盆地分为三部分:北部为邙山丘陵区,中部为伊、洛河冲积平原,南部为黄土残塬。各区均分布有大量古文化遗址:

北部邙山丘陵区。该区主要位于孟津境内,74.8%由邙山组成。邙山地势西高东低,南接伊洛河谷地,北至黄河,主要地貌由黄土台塬组成。其中西南部为黄土丘陵,海拔 300 – 400 米;东部为黄土塬,海拔 200 – 230 米,高出河面 50 – 100 米。北部黄河和南部洛河在此均形成发达的一、二级台地[④]。该区较大支流有注入洛河的涧河和源自邙山的瀍河,另外还有一些向北注入黄河的小型支流,如图河等。考古调查发现的部分遗址即分布在这些支流两侧的阶地上,另一部分则分布在黄河故道的南岸阶地上。

中部伊、洛河冲积平原。该区主要位于洛阳市和偃师地区,冲积平原由洛河北侧平原、伊河南侧平原以及伊洛夹河平原组成。现代环境监测表明,该区现在东部西部气温、日照、无霜期均无大的差异,但东部偃师地区的降水明显少于西部[⑤]。研究表明该区遗址集中分布在伊、洛河及其支流古河道的两岸阶地上。另有迹象表明,洛河中游宜阳韩城以下遗址分布也与该区有密切的联系。

南部黄土残塬。该小区位于偃师境内,主要是嵩山北坡山前丘陵,黄土堆积较发达。遗址主要分布在源自嵩山的马涧河、桑沟河、刘涧河等伊河支流两岸的黄土残塬

---

① 许天申:《洛阳盆地古河道变迁初步研究》,《河南博物院落成暨河南省博物馆建馆 70 周年纪念论文集》,第 138 – 141 页,郑州:中州古籍出版社,1998 年。
② 梁亮、夏正楷、刘德成:《中原腹地距今 5 000 – 4 000 年间古环境重建的软体动物化石证据》,《北京大学学报(自然科学版)》第 39 卷第 4 期,第 532 – 537 页,2003 年。
③ 洛阳市地方史志编纂委员会:《洛阳市志》,第 172 – 175 页,郑州:中州古籍出版社,2000 年。
④ 河南省孟津县地方史志编纂委员会:《孟津县志》,第 81 – 82 页,郑州:河南人民出版社,1991 年。
⑤ 李克煌:《论豫西山地区的水分平衡和气候干燥度》,《河南大学学报(自然科学版)》1985 年第 1 期,第 1 – 10 页。另根据《洛阳市志》和《偃师县志》的记载,两地年均降水量分别为 601 和 535 毫米。

上。地形地貌以及遗址分布规律均与巩义地区近似。

位于盆地西北的巩义市地区,连接郑州地区的伊洛河流域也属于广义上的洛阳盆地范围。这里地处嵩山北麓与黄河之间,南北狭窄,东西狭长,"东临虎牢关,南屏环辕关,西据黑石关,北濒黄河天堑"①,形成山河之间的"走廊"地带,自古以来即是沟通东西的交通要道。(图2-3)

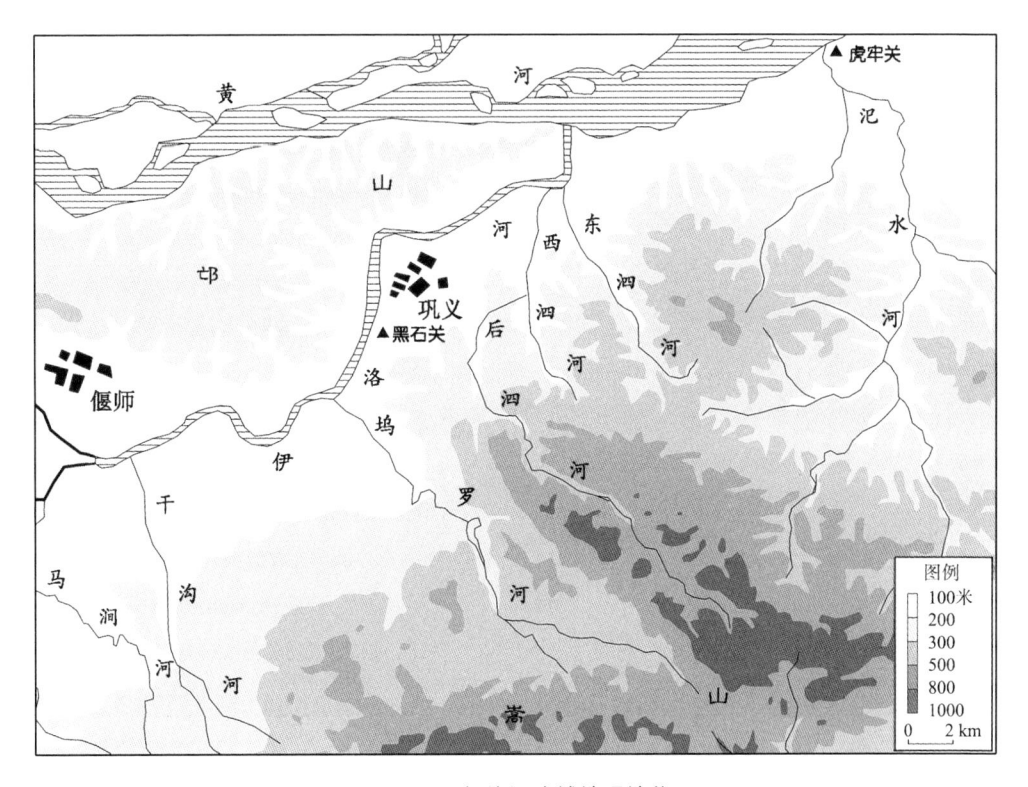

图2-3 伊洛河流域地理地貌

该区南高北低,地势从海拔近1 000米的嵩山北坡逐渐过渡到海拔只有120米左右的伊洛河冲积平原。嵩山北坡堆积有晚更新世形成的黄土堆积,多为冲积、洪积而成的亚砂土,并常见有黑色古土壤层分布。这些黄土塬被诸多源于嵩山的季节性河流切割成黄土梁和U形谷地,形成残塬地貌②。

伊河、洛河于黑石关合流后形成伊洛河,自西南向东北注入黄河,构成了本区的

---

① 巩县县志编纂委员会:《巩县志》,第1页,郑州:中州古籍出版社,1991年。
② 巩县县志编纂委员会:《巩县志》,第69-72页,郑州:中州古籍出版社,1991年。张光业:《河南省第四纪古地理的演变》,《河南大学学报(自然科学版)》1985年第3期,第17页。

主干水系。伊洛河的支流均源于南部嵩山,自西向东主要有干沟河、坞罗河、后寺河、西泗河(即《水经注》记载的"涧水")和东泗河。这些河流自南而北形成多个连续的冲积平原,均有发达的多级阶地。考古发现的古代文化遗址绝大多数即在伊洛河南岸以及各支流两岸的一、二级阶地上沿河呈"串状"分布。

2. 洛河中游

洛河中游地区指洛河流经的洛宁、宜阳县的部分地区。该区是一个相对封闭的地理单元,熊耳山位于其南部,崤山位于其北部,两座西南东北走向的大山形成两道大的地理屏障阻碍了南北方向的交流,形成了洛河中游"宜(宜阳)洛(洛宁)盆地"。盆地上缘渐趋狭窄,但仍能通过洛河与上游的卢氏盆地联系,并进一步与汉水流域沟通,其下游逐渐开阔,与洛阳盆地相接,是对外联系的主要方向。(图2-4)

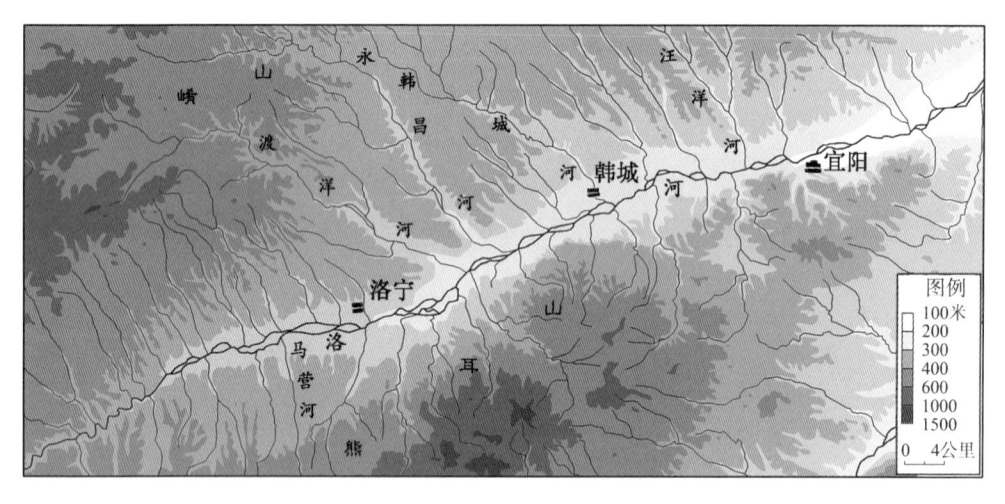

图2-4 洛河中游地区地理地貌

该区为典型的大陆性季风气候,四季分明,现在年平均气温13.7 ℃,年均降水量613.6毫米,全年日照2 217.6小时,无霜期216天[1]。

洛河中游地貌有山地、丘陵和山涧河川地三种类型。地势由西北向东南倾斜。西部洛宁县山多河窄,山地面积占69%,丘陵平原为22.3%,河川地只占8.7%,有"七山二原一分川"之说[2]。东部宜阳县河谷渐宽,山地比例减少为27.9%,丘陵盆地比例增加为59%,河川地为13.1%,也有"三山六丘一分川"之说[3]。

---

[1] 洛宁县志编纂委员会:《洛宁县志》,第1页,北京:生活·读书·新知三联书店,1991年。
[2] 洛宁县志编纂委员会:《洛宁县志》,第1页,北京:生活·读书·新知三联书店,1991年。
[3] 河南省宜阳县地方志编纂委员会:《宜阳县志》,第1页,北京:生活·读书·新知三联书店,1996年。

在各种地貌类型中,黄土台塬十分发达。这些台塬海拔 400－500 米,黄土层厚,主要由中更新世离石、午城黄土组成,多分布于河谷两侧阶地的后缘,与浅山相接。塬前坡地也有少量马兰黄土,垂直节理明显,常夹杂有古土壤层。

洛河河谷宽阔,为该区主干河流。其支流均源于南北两侧的熊耳山、崤山,形成"羽状"水系。其中大型支流位于洛宁境内的主要有陶峪河、马营河、底张河、渡洋河等,共 30 条;宜阳境内的主要有连昌河、韩城河、汪洋河、水兑河等,共 27 条。

这些支流将山前黄土塬切割成数块,河谷深 20－30 米。考古发现的多数古文化遗址即分布于洛河与其支流交汇处的黄土塬的前部近支流一侧。

从地形地貌和考古调查发现遗址的分布位置看,可将本区划分为两个小区:

以洛宁为中心的中上游:该区包括洛宁和宜阳的部分地区,山地和黄土塬十分发达,河流阶地狭窄。黄土塬面平坦宽阔,由洛河支流切割成著名的"五塬"。其中洛河以南的有"赵村塬""谷圭塬"和"王村塬",洛河以北的有"官庄塬"和"大明塬"[1]。考古发现的遗址绝大多数即分布在这些黄土塬的前缘,海拔均在 300 米以上。

以宜阳为中心的中下游:该区位于宜阳境内。洛河出韩城以后河谷更宽,形成广阔的冲积平原,河流一、二级阶地宽阔,只在近上游一侧有零星黄土塬分布。该区发现的古文化遗址有相当数量集中在洛河的一、二级阶地上,海拔明显较洛宁地区低,海拔均在 300 米以下。

3. 伊河流域

伊河流域指伊河及其支流流经的河谷盆地和冲积平原,包括嵩县、伊川的大部分地区以及登封、汝州的一小部分。该区四面环山,熊耳山与伏牛山相连绵亘于西,外方山、箕山、嵩山自南而北并排于东。伊河及其支流贯穿于熊耳山与伏牛山、外方山和嵩山之间,形成宽阔的河谷和狭隘的山口,其中东北部熊耳山与嵩山余脉隔河相对形成伊阙,是本区通往洛阳平原的咽喉要塞。西、北部伏牛山和熊耳山地势险峻,隔断了与洛河中游的交通,但东、南部伊河支流流经嵩山、箕山和外方山之间的山谷可与颍、汝河相通,是沟通黄淮水系的交通要道。(图 2－5)

该区属暖温带大陆性气候,现在年平均气温 14.5 ℃,年均降水量 633.4 毫米,全年日照 2 251.5 小时,无霜期 210 天[2]。地貌由山地、丘陵和平原组成,西高东低。西部嵩县主要是高山和峡谷,只有嵩县盆地有开阔的河谷平原。东部伊川主要由浅山、丘陵和平原组成,海拔 250－400 米的丘陵和 250 米以下的河谷冲积平原面积广阔。

---

[1] 洛宁县志编纂委员会:《洛宁县志》,第 59－60 页,北京:生活·读书·新知三联书店,1991 年。
[2] 李耀增:《伊川县志》,第 49 页,郑州:河南人民出版社,1991 年。

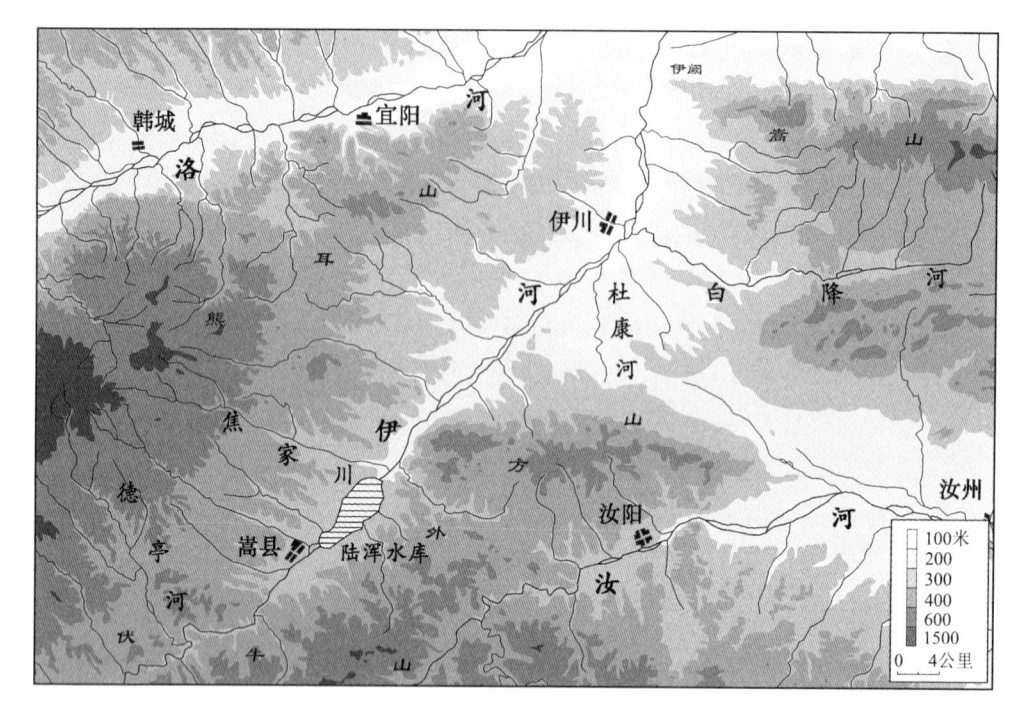

图 2-5　伊河流域地理地貌

伊河源于伏牛山,自西流向东南,过伊阙进入洛阳盆地,与洛河交汇。伊河河谷宽阔,两岸有众多源于伏牛山、熊耳山、外方山、箕山、嵩山的支流注入,形成"羽状"水系。其中上游嵩县境内的有大章河、德亭河、泥河、焦家川河等大型支流,下游有顺阳河、杜康河、永定河、白降河等大型支流。

从地形地貌和考古遗址的分布看,伊河流域可分为三个小区域:

伊川盆地:位于伊河中下游的伊川境内。该小区多浅山丘陵,有黄土堆积。伊河下游向两岸频繁摆动,形成宽阔的河谷,源于两侧山脉的大小支流汇入伊河,共同形成广阔的冲洪积平原,河流两岸阶地均较发达。考古发现的遗址多数分布在伊河与其支流交汇处近支流一侧的一、二级阶地上。该区东南部杜康河(《水经注》称作"康水")和永定河等支流通过伏牛山与箕山间山谷可与北汝河上游相通,是联系伊河与北汝河的交通要道。

白降河流域:位于伊川县江左乡境内。白降河在《水经注》中被称作"大狂水",源自嵩山南麓,自东向西注入伊河,是伊河最大的一条支流。该河流于嵩山与箕山山谷之间,形成较宽阔的河谷冲积平原,河流两侧均有发达的一、二级阶地,考古发现的遗址即分布在白降河及其支流两岸的阶地上。白降河源头与颍河源头仅隔一道海拔不过 500 米的浅山分水岭,是联系伊河与颍河的交通要道。

嵩县盆地：位于伊河中上游的嵩县境内。该小区以山地和河谷为主要地貌,但在嵩县附近陆浑地区有形成于第四纪的广阔山间盆地,伊河在此冲积成宽2-3.5公里的河谷平原。现今该地已修建陆浑水库,淹没了河谷平原的大部分地区。该区四面环山,但也有一些小支流,如九店河可与北汝河上游沟通。考古发现的遗址多数分布在嵩县盆地伊河河谷平原的两侧,但现多已被水库淹没。另外还有一些遗址分布在海拔更高的伊河支流如大章河、德亭河等沿河两岸。

4. 涧河流域

涧河流域指洛河下游支流涧河的中上游地区,包括渑池、义马、新安等地。该区西靠三门峡,东连洛阳盆地,南依崤山,北临黄河,是联系洛阳盆地与三门峡、灵宝地区的交通要道。(图2-6)

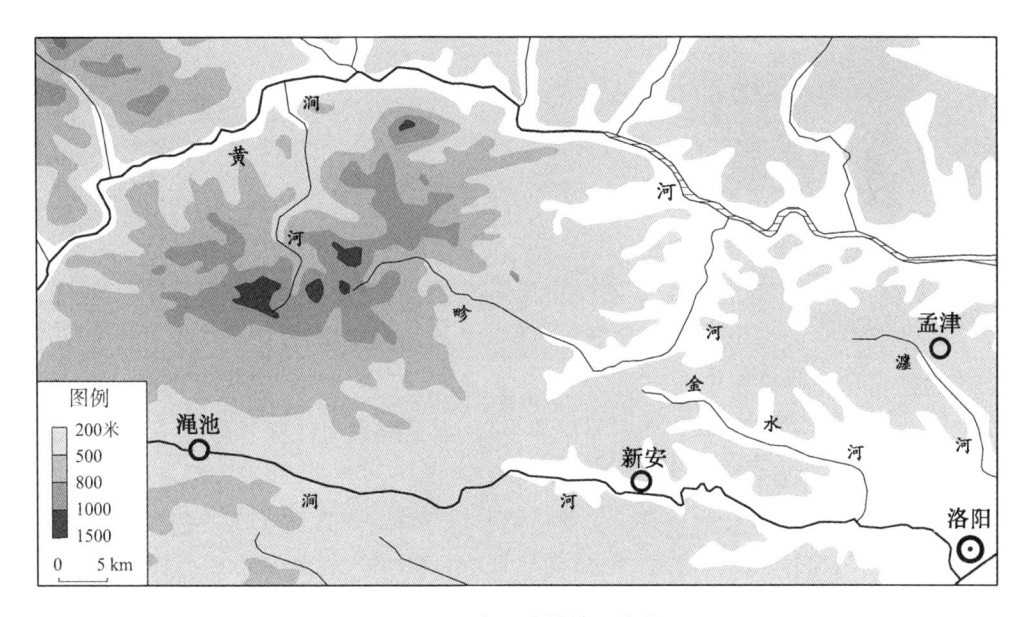

图2-6 涧河流域地理地貌

该区地处豫西浅山丘陵区,地貌西北高,东南低。西北和西南横亘有秦岭崤山余脉,山前多堆积有较厚的黄土,东南部黄土丘陵更为发达。这些黄土丘陵受到涧河支流的侵蚀,沟壑纵横。这里属于北温带大陆性气候,年均气温14.2 ℃,年均降水量642.4毫米,全年日照2 186.9小时,无霜期216天[①]。

涧河源于崤山,自西向东,横穿崤山北部,河谷宽阔,阶地发达,上游有白龙涧河、

---

① 新安县地方史志编纂委员会:《新安县志》,第1页,郑州:河南人民出版社,1989年。

峪口河,中下游有磁河、金水河等较大支流注入。除了涧河之外,新安境内还有黄河支流畛河和青河等支流,共同组成了该区的水系网络。

该区晚更新世黄土堆积较厚,考古发现的遗址大量分布在以涧河及其支流两岸黄土堆积之上。

5. 济源盆地

济源盆地是指黄河以北、太行山以南的地区,包括济源、焦作等地。该区北依太行、王屋二山,通过沁河谷地可通晋南;西靠中条山,经过黄河谷地可达垣曲、灵宝盆地;南以黄河与洛阳盆地相隔;东面过太行山脚可直通华北平原,形状略似"马蹄形"。(图2-7)

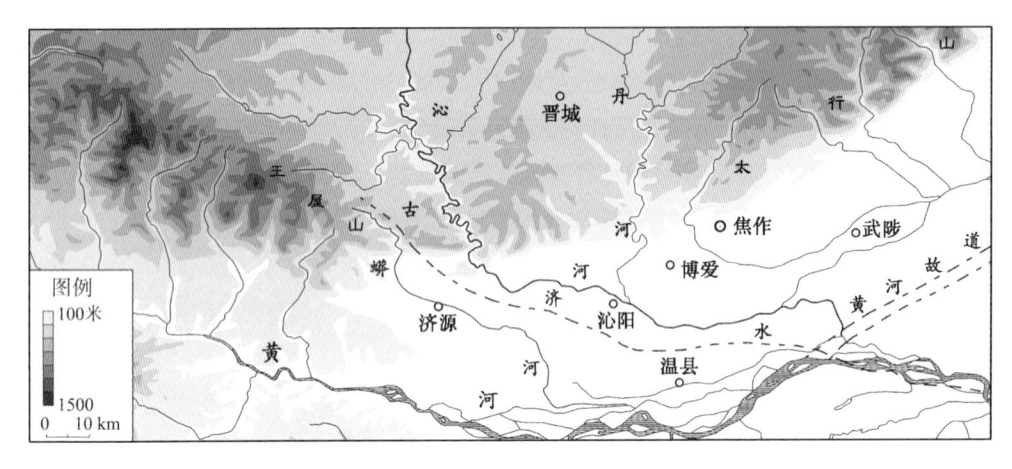

图2-7 济源盆地地理地貌

该区属温带大陆性季风气候,现今年平均气温14-15℃,年均降水量600-650毫米,全年日照时间2 370.5小时,无霜期215-230天[1]。济源盆地整体地势西北部高,东南部低,北部、西部为山地,东部、南部为冲洪积平原,丘陵分布在山区外侧与平原的过渡带。其中济源境内,山地面积广阔,占67.8%,海拔在500米以上;黄土丘陵占20.4%,主要分布在山前地带,海拔200-400米;平原面积狭小,只占11.8%[2]。焦作境内,山地、丘陵面积相对减少,分别占33.3%和10.6%;平原面积广阔,主要是太行山前冲洪积倾斜平原,占56.1%[3]。

济源盆地的河流主要有黄河、沁河、蟒河和古济水。根据现代地质学研究和文献考证,黄河故道自西向东北,经武陟、新乡等地折向北行。沁水源于中条山,自西北向

---

[1] 济源市地方史志编纂委员会:《济源市志》,第77页,郑州:河南人民出版社,1993年。
[2] 济源市地方史志编纂委员会:《济源市志》,第1页,郑州:河南人民出版社,1993年。
[3] 河南省焦作市地方史志编纂委员会:《焦作市志》,第1页,北京:红旗出版社,1993年。

东南注入黄河,是济源盆地黄河最大的一条支流。蟒河源于王屋山,自西向东注入黄河,也是该区黄河的一条重要支流。古济水,现称猪龙河,源于济源市西北,自西北向东南流,注入黄河,是文献记载的一条重要河流。除了这几条主要河流之外,盆地西部还有一些源自王屋山的小型支流注入黄河。这些河流与黄河一起冲积形成了广阔的太行山山前冲洪积平原,水土肥美,十分适合古人类生活,考古发现的古文化遗址即广泛分布在河流的两侧。

(二) 黄淮流域

1. 郑州地区

郑州地区位于嵩山东北,主要河流均源于嵩山北麓和东麓,包括双洎河和贾鲁河,文献记载的"古济水"也流经此地,少量支流北入黄河。该地区以郑州市为中心,包括荥阳、新密、新郑在内的地区。该区地处嵩山与黄河之间,地理位置相对独立。同时郑州地区东、南、西北地区地势平坦,与外界交往方便,又是一个相对开放的地区。尤其是西北部通过巩义与偃师、洛阳相连,是洛阳平原与东方联系的重要通道。(图2-8)

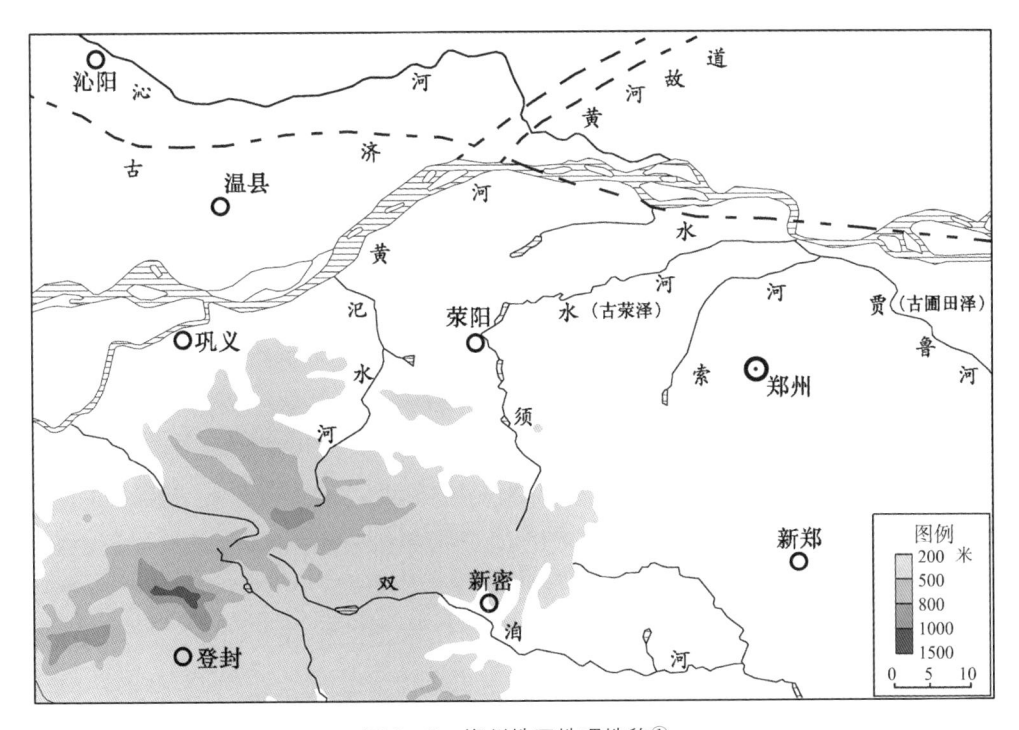

图2-8 郑州地区地理地貌[①]

[①] 图中"黄河故道"和"古济水"均引自谭其骧:《中国历史地图集》,第17-18页,北京:中国地图出版社,1982年。

该区属于暖温带大陆性气候，四季明显，现在年平均气温14.4℃，年均降水量652.9毫米，全年日照2 300小时，无霜期220天。地貌类型由山地、丘陵和平原组成。其中山地集中在中西部，占各类地貌总数的31.9%，主要由嵩山东部余脉构成，海拔均在400米以上。丘陵占30.3%，主要是由上更新世马兰黄土构成的黄土丘陵，集中分布在嵩山山脉以北，海拔在200－300米之间。另外北部黄河南岸，还有一部分邙山余脉北邙，主要也是由黄土丘陵组成，海拔200米左右。平原占37.8%，为各河流冲积洪积平原，海拔不过100米[1]。

郑州地区的河流水系十分复杂，包括黄河和淮河两大水系。进入全新世晚期以来，黄河河道的不断变迁，在很大程度上改变了本地的地貌。现代地质学研究表明，全新世晚期，黄河下游河道在桃花峪以东折向北流，沿太行山南麓，经新乡、滑县以南，进入河北，并由天津注入渤海。而且，黄河河道受太行山前冲积、洪积物向前推进的影响，不断向东南偏移[2]。根据历史地理学的考证，见于文献记载的最早一条黄河故道，大致也是走的同一条路：即从荥阳广武山北麓起东北流，至浚县西南古宿胥口分流，并由此进入河北，最后于天津附近入海[3]。

除了黄河河道变迁之外，古济水也是流经本区、沟通东西的一条重要河流。据《水经注》记载，济水源于王屋山，东南于温县注入黄河。合流后，经成皋、荥阳，又从黄河溢出，形成荥泽，继而东南流，经广武、封丘进入山东并继续东流，最后与泗水汇合，注入淮河。另外，从现代地理上看，源于嵩山北麓，向北注入黄河的索水河和须水河应属黄河水系。但在《水经注》记载中，索水、须水均注入济水。与索、须河同样源于嵩山北麓的还有西部的氾水河和枯河（即文献中的"旃然河"），均向北注入黄河。

贾鲁河与双洎河在本区内明确属于淮河水系，均源自嵩山东南，自西北向东南流，汇入淮河。

除了河流之外，据《禹贡》和《水经注》等文献记载，郑州地区还分布有大大小小的湖泊，其中最著名是"荥泽"，在今郑州市西北，古荥阳境内，"其域包括今武陟南、荥阳东北、原阳县南部、郑州北部、中牟西部及黄河河道在内的一片地区"[4]。

复杂的河湖水系构成了该区四通八达的交通网络，再加上开放的地理地貌，使得郑州地区与其他地区相比较，更便于各地文化的交流与融合，但同时也造成了严重的

---

[1] 郑州市地方史志编纂委员会：《郑州市志》（第1分册），郑州：中州古籍出版社，1999年。
[2] 王文楷、张震宇：《黄河冲积扇平原浅埋古河道带及其与浅层地下水关系初探》，《河南科学》第8卷第2期，第89－94页，1990年。张光业：《河南省第四纪古地理的演变》，《河南大学学报（自然科学版）》1985年第3期，第19页。
[3] 谭其骧：《〈山经〉河水下游及其支流考》，《长水集》，第33－55页，北京：人民出版社，1987年。
[4] 张民服：《黄河下游段河南湖泽陂塘的形成及其变迁》，《中国农史》1988年第2期，第40－47页。

水患,该区文献中不乏禹平洪水的记载。新石器时代晚期以来,郑州地区考古学文化和聚落形态的频繁变动应与该区上述特殊的地貌环境有密切联系。

考古发现的古文化遗址主要分布在两个地区:

其一是嵩山以北、黄河以南的狭长地区,遗址集中分布在郑州以西的汜水河、枯河、索水河、须水河等小支流以及现在黄河(部分应为济水故道)的两岸。而郑州以东的贾鲁河上游处于黄泛区,发现遗址数量很少。这一地区,地势平坦,只有西部和靠近黄河岸边的北邙有个别丘陵,但相对高度不高,为典型的河流冲洪积平原。

其二是源于嵩山东南的双洎河上游地区。该区为山前缓坡,西、北、南三面环山,沟壑纵横,东部为平原。双洎河(古称"洧水")流于嵩山余脉云蒙山与具茨山之间,河流阶地发达。调查发现的古文化遗址多分布在双洎河及其支流,如溱水两岸的阶地上。这里是目前发现的裴李岗文化最为集中的地区之一。

2. 颍河中上游

颍河中上游地区指颍河中上游流经的登封和禹州地区。该区北面以嵩山为界与伊洛河相隔,西南隔箕山及其余脉为北汝河,东部与双洎河流域以具茨山为界,地理位置相对独立。(图2-9)

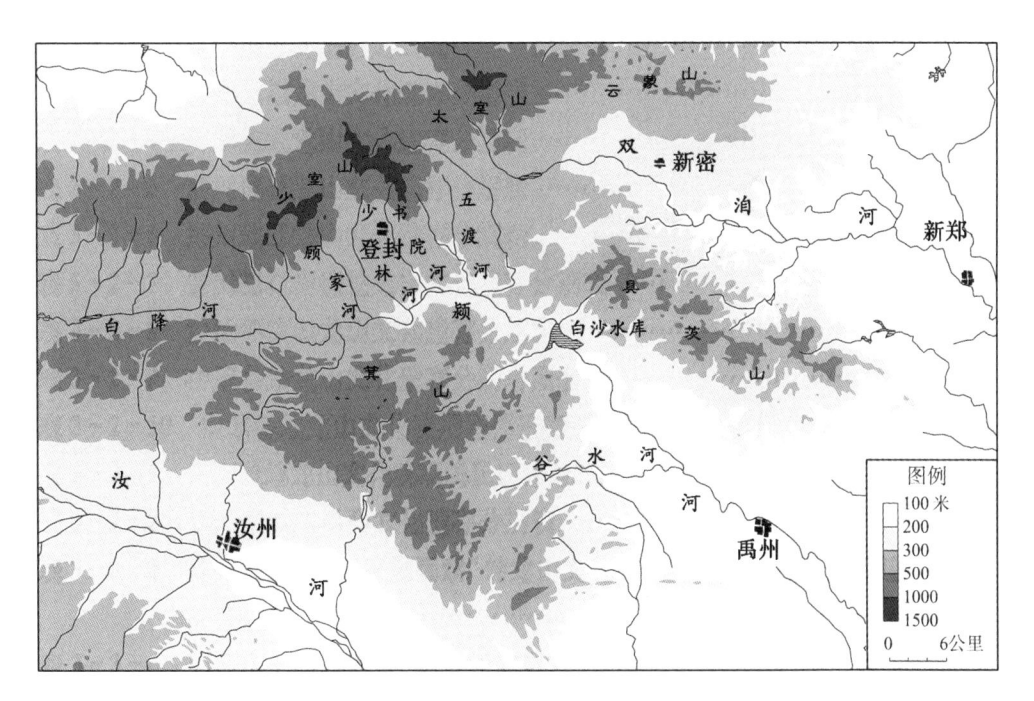

图2-9 颍河中上游地区地理地貌

从地貌上看,颍河中上游流域明显以 200 米等高线为界分为登封和禹州两个亚区。颍河在这两个亚区以白沙水库为界,河流落差从上游的平均每公里 5.7 米迅速降低到下游的每公里 2 米。在登封境内,颍河谷地为嵩山、箕山及其余脉所环抱,形成登封盆地,环境相对封闭,但其源头处与伊河支流白降河可通过一道海拔不过 500 米的浅山分水岭相连,下游东南部地势渐为开阔,可与禹州相通。禹州境内由于颍河河流速变慢,自西北向东南形成广阔的冲积平原,但颍河谷地北侧横亘嵩山余脉具茨山,南侧尚有箕山余脉绵延,地形呈半开放型。不同的地貌环境在两地形成了不同的自然景观:登封境内山地占所有地貌景观的 59.5%,丘陵为 33%,河川谷地为 7.5%;而禹州境内山地只占所有地貌景观的 13.9%,丘陵岗地和平原广阔,分别占所有地貌景观的 45.3% 和 40.8%。

颍河源于嵩山南麓,向东南流经登封、许昌、漯河、周口等地,在安徽境内汇入淮河。颍河上游登封地区,支流较多,且集中在颍河左岸,主要有源于嵩山的顾家河、少林河、书院河、五渡河、石淙河等。该区海拔较高,年均气温 12.0－14.8℃,由于其地势向东南呈喇叭口形,易于形成降水,年均降雨量达 700－800 毫米[1]。中游禹州地区山地分布较少,浅山丘陵面积较大,河流支流主要是源于箕山和具茨山的阎寨河、涌泉河、潘家河等。该区海拔较低,年均气温 14.4℃,降雨量 600－700 毫米[2]。

颍河及其支流均有二级阶地。其中一级阶地高出河床底部 1.5－3 米,主要是由全新世洪水冲积形成的灰黄、褐灰色亚砂土和亚黏土,下部常有河流摆动形成的沙砾层。二级阶地一般高出河床 4－8 米,由晚更新世冲积层构成,主要由黄土状粉砂质亚黏土组成,夹杂有钙质结核和古土壤层。一、二级阶地均沿河流呈带状展布,考古调查所发现的古代遗址即散布在这些一、二级阶地上。其中登封境内的遗址多数分布在颍河的左岸,禹州境内的遗址则均匀分布在颍河及其支流的两岸。

3. 沙汝河流域

沙汝河流域地区是指沙河、北汝河流经的河谷和冲积平原,包括北汝河流经的汝阳、汝州、郏县、宝丰、襄城地区和沙河流经的鲁山、叶县、舞阳和郾城的部分地区。该区西连伏牛山、外方山,东接豫东平原,地势西高东低,呈阶梯状。这里交通便利,向西通过北汝河支流河谷可与伊河支流相接,进而可达洛阳盆地;向东通过淮河诸水系可直通东方;向南经过方城等地山口可达南阳盆地,自古以来就是交通要道,地理位置十分重要。(图 2－10)

---

[1] 登封市地方志编纂委员会:《登封市志》,郑州:中州古籍出版社,2008 年。
[2] 禹州市地方史志编纂委员会:《禹州市志(修订版)》,郑州:中州古籍出版社,1989 年。

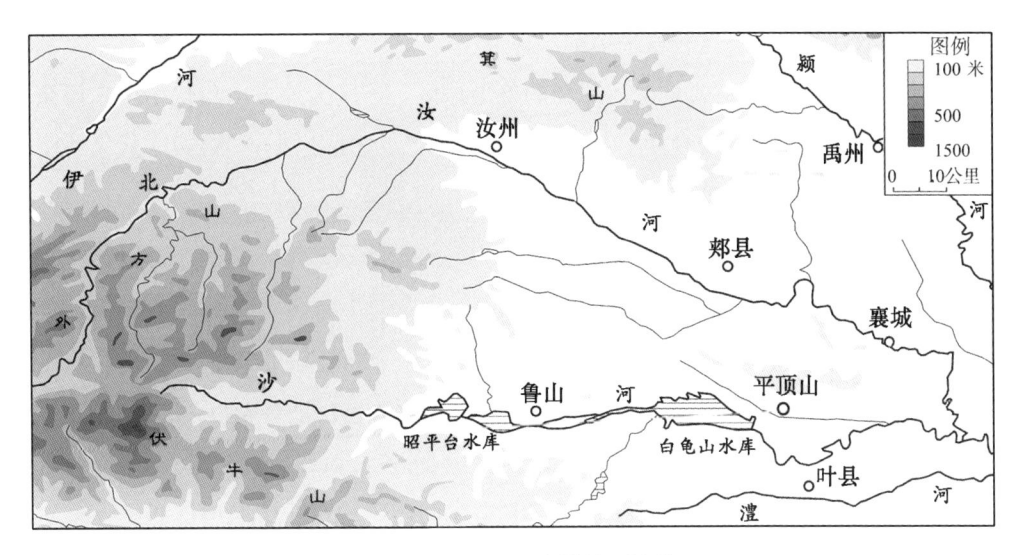

图 2-10 沙汝河流域地理地貌

该区属大陆性季风气候,但与中原其他地区相比,气候略温暖湿润,现在年平均气温 15.0 ℃,年均降水量 745.8 毫米,全年日照 2 061 小时,无霜期 228 天。该区处于豫西山区与豫东平原的过渡地带,整体地貌"从南北看,大体有三列北西—南东展布的山地夹两组河谷平原。北部是箕山,中部是外方山东段及平顶山市区以北低山,南部是伏牛山东段及其余脉。北部夹北汝河冲洪积平原,南部夹沙、澧河等冲洪积平原"。其中海拔高于 500 米以上的山地占 4.5%,海拔 200-600 米的低山丘陵占 49.1%,海拔低于 200 米的冲洪积平原占 46.4%[①]。

该区河流以北汝河和沙河为主,均源于伏牛山,自西向东汇合颍河,形成淮河上游的主要水系。其中北汝河源出伏牛山之后,先折向东北,然后再沿箕山南麓转向东南,主要支流有洗耳河、荆河、燕子河、牛家河等,其中通过牛家河河谷可与伊河支流杜康河上游相通。沙河源出石人山,自西向东,汇入清水河、泰山庙河、荡泽河等支流,在平顶山市东南与北汝河交汇并继续东流注入颍河。

沙汝河流域可细分为三个地理单元:

北汝河中上游地区:主要是北汝河流经的汝阳和汝州中上游地区。该区为箕山与外方山之间的北汝河冲积槽形盆地。受地形影响,南面和东面的暖湿气流难以抵达盆地内部,因此气温比沙河流域略低,降雨量明显少,年均气温 14.2 ℃,降雨量 634.6 毫米[②]。北汝河在宽阔的山谷中冲积成带状平原,河流及其支流两岸阶地宽阔

---

① 平顶山市地方史志编纂委员会:《平顶山市志》,第 96-98 页,郑州:河南人民出版社,1994 年。
② 汝州市地方史志编纂委员会:《汝州市志》,第 1 页,郑州:中州古籍出版社,1994 年。

平坦,考古遗址多数即位于这些河流的阶地上。

沙河中上游地区:主要是沙河流经的鲁山地区。该区为外方山与伏牛山东段余脉之间的河谷冲积平原,河谷面向东南,地势开阔,形成喇叭口形地貌,易于接受东南暖湿气流,降雨量丰沛。现年均气温 14.8 ℃,年均降雨量 900－1 100 毫米①。沙河及其支流冲积平原宽阔,是集中发现古文化遗址的地区。

沙颍河冲积平原(泛滥平原):主要是沙河、颍河、北汝河、澧河、洪河、上游交汇处的冲积平原,包括襄城、叶县、舞阳、郾城和平顶山市的部分地区。该区地势平坦,为广阔的河流冲积平原,又称泛滥平原,其中洼地较多,但在一些地区也有地势略突出的小型岗地,适合古人类居住,考古发现的古文化遗址在该区的分布也比较密集。

以上中原核心区的八个小区以洛阳盆地为中心,各自地理位置相对独立,但同时又彼此相接,交通便利,共同组成了一个完整的空间网络体系。中原地区地理位置天下居中,既通东西,又连南北:向东由黄河、古济水、淮河可达黄河下游海岱、长江下游;向南"夏出方城"可抵南阳盆地,进而由汉水与长江中游相连;向西由黄河、涧河河谷过三门峡、函谷关可达关中,甚至更西地区;向北或穿沁河谷地,由"轵关陉道"等抵晋南,进而晋中、三北地区②,或沿太行山东麓直达华北平原,进而更北。就其内部环境而言,中原各地山水相间,各区之间既有高山相隔,又有河流相通,"进可攻,退可守",既便利于吸纳外来先进文化,又有助于本地文化向外扩张。如此得天独厚的地理优势构成了中原中心地区早期国家产生和初步扩张的重要地理环境基础。

但同时也要看到,中原各区地貌环境和对外联系的方向、程度各不相同,因此其文化变动和社会复杂化过程也有差异,国家诞生和文明起源的过程并不同步,而这其中正蕴含着中原早期国家和文明起源的独特性,也正是以下将要深入讨论之处。

---

① 鲁山县地方史志编纂委员会:《鲁山县志》,第 1 页,郑州:中州古籍出版社,1994 年。
② 高江涛:《洛阳盆地与晋南早期交通道路之"中条浢津道"》,《中原文物》2019 年第 1 期,第 40－47 页;《洛阳盆地与晋南早期交通道路之"虞坂巅軨道"》,《中原文物》2019 年第 2 期,第 76－81 页;《洛阳盆地与晋南早期交通道路之"轵关陉道"》,《中原文物》2019 年第 3 期,第 38－46 页。

第三章　考古学文化谱系与编年

中原地区早期社会复杂化大致发生在公元前4000至前1500年的时段内,这一过程横跨中原地区新石器时代晚期至青铜时代早期2500年的时间段。从已有的考古材料和研究成果来看,在这段文明与早期国家起源的关键时段内,中原核心区的考古学文化经历了数次阶段性的大规模变动,各地文化发展的谱系也异常纷乱复杂。因此,要正确梳理公元前4000年至前1500年中原核心区的考古学文化谱系,并建立相应的编年体系,就必须在大的阶段性发展框架内细致梳理各个小区的谱系脉络。鉴于此,本章的研究将首先在大的时间阶段划分的基础上,分小区详细讨论各地的文化谱系,进而在不同层次上进行逐级地比较,一方面提出公元前4000至前1500年间中原核心区的整体考古学文化发展谱系和编年框架,另一方面以此作为观察区域间文化发展不平衡性的基础。

学术界一般将中原核心区公元前4000至前1500年的时段划分为仰韶文化、龙山文化和二里头文化三个大的发展阶段。但对本区相当于庙底沟二期文化阶段遗存的性质存在不同的认识:一些学者将其划入仰韶文化的范畴,还有一些学者则将其称为龙山文化早期遗存。此外,有关所谓"新砦类遗存"性质的认识分歧更大。关于这两个问题,本章中将有单独的篇幅详细讨论,这里出于行文的方便,暂将其分别归入龙山文化和二里头文化的相关章节中论述。

第一节　仰韶文化时期中原各地的考古学文化谱系

一、中原各地仰韶文化的分期

(一) 黄河流域

1. 洛阳盆地

洛阳盆地经过正式发掘的仰韶文化遗址有洛阳王湾[1]、矬李[2]、同乐寨、西干沟[3]、

---

[1] 北京大学考古实习队:《洛阳王湾遗址发掘简报》,《考古》1961年第4期,第175-178页。北京大学考古文博学院:《洛阳王湾——田野考古发掘报告》,北京:北京大学出版社,2002年。
[2] 洛阳博物馆:《洛阳矬李遗址试掘简报》,《考古》1978年第1期,第5-17页。
[3] 中国社会科学院考古研究所:《洛阳发掘报告》,第4-49页,北京:北京燕山出版社,1989年。

西高崖[①]、孙旗屯[②]、涧西[③]、五女冢[④]、杨窑[⑤]、偃师二里头[⑥]、灰嘴[⑦]、孟津小潘沟[⑧]、寨根[⑨]、巩义里沟[⑩]等。

洛阳盆地发表资料较充分的典型遗址有：洛阳王湾、同乐寨、西干沟、西高崖、五女冢、杨窑、孟津寨根。通过对其中典型单位典型陶器形制的比对，可将洛阳盆地仰韶文化的遗存分为前后三期六段。（表3-1-1）

表3-1-1 洛阳盆地仰韶文化分期表

		王湾	同乐寨	西干沟	西高崖	五女冢	杨窑	寨根	灰嘴
早期		王湾一期一段	H1、H2、T5(5B)		H21	H42、H109、H135、H238		仰韶一期	
中期	早段	H39、H421、M358、T28⑧	T1(5B)、T5(5A)		H8、H29		H10、H13	F1、F3	H32、H34、H156、H159
	晚段	T250③、T228⑧、T246⑤、T28⑦	T1(5A)、T5(4)		H27、T1⑦	H59、H192、H239			F15、W4、W6
晚期	早段	王湾二期一段		H301、H316、H313	二期	H20、H157			H148、H153、H165
	中段	王湾二期二段		H105、H107、H109					
	晚段	王湾二期三段		H336					

[①] 洛阳博物馆：《洛阳西高崖遗址试掘简报》，《文物》1981年第7期，第39-51页。
[②] 河南文物工作队第二队孙旗屯清理小组：《洛阳涧西孙旗屯古遗址》，《文物参考资料》1955年第9期，第58-64页。
[③] 中国科学院考古研究所洛阳发掘队：《洛阳涧滨古文化遗址及汉墓》，《考古学报》1956年第1期，第11-28页。
[④] 洛阳市文物考古研究院：《洛阳五女冢遗址仰韶文化遗存发掘简报》，《洛阳考古》2014年第1期，第3-48页。《洛阳五女冢遗址——田野考古发掘报告》，郑州：中州古籍出版社，2014年。
[⑤] 洛阳市第二文物工作队：《洛阳市杨窑遗址发掘简报》，《西部考古（第三辑）》，第5-14页，西安：三秦出版社，2008年。
[⑥] 中国社会科学院考古研究所二里头工作队：《偃师二里头遗址发现仰韶文化遗存》，《考古》1985年第3期，第193-196页。
[⑦] 河南省文化局文物工作队：《河南偃师灰嘴遗址发掘简报》，《文物》1959年第12期，第41-42页。河南省文物研究所：《河南偃师灰嘴遗址发掘报告》，《华夏考古》1990年第1期，第1-32页。中国社会科学院考古研究所河南第一工作队：《2002-2003年河南偃师灰嘴遗址的发掘》，《考古学报》2010年第3期，第393-422页。中国社会科学院考古研究所河南第一工作队：《河南偃师市灰嘴遗址2006年发掘简报》，《考古》2010年第4期，第3-13页。
[⑧] 洛阳博物馆：《孟津小潘沟遗址试掘简报》，《考古》1978年第4期，第244-255页。
[⑨] 河南省文物管理局：《黄河小浪底水库考古报告（二）》，郑州：中州古籍出版社，2006年。
[⑩] 郑州市文物工作队、巩义市文物保管所：《河南巩义市里沟遗址发掘简报》，《考古》1995年第6期，第526-540页。郑州市文物考古研究所、巩义市文物保护管理所：《河南巩义市里沟遗址1994年度发掘简报》，《华夏考古》2001年第4期，第3-24、83页。

以下是对上述典型单位出土陶器的类型学排比分析：(图3－1－1)

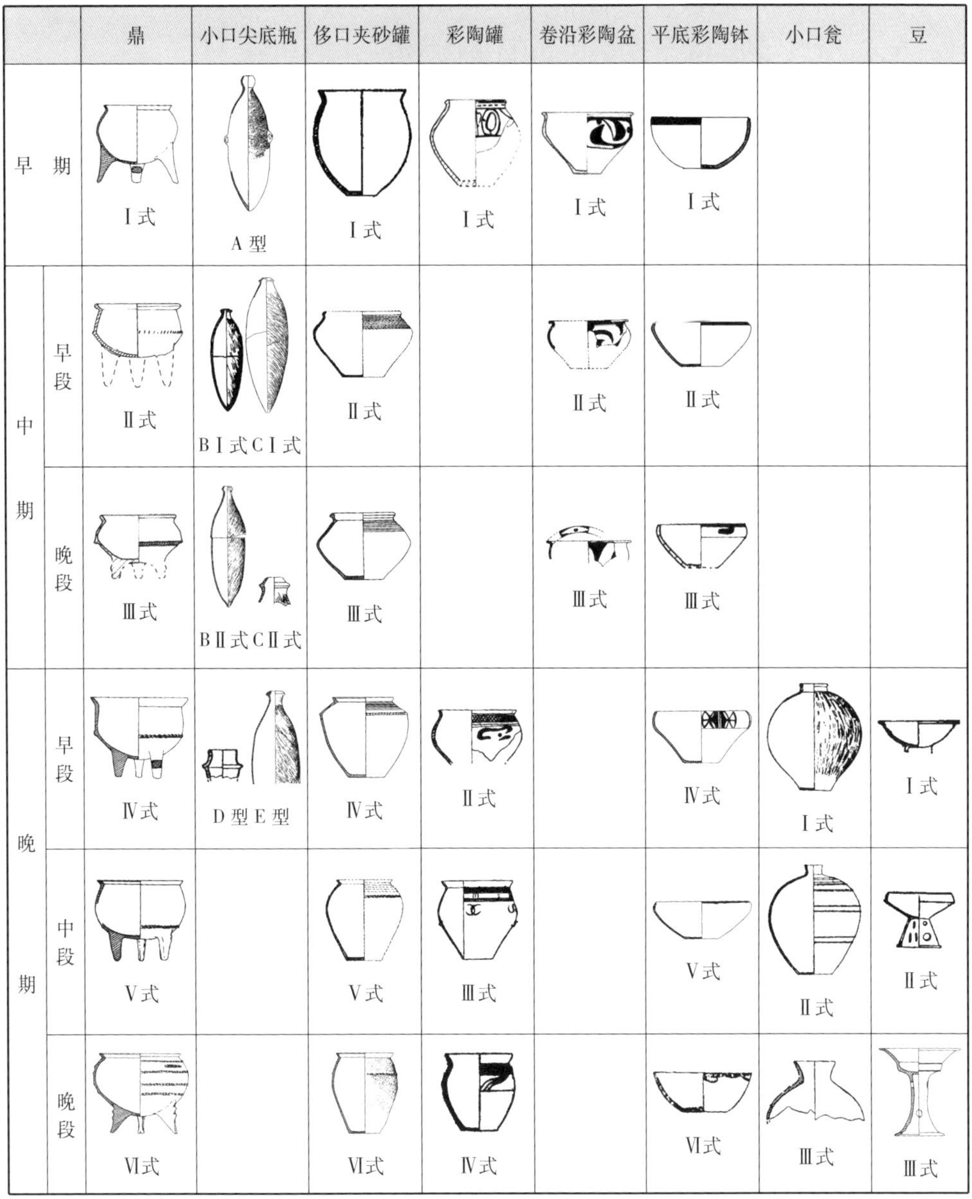

	鼎	小口尖底瓶	侈口夹砂罐	彩陶罐	卷沿彩陶盆	平底彩陶钵	小口瓮	豆
早期	Ⅰ式	A型	Ⅰ式	Ⅰ式	Ⅰ式	Ⅰ式		
中期 早段	Ⅱ式	BⅠ式 CⅠ式	Ⅱ式		Ⅱ式	Ⅱ式		
中期 晚段	Ⅲ式	BⅡ式 CⅡ式	Ⅲ式		Ⅲ式	Ⅲ式		
晚期 早段	Ⅳ式	D型 E型	Ⅳ式	Ⅱ式		Ⅳ式	Ⅰ式	Ⅰ式
晚期 中段	Ⅴ式		Ⅴ式	Ⅲ式		Ⅴ式	Ⅱ式	Ⅱ式
晚期 晚段	Ⅵ式		Ⅵ式	Ⅳ式		Ⅵ式	Ⅲ式	Ⅲ式

图3－1－1 洛阳盆地仰韶文化典型陶器分期图

(1) 鼎

均为盆形鼎,可分为六式：

Ⅰ式：半球形腹,圜底,扁锥足。王湾F15：2。

Ⅱ式：折腹,圜底,敛口,宽折沿,凹沿,圆唇。灰嘴T2∶202。

Ⅲ式：折腹,圜底,敛口,窄折沿,平沿,厚圆唇。五女冢H239∶3。

Ⅳ式：折腹,圜底,小平折沿,上腹直,扁柱状足。王湾H211∶4。

Ⅴ式：扁鼓腹,圜底或平底,小折沿,唇下有一周凹槽,鸭嘴形足或凿形足。王湾H168∶13。

Ⅵ式：扁鼓腹较深,折沿,腹部饰有数周附加堆纹,大侧状三角形足。王湾H149∶19。

（2）小口尖底瓶

A型：杯形口。王湾F15∶4。

B型：双唇环形口,可分为两式：

Ⅰ式：内唇略低,但内唇高于外唇。王湾M358∶1。

Ⅱ式：内唇较高。王湾M346。

C型：单唇环形口,敛口,可分为两式：

Ⅰ式：内唇较低。王湾M66。

Ⅱ式：内唇较高。王湾T28⑦。

D型：单唇环形口,直口。西高崖T1⑥∶76。

E型：单唇平口。王湾M323。

（3）侈口夹砂罐

可分为六式：

Ⅰ式：圆鼓腹,无肩,小侈口略呈卷沿形,形体较高。王湾M371∶2。

Ⅱ式：圆鼓肩,凹沿,唇部略呈铁轨形,形体矮胖。王湾H39∶18。

Ⅲ式：圆鼓肩,凹或平沿,唇部明显呈铁轨形,形体变高。王湾T250③∶1。

Ⅳ式：折肩,平沿,尖圆唇,肩部折棱外侧常有一周附加堆纹。王湾H211∶3。

Ⅴ式：圆鼓肩,深腹,平沿,方尖唇,肩部有一周附加堆纹。王湾H503∶1。

Ⅵ式：圆鼓肩,深腹,平沿,唇部内侧常有一周凹槽,大平底,周身常有绳纹。王湾H149∶53。

（4）彩陶罐

可分为四式：

Ⅰ式：小卷沿,厚唇,小口,溜肩,颈肩部装饰有宽带纹,之间三组纹饰,以同心圆为主,中间间隔三角纹和双平行线纹。五女冢H135∶14。

Ⅱ式：小卷沿,圆唇,大口,最大腹径大于口径,形态矮胖,颈部常饰有带状网格纹彩绘和横S形纹或六角形纹。王湾H215∶196。

Ⅲ式：折沿,尖唇,大口,最大腹径大于口径,形态略高,颈部常饰有带状网格纹彩绘和 X 形纹。王湾 H168∶36。

Ⅳ式：小折沿或卷沿,尖唇,中口,最大腹径小于等于口径,形态瘦高,颈部常饰有带状网格纹彩绘。王湾 H149∶16。

（5）卷沿彩陶盆

可分为三式：

Ⅰ式：圆唇,沿面凸,出沿较高,较长,个体瘦高。五女冢 H135∶12。

Ⅱ式：圆唇,卷沿明显,沿面凸,出沿较长,沿下形成短领。王湾 H39∶10。

Ⅲ式：圆唇,卷沿,沿面凸,出沿短,沿下无领。王湾 T28⑦。

（6）平底彩陶钵

可分为六式：

Ⅰ式：直口,鼓腹,小平底,口沿外侧有一周彩带。王湾 M371∶1。

Ⅱ式：直口微敛,弧腹,平底,口沿外侧有一周彩带。王湾 H39∶3。

Ⅲ式：直口,弧腹,平底,口沿外侧常有一周彩带。五女冢 H59∶2。

Ⅳ式：敛口,弧腹内收,大平底,器身变高,口沿外侧常有一周较宽彩绘纹样带。王湾 H215∶163。

Ⅴ式：敛口,弧腹,尖唇,大平底,器身变低,口沿外侧彩绘纹样草率。王湾 H174∶3。

Ⅵ式：敞口,弧腹,小平底或凹底,器身矮小,口沿外彩绘纹样十分草率。西干沟 H336∶23。

（7）小口瓮

可分为三式：

Ⅰ式：直口,圆唇,溜肩,最大腹径在中下腹,下腹内收。王湾 H215∶203。

Ⅱ式：喇叭口,尖唇,鼓肩,最大腹径在上腹。王湾 H127∶6。

Ⅲ式：喇叭口,尖唇,溜肩,最大腹径在上腹。西干沟 H336∶7。

（8）豆

可分为三式：

Ⅰ式：敞口,小折沿,圆唇,深腹。王湾 H215∶158。

Ⅱ式：内折沿或敛口,尖圆唇,小圈足。王湾 H168∶17。

Ⅲ式：敞口,宽折沿呈双腹状。王湾 H474∶1。

由以上典型器物的共存情况,并结合学术界对仰韶文化分期大的阶段性划分的普遍认识,可将洛阳盆地仰韶文化遗存分为早中晚三期六段,其中各段典型陶器的组合为：

仰韶文化早期：Ⅰ式盆形鼎、A 型小口尖底瓶、Ⅰ式侈口夹砂罐、Ⅰ式彩陶罐、Ⅰ式卷沿彩陶盆、Ⅰ式平底钵。

仰韶文化中期早段：Ⅱ式盆形鼎、B 型Ⅰ式和 C 型Ⅰ式小口尖底瓶、Ⅱ式侈口夹砂罐、Ⅱ式卷沿彩陶盆、Ⅱ式平底钵。

仰韶文化中期晚段：Ⅲ式盆形鼎、Ⅲ式侈口夹砂罐、B 型Ⅱ式和 C 型Ⅱ式小口尖底瓶、Ⅲ式卷沿彩陶盆、Ⅲ式平底钵。

仰韶文化晚期早段：Ⅳ式盆形鼎、D 和 E 型小口尖底瓶、Ⅳ式侈口夹砂罐、Ⅱ式彩陶罐、Ⅳ式平底钵、Ⅰ式小口瓮、Ⅰ式豆。

仰韶文化晚期中段：Ⅴ式盆形鼎、Ⅴ式侈口夹砂罐、Ⅲ式彩陶罐、Ⅴ式平底钵、Ⅱ式小口瓮、Ⅱ式豆。

仰韶文化晚期晚段：Ⅵ式盆形鼎、Ⅵ式侈口夹砂罐、Ⅳ式彩陶罐、Ⅵ式平底钵、Ⅲ式小口瓮、Ⅲ式豆。

2. 涧河流域

表 3－1－2　涧河流域仰韶文化分期表

		班村	仰韶村	笃忠	槐林	麻峪	马河	荒坡	高平寨	盐东
早期	早段							F3、H11、H35		
	晚段	F209	T7⑧					F1、H4、H19	H14	H182、H363
中期	早段	G202③	T1⑧		H3、Y1、H9	H69				H125、H110
	晚段	H2020、H1084、H2124	T3⑤	H103	H5、H8、H18					
晚期	早段	H2133、H622	T1⑦			T2④、T8③、T4②、T6②H9、H17	H9、H10、H20、H22			H200、H254
	中段		T2⑤、T7⑤、T8⑤			H1、H2、H12、H13、H15	H5、H8、H33			H357、H376
	晚段				H22、H26、H77、H98	H29、H35、H77、T10③				H267、H401、H116

涧河流域是指涧河流经的中上游以及与黄河之间的地区,该区经正式发掘的仰韶文化遗址有渑池仰韶村①、班村②、西湾③、笃忠④、新安太涧⑤、槐林、马河、麻峪⑥、荒坡⑦、高平寨⑧、盐东⑨。我们根据这些遗址的发掘材料,以地层关系为依据,涧河流域的仰韶文化遗存可分为前后三期七段,各期典型器物的特征为:(图3-1-2)

(1) 鼎

包括盆形鼎和釜形鼎两种。

A型,盆形鼎,可分为四式:

Ⅰ式:深腹,圜底,扁锥足外撇,宽折沿,装足位置略高。荒坡F3∶18。

Ⅱ式:扁球形腹,圜底,窄折沿,三足微外撇,装足位置较低。麻峪H9∶4。

Ⅲ式:扁腹,平底,窄折沿,三足装在底部。麻峪H13∶98。

Ⅳ式:扁鼓腹,平底,小窄折沿,横装的铲形足饰有条状花边,安装在器底。笃忠H22∶159。

B型,釜形鼎,分两式:

Ⅰ式:扁腹,形态低矮,领部短,方唇,足安装在底部。班村F209∶209。

Ⅱ式:深腹,器身变高,领部变高,厚方唇,足安装在釜折腹处。槐林H8∶10。

(2) 小口尖底瓶

分环形、杯形、双唇环形和喇叭口形四种:

A型:环形口,分两式:

Ⅰ式:口部小,尖圆唇,无领,器身素面,下腹有双耳。荒坡F3∶34。

Ⅱ式:口部变大,圆唇,无领。西湾F1∶16。

---

① 安特生:《中国远古之文化》,《地质汇报》1923年第5号,第17-18页(中文第11-12页)。考古所河南调查团:《河南渑池的史前遗址》,《科学通报》第2卷第9期,第933-938页,1951年。河南省文物研究所、渑池县文化馆:《渑池仰韶遗址1980-1981年发掘报告》,《史前研究》1985年第3期,第38-58、80页。
② 王建新、张晓虎:《试论班村仰韶文化遗存的分期及相关问题》,《考古与文物》2001年第3期,第41-50页。
③ 河南省文物考古研究所:《河南渑池县西湾遗址发掘简报》,《华夏考古》2008年第3期,第3-16页。
④ 河南省文物考古研究所:《河南渑池笃忠遗址2006年发掘简报》,《华夏考古》2010年第3期,第3-18页。
⑤ 洛阳市文物工作队、新安县文物保护管理所:《河南新安县太涧遗址发掘简报》,《考古与文物》1998年第1期,第3-21页。
⑥ 河南省文物管理局、河南省文物考古研究所:《黄河小浪底水库考古报告(一)》,郑州:中州古籍出版社,1999年。
⑦ 河南省文物管理局、河南省文物考古研究所:《黄河小浪底水库考古报告(三)》,郑州:大象出版社,2008年。
⑧ 郑州大学历史学院、洛阳市文物工作队:《洛阳新安高平寨遗址试掘简报》,《文物》2008年第8期,第4-14页。
⑨ 河南省文物管理局、洛阳市文物考古研究院:《黄河小浪底水库考古报告(四)》,郑州:中州古籍出版社,2013年。

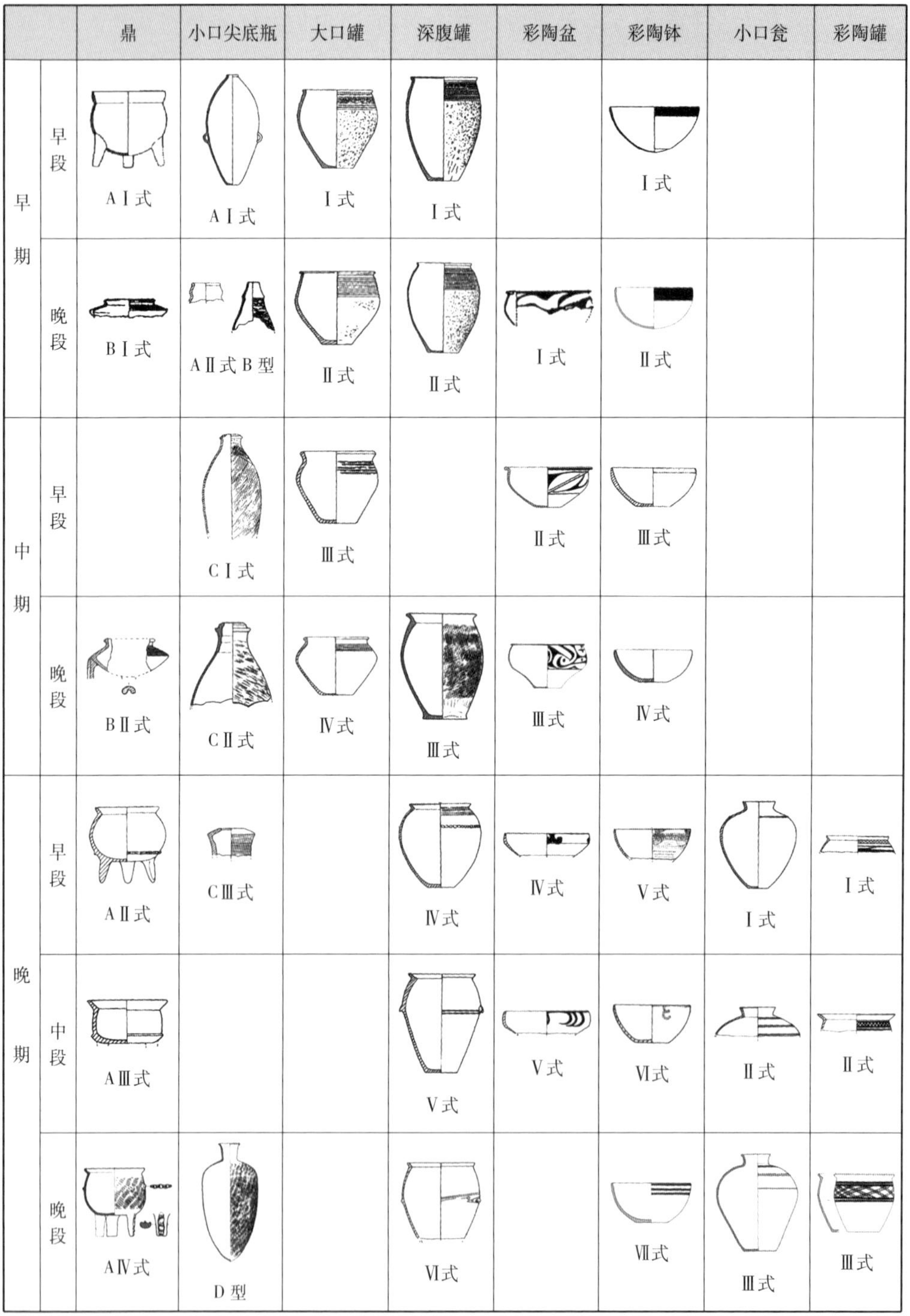

		鼎	小口尖底瓶	大口罐	深腹罐	彩陶盆	彩陶钵	小口瓮	彩陶罐
早期	早段	AⅠ式	AⅠ式	Ⅰ式	Ⅰ式		Ⅰ式		
早期	晚段	BⅠ式	AⅡ式B型	Ⅱ式	Ⅱ式	Ⅰ式	Ⅱ式		
中期	早段		CⅠ式	Ⅲ式		Ⅱ式	Ⅲ式		
中期	晚段	BⅡ式	CⅡ式	Ⅳ式	Ⅲ式	Ⅲ式	Ⅳ式		
晚期	早段	AⅡ式	CⅢ式		Ⅳ式	Ⅳ式	Ⅴ式	Ⅰ式	Ⅰ式
晚期	中段	AⅢ式			Ⅴ式	Ⅴ式	Ⅵ式	Ⅱ式	Ⅱ式
晚期	晚段	AⅣ式	D型		Ⅵ式		Ⅶ式	Ⅲ式	Ⅲ式

图 3-1-2 涧河流域仰韶文化典型陶器分期

B型：杯形口。敛口，领部不明显，器身有细斜线纹。高平寨 H14∶5。
C型：双唇环形口，可分为三式：
Ⅰ式：内唇略低，但内唇高于外唇。槐林 H3∶36。
Ⅱ式：内唇较高。笃忠 H103∶30。
Ⅲ式：内唇高，双唇极不明显。麻峪 H79∶5。
D型：喇叭口。笃忠 H22∶113。

（3）大口罐

可分为四式：
Ⅰ式：溜肩，小侈口略卷，形体较高。荒坡 H11∶1。
Ⅱ式：圆鼓肩，小侈口外卷，形体矮胖。荒坡 H4∶3。
Ⅲ式：圆鼓肩，侈口，方唇，束颈。槐林 H3∶7。
Ⅳ式：圆鼓肩，侈口，方唇，器形矮胖。槐林 H5∶5。

（4）深腹罐

可分为六式：
Ⅰ式：小折沿，圆唇，口径与腹径相当，器身瘦长，沿部下饰数周凹弦纹，下腹粗糙。荒坡 H35∶2。
Ⅱ式：小折沿，圆唇，腹径大于口径。荒坡 H19∶1。
Ⅲ式：折沿，方唇，腹径大于口径，沿部不见凹弦纹。笃忠 H103∶9。
Ⅳ式：小折沿，方唇，圆鼓肩，素面，肩部有一周附加堆纹。马河 H2∶4。
Ⅴ式：小折沿，尖唇，鼓肩向下，素面，肩部有一周凸弦纹。马河 H5∶22。
Ⅵ式：小折沿，方唇，溜肩，素面，肩部有一周凸弦纹。麻峪 H77∶10。

（5）彩陶盆

可分为五式：
Ⅰ式：平口，鼓腹，腹径大于口径，纹饰为简单的弧线三角纹。班村 H3050∶10。
Ⅱ式：平口，圆唇，口径大于腹径，纹饰多为弧线三角纹、豆荚纹。槐林 Y1∶6。
Ⅲ式：平口，鼓肩，下腹内收，纹饰多为回旋勾连纹。太涧 H17∶1。
Ⅳ式：直口，斜腹，口部饰简单的晕染纹。麻峪 T2④∶27。
Ⅴ式：直口，斜腹，口部饰简单组合的笔画。麻峪 H2∶5。

（6）彩陶钵

可分为七式：
Ⅰ式：大敞口，尖圜底，底部有一周凹棱，口部有一周彩带。荒坡 H11∶2。
Ⅱ式：直口，圜底，口部有一周彩带。西湾 F2∶14。

Ⅲ式：直口,尖唇,小平底,口部有一周彩带。槐林 H3∶2。
Ⅳ式：直口,圆唇,小平底,有的口部有简单彩带。仰韶村 T3⑤∶15。
Ⅴ式：敞口,尖圆唇,平底,口部有简单晕染纹。麻峪 H17∶5。
Ⅵ式：敞口,尖圆唇,平底变宽,口部有简单晕染纹。马河 H5∶3。
Ⅶ式：敞口,尖圆唇,厚平底,口部有两周简单彩带。笃忠 H26∶69。

(7) 小口瓮

可分为三式：

Ⅰ式：鼓肩,下腹斜收,小平底,肩部有一周附加堆纹。麻峪 H9∶2。
Ⅱ式：溜肩,肩部有数周凸弦纹。马河 H33∶13。
Ⅲ式：溜肩,肩部有数周凸弦纹,底部变宽。笃忠 H77∶18。

(8) 彩陶罐

可分为三式：

Ⅰ式：折沿,尖唇,腹径大于口径,肩部有一周网格纹,网格较密。麻峪 T2④∶11。
Ⅱ式：折沿,尖唇,口径大于腹径,肩部有一周密集的网格纹。马河 H5∶24。
Ⅲ式：折沿,方唇,肩部纹饰带变宽,网格变稀。笃忠 H98∶5。

上述三期七段的典型器物组合为：

仰韶文化早期早段：A 型Ⅰ式鼎、A 型Ⅰ式尖底瓶、Ⅰ式大口罐、Ⅰ式深腹罐、Ⅰ式彩陶钵组合。流行盆形鼎；小环形口尖底瓶；夹砂罐口部以下多有弦纹数周,下腹粗糙；彩陶钵,深腹尖圜底。

仰韶文化早期晚段：B 型Ⅰ式鼎、A 型Ⅱ式和 B 型尖底瓶、Ⅱ式大口罐、Ⅱ式深腹罐、Ⅰ式彩陶盆、Ⅱ式彩陶钵组合。釜形鼎；杯形口尖底瓶；夹砂罐口沿下有数周凹弦纹；深腹钵,圜底或小平底。

仰韶文化中期早段：C 型Ⅰ式尖底瓶、Ⅲ式大口罐、Ⅱ式彩陶盆、Ⅲ式彩陶钵组合。双唇口尖底瓶,内唇斜平,台面略高,内口变宽；钵,口微敛,腹明显变浅,小平底；折沿浅腹盆,出沿变窄,弧腹,大平底；卷沿曲腹盆,出沿略窄,沿面变低。

仰韶文化中期晚段：B 型Ⅱ式鼎、C 型Ⅱ式尖底瓶、Ⅳ式大口罐、Ⅲ式深腹罐、Ⅲ式彩陶盆、Ⅳ式彩陶钵组合。双唇口尖底瓶,内唇较高,台面圆鼓,内口变大；钵,敛口明显,小平底；折沿浅腹盆已不多见；卷沿曲腹盆,出沿短,沿面近平,圆鼓腹,下腹内收明显。

仰韶文化晚期早段：A 型Ⅱ式鼎、C 型Ⅲ式尖底瓶、Ⅳ式深腹罐、Ⅳ式彩陶盆、Ⅴ式彩陶钵、Ⅰ式小口瓮、Ⅰ式彩陶罐组合。前一阶段的双唇口尖底瓶已经少见,外唇内收,内唇短小,近平口尖底瓶多见；钵,口微敛,大平底；盆小折沿或卷沿,出沿短；各式罐瓮器身圆鼓;泥质罐,口沿外折,内折棱不明显,沿面凸;彩陶罐,小折沿斜高;豆,折沿内敛明显。

仰韶文化晚期中段:A 型Ⅲ式鼎、Ⅴ式深腹罐、Ⅴ式彩陶盆、Ⅵ式彩陶钵、Ⅱ式小口瓮、Ⅱ式彩陶罐组合。各式陶钵口部内敛明显,小平底;盆折沿,出沿略宽;各式罐器身变瘦;泥质罐,口沿外折,内折棱明显,沿面平;彩陶罐折沿变长,斜平,多尖唇;豆,折沿略内敛,近直。

仰韶文化晚期晚段:A 型Ⅳ式鼎、D 型尖底瓶、Ⅵ式深腹罐、Ⅶ式彩陶钵、Ⅲ式小口瓮、Ⅲ式彩陶罐组合。器物周身附加堆纹+绳纹或附加堆纹+篮纹的组合最有特点。

3. 洛河中游

洛河中游地区至今尚未有正式发掘的仰韶文化遗址。1963－1964 年北京大学考古实习队在洛河中游地区开展考古调查,并对洛宁砦子、孟村等遗址进行了试掘,出土了一批仰韶文化遗物[1]。2005 年,研究者对洛河中游洛宁、宜阳两地的古文化遗址进行了详细的复查,也采集到大量仰韶文化遗物。

我们主要根据砦子和孟村遗址的试掘和部分调查材料,并结合洛阳盆地仰韶文化遗存的分期,初步将洛河中游地区的仰韶文化遗存分为前后三期五段:(表 3－1－3)

表 3－1－3 洛河中游地区仰韶文化分期表

		砦 子	孟 村	调 查 遗 址
早 期	早段		T1③	礼曲 05YLQH1
	晚段		T1②	仁村 05LRCH1、邵窑 05YSHYH1
中 期	早段	T2A 层、H4		
	中段	T2B 层		
	晚段	T2C 层		
晚 期				杨村、宜阳苏羊调查材料

---

[1] 于福顺:《河南洛宁砦子村仰韶文化遗址试掘报告》,北京大学历史系考古专业本科生毕业实习报告,1963/2:21。胡美舟:《洛宁地区仰韶文化早期遗存专题实习报告》,北京大学历史系考古专业本科生毕业实习报告,1963/2:22。

其中各段特征为:(图3-1-3)

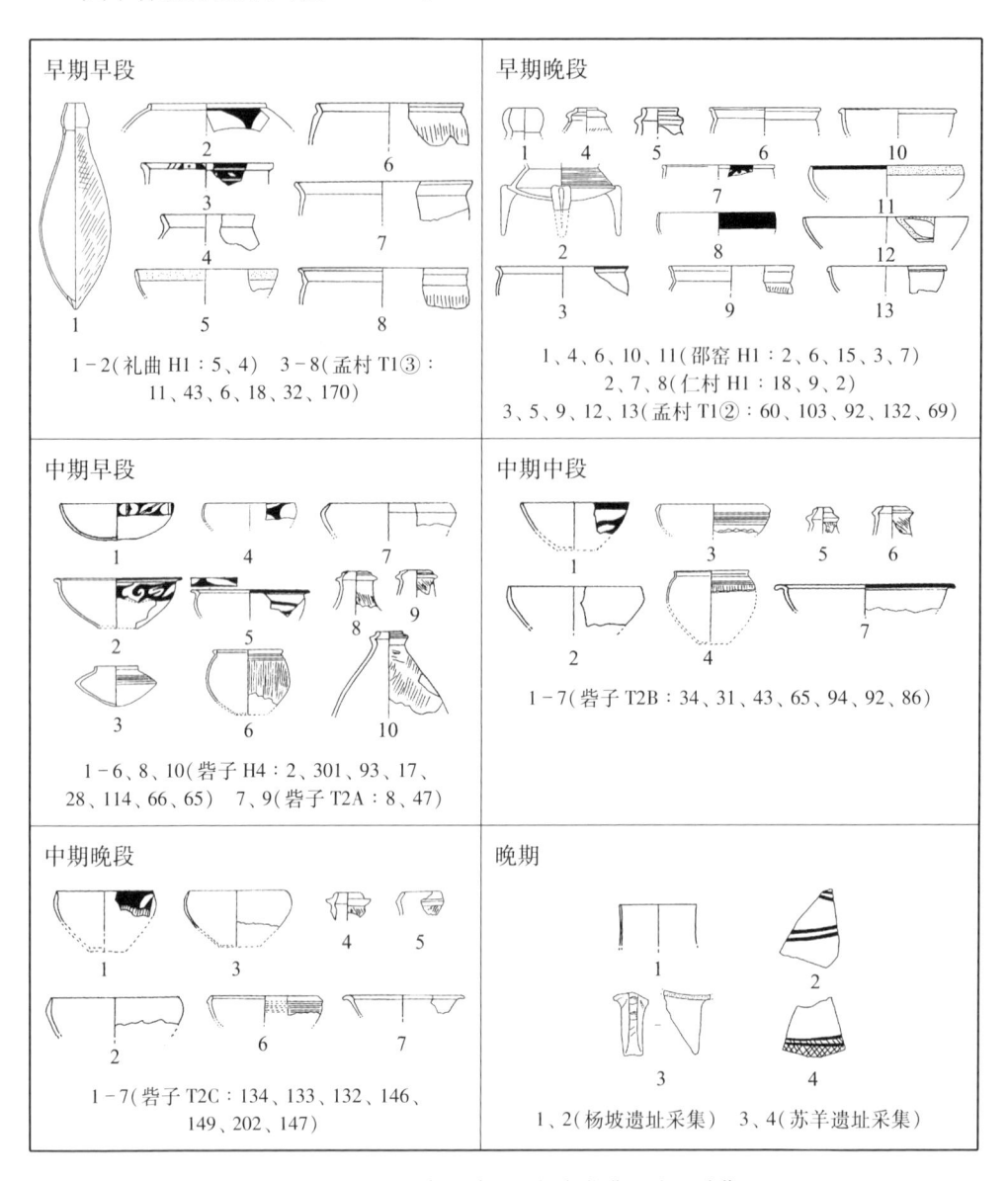

早期早段	早期晚段
1-2(礼曲 H1:5、4) 3-8(孟村 T1③:11、43、6、18、32、170)	1、4、6、10、11(邵窑 H1:2、6、15、3、7) 2、7、8(仁村 H1:18、9、2) 3、5、9、12、13(孟村 T1②:60、103、92、132、69)
中期早段	中期中段
1-6、8、10(砦子 H4:2、301、93、17、28、114、66、65) 7、9(砦子 T2A:8、47)	1-7(砦子 T2B:34、31、43、65、94、92、86)
中期晚段	晚期
1-7(砦子 T2C:134、133、132、146、149、202、147)	1、2(杨坡遗址采集) 3、4(苏羊遗址采集)

图3-1-3 洛河中游地区仰韶文化典型陶器分期图

早期早段:红彩多于黑彩,钵多直口深腹,流行杯形口尖底瓶,各式盆和罐的口腹夹角较大,转折缓和。

早期晚段:黑彩多于红彩,流行小包口尖底瓶和内唇高耸的双唇口尖底瓶,钵多直口微敛,各式盆和罐的口腹夹角变小,转折锋利。唇部为折的宽折沿束颈夹砂罐很有特点。

中期早段：双唇口尖底瓶内唇台面低平，内敛较深；钵为大敞口，浅腹，圜底或小平底；折沿盆，外折沿较宽，下腹圆鼓，束颈，敛口重唇盆，敛口厚唇，深鼓腹；釜为圆鼓腹，小直领或凹沿；夹砂侈口罐，小折沿，铁轨形唇部，大口，鼓腹，体态矮胖。

中期中段：双唇口尖底瓶内唇台面斜平，内敛略浅；钵为敞口，斜腹，平底，腹部明显变深；折沿盆，外折沿略短，下腹斜弧；敛口重唇盆，唇部变薄，肩部微鼓，腹变浅；侈口夹砂罐，折沿变宽，铁轨形唇，上腹鼓，下腹斜弧，体态变高。

中期晚段：双唇口尖底瓶内唇台面圆鼓，略内敛；钵为敛口，鼓肩，深腹；折沿盆，外折沿较短，下腹斜收，浅腹；敛口重唇盆，唇部较薄，浅斜腹；釜为圆鼓腹，领部极短，圆唇。

仰韶文化晚期：发现数量很少。

4. 伊河流域

伊河流域面积广阔，按照区域特征可进一步细分为伊河中下游的伊川盆地、中上游的嵩县盆地和支流白降河流域三下小区。该区目前经过正式发掘的仰韶文化遗址有伊川伊阙城（又称古城南）[①]、大庄[②]、白降河流域的半坡孙村[③]。另外，伊川土门、水寨遗址也经过试掘，出土了丰富的遗物。

我们主要根据土门、大庄、水寨[④]和孙村遗址的试掘材料，并结合中原其他地区仰韶文化遗存的分期，初步将伊河流域的仰韶文化遗存分为前后三期六段：（表3-1-4）

表 3-1-4 伊河流域仰韶文化分期表

		土 门	大 庄	水 寨	孙 村
早 期		T3⑫、T3⑬、T4⑩		H2⑥	
中期	早段	H8、H12、T5⑥		T1⑦-⑨、T2⑨	
	晚段	T5⑤	H29、H42、H43	T1③-⑤、H13	H01、H02、H03
晚期	早段	T5④	G2、H7、H26、H40	T1②	H14、H8
	中段	T5③	H24、H27、H28		H4、H9、H11、T104③
	晚段	T5②		H5	

---

① 洛阳市第二文物工作队：《河南伊川伊阙城遗址仰韶文化遗存发掘简报》，《考古》1997年第12期，第8-16页。
② 洛阳市第二文物工作队：《洛阳市伊川县大庄遗址发掘简报》，《西部考古（第四辑）》，第3-21页，西安：三秦出版社，2009年。
③ 河南省文物考古研究所：《河南省登封矿区铁路登封伊川段古遗址调查发掘报告》，《华夏考古》1998年第2期，第5-28页。
④ 北京大学考古文博学院标本室藏1962年洛阳调查试掘资料。

其中各段特征如下：（图3-1-4）

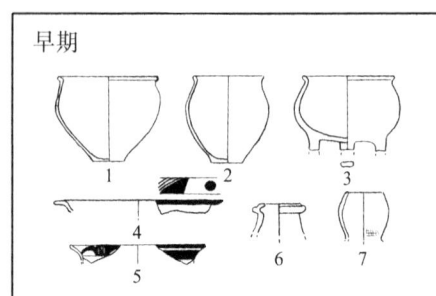

早期	晚期早段
1、3(土门T3⑬：7、89) 2(土门T3⑫：71) 4-6(土门T4⑩：125、102、15) 7(水寨H2⑥：84)	1、2、4、5、9、10(土门T5④：22、7、31、9、35、75) 3、6(孙村H14：1、H8：1) 7、8、11、12(水寨T1②：20、40、6、32)
中期早段	晚期中段
1、2、6、9(土门T5⑥：36、3、101、33) 4(土门H12：79) 3、5、7、10-12 (水寨T1⑨：123、55、45、61、3、38) 8(水寨T1⑦：17) 13(水寨T2⑨上：68)	1-3、5、6、9-11(土门T5③：10、97、146、54、 102、106、29、11) 4、7、8、12(孙村H4：9、 T104③：8、H9：6、H11：11)
中期晚段	晚期晚段
1、7、10(土门T5⑤下：64、60、95) 11(水寨T1⑤：97) 2-6、8、9、12、13 (土门T5⑤上：14、104、5、96、 37、21、25、10、34)	1、3、6-8(水寨H5：155、156、153、160、154) 2、4、5(土门T5②：1、43、66)

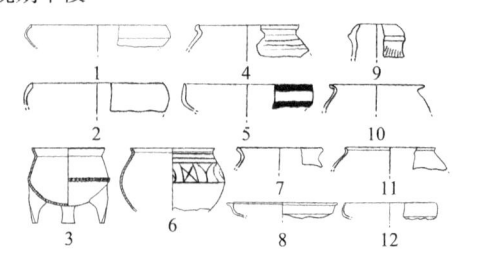

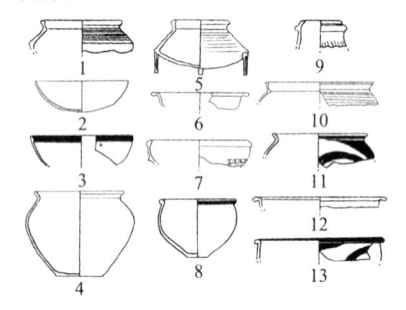

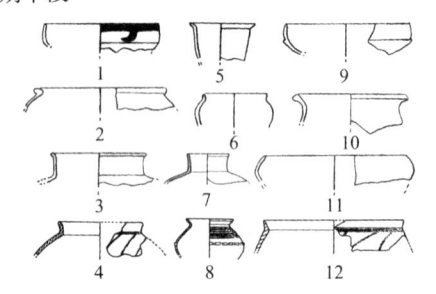

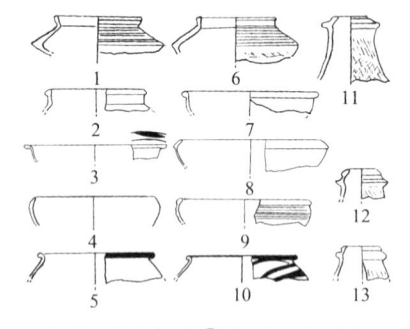

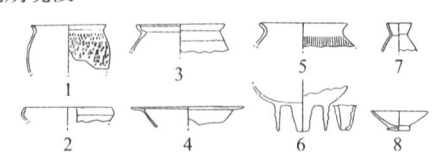

图3-1-4 伊河流域仰韶文化典型陶器分期图

仰韶文化早期：红彩多于黑彩，流行圆点纹、曲边三角纹和豆荚纹。杯型口尖底瓶与退化了的小包口尖底瓶共存；圆鼓腹罐形鼎，卷沿或小折沿；侈口罐，卷沿，大口广肩；彩陶盆，沿面向下外翻。

仰韶文化中期早段：黑彩数量大增，回旋勾连纹和曲边三角纹最为流行。双唇口尖底瓶内唇台面低平；钵为大敞口，浅腹，圜底或小平底；折沿盆，外折沿较宽，下腹圆鼓，束颈；釜型鼎为圆鼓腹，小直领或凹沿；夹砂侈口罐，小折沿，铁轨形唇部，大口，鼓腹，体态矮胖。

仰韶文化中期晚段：以黑彩和白衣黑彩为主，彩绘纹样与早段相比变化不大。小口尖底瓶均为双唇口，但内唇退化明晰，台面斜向上，束颈；夹砂罐为矮直领，凹沿，扁圆唇，肩部圆鼓；钵为敛口深腹，下腹微内收，大平底或凹底；折沿盆为小折沿，出沿短，沿面斜平，深腹，大平底。

仰韶文化晚期早段：彩陶较多，以白衣黑彩为主，有大量的网格纹、平行线纹、弧线纹和 X 形纹。侈口夹砂罐多为折沿鼓腹，沿面凹，肩部常有一周附加堆纹；盆形鼎多深腹，上腹内敛，宽折沿，圜底，鸭嘴形足；彩陶罐均为小折沿或卷沿，尖唇，鼓腹，沿下有一周较宽的彩绘纹样；彩陶钵多敛口，深腹，口沿外侧有一周红彩。

仰韶文化晚期中段：彩陶数量略减少，不见白衣黑彩，多红衣黑彩或褐彩，流行网格纹、平行线纹、弧线纹和叶脉纹，不见 X 形纹。夹砂折沿罐为深腹，沿面平；罐形鼎为深腹，腹径大于口径；彩陶罐为折沿，沿面下有一周较窄的彩绘纹饰带；小口瓮为喇叭口，圆鼓肩；彩陶钵或口内敛明显或形成内折沿。

仰韶文化晚期晚段：彩陶极为少见，出现一定数量的粗绳纹。夹砂罐深鼓腹，平折沿或凹沿；横装鼎足外缘常饰有泥条；敛口钵，口部折棱明显；小口瓮喇叭口，溜肩。

5. 济源盆地

济源盆地经过正式发掘且发表资料的仰韶文化遗址有济源长泉[1]、焦作䢴城寨[2]、吉利南陈[3]、武陟东石寺[4]。另外，考古工作者曾在济源盆地开展过详细的考古调查，

---

[1] 河南省文物管理局、河南省文物考古研究所：《黄河小浪底水库考古报告（一）》，第 4－94 页，郑州：中州古籍出版社，1999 年 11 月第一版。
[2] 河南省文物考古研究所、焦作市文物工作队：《河南焦作䢴城寨遗址的发掘》，《华夏考古》1998 年第 4 期，第 1－10 页。
[3] 河南省文物考古研究所：《洛阳市南陈遗址仰韶文化遗存的发掘》，《中原文物》2008 年第 2 期，第 4－9、26 页。
[4] 河南省文物考古研究院、河南省文物局南水北调文物保护办公室：《河南武陟东石寺遗址发掘报告》，《华夏考古》2017 年第 2 期，第 3－26、109 页。

发现了一批包含仰韶文化遗存的遗址①。

我们根据这些遗址的发掘材料,并结合中原其他地区仰韶文化遗存的分期,将济源盆地的仰韶文化遗存分为前后三期四段:(表3-1-5)

表3-1-5 济源盆地仰韶文化分期表

		长 泉	隩城寨	南 陈	东石寺
早 期		F1、G2、H61			
中期	早段	W1、W2、W3、W4、Y1、T6⑤	探方第③层和灰坑		
	晚段	H44、H45、H54、除T13之外其他探方④层			
晚期	早段	H16、H42	调查材料	G1、H21、H23、H45	H30、H31、H32
	中段				T0207⑨、T0208④、T0208⑨、T0212④、W1
	晚段				H2、H6、H16

各期段器物的特征是:(图3-1-5)

仰韶文化早期:夹砂罐有侈口鼓腹和直口小领两种。夹砂重唇盆为直口或微敛,重唇不甚明显。泥质重唇盆为直口或敞口,深腹。小口尖底瓶仅见到发表有小包口。钵有敞口或直口彩陶钵和敛口深腹小平底钵。

仰韶文化中期早段:夹砂罐折沿变宽。新出现泥质彩陶罐,小卷沿,圆唇,圆鼓腹,小凹底,口沿处常有一周黑彩。夹砂重唇盆,敛口,鼓肩,重唇较明显。小口尖底瓶多双唇口,内唇台面底平,内敛明显,内口小,内外唇界限明显。新出现折沿深腹彩陶盆,曲腹,上腹极鼓,最大腹径大于口颈,彩绘纹饰占到器表的近三分之二。浅腹盆,卷沿较宽,深弧腹,下腹鼓,大平底。彩陶钵直口微敛,深腹,小平底或凹底,彩绘纹饰占到器表的近三分之二。

仰韶文化中期晚段:盆形鼎为敛口折沿,折腹,腹部折棱处常有一周附加堆纹,小平底或圜底。夹砂罐均为侈口,小领,铁轨形唇,上腹圆鼓,肩部常有数周弦纹,体态明显变瘦。新出现肩部带有彩绘的敛口彩陶罐。夹砂重唇盆,敛口明显,形成鼓肩。双唇口小口尖底瓶,内唇较高,台面圆鼓,内口明显变宽,还出现了近平口的单唇口小口尖底瓶。

---

① 中国社会科学院考古研究所河南一队、焦作市文物工作队:《河南焦作地区的考古调查》,《考古》1996年第11期,第31-45页。张新斌、王再建:《河南温县仰韶文化遗址调查简报》,《中原文物》1988年第2期,第1-5页。

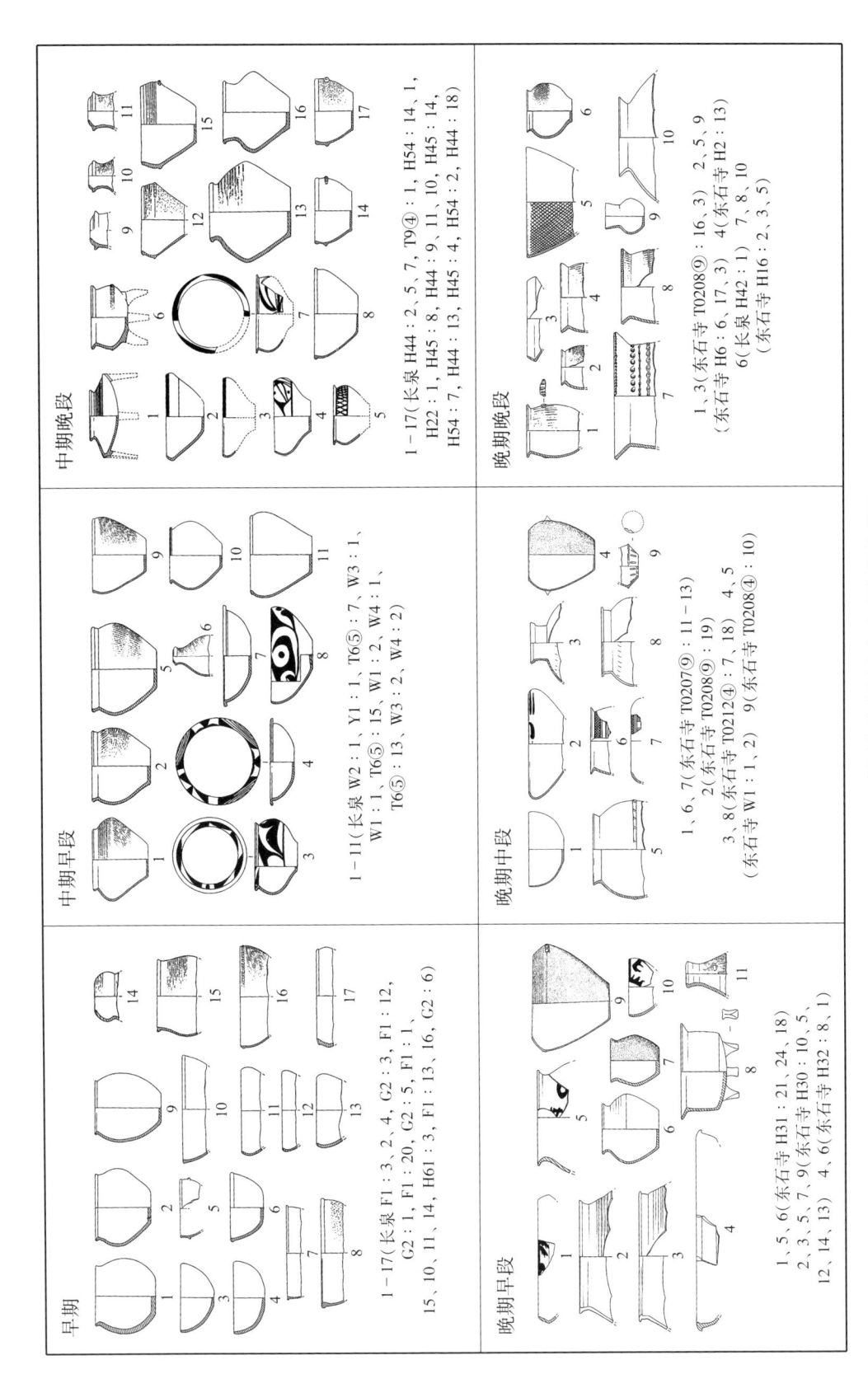

图 3-1-5 济源盆地仰韶文化典型陶器分期图

敛口钵口部内敛明显,有的形成折棱,腹变浅。彩陶曲腹盆,折沿斜高,上腹鼓,最大腹径小于口径,纹饰带常小于器表面积的二分之一。浅腹盆,折沿变短,上腹鼓,下腹明显内收。敞口钵为大平底或凹底。新出现彩陶曲腹钵,形态同于曲腹盆,只是没有折沿。

仰韶文化晚期:这一期发表的器物很少,但特征明确:夹砂折沿罐均为折沿,沿面常有一周凸棱,圆鼓腹或折肩,肩部常饰有数周弦纹。折沿曲腹盆,沿面由凸变凹。敛口彩陶钵,由敛口变为内折沿,沿面常有草率的彩绘。

(二)黄淮流域

1. 郑州地区

郑州地区经过正式发掘的仰韶文化遗址多集中在嵩山以北、黄河以南的郑州西部,主要有郑州大河村[①]、西山[②]、后庄王[③]、秦王寨[④]、林山寨[⑤]、站马屯[⑥]、西史赵村[⑦]、荥阳点军台[⑧]、青台[⑨]、河王[⑩]、方靳寨[⑪]、巩义滩小关[⑫]、双槐树、新密黄帝宫[⑬]、新郑华

[①] 郑州市博物馆:《郑州大河村仰韶文化的房基遗址》,《考古》1973年第6期,第330-336页;《郑州大河村遗址发掘报告》,《考古学报》1979年第3期,第301-374页。郑州市文物工作队、郑州市大河村遗址博物馆:《郑州大河村遗址1983、1987年仰韶文化遗存发掘报告》,《考古》1995年第6期,第506-525、563页;《郑州大河村遗址1983、1987年发掘报告》,《考古学报》1996年第1期,第111-141页。郑州市文物考古研究所:《1982、1985年河南郑州市大河村遗址发掘》,《考古学集刊(11)》,第32-83页,北京:中国大百科全书出版社,1997年;《郑州大河村》,北京:科学出版社,2001年。郑州市大河村遗址博物馆:《郑州大河村遗址2014-2015年考古发掘简报》,《华夏考古》2016年第3期,第24-31、37页。

[②] 刘东亚:《郑州市西山村新石器时代遗址调查简报》,《中原文物》1986年第2期,第23-26页。张松林:《郑州市西北郊区考古调查简报》,《中原文物》1986年第4期,第1-11页。国家文物局考古领队培训班:《郑州西山仰韶时代城址的发掘》,《文物》1999年第7期,第4-15页。

[③] 河南省文物研究所:《郑州后庄王遗址的发掘》,《华夏考古》1988年第1期,第5-22、29页。

[④] 考古研究所河南调查团(夏鼐):《河南成皋广武区考古纪略》,《科学通报》第2卷第7期,第724-729页,1951年。

[⑤] 河南省文化局文物工作队第一队:《郑州西郊仰韶文化遗址发掘简报》,《考古通讯》1958年第2期,第1-5页。

[⑥] 河南省文物考古研究所、河南省文物管理局南水北调文物保护办公室:《郑州市站马屯遗址仰韶文化遗存2009-2010年的发掘》,《考古》2011年第12期,第58-73页。中国社会科学院考古研究所河南新砦队、河南省文物管理局南水北调文物保护办公室:《郑州市站马屯西遗址新石器时代遗存》,《考古》2012年第4期,第14-35页。

[⑦] 郑州市文物考古研究院:《郑州市西史赵村仰韶文化遗址发掘简报》,《考古》2014年第4期,第3-18页。

[⑧] 考古研究所河南调查团(夏鼐):《河南成皋广武区考古纪略》,《科学通报》第2卷第7期,第724-729页,1951年;郑州市博物馆:《荥阳点军台遗址1980年发掘报告》,《中原文物》1982年第4期,第1-21页。

[⑨] 考古研究所河南调查团(夏鼐):《河南成皋广武区考古纪略》,《科学通报》第2卷第7期,第724-729页,1951年;郑州市文物工作队:《青台仰韶文化遗址1981年上半年发掘简报》,《中原文物》1987年第1期,第1-7页。

[⑩] 河南省文化局文物工作队:《河南荥阳河王新石器时代遗址》,《考古》1961年第2期,第94-98页。

[⑪] 郑州市文物考古研究所、荥阳市文物保护管理所:《荥阳方靳寨新石器时代遗址发掘简报》,《中原文物》1997年第3期,第1-12页。

[⑫] 河南省文物考古研究所:《河南巩义市滩小关遗址发掘报告》,《华夏考古》2002年第4期,第3-38页。

[⑬] 河南省文物考古研究所、新密市黄帝文化历史研究会、新密市文物保护管理所:《河南新密市黄帝宫新石器时代遗址调查》,《华夏考古》2009年第2期,第3-11、33页。

阳城郭店[①]等。

我们首先选取发表资料较充分的郑州大河村、西山、后庄王、站马屯、西史赵村、荥阳点军台、巩义滩小关等典型遗址的材料,将其中地层关系明确,且成组发表器物的典型单位进行陶器形制的比对,结果可大致将郑州地区仰韶文化的遗存分期前后三期六段。(表3-1-6)

表3-1-6 郑州地区仰韶文化典型地层关系的分期

		大河村	西山	后庄王	站马屯	西史赵村	点军台	滩小关
早期		T11⑥、T37-T40⑭-⑮、T55-59⑭-⑮、W115						
中期	早段	T11⑤、T37-T40⑫-⑬、T55-T59⑫-⑬、T21-T22④-⑤、T23⑩-⑫	F164、H1888	H31、H34、T16③、T14②、T9②			T8②、T8③、T3⑨、F1、F2、F3	
	晚段	层和W113、W114、W166、W168、W169、W189	H1757、F82、W136	F3(上)、T16②、M259、M145、M48	西M17、M42、M69、H72		T7①、T6②、T4⑦、T3⑦、T3⑧、T2⑧、T1④	W9、W10、W11、H1、H10、T7④
晚期	早段	F1-F4、F19、F20、H97	H1818、W141	T1(B)、M172、M201、M153、M54	K2、W17、H37、西M55、M72、H123	W17、W13	T5③、T4④、T2⑥、T2⑦、T1③	W4、H5、H20、T5⑦
	中段	Ⅰ区第④层、展厅基槽④和⑤层、F42、F6、W1、W2、W7、W8、W33、H154、H177、H179、H180、H193、H254、H232	H757、H1041	M131、M51、M234		W6、W7、W15、W18	T5②、T1②	H2、T5⑥
	晚段	H24、H66、H173、H174、H176、H178、H189、H191、H194	H978、H1452	T1(A)、T16①、T2①			T4③、H25	T5⑤

以下是对上述典型单位出土陶器的类型学排比分析:(图3-1-6)

(1)鼎

A型:釜形鼎,可分为三式:

Ⅰ式:釜身较高,下腹较深,小高领,圆唇外翻,足上竖凹槽较深。大河村T37(15):3。

Ⅱ式:釜身矮胖,下腹浅,小矮领,圆唇微外翻,足上竖凹槽较浅或无凹槽。大河村T11⑤A:75。

[①] 郑州市文物考古研究院、新郑市旅游文物局:《河南新郑市华阳城遗址的调查简报》,《中原文物》2013年第3期,第4-21页。

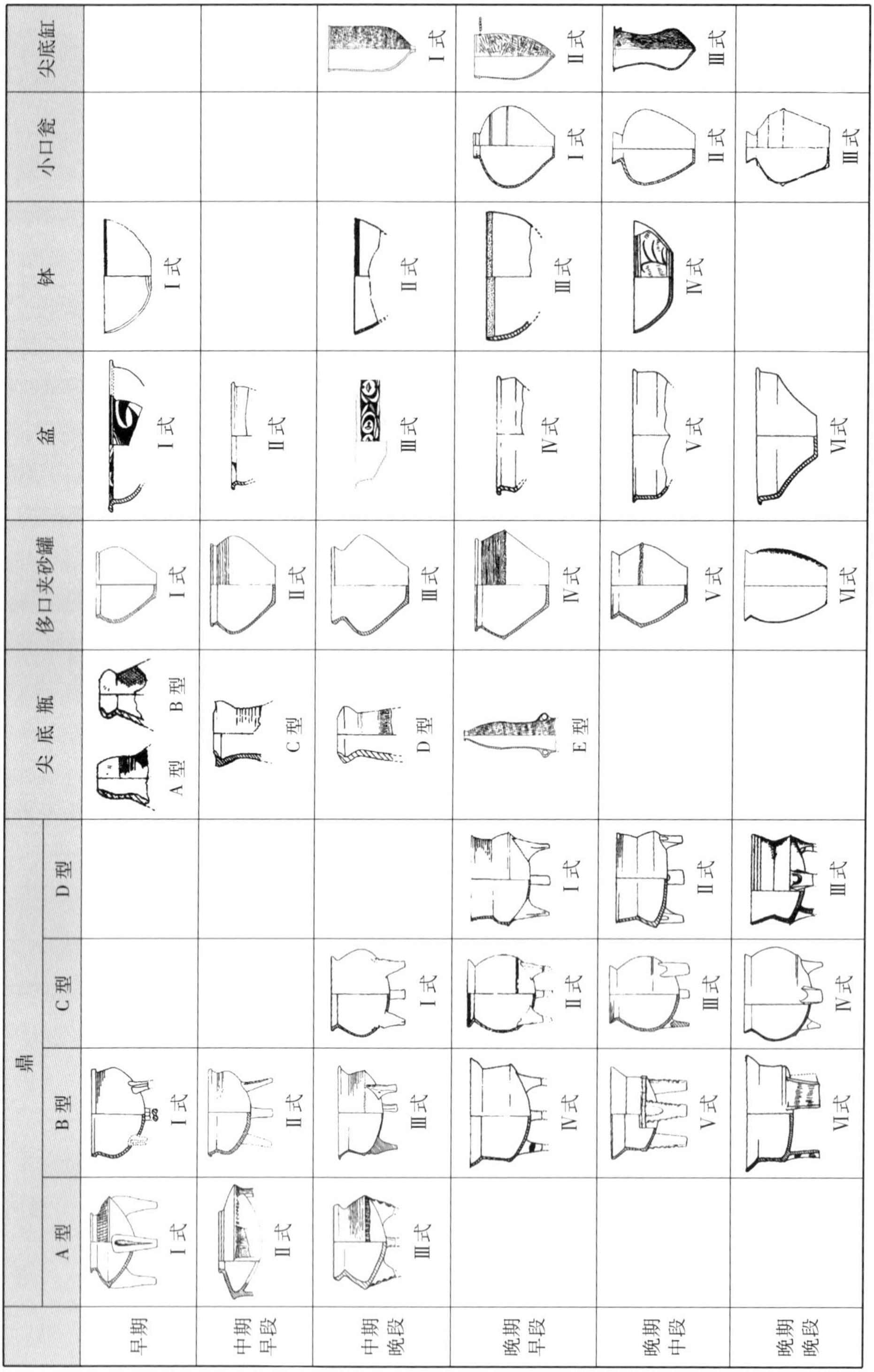

图 3-1-6 郑州地区仰韶文化典型陶器分期图

Ⅲ式：釜身变高，折沿，方唇，向盆形鼎方向发展，足位于器底，足上为花边。站马屯 M42∶1。

B 型：盆形鼎，可分为六式：

Ⅰ式：曲腹，小折沿外翻，方圆唇，足上竖凹槽较深。大河村 T11⑥D∶112。

Ⅱ式：鼓腹，宽折沿，圆唇外翻明显，大口，足上竖凹槽较浅。大河村 W167∶1。

Ⅲ式：折腹，圜底，上腹内敛明显，宽折沿，圆唇略外翻，腹部折棱外侧有一周压印指甲纹或附加堆纹，侧装鸭嘴形足。大河村 T21⑤∶18。

Ⅳ式：折腹，弧形底，上腹内敛，宽折沿，尖圆唇，腹部折棱外侧有一周凸棱，侧装鸭嘴形或扁柱形足。大河村 F1∶44。

Ⅴ式：折腹，斜底，上腹近直，宽折沿，圆唇，腹部外侧折棱处常有一周附加堆纹，鸭嘴形或"Y"字形横装鼎足。西山 H757∶4。

Ⅵ式：折腹，斜底或平底，上腹直，宽折沿，尖圆唇，腹部外侧常有一周附加堆纹或凸棱，横装铲形足或侧装鸭嘴形足，上部常有竖附加堆纹。大河村 H65∶4。

C 型：罐形鼎，可分为四式：

Ⅰ式：垂鼓腹，折沿，圆唇，侧装三角形足，足跟部常有按窝。西山 F82K1∶1。

Ⅱ式：球形腹圆鼓，最大腹径上移，形体瘦高，折沿，尖唇或圆唇，侧装三角形或鸭嘴形足。西山 H1818∶3。

Ⅲ式：球形腹圆鼓，形体瘦高，折沿，尖唇，沿面常有数周弦纹，侧装三角形或横装"Y"字形足。大河村 W108∶1。

Ⅳ式：扁圆鼓腹，大口，形体矮胖，折沿，尖圆唇，侧装三角形或横装"Y"字形足。大河村 W65∶1。

D 型：大高领瓮形鼎，可分为三式：

Ⅰ式：折腹，大高领外侈，上腹微鼓，最大腹径大于口径，圆唇，侧装鸭嘴形足。大河村 F20∶2。

Ⅱ式：折腹，大高领外侈明显，上腹斜直，最大腹径大于口径，尖唇，侧装鸭嘴形或横装"Y"字形足。大河村 W90∶1。

Ⅲ式：折腹，大高领外侈，上腹斜直，最大腹径小于口径，尖唇，侧装鸭嘴形或横装"Y"字形足。大河村 W33∶1。

（2）尖底瓶

A 型：杯形口。大河村 T11⑥D∶117。

B 型：小包口。大河村 T11⑥B∶114。

C 型：双唇口。大河村 T11⑤A∶88。

D型：小敛口。大河村 T57(12)∶14。

E型：平口,亚腰。站马屯 M71∶1。

（3）侈口夹砂罐

罐的形态多种多样,为了便于区分时代特征,选取每个阶段的代表性陶罐分作以下六式：

Ⅰ式：大口,肩部圆鼓,下腹微收,小卷沿,圆唇,平底。大河村 W116∶1。

Ⅱ式：大口,肩部圆鼓,矮领或高领,圆唇微外翻,下腹弧形,平底或小凹底,体态矮胖。西山 F164K2∶1。

Ⅲ式：大口,圆鼓肩微折,矮领或束颈,圆唇微外翻,下腹内收,平底或小凹底,体态变高。西山 F82K5∶1。

Ⅳ式：大口,折肩外侧常有一周附加堆纹,凹沿,圆唇,平底,体态变高。西史村 W15∶2。

Ⅴ式：中口,折肩位置下移,外侧常有一周指甲压印纹或凸弦纹,无领,折沿,圆唇或尖唇,平底,体形瘦高,平底。大河村 H254∶4。

Ⅵ式：中口,深腹,上腹略鼓,折沿,圆唇或尖唇,平底,器表常饰绳纹。后庄王 T2①∶24。

（4）盆

形态多样,以下选择具有时代特征的六式：

Ⅰ式：彩陶盆,浅弧腹,敞口,卷沿低,沿面鼓,圆唇也外卷,平底或微凹。大河村 T11⑥D∶113。

Ⅱ式：彩陶盆,深弧腹,敛口,卷沿高,沿面鼓,圆唇外翻,平底或凹底。大河村 T59(13)∶4。

Ⅲ式：彩陶盆,浅折腹,敞口,沿略卷,沿面鼓,平底。大河村 W189∶2。

Ⅳ式：彩陶盆,折腹,敛口,高卷沿,沿面变短,圆唇外翻,平底或凹底。大河村 T33③∶10。

Ⅴ式：折腹,直口,无沿,尖圆唇微外翻,平底。大河村 H177。

Ⅵ式：折腹,敞口,无沿,尖圆唇外翻,平底。大河村 W146∶1。

（5）钵

形态多样,时代特征明显的有四式：

Ⅰ式：彩陶钵,敞口,尖唇,深腹,凹底,唇外侧有一周窄彩带。点军台 F3∶5。

Ⅱ式：彩陶钵,敞口,斜腹,唇外侧有一周窄彩带。方靳寨 T3②∶065。

Ⅲ式：彩陶钵,直口,尖唇,半球形腹,平底或凹底,唇内外侧常有一周彩带。大河村 T43⑧：25。

Ⅳ式：彩陶钵，直口，尖唇，浅弧腹，大平底，器身外侧常饰有平行直线纹和禾苗纹。大河村 H81：36。

（6）小口瓮

可分为三式：

Ⅰ式：小直领，弧肩，圆唇，鼓腹，小平底。大河村 F2：9。

Ⅱ式：小口外侈，广肩或鼓肩，最大径在上腹，小平底。大河村 T61⑤：3。

Ⅲ式：小口外侈，溜肩，最大径在上腹，大平底。点军台 H25：45。

（7）尖底缸

大口，口沿处多有鹰嘴形钮。分三式：

Ⅰ式：圆唇，直口，直腹，尖底有泥突。站马屯 M69：1。

Ⅱ式：圆唇，直口，下腹略鼓，尖底无泥突。西史村 W17：1。

Ⅲ式：方圆唇平口，下腹呈球形，最大腹径大于口径，尖底无泥突。大河村 W1：1。

由以上典型器物的共存情况，并结合学术界对仰韶文化分期大的阶段性划分的普遍认识，可将郑州地区仰韶文化遗存分为早中晚三期六段，其中各段典型陶器的组合为：

早期：A 型Ⅰ式鼎、B 型Ⅰ式鼎、A 型和 B 型尖底瓶、Ⅰ式罐、Ⅰ式盆、Ⅰ式钵。

中期早段：A 型Ⅱ式鼎、B 型Ⅱ式鼎、C 型和 D 型尖底瓶、Ⅱ式罐、Ⅱ式盆、Ⅰ式钵。

中期晚段：A 型Ⅲ式鼎、B 型Ⅲ式鼎、C 型Ⅰ式鼎、C 型和 D 型尖底瓶、Ⅲ式罐、Ⅲ式盆、Ⅱ式钵、Ⅰ式尖底缸。

晚期早段：B 型Ⅳ式鼎、C 型Ⅱ式鼎、D 型Ⅰ式鼎、E 型尖底瓶、Ⅳ式罐、Ⅳ式盆、Ⅲ式钵、Ⅰ式瓮、Ⅱ式尖底缸。

晚期中段：B 型Ⅴ式鼎、C 型Ⅲ式鼎、D 型Ⅱ式鼎、Ⅴ式罐、Ⅴ式盆、Ⅲ式钵、Ⅱ式瓮、Ⅲ式尖底缸。

晚期晚段：B 型Ⅵ式鼎、C 型Ⅳ式鼎、D 型Ⅲ式鼎、Ⅵ式罐、Ⅵ式盆、Ⅳ式钵、Ⅲ式瓮。

2. 颍河中上游

颍河中上游地区经过正式发掘的仰韶文化遗址有登封八方、双庙沟[①]和禹州谷水

[①] 河南省文物研究所：《登封八方、双庙仰韶文化遗址的试掘》，《华夏考古》1992 年第 2 期，第 1–13 页。

河[①]。根据这些遗址的试掘材料,并结合中原其他地区仰韶文化遗存的分期,我们初步将颍河中上游地区的仰韶文化遗存分为前后三期五段:(表3-1-7)

表3-1-7 颍河中上游地区仰韶文化分期表

		八 方	双庙沟	谷水河	杨 村
早 期		H374、H379、H382、H386			P2M1
中 期		H371、H368、H385	H2、H5		P1H1
晚期	早段			H3、H4	
	中段		H1、H3、H4	H5、Y2	
	晚段			H2、Y1	

各期段器物的特征是:(图3-1-7)

仰韶文化早期:圆鼓腹罐形鼎,卷沿或小折沿;平底盆,直口,厚唇,小平底;钵,直口或微敛,圜底或小平底;圆鼓腹器盖,顶部较高;体态较胖的双耳小口尖底瓶。

仰韶文化中期:折腹盆形鼎;敛口平底钵;夹砂罐为大口,小折沿,小平底;翻沿深腹盆,斜折沿,小短领,鼓腹;小口尖底瓶,内唇较低,内唇台面斜平,双唇界限明显。

仰韶文化晚期早段:罐形鼎,圆鼓腹,最大腹径在上腹,小折沿,鸭嘴形足;带流罐,敛口,上腹圆鼓,肩部数周弦纹,形体矮胖;壶为大喇叭口,溜肩;深腹彩陶盆为卷沿,上腹圆鼓;流行折肩弦纹罐。

仰韶文化晚期中段:罐形鼎,折沿,扁圆鼓腹,最大腹径在中腹;盆形鼎,深腹,直口,大折沿,鸭嘴形足;折肩罐,深腹,折肩处有一周压印纹;折沿彩陶盆,侈口圆唇,深腹鼓肩,肩部常有一周草率的网格纹彩带;敞口钵,中腹微内折,小平底;深腹盆,窄沿外折,大平底;喇叭口彩陶瓮,圆鼓肩,肩部常有一周草率的彩绘纹带。

仰韶文化晚期晚段:罐形鼎,折沿,扁球形腹,最大腹径在下腹;夹砂深腹罐,小折沿,平唇,上腹鼓,下腹内收,周身饰满绳纹;盘形鼎,浅盘,敛口,口沿下有一周附加堆纹;新出现了尖档陶鬶、高柄豆、瓦足盆形鼎等器物。

[①] 河南省博物馆:《河南禹县谷水河遗址发掘简报》,《考古》1979年第4期,第300-307;《河南省禹县谷水河遗址发掘简报》,《河南文博通讯》1977年第2期,第44-56、64页。

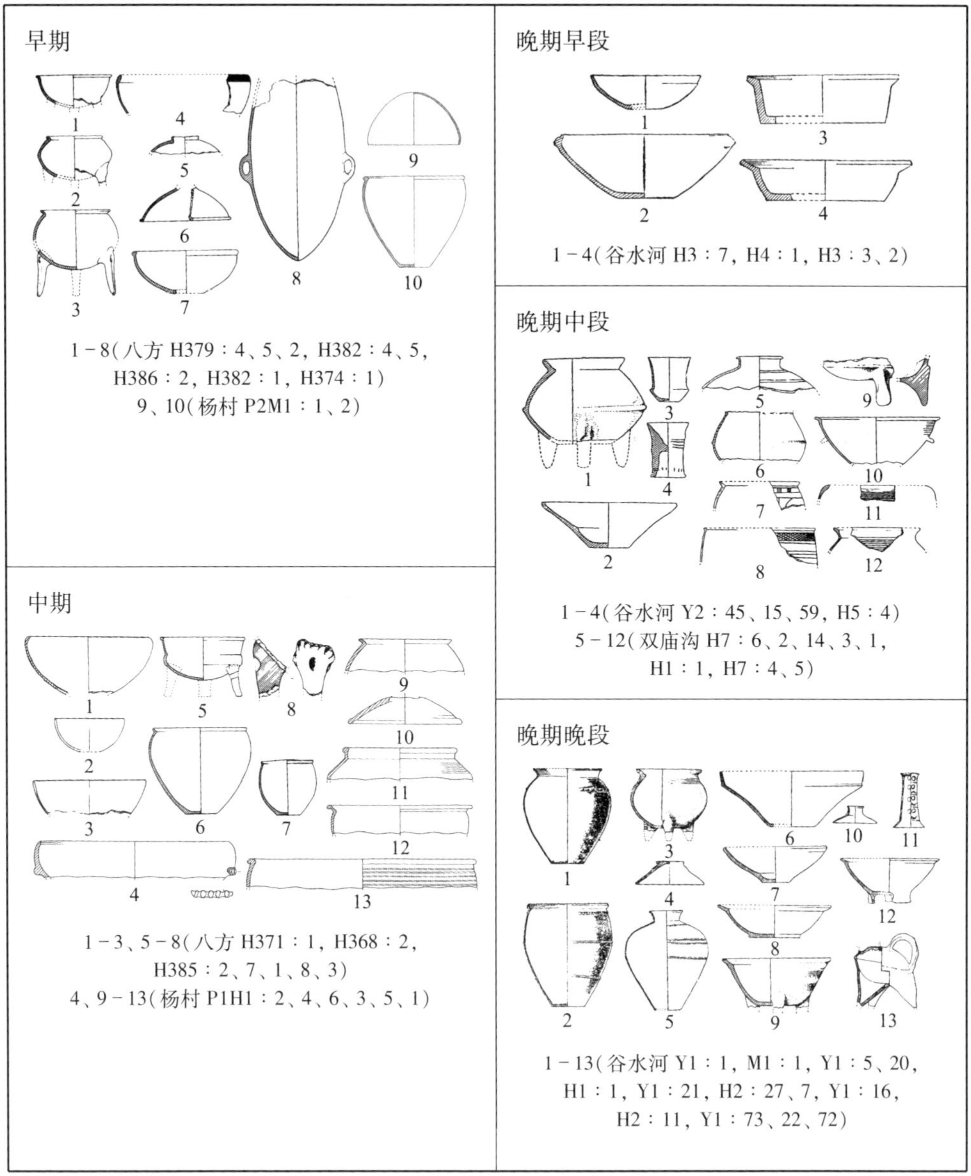

图 3-1-7 颍河中上游地区仰韶文化典型陶器分期图

3. 沙汝河流域

沙汝河流域经过正式发掘的仰韶文化遗址有汝州中山寨[1]、洪山庙[2]、大张[3]、北刘庄[4]和鲁山邱公城[5]。根据这些遗址的试掘材料,并结合中原其他地区仰韶文化遗存的分期,可初步将沙汝河流域的仰韶文化遗存分为前后三期六段:(表3-1-8)

表3-1-8 沙汝河流域仰韶文化分期表

		中山寨	北　刘　庄	洪山庙
早　期		T101③、T102③、H11		
中期	早段	T102②、T104②、H8		H4、H7、H6、H8、T3④
	晚段			T2③-④、T8③
晚期	早段		T10⑤、T11⑤、T13⑤、T16⑤、T17⑤、T18⑤、H19	
	中段	H47、H55	W4、W6、W7、W11、W13、W16、W17、H6、H20、H31、H44、H46、T13④	
	晚段	H53	H18、H25、H30、H33、H34、H36、H38、H40、T6④、T20④、T21④、T22④、T23④	

各期段器物的特征是:(图3-1-8)

仰韶文化早期:盆形鼎卷沿或小折沿,深腹,圜底;夹砂罐多小卷沿,圆唇;钵常深腹,敞口,圜底或小平底;杯形口尖底瓶;深腹釜形鼎。

仰韶文化中期早段:盆形鼎鼓腹或微折腹,腹部变浅,折沿;夹砂罐多凹折沿,有的带小短领,鼓腹,体态矮胖;钵仍为深腹,但为敛口,平或凹底;环形口尖底瓶,多双唇,内唇位置较低;浅腹釜形鼎。

仰韶文化中期晚段:发现数量少,仅在洪山庙遗址有所发现,夹砂侈口罐多折或卷沿,束颈,鼓腹或微折腹,体态变高;卷沿曲腹盆出沿变短。

---

[1] 临汝县博物馆:《河南临汝中山寨遗址调查简报》,《考古》1986年第6期,第481-484页。中国社会科学院考古研究所河南一队:《河南临汝中山寨遗址试掘》,《考古》1986年第7期,第577-585页。《河南汝州中山寨遗址》,《考古学报》1991年第1期,第57-88页。
[2] 河南省文物考古研究所:《汝州洪山庙》,郑州:中州古籍出版社,1995年。
[3] 河南省文化局文物工作队:《河南临汝大张新石器时代遗址发掘简报》,《考古》1960年第6期,第1-4页。
[4] 河南省文物研究所:《河南临汝北刘庄遗址发掘报告》,《华夏考古》1990年第2期,第11-38页。
[5] 河南省文化局文物工作队:《河南鲁山邱公城遗址的发掘》,《考古》1962年第11期,第557-561页。

早期

1-9(中山寨 T1③：7, H11：3、4、7, T1③：6, T102③：9, T101③：14, T102③：17、8)

中期早段

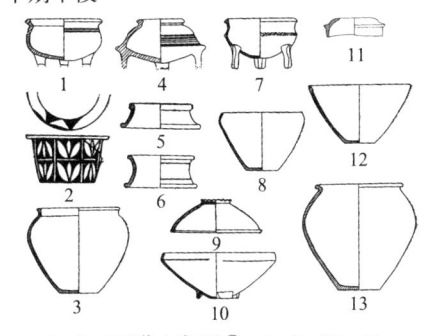

1、4、11(洪山庙 T3④：1、2, H7：5)
2、3、5-10、12、13(中山寨 T104②：3, H8：1、4、3, T102②：6、7, T104②：2、5, H8：2, T104②：6)

中期晚段

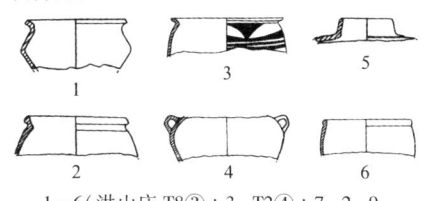

1-6(洪山庙 T8③：3, T2④：7、2、9, T8③：5, T2③：8)

晚期早段

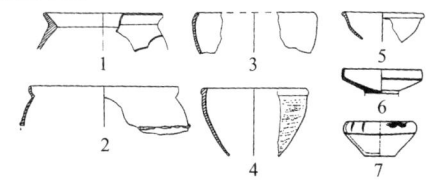

1-7(北刘庄 T11⑤：7, 5, T17⑤：4, T10⑤：10, H19：2, T16⑤：7, T17⑤：3)

晚期中段

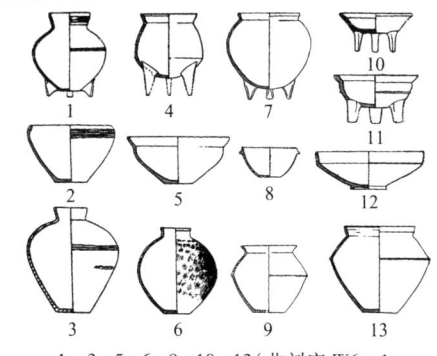

1-3、5、6、9、10、13(北刘庄 W6：1, W13：1, H6：9, T13④：3, W11：1, W17：1, W7：1) 4、7、8、11、12 (中山寨 H55：3, H47：5, H55：1、2、4)

晚期晚段

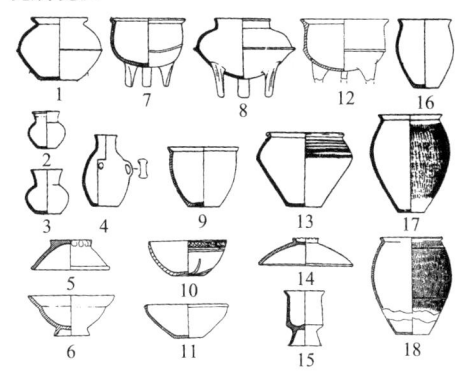

1-7、9-13、15-17(北刘庄 H33：1, H18：6, T23④：37、23, H18：11、9, T23④：51, H18：16, H26：12, H18：5, T21④：35, T23④：20, H18：4, T23④：2、38) 8、14、18 (中山寨 H53：5、1、2)

图 3-1-8 沙汝河流域仰韶文化典型陶器分期图

仰韶文化晚期早段：仅在北刘庄有少量发现，多鸭嘴形或侧装三角形鼎足；折沿折腹夹砂罐，体形矮胖；卷沿彩陶曲腹盆；敛口大平底彩陶钵。

仰韶文化晚期中段：圆鼓腹瓮形鼎；深腹罐形鼎；夹砂侈口折腹罐体态变高；内折沿矮圈足豆；圆鼓肩小口彩陶瓮。

仰韶文化晚期晚段：垂腹罐形、瓮形鼎；夹砂鼓腹罐，周身饰满绳纹，常有数周附加堆纹；溜肩小口彩陶瓮；大平底器盖，外缘有一周花边；双腹矮圈足碗。

二、中原各地仰韶文化的总时空框架

严文明先生曾将仰韶文化划分为前后四个发展阶段，本书所述的仰韶文化早、中、晚期即相当于严文明先生所划分的仰韶文化的第一、二、三期[①]。

（一）仰韶文化前期

所谓仰韶文化前期的遗存这里专指中原地区晚于裴李岗文化而早于仰韶文化早期的遗存，由于从陶器特征看与仰韶文化存在密切的联系，但数量不多，其文化性质还有待进一步考察，这里暂将其归入仰韶文化前期。目前，中原核心区经过正式发掘并发现有丰富仰韶文化前期遗存的遗址有郑州的大河村、西山、长葛石固和新安荒坡。

大河村遗址的仰韶文化前期遗存发现数量较多，报告中仰韶文化的前三期、前二期和前一期为该遗址最早阶段的遗存。从流行夹蚌陶和常见的蒜头细颈瓶、小口鼓腹罐、双耳罐、深腹红顶钵、足跟上有一排按窝的盆形鼎等器物看，具有鲜明的"后冈类型"的特征。与大河村仰韶文化前期遗存年代相当的还有郑州西山遗址发掘简报中划分的第一组陶器，流行夹蚌陶和窄沿圆唇深腹罐、红顶圈底钵、内叠唇深腹圈底钵等器物。同样的遗存在长葛石固第Ⅴ期也有发现，以泥质红陶为主，流行蒜头细颈瓶、双耳罐、深腹红顶钵等[②]。另外，伊川土门、登封八方、汝州中山寨等遗址也出土过跟部饰有一排指甲按窝的鼎足、双耳罐等，这些遗址上可能也存在仰韶文化前期阶段的遗存。

关于这一类遗存，在南阳盆地的淅川下王岗[③]、方城大张庄[④]早有发现，因此早期

[①] 严文明：《略论仰韶文化的起源和发展阶段》，《仰韶文化研究》，第 122－165 页，北京：文物出版社，1989 年。
[②] 河南省文物研究所：《长葛石固遗址发掘报告》，《华夏考古》1987 年第 1 期，第 3－125 页。
[③] 河南省文物研究所、长江流域规划办公室考古队河南分队：《淅川下王岗》，北京：文物出版社，1989 年。
[④] 南阳地区文物队、方城县文化馆：《南阳方城县大张庄新石器时代遗址》，《考古》1983 年第 5 期，第 398－403 页。

的研究者多将其命名为"下王岗一期文化"①,看作是河南南部发展起来的仰韶早期遗存。实际上,从石固第Ⅴ期遗存连续发展自当地裴李岗文化的情况看,大河村遗址的这类遗存与本地的裴李岗文化传统关系密切,文化一致性较强,应看作是本地裴李岗文化传统的延续②。

新安荒坡遗址的仰韶文化前期遗存仅发现在邻近晋南豫西的涧河流域。从文化性质上看,兼具翼城枣园、东关一期的"枣园类型"③和后冈类型的一些特征,如折沿盆形鼎。但从大宗的小口瓶、夹砂罐、圜底钵、平底盆等典型器物看仍以枣园类型特征为主体,可以看作是枣园类型向中原中心的扩张。

总之,中原核心区在仰韶文化前期阶段,主体上继承裴李岗文化传统,以后冈类型为主,仅在偏西北的部分地区进入枣园类型的范围。

(二)仰韶文化早期

从仰韶文化早期开始,大河村遗址的器物组合和形态特征发生了重要改变:小口鼓腹罐和双耳罐的数量大大减少;盆形鼎由鼓腹变成垂腹,多小卷沿,足跟上有一排按窝的作风消失;新出现了宽折沿彩陶盆、杯形口和小包口的尖底瓶和葫芦形瓶,彩陶中施黑彩的情况大大增加。这些新的变化预示着一个新时期的到来。与大河村仰韶文化早期相当的遗存还发现在洛阳王湾、洛宁孟村、宜阳礼曲、登封八方、汝州中山寨、渑池班村、济源长泉等遗址中。

这一时期的遗存中,杯形口、小包口和双唇口尖底瓶共存,釜形鼎、卷沿鼓腹罐形鼎、盆形鼎、卷沿或小折沿深腹罐、敛口叠唇盆、宽折沿彩陶、敞口深腹小平底钵和直口深腹圜底钵等器物以及圆点曲边三角形彩陶图案,一方面具有仰韶文化半坡类型的一些特点,另一方面也出现了一些庙底沟类型的因素,与山西芮城东庄村遗址庙底沟类型最早阶段的遗存④已经十分接近。严文明先生曾将郑洛地区的仰韶文化早期遗存定义为"东庄类型"。现在看来,所谓"东庄类型"从年代上看实际上只是与半坡类型的较晚阶段大致相当,文化面貌上同时融合了半坡类型和庙底沟类型最早阶段的因素。魏兴涛进一步梳理东庄类型的资料后指出,东庄类型主要分布在晋南豫西地区,与枣园类型的分布略有重合,是继承后者发展起来的⑤。从荒坡遗址的情况

---

① 杨肇青:《试论淅川下王岗仰韶一期文化的渊源》,《中原文物》1986年特刊,第247页。张居中:《仰韶时代文化刍议》,《中原文物》1986年特刊,第99页。孙祖初:《中原地区新石器时代中期向晚期的过渡》,《华夏考古》1997年第4期,第47-59页。
② 张忠培、乔梁:《后冈一期文化研究》,《考古学报》1992年第3期,第261-280页。
③ 山西省考古研究所:《翼城枣园》,北京:科学技术文献出版社,2004年。
④ 张忠培:《试论东庄村和西王村遗存的文化性质》,《考古》1979年第1期,第37-44页。
⑤ 魏兴涛:《仰韶文化东庄类型研究》,《考古学报》2018年第3期,第275-312页。

看,第二期与第三、四期之间有继承关系,但又有显著的差异,或代表了枣园类型向东庄类型的过渡①。魏兴涛还进一步将东庄类型划分为南交口、北橄和王湾三个亚型,其中王湾亚型主要分布在洛阳、济源一带。

(三) 仰韶文化中期

仰韶文化中期遗存在中原各区均有十分广泛的分布,遗址上包含这一时期遗存的文化堆积普遍较厚,文化发达,延续时间长。从前述分期研究的结果看,中原各区的仰韶文化中期遗存至少可划分为两个阶段:

仰韶文化中期早段,包括洛阳盆地、洛河中游、涧河流域、济源盆地、郑州地区、颍河中上游地区、沙汝河流域的仰韶文化中期早段,以及伊河流域仰韶文化部分遗存。这一时期的遗存中,基本不见杯形口尖底瓶,双唇口尖底瓶一般内唇低,台面斜平,内敛深,内口小;夹砂侈口罐,大口,小直领,凹沿,圆鼓肩,肩部常饰有密集的弦纹,形体矮胖;折沿彩陶盆,出沿较宽,沿面斜平,圆弧腹微鼓;钵多直口微敛,平底;夹砂敛口叠唇盆,厚叠唇,深腹;釜和釜形鼎、各式罐形鼎、盆形鼎体形矮胖。彩陶纹样中,白衣黑彩和红彩较多,流行典型"庙底沟类型"的圆点弧边三角纹、豆荚纹、回旋勾连纹等纹样。

仰韶文化中期晚段,包括洛阳盆地、涧河流域、济源盆地、郑州地区、沙汝河流域的仰韶文化中期晚段,洛河中游地区仰韶文化中期中、晚段,颍河中上游地区仰韶文化中期以及伊河流域仰韶文化部分遗存。这一时期的遗存十分丰富,在一些地区还可以进一步细分。陶器中,尖底瓶口部内唇较高,台面斜高,有的圆鼓,内口变大;夹砂侈口罐多小折沿,唇部呈明显的铁轨形,肩部微折,常有密集的弦纹,形体变高;折沿彩陶盆出沿变窄,沿面斜高,斜弧腹微收;钵均为敛口,大平底;夹砂敛口叠唇盆多薄唇,浅腹,大平底;釜和釜形鼎已基本不见。彩陶纹样中,继续流行白衣黑彩和红彩,除了典型"庙底沟类型"的彩陶纹样之外,出现了互字形纹、网格纹等新纹样。

中原核心区的仰韶文化中期遗存与晋南豫西地区的典型庙底沟类型十分接近,但这里比庙底沟类型更流行彩陶纹样中施白陶衣的做法,常常一件器物上同时出现白衣黑彩和红彩,又称为"复彩"。另外,中原地区流行的以直腹缸(即"伊川缸")为成人葬具的做法也不见于典型的庙底沟类型。因此,严文明先生将中原核心区的仰韶文化中期定义为"阎村类型"。

---

① 河南省文物管理局、河南省文物考古研究所:《黄河小浪底水库考古报告(三)》,郑州:大象出版社,2008年。

(四) 仰韶文化晚期

中原核心区的仰韶文化晚期遗存分布较为广泛,但各区之间存在差异。整体来看,嵩山周围地区以及黄淮水系的郑州地区、洛阳盆地、伊河流域、颍河中上游、沙汝河流域、济源盆地属于仰韶文化的"秦王寨类型",而涧河流域的仰韶文化晚期遗存则应归入"西王类型"的范畴[①]。

从分期研究的结果看,中原各地的仰韶文化晚期遗存可普遍划分为三个大的发展阶段:

仰韶文化晚期早段:包括洛阳盆地、涧河流域、郑州地区、颍河中上游、沙汝河流域的仰韶文化晚期早段,以及其他地区的部分仰韶文化遗存。

"秦王寨类型"的彩陶纹样流行六角形纹、太阳纹、睫毛纹、锯齿纹、横 S 形纹和网格纹,施白陶衣黑彩的情况仍十分普遍。泥质陶数量较多,常施红陶衣。这一时期的陶器中出现大量各式各样的鼎,有宽折沿折腹盆形鼎、深腹罐形鼎、瓮形鼎,流行鸭嘴形鼎足;夹砂罐为折肩,折棱处有一周附加堆纹,肩部饰数周弦纹;深腹彩陶罐为卷沿或小折沿;彩陶盆为鼓肩,深腹;流行各式彩陶壶和镂孔高圈足豆。

"西王类型"的彩陶数量较少,常见有钵口沿处的带状黑彩、垂帐纹、几何形纹和罐等器物肩部的带状网格纹。以灰褐、红褐陶为主,多素面。常见平口尖底瓶,敛口大平底盆,各式器身圆鼓且肩部常有附加堆纹的夹砂罐和瓮,口沿内折棱不明显的泥质罐,小折沿彩陶罐和折沿内敛明显的豆。

仰韶文化晚期中段:包括洛阳盆地、涧河流域、郑州地区、颍河中上游、沙汝河流域的仰韶文化晚期中段,以及其他地区的部分仰韶文化遗存。

"秦王寨类型"的彩陶纹样最流行带状网格纹红彩。六角形纹、太阳纹、睫毛纹等消失,新出现了 X 形纹、草率的平行线纹、短弧线纹、禾苗纹等。多红衣红彩,施白陶衣的情况大大减少。陶器中,盆形、罐形、瓮形鼎仍然流行,但形态略有变化,除了鸭嘴形足外,新出现了 Y 形足;夹砂罐多为圆鼓腹,器身瘦高;彩陶罐折沿加宽;流行浅腹大平底,饰禾苗纹彩陶纹样的钵;小口瓮多圆鼓肩,肩部常有彩绘;豆多为内折沿,矮圈足;新出现了大汶口文化的背壶和各式陶杯等器物。

"西王类型"的彩陶进一步减少,纹饰中仍以素面为主,但浅篮纹和绳纹的数量增加。各式陶钵,口部内敛十分明显,均为小平底;各式罐,器身变瘦;泥质罐,内折棱明

---

① 严文明:《略论仰韶文化的起源和发展阶段》,《仰韶文化研究》,第 155 - 157 页,北京:文物出版社,1989 年。

显,沿面平;彩陶罐折沿变宽,多尖唇;豆,折沿略内敛近直。

仰韶文化晚期晚段:包括洛阳盆地、涧河流域、郑州地区、颍河中上游、沙汝河流域的仰韶文化晚期晚段,以及其他地区的部分仰韶文化遗存。

"秦王寨类型"的彩陶数量大大减少,作风更加草率,纹饰以素面为主,但出现了一定数量的浅篮纹和绳纹。陶器中,盆形、罐形鼎继续使用,器身上常有一周附加堆纹;夹砂罐均为折沿,圆鼓肩,深腹,周身常饰有绳纹和附加堆纹;钵多为直口,浅腹;新出现了折腹形的盆;豆和盆出现了敞口小折沿的样式;小口瓮和背壶的形态变为溜肩;各式厚胎红陶杯的数量大大增加。

"西王类型"的彩陶已基本不见,浅篮纹、绳纹、附加堆纹的数量大大增加。陶器,中口深腹罐十分流行,口沿上常有数周弦纹,器身变得更加瘦高,绳纹与附加堆纹组合的情况更加普遍;很多器物唇部或装饰一周附加堆纹或压印一周指甲纹;底部有一周花边的器盖十分常见。整体来看,器物的特征与庙底沟二期文化比较接近。

综合以上各地的情况,中原核心区的仰韶文化大致经历了三期六段的发展过程:(表3-1-9)

表3-1-9 中原地区仰韶文化分期表

	洛阳盆地	洛河中游	伊河流域	涧河流域	济源盆地	郑州地区	颍河中上游	沙汝河流域
仰韶文化早期	早期	早期早、晚段	早期	早期晚段	早期	早期	早期	早期
仰韶文化中期早段	中期早段	中期早段	中期	中期早段	中期早段	中期早段	中期	中期早段
仰韶文化中期晚段	中期晚段	中期中、晚段		中期晚段	中期晚段	中期晚段		中期晚段
仰韶文化晚期早段	晚期早段		晚期	晚期早段	晚期	晚期早段	晚期早段	晚期早段
仰韶文化晚期中段	晚期中段	晚期		晚期中段		晚期中段	晚期中段	晚期中段
仰韶文化晚期晚段	晚期晚段			晚期晚段		晚期晚段	晚期晚段	晚期晚段

关键遗址的碳14测年提供了中原各地仰韶文化发展的基本绝对年代框架:(图3-1-9)

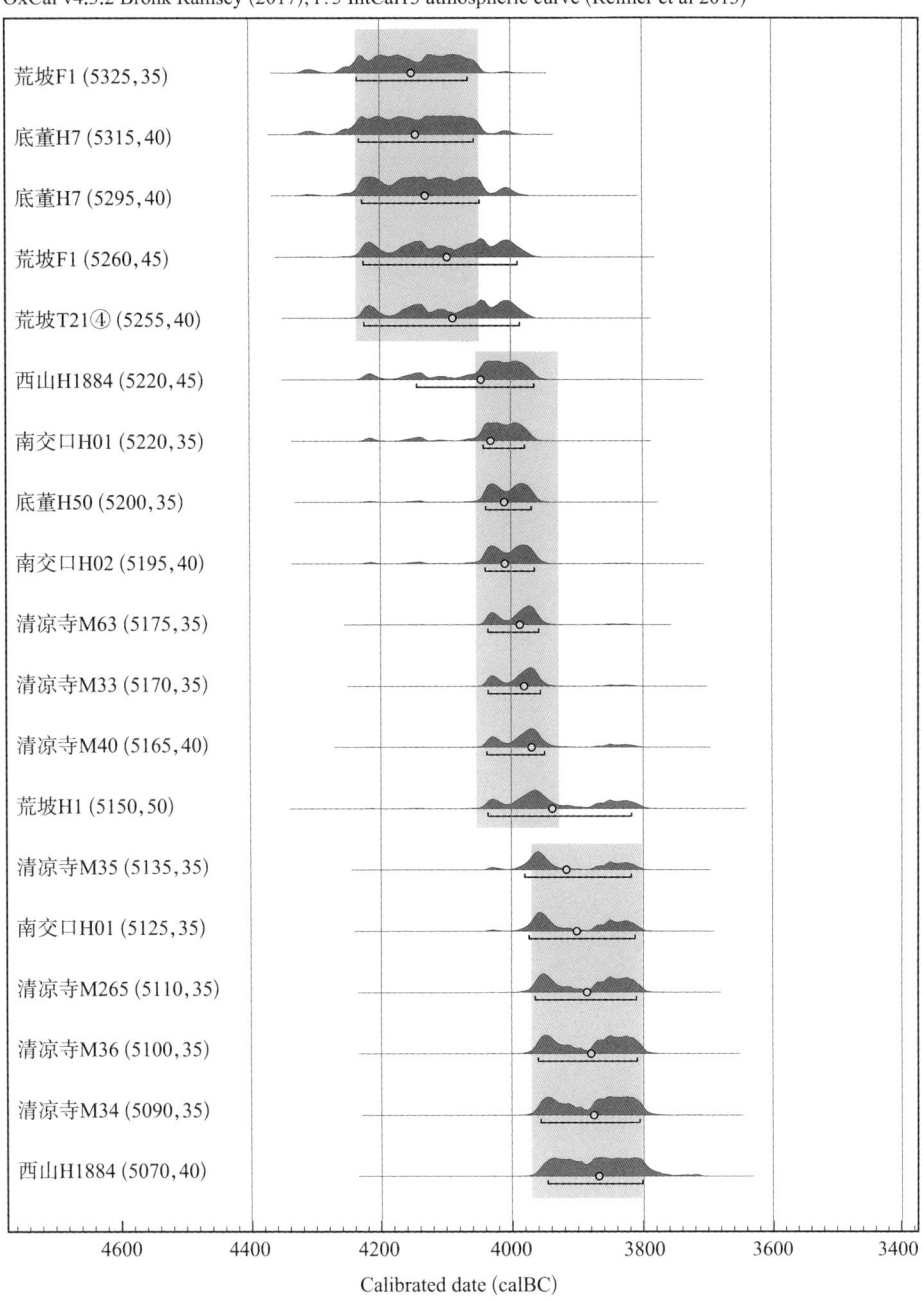

OxCal v4.3.2 Bronk Ramsey (2017); r:5 IntCal13 atmospheric curve (Reimer et al 2013)

荒坡F1 (5325, 35)
底董H7 (5315, 40)
底董H7 (5295, 40)
荒坡F1 (5260, 45)
荒坡T21④ (5255, 40)
西山H1884 (5220, 45)
南交口H01 (5220, 35)
底董H50 (5200, 35)
南交口H02 (5195, 40)
清凉寺M63 (5175, 35)
清凉寺M33 (5170, 35)
清凉寺M40 (5165, 40)
荒坡H1 (5150, 50)
清凉寺M35 (5135, 35)
南交口H01 (5125, 35)
清凉寺M265 (5110, 35)
清凉寺M36 (5100, 35)
清凉寺M34 (5090, 35)
西山H1884 (5070, 40)

Calibrated date (calBC)

图 3－1－9a　中原地区关键遗址仰韶早期碳 14 年代

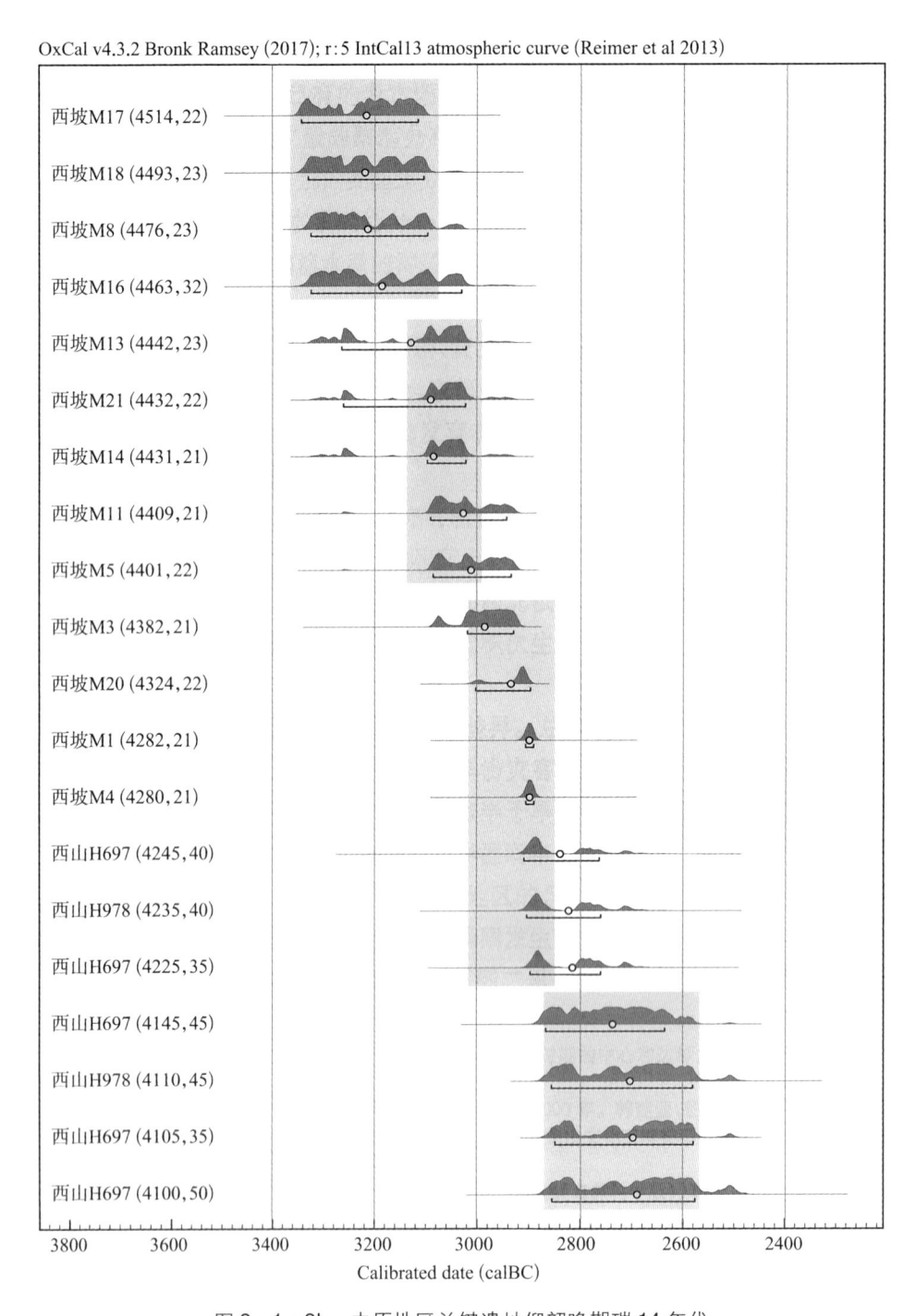

图 3-1-9b 中原地区关键遗址仰韶晚期碳 14 年代

1. 从荒坡①、西山遗址的仰韶早期单位,以及邻近的豫西三门峡—灵宝地区的底董②、南交口③、清凉寺④遗址的仰韶文化前期和早期单位的碳14测年数据看,树轮校正后的年代可分为三组:第一组,年代概率区间的均值集中在公元前4100年,但由于树轮曲线的波动,前后跨度超过200年;第二组,年代概率区间的均值集中在公元前4000年前后,概率区间较短;第三组,年代概率区间的均值集中在公元前3900年前后,概率区间的跨度也近200年。这三组数据的连续性很强,代表了中原地区仰韶文化早期的年代大致从公元前4100年延续至公元前3900年,大约200年的时间(图3-1-9a)。

2. 从西山遗址和邻近的灵宝西坡⑤的仰韶文化中期晚段和仰韶文化晚期遗存的碳14年代数据看,西坡仰韶墓地的年代分为二组,且连续性较强,表明西坡墓地的一个连续发展过程。结合墓葬的随葬品分析,其中第三组的年代或可进入仰韶文化晚期的最早阶段,年代概率区间的均值集中在公元前2900年前后,可代表中原地区仰韶文化庙底沟期结束而进入晚期阶段的年代。据此,仰韶文化中期(庙底沟期)阶段延续了大约1000年的时间。西山遗址仰韶晚期晚段的年代数据可分为两组,其中第二组年代概率区间的均值集中在公元前2700年前后,代表了中原地区仰韶文化晚期至少发展了200年的时间(图3-1-9b)。

三、中原各地仰韶文化的区域性差异

中原各地的仰韶文化在不同发展阶段表现出了不同程度上的区域性差异:(表3-1-10、图3-1-12)

表3-1-10 中原地区仰韶文化时期的考古学文化演变与区域差异

	洛阳盆地	洛河中游	伊河流域	涧河流域	济源盆地	郑州地区	颍河中上游	沙汝河流域
仰韶文化早期	东庄类型	?	?	东庄类型	东庄类型	大河村仰韶早期	大河村仰韶早期	下王岗一期
仰韶文化中期	庙底沟类型	庙底沟类型	庙底沟类型阎村类型	庙底沟类型	庙底沟类型	庙底沟类型	庙底沟类型	阎村类型

---

① 河南省文物管理局、河南省文物考古研究所:《黄河小浪底水库考古报告(三)》,郑州:大象出版社,2008年。
② 魏兴涛:《仰韶文化东庄类型研究》,《考古学报》2018年第3期,第275-312页。
③ 吴小红、魏兴涛:《南交口遗址14C年代的测定与相关遗存的年代》,《三门峡南交口》,北京:科学出版社,2009年。
④ 山西省考古研究所、运城市文物工作站、芮城县旅游文化局:《清凉寺史前墓地》,北京:文物出版社,2016年。
⑤ 中国社会科学院考古研究所、河南省文物考古研究所:《灵宝西坡墓地》,北京:文物出版社,2010年。

续　表

	洛阳盆地	洛河中游	伊河流域	涧河流域	济源盆地	郑州地区	颍河中上游	沙汝河流域
仰韶文化晚期早段	秦王寨类型	?	秦王寨类型	秦王寨类型西王类型	秦王寨类型	秦王寨类型	秦王寨类型	秦王寨类型
仰韶文化晚期中段								
仰韶文化晚期晚段	西王类型		西王类型	西王类型	西王类型	谷水河类型	谷水河类型	谷水河类型

（一）仰韶文化前期

这一时期中原核心区正处于"半坡类型""枣园类型""后冈类型"与"下王岗一期文化"的交汇地带。目前所发现的仰韶文化前期遗存均分布在嵩山东南的郑州地区、颍河中上游地区、沙汝河流域和伊河流域的部分地区。以大河村遗址仰韶文化前期遗存为例。陶器中夹蚌陶的比例较高，盆形鼎和罐形鼎的足跟上常有一排指甲按窝，流行双耳罐、小口垂腹罐、敛口鼓腹弦纹罐、深腹圜底钵、红顶钵、直口深腹圜底缸等器物。这些陶器明显以后冈类型的特征为主体，同时部分地继承了本地裴李岗文化的传统，另外还带有少量半坡类型的因素，比如蒜头细颈瓶等器物。（图3-1-10）文化面貌较为复杂。嵩山西北仅涧河流域的荒坡遗址发现有这一时期的丰富遗存，整体上属于晋南豫西的枣园类型，并有少量的后冈类型因素。

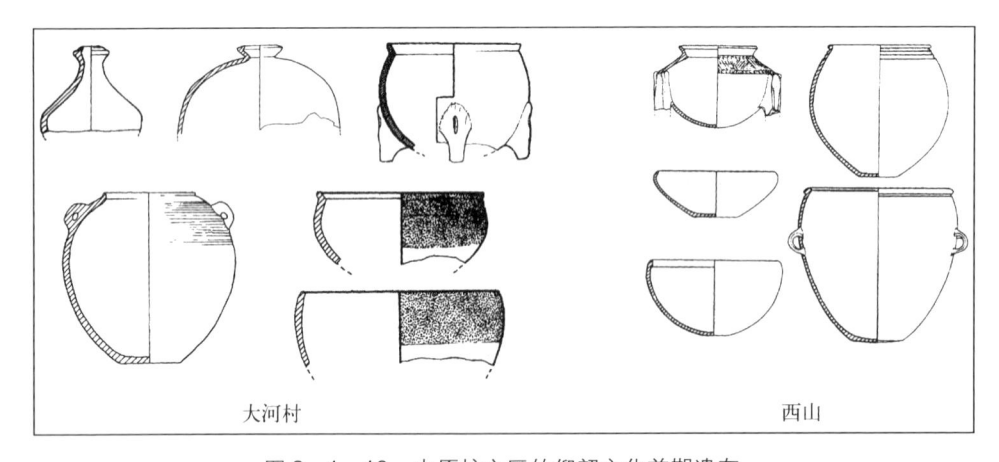

图3-1-10　中原核心区的仰韶文化前期遗存

总体而言，仰韶文化前期中原核心区明显受到东方和东南方文化系统的影响更多。

（二）仰韶文化早期

自仰韶文化早期开始，中原各地迅速繁荣起来。仰韶文化早期的遗存已经广泛分布于各流域。从目前掌握的材料看,这一时期的遗存兼具半坡类型和庙底沟类型的特点。但与山西芮城东庄村遗址相比较,庙底沟类型的因素似乎更多:中原各地的仰韶文化早期遗存中,不见东庄村直边三角形、鱼形纹等半坡类型的彩陶纹样,也不见东庄村折腹圜底彩陶盆、敛口深腹圜底钵等半坡类型的典型器物;相反东庄村遗址庙底沟类型因素的圆点弧边三角纹、豆荚纹等纹样以及退化了的杯形口尖底瓶和原始形态的双唇口尖底瓶、夹砂叠唇盆等器物却十分流行。单从尖底瓶口部的变化看,洛河中游地区邵窑遗址05YSHYH1∶6和寨子遗址H4∶65完全可以补充东庄村尖底瓶由杯形口向双唇口演化的序列。(图3-1-11)

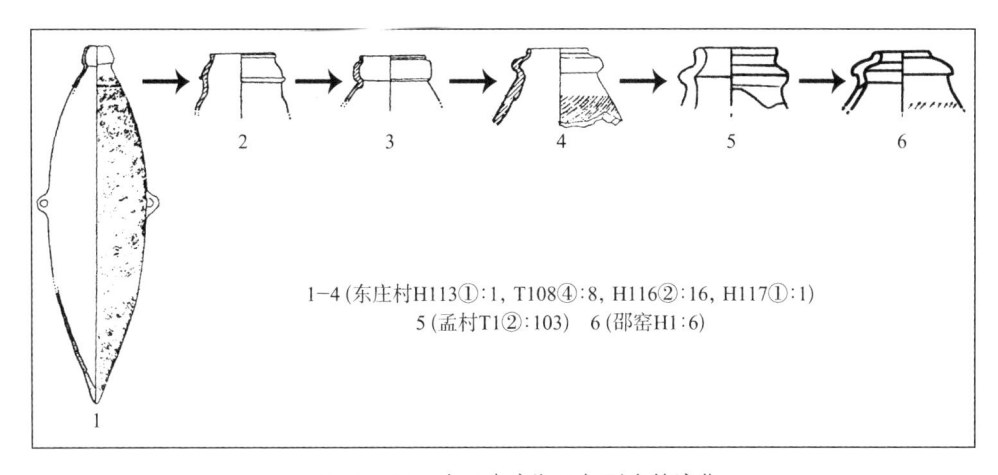

图3-1-11 小口尖底瓶口部形态的演化

20世纪90年代以来,随着一系列考古新发现,学术界就有关仰韶文化庙底沟类型的起源问题再度展开了热烈讨论①,但无论持庙底沟类型源于半坡类型,还是认为两类型并行发展的研究者,均认为半坡类型在其晚期阶段开始向东扩张,而庙底沟类型主体应起源于晋南豫西一带的枣园类型。中原核心区的仰韶文化早期,可看作是半坡类型晚期、枣园类型仰韶文化向东扩张的结果。从这一时期嵩山东南郑州地区、颍河中上游、沙汝河流域仰韶文化遗存的情况看,仰韶文化向东方扩张的势力十分强大,大量新出现的典型仰韶文化的因素已经取代了这里之前延续裴李岗文化传统并颇具后冈类型因素的前仰韶文化遗存。因此,这一时期整体来看,中原核心区主体是在受到更多西方文化系统的影响下发展起来的。

---

① 田建文、薛新民、杨林中:《晋南地区新石器时期考古学文化的新认识》,《文物季刊》1992年第2期,第35-44、34页。许志勇:《关于古城东关仰韶早期文化遗存的几个相关问题》,《中国历史博物馆刊》1996年第1期,第19-24页。戴向明:《试论庙底沟文化的起源》,《青果集——吉林大学考古系建系十周年纪念文集》,第18-26页,北京:知识出版社,1998年。

(三) 仰韶文化中期

仰韶文化的中期遗存在中原各地的分布广度和密度大大增加,中原核心区的仰韶文化在这一时期进入了繁荣阶段。各地千篇一律的圆点弧边三角纹、回旋勾连纹、花瓣纹和双唇口尖底瓶、釜形鼎、灶、叠唇盆、曲腹盆、彩陶钵等无不展示着庙底沟类型盛极一时的强势力量。

仰韶文化中期的中原核心区尽管各地文化面貌达到了空前的统一,但地区之间的差异仍然存在。著名的"伊川缸"葬具主要流行在东南部的沙汝河流域、伊河及其支流地区。嵩山周围及其黄淮河水系的洛阳盆地、伊河流域、济源盆地、郑州地区、颍河中上游、沙汝河流域流行各种形态的盆形鼎、罐形鼎和釜形鼎,颍河中上游地区和沙汝河流域甚至还有部分鼎足上一排按窝的后冈因素的孑遗。中原西部的涧河流域和洛河中游地区流行釜和灶,釜形鼎数量也较多,但罐形鼎和盆形鼎却很少发现。

从目前掌握的调查和发掘资料看,仰韶文化中期位于中原西、中部的涧河流域、洛河中游地区以及伊河流域的伊川盆地和嵩县盆地仰韶文化遗存十分发达,文化堆积厚,遗址规模大,文化遗物的种类和数量都很多,制作精美。相对而言,位于东、南部的郑州地区、颍河中上游、沙汝河流域仰韶文化遗存则显得略弱。

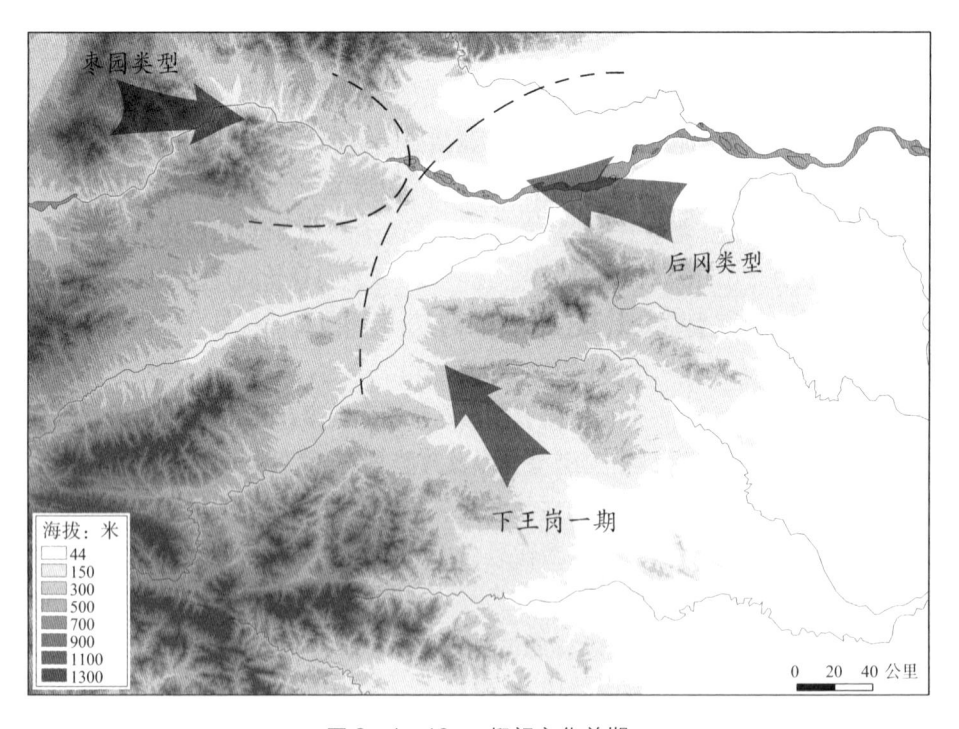

图 3 - 1 - 12a　仰韶文化前期

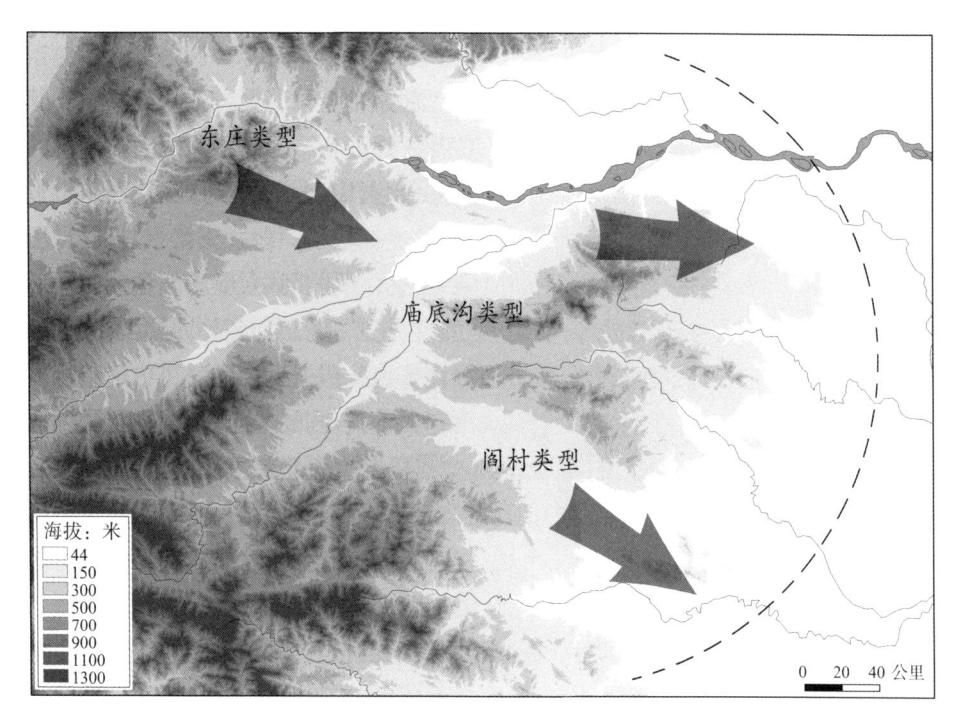

图 3-1-12b　仰韶文化早中期

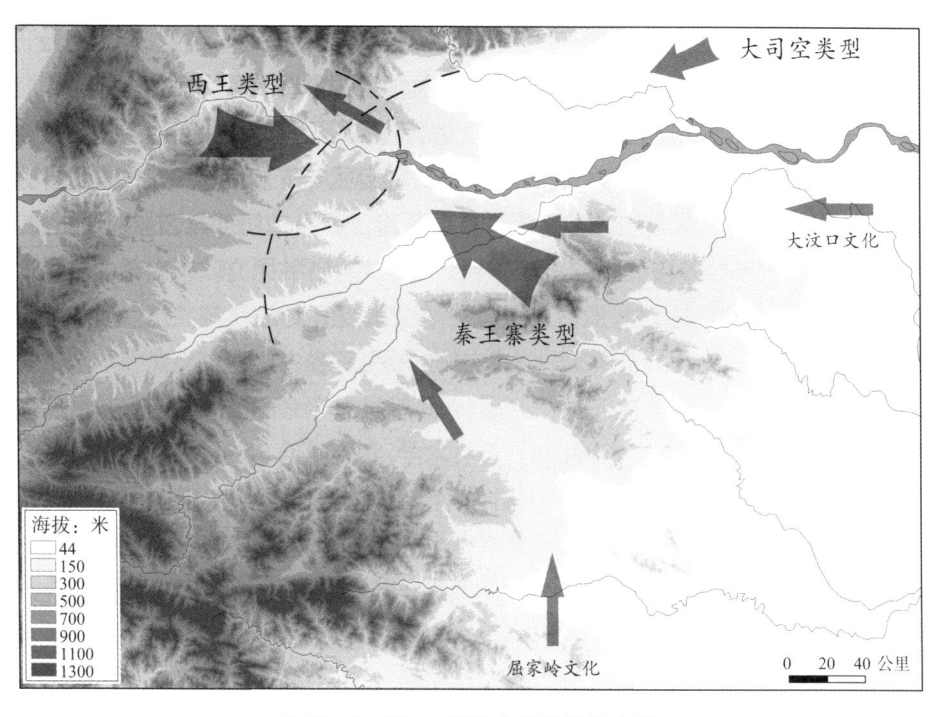

图 3-1-12c　仰韶文化晚期早中段

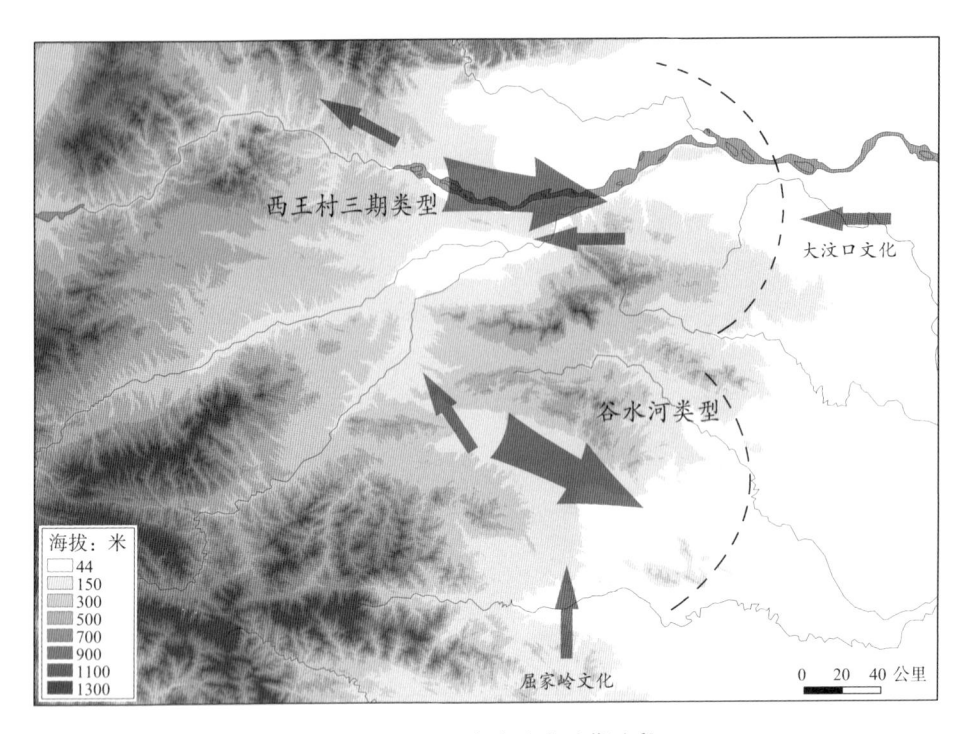

图 3－1－12d　仰韶文化晚期晚段

因此，中原核心区在仰韶文化中期整体上延续了早期的发展态势，受到东进的庙底沟类型的强烈影响，文化发展的重心位于嵩山以西的黄河水系。

（四）仰韶文化晚期

到了仰韶文化晚期，中原各地考古学文化的区域性差异表现得异常明显。从目前掌握的资料看：嵩山周围及其黄淮河水系的洛阳盆地、伊河流域、郑州地区、颍河中上游地区、沙汝河流域为典型的秦王寨类型的分布范围；涧河流域则属于西王类型的范畴；洛河中游地区仰韶文化晚期遗存相当衰弱，发现数量少。但近年来，宜阳苏羊遗址的发现表明，屈家岭文化曾影响到此；济源盆地西部目前尚不清楚，可能与西王类型有关，东部平原地区则属于秦王寨类型的范畴，但同时也包含一些大司空类型的因素。

仰韶文化晚期早段，随着庙底沟类型的衰落，独具特色的秦王寨类型迅速兴起于中原的东、南部地区。这一时期，秦王寨类型的陶器主要继承了本地仰韶文化的基本器类，并有了一些新的变化，同时又增加了一部分大汶口文化的因素。炊煮器方面，本地仰韶文化中期流行的折腹盆形鼎、罐形鼎继续流行，只是器物形态有所变化，但仰韶文化中期常见的釜形鼎已经消失。储存器方面，仰韶文化中期常见的侈口弦纹罐继续流行,只是由圆鼓肩变成了折肩;深腹彩陶盆也继续流行,只是彩陶的样式有了变化。饮食器方面,仰韶文化中期的各式碗、钵均继续使用,只是彩陶纹样和器物形制方面有了变化;折腹豆是饮食器中新出现的大汶口文化特征的器物,主要以高圈足类为主。水器方面,仰韶文化中期流行的尖底瓶、平底瓶均已不见,取而代之的是大汶口文化的各式喇叭口形彩陶壶。酒器方面新增加了大汶口文化因素的各式圈足折腹杯。

从以上器物种类和组合的功能划分看,这一时期东方因素虽然卷土重来,但其影响仅限于酒、水器和部分饮食器方面。大量秦王寨类型的炊煮器、储存器和部分饮食器或承袭自本地仰韶文化的庙底沟类型,或属于在此基础上的自我创新。彩陶纹饰方面,秦王寨类型早段的睫毛纹、X形纹、六角星纹、太阳纹等均不见于其他文化类型。由此可见,秦王寨类型的兴起是在主要继承本地仰韶文化庙底沟类型的基础上,吸收了部分东方大汶口文化的因素,并加以创造所形成的独具特色的本地文化。

仰韶文化晚期中段,秦王寨类型遗存分布更为广泛,几乎所有秦王寨类型的遗址均有此一阶段的遗存。陶器器类基本上继承了上一阶段,同时又增加了一些新的器类。彩陶数量锐减,风格草率,粗绳纹开始出现,表现出新的特点。陶器组合中,除了本地文化因素的特征之外,大汶口文化因素的特征继续保留,并有了加强的趋势。另外,还出现了新的南方屈家岭文化的因素。炊煮器方面,盆形鼎和罐形鼎的数量仍然很多,但形制有所变化。储存器方面,折沿深腹罐和彩陶罐均继承前一时期的同类器物,仅仅是器形上有了大的变化。饮食器中,敛口钵是继承了上一阶段的同类器发展而来;新出现了敞口浅腹平底钵,常饰有禾苗纹;大汶口文化因素的折腹豆仍然流行,只是圈足变矮。水器方面,作为大汶口文化典型器物的背壶大量出现,具有大汶口文化因素的彩绘小喇叭口瓮也十分流行。酒器方面,除了大汶口文化因素的各式陶杯之外,新出现了屈家岭文化的典型高圈足杯、带晕染彩绘的薄胎杯和尊形杯。此外,屈家岭文化因素的很多特征,比如高圈足、双腹器、带竖刻划纹的高瓦足形鼎足也常见于这一时期的器物上。有研究者认为中原地区仰韶文化晚期的屈家岭因素甚至强势于大汶口文化因素的影响[①]。

总之,这一阶段是秦王寨类型的繁荣期,除了大量本地因素的发展和创新之外,东方大汶口文化的影响从深度和广度上都有所加强,同时南方屈家岭文化也逐渐渗透进来,使得这一时期各地文化的融合达到了高潮。

值得注意的是中原各地的秦王寨类型之间也存在地域性的差异:郑州地区、颍河

[①] 魏兴涛:《豫西晋西南地区仰韶文化晚期遗存研究》,《考古学研究(十)》,北京:科学出版社,第352-389页,2012年。

中上游、沙汝河流域为秦王寨类型的中心区,文化面貌较为统一。洛阳盆地是秦王寨类型分布的西区,与郑州等地相比,这里以盆形鼎为主,少见罐形鼎和瓮形鼎;另外这一地区流行的敛口深腹罐、带流罐明显受西王类型的影响。济源盆地的秦王寨类型则更具地方特点,除了一些本地独有的特征外,还包含有豫北大司空类型的部分因素。秦王寨类型在伊河流域的数量不多,但考古调查仍时有发现,但在洛河中游地区这一阶段的遗存则极为少见。

涧河流域在仰韶文化晚期的早、中段均属于西王类型的分布范围。这里流行的腹部有一周凸弦纹的折沿鼓腹罐、带附加堆纹的深腹罐、口沿有一周附加堆纹的敛口瓮、平口细颈尖底瓶、敛口带流罐和器物上装有鸡冠状錾手的特征均与山西芮城西王村遗址仰韶文化晚期遗存十分接近,属于西王类型的范畴。但是,这里同时也有少量的肩部有一周带状网格纹红彩的折沿彩陶罐、折腹盆、小口瓮等器物,显然是受到了秦王寨类型的影响。

到了仰韶文化晚期晚段,中原各地的文化面貌再度出现了新的气象。晋南豫西地区的西王类型发展至其晚期阶段开始向东扩张,影响遍及中原各地。西王类型晚期又称作"西王村三期",以山西芮城西王村遗址 H18 为代表,流行粗绳纹或浅篮纹与泥条堆砌的附加堆纹的组合,小折沿深腹大口罐、素面小罐流行,常见仰韶文化晚期的平口尖底瓶,而不见庙底沟二期文化的斝和釜灶[①]。

涧河流域在这一时期延续至西王类型晚期,陶器纹饰和器类均与西王村晚期遗存一致。嵩山周围及淮河水系秦王寨类型进入晚期阶段,一方面秦王寨类型典型的罐形鼎、盆形鼎、喇叭口小口瓮、折腹盆、敞口平底碗等还继续使用,另一方面彩陶数量锐减,陶器的炊煮器和储存器中,出现了周身饰满绳纹或浅篮纹的小折沿大口深腹罐和素面小罐,附加堆纹盛行。一些陶罐口沿压印一周花边和器盖捉手饰一周花边的作风流行,敛口带流罐的数量增加。另外,仰韶文化晚期遗存发现数量极少的洛河中游地区,在孙洞、苏羊等遗址的调查中也发现了一些口沿下有一周附加堆纹作风的敛口瓮。而嵩山东南的淮河水系,包括郑州地区、颍河中上游和沙汝河流域绳纹、横宽篮纹与大汶口晚期的陶壶、高领瓮等共存发展,并出现了中原地区最早的空三足器[②],有研究者据此将其定名为"谷水河类型"[③]。这些情况均表明仰韶文化晚期晚段,源自晋南豫西地区的仰韶文化西王类型开始向东扩张,并与西进的大汶口文化和

---

① 张忠培:《试论东庄村和西王村遗存的文化性质》,《考古》1979 年第 1 期,第 37—44 页。
② 张忠培:《黄河流域空三足器的兴起》,《华夏考古》1997 年第 1 期,第 30—48 页。
③ 严文明先生所指的"仰韶文化谷水河类型"实际上属于庙底沟二期文化阶段,本书中将庙底沟二期文化划入龙山文化早期,"谷水河类型"指早于庙底沟二期文化的本地仰韶文化晚期晚段遗存。

北上的屈家岭文化产生激烈的碰撞,文化融合的态势不断加强,对中原各地社会变革产生了深远的影响。

总之,仰韶文化晚期中原核心区的文化格局再度发生变化,首先是在大汶口文化西进和屈家岭文化北渐的持续影响下,东方文化系统对中原的影响加强,文化发展重心首先位于嵩山东部的黄淮水系;到晚期阶段,随着西王类型的势力扩展,西方文化系统对中原的影响再度强势回归。

四、小结

综上,我们可勾勒出中原核心区仰韶文化发展的阶段性特征和不同时期区域间文化互动的概况。

中原核心区的仰韶文化大致经历了早中晚三个发展阶段,如果加上仰韶文化前期,那么很明显可以看出在中原地区仰韶文化的发展时段内,区域间的互动主要表现在东西间势力的消长方面:

仰韶文化前期,文化发展的重心位于嵩山东南的黄淮水系,这里是后冈类型的势力范围,同时又继承了本地发达的裴李岗文化传统,形成了独具特色的文化面貌。嵩山西北地区仰韶文化早期遗存发现数量不多,豫西的涧河流域连接三门峡—灵宝盆地,大体上处于枣园类型的最东界,文化因素上以枣园类型为主,并融合了半坡类型和后冈类型的特点。

从仰韶文化早期开始,晋南豫西的仰韶文化半坡类型晚期和庙底沟类型早期迅速向东方扩张,不仅占领了中原西部的伊、洛、涧河流域,而且取代了后冈类型对嵩山东南黄淮水系的统治。

到了仰韶文化中期,整个中原核心区都属于庙底沟类型的范畴。尽管区域间的差异还存在,但整个中原的文化面貌达到了空前的统一。已有的考古材料表明,这一时期文化发展的重心由嵩山东南转向了中原中西部的伊、洛、涧河流域,无论从遗迹遗物的规模还是数量上看,这里的仰韶文化遗存可谓盛极一时。

仰韶文化晚期,随着庙底沟类型的衰落和大汶口文化的西进和屈家岭文化北上,嵩山东南黄淮水系在继承了本地文化传统的基础上大量吸收了大汶口、屈家岭文化的因素,创造出了仰韶文化的秦王寨类型。秦王寨类型在其发展过程中其势力可达嵩山以西的洛阳盆地和黄河以北的济源盆地。中原西部的涧河流域这一时期属于仰韶晚期西王类型的范畴,同时也接受了一些秦王寨类型的因素。仰韶文化中期遗存发达的洛河中游和伊河中上游地区在这一时期迅速衰落下去,尤其是洛河中游,几乎见不到明确属于这一时期的遗存。显然,在仰韶文化的晚期阶段,文化发展的重心再度转移到了中原东部嵩山周围的黄淮水系。

仰韶文化晚期晚段,兴起于晋南豫西的西王类型晚期开始向东扩张,其影响遍及整个中原核心区。无论是中原西部的洢河流域,还是东部嵩山地区秦王寨类型的分布范围,均大量出现了夹砂灰陶的绳纹、浅篮纹和附加堆纹的组合,一改仰韶文化传统的红陶、彩陶和素面的特征。西王类型晚期因素在中原核心区的大量出现,其影响深远,与强势西进的大汶口文化和北上的屈家岭文化形成对冲,加速了文化的融合,最终促成了庙底沟二期文化的东进和中原地区龙山时代到来的先声。

第二节　龙山时代中原各地的考古学文化谱系

龙山时代在中原核心区开始的时间目前还存在很大的争议,这主要涉及中原核心区的庙底沟二期文化的归属问题。本书暂将其纳入龙山时代的范畴,作为中原核心区的龙山文化早期遗存来讨论。而中原核心区龙山时代结束的时间,即有关"新砦类遗存"的归属问题比较复杂,将主要在讨论二里头文化早期遗存时详细论述。

一、中原各地龙山文化的分期

(一) 黄河流域

1. 洛阳盆地

洛阳盆地经过正式发掘包含龙山文化遗存的遗址有洛阳王湾[1]、东干沟、西干沟[2]、矬李[3]、西吕庙[4]、孟津妯娌[5]、小潘沟[6]、偃师二里头[7]、灰嘴[8]等。

我们选择其中发表材料较丰富洛阳王湾、西干沟、东干沟、矬李、西吕庙,孟津小潘沟,偃师灰嘴等作为典型遗址。通过对其中典型单位典型陶器形制的比对,可大致将洛阳盆地的龙山文化遗存分为前后两期三段五组。(表3-2-1)

---

[1] 北京大学考古文博学院:《洛阳王湾》,第172-174页,北京:北京大学出版社,2002年。
[2] 中国社会科学院考古研究所:《洛阳发掘报告》,第36-55页,北京:北京燕山出版社,1989年。
[3] 洛阳博物馆:《洛阳矬李遗址试掘简报》,《考古》1978年第1期,第5-17页。
[4] 洛阳市文物工作队:《洛阳西吕庙龙山文化遗址发掘简报》,《中原文物》1982年第3期,第2-7页。
[5] 河南省文物管理局等:《黄河小浪底水库文物考古报告集》,第23-25页,郑州:黄河水利出版社,1998年。
[6] 余扶危、叶万松:《河南孟津小潘沟遗址河南龙山文化陶器的分期》,《考古》1982年第2期,第186-191页。
[7] 中国社会科学院考古研究所二里头工作队:《河南偃师二里头遗址发现龙山文化早期遗存》,《考古》1982年第5期,第460-462页。
[8] 河南省文物研究所:《河南偃师灰嘴遗址发掘报告》,《华夏考古》1990年第1期,第1-33页。中国社会科学院考古研究所河南第一工作队:《2002-2003年河南偃师灰嘴遗址的发掘》,《考古学报》2010年第3期,第393-422页。

表3-2-1　洛阳盆地龙山文化遗存分期表

		王湾	东、西干沟	煃李	西吕庙	小潘沟	灰嘴
早期		H487、H194					
晚期早段	一组	H166	西H309				
	二组	H490	东H564、西H214、西H215	H20	H1-3、H6、H10、H11、H13、H15	K1、F6、F9、H11、H20、H40、H41、H44、H47、H60、T1⑤	H9、H17
晚期晚段	三组	H79、H87	西H211①	H13、H16	H9、H12、H14	F7、F10、H3、H4、H21、H29、H63、H65、T5②	H14、H22
	四组			H22	H4		

以下是对典型地层关系出土陶器的类型学分析：（图3-2-1a、b）

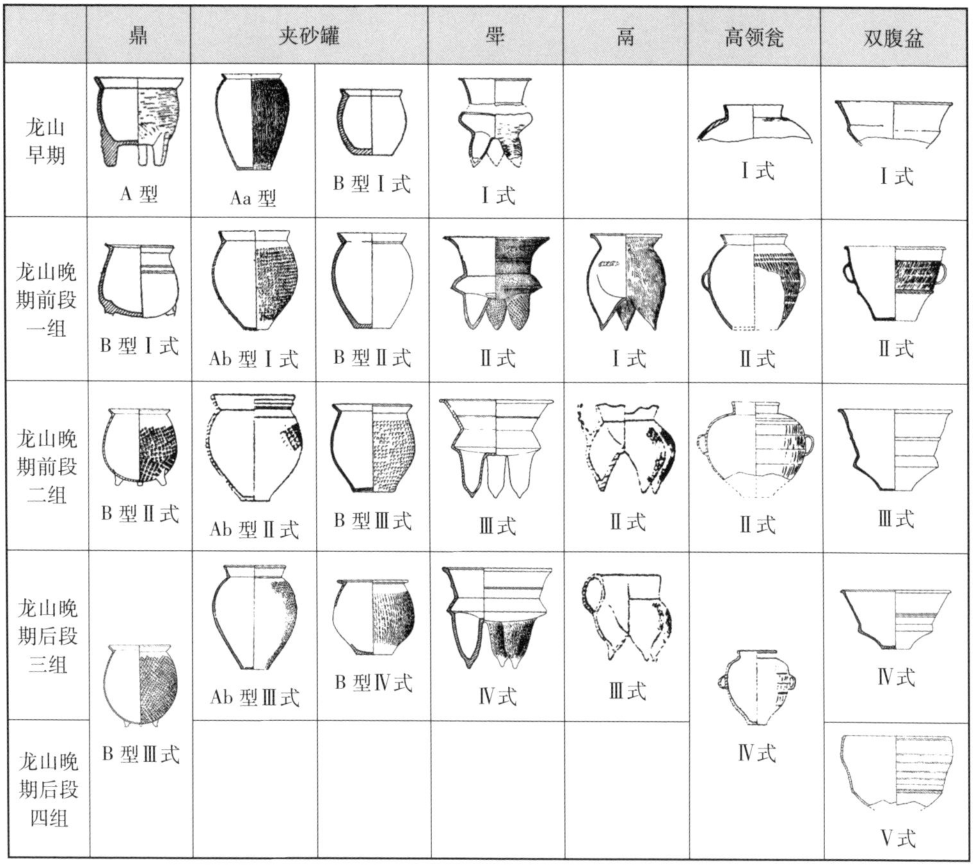

	鼎	夹砂罐		斝	鬲	高领瓮	双腹盆
龙山早期	A型	Aa型	B型Ⅰ式	Ⅰ式		Ⅰ式	Ⅰ式
龙山晚期前段一组	B型Ⅰ式	Ab型Ⅰ式	B型Ⅱ式	Ⅱ式	Ⅰ式	Ⅱ式	Ⅱ式
龙山晚期前段二组	B型Ⅱ式	Ab型Ⅱ式	B型Ⅲ式	Ⅲ式	Ⅱ式	Ⅱ式	Ⅲ式
龙山晚期后段三组		Ab型Ⅲ式	B型Ⅳ式	Ⅳ式	Ⅲ式	Ⅳ式	Ⅳ式
龙山晚期后段四组	B型Ⅲ式					Ⅳ式 Ⅴ式	

图3-2-1a　洛阳盆地龙山文化典型陶器分期图（一）

(1) 鼎

可分为盆形鼎和罐形鼎两类。

A 型：盆形鼎

仅见于龙山文化早期，均为圆鼓腹，平底，宽折沿，周身横篮纹与附加堆纹组合。二里头 H1∶8。

B 型：罐形鼎

乳钉型足，为王湾三期文化典型器物，可分为三式：

Ⅰ式：垂腹，折沿尖唇，沿面平，乳钉足大。西干沟 H217∶1。

Ⅱ式：圆鼓腹，折沿方唇，沿面凹，内侧凸棱明显，乳钉足小。灰嘴 H9∶5。

Ⅲ式：深腹，折沿圆唇，沿面平，乳钉足较小。灰嘴 T2∶43。

(2) 夹砂罐

可分为两型：A 型瘦高，B 型矮胖。

其中 A 型又可分为两个亚型：Aa 型，小折沿，饰粗绳纹和附加堆纹，口沿处常有一周花边，有的上腹有两个半圆形錾手。西干沟 H318∶31。Ab 型，宽折沿，周身饰方格纹或细绳纹。

Ab 型可分为三式：

Ⅰ式：方尖唇，凹沿，内侧起棱不明显，最大腹径位于上腹。王湾 H166∶156。

Ⅱ式：束颈，方唇凹沿，内侧起棱明显，最大腹径位于中上腹。小潘沟 T4K1∶8。

Ⅲ式：束颈，圆唇平沿，内侧起棱明显，最大腹径位于中上腹。小潘沟 H21∶18。

B 型可分为四式：

Ⅰ式：小折沿，尖唇，中腹微鼓。里沟 T5②∶411。

Ⅱ式：折沿，尖唇，沿面平，腹略深。西干沟 H309∶21。

Ⅲ式：小折沿，方圆唇，沿面内凹，中腹圆鼓，下腹内收。东干沟 H564∶1。

Ⅳ式：折沿略平，圆唇，沿面平，内侧起棱，下腹更收。王湾 H178∶80。

(3) 斝

可分为四式：

Ⅰ式：个体瘦高，假腹宽大，裆部窄小，小袋足。二里头 H1∶29。

Ⅱ式：个体略矮，假腹较大，大敞口，裆部略宽，袋足较小。西干沟 H214∶5。

Ⅲ式：个体矮胖，假腹更小，大敞口，裆部较宽，袋足变高。灰嘴 H22∶11。

Ⅳ式：个体矮胖，假腹较小，口部微外敞，裆部更宽，袋足肥高。王湾 T58④∶1。

(4) 鬲

可分为三式：

Ⅰ式：侈口,圆唇,束颈,高袋足,尖裆。王湾 H166∶158。
Ⅱ式：侈口,束颈,圆裆袋足。小潘沟 H47∶18。
Ⅲ式：直口,圆唇,分裆,袋足有尖足跟。小潘沟 F7∶33。

（5）高领瓮

可分为四式：

Ⅰ式：近直领,圆鼓腹,肩部不明显,无双耳。里沟 H09∶28。
Ⅱ式：口微侈,鼓腹,肩部不明显,有双耳。西干沟 H309∶25。
Ⅲ式：直口或敞口,圆鼓肩或平鼓肩,下腹收,小平底。西吕庙 H3∶2。
Ⅳ式：直口,溜肩,下腹收,器身瘦高。小潘沟 H21∶29。

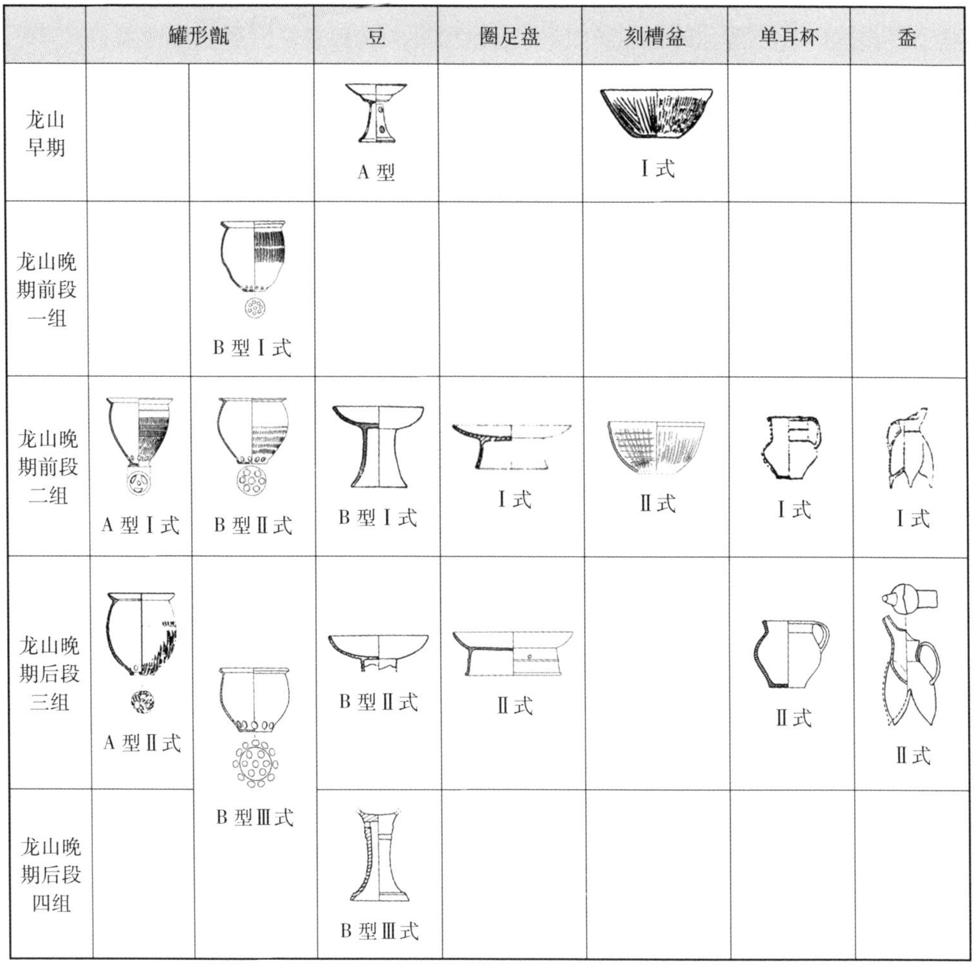

	罐形甗		豆	圈足盘	刻槽盆	单耳杯	盉
龙山早期			A 型		Ⅰ式		
龙山晚期前段一组	B 型Ⅰ式						
龙山晚期前段二组	A 型Ⅰ式	B 型Ⅱ式	B 型Ⅰ式	Ⅰ式	Ⅱ式	Ⅰ式	Ⅰ式
龙山晚期后段三组	A 型Ⅱ式		B 型Ⅱ式	Ⅱ式		Ⅱ式	Ⅱ式
龙山晚期后段四组		B 型Ⅲ式	B 型Ⅲ式				

图 3－2－1b　洛阳盆地龙山文化典型陶器分期图(二)

（6）双腹盆

可分为五式：

Ⅰ式：大敞口，双腹不明显，下腹略鼓。里沟 T5②：160

Ⅱ式：圆唇外卷，个体高，大平底。王湾 H166：155。

Ⅲ式：个体较高，上腹外侈明显，小卷沿，下腹内收，折腹明显。王湾 H212：4。

Ⅳ式：个体矮胖，上腹更外侈，小折沿，下腹内收。王湾 H11：4。

Ⅴ式：个体矮胖，敛口，双腹退化。挫李 H22：3。

（7）罐形甑

可分为两型：

A 型，深腹，可分为两式：

Ⅰ式：大口，凹沿，方唇，下腹收，带圈足，镂孔为梭形或扁圆形。王湾 H490：11。

Ⅱ式：中口，束颈，圆鼓腹，沿面凹，方唇，近底部内收，镂孔为圆形。西昌庙 H12：1。

B 型，浅腹，无圈足，可分为三式：

Ⅰ式：凹沿，方唇，沿面高，鼓腹略深，圆形镂孔较多。西干沟 H309：10。

Ⅱ式：平沿，圆唇，沿面低，鼓腹变浅，圆形镂孔较少。王湾 H212：38。

Ⅲ式：凹沿，方圆唇，腹近直，器身更矮，下腹略收，圆形镂孔。挫李 H22：2。

（8）豆

可分为两型：A 型，高圈足，有镂孔，双盘腹。王湾 H487：9。B 型，高圈足，无镂孔，浅盘，又可分为三式：

Ⅰ式：豆柄高，较宽，无镂孔，底部无台阶。东干沟 H564：2。

Ⅱ式：豆柄高，浅盘，高圈足，底部起台阶，上部常有弦纹。挫李 H13：5，小潘沟 H15：13。

Ⅲ式：豆柄较宽，上部变宽，常有一周弦纹和镂孔，下部收，座上常有一周凸弦纹，浅盘腹。挫李采：7。

（9）圈足盘

可分为两式：

Ⅰ式：浅腹，大敞口，圈足较高。西昌庙 H11：18。

Ⅱ式：浅腹，敞口微收，平底，圈足略矮。王湾 H79：16。

（10）刻槽盆

可分为两式：

Ⅰ式：直壁，敞口，大平底。二里头 H1：5。

Ⅱ式：直口，弧壁，大平底。王湾 H188：18。

（11）单耳杯

可分为两式：

Ⅰ式：高领,直口,圆鼓腹,下腹收,平底。小潘沟 H60∶2。

Ⅱ式：矮领,敞口,溜肩或斜肩,平底。王湾 H213∶1。

（12）盉

可为两式：

Ⅰ式：束颈,平口,三袋足外张,足跟较高。小潘沟 H60∶2。

Ⅱ式：长颈,斜口,冲天流,三袋足紧凑,足跟较小。矬李 H23∶4。

由以上典型地层单位中出土陶器的共存情况,并结合学术界对中原核心区的龙山文化早晚划分的一般认识,可将洛阳盆地龙山文化遗存分为早晚两期三段五组,其中各组段典型陶器的组合为：

龙山文化早期：以夹砂灰陶为主,流行粗绳纹、浅横篮纹和附加堆纹以及器物口沿或沿下有一周附加堆纹的特征。陶器以盆形鼎、Aa 型和 B 型Ⅰ式夹砂罐、Ⅰ式双腹盆、Ⅰ式鬹、A 型豆、Ⅰ式高领瓮、Ⅰ式刻槽盆为代表,相当于庙底沟二期文化阶段。

龙山文化晚期,即为典型的王湾三期文化,可分为四段：

前段一组：以夹砂灰褐陶为主,流行素面和细绳纹,篮纹、方格纹略少。陶器以Ⅰ式罐形鼎、Ab 型Ⅰ式和 B 型Ⅱ式夹砂罐、Ⅱ式双腹盆、Ⅰ式鬲、Ⅱ式高领瓮、B 型Ⅰ式罐形甗为代表,相当于王湾三期文化的早段。

前段二组：以泥质灰陶为主,流行篮纹、方格纹,绳纹次之,纹饰拍印清晰,陶胎薄,烧成火候高。陶器以Ⅱ式罐形鼎、Ab 型Ⅱ式和 B 型Ⅲ式夹砂罐、Ⅲ式双腹盆、Ⅱ式鬲、Ⅱ式鬹、B 型Ⅰ式豆、Ⅰ式圈足盘、Ⅲ式高领瓮、Ⅱ式刻槽盆、A 型Ⅰ式和 B 型Ⅱ式罐形甗、Ⅰ式单耳杯、Ⅰ式盉为代表,相当于王湾三期文化的前期。

前段三组：以泥质灰陶为主,流行篮纹、方格纹、绳纹,纹饰拍印略浅,陶胎变厚。陶器以 Ab 型Ⅲ式和 B 型Ⅳ式夹砂罐、Ⅳ式双腹盆、Ⅲ式鬲、Ⅲ和Ⅳ式鬹、B 型Ⅱ式豆、Ⅱ式圈足盘、Ⅳ式高领瓮、A 型Ⅱ式和 B 型Ⅲ式罐形甗、Ⅱ式单耳杯、Ⅱ式盉为代表,相当于王湾三期文化的后期。

前段四组：以夹砂和泥质灰陶为主,绳纹数量增加,篮纹和方格纹拍印浅,纹饰凌乱,陶胎烧成火候较低。陶器以Ⅲ式罐形鼎、Ⅴ式双腹盆、B 型Ⅲ式豆、Ⅳ式高领瓮、B 型Ⅲ式罐形甗为代表,相当于王湾三期文化的末期,部分器物与郑州地区"新砦类遗存"遗存比较接近。

2. 洛河中游

洛河中游地区经过正式发掘的龙山文化遗址主要是洛宁西王村。由我们对洛河中游地区洛宁附近古文化遗址的调查可知,西王村遗址是该区面积最大、文化堆积最厚的龙山文化遗址。

西王村遗址位于洛宁县西南洛河与其支流马营河交汇处东南的黄土台塬上。该遗址于20世纪50年代调查发现[1]。1963年北京大学历史系考古专业首次在该遗址北部进行了试掘[2]。2000-2001年,洛阳市文物工作队在遗址南部再度进行了试掘。2001年秋,北京大学考古文博学院和洛阳市文物工作队在遗址中部再次发掘,揭露文化层263平方米[3]。

我们根据2001年西王村遗址的发掘资料将其龙山文化遗存归纳为前后两期三段四组:(表3-2-2)

1963年遗址东北部的试掘,曾将所获龙山文化遗存分为三个文化层:第一文化层以T2④为代表,第二文化层以T2⑤和H2为代表,第三文化层以H3为代表。从出土器物的特征看,应分别相当于上述分期中晚期前后段的一、二、三组。

表3-2-2 洛宁西王村遗址龙山文化遗存分期表

早	期		H86 ↑		
晚期 前段	一组	H105 ↑ H101	H78 ↑ H61	H74 ↑	G3 ↑
	二组	↑ H70	↑ H58 ↑	H48	H28
晚期 后段	三组	↑ T2③	T4③ ↑ H29、H40		

由我们对洛河中游地区的调查可知,西王村遗址龙山文化遗存的分期在该区具有普遍的代表性。包含西王村龙山文化早期遗存的遗址有洛宁孙洞、杨坡,宜阳苏羊、仁厚等。包含西王村龙山文化晚期一段遗存的遗址有洛宁禄地、古村等。包含西王村龙山文化晚期二段遗存的遗址有洛宁禄地、河底,宜阳四岭等。包含西王村龙山文化晚期三段遗存的遗址有洛宁禄地,宜阳福昌、四岭等。

以下是对上述典型地层关系中出土陶器的类型学分析:(图3-2-2a、b)

---

[1] 李健永:《洛宁县洛河两岸古遗址调查简报》,《考古通讯》1956年第2期,第51-53页。
[2] 陈振裕:《洛宁县西王村龙山文化毕业专题实习报告》,北京大学历史系考古专业本科生毕业实习报告,1963/2:20。
[3] 郭京宁:《龙山时代的洛河中游地区》,北京大学硕士学位论文,022/M2003(20)。

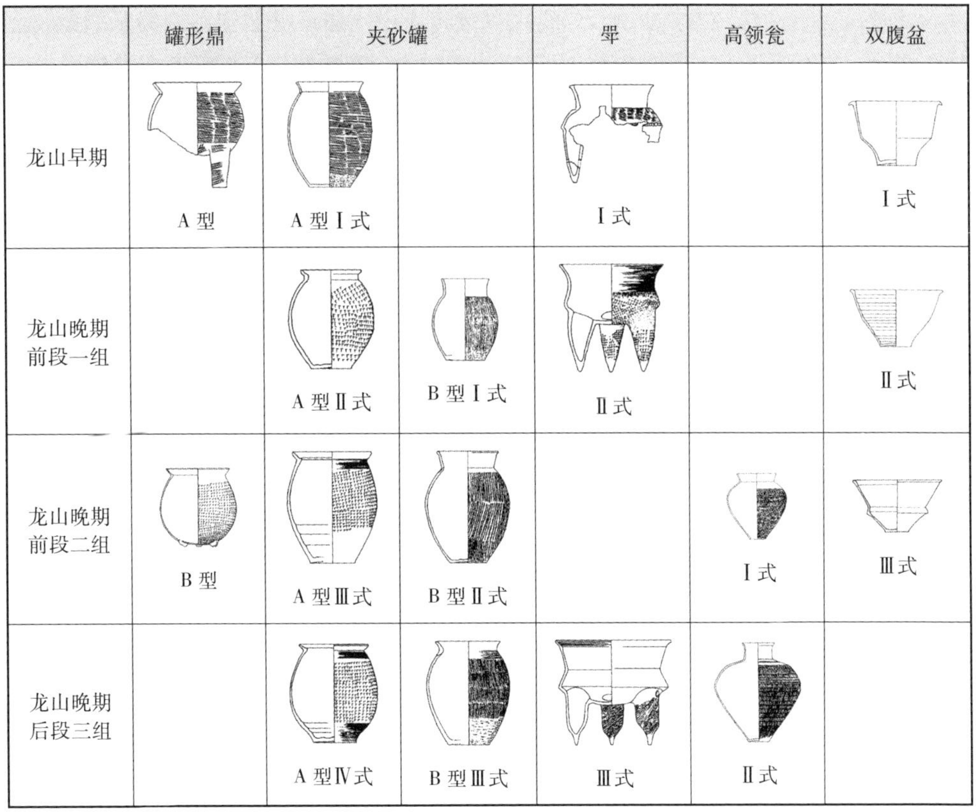

	罐形鼎	夹砂罐		斝	高领瓮	双腹盆
龙山早期	A 型	A 型 I 式		I 式		I 式
龙山晚期前段一组		A 型 II 式	B 型 I 式	II 式		II 式
龙山晚期前段二组	B 型	A 型 III 式	B 型 II 式		I 式	III 式
龙山晚期后段三组		A 型 IV 式	B 型 III 式	III 式	II 式	

图 3-2-2a 洛河中游地区龙山文化典型陶器分期图(一)

（1）罐形鼎

根据鼎足的不同可分为两型：

A 型：高足鼎，横装铲形足。西王村 T3⑦：4。

B 型：乳钉足形鼎。西王村 H28①：2。

（2）夹砂罐

可分为折沿和束颈两类：

A 型，折沿，可分为四式：

I 式：沿面凸，内侧不起棱，圆唇，深腹，大平底。西王村 H86：4。

II 式：凹沿，尖圆唇，内侧起棱，鼓腹，平底。西王村 H77：12。

III 式：凹沿，方唇，内侧起棱明显，深鼓腹，凹底或平底。西王村 H58⑦：4。

IV 式：平沿，方圆唇，内侧起棱，鼓腹，下腹内收，凹底或平底。西王村 H40②：6。

B 型，束颈，可分为三式：

Ⅰ式：高领微侈，圆鼓腹，最大腹径在中腹。西王村H61⑥：1。

Ⅱ式：高领外侈更明显，成为宽折沿，方唇外撇，圆鼓腹，最大腹径在上腹。西王村H58③：4。

Ⅲ式：小折沿，束颈，尖圆唇，鼓腹，最大腹颈在上腹。西王村H18：1。

（3）斝

可分为三式：

Ⅰ式：深腹，高领，腹中部常有一周附加堆纹，袋足较矮。西王村H86：5。

Ⅱ式：腹变浅，大敞口，三袋足瘦高。西王村H77：6。

Ⅲ式：浅折腹，大口，肥袋足，足跟较高，器身矮胖。西王村T4③：2。

（4）高领瓮

可分为两式：

Ⅰ式：斜直领，圆唇，圆鼓腹，小平底。西王村H48④：6。

Ⅱ式：直领，尖唇外撇，圆鼓肩，下腹急剧内收，小凹底。西王村H40④：5。

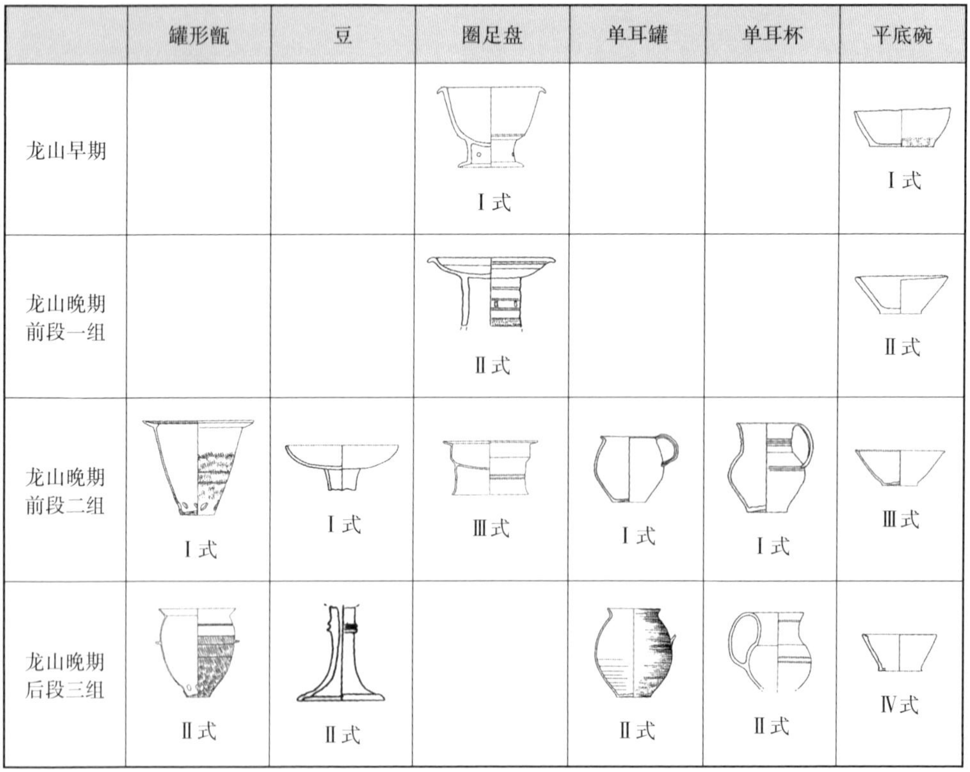

	罐形甑	豆	圈足盘	单耳罐	单耳杯	平底碗
龙山早期			Ⅰ式			Ⅰ式
龙山晚期前段一组			Ⅱ式			Ⅱ式
龙山晚期前段二组	Ⅰ式	Ⅰ式	Ⅲ式	Ⅰ式	Ⅰ式	Ⅲ式
龙山晚期后段三组	Ⅱ式	Ⅱ式		Ⅱ式	Ⅱ式	Ⅳ式

图3－2－2b　洛河中游地区龙山文化典型陶器分期图（二）

（5）双腹盆

可分为三式：

Ⅰ式：折沿向下，尖唇，折腹明显，下腹内收，凹底。西王村 H99∶5。

Ⅱ式：敞口，圆唇，折腹不明显，下腹收，凹底。西王村 G3②∶1。

Ⅲ式：敞口，圆唇，折腹凸出，下腹内收，器身略矮，平底。西王村 63T2⑤∶43。

（6）罐形甑

可分为两式：

Ⅰ式：凹沿，尖唇，无圈足，梭形镂孔。西王村 H48④∶10。

Ⅱ式：平沿，圆唇，沿面内起棱明显，无圈足，扁圆形镂孔。西王村 H60∶3。

（7）豆

可分为两式：

Ⅰ式：浅盘，高圈足。西王村 H48②∶2。

Ⅱ式：高圈足，上部两周凸弦纹，下部喇叭口形，起台阶。西王村 63T2④∶7。

（8）圈足盘

小折沿，可分为三式：

Ⅰ式：折沿向下，尖唇，深腹，矮圈足，有圆形镂孔。西王村 H99∶4。

Ⅱ式：折沿近平，尖唇略向下，浅腹，高圈足，有方形镂孔。西王村 63H3∶19。

Ⅲ式：折沿斜向上，深腹，高圈足较宽，无镂孔。西王村 H48③∶10。

（9）单耳罐

可分为两式：

Ⅰ式：小折沿，尖唇，鼓腹，凹底。西王村 H48④∶5。

Ⅱ式：宽折沿，微外侈，折棱不明显，深鼓腹，平底。西王村 H40②∶5。

（10）单耳杯

可分为两式：

Ⅰ式：直口，微外侈，鼓腹，凹底，鋬手较小。西王村 H70∶6。

Ⅱ式：侈口，圆鼓腹，鋬手较大。四岭 05YSLHC 下∶1。

（11）平底碗

可分为四式：

Ⅰ式：敞口，圆唇，大平底，周身饰横篮纹。西王村 T3⑦∶6。

Ⅱ式：敞口，圆唇，口部略小，器身略高，平底。西王村 H105∶1。

Ⅲ式：敞口，尖唇，唇下一周凹槽，小平底。西王村 H28①∶3。

Ⅳ式：形态同于Ⅲ式，只是底部变大。西王村 H60∶4。

由以上典型地层单位中出土陶器的共存情况,并结合学术界对中原地区龙山文化早晚划分的一般认识,可将洛河中游地区龙山文化遗存分为早晚两期三段四组,其中各组段典型陶器的组合为:

龙山文化早期:以夹砂灰褐陶比例最高,纹饰以横施的宽篮纹为主,也有大量的粗绳纹。陶器中流行 A 型 I 式夹砂罐、I 式斝、A 型罐形鼎、I 式圈足盘、I 式双腹盆、I 式平底碗的组合。相当于庙底沟二期文化阶段。

龙山文化晚期:相当于王湾三期文化阶段,可分为三段:

前段一组:以夹砂灰陶为最多,纹饰中以斜篮纹、方格纹为主,也有少量的细绳纹,纹饰印迹清晰。陶器中流行 A 型 II 式和 B 型 I 式夹砂罐、II 式斝、II 式圈足盘、II 式双腹盆、II 式平底碗的组合。为本地王湾三期文化的形成阶段。

前段二组:以夹砂灰陶为大宗,纹饰中以方格纹比例最高,斜篮纹其次,拍印清晰。陶器中流行 A 型 III 式和 B 型 II 式夹砂罐、B 型罐形鼎、I 式高领瓮、I 式罐形甗、III 式圈足盘、I 式豆、III 式双腹盆、I 式单耳杯、I 式单耳罐、III 式平底碗的组合。为本地王湾三期文化的前段。

后段三组:以泥质灰陶为最多,纹饰中斜篮纹比例上升,方格纹比例下降,纹饰拍印较清晰。陶器中流行 A 型 IV 式和 B 型 III 式夹砂罐、II 式高领瓮、II 式罐形甗、II 式豆、II 式单耳杯、II 式单耳罐、IV 式平底碗的组合。为本地王湾三期文化的后段。

3. 伊河流域

伊河流域经过正式发掘的龙山文化遗址有伊川盆地的白元[①]、马迴营[②]、南寨、北寨、白土疙瘩[③]和白降河流域的郭寨[④]。另外,窑底、王窑、申坡等重要遗址也经过详细调查。

我们主要根据白元、马迴营、南寨、北寨、白土疙瘩和郭寨遗址的试掘和部分调查材料,并结合中原其他地区龙山文化遗存的分期,初步将伊河流域的龙山文化遗存分为前后两期三段五组:(表 3-2-3)

[①] 洛阳地区文物处:《伊川白元遗址发掘简报》,《中原文物》1982 年第 3 期,第 7-14 页。
[②] 洛阳地区文物保护管理处:《河南伊川马迴营遗址试掘简报》,《考古》1983 年第 11 期,第 1039-1041 页。
[③] 河南省文物考古研究所:《伊川考古报告》,郑州:大象出版社,2012 年。
[④] 河南省文物考古研究所:《河南省登封矿区铁路登封伊川段古遗址调查发掘报告》,《华夏考古》1998 年第 2 期,第 5-28 页。

表 3-2-3　伊河流域龙山文化遗存分期表

			白元	马迴营	郭寨	王窑	窑底	石窑	南　寨	北　寨	白土疙瘩
龙山早期							✓	✓			
龙山晚期	前段	一组	T2⑤	T1②	H3						
		二组	T3③	H1	H2				H4、H12、H20		H3、H23
	后段	三组	H23、H62						H107	H3、H13、H30、H37	T4④、H2
		四组				✓			T80⑥、T80⑦	H36	T4③

以下是对上述典型地层关系中出土陶器的类型学分析：(图 3-2-3)

(1) 鼎

矮足,可分为四式：

Ⅰ式：凹沿,方唇,沿内折棱凸出,方格纹拍印清晰,器身瘦高。郭寨 H3：3。

Ⅱ式：凹沿,方唇,沿内折棱凸出,纹饰拍印清晰,器身矮胖,三足安装位置略高,外侧有按窝。白土疙瘩 H3：9。

Ⅲ式：平沿,方圆唇,沿内折棱不明显,纹饰略显粗糙,器身矮胖,口部变大,三足向内聚拢。北寨 H3：5。

Ⅳ式：平沿,圆唇,沿内不起折棱,纹饰粗糙凌乱,器口较大,三足内聚。白土疙瘩 T4③：3。

(2) 夹砂罐

鼓腹,瘦长,可分为四式：

Ⅰ式：凹沿,方唇,沿内折棱凸出,纹饰拍印清晰,器身瘦长。郭寨 H2：23。

Ⅱ式：凹沿,方圆唇较厚,沿内折棱凸出,纹饰拍印较清晰。白土疙瘩 H3：5。

Ⅲ式：平沿,圆唇较厚,沿内折棱不明显,纹饰较清晰。器身瘦长,最大径在下腹,平底内收。白土疙瘩 T4④：11。

Ⅳ式：平沿,圆唇较厚,沿内折棱不明显,纹饰凌乱不规则。北寨 H36：7。

(3) 高领瓮

小高领,鼓肩,可分为两式：

Ⅰ式：高领外撇,平肩,最大径在肩部,下腹内收。北寨 H12：6。

Ⅱ式：高领较直,领部略矮,圆鼓肩,下腹斜收。北寨 H3：8。

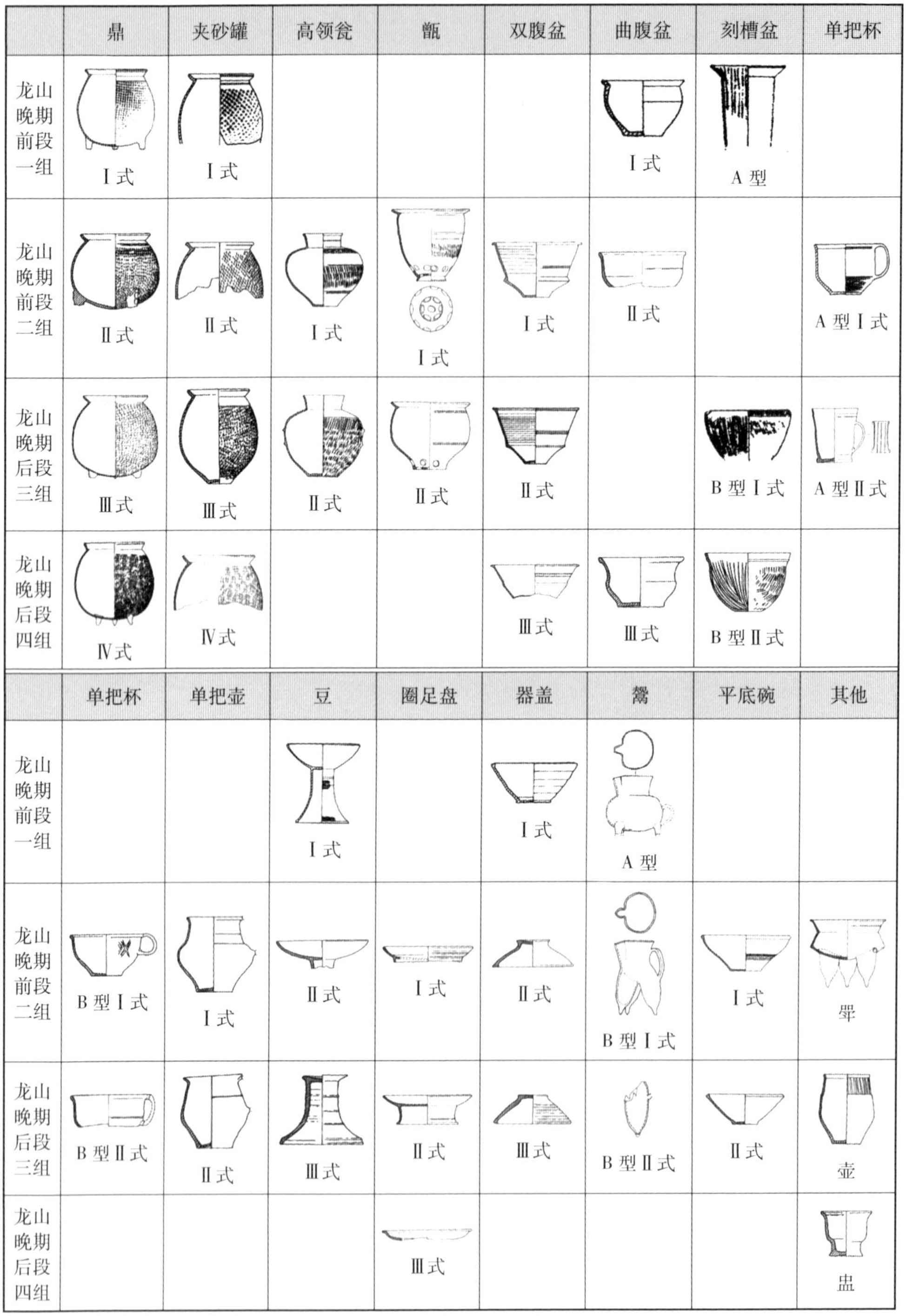

	鼎	夹砂罐	高领瓮	甑	双腹盆	曲腹盆	刻槽盆	单把杯
龙山晚期前段一组	I式	I式				I式	A型	
龙山晚期前段二组	II式	II式	I式	I式	I式	II式		A型I式
龙山晚期后段三组	III式	III式	II式	II式	II式		B型I式	A型II式
龙山晚期后段四组	IV式	IV式			III式	III式	B型II式	

	单把杯	单把壶	豆	圈足盘	器盖	鬶	平底碗	其他
龙山晚期前段一组			I式		I式	A型		
龙山晚期前段二组	B型I式	I式	II式	I式	II式	B型I式	I式	斝
龙山晚期后段三组	B型II式	II式	II式	II式	III式	B型II式	II式	壶
龙山晚期后段四组			III式					盅

图 3-2-3 伊河流域龙山文化典型陶器分期图

（4）甑

均为罐形甑，可分为两式：

Ⅰ式：凹沿，圆唇，大口，深斜腹，底部有圈足，枣核形孔，圈足和底部各有一周。北寨 H20∶31。

Ⅱ式：凹沿，圆唇，大口，浅斜腹，下腹内收，平底，无圈足，圆形孔。白土疙瘩 H2∶2。

（5）双腹盆

可分为三式：

Ⅰ式：折腹宽厚明显，上腹下腹高度比例相当。北寨 H4∶4。

Ⅱ式：折腹变小，折棱变窄，上腹高于下腹。南寨 H107∶3。

Ⅲ式：折腹不明显。南寨 T80⑥∶2。

（6）曲腹盆

可分为三式：

Ⅰ式：小卷沿明显，最大径位于上部，鼓腹斜收。马迴营 T1②∶13。

Ⅱ式：卷沿不明显，最大径位于中部，颈部微内收。北寨 H4∶15。

Ⅲ式：卷沿不明显，厚唇，最大径位于中部，颈部内收显著。北寨 H36∶3。

（7）刻槽盆

可分为两型：

A 型，喇叭口。白元 T2⑤∶5。

B 型，盆形，可分为两式：

Ⅰ式：敛口，腹部斜收。白元 H87∶1。

Ⅱ式：敞口，圆鼓腹。南寨 T80⑦∶1。

（8）单把杯

可分为两型：

A 型，直口，高器身，可分为两式：

Ⅰ式：直口，下腹斜收。郭寨 H2∶41。

Ⅱ式：直口微敞，曲壁。北寨 H30∶1。

B 型，敞口，矮器身，可分为两式：

Ⅰ式：卷沿，斜腹，下腹弧收，把为半圆形。北寨 H4∶3。

Ⅱ式：卷沿略直，深腹，把为弧形。北寨 H37∶2。

（9）单把壶

可分为两式：

Ⅰ式：卷沿，鼓腹。北寨 H12∶2。

Ⅱ式：小折沿，鼓腹不明显。北寨 H13∶10。

（10）豆

可分为三式：

Ⅰ式：深豆盘，粗柄。郭寨 H3∶50。

Ⅱ式：浅豆盘。北寨 H12∶19。

Ⅲ式：浅豆盘，粗柄，豆柄上数道凸弦纹。北寨 H37∶7。

（11）圈足盘

可分为三式：

Ⅰ式：盘略深，圆唇。北寨 H20∶22。

Ⅱ式：盘变浅，敞口。北寨 H37∶5。

Ⅲ式：浅盘，外折沿，圆唇。北寨 H36∶14。

（12）器盖

可分为三式：

Ⅰ式：深腹，平底。郭寨 H3∶36。

Ⅱ式：浅腹，假圈足捉手。北寨 H12∶1。

Ⅲ式：浅腹，假圈足捉手，器壁变厚。北寨 H13∶21。

（13）鬹

A 型：实足鬹。郭寨 H3∶1。

B 型：空三足鬹，可分为两式：

Ⅰ式：三袋足微外撇。郭寨 H2∶42。

Ⅱ式：袋足较直。北寨 H3∶14。

（14）平底碗

可分为两式：

Ⅰ式：曲腹，平底，厚圆唇。北寨 H12∶3。

Ⅱ式：直腹，平底。北寨 H37∶6。

（15）其他

斝，折腹较深，体型瘦高。白土疙瘩 H23∶11。

壶，大口，鼓腹。北寨 H3∶10。

盅，敞口，曲腹，厚底。北寨 H36∶1。

由以上典型地层单位中出土陶器的共存情况，并结合其他区龙山文化特征的一般认识，可将伊河流域的龙山文化遗存分为早晚两期两段四组，其中各组段典型陶器

的组合为:

龙山文化早期:主要包括窑底、石窑等遗址的龙山文化遗存,流行宽横篮纹与附加堆纹组合的深腹罐、鸭嘴形足鼎等器物,相当于庙底沟二期文化阶段。

龙山文化晚期前段一组:马迴营、郭寨遗址有所发现,陶器烧成火候低,陶胎略厚,以素面为多,篮纹较粗。陶器中,流行Ⅰ式鼎、Ⅰ式夹砂罐、Ⅰ式曲腹盆、Ⅰ式刻槽盆、Ⅰ式豆、Ⅰ式器盖和 A 型鬶。乳钉足呈小圆锥形,豆的高圈足有镂孔,鬶为实足跟,钵口部外敞角度略小。另外,发现有陶塑小动物和鸭嘴形鼎足。此段应大致相当于王湾三期文化的最早阶段。

龙山文化晚期前段二组:白元、马迴营和郭寨遗址均有发现。陶系中以夹砂和泥质灰陶为主,陶器烧成火候高,制作规整,纹饰中以斜篮纹、小方格纹、弦纹为主,印迹清晰。陶器中,流行Ⅱ式鼎、Ⅱ式夹砂罐、Ⅰ式高领瓮、Ⅰ式甗、A 型Ⅰ式和 B 型Ⅰ式单把杯、Ⅰ式单把壶、Ⅱ式豆、Ⅰ式圈足盘、Ⅱ式器盖、B 型Ⅰ式鬶、Ⅰ式平底碗和斝。各式鼎、夹砂罐为方唇,凹沿、折沿内侧起棱较高;罐形甗为近直口,底部镂孔多为半圆形或梭形;豆,高圈足,底部不起台阶;高领瓮,平鼓肩,鼓腹;鬶为平口袋足;单把杯为直口;钵口部外敞角度较大。此段应大致相当于王湾三期文化的前期。

龙山文化晚期后段三组:白元遗址有所发现。陶系和纹饰的变化不大。陶器中,流行Ⅲ式鼎、Ⅲ式夹砂罐、Ⅱ式高领瓮、Ⅱ式甗、A 型Ⅱ式和 B 型Ⅱ式单把杯、Ⅱ式单把壶、Ⅲ式豆、Ⅱ式圈足盘、Ⅲ式器盖、B 型Ⅱ式鬶、Ⅱ式平底碗和大口壶。鼎、夹砂罐的圆唇数量增加,折沿中常见平沿,内侧起棱不高;罐形甗为敛口,底部多扁圆形和圆形镂孔,且数量增加;刻槽盆流行敛口,弧鼓腹平底的盆形;豆的高圈足下常常起台阶。此段应大致相当于王湾三期文化后期的偏早阶段。

龙山文化晚期后段四组:王窑遗址发现较多。陶系中以泥质和夹砂灰陶为主,陶胎明显变厚,但制作尚规整,纹饰中篮纹、方格纹印迹略显模糊凌乱。陶器中,流行Ⅳ式鼎、Ⅳ式夹砂罐、Ⅲ式双腹盆、Ⅲ式曲腹盆、B 型Ⅱ式刻槽盆、Ⅲ式圈足盘和盉。各式鼎、夹砂罐的口沿均为圆唇,平沿,内侧起棱不明显;覆钵形器盖,底部宽厚;圈足盘高圈足略显束腰。此段应大致相当于王湾三期文化的后期。

4. 济源盆地

济源盆地经过正式发掘的龙山文化遗址有济源原城[①]、苗店[②]、留庄[③],洛阳吉利

[①] 陈莺:《济源盆地龙山时代晚期遗存分析及相关问题研究》,北京大学硕士学位论文,22/M2004(04)。
[②] 中国历史博物馆考古部等:《河南济源苗店遗址发掘简报》,《考古与文物》1990 年第 6 期,第 1-17 页。
[③] 河南省文物管理局、河南省文物考古研究所:《黄河小浪底水库考古报告(一)》,第 95-160 页,郑州:中州古籍出版社,1999 年。

东杨村①、孟县西后津②、许村③、博爱西金城④。另外,武陟大司马⑤等遗址也经过比较详细的调查。

我们选择以上各典型遗址的典型地层关系进行分析,通过对其中发表陶器形制的比对,可大致将济源盆地龙山文化遗存分为前后两期三段四组。(表3-2-4)

表3-2-4 济源盆地龙山文化遗存分期表

		原城	苗店	留庄	东杨村	许村	西金城	西后津	大司马
早期				简报早期		探方第③-④层、H4、H5	H126		
晚期前段	一组	H136、H245			H9、H12	H3	H4、H5、H20、H117、H118		
	二组	H3、H17	简报第一期	简报第一期	H8、T4⑥	H6、T1②	H98、H134、H137、H138	F6、H32、H33	H1
	三组	H122、H16、H38	简报第二期	简报第二期	H14、T1⑤	H1、T2②	H109、H116	H21、H14、H43	采集

以下是对上述典型地层关系出土陶器的类型学分析:(图3-2-4)

(1)夹砂罐

可分为四式:

Ⅰ式:大口,方唇,平沿,口径大于腹径,深腹,平底,周身常拍印宽横篮纹。许村T3④:28。

Ⅱ式:中口,圆唇,卷沿或折沿,最大腹径位于中腹,下腹内收,形体瘦高。许村H3:10。

Ⅲ式:大口,圆唇,平沿,沿面常有弦纹,口腹夹角较小,最大腹径明显大于口径,位置偏近中腹。原城F2:7。

Ⅳ式:中口,圆唇或方唇,平沿或凹沿,内侧起棱明显,口腹夹角较大,最大腹径略大于口径,且位置明显上移。原城H122:2。

---

① 洛阳市文物工作队:《河南洛阳吉利东杨村遗址》,《考古》1983年第2期,第101-115页。
② 河南省文物研究所、新乡地区文管会、孟县文化馆:《河南孟县西后津遗址发掘简报》,《中原文物》1984年第4期,第1-8页。
③ 河南省文物考古研究所:《河南孟县许村新石器时代遗址》,《考古》1999年第2期,第41-54页。
④ 河南省文物管理局南水北调文物保护办公室、山东大学考古系:《河南博爱县西金城龙山文化城址发掘简报》,《考古》2010年第6期,第22-35页。
⑤ 杨金贵、张立东、毋建庄:《河南武陟大司马遗址调查简报》,《考古》1994年第4期,第289-300页。

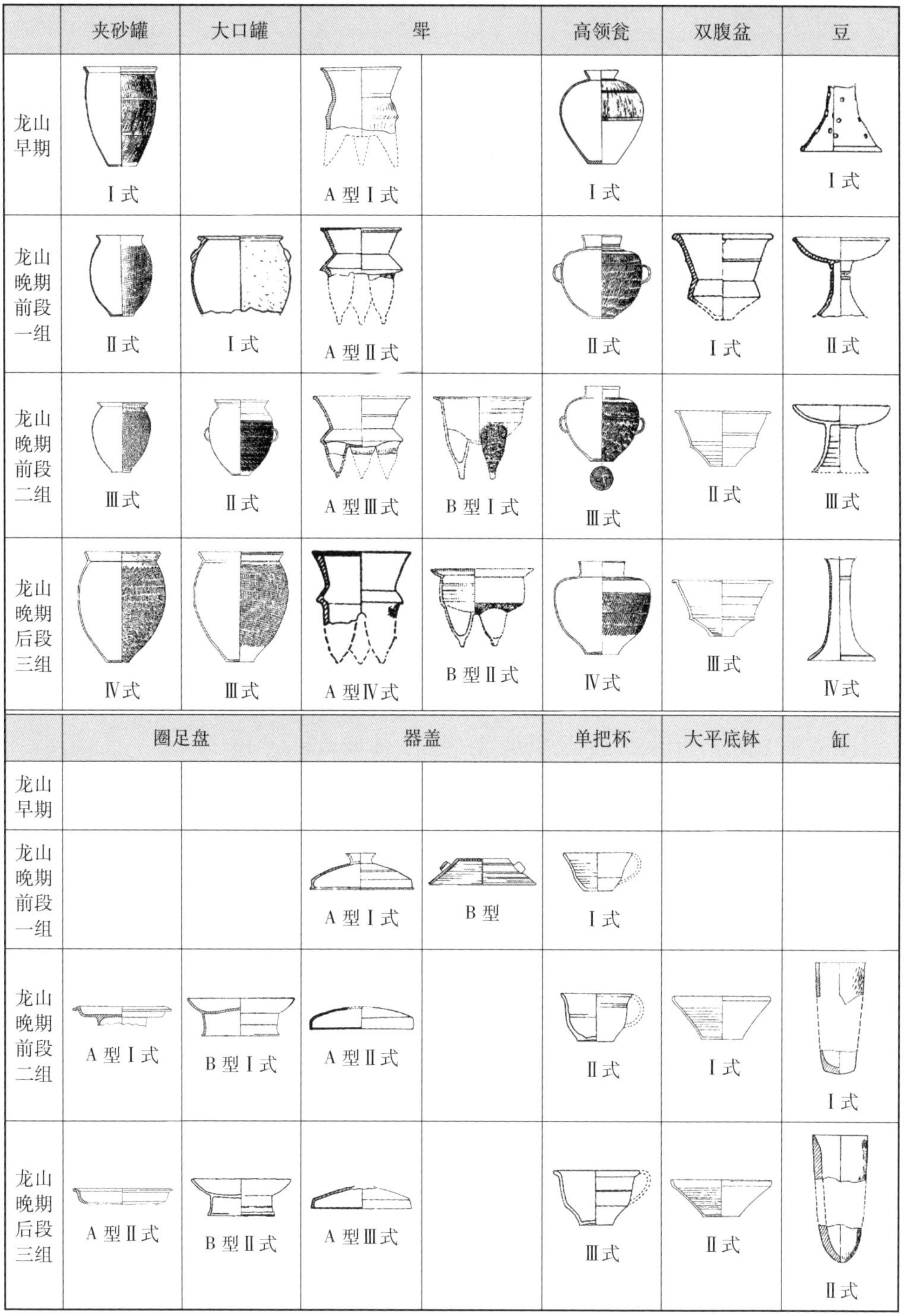

	夹砂罐	大口罐	斝		高领瓮	双腹盆	豆
龙山早期	I式		A型I式		I式		I式
龙山晚期前段一组	II式	I式	A型II式		II式	I式	II式
龙山晚期前段二组	III式	II式	A型III式	B型I式	III式	II式	III式
龙山晚期后段三组	IV式	III式	A型IV式	B型II式	IV式	III式	IV式

	圈足盘		器盖		单把杯	大平底钵	缸
龙山早期							
龙山晚期前段一组			A型I式	B型	I式		
龙山晚期前段二组	A型I式	B型I式	A型II式		II式	I式	I式
龙山晚期后段三组	A型II式	B型II式	A型III式		III式	II式	II式

图 3-2-4 济源盆地龙山文化典型陶器分期图

(2) 大口罐

可分为三式：

Ⅰ式：小折沿,沿面凸,尖圆唇,通体斜篮纹,沿下有两个片状泥突。西金城 H91∶2。

Ⅱ式：口腹夹角较小,最大腹径明显大于口径,圆唇外撇。原城 H122∶32。

Ⅲ式：口腹夹角较大,最大腹径略大于口径,方唇外常有一周凸弦纹。原城 H87∶12。

(3) 斝

可分为折腹和盆形两种：

A 型,折腹斝,可分为四式：

Ⅰ式：扁腹,敞口,尖唇,器身略高,袋足瘦尖。长泉 H3∶22。

Ⅱ式：宽折腹较高,大敞口,尖唇外折,肥袋足较高,足跟略长。东杨村 H12∶13。

Ⅲ式：窄折腹较高,大敞口,圆唇,肥袋足较低,足跟略短。留庄 H12∶40。

Ⅳ式：窄折腹较低,敞口,尖唇或圆唇,肥袋足略低,足跟较短。东杨村 T1⑤∶37。

B 型,盆形斝,可分为两式：

Ⅰ式：深腹,平折沿,圆唇,瘦袋足,足跟长。原城 H135∶11。

Ⅱ式：浅腹,凹折沿,方唇,肥袋足,足跟短。原城 H242∶10。

(4) 高领瓮

可分为四式：

Ⅰ式：敞口,喇叭口,圆肩,最大径在肩下部。西金城 H126∶5。

Ⅱ式：直领,唇部较薄,平肩或圆鼓肩,圆鼓腹,下腹微鼓,平底。原城 H245∶3。

Ⅲ式：直领,唇部变厚,平肩或圆鼓肩,下腹斜弧,平底或凹底。原城 H17∶4。

Ⅳ式：直领,唇部宽厚,平肩或圆鼓肩,下腹内收明显,平底或凹底。原城 H212∶4。

(5) 双腹盆

可分为三式：

Ⅰ式：厚圆唇,折腹宽大,器身瘦高。东杨村 H12∶11。

Ⅱ式：厚圆唇或小折沿,折腹很小或消失,器身显矮胖。原城 H122∶30

Ⅲ式：宽折沿,原唇外翻,折腹小,器身矮胖。原城 H133∶2。

(6) 豆

可分为四式：

Ⅰ式：高圈足，饰多个圆形镂孔。许村 T2④：30。
Ⅱ式：深盘腹，圆唇，高喇叭口形圈足。东杨村 H12：38。
Ⅲ式：浅盘腹，小喇叭口形高圈足。原城 H74：6。
Ⅳ式：浅盘腹，圈足细高，大喇叭口形。许村 H1：8。

（7）圈足盘

根据盘口的差异可以分为两种：

A 型，折沿。可分为两式：

Ⅰ式：折沿向下，浅盘。西金城 T0704⑤A：13。
Ⅱ式：折沿平，盘略深。西金城 H134：3。

B 型，敞口。可分为两式

Ⅰ式：浅盘，大敞口，盘底部向上凸出，圈足内收。大司马 H1：23。
Ⅱ式：浅盘，大敞口，平底，圈足外撇。原城 H14：1。

（8）器盖

有两型：

A 型，喇叭口捉手，可分为三式：

Ⅰ式：直口微向外撇，方唇内凹，顶部外鼓。东杨村 H8：14。
Ⅱ式：直口，圆唇，顶部微外鼓。苗店 H8：23。
Ⅲ式：直口微外撇，方唇，内起棱，顶部斜平。东杨村 T1⑤：35。

B 型，平底，贯耳型。西金城 H138：1。

（9）单把杯

可分为三式：

Ⅰ式：大敞口，圆唇，呈双腹状，下腹弧鼓。原城 H136：3。
Ⅱ式：口微敞，圆唇外卷，下腹斜弧。原城 H135：7。
Ⅲ式：口近直，圆唇外折，下腹内收，凹底。原城 H38：26。

（10）大平底钵

可分为两式：

Ⅰ式：尖唇或尖圆唇内敛，大平底。原城 H3：2。
Ⅱ式：尖唇或圆唇较直，底变小。原城 H244：8。

（11）缸

可分为两式：

Ⅰ式：直口，方唇，圜底外折。东杨村 H8：21。
Ⅱ式：直口，尖唇，尖圜底。东杨村 T1⑤：36。

根据以上类型学分析，并结合典型单位间器物的共存情况和中原其他地区龙山文化晚期遗存的分期，可将济源盆地龙山文化的陶器分为两期三段四组，各段特征如下：

龙山文化早期：陶系以夹砂红褐陶和灰陶为大宗。纹饰中，宽横篮纹比例极高，其次为绳纹，器身常有数周附加堆纹的作风。陶器中，流行Ⅰ式夹砂罐、A型Ⅰ式鬶、Ⅰ式高领罐、Ⅰ式豆和盆形鼎的组合。属于庙底沟二期文化的范畴。

龙山文化晚期前段一组：陶系以夹砂和泥质灰陶为主。纹饰中，斜篮纹比例最高，方格纹出现，均为小方格，绳纹仍有一定比例。陶器中，以Ⅱ式夹砂罐、Ⅰ式大口罐、Ⅱ式高领瓮、Ⅰ式单把杯、Ⅰ式双腹盆、A型Ⅱ式鬶、Ⅱ式豆的组合为代表。相当于王湾三期文化的初始阶段。

龙山文化晚期前段二组：陶系以泥质灰陶为主，纹饰中，斜篮纹和方格纹比例最高，出现了大方格，绳纹大大减少，纹饰印迹清晰。陶器中，以Ⅲ式夹砂罐、Ⅱ式大口罐、Ⅲ式高领罐、Ⅰ式大平底钵、Ⅱ式单把杯、Ⅱ式双腹盆、A型Ⅲ式和B型Ⅰ式鬶、Ⅲ式豆、Ⅰ式圈足盘、Ⅰ式器盖、Ⅰ式缸的组合为代表。相当于王湾三期文化的前段。

龙山文化晚期后段三组：陶系以夹砂和泥质灰陶为主，纹饰中，素面比例最高，篮纹比例仍较高，方格纹和绳纹也有一定数量，纹饰印迹较清晰。陶器中，以Ⅳ式夹砂罐、Ⅲ式高领瓮、Ⅱ式大口罐、Ⅱ式大平底钵、Ⅲ式单把杯、Ⅲ式双腹盆、A型Ⅳ式和B型Ⅱ式鬶、Ⅳ式豆、Ⅱ式圈足盘、Ⅱ式和Ⅲ式器盖、Ⅱ式缸的组合为代表。相当于王湾三期文化的后段略早。

5. 涧河流域

涧河流域经过正式发掘的包含龙山文化遗存的遗址有新安西沃[1]、冢子坪[2]、马河[3]和渑池仰韶村[4]。

我们主要根据上述遗址的发掘材料，并结合中原其他地区龙山文化遗存的分期，初步将涧河流域的龙山文化遗存分为前后两期五段：（表3-2-5）

---

[1] 河南省文物管理局、河南省文物考古研究所：《黄河小浪底水库考古报告（一）》，第391-422页，郑州：中州古籍出版社，1999年。
[2] 河南省文物管理局、河南省文物考古研究所：《黄河小浪底水库考古报告（一）》，第337-390页，郑州：中州古籍出版社，1999年。
[3] 河南省文物管理局、河南省文物考古研究所：《黄河小浪底水库考古报告（一）》，第225-272页，郑州：中州古籍出版社，1999年。
[4] 河南省文物研究所、渑池县文化馆：《渑池仰韶遗址1980-1981年发掘报告》，《史前研究》1985年第3期，第38-58、80页。

表 3-2-5　涧河流域龙山文化遗存分期表

		西　沃	马　河	冢子坪	仰韶村
早期	早段	H14、H15、H17、H17、T5、T6、T12⑤			
	中段	H11、T5④		H27、H41	简报第三期
	晚段	H9		H10、H17	
晚期	前段		H12	报告龙山文化晚期	
	后段	G1	H25		简报第四期

其中各段陶器特征为：(图 3-2-5)

龙山文化早期，即典型的庙底沟二期文化。

早段：陶系以夹砂灰陶为主，黑、红陶数量较少。纹饰中以宽横篮纹为最多，另有少量的附加堆纹、绳纹。陶器中，流行敞口圆鼓腹瘦袋足鬶、深垂腹短柱足鼎、深腹圜底釜灶、平折沿深腹大平底罐、敞口平底盆、鼓肩小口瓮等器物，相当于庙底沟二期文化晚段偏早阶段。

中段：陶系以泥质灰陶为最多，黑陶次之。纹饰中仍以宽横篮纹为最多，但绳纹的比例明显增加。陶器中，以敞口折腹瘦袋足鬶、最大腹径位于上腹的夹砂深腹罐、斜肩小口瓮、唇部外折的敞口平底盆等器物为代表，相当于庙底沟二期文化的晚段。

晚段：陶系仍以泥质灰陶为主。纹饰以绳纹为大宗，篮纹比例急剧减少。陶器中，以宽折腹肥袋足鬶、最大腹径位于中腹的夹砂深腹罐、溜肩小口瓮、双腹豆等器物为代表，相当于庙底沟二期文化的最晚阶段。

龙山文化晚期，大体属王湾三期文化的范畴。

前段：陶系以夹砂灰陶居多，次为泥质黑陶。纹饰以篮纹、绳纹最多，方格纹较少。陶器中：夹砂罐为方唇，折沿平或微凹；高领瓮，唇部厚且明显外折；流行小卷沿泥质罐、口部带鹰嘴形纽的大口罐等器物；双腹盆均为厚唇，折腹宽，器身较高。此段相当于王湾三期文化的最早阶段。

后段：陶系以泥质灰陶为大宗，次为磨光黑陶。纹饰以篮纹和绳纹为主，另有一些弦纹。陶器中：鬲，分裆，敞口；鬶，折腹略宽，瘦袋足，高足跟；夹砂罐，平沿，唇部外侈，鼓腹，小平底；高领瓮，圆鼓肩，下腹收，小平底；双腹盆，器身略高，折腹宽；单把杯，上腹鼓，下腹内收，小平底。此段相当于王湾三期文化的前期。

龙山早期早段

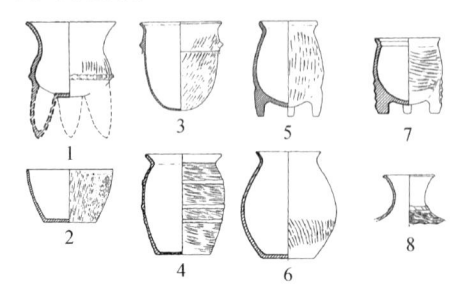

1-8(西沃 H19∶1、H1∶6、H17∶1、H4∶1、H3∶1、H19∶2、H12∶1、H7∶1)

龙山早期中段

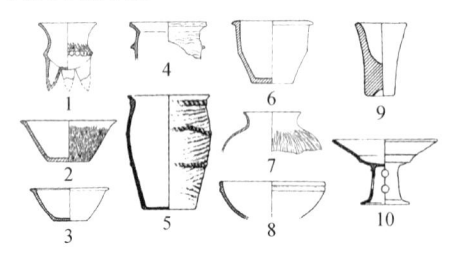

1、3、4、6、7-9(西沃 T5④∶1、H5∶3、T5④∶3、H5∶2、5、8)
2(冢子坪 H27∶7) 5、10(仰韶村 H45∶60、63)

龙山早期晚段

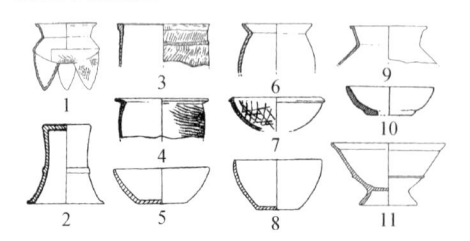

1-3、6、9(西沃 H9∶1、6、8、13、7)
5、8、11(冢子坪 H10∶13、12、4)
4、7、10(仰韶村 T2④∶21、H27∶1、H14∶7)

龙山晚期前段

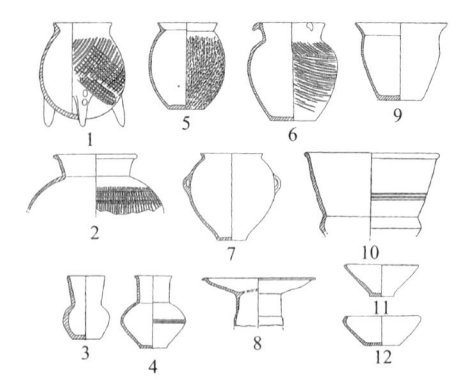

1-7、9-12(冢子坪 H15∶12、H2∶9、H3∶3、T6④∶9、H12∶11、H58∶4、H2∶8、T3③∶11、H52∶2、H12∶24、H2∶14)
8(马河 H12∶1)

龙山晚期后段

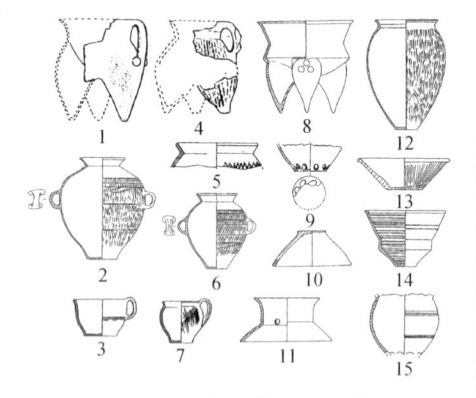

1、3-5、7(仰韶村 T8①∶81、T2②∶12、H30∶1、T2①∶10、H30∶2) 2、6、8、11-14(马河 H25∶20、18、4、13、1、6、5)
9、10、15(西沃 G1②∶4、10、5)

图 3-2-5 涧河流域龙山文化典型陶器分期图

（二）黄淮流域

1. 郑州地区

郑州地区经过正式发掘的包含龙山文化遗存的遗址有郑州大河村①、站马屯②、西山、牛砦③、商城④、二里岗⑤、旭旮王⑥、马庄⑦、阎庄⑧、荥阳竖河⑨、新密古城寨⑩、新砦⑪、新郑龙湖兴田⑫、巩义里沟等。

以上遗址中，郑州大河村、站马屯、荥阳竖河、点军台、新密古城寨、新密新砦、龙湖兴田遗址发表资料较为充分。通过对其中典型单位典型陶器形制的比对，可大致将郑州地区龙山文化的遗存分为前后两期三段五组。（表3-2-6）

表3-2-6 郑州地区龙山文化遗存分期表

	大河村	站马屯	竖河	点军台	古城寨	新砦
早期	T5③、T9③、T30③、T26④、T27④、H50、H103、H104、H117、H127、H157、H228	T1④、F4		T4③	H4	

---

① 郑州市文物考古研究所：《郑州大河村》，北京：科学出版社，2001年。
② 河南省文物研究所、文化部文物局郑州培训中心：《郑州市站马屯遗址发掘报告》，《华夏考古》1987年第2期，第3-46页。中国社会科学院考古研究所河南新郑队、河南省文物局南水北调文物保护办公室：《郑州市站马屯西遗址新石器时代遗存》，《考古》2012年第4期，第14-35页。
③ 河南省文化局文物工作队：《郑州牛砦龙山文化遗址发掘报告》，《考古学报》1958年第4期，第19-26页。
④ 河南省文物考古研究所：《郑州商城——一九五三—一九八五年考古发掘报告》，北京：文物出版社，2001年。
⑤ 安志敏：《一九五二年秋季郑州二里岗发掘记》，《考古学报》1954年第8期，第65-98页。
⑥ 河南省文化局文物工作队一队：《郑州旭旮王村遗址发掘报告》，《考古学报》1958年第3期，第41-54页。
⑦ 郑州市博物馆：《郑州马庄龙山文化遗址发掘简报》，《中原文物》1982年第4期，第22-28页。
⑧ 郑州市博物馆：《郑州阎庄龙山文化遗址发掘简报》，《中原文物》1983年第4期，第1-8页。
⑨ 河南省文物研究所：《河南荥阳竖河遗址发掘报告》，《考古学集刊（10）》，第1-47页，北京：地质出版社，1996年。
⑩ 河南省文物考古研究所等：《河南新密市古城寨龙山文化城址发掘简报》，《华夏考古》2002年第2期，第53-82页。河南省文物考古研究院：《河南新密古城寨城址2016-2017年度发掘简报》，《华夏考古》2019年第4期，第3-13、27页。
⑪ 中国社会科学院考古研究所河南二队：《河南密县新砦遗址的试掘》，《考古》1981年第5期，第398-408页。北京大学考古文博院、郑州市文物考古研究所：《河南新密市新砦遗址1999年试掘简报》，《华夏考古》2000年第4期，第3-10页。北京大学古代文明研究中心、郑州市文物考古研究所：《河南省新密市新砦遗址2000年发掘简报》，《文物》2004年第3期，第4-20页。北京大学震旦古代文明研究中心、郑州市文物考古研究院：《新密新砦——1999-2000年田野考古发掘报告》，北京：文物出版社，2008年。中国社会科学院考古研究所河南新砦队、郑州市文物考古研究院：《河南新密市新砦遗址2002年发掘简报》，《考古》2009年第2期，第3-15页。中国社会科学院考古研究所河南新砦队、郑州市文物考古研究院：《河南新密市新砦遗址浅穴式大型建筑基址的发掘》，《考古》2009年第2期，第32-47页。中国社会科学院考古研究所河南新砦队、郑州市文物考古研究院、河南大学古代文明研究中心：《河南新密市新砦遗址王嘴西地发掘简报》，《文物》2018年第3期，第26-43页。
⑫ 河南省文物考古研究院：《河南新郑龙湖兴田遗址龙山文化遗存发掘简报》，《华夏考古》2015年第2期，第3-25页。

续　表

		大河村	站马屯	竖河	点军台	古城寨	新砦
晚期前段	一组	T23②、T27②、H132、H210、H212	T1-T3②、T9②、T4③、T6③、T7③、T6-T7④、H1、H3、H13、H27、M3、F9	T10②、H57	T2②、T4②		
晚期前段	二组	T9②、T16②、T48②、T54②、T26③、T61③、T62③、H41、H86、H126、H209、H231、H282、H283、H285、H288	T2①、T4①、T7②、T8①-②、H16	H6、H7、H12、H13、H30、H97	H13、T1①	ⅢT1⑩、H14、ⅣT97⑦、ⅣT81⑥、城北T2④、城北T1下	
晚期后段	三组	T53④、H17	T7①、T9①、H5、F8	H8、H14、H15、H17、H20、H53、H60、H83	T4①、H15	H10、H5、ⅣT97⑤、H5、城北T1上	79H9、79H10、79T2③、99H109、99H227、00H84、00H113
晚期后段	四组	T53③、H268		H18		ⅣT81⑤、城北T2③	79H8、99H101、99H147、00H19、00T6⑧

以下是对上述典型地层关系出土陶器的类型学排比：（图3-2-6）

（1）鼎

可分为盆形鼎和罐形鼎两类。

A型：盆形鼎

仅见于龙山文化早期，均为圆鼓腹，子母口内敛，平底，周身有绳纹与附加堆纹组合。大河村H228：10。

B型：罐形鼎

乳钉型足，为王湾三期文化典型器物，可分为四式：

Ⅰ式：深腹，折沿圆唇，沿面平，乳钉足大。站马屯T4③：10。

Ⅱ式：圆鼓腹，折沿方唇，沿面凹，乳钉足小。古城寨ⅡT27H1：1。

Ⅲ式：深垂腹，折沿方圆唇，沿面凹，乳钉足较小。竖河H14：11。

Ⅳ式：垂腹，折沿方圆唇，沿面凹，乳钉足更小。古城寨城北T2③：205。

（2）夹砂罐

可分为两型：A型瘦高，B型矮胖。

其中A型又可分为两个亚型：Aa型，腹近直，饰粗绳纹和附加堆纹。大河村H252：19。Ab型，瘦鼓腹，饰方格纹或细绳纹。

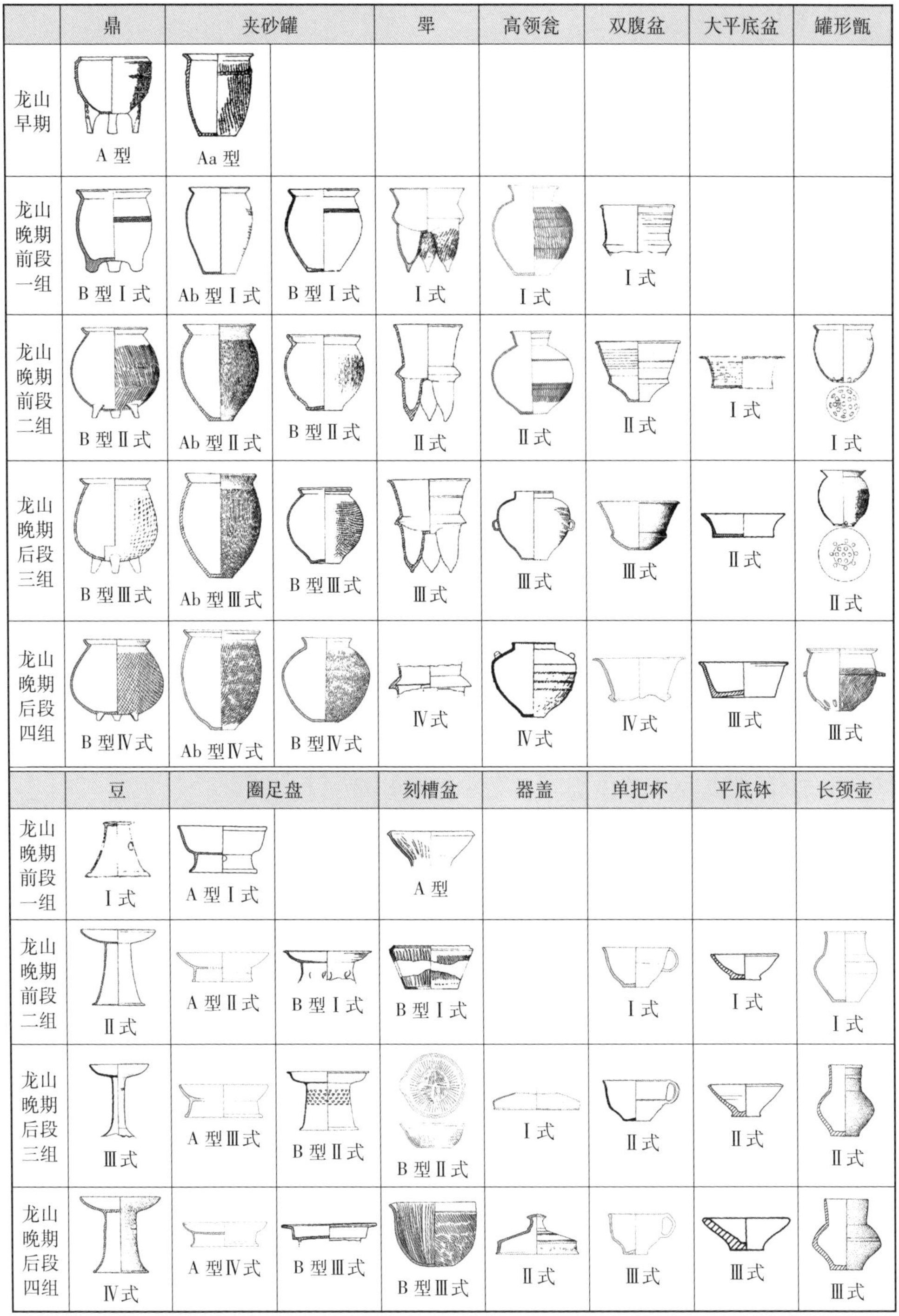

	鼎	夹砂罐		斝	高领瓮	双腹盆	大平底盆	罐形甑
龙山早期	A 型	Aa 型						
龙山晚期前段一组	B 型 I 式	Ab 型 I 式	B 型 I 式	I 式	I 式	I 式		
龙山晚期前段二组	B 型 II 式	Ab 型 II 式	B 型 II 式	II 式	II 式	II 式	I 式	I 式
龙山晚期后段三组	B 型 III 式	Ab 型 III 式	B 型 III 式	III 式	III 式	III 式	II 式	II 式
龙山晚期后段四组	B 型 IV 式	Ab 型 IV 式	B 型 IV 式	IV 式	IV 式	IV 式	III 式	III 式

	豆	圈足盘		刻槽盆	器盖	单把杯	平底钵	长颈壶
龙山晚期前段一组	I 式	A 型 I 式		A 型				
龙山晚期前段二组	II 式	A 型 II 式	B 型 I 式	B 型 I 式		I 式	I 式	I 式
龙山晚期后段三组	III 式	A 型 III 式	B 型 II 式	B 型 II 式	I 式	II 式	II 式	II 式
龙山晚期后段四组	IV 式	A 型 IV 式	B 型 III 式	B 型 III 式	II 式	III 式	III 式	III 式

图 3-2-6 郑州地区龙山文化典型陶器分期图

Ab 型可分为四式：

Ⅰ式：大口,方尖唇,最大腹径近于颈部。站马屯 F4∶7。

Ⅱ式：束颈,方唇凹沿,最大腹径位于中上腹。古城寨ⅣT97H14∶100。

Ⅲ式：束颈,方圆唇凹沿或平沿,最大腹径位于中上腹。古城寨ⅣT81H5∶29。

Ⅳ式：束颈,圆唇平沿,最大腹径位于中腹。新砦 2000H19。

B 型可分为四式：

Ⅰ式：宽折沿,方唇,沿面内凹,中腹微鼓。站马屯 H13∶3。

Ⅱ式：宽折沿,方唇,沿面凹,大口圆鼓腹。竖河 H9∶1。

Ⅲ式：小折沿,方圆唇,沿面内凹,中腹圆鼓,下腹内收。站马屯 F8∶1。

Ⅳ式：折沿耸起,圆唇,沿面平,肩部微耸起。新砦 2000T6⑧。

（3）斝

可分为四式：

Ⅰ式：个体瘦高,假腹宽大,裆部窄小。龙湖兴田 H46∶3。

Ⅱ式：个体瘦高,假腹较大,裆部略宽。古城寨城北 T1 下∶10。

Ⅲ式：个体矮胖,假腹窄小,裆部较宽。古城寨ⅣT82H5∶100。

Ⅳ式：个体低矮,假腹很小,裆部更宽。古城寨ⅣT81⑤B∶57。

（4）高领瓮

可分为四式：

Ⅰ式：圆鼓腹,领部外侈,底较宽。龙湖兴田 H27∶1。

Ⅱ式：圆鼓腹,领部外侈。龙湖兴田 H38∶1。

Ⅲ式：鼓腹,耸肩,下腹略收,大平底,直领。站马屯 H5∶24。

Ⅳ式：鼓肩,下腹收,小平底,直领。新砦 99H236。

（5）双腹盆

可分为四式：

Ⅰ式：个体高,上腹近直,微外侈。大河村 T27②∶88。

Ⅱ式：个体较高,上腹外侈明显,下腹内收,小平底或凹底。古城寨ⅣT97H14∶33。

Ⅲ式：个体矮胖,上腹更外侈,下腹平,大平底。古城寨ⅣT81H5∶14。

Ⅳ式：个体矮胖,上腹外侈,并微外卷,下腹向上凸出,形成折棱。新砦 2000T6⑧。

（6）大平底盆

可分为三式：

Ⅰ式：器深,壁外卷。点军台 T4②∶6。

Ⅱ式：器浅,壁外侈。大河村 T16②∶17。

Ⅲ式：器浅，壁近直，凹底。大河村 T53③：1。

（7）罐形甑

可分为三式：

Ⅰ式：大敞口，凹沿，方唇，镂孔为圆形，数量多，排列不甚规整。站马屯 T7③：26。

Ⅱ式：折沿，束颈，圆鼓腹，沿面凹，方圆唇，镂孔有方有圆，数量少，排列整齐。旭旮王 H19。

Ⅲ式：折沿，沿面凹，圆唇，器身矮，呈盆型，下腹内收，镂孔更少。新砦 2000T6⑧。

（8）豆

可分为四式：

Ⅰ式：豆柄低矮，宽大，有少量圆形镂孔。点军台 T2②：61。

Ⅱ式：豆柄高，较宽，无镂孔，底部无台阶。古城寨城北 T1 上：52。

Ⅲ式：豆柄极细高，无镂孔。旭旮王 T32：17。

Ⅳ式：豆柄较高，宽大，上部有不明显的小台阶，或有一周凸弦纹，底部也有台阶，豆盘很浅。古城寨城北 T2③：10。

（9）圈足盘

可分为两型：A 型，深腹，敞口；B 型，浅腹，折沿。

其中 A 型可分为四式：

Ⅰ式：深腹，圈足较高。大河村 T23②：4。

Ⅱ式：浅腹，大敞口，平底，圈足近直。竖河 T3②：1。

Ⅲ式：浅腹，敞口微内收，圈足外撇。竖河 H14：7。

Ⅳ式：腹更浅，圈足外撇。新砦 2000H99。

B 型可分为三式：

Ⅰ式：敞口，弧壁，折沿向下。大河村 H86：60。

Ⅱ式：敞口，垂腹，折沿向上。旭旮王 T32：41。

Ⅲ式：敞口，折腹，折沿向上。新砦 79H11：16。

（10）刻槽盆

可分为两型：A 型，喇叭口。站马屯 T7②：33。B 型，盆形。

其中 B 型可分为三式：

Ⅰ式：直壁，大平底，有子母口。大河村 H86：63。

Ⅱ式：弧壁，大平底，有流。二里岗 H26。

Ⅲ式：圆鼓腹，小平底，有流。新砦 2000T6③。

（11）器盖

可分为两式：

Ⅰ式：折沿内敛。古城寨ⅣT97H14∶46。

Ⅱ式：折沿外撇。古城寨城北T2③∶191。

（12）单把杯

可分为三式：

Ⅰ式：敞口，斜弧腹。竖河H53∶1。

Ⅱ式：敞口，弧壁，下腹微收。旭苟王H94∶4。

Ⅲ式：直壁，下腹急剧内收。二七路H3∶14。

（13）平底钵

可分三式：

Ⅰ式：斜腹，薄胎，唇部外撇。古城寨ⅣT81⑥∶26。

Ⅱ式：斜腹，胎略厚，小平底突出，唇部内敛。古城寨ⅣT81H5∶24。

Ⅲ式：斜腹，厚胎，小平底突出。古城寨ⅣT81⑤∶25。

（14）长颈壶

可为三式：

Ⅰ式：敛口，唇外侈，圆鼓腹。竖河H12∶5。

Ⅱ式：直口，下腹圆鼓，个体瘦高。古城寨ⅣT81H5∶11。

Ⅲ式：直口，下腹内收，个体矮。古城寨城北T2③∶7。

由以上典型器物的共存情况，并结合学术界对中原地区龙山文化早晚划分的一般认识，可将郑州地区龙山文化遗存分为早晚两期三段，后期两段又可分为四组，其中各组段典型陶器的组合为：

龙山文化早期：以夹砂灰陶为主，流行绳纹、浅横篮纹和附加堆纹。陶器以盆形鼎、Aa型夹砂罐最为代表。相当于庙底沟二期文化阶段。

龙山文化晚期，即为典型的王湾三期文化，可分为四段：

前段一组：以夹砂灰褐陶为主，流行素面和细绳纹，篮纹、方格纹其次。陶器以Ⅰ式罐形鼎、Ab型Ⅰ式和B型Ⅰ式夹砂罐、Ⅰ式双腹盆、Ⅰ式斝、Ⅰ式豆、A型Ⅰ式圈足盘、Ⅰ式高领瓮、A型刻槽盆为代表。相当于王湾三期文化的最早阶段。

前段二组：以泥质灰黑陶为主，流行篮纹、方格纹，绳纹次之，纹饰拍印清晰，陶胎薄，烧成火候高。陶器以Ⅱ式罐形鼎、Ab型Ⅱ式和B型Ⅱ式夹砂罐、Ⅱ式双腹盆、Ⅰ式大平底盆、Ⅱ式斝、Ⅱ式豆、A型Ⅱ式和B型Ⅰ式圈足盘、Ⅱ式高领瓮、B型Ⅰ式刻槽盆、Ⅰ式罐形甗、Ⅰ式单把杯、Ⅰ式平底钵、Ⅰ式长颈壶为代表。相当于王湾三期文化的前期。

后段三组：以夹砂和泥质灰陶为主，流行篮纹、方格纹、绳纹，纹饰拍印略浅，陶胎变厚。陶器以Ⅲ式罐形鼎、Ab型Ⅲ式和B型Ⅲ式夹砂罐、Ⅲ式双腹盆、Ⅱ式大平底盆、Ⅲ式斝、Ⅲ式豆、A型Ⅲ式和B型Ⅱ式圈足盘、Ⅲ式高领瓮、B型Ⅱ式刻槽盆、Ⅰ式器盖、Ⅱ式罐形甑、Ⅱ式单把杯、Ⅱ式平底钵、Ⅱ式长颈壶为代表。相当于王湾三期文化的后期。

后段四组：以夹砂和泥质灰陶为主，绳纹数量增加，篮纹和方格纹拍印浅，纹饰凌乱，陶胎烧成火候较低。陶器以Ⅳ式罐形鼎、Ab型Ⅳ式和B型Ⅳ式夹砂罐、Ⅳ式双腹盆、Ⅲ式大平底盆、Ⅳ式斝、Ⅳ式豆、A型Ⅳ式和B型Ⅲ式圈足盘、Ⅳ式高领瓮、B型Ⅲ式刻槽盆、Ⅱ式器盖、Ⅲ式罐形甑、Ⅲ式单把杯、Ⅲ式平底钵、Ⅲ式长颈壶为代表。相当于王湾三期文化的末期，及部分遗址的"新砦类遗存"的年代。

2. 颍河中上游地区

颍河中上游地区经过正式发掘的龙山文化遗址主要有登封王城岗[1]，禹州瓦店[2]、前后屯[3]，另外登封北沟[4]、程窑[5]，禹州阎寨、吴湾[6]、冀寨等遗址也经过小规模试掘。

王城岗遗址的发掘提供了对本地龙山文化进行较为细致分期的材料。其中根据与城墙和城壕相关的地层中出土陶器的特征及组合可将其分为前后两段五期：（表3-2-7）

---

[1] 河南省文物考古研究所、中国历史博物馆考古部：《登封王城岗与阳城》，北京：文物出版社，1992年。北京大学考古文博学院、河南省文物考古研究所：《河南登封市王城岗遗址2002、2004年发掘简报》，《考古》2006年第9期，第3-15页。方燕明：《登封王城岗城址的年代及相关问题探讨》，《考古》2006年第9期，第16-23页。北京大学考古文博学院、河南省文物考古研究所：《登封王城岗考古发现与研究（2002-2005）》，郑州：大象出版社，2007年。

[2] 河南省文物研究所、郑州大学历史系考古专业：《禹县瓦店遗址发掘简报》，《文物》1983年第3期，第37-45页。河南省文物考古研究所：《河南禹州市瓦店龙山文化遗址1997年的发掘》，《考古》2000年第2期，第16-39页。河南省文物考古研究所：《禹州瓦店》，北京：世界图书出版公司，2004年。河南省文物考古研究所、北京大学考古文博学院：《禹州瓦店环壕聚落考古收获》，《华夏考古》2018年第1期，第3-29页。

[3] 山东大学考古与博物馆学系、河南省文物局南水北调文物保护办公室：《河南禹州市前后屯遗址龙山文化遗存发掘简报》，《考古》2015年第4期，第3-22页。

[4] 河南省文物研究所：《登封告成北沟遗址发掘简报》，《中原文物》1984年第4期，第9-12页。

[5] 赵会军、曾晓敏：《河南登封程窑遗址试掘简报》，《中原文物》1982年第2期，第9-13页。

[6] 河南省文物研究所、禹县文管会：《禹县吴湾遗址试掘简报》，《中原文物》1988年第4期，第5-10页。

表 3-2-7　登封王城岗遗址龙山文化遗存分期表

		小城城墙	大城城墙
王城岗龙山文化前阶段	一　期	基槽下灰坑	
	二　期	夯土城墙	⑨ ↑ H72、H74、H76 ↑
王城岗龙山文化后阶段	三　期	打破城墙基槽的灰坑	⑧ ↑ 夯土城墙 Q1
	四　期		↑ ⑤
	五　期		

对比其他遗址的发掘材料，与王城岗龙山文化一期相当的单位还有：瓦店Ⅳ H61、H65，程窑 H17；与王城岗龙山文化二期相当的单位还有瓦店Ⅳ H51、T3⑥-⑦、H58、T4⑧、H64、T6③、程窑 H15、吴湾 T1③、H2 和 H7；与王城岗龙山文化三期相当的单位还有瓦店Ⅳ T1③、H45、T4⑥-⑦、H53、程窑 T2③、H6；与王城岗龙山文化四期相当的单位还有瓦店Ⅳ H3、T3⑤、H30、T4⑤、H16；与王城岗龙山文化五期相当的单位还有瓦店Ⅳ F4、H21、T3③-④、H1、T4③-④、H24、H29、H17、Ⅴ T1③、西范店 04DXFDP2H3。

另外，相当于龙山文化早期的单位还有北沟 H1、瓦店龙山文化早期和吴湾 T1④、H5、H8、H10 等。

综合以上分析，我们将颍河中上游地区龙山文化分为前后两期三段六组：龙山早期、龙山晚期前段一组（即王城岗龙山文化一期）、龙山晚期前段二组（即王城岗龙山文化二期）、龙山晚期后段三 A 组（即王城岗龙山文化三期）、龙山晚期后段三 B 组（即王城岗龙山文化四期）、龙山晚期后段四组（即王城岗龙山文化五期）。

以下是对上述典型地层单位中出土陶器的类型学分析：（图 3-2-7a、b）

（1）鼎

按照鼎身、鼎足的不同，可分为三型：

A 型，乳钉足罐形鼎，可分为六式：

Ⅰ式：折沿，沿面平，内不起棱，方唇，大口，圆腹。前后屯 H122③∶6。

Ⅱ式：折沿，沿面凹，内起棱不高，方圆唇，垂腹。王城岗 H402∶8。

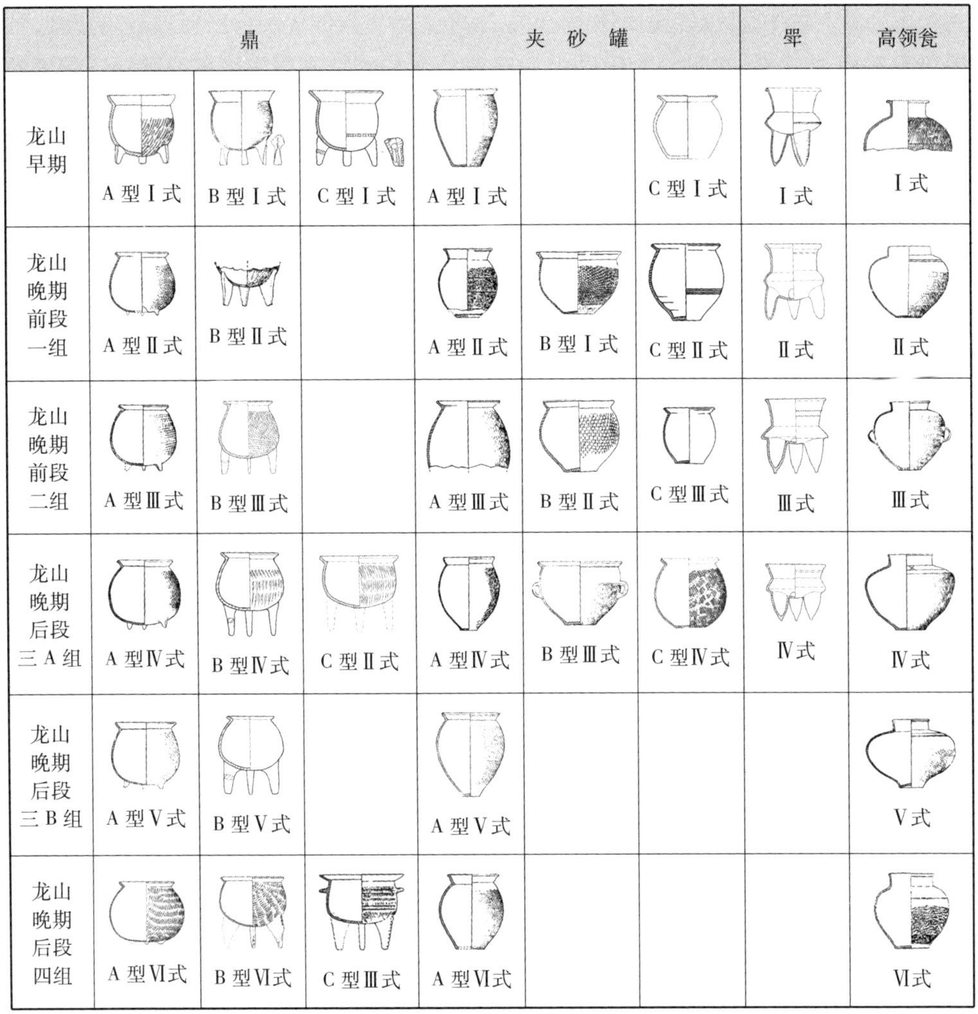

	鼎			夹砂罐			斝	高领瓮
龙山早期	A型Ⅰ式	B型Ⅰ式	C型Ⅰ式	A型Ⅰ式		C型Ⅰ式	Ⅰ式	Ⅰ式
龙山晚期前段一组	A型Ⅱ式	B型Ⅱ式		A型Ⅱ式	B型Ⅰ式	C型Ⅱ式	Ⅱ式	Ⅱ式
龙山晚期前段二组	A型Ⅲ式	B型Ⅲ式		A型Ⅲ式	B型Ⅱ式	C型Ⅲ式	Ⅲ式	Ⅲ式
龙山晚期后段三A组	A型Ⅳ式	B型Ⅳ式	C型Ⅱ式	A型Ⅳ式	B型Ⅲ式	C型Ⅳ式	Ⅳ式	Ⅳ式
龙山晚期后段三B组	A型Ⅴ式	B型Ⅴ式		A型Ⅴ式				Ⅴ式
龙山晚期后段四组	A型Ⅵ式	B型Ⅵ式	C型Ⅲ式	A型Ⅵ式				Ⅵ式

图 3-2-7a 颍河中上游地区龙山文化典型陶器分期图(一)

Ⅲ式：折沿低平,沿面凹,内起棱较高,方唇,垂腹。王城岗 H291：61。

Ⅳ式：折沿较高,沿面平,内起棱不高,方唇,圆鼓腹。王城岗 H101：6。

Ⅴ式：折沿较高,沿面平,内侧起棱低,圆唇,圆鼓腹。王城岗 H536：13。

Ⅵ式：折沿略低,沿面平,内侧不起棱,圆唇,扁圆鼓腹。瓦店ⅣH47：2。

B 型,高足罐形鼎,可分为六式：

Ⅰ式：鼓腹,圜底,宽折沿,尖圆唇,鸭嘴形足。北沟 H29：10。

Ⅱ式：鼓腹,圜底,折沿变短,方唇,凹沿,内侧起棱不高,侧状三角形高足。王城岗 H565：11。

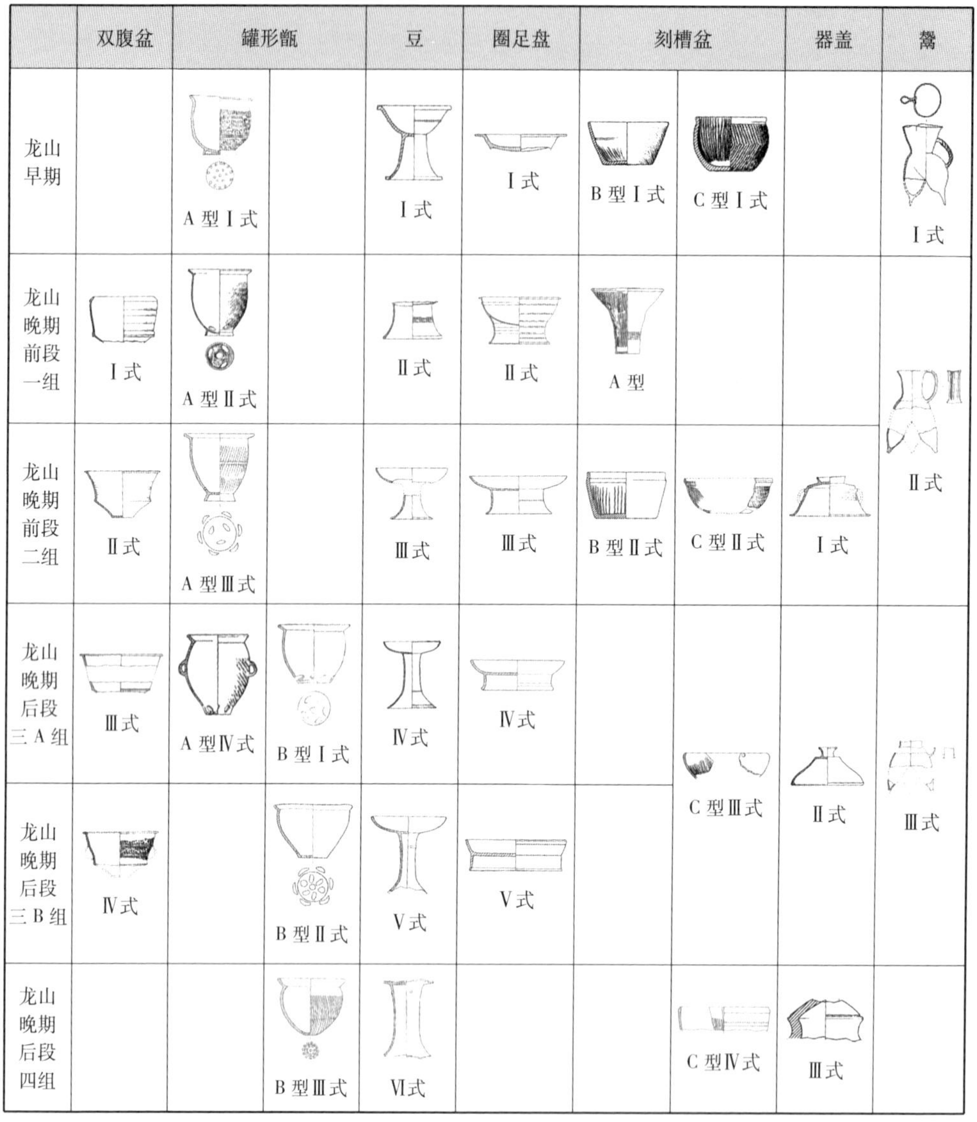

	双腹盆	罐形甗	豆	圈足盘	刻槽盆		器盖	鬶
龙山早期		A型Ⅰ式	Ⅰ式	Ⅰ式	B型Ⅰ式	C型Ⅰ式		Ⅰ式
龙山晚期前段一组	Ⅰ式	A型Ⅱ式	Ⅱ式	Ⅱ式	A型			Ⅱ式
龙山晚期前段二组	Ⅱ式	A型Ⅲ式	Ⅲ式	Ⅲ式	B型Ⅱ式	C型Ⅱ式	Ⅰ式	
龙山晚期后段三A组	Ⅲ式	A型Ⅳ式	B型Ⅰ式	Ⅳ式	Ⅳ式	C型Ⅲ式	Ⅱ式	Ⅲ式
龙山晚期后段三B组	Ⅳ式	B型Ⅱ式	Ⅴ式	Ⅴ式				
龙山晚期后段四组		B型Ⅲ式	Ⅵ式		C型Ⅳ式		Ⅲ式	

图 3-2-7b 颍河中上游地区龙山文化典型陶器分期图(二)

Ⅲ式：垂腹，圜底近平，折沿低平，沿面凹，内侧起棱高，方唇，侧状扁足。瓦店采集。

Ⅳ式：垂腹，圜底，平沿微凹，圆唇，内侧起棱不明显，圆柱形足。瓦店ⅡT6⑦。

Ⅴ式：鼓腹，圜底，平沿，圆唇，内侧不起棱，侧装扁足。瓦店ⅠT4④：23。

Ⅵ式：鼓腹，圜底，平沿微凹，圆唇，内侧起棱不明显，侧状三角形足高大。瓦店ⅤH17：1。

C型,高足盆形鼎,可分为三式:

Ⅰ式:深腹,宽折沿,圆唇,下腹一周附加堆纹,侧状大三角形足,跟部常有压印按窝。瓦店ⅠT3A⑤。

Ⅱ式:腹较深,折沿方唇,内侧起棱略高,圜底。瓦店ⅡT3(3A)。

Ⅲ式:腹变浅,折沿圆唇,沿面微凹,平底,侧装三角形足,口沿下常有一对鸡冠状錾手。瓦店ⅣT3F4:1。

(2)夹砂罐

可分为深腹罐、大口罐和素面小罐三类。

A型,深腹罐,可分为六式:

Ⅰ式:大口,鼓肩,平折沿,尖唇,内侧不起棱,大平底,周身拍印宽横篮纹。北沟H31:4。

Ⅱ式:宽折沿,沿面凸,尖圆唇,圆鼓腹,平底或凹底,周身常饰细绳纹与凹弦纹组合。瓦店ⅣH61:17。

Ⅲ式:折沿较高,沿面凹,方唇,内侧起棱较高,圆鼓腹,最大腹径在中腹,平底或凹底,常见周身有斜篮纹与凹弦纹组合。王城岗H550:5。

Ⅳ式:折沿斜高,沿面微凹,方圆唇,内侧起棱较低,圆鼓腹,最大腹径在上腹,下腹内收,小平底,周身有斜篮纹。王城岗H594:10。

Ⅴ式:平折沿,圆唇,唇外常有一周凸棱,沿面内侧起棱不明显,最大腹径在上腹,下腹集聚内收,周身有斜篮纹或绳纹。王城岗H538:6。

Ⅵ式:平折沿,圆唇,折沿内侧凸棱很低,圆鼓腹,大平底,周身绳纹与凹弦纹组合常见。王城岗H295:4。

B型,大口罐,可分为三式:

Ⅰ式:平折沿,尖圆唇,口径大于腹径,凹底。瓦店ⅣH65:2。

Ⅱ式:凹沿,圆唇,沿面内侧起棱高,口径小于最大腹径,底微凹。瓦店ⅣH64:7。

Ⅲ式:凹沿,圆唇,沿面内侧起棱低,口径略小于最大腹径,下腹内收,中腹常有一对桥形耳。王城岗H536:17。

C型,鼓腹罐,可分为四式:

Ⅰ式:平折沿,圆唇,圆鼓腹,宽平底。前后屯H22②:1。

Ⅱ式:折沿,方圆唇,沿面微凹,内侧起棱略高,圆鼓腹,小平底,下腹常有数周弦纹。瓦店ⅣH61:2。

Ⅲ式:平折沿,圆唇,内侧不起棱,腹微鼓,器身瘦高,平底。瓦店ⅣH53:1。

Ⅳ式:平折沿,方唇,内侧起棱不明显,圆鼓腹,最大径在中腹。王城岗H210:23。

（3）斝

可分为五式：

Ⅰ式：器身瘦高，折腹宽，敞口，圆唇，三袋足较小集中在中部。北沟 H29：9。

Ⅱ式：器身高，折腹较宽，直口，圆唇外翻，三袋足分离，无足跟。瓦店Ⅰ H53。

Ⅲ式：器身略高，折腹变窄，敞口，圆唇，肥袋足，足跟微向外撇。瓦店Ⅰ H37。

Ⅳ式：器身矮胖，折腹更窄，敞口，圆唇，肥袋足，足跟直。瓦店Ⅱ H33。

Ⅴ式：器身矮胖，折腹窄，直口，圆唇，肥袋足，足跟高直。瓦店Ⅰ T7④。

（4）高领瓮

可分为六式：

Ⅰ式：直领，平唇，溜肩。前后屯 H51②：3。

Ⅱ式：直领，平肩或鼓肩，鼓腹，平底。王城岗 H565：14。

Ⅲ式：直领微侈，圆唇，平肩或圆鼓肩，下腹斜弧，底变小。王城岗 H291：53。

Ⅳ式：直领微侈，圆唇，斜鼓肩，斜腹内收，器身变矮，小平底或凹底。王城岗 H206：16。

Ⅴ式：直领，圆唇，溜肩，下腹内收明显，器身更矮，小平底或凹底。王城岗 H668：11。

Ⅵ式：直领，圆唇，溜肩，下腹内收，器身矮，大平底。瓦店Ⅳ T3④：28。

（5）双腹盆

可分为四式：

Ⅰ式：上腹近直，口内敛，叠唇。王城岗 H402：12。

Ⅱ式：敞口，内弧腹，尖圆唇，腹部转折处较宽，器身略高。王城岗 W5T0672H76：116。

Ⅲ式：敞口，斜弧腹，圆唇，腹部转折处不宽，器身矮胖。王城岗 W5T0670Q1①：63。

Ⅳ式：敞口，斜弧腹，圆唇，器底变小。王城岗 H362：1。

（6）罐形甑

可分为深腹和浅腹两种：

A 型，深腹，可分为四式：

Ⅰ式：圆唇外撇，直壁，厚胎，小圆形镂孔。前后屯 H18①：1。

Ⅱ式：直腹，方唇，平沿，内侧起棱不高，带圈足，圜底，扁圆形镂孔。王城岗 H565：10。

Ⅲ式：腹近直，口微内敛，圆唇，平沿，内侧起棱不高，带圈足，平底，半圆形和扁圆形镂孔。瓦店Ⅱ T5⑤。

Ⅳ式：圆鼓腹，敛口，折沿，圆唇，沿面平，内侧起棱不高，无圈足，凹底，长扁圆形镂孔。王城岗 H206∶13。

B 型,浅腹,可分为三式:

Ⅰ式:直口微内敛,方圆唇,平沿,内侧起棱不明显,平底微内凹,长扁圆形镂孔。王城岗 H538∶9。

Ⅱ式:大口,斜弧腹,圆唇,凹沿,内侧略起棱,平底,扁圆形或半圆形镂孔。瓦店ⅡT9⑥。

Ⅲ式:敛口明显,圆鼓腹,圆唇,沿面微凹,内侧起棱较低,小平底,小圆形镂孔,沿下常有一对鸡冠状錾手。瓦店采集。

(7) 豆

可分为六式:

Ⅰ式:深盘腹,唇部折向下,高圈足。前后屯 H146∶2。

Ⅱ式:盘腹略深,粗柄,喇叭口圈足。瓦店ⅣH61∶43。

Ⅲ式:浅盘腹,斜弧腹,高圈足,顶部直,喇叭口略小,底部无台阶或台阶略小。王城岗 W5T0672H76∶99。

Ⅳ式:浅盘腹,深弧腹,高圈足,顶部微宽,略收腰,喇叭口宽,底部小台阶。王城岗 H206∶4。

Ⅴ式:浅盘腹,深弧腹,高圈足,顶部宽,常有一周凸弦纹,收腰,喇叭口宽,底部起台阶。王城岗 H486∶1。

Ⅵ式:浅盘腹,圆唇常外折,高圈足,顶部加宽,形成台阶,常有一周凸弦纹和圆形镂孔,收腰,喇叭口略宽,起台阶,台阶上常有一周凸弦纹。瓦店ⅣH24∶32。

(8) 圈足盘

可分为五式:

Ⅰ式:浅折腹,平沿。前后屯 H120①∶1。

Ⅱ式:深腹,圜底,圆唇外折,收腰形大圈足。瓦店ⅣH61∶42。

Ⅲ式:浅腹,大敞口,斜弧腹,收腰形大圈足,中部常有一周凸弦纹。瓦店ⅠT4③∶8。

Ⅳ式:浅腹,敞口,深弧腹,圈足近直微外撇。瓦店ⅡH35。

Ⅴ式:浅腹,直口,盘底平,直圈足。瓦店ⅠH28。

(9) 刻槽盆

可分为三型:

A 型,喇叭口型。瓦店ⅣH61∶20。

B 型,敞口盆型,可分为两式:

Ⅰ式:大敞口,圆唇,平底。北沟 H29∶12。

Ⅱ式：子母口，圆唇，平底。瓦店ⅣH45：4。

C型，敛口叠唇型，可分为四式：

Ⅰ式：侈口，鼓腹，平底。前后屯H8②：2。

Ⅱ式：叠唇明显，深腹，大平底。王城岗H403：4。

Ⅲ式：叠唇不明显，腹变浅。王城岗H646：1。

Ⅳ式：叠唇不明显，口近直，浅腹。西范店04DXFDP2H3：1。

（10）器盖

可分为三式：

Ⅰ式：圈足形捉手，折腹，大敞口，两侧常有一对桥形耳。王城岗H283：1。

Ⅱ式：喇叭口圈足形捉手，曲腹，钵形。王城岗T240③：3。

Ⅲ式：菌形捉手。瓦店ⅣT4④：70。

（11）鬶

可分为三式：

Ⅰ式：流与口不相连，尖锥足外撇，绞索状把手。前后屯H229：2。

Ⅱ式：流与口相连，束颈，高袋足，三足跟较粗，外撇，桥形把手，上面饰数弦纹。王城岗H76：64。

Ⅲ式：流与口相连，束颈，高袋足，三足跟细直，桥形把手，素面。王城岗W5T0671⑧：34。

根据以上类型学分析，并结合上述典型遗址地层关系，现将颍河中上游地区龙山文化陶器的两期三段六组特征归纳如下：

龙山文化早期：包括登封北沟、禹州前后屯、禹州瓦店龙山文化早期和吴湾下层等遗存。陶系以夹砂灰褐陶为大宗，器表常拍印宽横篮纹、粗绳纹与数周附加堆纹的组合，泥质陶表面常有泥条贴成的凸弦纹。陶器种类中，以A型Ⅰ式、B型Ⅰ式和C型Ⅰ式鼎、A型Ⅰ式和C型Ⅰ式夹砂罐、Ⅰ式斝、Ⅰ式高领瓮、A型Ⅰ式罐形甑、Ⅰ式豆、Ⅰ式圈足盘、B型Ⅰ式和C型Ⅰ式刻槽盆、Ⅰ式鬶为代表。相当于庙底沟二期文化阶段。

龙山文化晚期前段一组：以王城岗龙山文化一期为代表。陶系以夹砂灰褐陶为主，纹饰中以细绳纹、斜竖篮纹、小方格纹和数周凹弦纹的组合为代表，印迹清晰。陶器种类中，以A型Ⅱ式和B型Ⅱ式鼎，A型Ⅱ式、B型Ⅰ式和C型Ⅱ式夹砂罐，Ⅱ式双腹盆，A型Ⅰ式罐形甑，Ⅱ式斝，Ⅱ式高领瓮，Ⅱ式豆，Ⅱ式圈足盘，A型刻槽盆，Ⅱ式鬶为代表。相当于本地王湾三期文化的最早阶段。

龙山文化晚期前段二组：以王城岗龙山文化二期为代表。陶系以夹砂灰黑陶为主，纹饰中以斜篮纹、小方格纹和数周凹弦纹的组合为代表，印迹十分规整清晰。陶器种类中，以A型Ⅲ式和B型Ⅲ式鼎，A型Ⅲ式、B型Ⅱ式和C型Ⅲ式夹砂罐，Ⅱ式双腹盆，A 型Ⅲ式罐形甗，Ⅲ式斝，Ⅲ式高领瓮，Ⅲ式豆，Ⅲ式圈足盘，A 型、B 型Ⅱ式和 C 型Ⅱ式刻槽盆，Ⅰ式器盖，Ⅱ式鬶为代表。相当于本地王湾三期文化的前段。

龙山文化晚期后段三 A 组：以王城岗龙山文化三期为代表。陶系以泥质灰陶为主，纹饰中以斜篮纹、方格纹、绳纹和数周凹弦纹的组合为代表，印迹较清晰。陶器种类中，以 A 型Ⅳ式、B 型Ⅳ式、C 型Ⅱ式鼎，A 型Ⅳ式、B 型Ⅲ式和 C 型Ⅳ式夹砂罐，Ⅲ式双腹盆，A 型Ⅳ和 B 型Ⅰ式罐形甗，Ⅳ式斝，Ⅳ式高领瓮，Ⅳ式豆，Ⅳ式圈足盘，C 型Ⅲ式刻槽盆，Ⅱ式器盖，Ⅲ式鬶为代表。相当于本地王湾三期文化的后段偏早阶段。

龙山文化晚期后段三 B 组：以王城岗龙山文化四期为代表。陶系以泥质灰陶为主，纹饰中绳纹比例增加，方格纹以大菱格纹为代表，印迹不清晰较凌乱。陶器种类中，以 A 型Ⅴ式和 B 型Ⅴ式鼎，A 型Ⅴ式和 B 型Ⅲ式夹砂罐，Ⅳ式双腹盆，A 型Ⅳ和 B 型Ⅱ式罐形甗，Ⅳ式斝，Ⅴ式高领瓮，Ⅴ式豆，Ⅴ式圈足盘，C 型Ⅲ式刻槽盆，Ⅱ式器盖，Ⅲ式鬶为代表。相当于本地王湾三期文化的后段偏晚阶段。

龙山文化晚期后段四组：以王城岗龙山文化五期为代表。陶系以夹砂灰陶为主，纹饰中绳纹比例进一步增加，均为粗绳纹，方格纹中的大菱格纹很有特点，篮纹与方格纹的印迹十分模糊凌乱。陶器种类中，以 A 型Ⅵ式和 B 型Ⅵ式鼎，C 型Ⅲ式盆形鼎，A 型Ⅵ式夹砂罐，B 型Ⅲ式罐形甗，Ⅵ式高领瓮，Ⅵ式豆，C 型Ⅳ式刻槽盆，Ⅲ式器盖为代表。相当于本地王湾三期文化最后一阶段的遗存，但也同时存在一定数量的"新砦类遗存"因素。

3. 沙汝河流域

沙汝河流域经过正式发掘的龙山文化遗址主要有汝州煤山[①]、李楼[②]、北刘庄[③]，郾城郝家台[④]、庙岗[⑤]，襄城台王[⑥]、平顶山蒲城店[⑦]等。

[①] 洛阳博物馆：《河南临汝煤山遗址调查与试掘》，《考古》1975 年第 5 期，第 285－294 页。中国社会科学院考古研究所河南二队：《河南临汝煤山遗址发掘报告》，《考古学报》1982 年第 4 期，第 427－475 页。河南省文物研究所：《临汝煤山遗址 1987－1988 年发掘报告》，《华夏考古》1991 年第 3 期，第 5－23、4 页。河南省文物考古研究所、首都师范大学历史学院、郑州大学历史学院：《河南汝州市煤山龙山文化墓葬发掘简报》，《考古》2011 年第 6 期，第 3－10 页。
[②] 中国社会科学院考古研究所河南一队：《河南汝州李楼遗址的发掘》，《考古学报》1994 年第 1 期，第 63－97 页。
[③] 河南省文物研究所：《河南临汝北刘庄遗址发掘报告》，《华夏考古》1990 年第 2 期，第 11－42 页。
[④] 河南省文物研究所、郾城县许慎纪念馆：《郾城郝家台遗址的发掘》，《华夏考古》1992 年第 3 期，第 62－91 页。河南省文物考古研究所：《郾城郝家台》，郑州：大象出版社，2012 年。北京大学考古文博学院、河南省文物考古研究院、漯河市文物考古研究所：《河南漯河郝家台遗址 2015－2016 年田野考古主要收获》，《华夏考古》2017 年第 3 期，第 14－49 页。
[⑤] 河南省文物考古研究所、漯河市文化局、郾城县文化局：《河南郾城县庙岗遗址调查简报》，《华夏考古》2010 年第 4 期，第 3－14 页。
[⑥] 河南省文物研究所：《襄城县台王遗址试掘简报》，《中原文物》1988 年第 1 期，第 7－13 页。
[⑦] 河南省文物考古研究所、平顶山市文物局：《河南平顶山蒲城店遗址发掘简报》，《文物》2008 年第 5 期，第 32－49 页。

我们选择以上各典型遗址的典型地层关系进行分析,通过对其中发表陶器形制的比对,可大致将沙汝河流域龙山文化遗存分为前后两期三段五组。(表3-2-8)

表3-2-8 沙汝河流域龙山文化遗存分期表

		煤 山	李 楼	北刘庄	郝家台	蒲城店	台 王
早期					T29⑤		H5、H6
晚期前段	一组	75T25③C	91T4④、92T5⑥、92T101④和92T104④		H253、H112、H117	H498	T1④、H2
	二组	75T25③B	92T4⑤H1、92T5⑤、92T102④和92T103④H1		M113、H201		
晚期后段	三组	报告煤山二期	报告李楼二期	报告第三期	H207、J10		
	四组	报告二里头一期	调查部分		M102、M104	H411	

以下为上述典型地层关系中出土陶器的类型学分析:(图3-2-8)

(1) 鼎

按照鼎足的高矮可分为两型:

A型,矮足鼎,可分为五式:

Ⅰ式:折沿,浅垂腹,素面。郝家台T29⑤:47。

Ⅱ式:小折沿,深垂腹,圜底,素面,小横装三角形铲形足。煤山70采:1。

Ⅲ式:宽折沿,垂腹略浅,方唇,平沿,横装小铲足。李楼T103④W1:1。

Ⅳ式:折沿,方圆唇,内侧略起棱,垂腹,圆锥形尖状足。煤山87H25:1。

Ⅴ式:小折沿低平,沿面平,圆唇,大口,鼓腹,圆锥形尖状足。煤山70H3:2。

B型,高足鼎,可分为五式:

Ⅰ式:横装铲形足,跟部两个按窝构成人脸图案。郝家台T29⑤:41。

Ⅱ式:小折沿,垂腹,大平底,圆锥形足。李楼91T4④:1。

Ⅲ式:小折沿,深垂腹,圜底,扁圆锥形足。煤山87H18:1。

Ⅳ式:折沿略高,沿面平,口变大,垂腹,圜底,扁圆锥形足。煤山87H25:2。

Ⅴ式:"Y"字形鼎足。煤山75T19③:8。

(2) 夹砂罐

可分为五式:

Ⅰ式:宽折沿,圆唇外翻,鼓腹,周身有宽横篮纹。郝家台T29⑤:40。

Ⅱ式:宽折沿,内侧起棱低平,圆唇外撇,圆鼓腹,平底。煤山75M11:1。

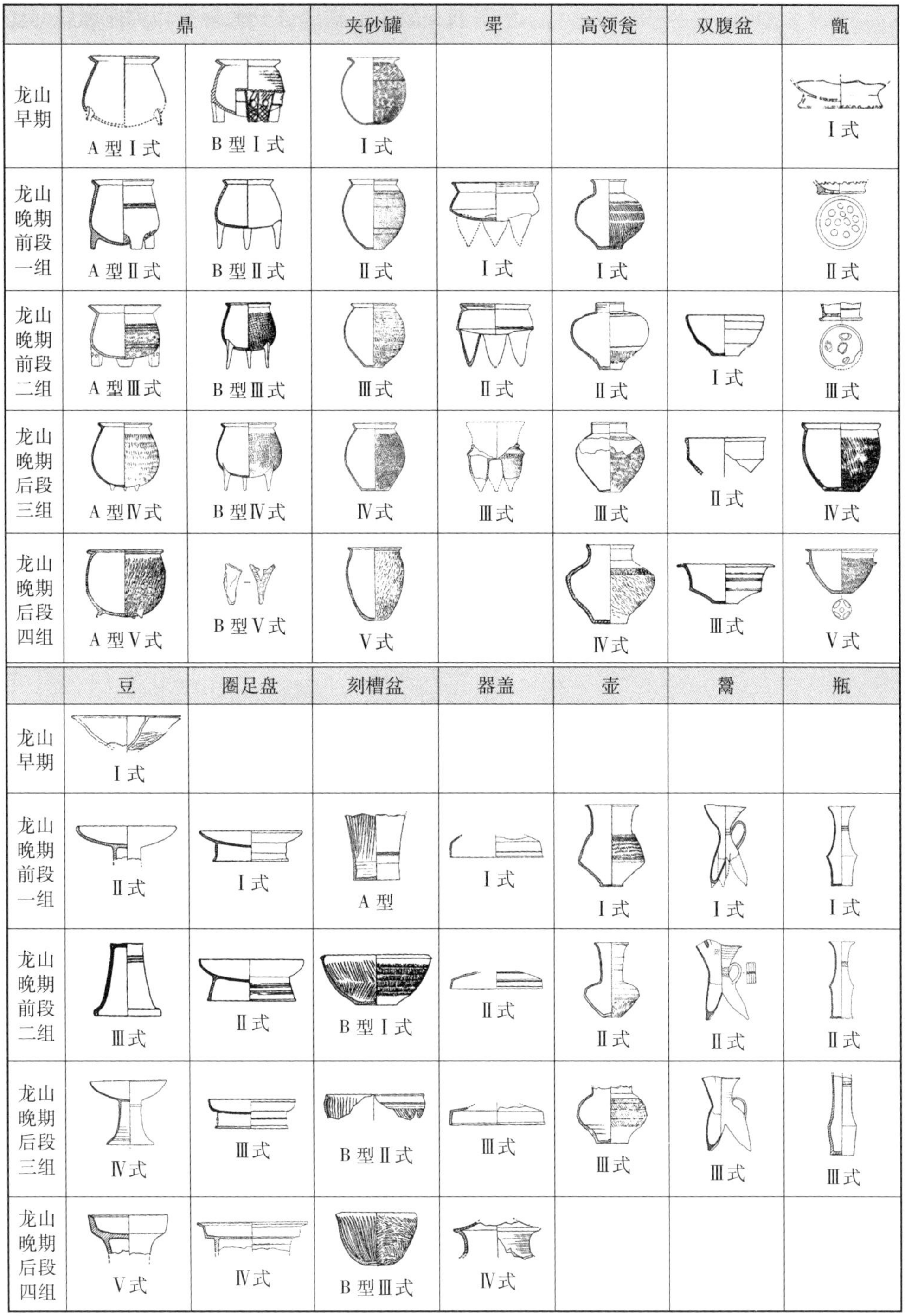

	鼎		夹砂罐	斝	高领瓮	双腹盆	甑
龙山早期	A型I式	B型I式	I式				I式
龙山晚期前段一组	A型II式	B型II式	II式	I式	I式		II式
龙山晚期前段二组	A型III式	B型III式	III式	II式	II式	I式	III式
龙山晚期后段三组	A型IV式	B型IV式	IV式	III式	III式	II式	IV式
龙山晚期后段四组	A型V式	B型V式	V式		IV式	III式	V式

	豆	圈足盘	刻槽盆	器盖	壶	鬶	瓶
龙山早期	I式						
龙山晚期前段一组	II式	I式	A型	I式	I式	I式	I式
龙山晚期前段二组	III式	II式	B型I式	II式	II式	II式	II式
龙山晚期后段三组	IV式	III式	B型II式	III式	III式	III式	III式
龙山晚期后段四组	V式	IV式	B型III式	IV式			

图3-2-8 沙汝河流域龙山文化典型陶器分期图

Ⅲ式：折沿，方唇，沿面微凹，内侧起棱较高，鼓腹，下腹内收，小平底。煤山75T2⑤B：3。

Ⅳ式：折沿，方圆唇，沿面平，内侧起棱不明显，鼓腹，大平底。煤山75H24：1。

Ⅴ式：卷沿，束颈，大口，瘦腹，小平底。煤山70H3：13。

（3）斝

可分为三式：

Ⅰ式：高领，扁鼓腹，圜底，三袋足瘦高。李楼92T5⑥：2。

Ⅱ式：束颈，小折沿，折腹，圜底，三袋足略肥。李楼92T103④H1：3。

Ⅲ式：折腹极小，肥袋足较高。煤山70采：12。

（4）高领瓮

可分为四式：

Ⅰ式：圆唇，高领，圆鼓肩或平鼓肩，小平底。煤山70采：7。

Ⅱ式：圆唇，直口，小高领，鼓肩鼓腹，下腹内收明显，小平底。煤山75T2⑤C：5。

Ⅲ式：直领，尖圆唇，内侧起槽，溜肩，下腹微收，凹底。煤山75H59：4。

Ⅳ式：尖唇外配，束颈，领部内折棱不明显，折肩，下腹收，平底。李楼采集。

（5）双腹盆

可分为三式：

Ⅰ式：敞口，尖唇微敛，折腹，下腹内收。煤山87H33：1。

Ⅱ式：直口，厚圆唇。北刘庄H17：20。

Ⅲ式：敞口，唇部向下折，折腹，小平底，器身矮胖。煤山87H29：2。

（6）甑

可分为五式：

Ⅰ式：圜底，圈足带花边，圆形镂孔。台王H6：4。

Ⅱ式：圜底，小圈足，底部有不规则椭圆形镂孔数个。煤山70采：13。

Ⅲ式：平底，小圈足，底部有三个扁圆形镂孔围绕一个圆形镂孔。煤山75T25③B：17。

Ⅳ式：敛口，大折沿，沿面凹，圆唇，浅腹，平底，底部有数个方形镂孔。北刘庄H17：4。

Ⅴ式：小折沿，尖唇，盆形，弧腹，底部有四个长扁圆形镂孔围绕一个圆形镂孔，口沿下有一对鸡冠状錾手。煤山70H3：19。

（7）豆

可分为五式：

Ⅰ式：圆唇外折，浅盘圜底。台王H6：7。

Ⅱ式：尖圆唇微内敛,浅盘近圜底,细高圈足。煤山 70T2(2D)：6。
Ⅲ式：高喇叭口圈足,喇叭口略小,底部起台阶,内侧有凹槽。煤山 87H33：2。
Ⅳ式：敞口,盘腹略深,喇叭口圈足略宽,底部起台阶。煤山 75 采：4。
Ⅴ式：直口微敞,尖唇,盘腹折,平底。煤山 70 采：54。

(8) 圈足盘

可分为四式：

Ⅰ式：大敞口,浅盘,圜底,圈足底部收,足跟外撇。煤山 75T25③C：15。
Ⅱ式：敞口,唇部近直,底略平,圈足外撇。煤山 87H31：2。
Ⅲ式：直口,深盘腹,平底,直圈足,足跟外撇。北刘庄 T16③：1。
Ⅳ式：折沿,折腹,平底,浅盘。煤山 70H3：20。

(9) 刻槽盆

可分为两种：

A 型,喇叭口形,煤山 75T3④：9。

B 型,盆形,可分为三式：

Ⅰ式：敞口,尖唇内敛,弧鼓腹,大平底。煤山 75T18④：4。
Ⅱ式：直口,微敛,束颈,尖唇,大平底。煤山 75H87：1。
Ⅲ式：近直口,微敞,带流,弧腹,凹圜底。煤山 70 采：51。

(10) 器盖

可分为四式：

Ⅰ式：直口较高,顶部外鼓。煤山 75T19④：6。
Ⅱ式：直口略低,微外撇,顶部斜平。煤山 75T3④：5。
Ⅲ式：直流略低,顶部内弧。煤山 75H90：3。
Ⅳ式：菌状钮。煤山 75T3③：15。

(11) 壶

可分为三式：

Ⅰ式：尖圆唇,短颈,敞口,折腹。郝家台 H253：3。
Ⅱ式：直领较高,圆唇,溜肩,平底。郝家台 H113：1。
Ⅲ式：直领,溜肩,下腹内收,小平底。煤山 75T27②A：4。

(12) 鬶

可分为三式：

Ⅰ式：束颈,袋足瘦高,三足位置平均,把手较高。郝家台 T44⑧：15。
Ⅱ式：颈部与口部连为一体,较宽,袋足较瘦,三足前倾,把手变矮。郝家台

T30④∶10。

Ⅲ式：颈口相连，体态变矮，袋足变肥，三足前倾，把手进一步变小。郝家台T26③A∶27。

（13）瓶

可分为三式：

Ⅰ式：折腹较尖，腹颈较宽，小平底。郝家台T14④∶54。

Ⅱ式：折腹变小，底部变宽。郝家台T29④∶44。

Ⅲ式：折腹进一步退化，器底变厚。郝家台T30③B∶12。

综合上述分析，并结合对中原其他地区龙山遗存的分期，可将沙汝河流域龙山文化的陶器分为两期三段五组，其中各组段特征为：

龙山文化早期：陶系以夹砂灰褐陶为主，纹饰中流行宽横篮纹、粗绳纹与附加堆纹的组合。陶器中，以A型Ⅰ式和B型Ⅰ式鼎、Ⅰ式夹砂罐、Ⅰ式甑、Ⅰ式豆的组合为代表。相当于庙底沟二期文化阶段。

龙山文化晚期前段一组：陶系以夹砂和泥质灰陶为大宗，纹饰中常见斜篮纹、细绳纹、方格纹和弦纹，印迹清晰。陶器中，流行A型Ⅱ式和B型Ⅱ式鼎、Ⅱ式夹砂罐、Ⅱ式甑、Ⅰ式斝、Ⅰ式高领瓮、Ⅱ式豆、Ⅰ式圈足盘、A型刻槽盆、Ⅰ式器盖、Ⅰ式壶、Ⅰ式鬶、Ⅰ式瓶的组合。相当于本地王湾三期文化的早期阶段。

龙山文化晚期前段二组：陶系仍然以夹砂和泥质灰陶为大宗，纹饰中方格纹比例上升，印迹较清晰。陶器中，流行A型Ⅲ式和B型Ⅲ式鼎、Ⅲ式夹砂罐、Ⅰ式双腹盆、Ⅲ式甑、Ⅱ式斝、Ⅱ式高领瓮、Ⅲ式豆、Ⅱ式圈足盘、B型Ⅰ式刻槽盆、Ⅱ式器盖、Ⅱ式壶、Ⅱ式鬶、Ⅱ式瓶的组合。相当于本地王湾三期文化的前期。

龙山文化晚期后段三组：陶系以夹砂和泥质灰陶为主，磨光黑陶的比例大大下降。纹饰中以方格纹为主，出现了拍印模糊的大菱格纹。陶器中，流行A型Ⅳ式和B型Ⅳ式鼎、Ⅳ式夹砂罐、Ⅱ式双腹盆、Ⅳ式甑、Ⅲ式斝、Ⅲ式高领瓮、Ⅳ式豆、Ⅲ式圈足盘、B型Ⅱ式刻槽盆、Ⅲ式器盖、Ⅲ式壶、Ⅲ式鬶、Ⅲ式瓶的组合。相当于本地王湾三期文化的后期。

龙山文化晚期后段四组：陶系以夹砂和泥质灰陶为主。纹饰中篮纹、方格纹、绳纹、弦纹、附加堆纹较多，印迹十分模糊。陶器中，流行A型Ⅴ式和B型Ⅴ式鼎、Ⅴ式夹砂罐、Ⅲ式双腹盆、Ⅴ式甑、Ⅳ式高领瓮、Ⅴ式豆、Ⅳ式圈足盘、B型Ⅲ式刻槽盆、Ⅳ式器盖的组合。相当于本地王湾三期文化的最晚段，其中包含了一些二里头文化早期的典型因素。

二、中原各地龙山文化的总体时空框架

学术界对"龙山文化"概念的使用一度比较混乱。针对这种情况,严文明先生于20世纪80年代初提出了"龙山时代"的概念,并以"王湾三期文化"命名郑洛地区(即本书所述的中原核心区)龙山时代的考古学遗存[1],在学术界产生了深远的影响。然而,王湾三期文化是否能够涵盖中原核心区的整个龙山时代,对这一问题却存在很大的争议,其核心是中原地区龙山文化开始的年代,即这里相当于庙底沟二期文化阶段遗存性质的归属问题。

归纳起来有两种意见:

一种意见认为,应将其归入仰韶文化的范畴。严文明先生早年就主张将中原地区相当于庙底沟二期文化阶段的王湾二期四段遗存作为仰韶文化发展的最后一个阶段,并命名为"谷水河类型"[2]。韩建业、赵春青等都持此相同意见[3]。戴向明虽将庙底沟二期文化作为"过渡阶段"从"仰韶时代"和"龙山时代"中单独划出,但在具体讨论到豫中地区(即本书所述的中原核心区)时,亦认为其与典型的庙底沟二期文化"判然有别",而更多延续了本地仰韶文化秦王寨类型的传统[4]。

另一种意见认为,应将其归入龙山时代的范畴,作为本地的龙山文化早期遗存。安志敏先生最初在编写《庙底沟与三里桥》报告时首次提出"庙底沟第二期文化"的概念,作为仰韶文化和龙山文化的过渡阶段,但却认为其"由于在文化性质上和龙山文化比较接近,故暂列入龙山文化中"[5]。对这一观点的系统论述以卜工为代表,并在学术界有着广泛的影响[6]。目前,主流的学者认为这一阶段中原地区的考古学遗存与典型的庙底沟二期文化之间存在很大的地方性差异,但多数研究者主张将其列为本地龙山文化的早期阶段[7]。

---

[1] 严文明:《龙山文化与龙山时代》,《文物》1981年第6期,第41-48页。
[2] 严文明:《略论仰韶文化的起源和发展阶段》,《仰韶文化研究》,第122-165页,北京:文物出版社,1989年10月第一版。
[3] 韩建业等:《王湾三期文化研究》,《考古学报》1997年第1期,第1-21页。赵春青:《郑洛地区新石器时代聚落的演变》,北京:北京大学出版社,2001年。
[4] 戴向明:《黄河流域新石器时代文化格局之演变》,《考古学报》1998年第4期,第405-408页。
[5] 中国科学院考古研究所:《庙底沟与三里桥》,第108页,北京:科学出版社,1959年。
[6] 卜工:《庙底沟二期文化的几个问题》,《文物》1990年第2期,第38-47页。卜工:《再论"庙二"》,《庆祝张忠培先生八十岁论文集》,第149-157页,北京:科学出版社,2014年。
[7] 河南省文物研究所:《河南考古四十年》,第117-123页,郑州:河南人民出版社,1994年。中国社会科学院考古研究所:《中国考古学·新石器时代卷》,北京:中国社会科学出版社,2010年。方燕明:《河南龙山时代和早期青铜时代考古六十年》,《华夏考古》2012年第2期,第47-67页。韩建业:《龙山时代早期中国的文化格局》,《无限悠悠古情:佟柱臣先生纪念文集》,第344-354页,北京:科学出版社,2014年。

从不断丰富的考古材料看,中原地区相当于这一阶段的遗存与晋西南、豫西地区典型庙底沟二期文化之间存在明显的地域性差异,无法将其统一纳入庙底沟二期文化的范畴。与本地的仰韶文化相比,这一阶段的遗存虽然也保留了一些仰韶文化传统的因素,但差异也十分显著。各地大量出现的陶器新器类有斝、敛口盆形鼎、夹砂深腹罐、敞口平底盆、双腹盆、深腹罐形甑、高柄豆、鬶等,从用途看涵盖了炊煮、储存、饮食、酒水等日常生活的各方面内容。与仰韶文化中、晚期之间的遗存相比,这一时期的变化是全方位的,其中庙底沟二期文化的影响起到了重要的作用,尤其是庙底沟二期文化的斝、夹砂深腹罐、敞口平底盆等器物,以及夹砂灰褐陶的宽横篮纹、绳纹、附加堆纹等特点一改本地仰韶文化传统的尖底瓶、各式鼎、弦纹罐、彩陶盆、彩陶钵和流行红陶、彩陶的作风。而这些新出现的器类和纹饰,比如斝、夹砂深腹罐、双腹盆、深腹罐形甑、高柄豆、鬶和篮纹、附加堆纹等,又为后来的王湾三期文化所继承。因此,无论中原地区这一阶段的遗存是否属于庙底沟二期文化的范畴,从其与仰韶文化之间的变化所带来的深远影响来看,它在各地的兴起预示着一个新时代的到来,将其作为龙山文化早期遗存纳入本地龙山时代的范畴比较合适。

龙山文化早期遗存在中原各地的发现十分广泛:洛阳盆地的王湾、二里头、里沟,洛河中游的西王村、孙洞、苏羊,伊河流域的窑底、石窟,郑州地区的大河村、西山、点军台、站马屯、古城寨,颍河中上游地区的北沟、瓦店、前后屯,沙汝河流域的台王、郝家台,洇河流域的仰韶村、西沃、妯娌、冢子坪,济源盆地的许村、留庄等遗址都发现有这一阶段的遗存。但值得注意的是,这些遗存不仅发现的数量较少,也少有单纯以此期遗存为主的文化堆积发达的遗址。除了洇河流域龙山文化早期遗存本身可分为三期之外,其他地区就目前所掌握的材料尚难以对其分期进行进一步细分。

继龙山文化早期之后,中原地区进入龙山时代的晚期,王湾三期文化兴起。尽管各地龙山文化晚期遗存的面貌存在很大的差异,但总体来看均应属于王湾三期文化的范畴。对比本节上文对各地龙山文化的细致分期,可综合将中原地区的龙山文化晚期遗存分为早晚四组:

第一组:包括各地龙山文化的晚期前段一组。此段属于王湾三期文化的形成阶段,各地发现的遗存数量均不多,但特征清晰。最主要的是既包含有王湾三期文化的典型因素,同时也保留有少量的龙山文化早期孑遗。各地的陶器均以夹砂灰陶或灰褐陶为主,陶胎略厚,陶器的烧成火候略低,但器形规整。纹饰均以素面为最多,篮纹、绳纹、弦纹流行,除了济源盆地之外,多数地区的方格纹较少,竖向滚压的细绳纹较有特点。陶器中:斝的形体较高,折腹略宽,三袋足位置较近;矮足鼎中特有一种横装小铲形足鼎,素面,下腹有数周弦纹;乳钉足形鼎足为尖圆锥形;夹砂罐中流行一种宽折沿,圆唇外翻,周身饰细绳纹或斜篮纹的鼓腹罐,另外一种鼓腹罐,素面,肩部有两个半圆形泥突,也很有特色;双腹盆或为近直口或为敞口,均为圆唇,器身较高。另外,具有鲜明龙山文化早期特点的折腹碗、带花边圈足形捉手的器盖也比较常见。

第二组:包括各地龙山文化的晚期前段二组。此段遗存在各地的分布均十分广泛。陶器以泥质灰陶或灰黑陶为大宗,磨光黑陶和灰陶较发达,陶胎薄,器形制作规整,且陶器烧成火候很高。各地陶器中均流行斜篮纹、方格纹和弦纹的组合,纹饰拍印清晰规整,小方格纹很有特色。陶器中,各式鼎和夹砂罐多为折沿方唇,沿面多内凹明显,内侧起较高的凸棱;夹砂罐多为圆鼓腹,最大腹径近于中腹;高领瓮为平肩或圆鼓肩,下腹斜弧;斝形体变矮,折腹变窄;罐形甗多为近直口深腹,底部常带有圈足,梭形或半圆形镂孔;圈足盘和豆浅盘大敞口者较多,小喇叭口形圈足,底部多不起台阶。各地均流行制作精美的磨光黑陶小件器物,如觚、杯、盉等。

第三组:包括各地龙山文化晚期后段三组。此段遗存分布十分广泛也比较发达。一些地区,比如颍河中上游地区,据现有的材料还可进一步将其细分为早晚两期。洛河中游地区、济源盆地虽然也有此段遗存,但属于此段偏晚阶段的遗存在洛河中游地区不甚发达。这一时期多以泥质灰陶为主,磨光黑陶的数量大大减少。陶器陶胎变厚,尤其是偏晚阶段,但器形尚规整,陶器烧成火候仍较高。纹饰中,篮纹、方格纹和绳纹较多,方格纹中出现了大菱格的形态,纹饰印迹变浅,尤其到了偏晚阶段,变得杂乱且模糊。陶器中,各式鼎、夹砂罐的口沿圆唇数量逐渐增加,沿面由凹变平,内侧起棱由高到低平;夹砂罐多为圆鼓腹,下腹内收,最大腹径位置上移;高领瓮多斜鼓肩,下腹内收,唇部加厚;斝形体矮胖,折腹变窄,三肥袋足位置分离较远;罐形甗多为深腹敛口,底部少有圈足,镂孔以圆形和椭圆形为主,新出现了一种浅腹罐形甗;圈足盘和豆盘略深,豆为大喇叭口高圈足,底部常起台阶。偏早阶段各地仍能见到各式觚、盉等小件精致器物,磨光黑陶者已经很少。

第四组:包括中原各地龙山文化晚期后段四组。就现有的材料看,洛河中游、涧河流域和济源盆地目前尚未发现此阶段遗存。当前学术界多将此段称为"新砦类遗存",但其内涵和文化性质相当复杂,且存在明显的地域性差异。考虑到其中包含的大量龙山文化晚期因素,这里权宜统一将其置于此段。这一时期多以夹砂和泥质灰陶和灰褐陶为大宗,泥质褐陶和红褐陶的比例增加。陶器陶胎普遍较厚,器形尚规整,但烧成火候明显下降。纹饰中,绳纹比例增加,篮纹、方格纹印迹浅,且模糊凌乱,一种散乱的大菱格纹较有特色。陶器中,属于王湾三期文化典型因素的各式鼎和夹砂罐口沿均为圆唇,平沿,折沿内侧转折多缓和;高领瓮或流行口部加一周泥条,或唇部外侈,溜肩,领与肩相交处转折缓和,下腹收,器形矮胖;斝形体更矮,折腹退化;罐形甗出现一种深腹,带鸡冠状鋬手,诸多小圆形镂孔的新种类;豆和圈足盘出现了折盘腹型,豆均为喇叭口高圈足,但上部微鼓形成小台阶,且常有两个圆形镂孔,喇叭口圈足上多有一周凸弦纹。

综合比较以上对整个中原核心区龙山文化晚期遗存四组的统一划分：第一、二组陶器制作规整,陶胎较薄,器物形态总体显高,圆鼓腹;第三、四组陶器制作略显粗糙,陶胎明显变厚,器物形态多矮胖,收腹。根据这些特点,可将其分别进一步归纳为前后两段,代表王湾三期文化发展的前后两个大的阶段。（表 3-2-9）

表 3-2-9 中原各地龙山文化遗存分期对照表

			洛阳盆地	洛河中游	伊河流域	涧河流域	济源盆地	郑州地区	颍河中上游	沙汝河流域
龙山文化早期			早期	早期	早期	早期	早期	早期	早期	早期
龙山文化晚期	前段	一组	晚期前段一组	晚期前段	晚期前段一组	晚期前段一组	晚期前段一组	晚期前段一组	晚期前段一组	晚期前段一组
		二组	晚期前段二组		晚期前段二组	晚期前段二组	晚期前段二组	晚期前段二组	晚期前段二组	晚期前段二组
	后段	三组	晚期后段三组	晚期后段	晚期后段三组	晚期后段三组	晚期后段三组	晚期后段三组	晚期后段三A组	晚期后段三组
									晚期后段三B组	
		四组	晚期后段四组		晚期后段四组	晚期后段四组		晚期后段四组	晚期后段四组	晚期后段四组

三、中原各地龙山文化的年代

中原各地龙山文化的年代主要涉及各地龙山文化的年代上限和下限。

（一）中原各地龙山文化早期遗存的年代

中原核心区的龙山文化早期遗存受到同时期周边考古学文化的强烈影响。其中庙底沟二期文化承袭自晋西南豫西的仰韶晚期西王村类型,持续向中原地区扩张。晋西南豫西区是庙底沟二期文化分布的核心区,该区经过正式发掘的包含典型庙底沟二期文化遗存的重要遗址有垣曲古城东关、龙王崖、丰村、宁家坡等。

根据《垣曲古城东关》对东关遗址庙底沟二期文化的研究,该遗址的庙底沟二期文化可以分为早中晚三期,各类典型陶器的演化轨迹清晰明确①。(图 3-2-9)同在垣曲盆地的龙王崖②、丰村③等遗址的庙底沟二期文化也存在同样的发展序列。

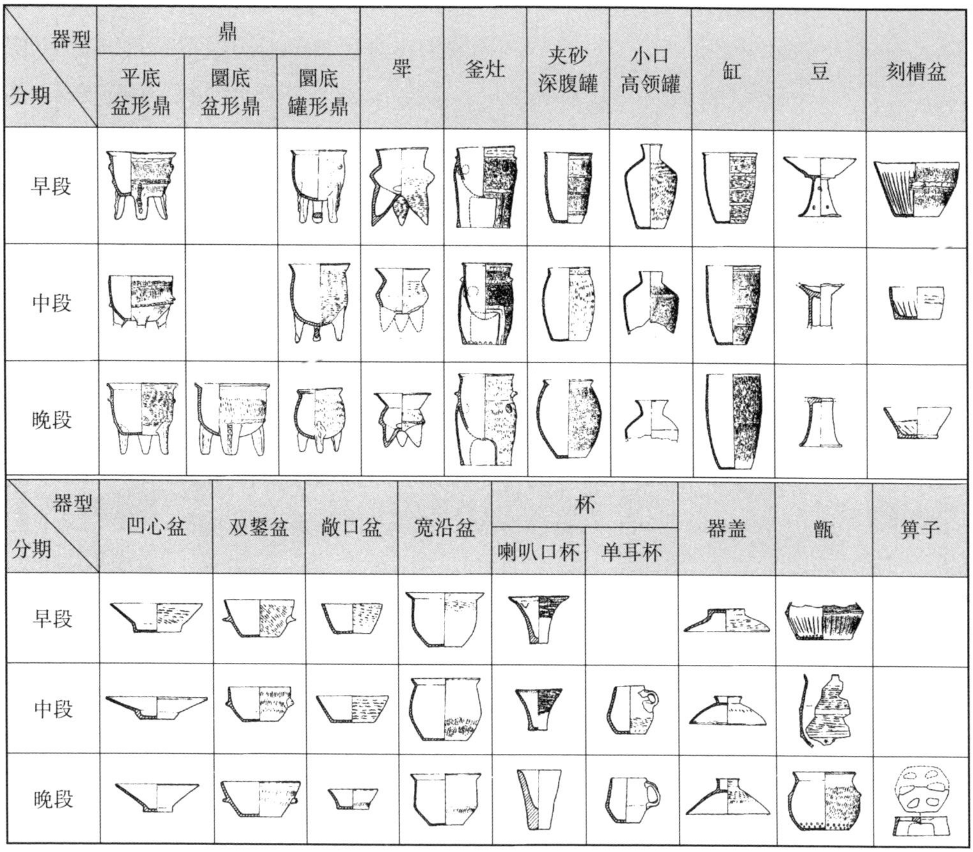

器型 分期	鼎			斝	釜灶	夹砂深腹罐	小口高领罐	缸	豆	刻槽盆
	平底盆形鼎	圜底盆形鼎	圜底罐形鼎							
早段										
中段										
晚段										

器型 分期	凹心盆	双鋬盆	敞口盆	宽沿盆	杯		器盖	甗	箅子
					喇叭口杯	单耳杯			
早段									
中段									
晚段									

图 3-2-9 山西垣曲古城东关遗址典型庙底沟二期文化的分期图
(据:中国历史博物馆考古部等,2001 年,图三七六)

通过与垣曲古城东关庙底沟二期文化典型器物的比较,中原大部分地区龙山文化早期遗存所包含的庙底沟二期文化因素均相当于古城东关庙底沟二期文化的晚段甚至更晚。比如,斝折腹较宽,均附有一道附加堆纹,呈"花边腹"的形态,宽折沿,唇部外折或外翻;夹砂罐均为小折沿,大口鼓腹形;刻槽盆均为敞口,浅腹,大平底;宽折沿盆均为折腹;喇叭口杯均为厚胎等。(图 3-2-10)

---

① 中国历史博物馆考古部等:《垣曲古城东关》,北京:科学出版社,2001 年。
② 中国社会科学院考古研究所山西队:《山西龙王崖遗址的两次发掘》,《考古》1986 年第 2 期,第 97-111 页。
③ 中国社会科学院考古研究所山西队:《山西垣曲丰村新石器时代遗址的发掘》,《考古学集刊(5)》,第 27-60 页,北京:中国社会科学出版社,1987 年。

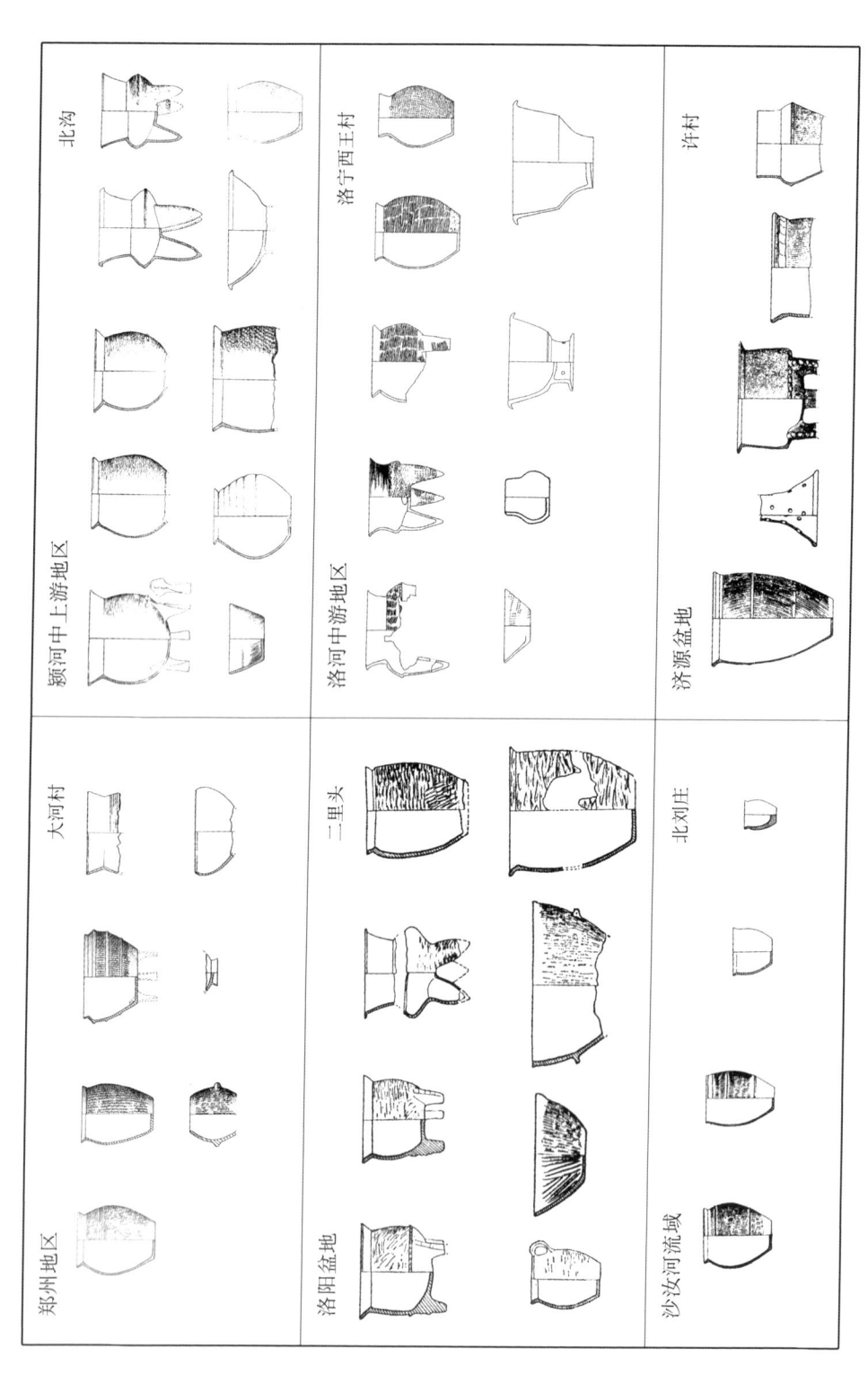

图 3-2-10 中原核心区各地典型龙山文化早期遗存中的庙底沟二期文化因素

涧河流域和济源盆地西部更接近于晋西南豫西庙底沟二期文化的核心地区,从新安西沃等遗址的情况看,虽然这里所包含的庙底沟二期文化的因素更多,且亦有早晚之分,但从整体来看仍不出古城东关庙底沟二期文化晚期的范畴。比如,斝亦为"花边腹"的形态;釜灶形体瘦高,直口微侈,釜与灶的连接位置较靠下;深腹圜底罐形鼎,敛口,折沿等。但由于发表材料较少,目前我们还不能断定该区缺乏庙底沟二期文化较早阶段的遗存。(图3-2-5)

从"中华文明探源工程"提供的古城东关遗址庙底沟二期文化典型单位的碳14测年数据看,可分为三组:第一组,年代概率区间的均值集中在公元前2700年前后,与西王村三期为代表的仰韶文化西王类型一致,代表了庙底沟二期文化的早段;第二组,年代概率区间的均值集中在公元前2550年前后,代表了庙底沟二期文化的中段;第三组,年代概率区间均值集中在公元前2400年或略早,代表了庙底沟二期文化的晚段。(图3-2-11)

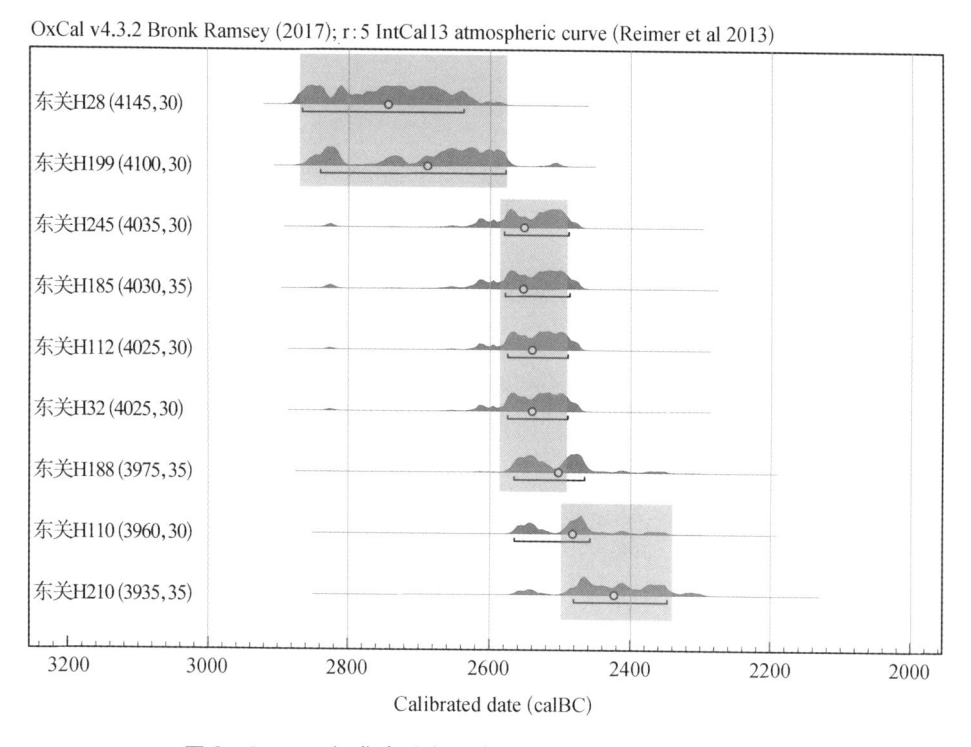

图3-2-11 垣曲古城东关遗址庙底沟二期文化碳14年代

中原地区有洛河中游的洛宁西王村遗址的龙山文化早期测年数据可资比较,碳14年代概率区间的均值集中在公元前2400年前后或略晚。(图3-2-12)这个年代大致与古城东关庙底沟二期文化的晚段相当或略晚,这与上述典型陶器谱系研究的

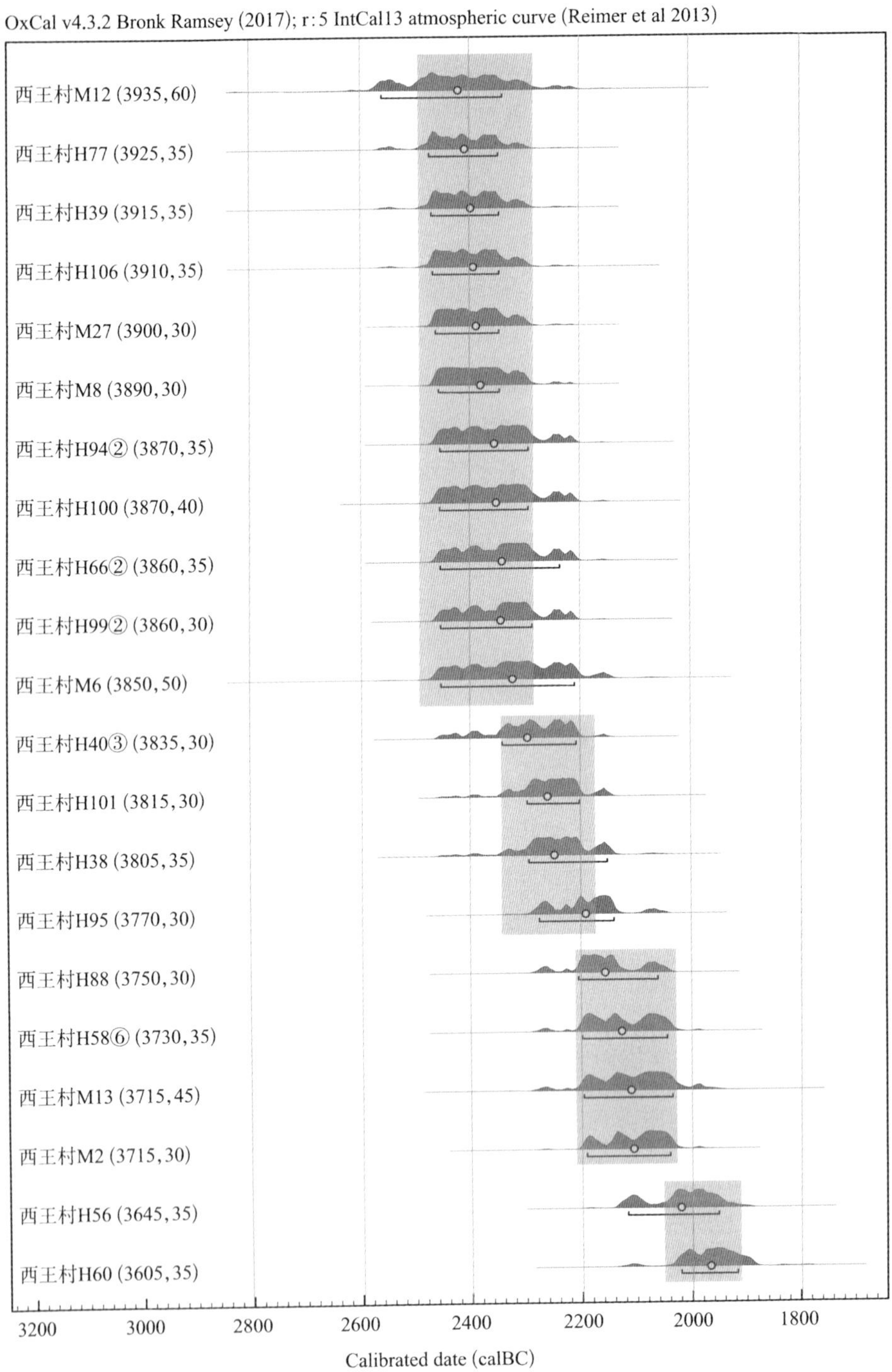

图 3-2-12　洛宁西王村遗址龙山文化碳 14 年代

结论是完全一致的。因此,我们可以认为中原核心区的龙山文化早期遗存的形成与晋西南豫西地区庙底沟二期文化晚期的扩张有着密切的关系。一些学者对晋南临汾盆地陶寺文化早期遗存的研究也表明,陶寺早期遗存是在大量吸收了庙底沟二期文化晚期因素的基础上而发展起来的①。晋西南豫西的芮城清凉寺和宁家堡所发现的属于庙底沟二期文化晚期的大型贵族墓地和大型窑场也说明了庙底沟二期文化晚期在该区的强盛态势。因此,可以认为庙底沟二期文化率先在晋西南豫西地区兴起并发展壮大,至于其晚期阶段,影响扩展到了北面的临汾盆地和南面的中原核心区。公元前2400年可以大致看作是中原地区龙山文化的年代上限。

(二)中原各地龙山文化的年代下限

由陶器的谱系研究可见,中原各地龙山文化结束的时间不尽相同:位于中原西、北部的洛河中游地区和济源盆地缺乏龙山文化晚期后段的第四组遗存,龙山文化在这里结束的时间较早。涧河流域目前所发表的材料少,情况不甚清晰,很可能这里龙山文化也较早结束。洛阳盆地、伊河流域、郑州地区、颍河中上游、沙汝河流域则普遍存在龙山文化晚期后段的第四组遗存,其龙山文化结束的时间较晚。

"中华文明探源工程"提供了部分遗址的精确测年数据:

1. 郑州地区,新砦遗址的龙山文化晚期测年数据可分为三组:第一组,年代概率区间的均值为公元前2200-2100年;第二组,年代概率区间均值为公元前1900年前后;第三组,年代概率区间均值为公元前1800年前后。其中第三组的年代大致代表了本地龙山文化结束的年代②。(图3-2-13)

2. 颍河中上游地区,瓦店遗址的龙山文化晚期测年数据也大致分为三组:第一组,年代概率区间均值在公元前2300-2200年之间;第二组,年代概率区间均值在公元前2100-2000年之间;第三组,年代概率区间均值约公元前1800年前后。其中第三组的年代大致代表了本地龙山文化结束的时间③。(图3-2-14)

3. 沙汝河流域,郝家台遗址的龙山文化晚期测年数据可分为四组:第一组,年代概率区间均值为公元前2300-2200年;第二组,年代概率区间均值为公元前2100-2000年;第三组,年代概率区间均值为公元前2000-1900年;第四组,年代概率区间均值为公元前1900-1800年。其中,第四组的年代代表了本地龙山文化结束的时间④。(图3-2-15)

---

① 何努:《陶寺文化谱系研究综论》,《古代文明(第3卷)》,第54-86页,北京:文物出版社,2004年。
② 北京大学震旦古代文明研究中心、郑州市文物考古研究院:《新密新砦——1999-2000年田野考古发掘报告》,北京:文物出版社,2008年。
③ 河南省文物考古研究所:《禹州瓦店》,北京:世界图书出版公司,2004年。
④ 北京大学考古文博学院、河南省文物考古研究院、漯河市文物考古研究所:《河南漯河郝家台遗址2015-2016年田野考古主要收获》,《华夏考古》2017年第3期,第14-49页。

OxCal v4.3.2 Bronk Ramsey (2017); r:5 IntCal13 atmospheric curve (Reimer et al 2013)

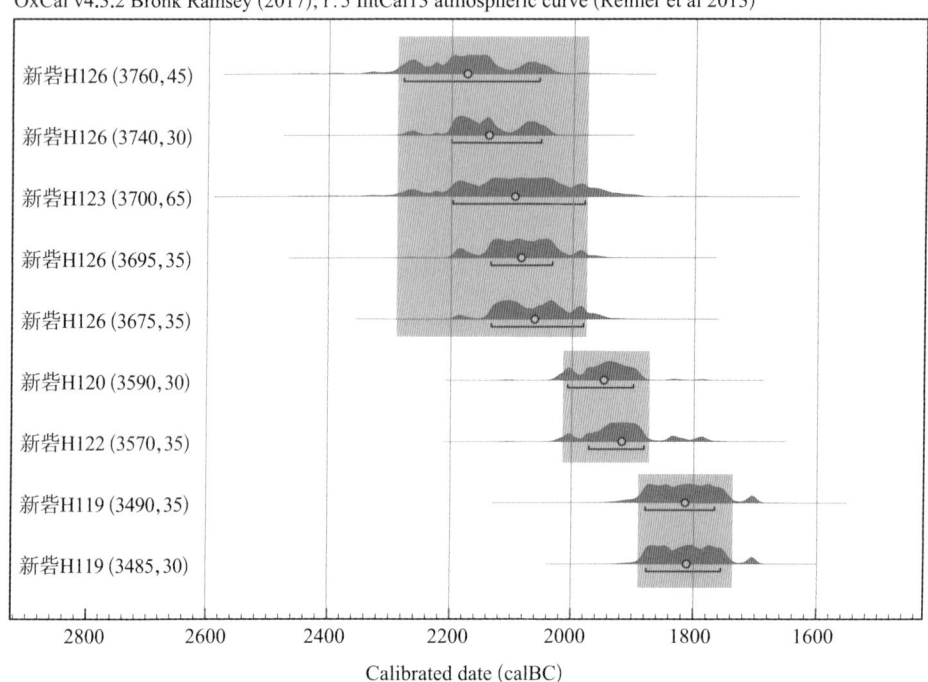

图 3-2-13　新砦遗址龙山文化晚期遗存碳 14 年代

OxCal v4.3.2 Bronk Ramsey (2017); r:5 IntCal13 atmospheric curve (Reimer et al 2013)

图 3-2-14　瓦店遗址龙山文化晚期遗存碳 14 年代

OxCal v4.3.2 Bronk Ramsey (2017); r:5 IntCal13 atmospheric curve (Reimer et al 2013)

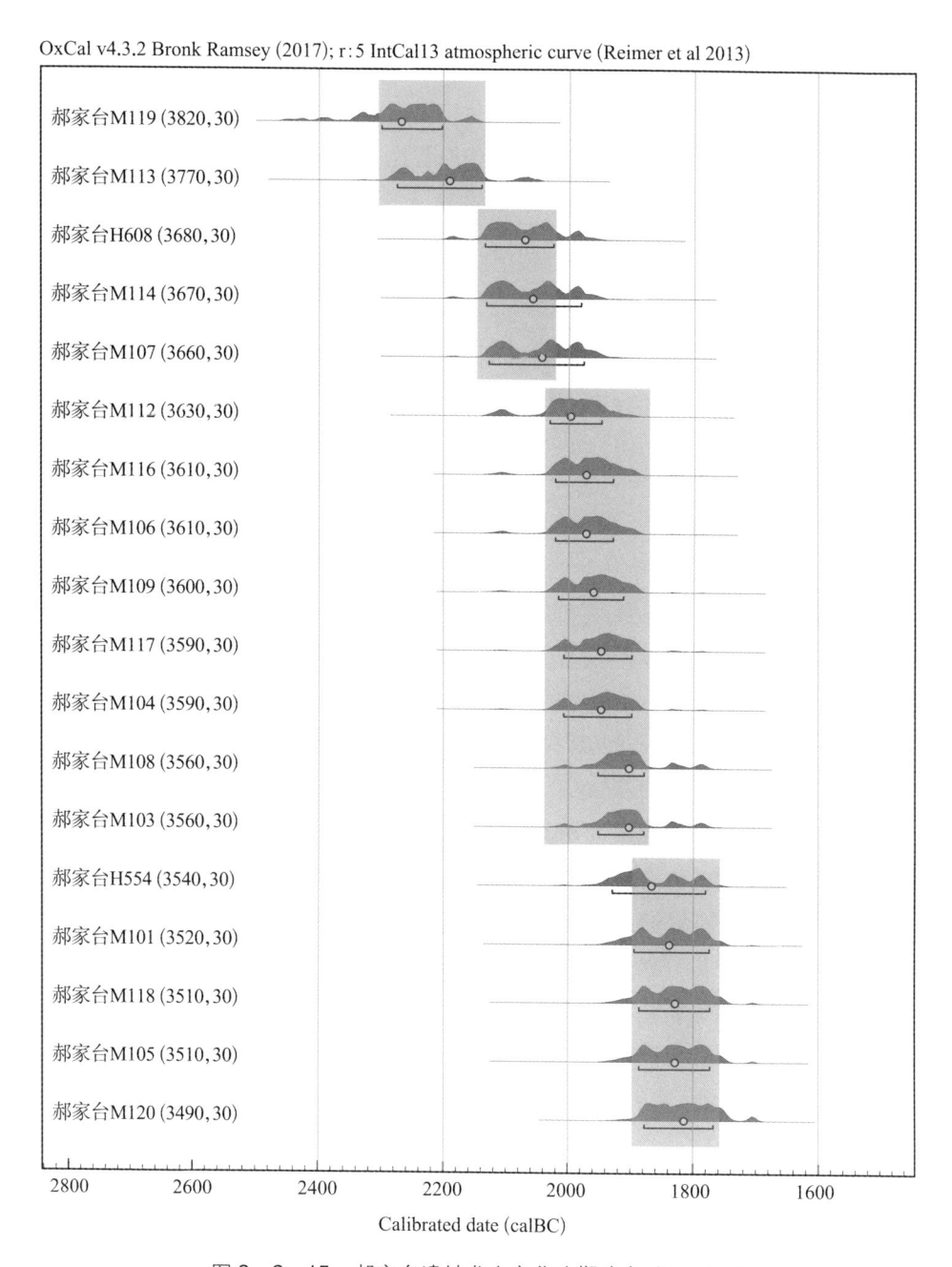

图 3-2-15 郝家台遗址龙山文化晚期遗存碳 14 年代

4. 洛河中游地区,西王村遗址的龙山文化晚期测年数据大致分为三组:第一组,年代概率区间的均值范围为公元前 2300－2200 年;第二组,年代概率区间的均值范围为公元前 2200－2100 年;第三组,年代概率区间的均值范围为公元前 2000 年前后。其中第三组的年代大致代表了本地龙山文化结束的时间。(图 3－2－12)

上述不同区域的精确碳 14 年代表明,中原各地龙山文化晚期(即王湾三期文化)开始的时间大致为公元前 2300 年前后(新砦遗址缺乏最早的王湾三期文化遗存),结束的时间存在明显的区域性差异:郑州地区、颍河中上游、沙汝河流域结束时间较晚,至公元前 1800 年前后;洛河中游地区结束时间较早,至公元前 2000 年前后。这一结论与陶器谱系研究相吻合。

四、中原各地龙山文化的区域性差异

龙山文化时期,中原各地继续保持着明显的区域性差异。

(一) 龙山文化早期

龙山文化早期,中原各地在接受庙底沟二期文化强烈影响的同时也受到来自东方大汶口文化晚期和南方石家河文化的强烈影响。多有研究者将豫东地区受到大汶口文化影响显著的遗存称为大汶口文化"颍水类型"[1]或"段寨类型"[2],也有研究者指出大汶口文化晚期对中原地区的影响有逐渐加强的趋势[3],更有研究者提出大汶口文化晚期是王湾三期文化的主要来源[4]。事实上,龙山文化早期多元文化对中原地区的影响表现出强烈的区域间的差异性:

洛阳盆地与洛河中游地区十分接近,两地均流行庙底沟二期文化的斝、夹砂深腹罐、敞口平底盆等器物,但夹砂罐口沿压印花边的现象相对较少。大汶口文化的宽折沿深腹鸭嘴形足鼎、厚胎陶缸、高柄豆,石家河文化的厚胎陶杯、高柄杯等也较常见。

济源盆地龙山文化早期遗存中所包含的庙底沟二期文化因素较多,尤其是其西部接近豫西的地区更是如此。这里的斝个体较小,鼎为宽折沿,深腹,大平底,周身有数道附加堆纹,均为典型庙底沟二期文化的特征。夹砂罐的形态与郑州地区比较接近,流行口沿压印一周花边的做法。但少见庙底沟二期文化的典型器物釜灶。

涧河流域的龙山文化早期遗存最接近于典型的庙底沟二期文化。斝个体较小,

---

[1] 杜金鹏:《试论大汶口文化颍水类型》,《考古》1992 年第 2 期,第 63－75、87 页。
[2] 张志清:《豫东南地区新石器时代文化初探》,《河南文物考古论集》,郑州:河南人民出版社,1996 年。
[3] 靳松安:《论龙山时代河洛与海岱地区文化交流及历史动因》,《郑州大学学报(哲学社会科学版)》2010 年第 3 期,第 158－163 页。
[4] 魏继印:《试析王湾三期文化的来源》,《考古》2017 年第 8 期,第 80－90 页。

鼎深腹,小柱形足。同时这里也常见典型庙底沟二期文化的釜灶、夹砂罐、敞口平底盆、小口壶等器物,大汶口和屈家岭文化因素的器物相对较少。

郑州地区龙山文化早期遗存中流行庙底沟二期文化的口沿压印花边,周身有附加堆纹的夹砂深腹罐和敞口平底盆;大汶口文化和屈家岭—石家河文化的各式豆和厚胎小陶杯。另外,一种周身饰绳纹与附加堆纹组合的敛口大平底高足鼎极有特色,不见于其他地区。

颍河中上游和沙汝河流域的情况略有不同。这里的龙山文化早期遗存中属于庙底沟二期文化因素的器物主要是斝和夹砂深腹罐。但斝的形体较大,夹砂罐口沿少有压印花边者,器身有附加堆纹的数量也不多。相反,这里受大汶口文化晚期和石家河文化的影响较多。特别是流行宽折沿圆鼓腹鸭嘴形足鼎、带各式镂孔的高柄豆、腰鼓形罐、厚胎陶杯、厚胎高柄杯、小口高领瓮等器物。

总体来看,嵩山以北以西主要是黄河水系的郑州地区、洛阳盆地、洛河中游、济源盆地和涧河流域接受的庙底沟二期文化因素较多。而嵩山东南主要是淮河水系的颍河中上游、沙汝河流域和伊河流域所接受的东方和南方文化因素更加突出。总之,龙山文化早期周边考古学文化对中原地区的影响是多元化和综合性的,一些遗址上经常同时出现庙底沟二期文化、大汶口文化晚期和石家河文化因素共存的现象,(图 3-2-16)反映出了强烈的多元文化融合的态势,而基于不同文化融合背景的区域性的文化差异现象也一直延续到龙山文化晚期。

(二) 龙山文化晚期

中原各地龙山文化晚期遗存的区域性差异在以往的研究中多有学者论及。学术界在划分王湾三期文化的地方类型时,一般依据嵩山南北的差异,将其划分为"王湾类型"与"煤山类型"[1]。多数研究者均指出两类型分别以深腹罐和鼎为主要炊器,为陶器组合的最大差别。这一认识虽然基本符合实际,然而中原各地龙山文化晚期遗存的区域性差异并不仅限于此,除了王湾三期文化典型器物本身的差别之外,周边地区同时期的不同文化对中原各区的影响程度也是应该考虑的一个重要方面。

---

[1] 韩建业:《王湾三期文化研究》,《考古学报》1997 年第 1 期,第 1-21 页。赵春青称之为"王湾亚型"与"煤山亚型"(赵春青:《中原龙山文化王湾类型再分析》,《洛阳考古四十年》,第 95-115 页,北京:科学出版社,1996 年)。董琦称之为"王湾类型"与"王城岗类型"(董琦:《虞夏时期的中原》,第 18-28 页,北京:科学出版社,2000 年)。也有人将"煤山类型"或"王城岗类型"称为"郝家台类型"(河南省文物考古研究所:《河南考古四十年》,第 137-145 页,郑州:河南人民出版社,1994 年)。王震中划分为"汝洛型"和"郑州型"(王震中:《略论"中原龙山文化"的统一性与多样性》,《中国原始文化论集》,第 153-174 页,北京:文物出版社,1989 年)。靳松安分为"王湾类型"、"煤山类型(王城岗类型)"、"杨庄二期类型"和"乱石滩类型"四个类型,认为后两个类型是王湾三期文化晚期向南扩张后形成的(靳松安:《河洛与海岱地区考古学文化的交流与融合》,北京:科学出版社,2006 年)。

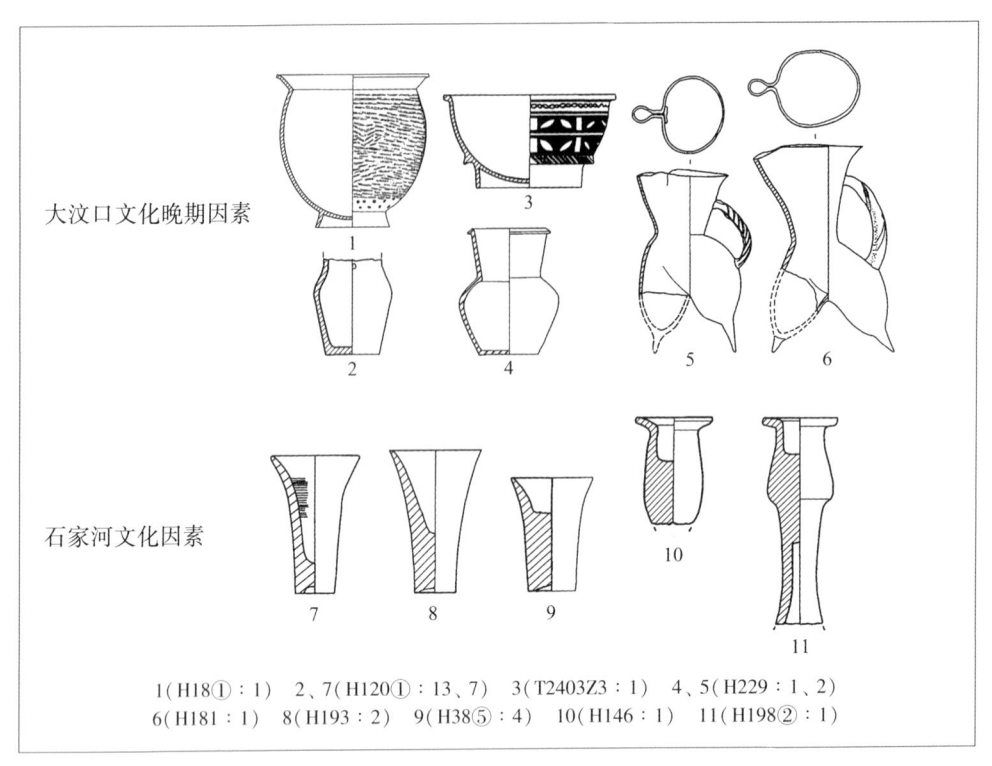

图 3-2-16　禹州前后屯遗址龙山文化早期陶器的两种文化因素共存现象

1. 从陶系和纹饰特征来看,大致可分为三类:

第一类,以夹砂灰陶和绳纹为主。主要包括郑州地区的荥阳竖河、新密古城寨、郑州二里岗和郑州阎庄。绳纹比例超过篮纹和方格纹。

第二类,以泥质灰陶和篮纹为主。主要包括郑州地区的郑州大河村、郑州站马屯、荥阳点军台和新密新砦遗址,洛河中游地区、伊河流域、颍河中上游地区、沙汝河流域和济源盆地的东杨村、苗店遗址也可归入此类情况。

第三类,以泥质灰陶和方格纹为主。主要包括洛阳盆地和济源盆地的原城、许村、大司马遗址。实际上,此类情况与第二类比较接近,只是方格纹的比例略多于篮纹。

第四类,以夹砂灰陶和泥质灰褐陶为主,篮纹比例最高,绳纹比例较多,并超过方格纹等其他纹饰。主要包括涧河流域和济源盆地西端的留庄等遗址。

从分布地域上看,第二、三类分布最广,其中第二类以方格纹为主,集中在洛阳盆地及其黄河以北的济源盆地的部分地区;第三类以篮纹为主,分布于嵩山东、南各地。第一类以绳纹为主,仅限于东部郑州地区的部分遗址。第四类以篮纹和绳纹为主,局限在位置偏西的涧河流域和济源盆地的西部地区。

2. 陶器器类组合方面(图3-2-17),中原各地整体表现出较强的一致性,相对而言陶器组合中炊器(包括鼎、罐、斝、甗、鬲)的比例最高,其次是盖碗类(作为碗或覆碗形器盖使用),而盛器(深腹盆、双腹盆、大平底盆、刻槽盆)、储器(小口高领瓮、大口瓮、缸)、饮器(单把杯、高柄杯、壶、鬶、盉、觚、瓶)、食器(钵、豆、圈足盘)的比例均不超过20%。区域性的差异主要表现在:

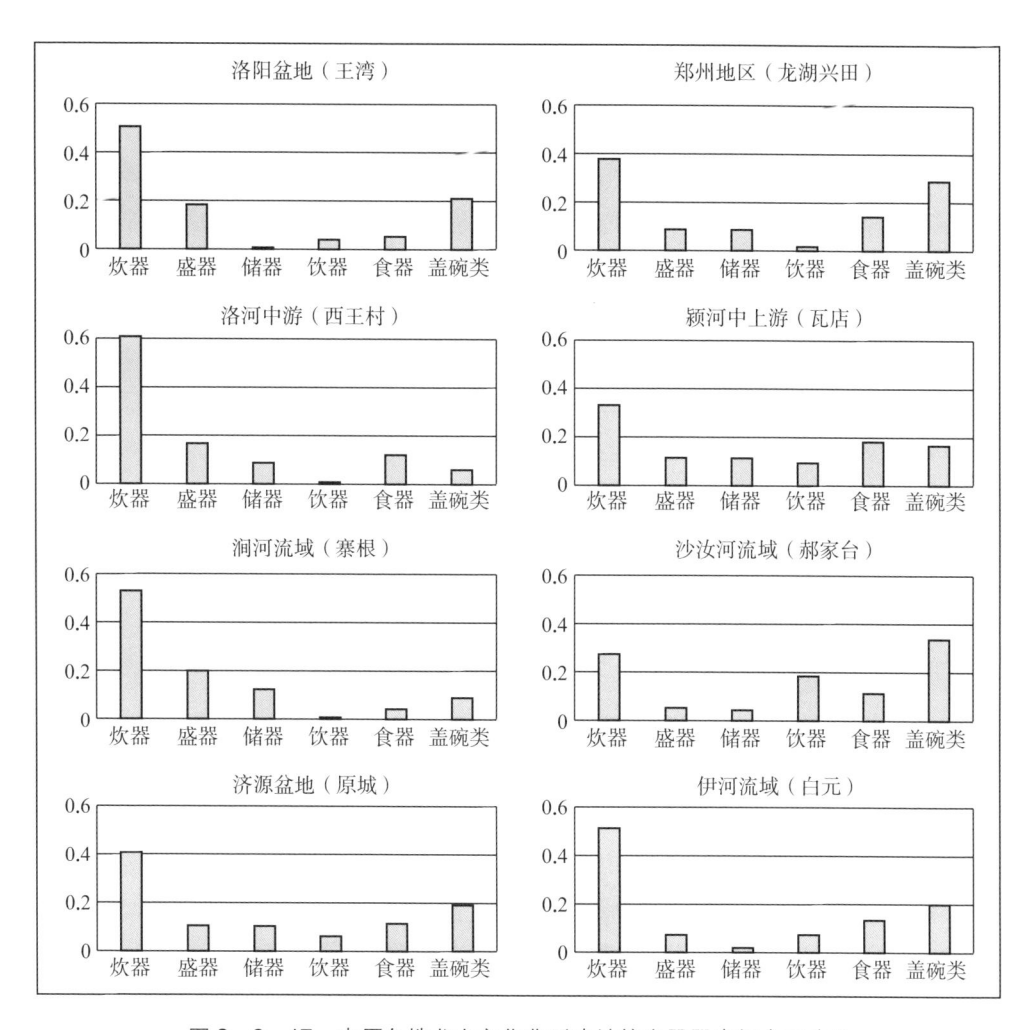

图3-2-17 中原各地龙山文化典型遗址的陶器器类组合百分比

第一,洛阳盆地、洛河中游、涧河流域、济源盆地、伊河流域的炊器比例高,均超过40%;而郑州地区、颍河中上游和沙汝河流域的炊器比例略低,实际上反映出嵩山东南淮河水系的器类组合整体上更加丰富。

第二,颍河中上游和沙汝河流域的饮器尤为丰富多样,包括形态各样的壶、瓠、瓶、高柄杯等,反映出这两个区域接受了更多的东方文化传统。

从炊器的组合来看,大致可分为两类:(图3-2-18)

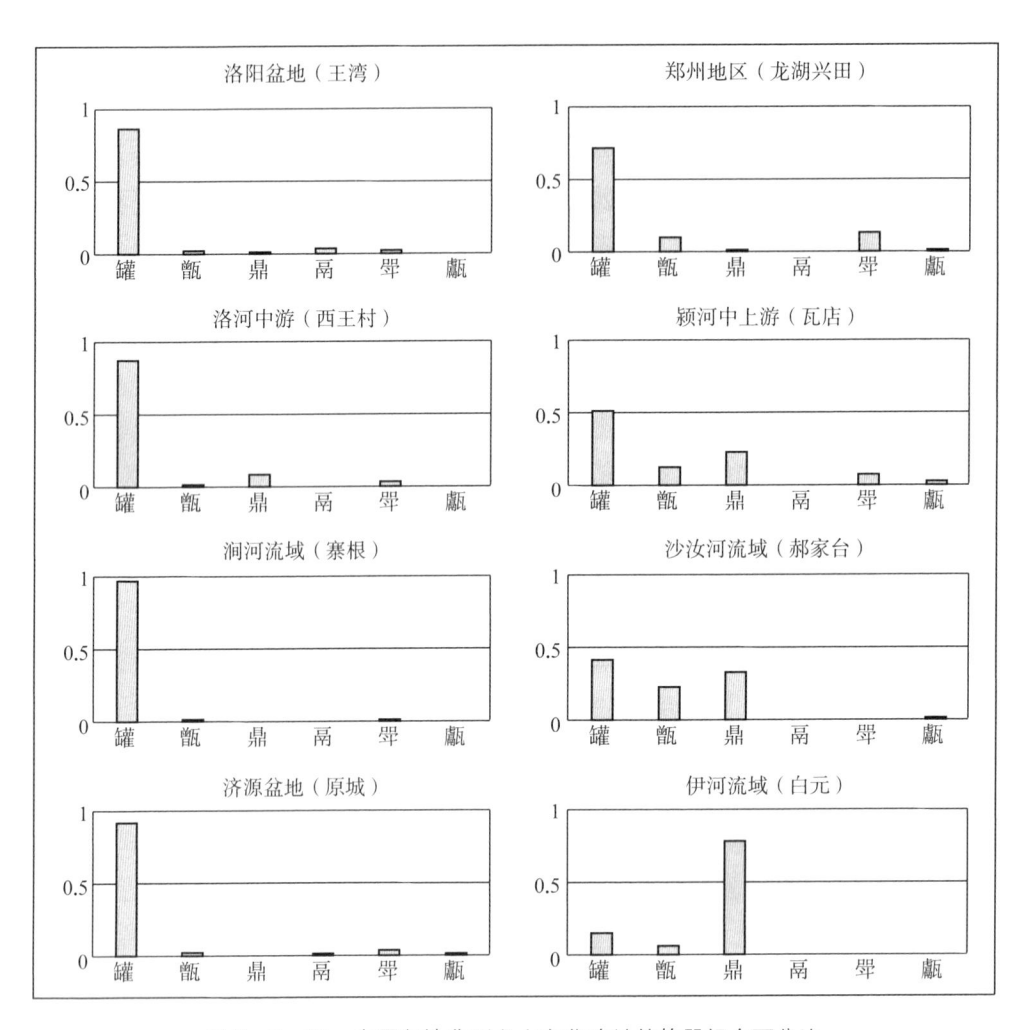

图3-2-18 中原各地典型龙山文化遗址的炊器组合百分比

第一类,以夹砂深腹罐为主要炊器。包括洛阳盆地、洛河中游地区、涧河流域、济源盆地和郑州地区。各地区间的差异仍较明显:郑州地区流行罐、斝、鼎、甗的组合;洛阳盆地流行罐、斝、鼎、鬲的组合;洛河中游地区鼎的数量略多,流行罐、鼎、斝的组合;涧河流域和济源盆地鼎的数量较少,流行罐、斝、鬲的组合。

第二类,以鼎为主要炊器。包括伊河流域、颍河中上游地区和沙汝河流域。各地区间也存在差别。伊河流域流行鼎、罐的组合,斝的数量很少;颍河中上游地区流行鼎、罐、斝、甗的组合;沙汝河流域不见甗,只流行鼎、罐和甑。

这些炊器整体上都是与"蒸"和"煮"有关,不存在食物加工和烹饪上的本质区别。因此,炊器组合上的差异,主要与各地不同的文化背景有关。颍河中上游、沙汝河流域和伊河流域的鼎发达,表现出明显的与东方、南方文化的联系;洛阳盆地、济源盆地有一定数量的单把鬲和敛口斝,反映出与西北地区的密切关系。

3. 从中原各地所接受的周边不同地区文化影响的程度看,也明显存在地域性的差异。龙山文化晚期中原各地所接受的周边地区文化因素可大致归纳为三大类:

第一类,东方文化系统:包括后岗二期文化、王油坊类型和山东龙山文化。这三支考古学文化或类型均位于中原的东方,且具有大量相同的文化因素,比如甗、大平底盆、平折沿大圈足盘、带贯耳器等,因此不同研究者从不同的视角出发分别进行整合。比如,栾丰实主张王油坊类型"是东方的海岱系统的一部分"①;戴向明则认为王油坊类型"基本不出后岗二期文化的范畴"②。这里我们统称为"东方文化系统"③。

第二类,南方文化系统:主要是继承石家河文化和淮系大汶口文化传统的因素,包括喇叭口刻槽盆、扁鼓腹壶、陶塑小动物和叶脉形纹橄榄形罐等④。

第三类,西北文化系统:包括河套地区龙山文化、陶寺—三里桥龙山文化和客省庄二期—齐家文化。这些考古学文化均分布于中原的西北部,以绳纹鬲、斝、"五花大绑"式的附加堆纹、鸡冠状鋬手为共性特征。除此之外,它们之间的一些差异也体现在中原各地的龙山文化晚期遗存上,比如河套地区龙山文化流行的矮体双扳鬲、带把敛口盆形斝;客省庄二期—齐家文化的双大耳罐、大喇叭口高领折肩罐;陶寺—三里桥龙山文化的釜灶、折肩壶、圈足罐和扁壶等。

中原各地从接受以上三类周边文化因素的程度上看,可分为五区:(图3-2-19)

---

① 栾丰实:《龙山文化王油坊类型初论》,《考古》1992年第10期,第931页。
② 戴向明:《黄河流域新石器时代文化格局之演变》,《考古学报》1998年第4期,第412页。
③ 尽管其中也存在差异,比如后岗二期文化的罐形斝、瓦足盆不见于王油坊类型;王油坊类型的直筒形单把杯、长颈壶和流行夹蚌陶等特征少见于后岗二期文化;山东龙山文化的鬼脸形足鼎、蛋壳陶、觚形杯等也少见于后岗二期文化和王油坊类型。
④ 龙山时代晚期长江流域的考古学文化以石家河晚期遗存为代表,又称"后石家河文化",但明显受到中原王湾三期文化的影响,因此一些学者主张将其纳入王湾三期文化的范围内。(韩建业等:《王湾三期文化研究》,《考古学报》1997年第1期,第17-18页。)

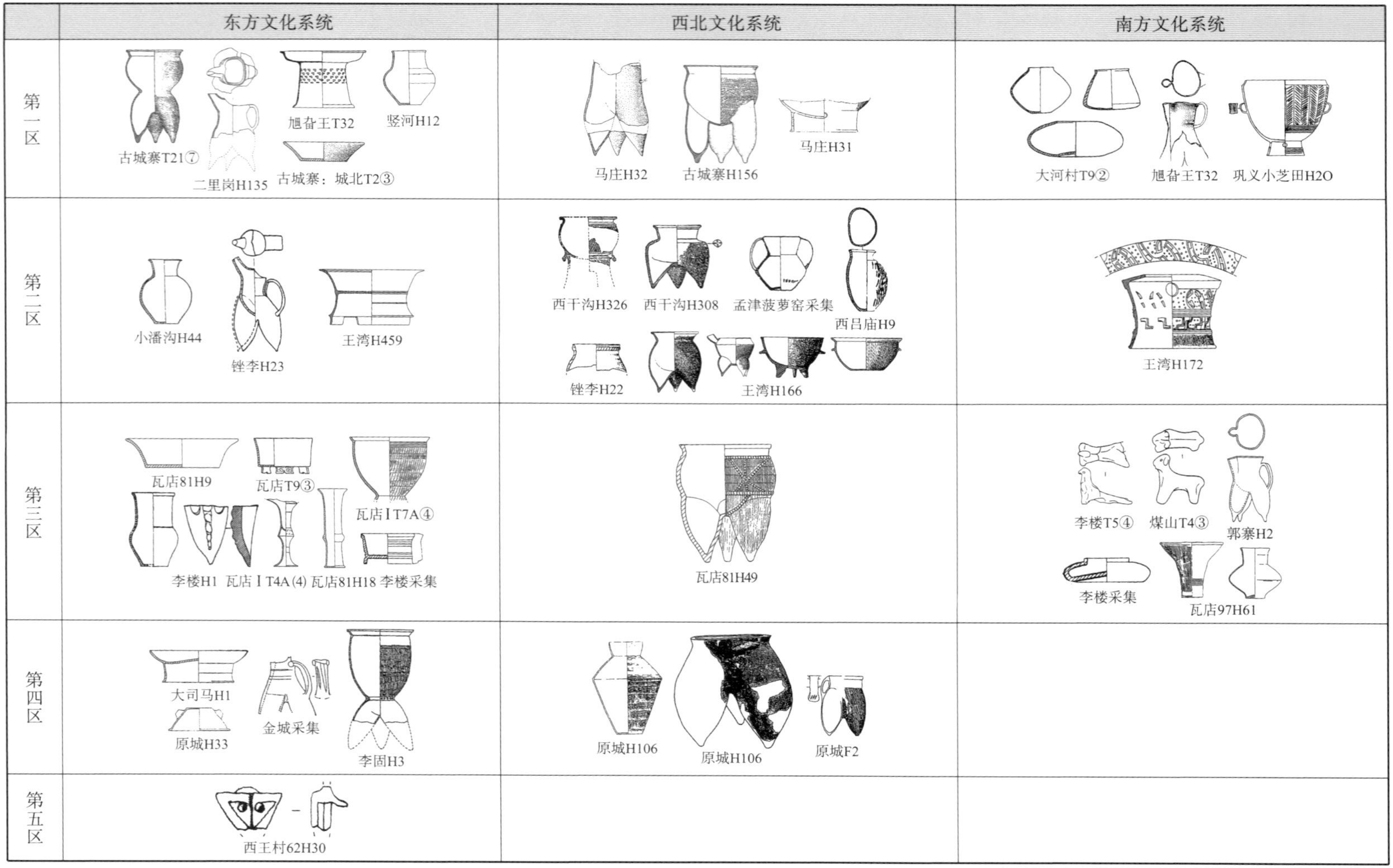

图 3-2-19 中原各地龙山文化陶器遗存中的"周边文化"因素

第一区：郑州地区。受"东方文化系统"的影响较多，同时受到少量的"南方文化系统"和"西北文化系统"的影响。"东方文化系统"的因素主要是甗、大平底盆、平折沿大圈足盘等器物，另外罐形斝和子母口瓮则分别为典型的后岗二期文化和王油坊类型的因素。"南方文化系统"的主要因素可见于大河村遗址的叶脉纹的橄榄形罐等。"西北文化系统"的因素可见于郑州马庄遗址少量的细绳纹高领鬲和圈足罐。

第二区：洛阳盆地、涧河流域。受"西北文化系统"影响较多，同时受到少量的"东方文化系统"和"南方文化系统"的影响。洛阳盆地的"西北文化系统"因素主要是各式双鋬鬲、单耳鬲、鸡冠状錾手的平底盆等器物，另外，王湾遗址的带流敛口盆形斝和王湾遗址的大圈足盆、釜灶，西吕庙遗址的扁壶以及孟津菠萝窑口遗址的双大耳罐分别是典型的三北地区龙山文化、陶寺—三里桥龙山文化和客省庄二期—齐家文化的因素。另外，该区少量的甗、长颈壶和冲天流的陶盉分别为"东方文化系统"和"南方文化系统"的因素。涧河流域发现的龙山文化晚期遗存较少，情况不明，但从其地理位置看，接受周边考古学文化影响的程度应与洛阳盆地大致相当。

第三区：伊河流域、颖河中上游地区和沙汝河流域。受"南方文化系统"和"东方文化系统"影响较多，同时受少量的"西北文化系统"的影响。其中受"南方文化系统"影响的因素主要有喇叭口平口鬶、喇叭口刻槽盆、扁鼓腹壶、陶塑小动物等。受"东方文化系统"影响的因素主要有蛋壳陶杯、瓠形杯、长颈壶、鬼脸形足、侧装三角形高足鼎等，另外个别遗址少量的甗、大平底盆等也属这一系统的文化因素。"西北文化因素"的数量不多，以瓦店遗址带"五花大绑"附加堆纹的罐形斝最有特点。

第四区：济源盆地。主要受"东方文化系统"和"西北文化系统"的影响。"东方文化系统"的文化因素主要是大平底盆、平折沿大圈足盘、贯耳大器盖和少量的甗等。"西北文化系统"主要是各式双鋬鬲、单耳鬲以及明显为陶寺龙山文化因素的折肩壶、扁壶等器物。

第五区：洛河中游地区。极少受周边地区文化影响。从洛宁西王村等遗址的情况看，这里龙山文化晚期遗存为比较纯净的王湾三期文化，少见外来因素的影响。但遗址上也曾发现过一件鬼脸式鼎足[1]，为典型的"东方文化系统"的因素。

从上述五区的情况可以看出，尽管龙山文化晚期中原各地所接受的周边地区考古学文化的程度不同，但周边文化在各地的影响常常是多元化的，没有一个地区只单纯接受某一类文化。另外，一些不同地区的文化因素经过中原本地的改造与创新之

---

[1] 陈振裕：《洛宁县西王村龙山文化毕业专题实习报告》，北京大学历史系考古专业本科生毕业实习报告，1963/2：20。

后,常常出现在同一件器物上,比如王湾遗址 H459∶8 瓦足形盆,为三里桥类型的大圈足盆加上后岗二期文化三瓦足的组合;瓦店遗址 81ⅡT8H49 的罐形斝,为后岗二期文化的器形,再加上了北方地区流行的"五花大绑"式的附加堆纹。这两件器物体现了"西北文化系统"与"东方文化系统"的结合。瓦店遗址的折腹觚形器,为山东龙山文化的觚形杯同时融合了屈家岭—石家河文化传统的折腹器风格的创新,体现了"东方文化系统"与"南方文化系统"的结合。由此可见,融合与创新成为中原核心区龙山文化晚期的时代特征,而这也是促成二里头文化形成的主要动因。

以上分别从陶器纹饰、器类组合和所受周边文化影响程度三方面讨论中原各地龙山文化晚期的区域性差异。显然,这种区域性的差异相当复杂,以至于分别从这三个角度出发,能各自划分出不同的特征区系来。为了进一步整合这些不同的区系特征,并综合阐明中原各地龙山文化晚期各区域间的差异和相似程度,以下我们采用量化的手段做进一步归纳和分级。

首先我们将上述三个方面的内容进行量化统计,得到下表。(表 3-2-10)

表 3-2-10 中原各地龙山文化晚期陶器遗存三类因素量化数据表

	洛阳盆地	洛河中游	伊河流域	涧河流域	济源盆地	郑州地区	颍河中上游	沙汝河流域
陶系纹饰	3	2	2	4	3	1	2	2
炊器器类	2	2	3	1	1	2	3	3
影响程度	1	6	4	1	2	3	4	4

从陶系和纹饰方面来看:洛河中游地区、伊河流域、颍河中上游地区、沙汝河流域同属一类,均以泥质灰陶和篮纹为主;郑州地区的部分遗址以绳纹为主,洛阳盆地和济源盆地部分遗址以方格纹为主,但同时这三个地区都有部分遗址同于上述洛河中游等地,以泥质灰陶和篮纹为主。因此将洛河中游等地置于中间值 2,其他两组分别置于两段,设值为 1 和 3。涧河流域与各地相差最大,但在位置上与洛阳盆地和济源盆地相邻,因此将其置于洛阳盆地和济源盆地之后,设值为 4。

从炊器器类来看:以鼎与夹砂罐为主要炊器的区别可分为两大类,考虑到郑州地区、洛阳盆地、洛河中游地区虽然以夹砂罐为主要炊器,但鼎也有一定数量,而涧河流域和济源盆地鼎的数量极少,因此将郑洛等地置于中间值 2,其他两类各置于两段,设值为 1 和 3。

从受周边文化的影响程度来看:洛阳盆地和涧河流域主要受"西北文化系统"的影响,而伊河流域、颍河中上游地区和沙汝河流域主要受"南方文化系统"和"东方文化系统"的影响,这两组差异最大,分别赋值为1和4。济源盆地受"东方文化系统"和"西北文化系统"的影响都很明显,其中受"西北文化系统"的影响略强,因此应置于上述二者之间,并偏于洛阳盆地和涧河流域,赋值为2。同样郑州地区主要受"东方文化系统"的影响,同时也受到"南方文化系统"和少量"西北文化系统"的影响,置于最初两者之间,并偏向伊河流域等地,应赋值为3。最后,洛河中游地区比较单纯,与其他各地相比差异最大,但因为有极少量的"东方文化系统"的因素,因此将其置于伊河流域等地之后,同时为了表现其较大的独特性,将其值扩大一个等级,赋值为6。

将上表按照最近邻法(Nearest neighbor)逐级合并最近似项,并进行分层聚类(Hierachical Cluster),结果如下(图3-2-20):

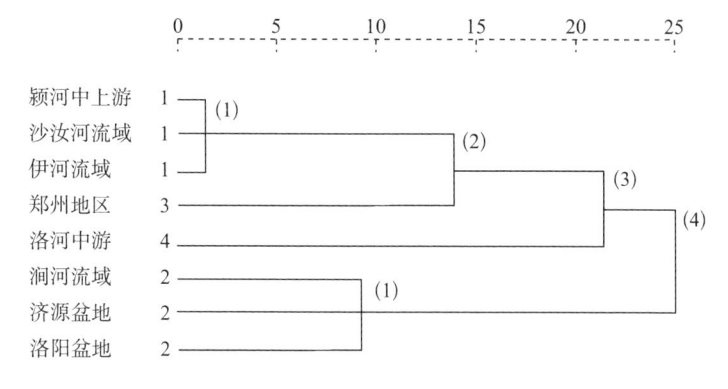

图3-2-20　中原各区龙山文化晚期陶器遗存文化谱系的聚类树

从上图可见,中原核心区龙山文化晚期以嵩山东南的颍河中上游地区、沙汝河流域和伊河流域的综合文化特征最为接近,可归为一组,称为嵩山东南组。嵩山西北的洛阳盆地、涧河流域和济源盆地虽然也能聚合到一组,但明显其组内相似性远小于嵩山东南组,可暂称为嵩山西北组。相较而言,郑州地区与嵩山东南组更接近;洛河中游地区则独立于以上各地之间,并略接近于嵩山东南组和郑州地区。上述以不同小流域为观察单元的文化谱系聚类树生成特征表明,龙山文化晚期嵩山东南的淮河水系内部的差异性更小,文化发展的一致性强于嵩山西北的黄河水系。

五、小结

综上所述,中原核心区龙山时代的考古学文化大致经历了早晚两个大的发展时期。
龙山文化早期,源自晋西南豫西地区的庙底沟二期文化发展到其晚期阶段,开始大规模向外扩张,中原各地在其影响之下,考古学文化面貌发生了重大改变,迅速进入龙山时代。尽管在这一时期,中原各地均接受了典型庙底沟二期文化的强烈影响,但是区域性的差异仍较明显,地处中原西、北部的郑州地区、洛阳盆地、洛河中游、济源盆地和涧河流域接受的庙底沟二期文化因素较多,涧河流域和济源盆地的西部还处于典型庙底沟二期文化的控制范围之内;而地处中原东南部的颍河中上游和沙汝河流域所接受的大汶口文化晚期和石家河文化的因素则更加突出。

继龙山文化早期之后,各地龙山文化晚期遗存即王湾三期文化迅速兴起。尽管各地龙山文化均经历了一个形成、发展与衰落的过程,从大的文化分期上都有前后之别,但很明显的是龙山文化在中原各地结束的时间并不相同。相比之下,中原西北部的洛河中游地区、济源盆地和涧河流域的龙山文化提前结束,而地处中原中部和东南部的郑州地区、洛阳平原、伊河流域、颍河中上游地区和沙汝河流域龙山文化结束较晚,并与"新砦类遗存"和二里头文化早期遗存共存了一段时间。从碳14测年数据来看,中原各地龙山文化早期大致开始于公元前2400年前后,在洛河中游等地结束于公元前2000年,而在颍河中上游等地则延续至公元前1800年前后。中原地区的整个龙山时代前后延续了大约六百年的时间。

龙山时代晚期,中原各地考古学文化的区域性差异达到了空前的程度,同时代周边地区的考古学文化也对中原各地产生了不同程度的影响。相较而言,嵩山东南的淮河水系区域内部的差异性更小。而不同考古学文化在中原各地的碰撞过程中,融合与创造的时代特征被再度强化,以更大范围内文化的互动为基础的二里头文化的形成逐步拉开了帷幕。

第三节 二里头文化早期中原各地的考古学文化谱系

继龙山文化之后,二里头文化在中原核心区迅速兴起。与龙山文化相比,二里头文化在中原各地的统一性大大加强,中原核心区既是二里头文化的诞生之地,也是其分布的核心区。二里头文化在中原核心区产生与发展的过程正代表了早期国家的形成与扩张的全过程。因此,从中原不同区域间互动与整合的角度出发,讨论二里头文化在中原地区的形成与扩张过程将成为本节的主要内容,而对与此密切相关的二里头文化早期遗存"新砦类遗存"(主要是二里头文化一期遗存)的深入研究将成为重点。

由于中原各地所发现的二里头文化的早期遗存和"新砦类遗存"不但数量少而且还存在区域间材料不平衡的现象,因此就目前的情况,我们尚无法分区域详细检讨各地此阶段的文化谱系和编年。有鉴于此,以下我们将采取首先讨论重点区域重点遗址的分期,然后以此为标尺检讨各地的零散情况,最后用归纳总结的方法,初步重新构建起中原各地"新砦类遗存"与二里头文化早期的谱系和编年框架。

一、二里头文化早期遗存与典型遗址"新砦类遗存"的分期

(一) 二里头遗址二里头文化早期遗存的分期

二里头文化遗存最初于 1953 年发现于河南登封玉村[①],后因郑州洛达庙遗址的发掘,曾被命名为"洛达庙类型文化"[②]。1959 年之后,随着二里头遗址的大规模发掘和丰富遗迹遗物的出土,在夏鼐先生的倡议下,改名为"二里头类型文化"[③],后称"二里头文化"。

半个多世纪的发掘和研究证明,二里头遗址作为二里头文化的中心是二里头文化内涵最典型、最丰富的遗址。学术界对二里头文化的分期研究是随着二里头遗址的发掘而展开的。早在 1959 年,发掘者就依据层位关系将二里头遗址的文化遗存分为早、中、晚三期[④]。20 世纪 70 年代初,中国科学院考古研究所二里头工作队在发掘二里头遗址一号宫殿时,又发现了较以前的分期更晚的遗存,遂命名为四期遗存,而将以前的早、中、晚期改称为一、二、三期,由此而初步形成了将二里头文化划分为四期的方案[⑤]。随着田野工作的增加和研究的深入,对二里头文化分期的四分法逐渐得到学术界的认同。80 年代以后,因二里头遗址中一些晚于第四期的新遗存的发现,有的学者提出了二里头文化第五期的概念[⑥]。但实际上这些更晚遗存的内涵均与二里岗上层文化接近,已经超出了二里头文化的范畴。因此,这里我们仍然以二里头文化四期划分的方案为准,讨论二里头文化的分期问题。

越来越多的研究者已经注意到二里头文化遗存的四期划分之内仍可进一步细分[⑦]。

[①] 韩维周、丁伯泉:《河南登封县玉村古文化遗址概况》,《文物参考资料》1954 年第 6 期,第 18 页。
[②] 中国科学院考古研究所:《新中国的考古收获》,北京:文物出版社,1961 年。
[③] 夏鼐:《我国近五年来的考古新收获》,《考古》1964 年第 10 期,第 485 – 497、503 页。
[④] 中国科学院考古研究所洛阳发掘队:《1959 年河南偃师二里头试掘简报》,《考古》1961 年第 2 期,第 82 – 85、81 页。
[⑤] 中国科学院考古研究所二里头工作队:《河南偃师二里头早商宫殿遗址发掘简报》,《考古》1974 年第 4 期,第 234 – 248 页。
[⑥] 郑光:《试论二里头商代早期文化》,《中国考古学会第四次年会论文集》,第 18 – 24 页,北京:文物出版社,1985 年。
[⑦] 李维明:《二里头遗址二里头文化陶器编年辨微》,《中原文物》1991 年第 1 期,第 31 – 40 页。郑光:《二里头陶器文化论略》,《二里头陶器集萃》,北京:中国社会科学出版社,1995 年;《二里头陶器分期初论》,第 11 – 30 页,《中国商文化国际学术讨论会文集》,北京:中国大百科全书出版社,1998 年。中国社会科学院考古研究所:《中国考古学——夏商卷》,第 69 – 80 页,北京:中国社会科学出版社,2003 年。张良仁:《论二里头文化分期与性质》,《考古学集刊(14)》,北京:文物出版社,2004 年。李志鹏:《二里头文化墓葬研究》,《中国早期青铜文化——二里头文化专题研究》,第 1 – 123 页,北京:科学出版社,2008 年。中国社会科学院考古研究所:《二里头(1999 – 2006)》,北京:文物出版社,2014 年。

实际上,对二里头文化分期的细化,尤其是对第一期文化的细致划分,直接关系对"新砦类遗存"与二里头文化的关系的认识。基于此,以下将重点讨论属于二里头文化形成和初步发展阶段的第一期和第二期遗存的细致分期问题。

目前发表的二里头遗址属于第一期文化遗存的材料散见于历年发表的发掘简报、报告和《二里头文化陶器集粹》所提供的部分陶器线图和照片。经过检索可以发现如下三组有效地层关系:

(1) Ⅱ·ⅤT104⑤→⑥→⑦
(2) Ⅱ·ⅤT110⑤B→⑥A
(3) Ⅱ·ⅤT116⑤→⑥

第(1)组地层关系中,Ⅱ·ⅤT104⑤与Ⅱ·ⅤT104⑥、⑦均成组发表了较多器物。其中,Ⅱ·ⅤT104⑥与Ⅱ·ⅤT104⑤同时各发表有一件圆腹花边口罐、侧装三角形高足鼎、大平底盆和器盖。(图3-3-1)

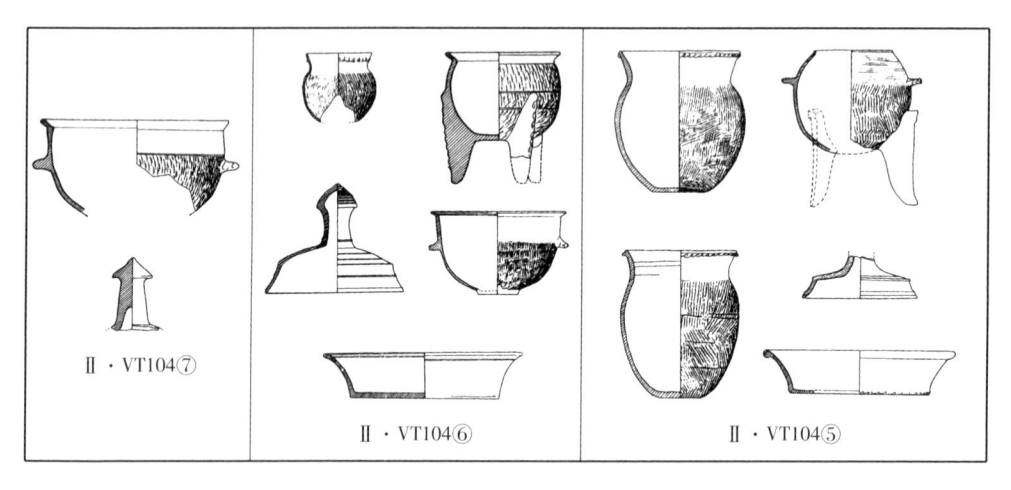

图3-3-1 二里头遗址Ⅱ·ⅤT104典型地层关系陶器组合

圆腹花边口罐:前者球形腹,圜底,侈口,尖唇,花边浅且距口沿较远;后者圆鼓腹,平底,侈口,圆唇,花边略深且接近唇部。

侧装三角形高足鼎:前者为折沿盆型,后者为敛口,圜底。虽然二者为不同类鼎,但从三足的安装位置看,前者三角形足位置较低,而后者三角形足位置较高,且顶部外凸。

大平底盆:前者为浅腹,尖圆唇外侈,唇内侧有凹弦纹;后者腹略深,厚圆唇外翻,底部边缘略加厚,有一周浅的花边。

器盖:前者器身略高,盖顶部外鼓,塔形钮较高;后者器身较低,盖顶部斜平或内凹,唇部外翻。

Ⅱ·ⅤT104⑤与Ⅱ·ⅤT104⑦各发表一件器盖的菌状钮,但前者钮中部圆鼓,形态饱满;后者形态瘦长。

Ⅱ·ⅤT104⑥与Ⅱ·ⅤT104⑦各发表一件大口折沿盆,均为圜底,圆唇,平折沿,沿面斜高。

从以上这组层位关系所发表的器物看,明显可分为早晚两组:Ⅱ·ⅤT104⑥、⑦比较接近,年代略早;而Ⅱ·ⅤT104⑤年代略晚。

第(2)组地层关系中,Ⅱ·ⅤT110⑥A发表一件菌状钮器盖,钮形态细长,与Ⅱ·ⅤT104⑦的同类器物较接近;Ⅱ·ⅤT110⑤B发表一件大圈足盘,大翻折沿的形态与Ⅱ·ⅤT104⑤的同类器物完全一致。因此,这组地层关系中所发表陶器反映的年代早晚情况与第(1)组地层关系基本相同。

第(3)组地层关系中,Ⅱ·ⅤT116⑤、⑥两单位未发表同类器物,无法直接比较。但与前两组地层关系中的同类器物相比较,Ⅱ·ⅤT116⑤的花边口圆腹罐,圆鼓腹,小平底,花边位于口沿处,形态与Ⅱ·ⅤT104⑤的同类器完全一致;大口折沿盆,平底,圆唇,折沿低平,形态不同于Ⅱ·ⅤT104⑥、⑦的同类器。Ⅱ·ⅤT116⑥的侧装三角形高足鼎,折沿,圆鼓腹,圜底,形态不同于Ⅱ·ⅤT104⑥的同类器,反而其鼎足顶部外凸的特点与Ⅱ·ⅤT104⑤的同类器比较接近。另外,Ⅱ·ⅤT116⑥发表一件高领尊形器,周身数道附加堆纹,溜肩的特征与Ⅱ·ⅤT104⑤的一件高领深腹瓮的风格比较相似。因此,第(3)组层位关系中的两个单位年代应大致相当,均与Ⅱ·ⅤT104⑤接近。(图3-3-2)

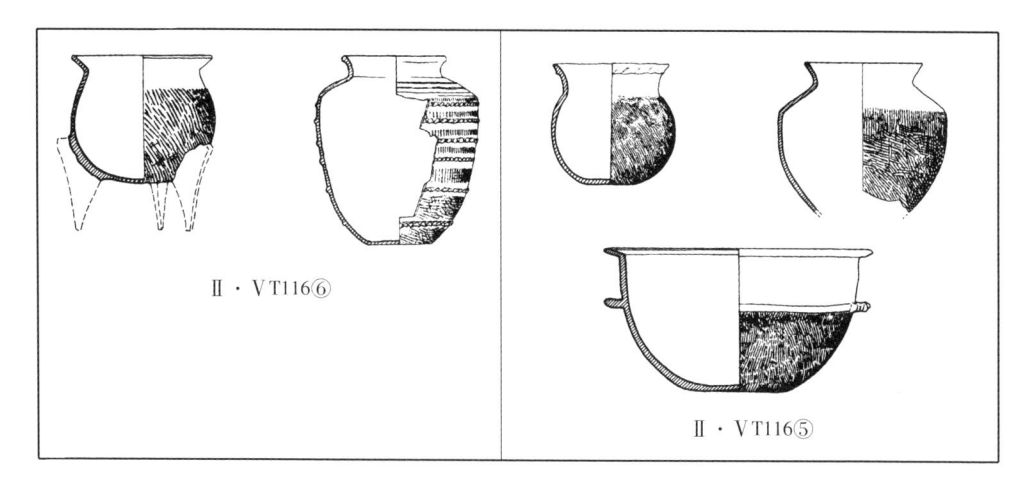

图3-3-2 二里头遗址Ⅱ·ⅤT116典型地层关系陶器组合

从以上三组层位关系所提供的成组陶器的形制特征看,明显可将其分为早晚两组:Ⅱ·ⅤT104⑥、⑦与Ⅱ·ⅤT110⑥A为一组,年代略早;Ⅱ·ⅤT104⑤、Ⅱ·ⅤT110⑤B、Ⅱ·ⅤT116⑤、⑥为一组,年代略晚。

将其他成组发表了丰富的陶器,却未发表地层关系的单位分别与上述两组器物进行比对,发现二里头遗址的二里头文化一期遗存确实有早晚之分,一些典型器物还存在明显的形态差异。比如夹砂深腹罐,偏早者下腹多垂鼓,偏晚者腹部较瘦;刻槽盆,偏早者均为直口,偏晚者口微侈;大口尊,偏早者宽折沿,折肩,下腹斜弧,偏晚者窄折沿,溜肩,下腹微鼓。

二里头遗址1999－2006年的发掘也发现了一批二里头文化第一期的陶器,但年代集中在偏晚的阶段。二里头文化第二期的遗存比较丰富,发掘者依据层位关系和典型陶器的形制演变,将第二期分为早晚两段,与第一期晚段相衔接[1]。

综上,我们可将以上二里头遗址二里头文化一、二期的典型器物早晚形制上的差异以类型学的方式表述如下:(图3－3－3a、b)

(1) 盆形鼎

均为侧装三角形高足形态,可分为四式:

Ⅰ式:平折沿,圆唇,沿面斜高,鼓腹,大平底,侧装三角形足位置略低。Ⅱ·ⅤT104⑥:51。

Ⅱ式:折沿,微卷,沿面略高,鼓腹,圜底,侧装三角形足位置较高,顶部外凸。ⅧT19⑥:11。

Ⅲ式:凹折沿,方唇,沿面斜平,圆鼓腹,大平底,侧装三角形足位置更高,超过中腹。Ⅱ·ⅤH155:8。

Ⅳ式:卷沿,尖圆唇,沿面短且低平,浅腹,圜底,侧装三角形足的位置已经接近口沿。ⅡH132:25。

(2) 单耳罐形鼎

均为侧装三角形高足,可分为三式:

Ⅰ式:三足外撇,深腹,小平底,侈口,尖圆唇,耳较宽。Ⅱ·ⅤH102:11。

Ⅱ式:三足略低,深腹,圜底,侈口,圆唇,耳较小。ⅤM23:8。

Ⅲ式:三足较高,深腹,圜底,直口微侈,束颈,厚唇,耳较小。ⅡM105:4。

(3) 夹砂深腹罐

均为中口深腹,可分为四式:

---

[1] 中国社会科学院考古研究所:《二里头(1999－2006)》,北京:文物出版社,2014年。

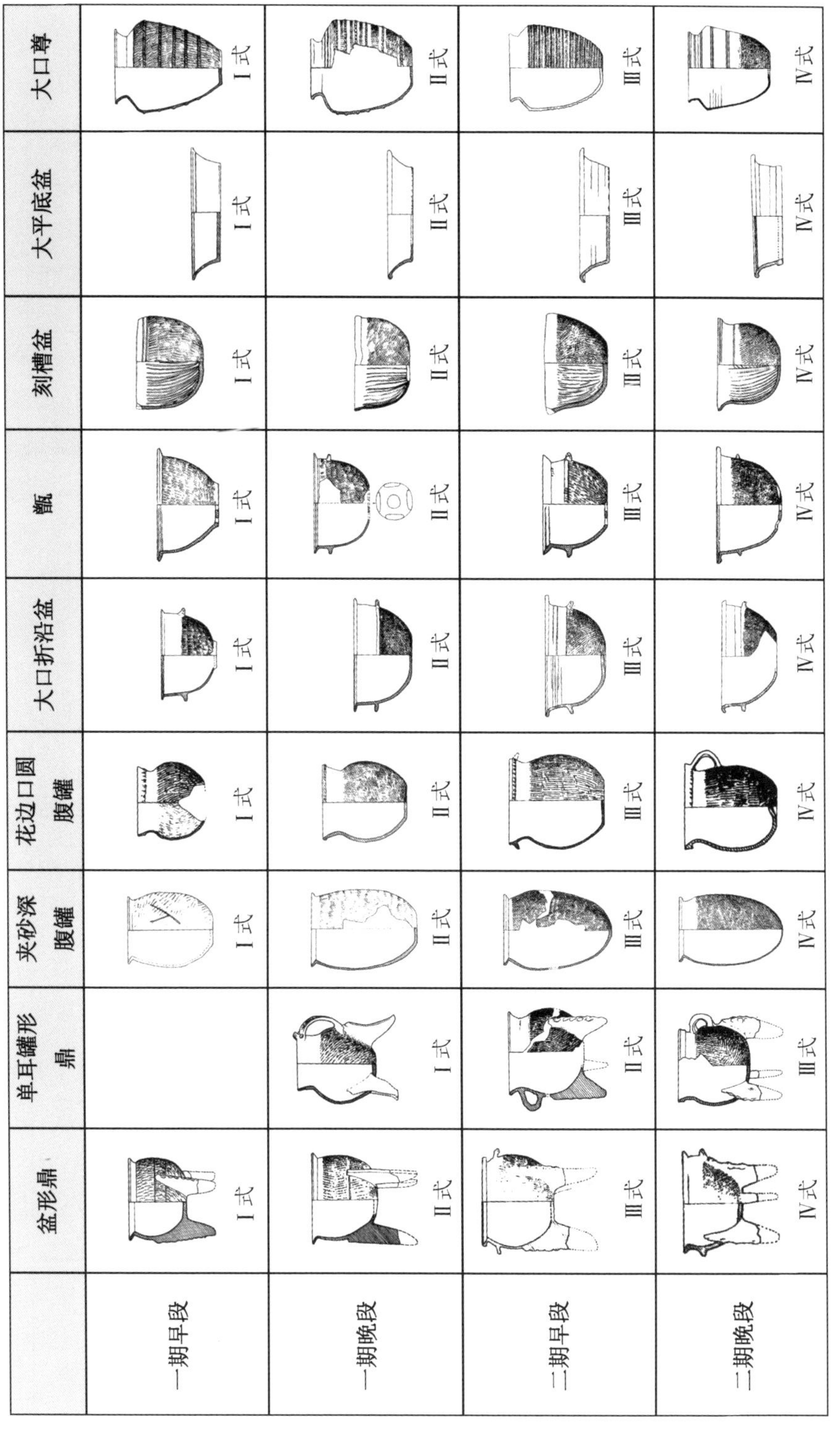

第三章 考古学文化谱系与编年　145

	盆形鼎	单耳罐形鼎	夹砂深腹罐	花边口圆腹罐	大口折沿盆	甑	刻槽盆	大平底盆	大口尊
一期早段	Ⅰ式		Ⅰ式	Ⅰ式	Ⅰ式	Ⅰ式	Ⅰ式	Ⅰ式	Ⅰ式
一期晚段	Ⅱ式	Ⅰ式	Ⅱ式	Ⅱ式	Ⅱ式	Ⅱ式	Ⅱ式	Ⅱ式	Ⅱ式
二期早段	Ⅲ式	Ⅱ式	Ⅲ式	Ⅲ式	Ⅲ式	Ⅲ式	Ⅲ式	Ⅲ式	Ⅲ式
二期晚段	Ⅳ式	Ⅲ式	Ⅳ式	Ⅳ式	Ⅳ式	Ⅳ式	Ⅳ式	Ⅳ式	Ⅳ式

图 3-3-3a　二里头遗址一、二期遗存分期表（一）

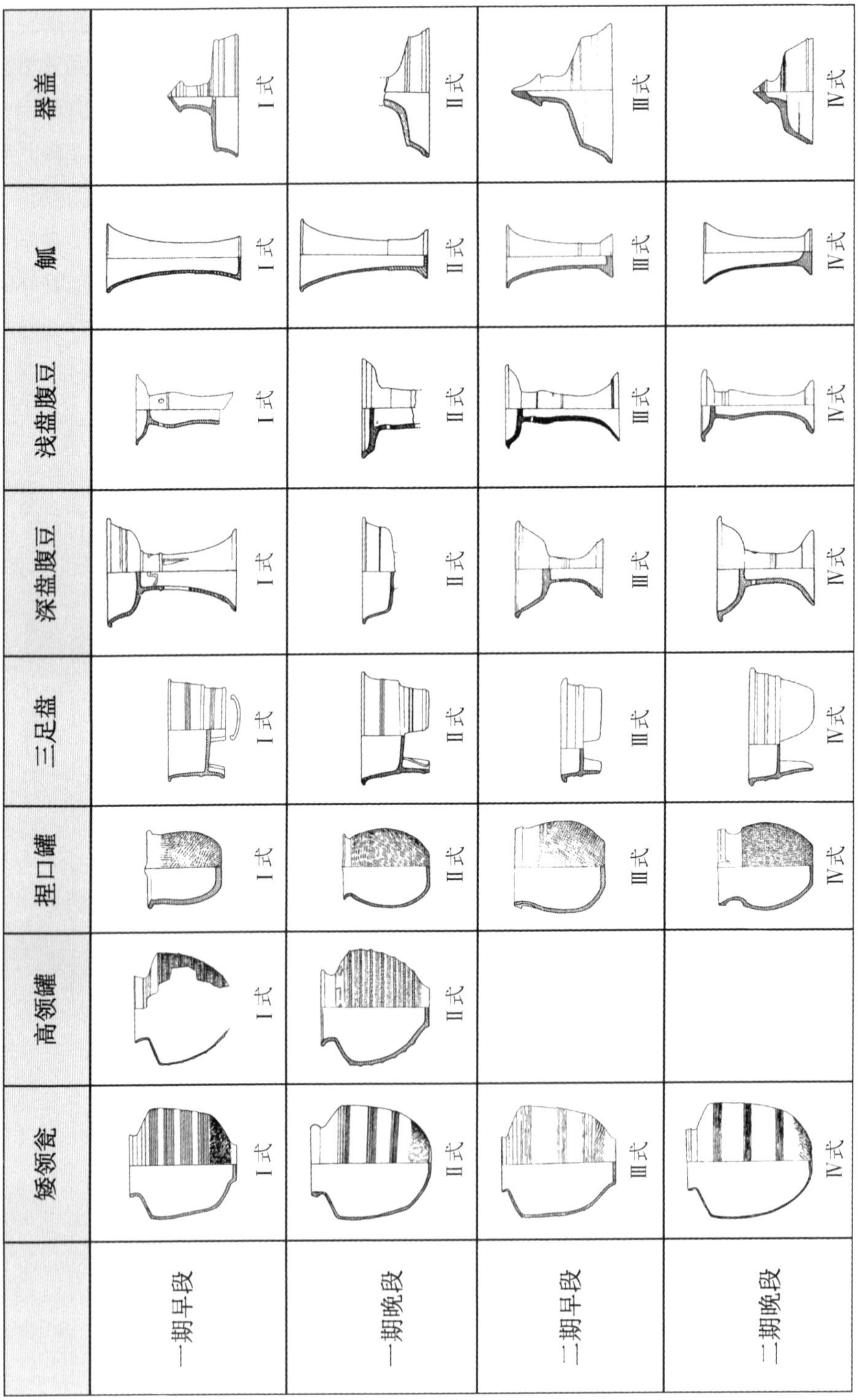

146　中原核心区文明起源研究

器盖	盉	浅盘腹豆	深盘腹豆	三足盘	捏口罐	高领罐	矮领瓮	
Ⅰ式	Ⅰ式	Ⅰ式	Ⅰ式	Ⅰ式	Ⅰ式	Ⅰ式	Ⅰ式	一期早段
Ⅱ式	Ⅱ式	Ⅱ式	Ⅱ式	Ⅱ式	Ⅱ式	Ⅱ式	Ⅱ式	一期晚段
Ⅲ式	Ⅲ式	Ⅲ式	Ⅲ式	Ⅲ式	Ⅲ式		Ⅲ式	二期早段
Ⅳ式	Ⅳ式	Ⅳ式	Ⅳ式	Ⅳ式	Ⅳ式		Ⅳ式	二期晚段

图3-3-3b　二里头遗址一、二期遗存分期表（二）

Ⅰ式：平折沿，圆唇，口径明显小于腹径，下腹微垂，平底或凹底。ⅧH53：12。

Ⅱ式：平折沿，尖圆唇，口径与腹径相当，小平底，器身较瘦。Ⅱ·ⅤH103：11。

Ⅲ式：折沿，圆唇，微鼓腹，极小平底或圜底。ⅣT7⑤B：11。

Ⅳ式：折沿，方圆唇，微鼓腹，圜底，器身瘦长。ⅤH110：10。

（4）花边口圆腹罐

可分为四式：

Ⅰ式：圆鼓腹呈球形，圜底，器身矮小，直口，尖唇，花边浅且距口沿较远。Ⅱ·ⅤT104⑥：21。

Ⅱ式：圆鼓腹，大平底，侈口，圆唇，花边略深，与口沿距离很近。Ⅱ·ⅤT104⑤：18。

Ⅲ式：圆鼓腹，大平底微凹，侈口，圆唇，花边较深，距口沿略远，带两个小鋬手。Ⅱ·ⅤH129：12。

Ⅳ式：圆鼓腹，凹底，侈口，尖圆唇，器身显瘦，常带有单耳。ⅤM15：4。

（5）大口折沿盆

有圜底和平底之分，可分为四式：

Ⅰ式：折沿，方圆唇，沿面斜高，深腹，下腹鼓，小平底或圜底。Ⅱ·ⅤT104⑥：47。

Ⅱ式：折沿，圆唇，沿面低平，腹略深，下腹斜弧，大平底或凹底。Ⅱ·ⅤT116⑤：12。

Ⅲ式：卷沿，圆唇，沿面低，腹略深，下腹斜弧，凹底或圜底。ⅣH63：50。

Ⅳ式：卷沿向下翻，圆唇，深腹，大平底。Ⅱ·ⅤH165：11。

（6）甑

均为大口盆形，可分为四式：

Ⅰ式：折沿，圆唇，沿面较低，敞口，下腹斜收，平底，底部有5-6个镂孔。93YLⅣG1：2。

Ⅱ式：折沿，圆唇，沿面略高，直口微敞，下腹弧鼓，平底，底部有5个镂孔。ⅨH1：12。

Ⅲ式：折沿，尖圆唇，沿面斜高，直口口微敛，下腹弧鼓，平底，底部有5个镂孔。83YLⅣT5⑤：1。

Ⅳ式：折沿，圆唇，腹或深或浅，沿面或高或低，但均为圜底，底部有4至5个不规则镂孔。Ⅱ·ⅤH249：6。

（7）刻槽盆

均为盆形，可分为四式：

Ⅰ式：直口，圆鼓腹，小平底。Ⅱ·ⅤH130：13。

Ⅱ式：直口微侈，大平底。Ⅱ·ⅤT110⑤B：14。

Ⅲ式：敞口，口沿外侈，平底。ⅣH29∶11。

Ⅳ式：敞口，口沿外侈明显，圜底。Ⅱ·ⅤH132∶28。

（8）大平底盆

可分为四式：

Ⅰ式：大敞口，浅腹，尖圆唇，内侧有凹弦纹。Ⅱ·ⅤT104⑥∶28。

Ⅱ式：敞口微收，腹略深，厚圆唇，底部外缘加厚或有一周浅花边。Ⅱ·ⅤT104⑤∶36。

Ⅲ式：敞口更内收，腹较深，尖圆唇向外翻卷，有的底部外缘加厚。ⅤD2H14∶2。

Ⅳ式：敞口，厚圆唇，底部加厚呈台阶状。ⅧT12⑥∶12。

（9）大口尊

周身均有数周附加堆纹，可分为四式：

Ⅰ式：高领，大口，宽折沿，折肩，下腹斜收成平底。ⅡH216∶17。

Ⅱ式：高领，大口，宽折沿或卷沿，溜肩，下腹圆鼓，平底或凹底。Ⅱ·ⅤT116⑥∶11。

Ⅲ式：小高领，小折沿，溜肩，下腹圆鼓，平底或凹底。Ⅲ·ⅤH249∶8。

Ⅳ式：小高领，小折沿，大口，斜折肩或溜肩，下腹微圆鼓，器身明显变矮，凹底。Ⅱ·ⅤH132∶30。

（10）矮领瓮

周身常有数组弦纹，可分为四式：

Ⅰ式：领略高，唇部加厚，折肩，下腹急收，小平底较高。ⅧH53∶15。

Ⅱ式：领略高，厚部较厚，折肩，下腹圆弧外鼓，平底或近圜底。Ⅱ·ⅤH146∶11。

Ⅲ式：领极矮，唇部薄，平折肩，下腹内收成小平底。Ⅱ·ⅤH157∶11。

Ⅳ式：领较矮，唇略薄，折肩或溜肩，下腹圆鼓，凹圜底。ⅣH83∶26。

（11）高领罐

周身常有数周附加堆纹，可分为两式：

Ⅰ式：高领外侈，尖圆唇，折肩，下腹斜收成平底。ⅧH53∶13。

Ⅱ式：高领较直，圆唇外侈，溜肩，下腹弧收成平底。81YLⅢT22⑤∶2。

（12）捏口罐

可分为四式：

Ⅰ式：直口，无领，小折沿，圆唇，平底。93YLⅣG1∶1。

Ⅱ式：敛口，无领，卷沿，圆唇，垂腹，平底。82YLⅤT15⑨D∶2。

Ⅲ式：直口微侈，短领，垂腹，平底。ⅤD2T1⑤∶1。

Ⅳ式：侈口，高领，束颈，圆鼓腹，平底。86YLⅥH39∶9。

（13）三足盘

可分为四式：

Ⅰ式：直口,深腹,圆唇微向外侈,平底,瓦足低矮。Ⅱ·ⅤH130∶12。

Ⅱ式：直口微侈,深腹,圆唇微外侈,平底微凹,瓦足较高。ⅣH3∶4。

Ⅲ式：直口,浅腹,圆唇外折,大平底,瓦足略高。ⅣM18∶5。

Ⅳ式：直口微外侈,浅腹,大平底,舌形足较高。ⅧH61∶11。

（14）深盘腹豆

可分为四式：

Ⅰ式：敞口,厚圆唇微侈,盘腹较窄,高圈足,带矩尺形或长三角形镂孔,豆柄较粗。82YLⅤT15⑩∶1。

Ⅱ式：敞口,圆唇更向外侈,盘腹较宽,高圈足,带矩尺形镂孔,豆柄略细。ⅨH1∶2。

Ⅲ式：敞口,厚圆唇外侈明显,腹微折,圈足变矮,顶部带圆形镂孔,喇叭口台阶上有一周凸弦纹。ⅣM18∶1。

Ⅳ式：敞口,圆唇外折,腹部已无折痕,圈足较矮,顶部为圆形镂孔,喇叭口台阶上有一周凸弦纹。ⅤM15∶5。

（15）浅盘腹豆

可分为四式：

Ⅰ式：圆唇外侈斜高,粗豆柄,上部内收十分明显,带圆形镂孔和凸弦纹。82YLⅤT15⑩∶2。

Ⅱ式：圆唇外侈近平,粗豆柄,上部微内收,带圆形镂孔。Ⅱ·ⅤT110⑤B∶11。

Ⅲ式：尖圆唇微向下折,浅盘,粗豆柄,上部内收,带圆形镂孔。ⅤM23∶6。

Ⅳ式：圆唇向外下折,盘极浅,胎厚,粗豆柄,上部内收,无镂孔。ⅣM14∶2。

（16）觚

可分为四式：

Ⅰ式：素面,无任何纹饰,尖圆唇,薄胎,平底,底部内侧内凹。ⅣM26∶5。

Ⅱ式：唇部微外撇,下部有两级台阶,平底,底部内侧平直。Ⅱ·ⅤM54∶4。

Ⅲ式：下部一级台阶,但原台阶的位置上有一周凸弦纹,下部台阶高大,底部内侧平直。ⅣM18∶3。

Ⅳ式：下部一级台阶,凸弦纹已不见,下部台阶变小,底部内侧圆弧。ⅤM15∶19。

（17）器盖

塔形或伞形钮,可分为四式：

Ⅰ式：钮高大，敞口，顶部斜平或圆鼓，圆唇微向外。Ⅱ·ⅤH130∶11。

Ⅱ式：钮略高，大敞口，顶部斜平或内凹，圆唇极向外撇。Ⅱ·ⅤT104⑤∶19。

Ⅲ式：钮略高，大敞口，顶部斜平，圆唇外撇明显。Ⅱ·ⅤH118∶3。

Ⅳ式：钮变低，大敞口，顶部斜平，但明显变短，尖唇微向外。91YLⅥH9∶8。

由上文对典型地层关系的分析可知，以上典型陶器不同式别的差异具有年代的先后关系，结合不同类型陶器的组合关系，可综合将二里头遗址二里头文化第一、二期分别分为早晚两段，其特征可概括如下：

二里头文化一期：陶系以夹砂和泥质黑陶为主，烧成火候较低，纹饰以拍印浅、凌乱的篮纹为主，绳纹其次，方格纹较少。

早段：主要包括Ⅱ·ⅤT104⑥-⑦、Ⅱ·ⅤT110⑥A、Ⅱ·ⅤH216、Ⅱ·ⅤH130、ⅣM26、ⅤH72、ⅧH53等单位。陶器中，流行Ⅰ式盆形鼎、Ⅰ式夹砂深腹罐、Ⅰ式花边口圆腹罐、Ⅰ式大口折沿盆、Ⅰ式甑、Ⅰ式刻槽盆、Ⅰ式大平底盆、Ⅰ式大口尊、Ⅰ式矮领瓮、Ⅰ式高领罐、Ⅰ式捏口罐、Ⅰ式三足盘、Ⅰ式深盘腹豆、Ⅰ式浅盘腹豆、Ⅰ式觚、Ⅰ式器盖的组合。

晚段：主要包括Ⅱ·ⅤT104⑤、Ⅱ·ⅤT116⑤-⑥、Ⅱ·ⅤH146、Ⅱ·ⅤH148、Ⅱ·ⅤM54、Ⅱ·ⅤM56、Ⅱ·ⅤM57、ⅨH1、2002ⅤG10②、2002ⅤH119等单位。陶器中，流行Ⅱ式盆形鼎、Ⅰ式单耳罐形鼎、Ⅱ式夹砂深腹罐、Ⅱ式花边口圆腹罐、Ⅱ式大口折沿盆、Ⅱ式甑、Ⅱ式刻槽盆、Ⅱ式大平底盆、Ⅱ式大口尊、Ⅱ式矮领瓮、Ⅱ式高领罐、Ⅱ式捏口罐、Ⅱ式三足盘、Ⅱ式深盘腹豆、Ⅱ式浅盘腹豆、Ⅱ式觚、Ⅱ式器盖的组合。

二里头文化二期：陶系以夹砂和泥质灰陶为主，纹饰中以绳纹为主，篮纹退居其次，早段篮纹略多，晚段篮纹已经很少。

早段：主要包括ⅣM18、ⅤM23、Ⅱ·ⅤH118、Ⅱ·ⅤH129、Ⅱ·ⅤH155、Ⅱ·ⅤH157、ⅣH63、ⅤD2T1⑤、83YLⅣT5⑤、2002ⅤG10①、2002ⅤH57、2003ⅤH211、2004ⅤH281、2004ⅤH308等单位。陶器中，流行Ⅲ式盆形鼎、Ⅱ式单耳罐形鼎、Ⅲ式夹砂深腹罐、Ⅲ式花边口圆腹罐、Ⅲ式大口折沿盆、Ⅲ式甑、Ⅲ式刻槽盆、Ⅲ式大平底盆、Ⅲ式大口尊、Ⅲ式矮领瓮、Ⅲ式捏口罐、Ⅲ式三足盘、Ⅲ式深盘腹豆、Ⅲ式浅盘腹豆、Ⅲ式觚、Ⅲ式器盖的组合。

晚段：主要包括ⅣM14、ⅤM15、ⅡM105、ⅡH132、ⅤH110、Ⅱ·ⅤH165、Ⅲ·ⅤH249、ⅧT12⑥、ⅣH83、ⅧH61、86YLⅥH39、91YLⅥH9、2001ⅤH28、2001ⅤH45、2002ⅤH92、2003ⅤH169、2004ⅤH315、2006ⅤH457等单位。陶器中，流行Ⅳ式盆形鼎、Ⅲ式单耳罐形鼎、Ⅳ式夹砂深腹罐、Ⅳ式花边口圆腹罐、Ⅳ式大口折沿盆、Ⅳ式甑、Ⅳ式刻槽盆、Ⅳ式大平底盆、Ⅳ式大口尊、Ⅳ式矮领瓮、Ⅳ式捏口罐、Ⅳ

式三足盘、Ⅳ式深盘腹豆、Ⅳ式浅盘腹豆、Ⅳ式甗、Ⅳ式器盖的组合。

（二）典型遗址"新砦类遗存"的分期

"新砦类遗存"最初发现于1979新砦遗址的首次发掘中①。之后，发掘者赵芝荃先生先后提出了"新砦期二里头文化"和"新砦期文化"的概念，将其作为龙山文化与二里头文化之间的过渡期②。

"新砦期"概念一经提出即在学术界引起了极大的关注，研究者们就"新砦期"遗存的性质、年代及其与河南龙山文化（即王湾三期文化）和二里头文化的关系问题展开了激烈的争论，形成了一些不同的意见。目前，对"新砦期"遗存的认识已经成为探索二里头文化来源的关键。

经过几年的考古调查和发掘工作，在嵩山周围地区陆续发现了一些具有"新砦类遗存"特征的遗址。到目前为止，"新砦类遗存"数量最丰富、特征最明显的有新密新砦和巩义花地嘴两遗址，以下我们将详细讨论这两个典型遗址"新砦类遗存"的分期情况。

1. 新密新砦

新砦遗址位于新密市刘寨镇，地处嵩山东南，双洎河北岸的台地上。该遗址为晚期的冲沟和双洎河改道所破坏，被分割成四个台地。目前在这四个台地都进行了发掘和钻探工作，主要资料均有发表③。

新砦遗址的发掘提供了清晰的龙山文化、"新砦类遗存"和二里头文化间的叠压打破关系，三者间的相对年代关系可靠。同时发掘还提供了数组地层关系，可将"新砦类遗存"进一步细分，其中有代表性的有：

---

① 中国社会科学院考古研究所河南二队：《河南密县新砦遗址的试掘》，《考古》1981年第5期，第398-408页。
② 赵芝荃：《略论新砦期二里头文化》，《中国考古学会第四次年会论文集》，第13-17页，北京：文物出版社，1985年；《试论二里头文化的源流》，《考古学报》1986年第1期，第1-19页。
③ 中国社会科学院考古研究所河南二队：《河南密县新砦遗址的试掘》，《考古》1981年第5期，第398-408页。北京大学考古文博院、郑州市文物考古研究所：《河南新密市新砦遗址1999年试掘简报》，《华夏考古》2000年第4期，第3-10页。北京大学古代文明研究中心、郑州市文物考古所：《河南省新密市新砦遗址2000年发掘简报》，《文物》2004年第3期，第4-20页。北京大学震旦古代文明研究中心、郑州市文物考古研究院：《新密新砦——1999-2000年田野考古发掘报告》，北京：文物出版社，2008年。中国社会科学院考古研究所河南新砦队、郑州市文物考古研究院：《河南新密市新砦遗址2002年发掘简报》，《考古》2009年第2期，第3-15页。中国社会科学院考古研究所河南新砦队、郑州市文物考古研究院：《河南新密市新砦遗址东城墙发掘简报》，《考古》2009年第2期，第16-31页。中国社会科学院考古研究所河南新砦队、郑州市文物考古研究院：《河南新密市新砦遗址浅穴式大型建筑基址的发掘》，《考古》2009年第2期，第32-47页。中国社会科学院考古研究所河南新砦队、郑州市文物考古研究院、河南大学古代文明研究中心：《河南新密市新砦遗址王嘴西地发掘简报》，《考古》2018年第3期，第26-43页。赵春青、顾万发：《新砦陶器精华》，北京：科学出版社，2016年。

(1) 2000T4：H19→H26→H99

(2) 2000T4：H53→H59

(3) 2000T5：④→⑤→⑥→⑦→⑧→⑨→⑩

(4) 1999T2：H147→H148

(5) 1999T6：H220→H227

(6) 1979T1：H5→H11

第(1)组地层关系中,H26和H19两单位均属"新砦类遗存",且出土了大量的同类器物可资比较。其中,夹砂深腹罐,前者有凹沿和平沿两种,沿面内侧起棱略高,唇部较薄;后者均为平沿,沿面内侧不起棱,唇部加厚,起小台阶。乳钉足形鼎,均为小尖三角形,但前者三足分离较远;后者三足位置较集中。高领瓮,前者高领,领部内侧折棱尚明显,圆鼓肩微溜,下腹斜内收;后者领变矮,内侧转折缓和,溜折肩,下腹斜。大平底盆,前者束腰,唇部较厚,微外侈;后者大敞口,唇部薄,外侈或外翻。豆,前者为浅盘腹,大敞口,有的唇部微向外侈;后者为深盘腹,口部外侈明显。敛口盆,前者内敛口较低;后者内敛口斜高。鬶,前者为尖锥状足跟,后者为圆柱状足跟。显然这两个单位在器物形制上存在明显差异,证明"新砦类遗存"本身还有早晚之分。另外,此组地层关系中H99出土器物属于典型的王湾三期文化,在本书龙山文化的分期中属于龙山文化晚期后段第三组,从地层关系上证明了新砦遗址的"新砦类遗存"确实晚于本地龙山文化晚期。(图3-3-4)

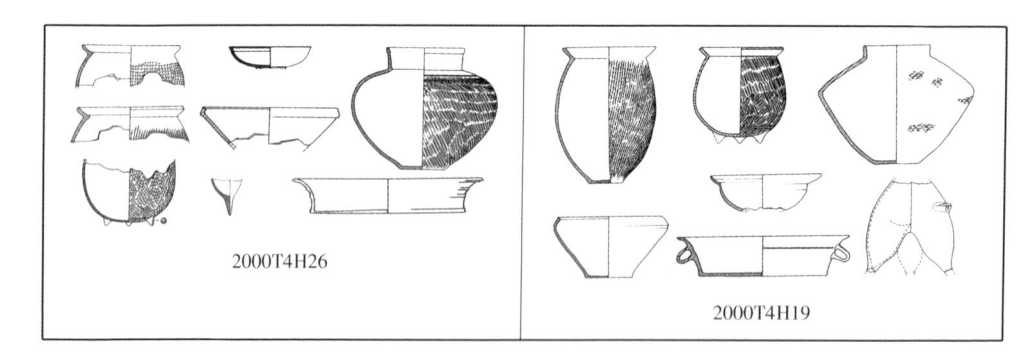

图3-3-4 新砦遗址2000T4典型地层关系之一陶器组合

第(2)组地层关系中,H53、H59两单位出土陶器形态比较接近。夹砂深腹罐均为凹沿,方唇微内敛或薄尖圆唇;敛口盆,敛口较低;豆,浅盘腹,唇部微向上斜折;子母口形鼎,子口长,略低平。这些形态均与第(1)组地层关系中H26的同类器物特征十分接近,年代也应相当。(图3-3-5)

2000T4H59　　　　　　　　　　　2000T4H53

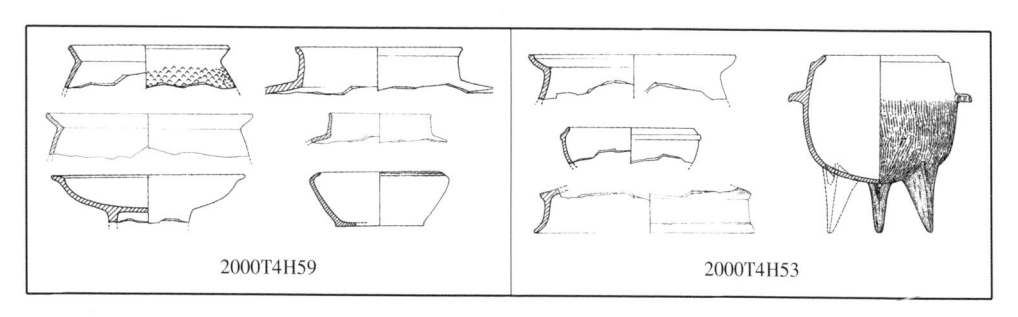

图 3-3-5　新砦遗址 2000T4 典型地层关系之二陶器组合

第(3)组地层关系中,2000T5⑦-⑩出土器物形态比较一致:鼎和夹砂罐均为平折沿,内侧不起棱,圆唇较厚;子母口鼎,子口短,斜高;高领瓮,小高领,斜溜肩,下腹斜收;鬶,实柱状足跟;器盖,既有直壁也有外撇明显者;敛口盆,内敛口斜高;刻槽盆,直口微外侈,近圜底。这些器物的形态均与第(1)组地层关系中 H19 的同类器特征接近,为"新砦类遗存"的较晚阶段。2000T5④、⑤出土器物形态比较一致:花边口罐,侈口,短颈,花边近于唇部;塔形和伞形器盖钮,个体低矮;大口尊,小卷沿或宽折沿,溜肩特征十分明显。这些器物均属于二里头文化的典型器物,根据前文分期,应相当于二里头文化的二期早段或更早。这组地层关系充分证明了新砦遗址的"新砦类遗存"应早于本地的二里头文化。(图 3-3-6)

2000T5⑧　　　　　　　　2000T5⑤A

2000T5⑦　　　　　　　　2000T5④

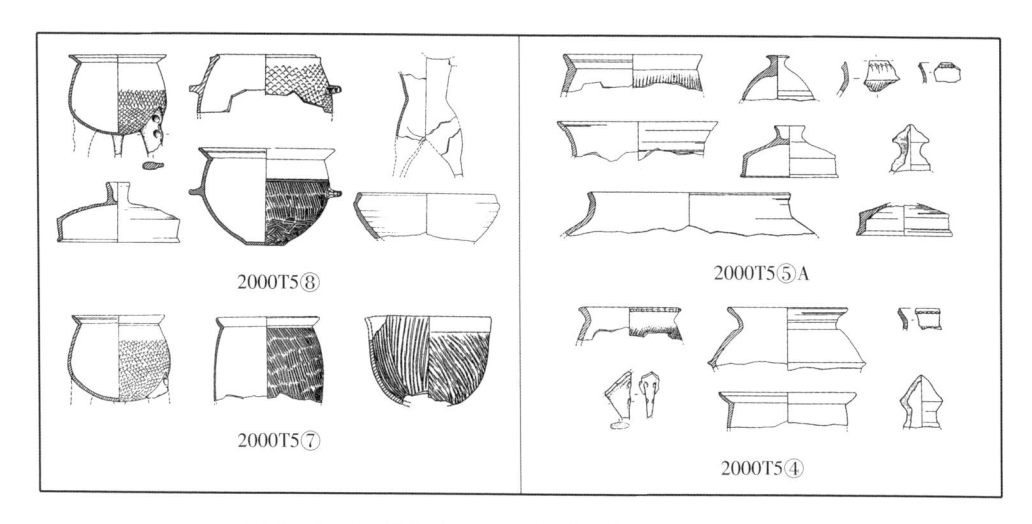

图 3-3-6　新砦遗址 2000T5 典型地层关系陶器组合

第(4)、(5)组地层关系中,H147 和 H220 两单位出土器物形制接近:夹砂深腹罐为凹沿薄唇,折沿内侧起棱略高;高领瓮,领极高,唇部外侈明显,斜折肩,斜腹;器盖,近直壁,微外撇。这些器物的特征均与第(1)组地层关系中 H26 的同类器物比较接近,为"新砦期"遗存的较早阶段;而 H148 和 H227 两单位出土的器物均属于典型的王湾三期文化遗存。因此,这两组地层关系再次证明了新砦遗址的"新砦类遗存"应晚于本地的龙山文化晚期。

第(6)组地层关系中,H11 与 H5 均属"新砦类遗存",且发表有同类器物。其中,夹砂深腹罐,前者为凹沿或平沿,唇部微内折,折沿内侧略起棱;后者为平沿,圆唇,折沿内侧不起棱。器盖,前者为近塔形钮,器壁近直;后者为平顶束腰形钮,器壁外侈明显。另外,H11 还发表有一件束腰形大平底盆。这两个单位在出土陶器形制上也存在明显差异,并能分别与第(1)组地层关系中的 H26 和 H19 两单位相对应,再次证明了对"新砦类遗存"进行早晚划分的可行性。(图 3-3-7)

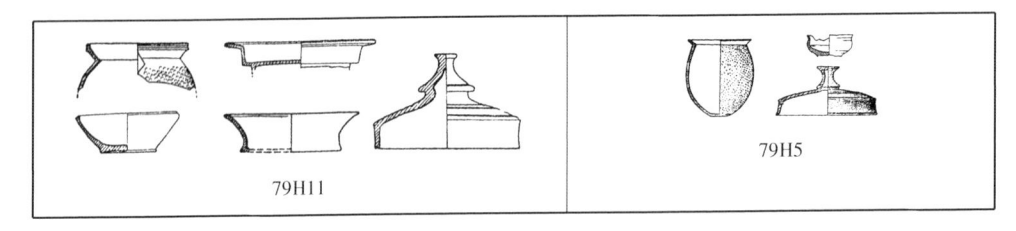

图 3-3-7 新砦遗址 1979 年发掘典型地层关系陶器组合

综合比较上述六组地层关系中各单位出土的陶器特征,可将这些典型单位为四组:

第一组:包括 2000H99、99H148、99H227,为典型的王湾三期文化遗存,相当于本书龙山文化分期的晚期后段第三组。

第二组:包括 2000H26、2000H53、2000H59、99H147、99H220、79H11,为"新砦类遗存"的早段。

第三组:包括 2000H19、2000T5⑦-⑩、79H5,为"新砦类遗存"的晚段。

第四组:包括 2000T5④、⑤,为二里头文化遗存,相当于本书二里头文化分期的一期晚段或更晚。

除了上述地层关系中的单位之外,新砦遗址还有其他出土遗物丰富的单位。经过综合比对可归纳如下:

属于第一组的还有:79H9、79H10、99H109、99H135、2000H84、2000H113、2002H29、2002H30 等。

属于第二组的还有:79H8、99H101、2000H45、2002H18 等。

属于第三组的还有:79H2、79H3、79H7、99H1、99H6、99H15、99H29、99H52、

2000H8、2000H58、2000H71、2000H92、2000T5⑨-⑩、2000T6⑧、2002H5、2002H8、2013Y1、2013H147 等。

属于第四组的还有：2000T7⑦等。

其中遗存最丰富的为第三组，即"新砦类遗存"的晚段。

2. 巩义花地嘴

花地嘴遗址位于巩义市东北，伊洛河及其支流西泗河交汇处的高台地上。该遗址地处郑州地区与洛阳平原的交接地带，东西各凭据虎牢关和黑石关要塞，地理位置十分重要。

该遗址最初于1992年巩义河汭地带的考古调查中发现①。2001-2004年由郑州市文物考古研究所与北京大学考古文博学院联合进行了正式发掘，出土了一批典型的"新砦类遗存"②，本书所用的分期材料均来自此次发掘③。

花地嘴遗址的发掘，证实该遗址的主要堆积属于"新砦类遗存"，兼有少量的龙山文化晚期遗存。通过各单位出土陶器标本的比对可以发现，该遗址的"新砦类遗存"内涵比较单一，均相当于新砦遗址的第二组，即"新砦类遗存"早段。因此，这些材料正可以补充新砦遗址"新砦类遗存"早段较少的情况，从而形成我们对"新砦类遗存"的完整认识。

花地嘴"新砦类遗存"的主要陶器特征是：部分陶器为龙山文化晚期的典型器物，比如：乳钉足形鼎，小三角形足，深垂腹，凹沿，圆唇；盆形鼎，侧装三角形高足鼎，浅腹，平折沿；小口高领瓮，斜鼓肩，下腹内收；大口矮领瓮，溜肩，下腹微收。另外，新出现了一些非本地传统的外来器物，比如：子母口瓮，多尖唇，个体较高；敛口盆形罐，肥袋足；粗柄浅盘豆，唇部微外折；大塔形钮的器盖；半封口的盉等。显然无论是本地传统的器物还是外来的新因素均为之后的"新砦类遗存"晚段和二里头文化早期所继承，从而体现了龙山文化晚期与二里头文化早期之间的过渡特征。

3. 典型"新砦类遗存"的分期

以下将上述新砦和花地嘴遗址"新砦类遗存"典型陶器进行类型学的排比，进而归纳出"新砦类遗存"的分期特征。（图3-3-8）

---

① 河南省社科院河洛文化研究所、河南省巩义市文物保护管理所：《河南巩义河汭地带古文化遗址调查》，《考古学集刊(9)》，第30-33页，北京：科学出版社，1995年。

② 郑州市文物考古研究所、北京大学考古文博学院：《河南巩义市花地嘴遗址"新砦期"遗存》，《考古》2005年第6期，第3-6页。顾万发、张松林：《巩县花地嘴遗址发现"新砦期"遗存》，《古代文明研究通讯》2003年9月第18期，第37-45页。

③ 张莉：《从龙山到二里头——以嵩山南北为中心》，北京大学博士学位论文，2012年6月；《新砦期年代与性质管见》，《文物》2012年第4期，第83-89页。

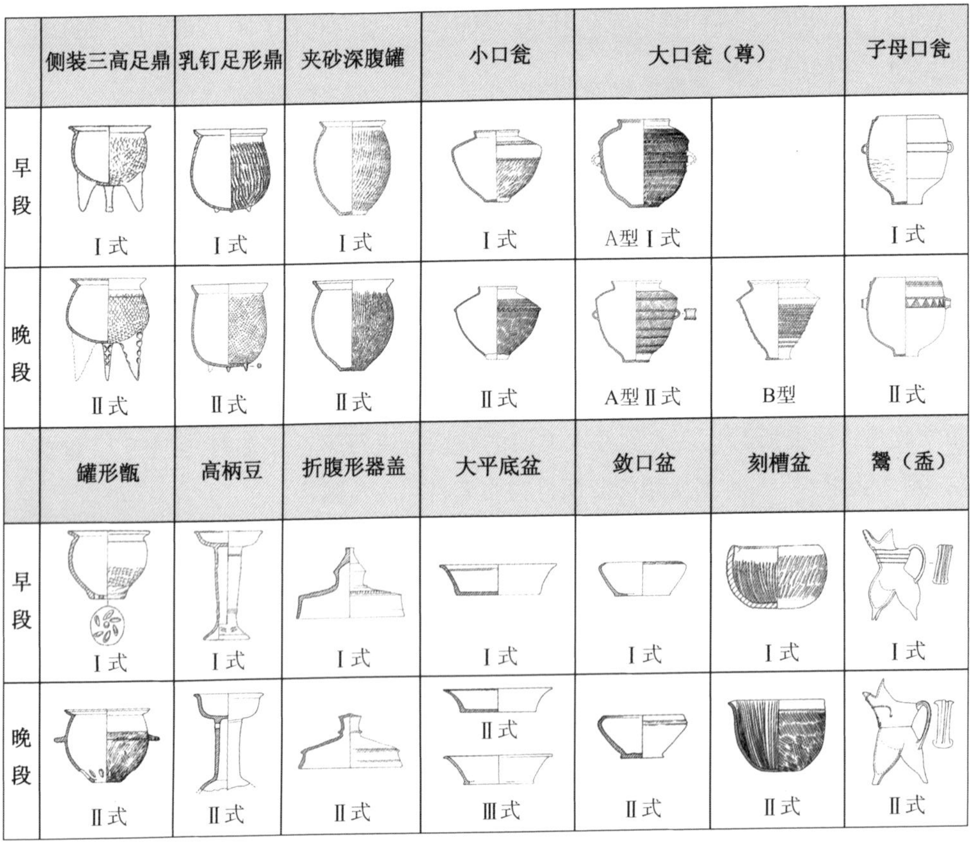

	侧装三高足鼎	乳钉足形鼎	夹砂深腹罐	小口瓮	大口瓮（尊）		子母口瓮
早段	Ⅰ式	Ⅰ式	Ⅰ式	Ⅰ式	A型Ⅰ式		Ⅰ式
晚段	Ⅱ式	Ⅱ式	Ⅱ式	Ⅱ式	A型Ⅱ式	B型	Ⅱ式
	罐形甑	高柄豆	折腹形器盖	大平底盆	敛口盆	刻槽盆	鬶（盉）
早段	Ⅰ式	Ⅰ式	Ⅰ式	Ⅰ式	Ⅰ式	Ⅰ式	Ⅰ式
晚段	Ⅱ式	Ⅱ式	Ⅱ式	Ⅱ式／Ⅲ式	Ⅱ式	Ⅱ式	Ⅱ式

图 3-3-8 新砦与花地嘴遗址"新类遗存"的分期表

（1）侧装三角形高足鼎

罐形鼎，可分为两式：

Ⅰ式：方圆唇，窄折沿，唇部内凹，三足略高，顶部带少量花边。花地嘴 H144：18。

Ⅱ式：圆唇，宽折沿，唇部内有一周浅凹槽，三足较高，顶部花边加长。新砦 2000T6⑧：777。

（2）乳钉足形鼎

可分为两式：

Ⅰ式：敛口，垂腹，宽折沿，尖圆唇，沿面平或内凹，内侧略起棱，小三角形足。新砦 04H108：15。

Ⅱ式：敛口更宽，深腹，宽折沿，圆唇，沿面平，内侧不起棱，小锥形足。新砦 2000T6⑧：833。

（3）夹砂深腹罐

可分为两式：

Ⅰ式：平折沿，方唇或圆唇，唇部内凹，折沿内侧起棱略高，中腹圆鼓，最大腹径大于口径，下收为小平底。花地嘴 H138：157。

Ⅱ式：平折沿，圆唇加厚，唇内侧起小台阶，折沿内侧起棱很低，鼓腹，最大腹径小于口径，下腹内收为小平底。新砦 2000T6⑧：821。

（4）小口瓮

可分为两式：

Ⅰ式：领较高，尖圆唇外侈，斜鼓肩，下腹内收，小平底。花地嘴 H144：14。

Ⅱ式：领矮，圆唇变厚，斜折肩，下腹斜收，小平底或凹底。新砦 2000T6⑧：819。

（5）大口瓮（尊）

肩部以下有数周附加堆纹，可分为两型：

A 型，下腹由圆鼓变内收，可分为两式：

Ⅰ式：侈口，尖圆唇外撇，内侧形成凹槽，圆鼓肩，下腹内收成平底。新砦 2013H147：19。

Ⅱ式：侈口，尖圆唇，折肩，下腹内收成小平底。新砦 2000T6⑧：830。

B 型，下腹斜收成小平底，尖圆唇外侈，折肩。新砦 1999H29①：5。

（6）子母口瓮

均为泥质灰陶或灰褐陶，可分为两式：

Ⅰ式：敛口，尖唇斜高，外口尖且突出，微鼓腹，器身瘦高，下腹急剧内收成小平底或凹底。花地嘴 H145：41。

Ⅱ式：敛口，厚圆唇略高，外口圆润，微鼓腹，器身明显变矮，下腹内收成小平底或带三大瓦足。新砦 1999H6：6。

（7）罐形甗

体型较矮，可分为两式：

Ⅰ式：深腹，略高，枣核形箅孔。花地嘴 H138：188。

Ⅱ式：浅鼓腹，一对鸡冠状扳手，圆孔形箅孔。新砦 2000T6⑧：754。

（8）高柄豆

可分为两式：

Ⅰ式：浅盘，大敞口，尖圆唇略厚，向上斜折，豆柄顶部起不明显的台阶，常有两个圆形镂孔和一周凸弦纹，大喇叭口圈足上也有一周凸弦纹。花地嘴 H145：5。

Ⅱ式：深盘腹，微敞口，尖唇或厚圆唇微向外，豆柄较高，顶部带有圆形镂孔，大喇叭口圈足呈高台阶形。新砦2000T11⑦：28。

（9）折腹形器盖

折腹，顶部斜平，钮有塔形、伞形、平顶形、尖顶形、小喇叭口形等多种形态，根据器身的形态差异可分为两式：

Ⅰ式：器壁直，唇部或略外侈，器身折棱处无扉棱，钮多高大。花地嘴H32：16。

Ⅱ式：器壁直，唇部外侈明显，器身折棱处或有扉棱，器钮变小。新砦2013H147：25。

（10）大平底盆

可分为三式：

Ⅰ式：敞口，厚圆唇，微束腰，腹略深。新砦2000T11⑦A：34。

Ⅱ式：敞口，尖唇外侈明显，唇内侧常有一周浅凹槽。新砦2000T6⑧：598。

Ⅲ式：敞口，尖唇外翻，腹略深，底部边缘一周加厚。新砦2000T6⑧：817。

（11）敛口盆

可分为两式：

Ⅰ式：口沿内敛较低，尖圆唇。新砦2000T4H59。

Ⅱ式：口沿内敛较高，厚圆唇。新砦2000T6⑧：616。

（12）刻槽盆

可分为两式：

Ⅰ式：直口，浅垂腹，圜底或大平底，带流。花地嘴H145：24。

Ⅱ式：直口，深腹，小平地，带流。新砦2000T6⑧：628。

（13）鬶（盉）

可分为两式：

Ⅰ式：平口，冲天流，束腰，肥袋足，尖圆锥形足。花地嘴2003H145：37。

Ⅱ式：弧形口，冲天流，袋足略瘦，短圆柱状足。新砦2000T6⑧：902。

由以上典型陶器不同式别的差异并结合前述地层关系分析可知，这些式别的差异正代表了其年代的先后，再结合不同类型陶器的组合关系，可综合将新砦和花地嘴遗址"新砦类遗存"分为早晚两段，其特征可概括如下：

"新砦类遗存"早段：以新砦遗址第二组单位和花地嘴遗址的"新砦类遗存"为代表。陶系以夹砂灰陶和泥质灰陶为主，次为泥质褐陶。纹饰以篮纹为主，次为方格纹，附加堆纹开始增多，鸡冠状錾手大量出现。陶器中，流行Ⅰ式侧装三角形高足鼎、Ⅰ式乳钉足鼎、Ⅰ式夹砂深腹罐、Ⅰ式小口瓮、A型Ⅰ式大口瓮（尊）、Ⅰ式子母口瓮、Ⅰ式罐形甑、Ⅰ式高柄豆、Ⅰ和Ⅱ式折腹形器盖、Ⅰ式大平底盆、Ⅰ式敛口盆、Ⅰ式刻槽盆、Ⅰ式鬶（盉）的组合。

"新砦类遗存"晚段：以新砦遗址第三组单位为代表。陶系以夹砂灰陶和泥质灰陶为主，泥质黑灰陶和泥质黑皮陶显著增加。纹饰仍以篮纹为主，次为方格纹，绳纹升为第三位。陶器中，流行Ⅱ式侧装三角形高足鼎、Ⅱ式乳钉足鼎、Ⅱ式夹砂深腹罐、Ⅱ式小口瓮、A 型Ⅱ式和 B 型大口瓮(尊)、Ⅱ式子母口瓮、Ⅱ式罐形甗、Ⅱ式高柄豆、Ⅲ式折腹形器盖、Ⅱ和Ⅲ式大平底盆、Ⅱ式敛口盆、Ⅱ式刻槽盆、Ⅱ式鬹(盉)的组合。

综合以上分析，我们分别将二里头遗址二里头文化一期和二期各分为早晚两段，将新砦和花地嘴遗址"新砦类遗存"也分为早晚两段。由新砦遗址的地层关系可知，在新砦遗址上"新砦类遗存"晚于龙山文化晚期，而早于二里头文化的一期晚段或更晚的遗存。但究竟"新砦类遗存"与二里头文化一期早段的关系如何，三遗址均未提供直接的地层关系。有关这一问题的解决只有在考虑到区域性差异的前提下，综合对比中原各地的情况，才能得出适当的结论。

二、中原核心区"新砦类遗存"与二里头文化早期遗存的分期

以上典型遗址的分期为我们详细讨论中原各地"新砦类遗存"及二里头文化早期遗存的年代提供了一把可操作的标尺，以下我们即以此为准，详细讨论中原各地的具体材料。

（一）洛阳盆地

洛阳盆地含"新砦类因素"的龙山文化晚期遗存或二里头文化遗存的遗址除了偃师二里头之外，还有洛阳东干沟、矬李、东马沟、皂角树、西高崖、巩义稍柴、偃师灰嘴等遗址。

1. 洛阳东干沟

东干沟遗址发现有丰富的二里头文化遗存[①]。发掘报告将东干沟二里头文化遗存分为早中晚三期，并指出早期的一部分与二里头一期相同或相似，中期和晚期大致相当于二里头文化的二、三期。

报告未提供进一步分期的层位关系，但将某发表的陶器与本书对二里头文化的分期相比较发现东干沟的二里头文化早、中期均可进一步细分：（图 3 - 3 - 9）

[①] 中国科学院考古研究所：《洛阳中州路(西工段)》，第 9、18 - 23 页，北京：科学出版社，1959 年。中国科学院考古研究所洛阳发掘队：《1958 年洛阳东干沟遗址发掘简报》，《考古》1959 年第 10 期，第 537 - 540 页。中国科学院考古研究所：《洛阳发掘报告》，第 55 - 82 页，北京：燕山出版社，1989 年。

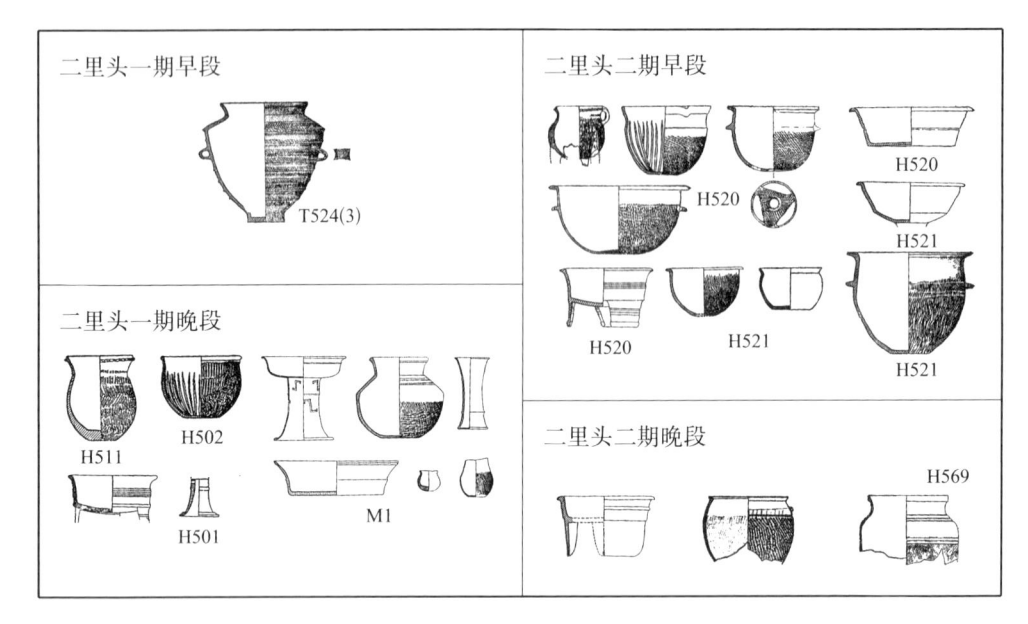

图 3-3-9 东干沟遗址二里头文化早期遗存的分期

早期单位中,T524(3)仅发表一件属于二里头文化的Ⅰ式大口尊,宽折沿,折肩,下腹斜收,小平底较高,周身有附加堆纹和一对桥形耳,为二里头文化一期早段的代表性器物。

其他早期单位,包括 M1、H501、H502、H511、H533 等均相当于二里头文化的一期晚段。其中,以 M1 最有代表性:Ⅱ式深盘腹豆,宽盘腹,圆唇外侈明显,粗柄,上部矩尺形镂孔;Ⅱ式大平底盆,敞口,尖唇,唇下有一周凸弦纹,底部边缘明显加厚;Ⅱ式甗,唇部微外撇,下腹近底部有一周凸棱;高领小罐,斜肩,下腹圆鼓。

中期各单位可分为两组:

一组以 H520、H521 为代表。发表器物中,Ⅱ式单耳罐形鼎侈口,颈部不高;Ⅲ式三足盘,腹略深,口微侈,三瓦足略高;Ⅲ式大平底盆,口沿外翻;深腹豆,折腹不甚明显,小翻沿;Ⅲ式刻槽盆,侈口,小平底;Ⅲ式甑,圜底近平,下腹微鼓。从这些特征看,应相当于二里头文化二期早段。

另一组以 H569 为代表。发表器物中,Ⅳ式三足盘,浅腹,唇部微外翻,高舌形足;Ⅳ式大口尊,口沿外卷,侈口,溜肩。应相当于二里头文化二期晚段。

晚期单位以 H523、H532 为代表,从出土的陶器特征看大致相当于二里头文化的第三期,不再赘述。

2. 洛阳矬李

矬李遗址的发掘简报将该遗址的二里头文化遗存分为两期,并指出矬李第四、五期分别相当于二里头文化一、二期①(图3-3-10)。

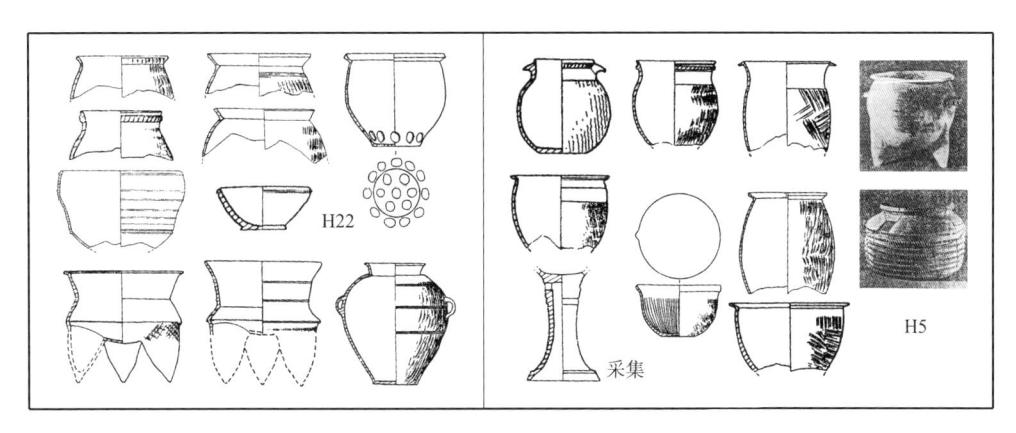

图3-3-10　矬李遗址龙山文化晚期晚段与二里头文化一期典型单位

检索简报提供的器物,在矬李第三期,即龙山文化晚期的陶器中发现一些年代较晚的特征:H22:3,双腹盆,敛口,折腹缓和;采:7,高柄豆,豆柄上部起台阶,带弦纹和两个圆形镂孔,喇叭口圈足上有一周凸弦纹,与花地嘴"新砦类遗存"的典型特征相近。另外,H22还出土有两件带花边口的罐:H22:29,深腹罐,卷沿,圆唇,口沿下直接压印出一周较宽的浅花边;H22:31,圆腹罐,尖圆唇微外侈,束颈,贴塑花边较宽,但略浅,其形态已非常接近二里头文化一期的花边口罐。

矬李以H22为代表的龙山文化晚期遗存在本书对龙山文化的分期中属于龙山文化晚期后段第四组,即龙山文化最晚阶段的遗存。从上面的分析可以看出,H22等单位不仅包含有典型的龙山文化晚期遗存(如斝、高领瓮、罐形甗、高柄豆、缓折腹盆等)和二里头文化一期(花边口罐)的因素。因此,矬李遗址H22等单位为我们认识洛阳盆地相当于"新砦类遗存"早段的龙山文化晚期遗存的特征提供了宝贵的线索。

矬李第四期发表的灰坑H5的器物较多,从形制特征看:属于二里头文化的Ⅱ式夹砂深腹罐,圆唇,平折沿,中腹圆鼓;Ⅱ式甗,折沿,圆唇,下腹斜弧。这两件器物均拍印有篮纹,为典型的二里头文化一期晚段的特征。但同时发表的Ⅲ式花边口罐,短颈,窄花边较高,带两小鋬手;Ⅲ式刻槽盆,侈口比较明显,小平底。这两件器物又具有明显的二里头文化二期早段的特征。因此,我们只能认为H5为二里头文化第二期

---

① 洛阳博物馆:《洛阳矬李遗址试掘简报》,《考古》1978年第1期,第5-17页。

的遗存。

煤李第五期发表的器物从形制特征看既有第二期早段,也有第二期晚段甚至更晚的特征。因此,煤李遗址的二里头文化至少能延续至二里头文化的第二期。

3. 洛阳西吕庙

西吕庙遗址未报道发现有"新砦类遗存"或二里头文化的遗存,但检索简报发表的龙山文化晚期遗存,个别陶器具有"新砦类遗存"的风格:(图3-3-11)

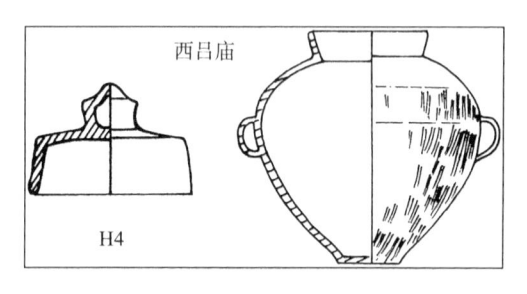

图 3-3-11　西吕庙遗址"新砦类遗存"

H4:11,属"新砦类遗存"的Ⅰ式器盖,近菌状钮,空心,个体较高大,器壁斜直,具有"新砦类遗存"的风格。这个单位在前文对龙山文化晚期遗存的分期中属于龙山文化晚期后段的第四组,即龙山文化最晚阶段的遗存。因此,这个单位与煤李 H22 一样是本地龙山文化晚期最晚阶段,并带有"新砦类"风格。

4. 巩义稍柴

稍柴遗址位于巩义市西南,伊洛河支流坞罗河北岸的台地上。该遗址是一处以二里头文化遗存为主的大型遗址,发掘者依据地层关系将该遗址的二里头文化遗存分为三期,分别相当于二里头文化的一、二、三期[①]。(图3-3-12)

属于稍柴第一期的单位中,H20、H35、H48、M5 等单位发表器物较丰富。其中,H20 篮纹盛行;二里头文化的Ⅰ式圆腹罐,口部不见花边;Ⅰ式侧装三角形高足鼎,浅腹,圜底,凹沿,圆唇,三足位置较低;Ⅰ式小口高领瓮,溜肩,下腹内收明显,小平底略高,周身有数周附加堆纹;Ⅰ式深盘腹豆,小卷沿较短;Ⅰ式折腹形器盖,敞口,钮较高大;Ⅰ式夹砂罐,微垂腹;Ⅰ式刻槽盆,直口微内敛,小平底。从这些特征看,均具有明显的二里头文化一期早段的风格。但另一方面也有个别器物特征略晚,比如,有的刻槽盆口微侈;浅盘豆,唇部外侈明显。因此,总体来看 H20 应大致相当于二里头文化一期早段或略晚。

---

① 河南省文物研究所:《河南巩县稍柴遗址发掘报告》,《华夏考古》1993 年第 2 期,第 1-45 页。

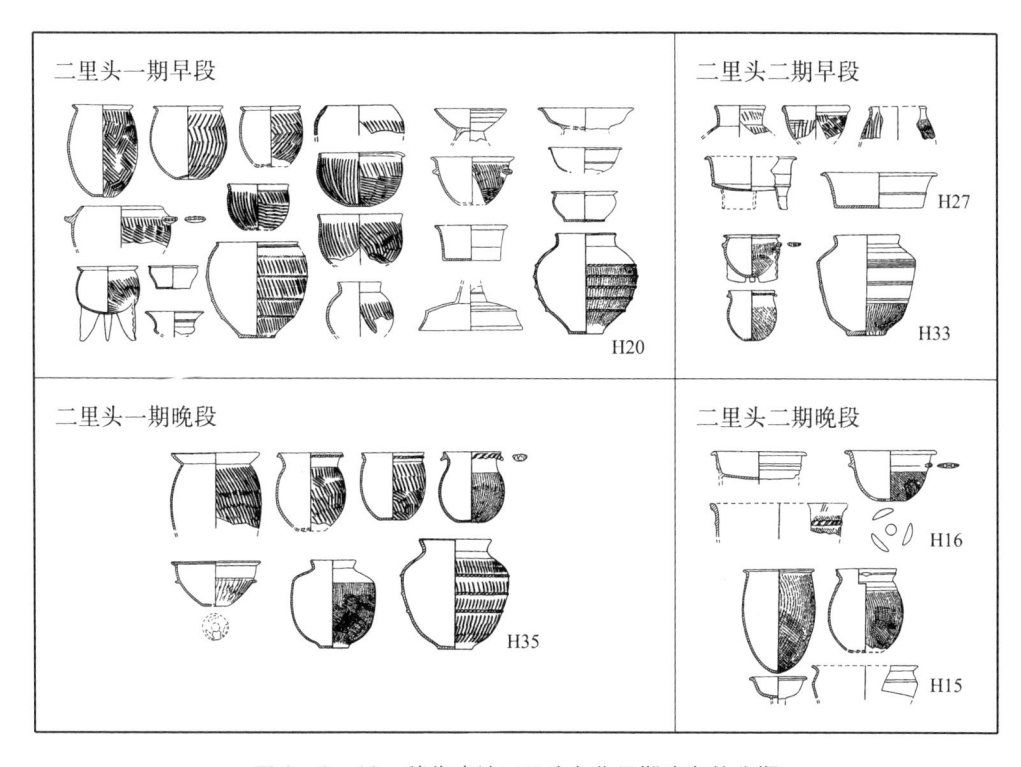

图 3-3-12 稍柴遗址二里头文化早期遗存的分期

H35 篮纹仍较流行；Ⅱ式花边口圆腹罐,颈部较高,侈口,尖圆唇；Ⅱ式夹砂深腹罐,体态略瘦；Ⅱ式小口高领瓮,侈口,溜肩,下腹微弧鼓,并内收成小平底；Ⅱ式甑,斜弧腹壁,平底；Ⅱ式尊形瓮,溜肩,下腹弧鼓,并内收成小平底。这些特征均为二里头文化一期晚段的典型风格。与 H35 出土陶器特征类似的还有 H48、M5、T7④,如,Ⅱ式折腹形器盖,唇部外翻；Ⅱ式三足盘,深腹,但唇外折,三足略高；Ⅱ式觚,底部台阶明显；矩尺形镂孔的大圈足盘,折腹,平底等。这些单位都大致相当于二里头文化一期晚段。

属于稍柴第二期的单位从陶器形制特征看,也有早晚之别。其中,H27、H33 出土的Ⅲ式三足盘,盘腹略深；Ⅲ式侧装三角形盆形鼎,小平底,圆唇,平折沿；Ⅲ式花边口圆腹罐,颈略长；Ⅲ式大平底盆,尖圆唇微外翻；Ⅲ式尊形瓮,折肩,下腹内收成小平底。从这些特征看,这两个单位应相当于二里头文化二期早段。H15、H16 出土器物中,Ⅳ式三足盘,盘腹浅,唇部向下外折；Ⅳ式大口尊,口径与最大腹径相当；Ⅳ式圆腹罐,束径较短；Ⅳ式夹砂深腹罐,尖圜底。从这些特征看,这两个单位应属于二里头文化二期晚段。

5. 偃师灰嘴

灰嘴遗址早年发掘简报中的商代文化遗存属于二里头文化[①],从发表陶器的特征看,大致相当于二里头文化第二期。2002－2003年发掘的M3属于二里头一期,其中花边口圆腹罐的花边浅,仅在口沿部位;觚形杯素面,薄底,无弦纹;一件性质特殊的单把小鼎,唇部有很浅的花边。这些都具有二里头一期早段的特征。(图3-3-13)

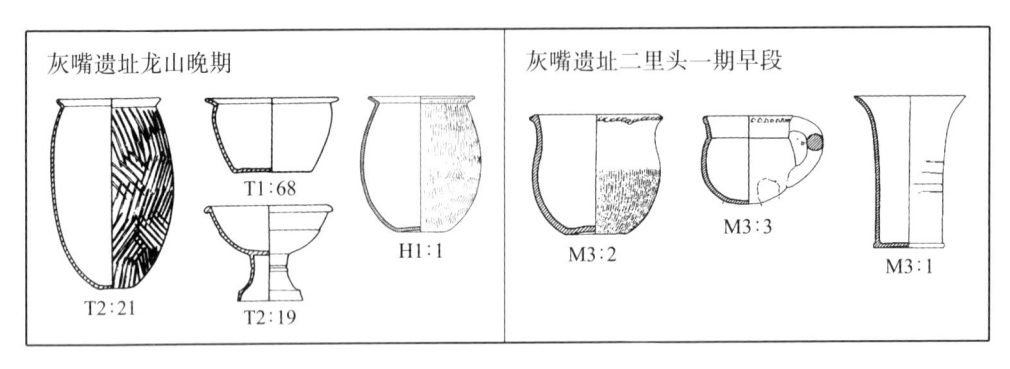

图3-3-13 灰嘴遗址的二里头一期遗存

简报中龙山文化遗存的个别器物,从形制特征看接近于二里头文化一期。比如T2:21,夹砂深腹罐,小平底,周身拍印浅篮纹;T1:68,平底折沿盆,束颈,大平底;T2:19,深盘腹豆,圆唇外翻,圈足起台阶;H1:1鼓腹罐,小凹底,唇下有很浅的花边装饰。因缺乏共存器物,这些器物尚难以判断是否属于龙山文化最晚阶段,还是进入二里头一期。但重要的是,灰嘴遗址有龙山至二里头文化发展的完整序列。

上述洛阳盆地各遗址相当于"新砦类遗存"阶段的龙山文化晚期遗存与二里头文化早期遗存的分期可综合对应于下表:(表3-3-1)

表3-3-1 洛阳盆地龙山文化晚期晚段遗存与二里头文化早期遗存分期表(阴影代表存续,下同)

	龙山晚期晚段	二里头文化一期早段	二里头文化一期晚段	二里头文化二期早段	二里头文化二期晚段
西吕庙					
煤李					

---

① 河南省文物研究所:《河南偃师灰嘴遗址发掘报告》,《华夏考古》1990年第1期,第1-33页。中国社会科学院考古研究所河南第一工作队:《2002-2003年河南偃师灰嘴遗址的发掘》,《考古学报》2010年第3期,第393-422页。中国社会科学院考古研究所河南第一工作队:《河南偃师市灰嘴遗址西址2004年发掘简报》,《考古》2010年第2期,第36-46页。

续 表

	龙山晚期晚段	二里头文化一期早段	二里头文化一期晚段	二里头文化二期早段	二里头文化二期晚段
灰 嘴					
二里头					
东干沟					
稍 柴					

（二）洛河中游地区

洛河中游地区至今未发现有相当于含"新砦类遗存"阶段的龙山文化晚期遗存，二里头文化遗存发现数量也较少，主要遗址有宜阳四岭、宜阳黄龙庙、洛宁坡头和唐坡。

1. 宜阳四岭

四岭遗址位于宜阳韩城镇南洛河南岸的一级阶地上。该遗址面积超过15万平方米，文化堆积厚，主要为龙山至二里头时期的文化遗存。

经笔者实地调查，发现该遗址龙山和二里头文化的遗存均较发达。在沿河的断崖上发现有一段夯土，叠压在龙山文化的灰坑之上，又被二里头文化的灰坑和地层叠压打破。其层位关系可表示为：

05YSLHC（上）→05YSLH2→05YSLHC→05YSLHC（下）

其中，05YSLHC上、05YSLH2 和 05YSLHC（下）均采集有陶器，时代特征明显：

05YSLHC（下）：一件单耳杯，束颈，侈口，圆鼓腹；一件钵，敞口，尖圆唇。两件均为典型的龙山文化晚期器物。

05YSLH2：两件二里头文化Ⅱ式花边口圆腹罐，尖圆唇，颈部较高，花边略浅，带小鸡冠形鋬手；一件Ⅱ式夹砂深腹罐，方唇，平沿，内折缓和，器身瘦高；一件圈足盘，大平底，喇叭口形圈足上带矩尺形镂孔。从这些特征看，均属于二里头文化一期晚段的典型器物。

05YSLHC（上）：一件二里头文化Ⅲ式花边口圆腹罐，侈口，束颈较短，花边较高；一件Ⅲ式尊形瓮，短束颈，溜肩；两件器底，平底微凹，器物下腹似微斜鼓。从这些特征看，应属于二里头文化二期早段。（图3-3-15）

遗址中虽未采集到相当于二里头文化一期早段和更早的龙山文化晚期晚段的遗存，但从遗址的主要文化堆积自龙山文化晚期至二里头文化阶段均较发达的特征判断，很可能也存在相当于这一阶段的遗存。

2. 宜阳黄龙庙

黄龙庙遗址位于宜阳县东洛河南岸的一级阶地上。该遗址面积不大,且被破坏严重。调查发现有二里头文化早期的遗存。

灰坑05YHLMH1暴露于沿河的断崖上。其中采集到一些二里头文化的陶片:二里头文化的Ⅱ式花边口圆腹罐,尖圆唇,束颈略高,花边浅,带两个小鋬手;Ⅱ式小口高领瓮,厚圆唇,溜肩,拍印模糊的篮纹;另外还有一件凹圜底和两件底部起小台阶的圈足。从这些特征看,大致应相当于二里头文化的一期晚段。(图3-3-14)

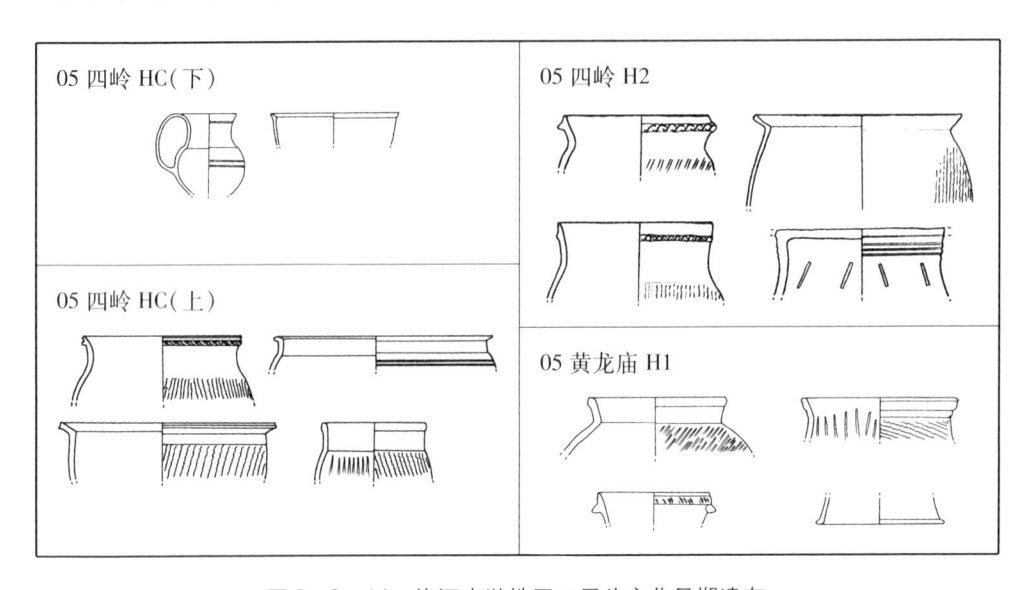

图3-3-14 洛河中游地区二里头文化早期遗存

3. 洛宁坡头和唐坡

坡头和唐坡遗址均位于洛宁县东南洛河南岸的黄土台塬上。坡头遗址是一处以二里头文化晚期遗存为主的遗址,文化堆积不厚。唐坡遗址是一处以仰韶文化遗存为主的遗址,二里头文化的堆积仅发现在遗址北部很小的范围。

从出土陶器的特征看,花边口圆腹罐,短颈;夹砂深腹罐,多卷沿,有的口沿外侧还带有一周凸棱;大口瓮,敞口微侈,深腹,周身附加堆纹;折沿盆,大敞口,圜底,颈部有一周宽的附加堆纹。应属于二里头文化第三、四期的遗存。

总之,洛河中游地区目前所发现的二里头文化遗存数量非常少,尤其是洛河自韩城以上的地区不但遗址数量极少,而且均属于二里头文化晚期。洛河韩城以下,自四岭遗址开始,发现的二里头文化遗存的数量增加,且普遍发现有一期遗存,情况与洛阳盆地近似。

从地貌特征看,韩城一带正处于洛河出伏牛山和崤山的山口。其下,地域开阔,沿河阶地发达,与洛阳盆地连成一片;其上则进入山区。因此,这里正是洛阳盆地与洛河中游地区的自然分水岭,而四岭遗址则恰处于两地交接地区。

(三) 伊河流域

伊河流域目前尚未发现"新砦类遗存",但二里头文化遗址发现数量较多,主要有伊川南寨、白元、坡头寨、孙村、白沙、鳌头岭、李村、嵩县瑶湾、老樊店、横落山、南东庄和支流白降河流域的登封南洼、刘相等。

1. 伊川南寨

南寨遗址位于伊川县东北,伊河支流曲枝河南岸的一级阶地上。该遗址以二里头文化遗存为主要堆积,曾发掘出土一批二里头文化的遗迹①。(图3-3-15)

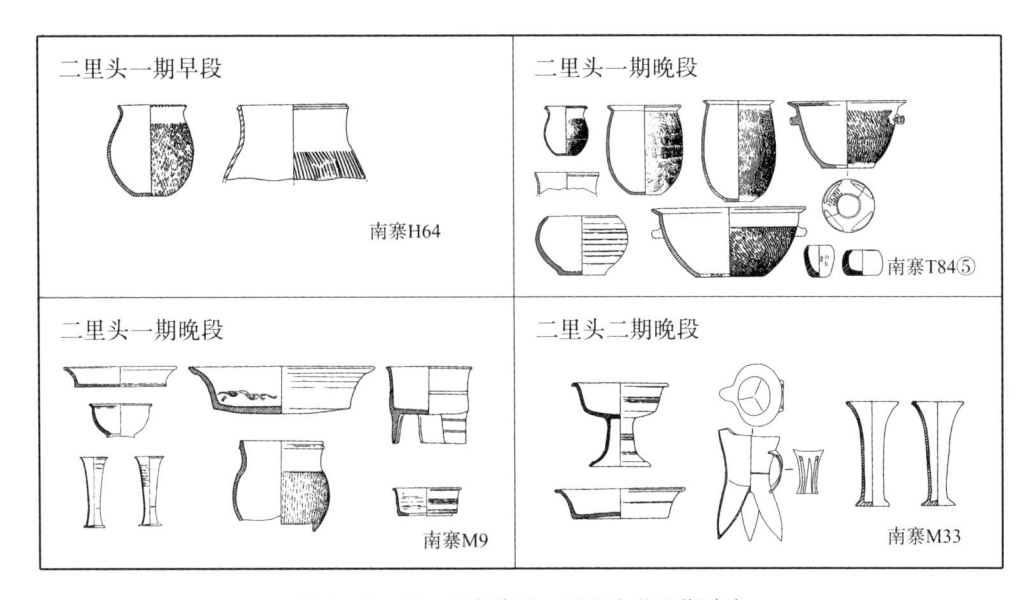

图3-3-15 南寨遗址二里头文化早期遗存

简报根据出土器物的特征及组合将二里头文化的墓葬分为四期:并指出第一、二期相当于二里头文化二期早、晚两段;第三、四期分别相当于二里头文化三、四期。报告又进一步将二里头文化遗存分为前后6段,并指出第1-6段分别相当于二里头文化第一期、第二期早段、第二期晚段、第三期、第四期早段和第四期晚段。

南寨遗址第1段遗存中,H64发表了两件花边口圆腹罐,均拍印篮纹,花边位于唇部,且十分浅,器壁轻薄。从这些特征看,应属于二里头一期早段。T84⑤层出土了较

---

① 中国社会科学院考古研究所:《1959年豫西六县调查简报》,《考古》1961年第1期,第29-32页。河南省文物考古研究所:《河南伊川县南寨二里头文化墓葬发掘简报》,《考古》1996年第12期,第36-43页。河南省文物考古研究所:《伊川考古报告》,郑州:大象出版社,2012年。

多的器物,花边口罐的花边还位于唇部,但已比较凸出;深腹罐都有小平底,拍印篮纹;两件盆形甑的下腹斜收,具有较早的特征,应属于二里头文化一期晚段。

南寨遗址发掘了一定数量的二里头文化墓葬,从随葬品组合和器形特征看,主要属于二里头文化一期晚段到四期。

M3、M9 的随葬品中,三足盘接近二里头文化的Ⅱ式,深盘腹,瓦足略高;大平底盆,腹略浅,大敞口,尖圆唇,为二里头文化Ⅱ式特征;陶鬹接近二里头文化Ⅲ式鬹,尖唇,底部略起小台阶,下腹有一周凸弦纹。从这些特征看,应相当于二里头文化的一期晚段。

M26、M33 的随葬陶器中可见二里头文化Ⅳ式圆腹罐,瘦腹,小平底;Ⅲ式大平底盆,中腹有一周凸弦纹;Ⅳ式深腹豆,折腹明显;Ⅲ、Ⅴ式陶鬹各一件,大致相当于二里头文化二期晚段或略早。

值得注意的是,与南寨遗址相邻的北寨遗址出土有丰富的龙山文化各个阶段的遗存,因此南寨、北寨遗址可以综合看作是从龙山到二里头文化的延续发展。

2. 伊川白元

白元遗址发掘有丰富的二里头文化遗存,发掘者将该遗址的二里头文化遗存分为两期,即白元第二、三期,并指出其分别相当于二里头文化的一、二期[①]。

白元第二期发表有数个单位的陶器,从简报的文字描述看应存在直接的层位关系,但简报对此并未准确说明。仅从陶器的形制特征看,可分为两组:(图 3－3－16)

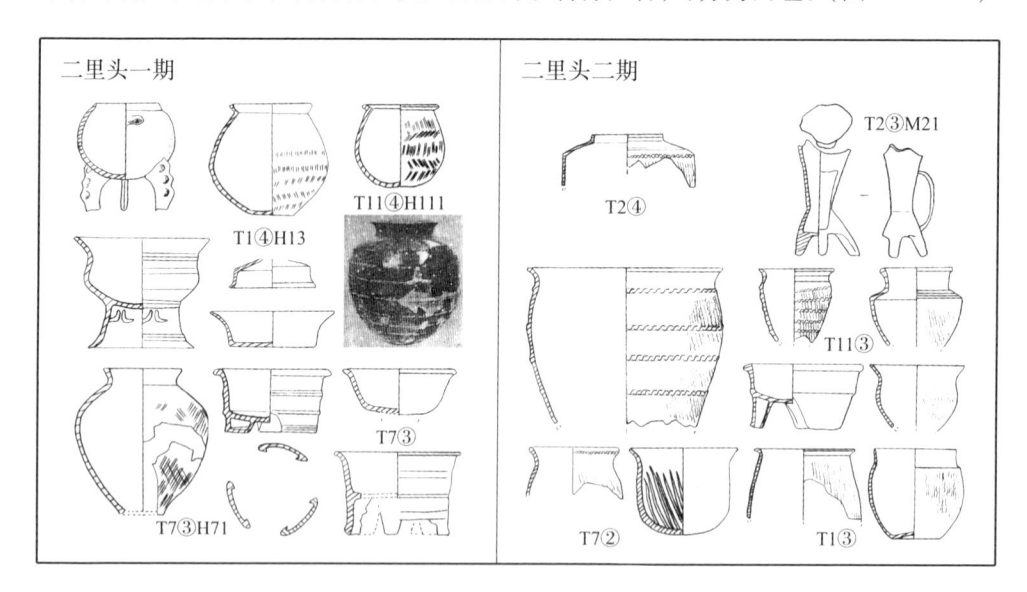

图 3－3－16 白元遗址二里头文化早期遗存

---

① 洛阳地区文物处:《伊川白元遗址发掘简报》,《中原文物》1982 年第 3 期,第 7－14 页。

第一组，包括 T1④H13、T7③H71、T9③H94、T11④H111 等单位。发表有二里头文化的Ⅰ式侧装三角形盆形鼎，宽折沿，三足位置较低；Ⅰ式甑，宽折沿，下腹斜收，平底；Ⅰ式大平底盆，大敞口，尖圆唇；Ⅰ式三足盘，深腹，直口，唇外折，瓦足低矮；Ⅰ式深盘腹豆，厚圆唇，盘腹略窄；Ⅰ式大口尊，宽折沿微外卷，圆鼓肩，下腹斜收；夹砂浅腹罐，垂腹，圜底；矩尺形镂孔的圈足盘，敞口，深腹，圜底。从这些特征看，属于典型的二里头文化一期早段的风格。

第二组，以 T7③为代表。发表有二里头文化典型的Ⅱ式三足盘，深腹，圆唇外折，三瓦足略高。应属于二里头文化一期晚段。

白元第三期各单位从陶器形制特征看，也能大致分为两组：

第一组，包括 T2④、T2③M21。发表有二里头文化的Ⅲ式大口尊，矮领，折肩，深鼓腹；爵，小凹口，高领，束颈，三实足。相当于二里头文化的二期早段。

第二组，包括 T2③、T11③、T1③、T7②等单位。发表有二里头文化的Ⅳ式侧装三角形盆形鼎，浅腹，圜底，三足较高；Ⅳ式刻槽盆，侈口，圜底；Ⅳ式大口尊，矮领，卷沿，下腹鼓收；Ⅳ式三足盘，浅腹，三瓦足高。从这些特征看，应相当于二里头文化的二期晚段。

白元遗址还出土有丰富的龙山文化遗存，龙山到二里头文化的发展延续性较强。

3. 登封南洼

南洼遗址位于伊河下游支流白降河上游的小型支流南岸阶地上。该遗址的二里头文化堆积丰富，发掘者依据层位关系将其分为三期，并指出分别相当于二里头文化的一期偏晚阶段、二期和三期[1]（图 3-3-17）。

南洼第一期以 J1、H228 为代表，从出土陶器的特征看：属于二里头文化的Ⅱ式夹砂深腹罐，缓折沿，圆唇；Ⅱ式花边口圆腹罐，长颈，花边位于唇部；Ⅱ式甑，平底，下腹斜鼓；Ⅱ式刻槽盆，直口微侈。应属于二里头文化的一期晚段。

南洼第二期以 H19 为代表，从出土的陶器的特征看：属于二里头文化的Ⅲ式夹砂深腹罐，圆唇，深腹，小平底；Ⅲ式花边口圆腹罐，侈口，短颈，带小鋬手；Ⅲ式折沿盆，缓折沿，大平底；Ⅲ式深盘腹豆，厚圆唇外卷，圈足略矮，底部起台阶；Ⅲ式三足盘，腹略深，三足略高等。从这些特征看，应属于二里头文化的二期早段。

南洼第三期 H20 出土的陶器中，属于二里头文化的Ⅳ式夹砂深腹罐，折沿，深腹；Ⅳ式圆腹罐，颈略长；Ⅳ式折沿盆，缓折沿，鼓腹；Ⅳ式深盘腹豆，圆唇外折，腹略浅。从这些特征看，大致应相当于二里头文化的二期晚段。

---

[1] 郑州大学历史学院考古系、郑州市文物考古研究所：《河南登封南洼遗址 2004 年春试掘简报》，《中原文物》2006 年第 3 期，第 4-12、22 页。郑州大学历史文化遗产保护中心：《登封南洼——2004-2006 年田野考古报告》，北京：科学出版社，2014 年。

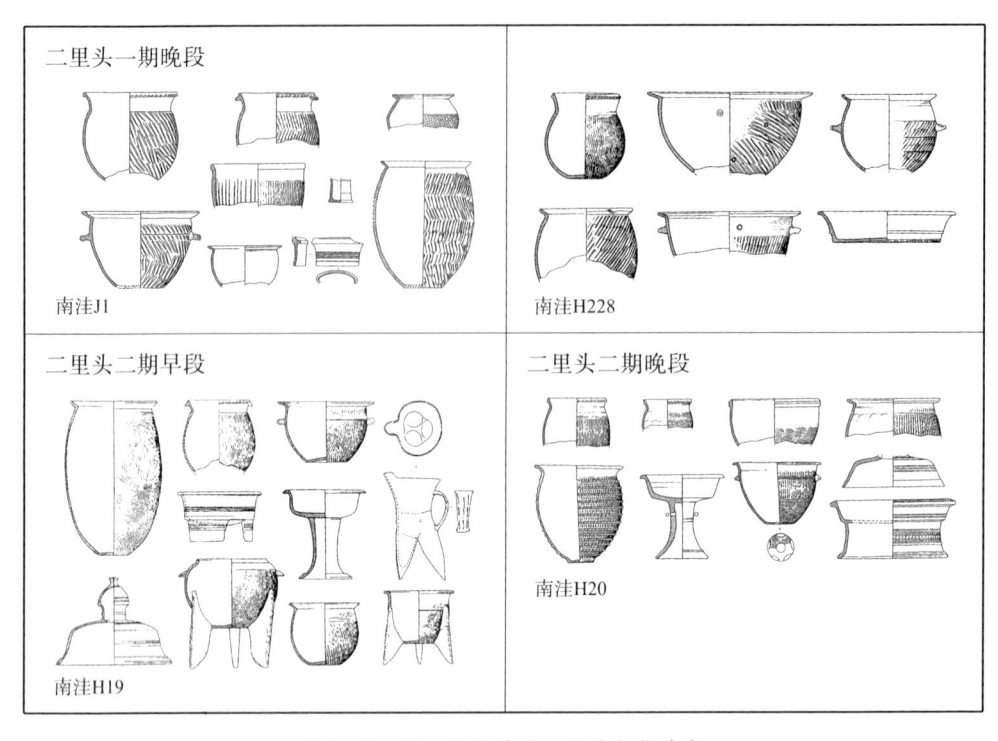

图 3-3-17 南洼遗址二里头文化遗存

4. 嵩县瑶湾

瑶湾遗址位于嵩县北,伊河支流焦家川河北岸的一级阶地上。该遗址已进入伏牛山区,位置偏远,但发现有丰富的二里头文化早期遗存。(图 3-3-18)

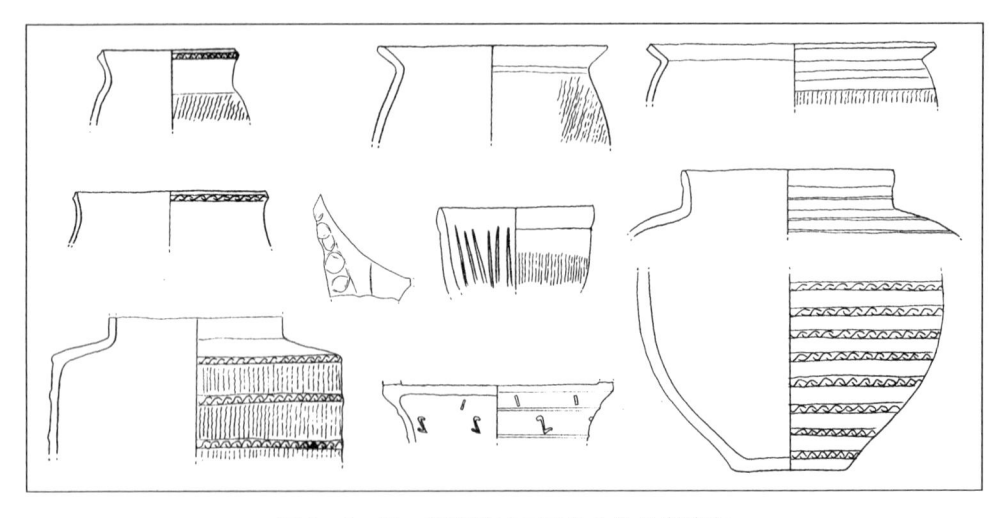

图 3-3-18 瑶湾遗址二里头文化早期遗存

该遗址因砖厂长期取土,已被破坏殆尽,但调查时仍采集到大量二里头文化早期的陶片。其中,属于二里头文化的Ⅱ式大口尊,折肩,深鼓腹,周身有绳纹与数周附加堆纹;Ⅱ式刻槽盆,直口,微侈;Ⅱ式花边口圆腹罐,花边略浅,侈口,颈部略长;Ⅱ式高领瓮,下腹弧收成小平底;矩尺形镂孔圈足盘,平底。从这些特征看,应相当于二里头文化一期晚段。

另外,遗址中也采集到较多属于二里头文化第二期的陶器,如Ⅲ式侧装三角形高足鼎、Ⅲ式折腹形器盖等。

5. 其他遗址

伊河流域调查发现的其他二里头文化遗址数量较多,这些遗址遍及整个伊河流域及其支流,其中规模较大的有伊川坡头寨、白沙、鳌头岭、李村,嵩县南东庄等,其遗存的年代范围大致涵盖了二里头文化的二至四期。

上述伊河流域各遗址的二里头文化遗存的分期可综合对应于下表:(表3-3-2)

表3-3-2 伊河流域二里头文化遗存分期表

	龙山晚期晚段	二里头文化一期早段	二里头文化一期晚段	二里头文化二期早段	二里头文化二期晚段
南寨(北寨)					
白 元					
瑶 湾					
南 洼					
其 他					

(四)涧河流域

涧河流域目前尚未发现含"新砦类因素"的遗存,包含二里头文化遗存的遗址有渑池郑窑、鹿寺和新安太涧。

1. 渑池郑窑

郑窑遗址位于渑池县西涧河支流羊河西岸的台地上。该遗址的主要文化堆积为二里头文化,发掘者依据地层关系将其分为三期,并分别对应于二里头文化的一、二、三期[1]。

---

[1] 河南省文物研究所、渑池县文化馆:《渑池县郑窑遗址发掘报告》,《华夏考古》1987年第2期,第47-95页。

郑窑第一期文化以 H28、H36、J5 为代表。其中,J5、H28 出土二里头文化 I 式花边口圆腹罐,长颈外侈,花边贴于唇部；I 式夹砂深腹罐,折沿,平底；I 式深盘腹豆,圆唇外侈,宽盘腹；I 式圈足盘,深腹,口微侈。从这些特征看,属于二里头文化一期早段。H36 出土 II 式三足盘,深盘腹,三瓦足很矮；II 式大平底盆,翻沿,底部边缘略厚。这些特征属于二里头文化一期晚段。

郑窑第二期文化以 H20、H33、H39、H71 为代表。其中,H33 打破 H39。从出土陶器的特征看,H39、H71 发表的陶器有：属于二里头文化的 III 式花边口圆腹罐,颈部略长,侈口,花边突出,带小鋬手；III 式盆形鼎,折沿,浅腹,平底,三足安装位置略高；III 式刻槽盆,口微侈,平底；III 式深盘腹豆,唇部外侈,深腹微折,豆柄上部圆形镂孔；III 式三足盘,腹略深,卷沿,三足略高；III 式大口尊,宽卷沿,折肩或圆鼓肩,下腹弧收；III 式大平底盆,大翻沿。从这些特征看,应属于二里头文化的二期早段。H20、H33 发表的陶器有：属于二里头文化的 IV 式夹砂深腹罐,深腹,圜底；IV 式花边口圆腹罐,短颈,带双耳；IV 式大口尊,翻沿,溜肩,下腹圆鼓,凹圜底。从这些特征看,应属于二里头文化的二期晚段。(图 3-3-19)

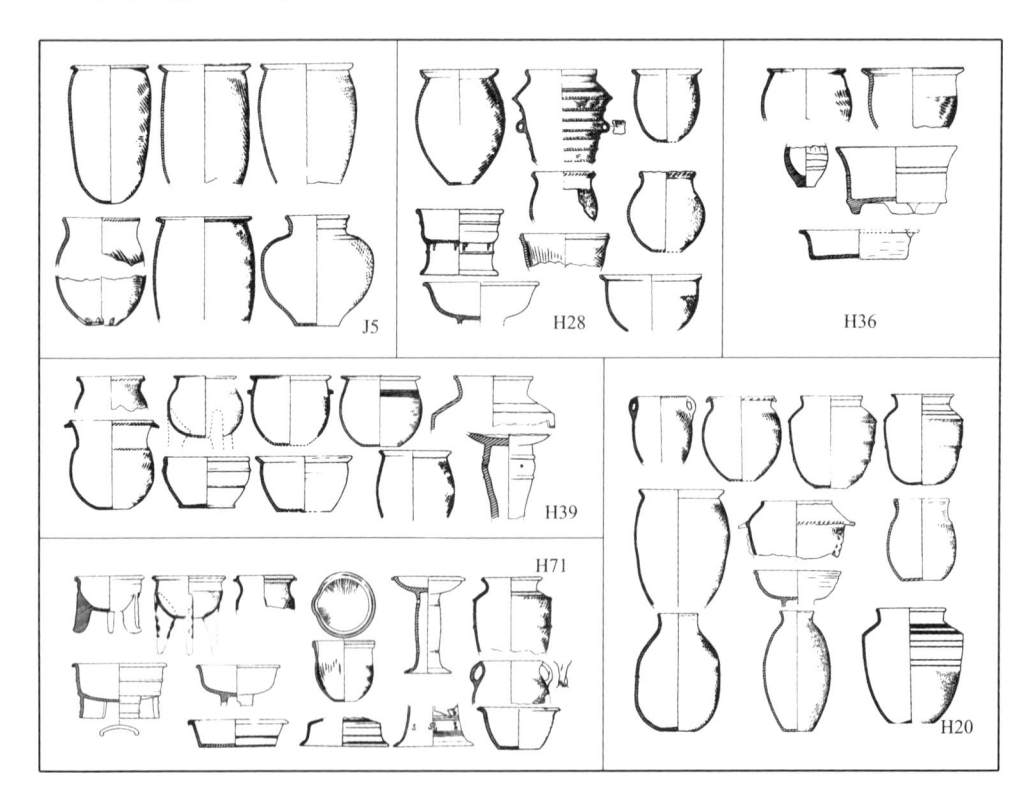

图 3-3-19　郑窑遗址二里头文化早期遗存

2. 渑池鹿寺

鹿寺遗址位于渑池县西,主要文化堆积可分上下两层,其中下文化层为二里头文化[①]。

从出土陶器的特征看,二里头文化遗存可分为早晚两段:

早段:包括 H12、H13。从出土陶器的特征看:属于二里头文化的Ⅲ式夹砂深腹罐,瘦腹,圜底;Ⅲ式花边口圆腹罐,领部略短;Ⅲ式深盘腹豆,口盘略宽;敛口高足鼎,侧装三角形足位置较低。从这些特征看,大致相当于二里头文化的二期早段。

晚段:以 H2 为代表。从出土陶器特征看,Ⅳ式刻槽盆,敞口;大口尊,圜底;圈足豆,高圈足,十字形镂孔。大致相当于二里头文化的二期晚段至第三期。

3. 新安太涧、盐东

太涧遗址位于新安县西北,涧河与黄河交汇处。发掘表明该遗址包含有丰富的二里头文化遗存,简报亦将其划分为两期[②]。从出土陶器的特征看,短颈双耳花边口圆腹罐、卷沿夹砂深腹罐等特征,大致相当于二里头文化的三、四期。

盐东遗址位于新安县北,畛河与黄河交汇处的高台地上。遗址发现有少量二里头文化遗存,年代大致相当于二里头文化第二期[③]。

(五)济源盆地

济源盆地目前尚未发现明确含"新砦类因素"的遗存,包含有二里头文化遗存的遗址主要有吉利东杨村、济源留庄、交兑、武陟大司马、赵庄、温县北平皋、孟县禹寺、焦作府城等。

1. 吉利东杨村

东杨村遗址包含有较丰富的二里头文化遗存,发掘简报将其分为两期,即东杨村第三、四期,并分别对应于二里头文化的二、三期[④]。(图 3-3-20)

东杨村第三期,H1 发表有鬲,深腹,卷沿,高足;大口尊,小卷沿,凹圜底;甑,尖圜底。从这些特征看,应属于二里头文化第三期的遗物。

M2、M5、M6 发表的陶器中:属于二里头文化的Ⅳ式罐形鼎,束颈,直领;Ⅳ式圆腹罐,短颈,侈口;Ⅲ式大平底盆,大翻沿;Ⅳ式深盘腹豆,宽折腹。从这些特征看,大致相当于二里头文化的二期晚段。

[①] 河南省文化局文物工作队:《河南渑池鹿寺商代遗址试掘简报》,《考古》1964 年第 9 期,第 435-440 页。
[②] 洛阳市文物工作队、新安县文物保护管理所:《河南新安县太涧遗址发掘简报》,《考古与文物》1998 年第 1 期,第 3-21 页。
[③] 河南省文物管理局、洛阳市文物考古研究院:《黄河小浪底水库考古报告(四)》,郑州:中州古籍出版社,2013 年。
[④] 洛阳市文物工作队:《河南洛阳吉利东杨村遗址》,《考古》1983 年第 2 期,第 101-115 页。

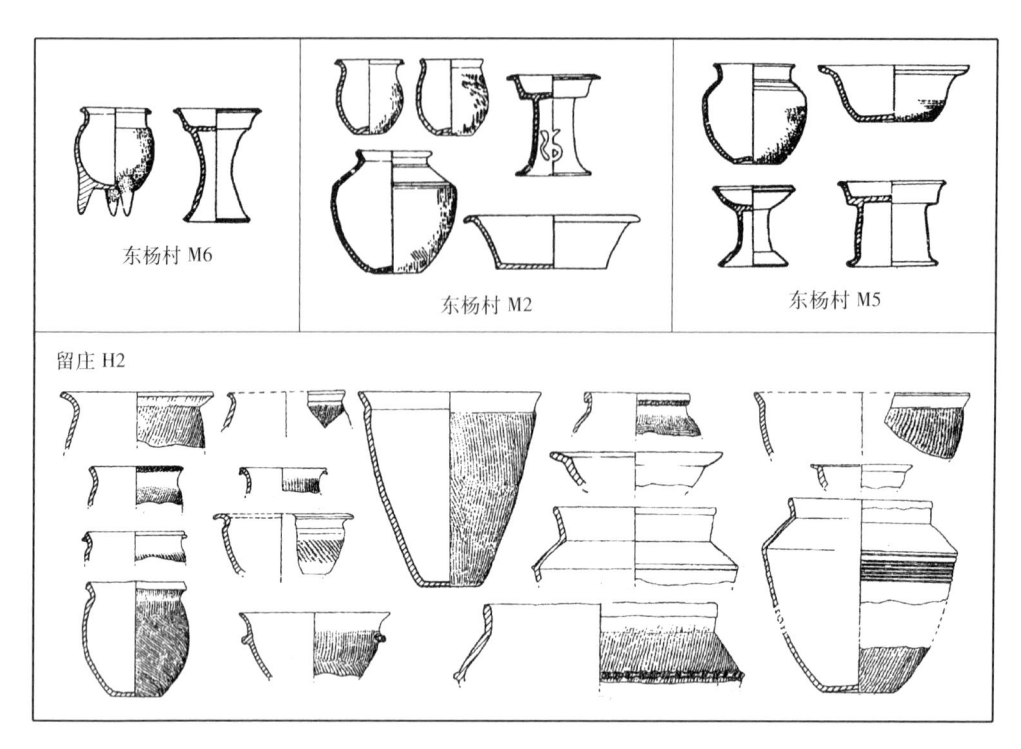

图 3-3-20 济源盆地二里头文化早期遗存

从发表器物的特征看,东杨村第四期大致相当于二里头文化的三期或更晚,不再赘述。

2. 济源留庄

留庄遗址包含有丰富的二里头文化遗存,发掘报告依据地层关系将其分为三期,并分别对应于二里头文化的二、三、四期[①]。(图 3-3-20)

留庄二里头文化第一期,灰坑 H2 发表的陶器较多:属于二里头文化的Ⅳ式夹砂深腹罐,卷沿;Ⅳ式花边口圆腹罐,颈部较短;Ⅳ式折沿盆,卷沿,深腹,大平底。从这些特征看,应属于二里头文化的二期晚段。

留庄二里头文化第二、三期,从发表陶器的特征看,大致相当于二里头文化的三、四期,不再赘述。

3. 焦作府城

府城遗址位于焦作西南,沁河北 20 公里。该遗址发掘出土了丰富的二里头文化时期遗存,是济源盆地一处重要的二里头文化时期的遗址。发掘者认为其相当于二

[①] 河南省文物管理局、河南省文物考古研究所:《黄河小浪底水库考古报告(一)》,第 95-160 页,郑州:中州古籍出版社,1999 年。

里头遗址二里头文化三期晚段到四期之间①。

4. 其他遗址

济源盆地其他二里头文化遗址的二里头文化遗存均属于二里头文化的晚期,包括经过正式发掘的济源交兑遗址以及经详细调查的武陟大司马、赵庄、温县北平皋等遗址②。

总之,济源盆地目前尚未发现典型"新砦类因素"的遗存。属于二里头文化的遗存以二里头文化晚期为主,个别遗址可早至二里头文化的二期晚段。武陟、济源等地也曾发现一些年代更早的二里头文化遗存的线索③,但显然二里头文化早期遗存在济源盆地的发展相当衰弱。

(六) 郑州地区

郑州地区龙山晚期至二里头早期的情况比较复杂。除了典型"新砦类遗存"的新砦遗址之外,还有大量的同期遗存的发现。整体而言,仍需要划分为荥阳—郑州地区和双洎河流域分别讨论。(图3-3-21)巩义花地嘴遗址可以看作是本区最西段与洛阳盆地相接的典型"新砦类遗存"遗址。

1. 郑州—荥阳地区

郑州—荥阳地区主要是嵩山东北荥阳地区的索、须、枯河以及郑州地区的贾鲁河、金水河流域。这些小型河流均源于嵩山北麓自南向北流。该区发现的龙山文化晚期至二里头文化的遗址主要有郑州大河村、洛达庙、上街、岔河、大师姑、东赵、荥阳竖河、阎河、西史村、唐垌、巩义花地嘴等。

(1) 郑州大河村

大河村遗址发掘报告中并未直接报道有"新砦类遗存"和二里头文化早期的典型单位,报告中的"二里头文化遗存"当属二里头文化的晚期(即第三、四期)。但是检索龙山文化晚期各单位发表的陶器可以发现,有个别单位的部分陶器具有某些年代较晚的特征。

比如,大河村T53③发表的器物中:具有"新砦类遗存"特征的Ⅱ式夹砂罐,或卷沿,或圆唇平沿,唇部略起台阶,折沿内侧起棱不明显;盆,缓折腹,小折沿,贯形耳;陶器上出现鸡冠形耳等。这些特征中具有一些"新砦类遗存"早段的风格,但基本上仍属于龙山文化最晚阶段的遗存④。

---

① 杨贵金、张立东:《焦作市府城古城遗址调查报告》,《华夏考古》1994年第1期,第1-11页。袁广阔、秦小丽:《河南焦作府城遗址发掘报告》,《考古学报》2000年第4期,第501-536页。袁广阔、秦小丽、杨贵金:《河南焦作市府城遗址发掘简报》,《华夏考古》2000年第2期,第16-35页。
② 北京大学考古专业商周组等:《晋豫鄂三省考古调查简报》,《文物》1982年第7期,第1-16页。中国社会科学院考古研究所河南一队、焦作市文物工作队:《河南焦作地区的考古调查》,《考古》1996年第11期,第31-45页。
③ 杨贵金:《沁水下游的夏文化与先商文化》,《中原文物》1997年第2期,第34页。
④ 郑州市文物考古研究所:《郑州大河村》,北京:科学出版社,2001年。

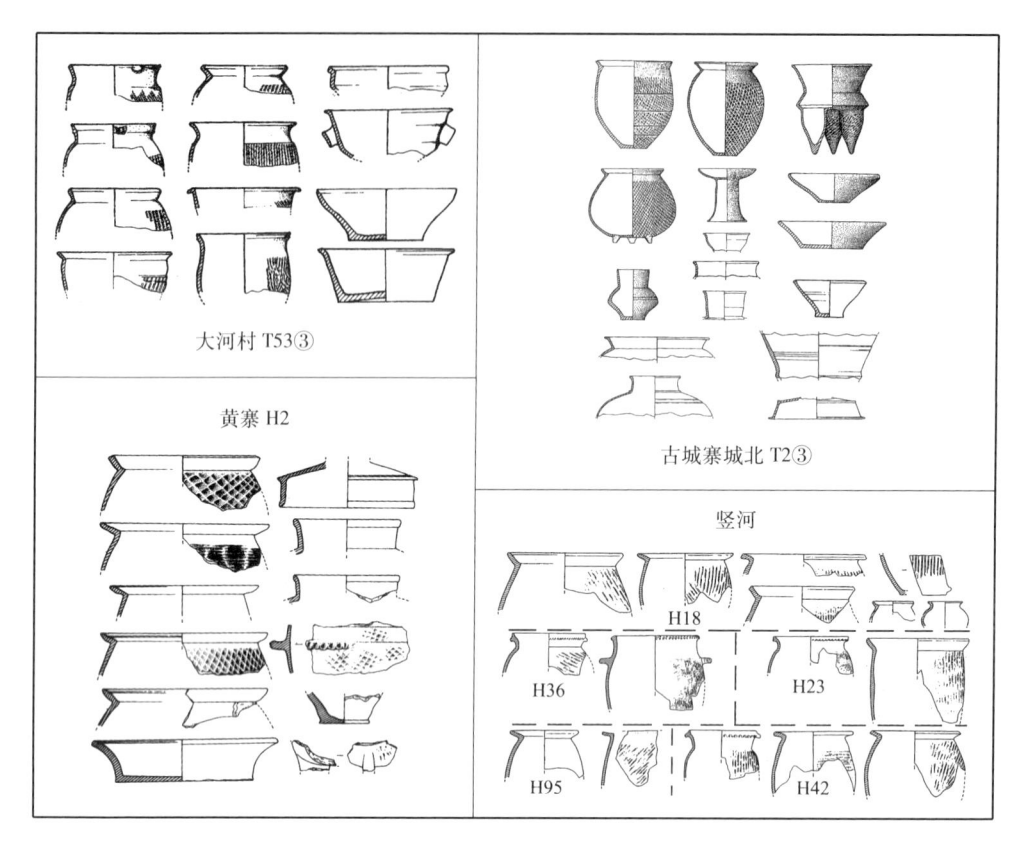

图 3-3-21　郑州地区含"新砦类因素"的龙山文化晚期遗存与二里头一期遗存

（2）荥阳竖河

竖河遗址发掘简报根据地层关系将二里头文化遗存分为三期 4 段,并认为一期 1 段早于偃师二里头文化一期,第一期 2 段、二期 3 段和三期 4 段分别相当于偃师二里头文化的二、三、四期[①]。

简报中属于二里头文化一期 1 段的单位只有 H18。从出土的器物特征看：具有"新砦类遗存"特征的Ⅰ式夹砂深腹罐,折沿方唇或圆唇,沿面或平或凹,唇部内侧有一周浅凹槽；圆腹罐,卷沿,束颈,圆鼓腹,素面；Ⅰ式刻槽盆为大平底。这些特征均具有"新砦类遗存"早段的风格,年代应大致相当。

简报中属于二里头文化一期 2 段的单位发表有 H23、H36、H42、H95。除了 H95 之外,其他三个单位均发表有二里头文化的Ⅱ或Ⅲ式花边口圆腹罐,从束颈,侈口略

[①] 河南省文物研究所：《河南荥阳竖河遗址发掘报告》,《考古学集刊(10)》,第 1-47 页,北京：地质出版社,1996 年。

短,花边近于唇部,带小鋬手的特点看应属二里头文化一期晚段或二期早段。

竖河遗址二里头文化一期 1 段与 2 段之间有明显的差异:相比较而言一期 1 段具有更多的龙山文化晚期风格,与二里头遗址的一期早段相差较大,更接近于"新砦类遗存"的早段;一期 2 段与 1 段之间差异较大,与二里头遗址二里头文化的风格更加统一。

(3) 其他

该区域的系统调查表明[1],这里存在较为丰富的二里头文化,虽分布零散,但较为丰富,尤其是与龙山文化相比,二里头文化时期出现了以东赵、大师姑为代表的区域性中心。从调查的情况看,包括东赵遗址在内都存在若干由龙山发展至二里头文化的连续性遗存。但由于缺乏足够的发表材料,对龙山向二里头的过渡还缺乏清晰的认识。

其他见诸报道的二里头文化遗址年代略晚,基本涵盖二里头文化的二至四期。其中,郑州洛达庙、黄委会青年公寓、上街等遗址的二里头文化遗存可分为洛达庙一、二、三期,分别与二里头文化的第二、三、四期相对应[2];郑州岔河遗址二里头文化遗存大致相当于二里头文化的三期晚段到四期早段[3];郑州大师姑遗址二里头文化遗存大致相当于二里头文化的二期晚段到四期[4];郑州阎河遗址的发掘简报称发现有二里头文化一期遗存,但从发表陶器的特征看,均应属二里头文化四期[5];荥阳西史村遗址的二里头文化遗存大致相当于二里头文化的二期晚段到三期[6];

2. 双洎河流域

双洎河流域位于嵩山东南的新密市和新郑市的部分地区,新砦遗址即位于此处,也是目前发现"新砦类遗存"最集中的地区。该地区发现有龙山晚期至二里头遗存的重要遗址除了新密新砦之外,还有新密古城寨、黄寨、曲梁、新郑唐户、人和寨、望京楼等遗址。

(1) 新密古城寨

古城寨遗址发掘有龙山文化和二里头文化遗存,但简报只提供了部分龙山文化

---

[1] 郑州市文物考古研究院、北京大学考古文博学院:《河南省郑州市索、须、枯河流域考古调查报告》,《古代文明》(第 10 卷),第 301 - 375 页,上海:上海古籍出版社,2016 年。
[2] 河南省文物研究所:《郑州洛达庙遗址发掘报告》,《华夏考古》1989 年第 4 期,第 48 - 77 页。河南省文物考古研究所:《郑州商城——1953 - 1985 年田野发掘报告》,第 86 - 118 页,北京:文物出版社,2001 年。河南省文物工作队:《郑州上街商代遗址的发掘》,《考古》1959 年第 6 期,第 11 - 12 页。河南省文化局文物工作队:《河南郑州上街商代遗址发掘报告》,《考古》1966 年第 1 期,第 1 - 7 页。
[3] 李维明:《试论曲梁、岔河夏商文化遗址的分期》,《华夏考古》1991 年第 2 期,第 33 - 48 页。
[4] 郑州市文物考古研究所:《郑州大师姑》,北京:科学出版社,2004 年。
[5] 郑州市文物工作队:《河南荥阳阎河遗址的调查与试掘》,《中原文物》1992 年第 1 期,第 77 - 84 页。
[6] 郑州市博物馆:《河南荥阳西史村遗址试掘简报》,《文物资料丛刊》(5),第 84 - 102 页,北京:文物出版社,1981 年。

的遗迹单位和相关陶器[1]。

早期的发掘简报将龙山文化遗存分为四期,并提到该期"器物特征演变已接近新密新砦期"。检索简报提供的材料,此期只成组发表了城北T2③一个单位的陶器,其中确有个别器物具有"新砦类遗存"的风格:如乳钉足形鼎,垂腹,凹沿,圆唇,折沿内起棱略高;夹砂深腹罐,平沿或凹沿,内侧起棱略高,大口鼓腹;高圈足豆,豆柄上部出现明显的台阶;折腹形器盖,敛口,折腹处略突出扉棱;大平底盆,敞口,厚圆唇。这些特点均有"新砦类遗存"早段的一些特征,但整体来看仍然属于龙山文化晚期的范畴,应早于"新砦类遗存"的年代。

(2)新密黄寨

黄寨遗址发掘有二里头文化早期的遗存,同时发掘简报称在遗址中调查采集有龙山文化晚期的陶片[2]。

发掘简报根据地层关系和出土器物特征将二里头文化遗存分为早晚两期,其中第二期还进一步分为早晚两段。并指出:第一期"约当二里头的一期文化或偏早";第二期早段"应该属于二里头文化二期的范畴";第二期晚段"当二里头文化二期偏晚"。

属于第一期的遗存很少,只清理了一个灰坑H2。从陶系看,以夹砂和泥质灰陶为主,灰陶多泛黑,流行拍印凌乱模糊的大菱格纹。从陶器特征看:属"新砦类遗存"的Ⅱ式夹砂深腹罐,平折沿,圆唇,唇部起台阶;Ⅱ式大平底盆,敞口,圆唇,唇内侧一周凹弦纹;Ⅲ式折腹形器盖,直壁微侈,折腹处起扉棱;高领瓮为龙山文化晚期的器物。这些特点均具有明显的"新砦类遗存"晚段的风格,年代应大致相当。

属于第二期早段的陶器:属于二里头文化的Ⅲ式花边口圆腹罐,束颈略短或花边近于唇部;Ⅲ式三足盘,卷沿,腹略浅;Ⅲ式大平底盆,敞口,唇部翻卷。这些特征均为二里头文化二期早段或更早的因素,年代应相当。

属于第二期晚段的陶器:Ⅳ式花边口圆腹罐,领部更短,厚圆唇,器身瘦高;出现鬲尖锥形足。这些特征均为二里头文化二期晚段的特征,年代也应相当。

(3)其他

双洎河流域发现的典型"新砦类遗存"较丰富,但发表十分有限。黄寨、唐户、人和寨等遗址都可见大量的典型"新砦类遗存",其状况应与新砦遗址类似。双洎河流域是目前所见"新砦类遗存"最典型、最丰富的地区。

---

[1] 河南省文物考古研究所等:《河南新密市古城寨龙山文化城址发掘简报》,《华夏考古》2002年第2期,第53-82页。河南省文物考古研究院:《河南新密古城寨城址2016-2017年度发掘简报》,《华夏考古》2019年第4期,第3-13、27页。
[2] 河南省文物研究所:《河南密县黄寨遗址的发掘》,《华夏考古》1993年第3期,第1-10页。

其他二里头文化的遗址还有新密曲梁和新郑望京楼。新密曲梁遗址的二里头文化遗存大致相当于二里头文化的二期早段至三期偏晚[①]。新郑望京楼的二里头文化主要是二里头文化二到四期，是二里头文化扩张的产物[②]。

总之，郑州地区龙山向二里头文化的过渡比较复杂。双洎河流域为典型的"新砦类遗存"的分布区，以新砦遗址为代表，"新砦类遗存"发达，经历了龙山晚期—典型"新砦类遗存"—二里头文化一期晚段的发展序列。荥阳—郑州地区的"新砦类遗存"并不发达，无论是数量还是典型特征都无法与邻近的双洎河流域相比。但从东赵、竖河遗址的情况看，大致也经历了龙山晚期—非典型"新砦类遗存"—二里头文化一期晚段的发展序列。花地嘴遗址的情况比较特殊，虽然处于本区的最西段，但为典型的"新砦类遗存"早段。

上述郑州地区各遗址的含"新砦类因素"的龙山文化晚期遗存与二里头文化遗存的分期可综合对应于下表：（表3-3-3）

表3-3-3　郑州地区含"新砦类因素"的龙山文化晚期遗存与二里头文化遗存的分期表

		龙山晚期晚段	新砦类遗存	二里头文化一期晚段	二里头文化二期早段	二里头文化二期晚段
郑州—荥阳地区	花地嘴		典型			
	大河村		非典型			
	东　赵		非典型			
	竖　河		非典型			
	洛达庙					
	黄委会					
	上　街					
	大师姑					
双洎河流域	古城寨					
	新　寨		典型			
	黄　寨		典型			
	曲　梁					
	望京楼					

[①] 李维明：《试论曲梁、岔河夏商文化遗址的分期》，《华夏考古》1991年第2期，第33-48页。
[②] 郑州市文物考古研究院：《新郑望京楼——2010-2012年田野考古发掘报告》，北京：科学出版社，2016年。

（七）颍河中上游地区

颍河中上游地区目前所发现的含"新砦类因素"的龙山文化晚期遗存及其二里头文化遗存的遗址主要有登封王城岗、西范店、石道、小李湾、玉村、石羊关、禹州瓦店、冀寨、崔庄、董庄、枣王等。

1. 登封王城岗

王城岗遗址发现的含"新砦类因素"的龙山文化晚期遗存主要是老报告中所划分的王城岗龙山文化第五期①。其中，属于"新砦类遗存"的Ⅰ式乳钉足形鼎，凹沿，内侧起棱略高，小三角形足；Ⅰ式夹砂深腹罐，平折沿，唇部外折；Ⅰ式小口高领瓮，圆鼓肩，下腹内收成小平底。从这些特征看，具有"新砦类遗存"早段的风格，但整体而言仍应放在龙山文化晚期晚段更合适。（图3-3-22）

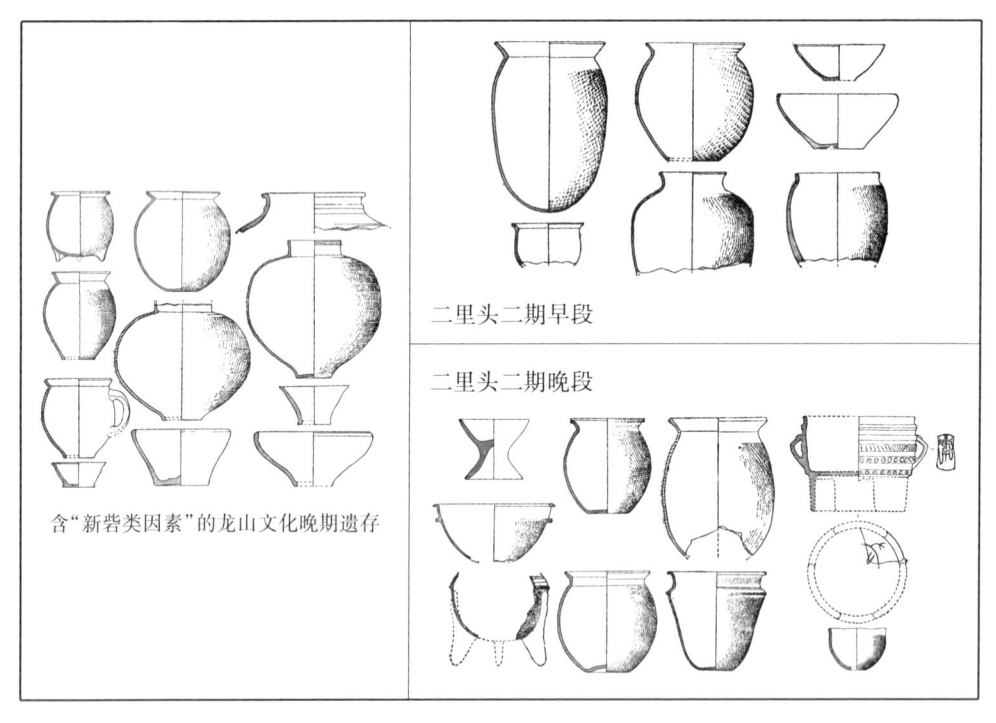

图3-3-22 王城岗遗址含"新砦类因素"的龙山文化晚期遗存与二里头早期遗存

王城岗二里头文化一期遗存，从发表的陶器特征看：属于二里头文化的Ⅲ式夹砂深腹罐，平折沿较缓，圜底，瘦腹；Ⅲ式尊形瓮，溜肩，斜弧腹；夹砂小罐，小卷沿。从这些特征看，实际应大致相当于二里头文化的二期早段。

---

① 河南省文物考古研究所、中国历史博物馆考古部：《登封王城岗与阳城》，北京：文物出版社，1992年。

王城岗二里头文化二期遗存中,属于二里头文化的Ⅳ式花边口罐,短颈,瘦鼓腹,平底;Ⅳ式三足盘,浅腹,高足;Ⅳ大口尊,卷沿,束颈,斜弧腹,圜凹底。从这些特征看,应相当于二里头文化的二期晚段。

2. 登封西范店

西范店遗址位于王城岗遗址以西不足5公里,虽破坏殆尽,但调查仍发现一些含"新砦类因素"的龙山文化晚期阶段和二里头文化的遗存。(图3-3-23)

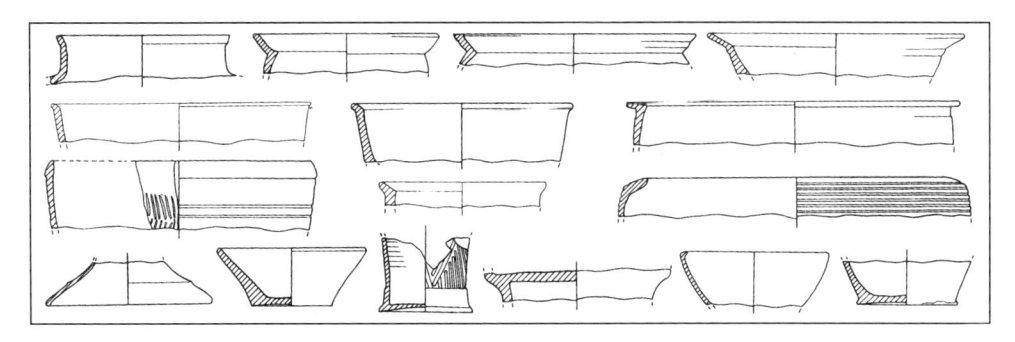

图 3-3-23 西范店遗址04DXFDP2H3含"新砦类因素"的龙山文化晚期遗存

含"新砦类因素"的龙山文化晚期遗存主要是调查发现的灰坑04DXFDP2H3。从出土陶器的特征看:属于"新砦类遗存"的Ⅰ式夹砂深腹罐,凹沿,圆唇,折沿内侧起棱略高;Ⅰ式高领瓮,小高领,唇部外折;Ⅰ式豆,小喇叭口圈足上有一周凸弦纹;Ⅰ式刻槽盆,直口;单把杯,饰有数组刻划斜线组成的对角三角形纹饰带。这些特征比"王城岗第五期"具有更加明显的"新砦类遗存"早段的风格。

另外,该遗址上还采集有一些二里头文化二、三期的陶片,但数量不多。

3. 禹州瓦店

瓦店遗址发现有相当于"新砦类遗存"阶段的遗存,主要包括ⅣT3F4、ⅣT4H24、ⅣT4H29、ⅤT1H17等单位[①]。(图3-3-24)

代表性的陶器有:属于"新砦类遗存"的Ⅰ式盆形鼎,圆唇,凹沿,内折棱略凸起,浅腹,侧装三角形高足位置较低;Ⅰ式折腹形器盖,器壁微侈,折腹处无扉棱;Ⅰ式高领瓮,厚唇,溜肩,下腹弧内收;Ⅰ式浅盘腹豆,豆柄上部起小台阶,并带有凸线纹和圆形镂孔;塔形器盖、带三至四个小瓦形足的陶盘等。从这些特征看,均有"新砦类遗存"的风格,年代应大致相当,但整体上龙山文化因素更强,仍属于龙山文化晚期晚段的范畴。

---

① 河南省文物考古研究所:《禹州瓦店》,北京:世界图书出版公司,2004年。

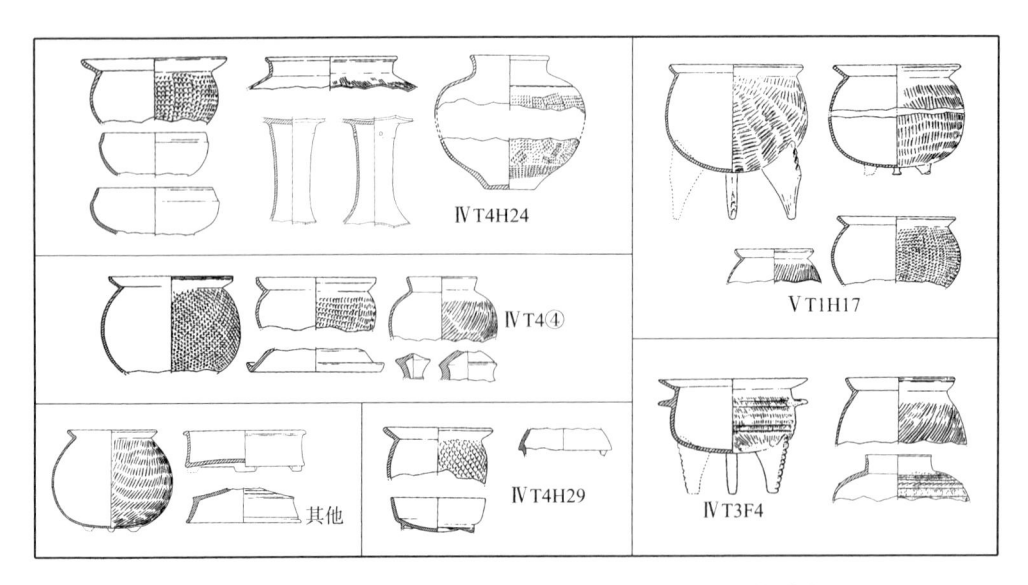

图 3-3-24 瓦店遗址含"新砦类因素"的龙山文化晚期遗存

4. 禹州冀寨

冀寨遗址位于颍河支流涌泉河南岸的二级阶地上。该遗址 80 年代经过正式发掘,但资料未公布。从调查采集的情况看,发现有含"新砦类因素"的龙山文化晚期遗存和二里头文化阶段的遗存①。(图 3-3-25)

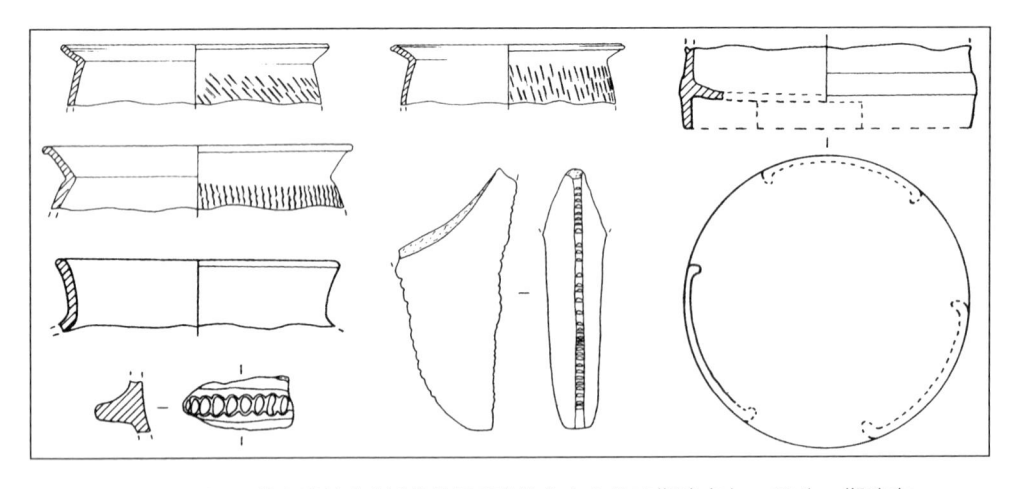

图 3-3-25 冀寨遗址含"新砦类因素"的龙山文化晚期遗存与二里头一期遗存

---

① 北京大学考古文博学院、河南省文物考古研究所:《登封王城岗考古发现与研究(2002-2005)》,第 746-757 页,郑州:大象出版社,2007 年。河南省文物考古研究所、密苏里州立大学人类学系、华盛顿大学人类学系:《颍河文明——颍河上游考古调查试掘与研究》,第 131-140 页,郑州:大象出版社,2008 年。

其中,属于"新砦类遗存"的Ⅰ式乳钉足形鼎,圆唇,凹沿,内折棱略起,尖圆锥形足;Ⅰ式浅盘豆,小喇叭口圈足上有一周凸弦纹;Ⅰ式折腹形器盖,直口微敞,折腹处微起扉棱。从这些特征看,应属于"新砦类遗存"早段。

二里头文化陶器采集数量不多:一件残三足盘,三足不高;一件侧装三角形鼎足,安装位置较低。从这两件陶器的特征看,似乎属于二里头文化较早阶段的遗存,但由于均为采集品,且严重残缺,因此具体年代尚难以断定。

5. 禹州崔庄、董庄

崔庄遗址位于禹州市东,颍河南岸的阶地上;董庄遗址位于禹州市西,颍河北岸的阶地上。两遗址均经过小规模试掘,发现有二里头文化遗存①(图3-3-26)。

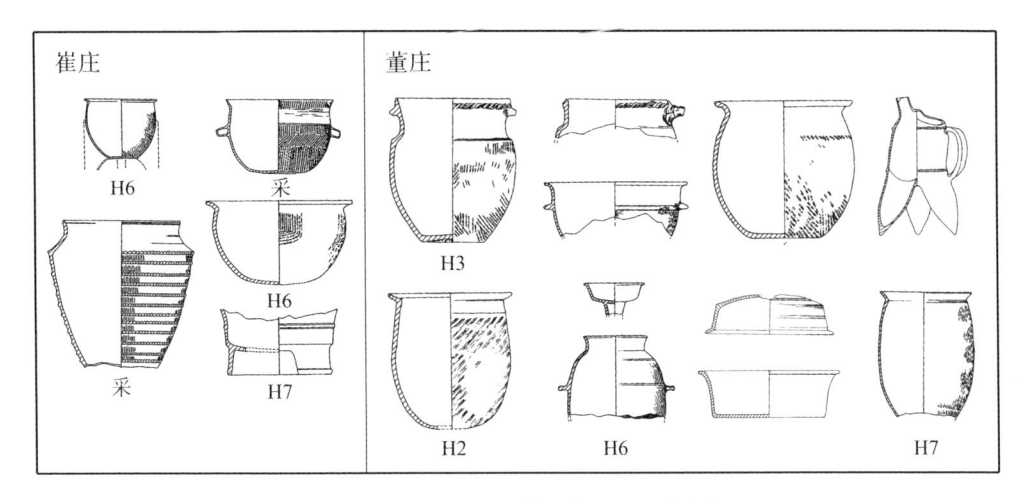

图3-3-26 崔庄、董庄遗址二里头遗存

崔庄晚期属于二里头文化遗存,以H6出土器物为代表:属于二里头文化的Ⅲ式盆形鼎,平折沿,深腹,平底,三足安装位置较高;Ⅳ式折沿盆,折沿略高,下腹圆弧,一对桥形器耳;Ⅲ式大口尊,卷沿略矮,折肩,下腹圆弧。从这些特征看,应属于二里头文化的二期早段。

董庄晚期属于二里头文化遗存,其中晚一期以H2、H6出土器物为代表:属于二里头文化的Ⅲ式深盘腹豆,尖唇外折明显,宽盘腹;Ⅲ式大平底盆,腹微深,卷沿;夹砂浅腹罐,圜底。从这些特征看,也应属于二里头文化的二期早段。晚期单位以H3为代表,年代大致相当于二里头文化三期。

---

① 河南省文物研究所、禹县文管会:《河南禹县颍河两岸考古调查与试掘》,《考古》1991年第2期,第97-104、106页。河南省文物考古研究所、密苏里州立大学人类学系、华盛顿大学人类学系:《颍河文明——颍河上游考古调查试掘与研究》,第277-285页,郑州:大象出版社,2008年。

6. 其他遗址

颍河中上游的其他二里头文化遗址，包括登封石道、小李湾、玉村、石羊关、禹州枣王等。从历年来的调查情况看，其遗存的年代范围大致能够涵盖二里头文化的二至四期。

综上所述，颍河中上游地区目前发现的含"新砦类因素"的龙山文化晚期遗存不多，较明确的仅有西范店遗址，大致与"新砦类遗存"的早段相当。二里头文化最早阶段的遗存比较确定的是二里头文化的二期。而相当于"新砦类遗存"晚段或二里头文化一期的情况尚不清楚。上述各遗址含"新砦类遗存"因素的龙山文化晚期遗存和二里头文化遗存的分期可综合对应于下表：(表3-3-4)

表3-3-4 颍河中上游地区含"新砦类因素"的龙山文化晚期遗存与二里头文化遗存分期表

	龙山晚期晚段	二里头文化一期	二里头文化二期早段	二里头文化二期晚段
西范店	非典型新砦早			
王城岗	龙山晚			
瓦 店	龙山晚			
崔 庄				
董 庄				

(八) 沙汝河流域

沙汝河流域目前所发现的含"新砦类因素"的龙山文化晚期遗存和二里头文化遗存的遗址有：汝州煤山、李楼(又称"柏树圪垯")、郾城郝家台、平顶山蒲城店和西平上坡等。

1. 汝州煤山

煤山遗址包含有丰富的含"新砦类因素"的龙山文化晚期遗存和二里头文化遗存。煤山遗址的首次发掘将主要文化堆积分为三期，其中第一期为龙山文化晚期，第二期为二里头文化一期，第三期为二里头文化二期[1]。第二次发掘又将该遗址的龙山文化晚期遗存，即河南龙山文化的"煤山类型"分为两期，煤山二期的概念由二里头文化一期转而表示龙山文化晚期的最晚阶段，而二里头文化则直接表述为二里头文化一期和三期[2]。第三次发掘沿用了第二次发掘的分期方案，但新发现了二里头文化二

---

[1] 洛阳博物馆：《河南临汝煤山遗址调查与试掘》，《考古》1975年第5期，第285-294页。
[2] 中国社会科学院考古研究所河南二队：《河南临汝煤山遗址发掘报告》，《考古学报》1982年第4期，第427-475页。

期遗存①。

检索原报告,含"新砦类因素"的龙山文化晚期遗存和二里头文化一期的遗存均被列为煤山二里头文化的一期之中。仔细比较,发现仍可细分为三段:(图3-3-27)

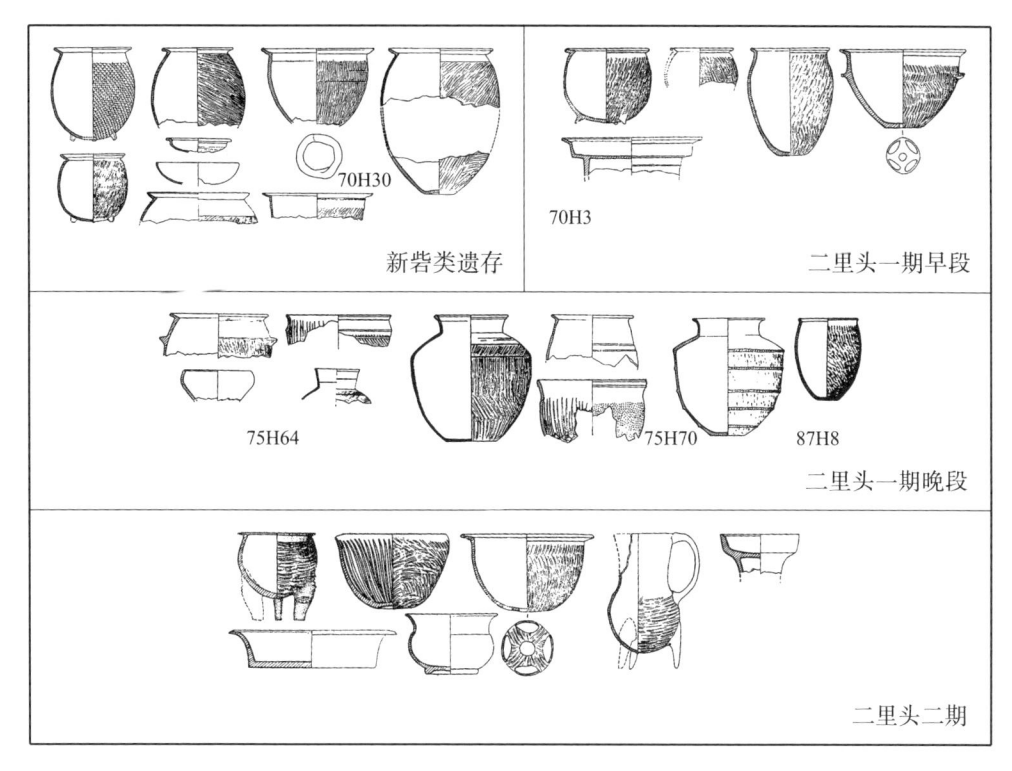

图3-3-27 煤山遗址含"新砦类因素"的龙山文化晚期遗存与二里头早期遗存

一段:以75H30为代表。发表有属于"新砦类遗存"的Ⅰ式乳钉足形鼎,敛口,圆唇,平折沿,深垂腹或浅腹,小三角形足;Ⅰ式夹砂深腹罐,圆唇,凹沿,沿内起棱略高;折沿盆,圆唇,平折沿略高,下腹斜弧;Ⅰ式高柄豆,浅盘腹,圆唇外折;另外一件浅盘腹,敞口的高柄豆属于龙山文化晚期的遗留。从这些特征看应属于"新砦类遗存"早段。

二段:以70H3为代表。发现有属于"新砦类遗存"的Ⅱ式乳钉足形鼎,大口,折沿很低,圆唇,小尖锥状足;Ⅱ式夹砂深腹罐,平折沿,圆唇,唇下起台阶;大平底,折沿圈足盘,盘腹更宽。这些特征接近于"新砦类遗存"晚段的风格。另外同一单位还发现有属于二里头文化的Ⅰ式甑,小折沿,尖唇,下腹斜直,平底,五个镂孔;夹砂深腹

---

① 河南省文物研究所:《临汝煤山遗址1987-1988年发掘报告》,《华夏考古》1991年第3期,第4、5-23页。

罐,小卷沿,束径,瘦鼓腹,小平底。这些特征又属于典型的二里头文化一期早段。

三段:以 75H70、75H64、87H8 为代表。发现有属于二里头文化的Ⅱ式刻槽盆,直口微侈;Ⅱ式大口尊,宽折沿,折肩,下腹弧鼓,平底;大口瓮,溜肩,下腹弧鼓。从这些特征看,应属于二里头文化的一期晚段。其中也包括1970年发掘列为煤山第二期的部分采集遗物。

另外,煤山遗址上也发现有典型的二里头文化第二期的遗存,比如1970年发掘列为煤山第三期的部分采集遗物,三足盘,盘腹略深,三足微高;侧装三角形足鼎,尖圆底,三足安装位置略高。而煤山遗址1970年发掘的T1②、1975年发掘的二里头文化第三期遗存中,花边口罐,领部已极短,大口尊为卷沿。从这些特征看,应相当于二里头文化第三期的遗存。

2. 汝州李楼

李楼遗址的发掘并未发现典型的"新砦类遗存"和二里头文化遗存。但早年的调查则发现了具有"新砦类遗存"风格的龙山文化晚期遗物①。(图 3 - 3 - 28)

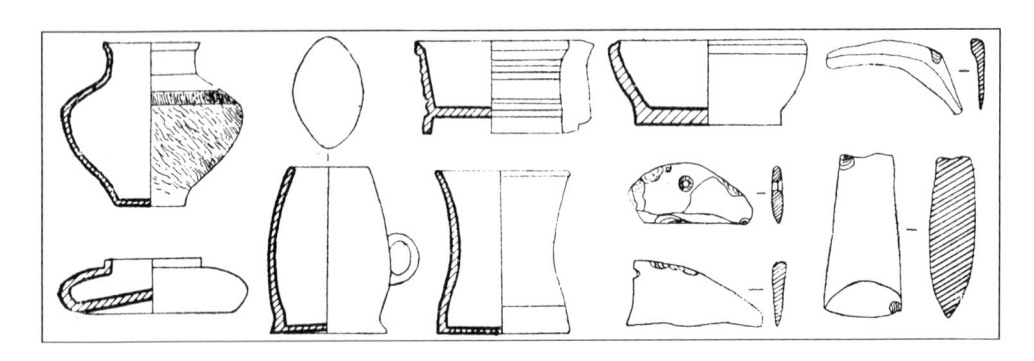

图 3 - 3 - 28 李楼遗址含"新砦类因素"的龙山文化晚期遗存

属于"新砦类遗存"的Ⅰ式乳钉足形鼎,圆唇内折,凹沿,内侧略起凸棱;Ⅰ式小口高领瓮,直领,唇部外折,领部转角缓和,溜折肩,下腹内收成平底。从这些特征看,应属于"新砦类遗存"早段的风格,但整体上应归入当地龙山文化晚期。

3. 郾城郝家台

郝家台遗址也发现有丰富的含"新砦类因素"的龙山文化晚期遗存和二里头文化遗存。发掘报告将龙山文化分为五期,二里头文化分为三期,此外还单独列出了"新

---

① 中国社会科学院考古研究所洛阳工作队:《1975 年豫西调查》,《考古》1978 年第 1 期,第 31 - 33 页。临汝县文化馆:《河南临汝柏树圪垯遗址出土的遗物》,《考古》1985 年第 3 期,第 282 - 283 页。

砦期文化"①。根据发表遗物的特征,我们对原报告的"新砦期"和二里头文化一期的个别单位的分期进行了重新调整。(图 3-3-29)

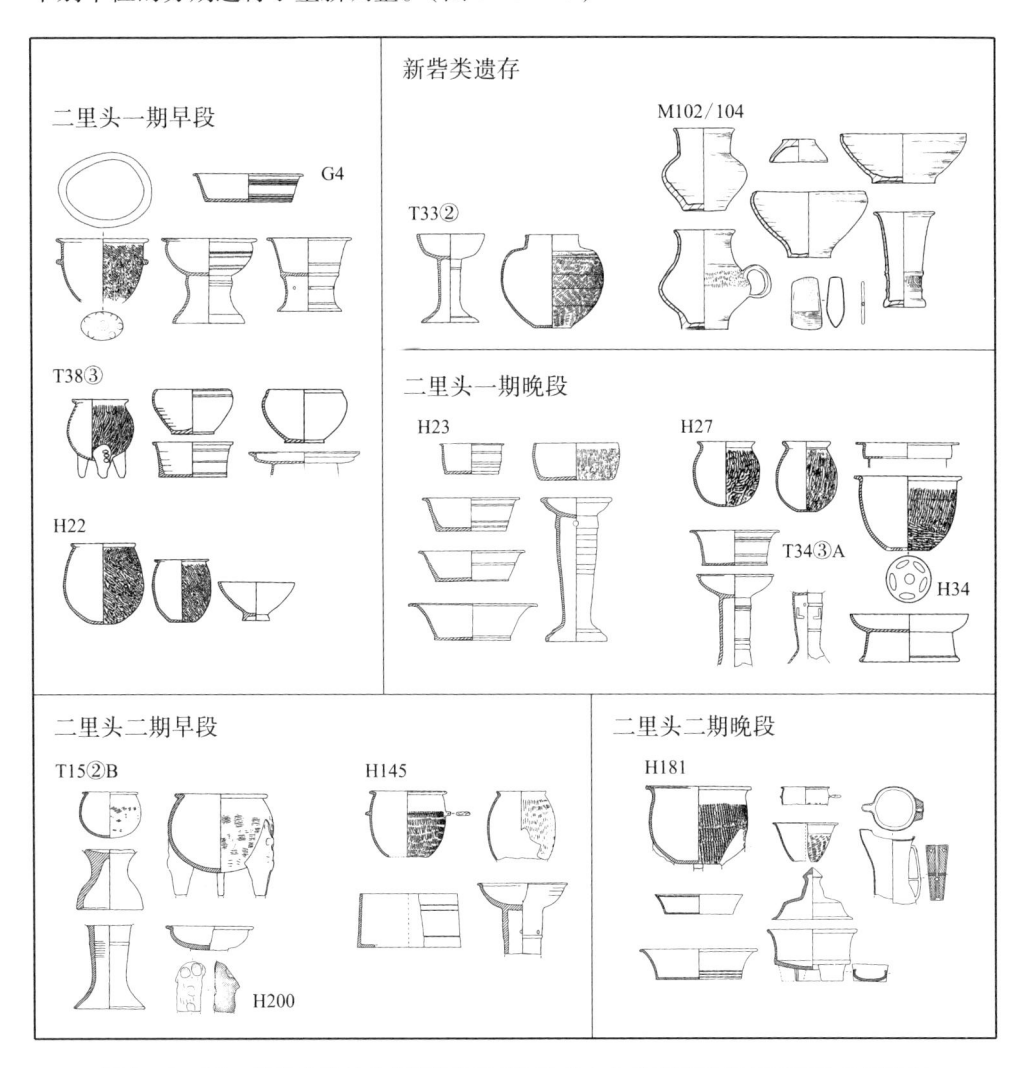

图 3-3-29 郝家台遗址含"新砦类因素"的龙山文化晚期遗存与二里头早期遗存

属于"新砦类遗存"的单位有 T33②和 M102、M104。其中,Ⅰ式小口高领瓮,厚唇,圆鼓肩,下腹弧收成小平底;壶、单把杯、觚的形态都与龙山文化晚期因素更为接

---

① 河南省文物研究所、郾城县许慎纪念馆:《郾城郝家台遗址的发掘》,《华夏考古》1992 年第 3 期,第 62-91 页。河南省文物考古研究所:《郾城郝家台》,郑州:大象出版社,2012 年。北京大学考古文博学院、河南省文物考古研究院、漯河市文物考古研究所:《河南漯河郝家台遗址 2015-2016 年田野考古主要收获》,《华夏考古》2017 年第 3 期,第 14-49 页。

近。从这些特征看,应属于"新砦类遗存"早段。

二里头文化一期的遗存:G4、T38③、H22出土二里头文化Ⅰ式深腹罐,平折沿,圆唇,小平底;Ⅰ式大平底盆,敞口,唇微外翻;Ⅰ式盆形甗,下腹斜收,小平底;Ⅰ式圈足盘,浅盘,折沿略高;还出土有甑等器物。这些特征接近二里头文化一期早段。H23、H27、H34、T34③A出土二里头文化Ⅱ式深腹罐,卷折沿,圆唇,圜底;Ⅱ式豆,浅盘,粗柄,带L形镂孔;Ⅱ式大平底盆,卷沿特征明显;Ⅱ式盆形甗,深腹弧壁;Ⅱ式圈足盘,折腹,平折沿。这些特征接近二里头文化一期晚段。

二里头文化二期的遗存:H145、H200、T15②B,Ⅲ式盆形鼎,小折沿,侧装三足位置高;Ⅲ式盆形甗,方唇,卷沿,下腹弧鼓,大平底,五个镂孔;Ⅲ式粗柄豆,唇部变薄。从这些特征看,属于二里头文化二期早段。H181出土二里头文化Ⅳ式盆形甗;Ⅳ式塔形捉手器盖,唇部外卷;Ⅳ式三足盘,足较低矮;还出土鬶等器物。从这些特征看,应属于二里头文化二期晚段。

4. 平顶山蒲城店

蒲城店遗址位于平顶山市以东,为一处龙山延续至二里头文化的重要聚落,发现有龙山和二里头文化早期的城址。该遗址发现有丰富的龙山文化晚期、"过渡期"和二里头文化的遗存①(图3-3-30)。

蒲城店遗址的新砦类遗存,简报中称为"龙山向二里头文化过渡"遗存。典型单位为H411,出土有Ⅰ式深腹罐、Ⅰ式盆形鼎、Ⅰ式粗柄豆、Ⅰ式刻槽盆、Ⅰ式盆形甗和Ⅰ式塔形钮器盖,流行子母口特征,龙山文化的风格十分浓郁,相当于"新砦类遗存"的早段。

二里头文化一期遗存发现较多,其中T1G8出土二里头文化Ⅰ式深腹罐,平折沿,方圆唇;Ⅰ式花边口圆腹罐,圆鼓腹,篮纹,花边贴在唇部;Ⅰ式大平底盆,大敞口,尖唇;Ⅱ式三足盘,深腹略侈。从这些特征看,应属于二里头文化一期早段。F10出土Ⅱ式深腹罐,折沿不甚明显;Ⅱ式折肩瓮,小平底,下腹略弧。这些特征接近二里头文化一期晚段。

二里头文化二期的遗存也有较多发现,M17出土Ⅱ式觚,喇叭形,器底较薄;Ⅲ式圈足盘,唇部已经开始外翻向下。与二里头、南寨遗址的二里头文化墓葬相比,应属于二里头文化二期早段。G23出土Ⅳ式深腹罐,小圆唇微鼓;Ⅳ式花边口圆腹罐,花边凸出,且向下倾;Ⅳ式盆形鼎,浅腹;Ⅳ式塔形钮大器盖,唇部外翻;Ⅳ式粗柄豆,浅盘,唇部外翻;Ⅳ式刻槽盆,厚唇外翻。从这些特征看,应属于二里头文化二期晚段或更晚。

---

① 河南省文物考古研究所、平顶山市文物局:《河南平顶山蒲城店遗址发掘简报》,《文物》2008年第5期,第32-49页。

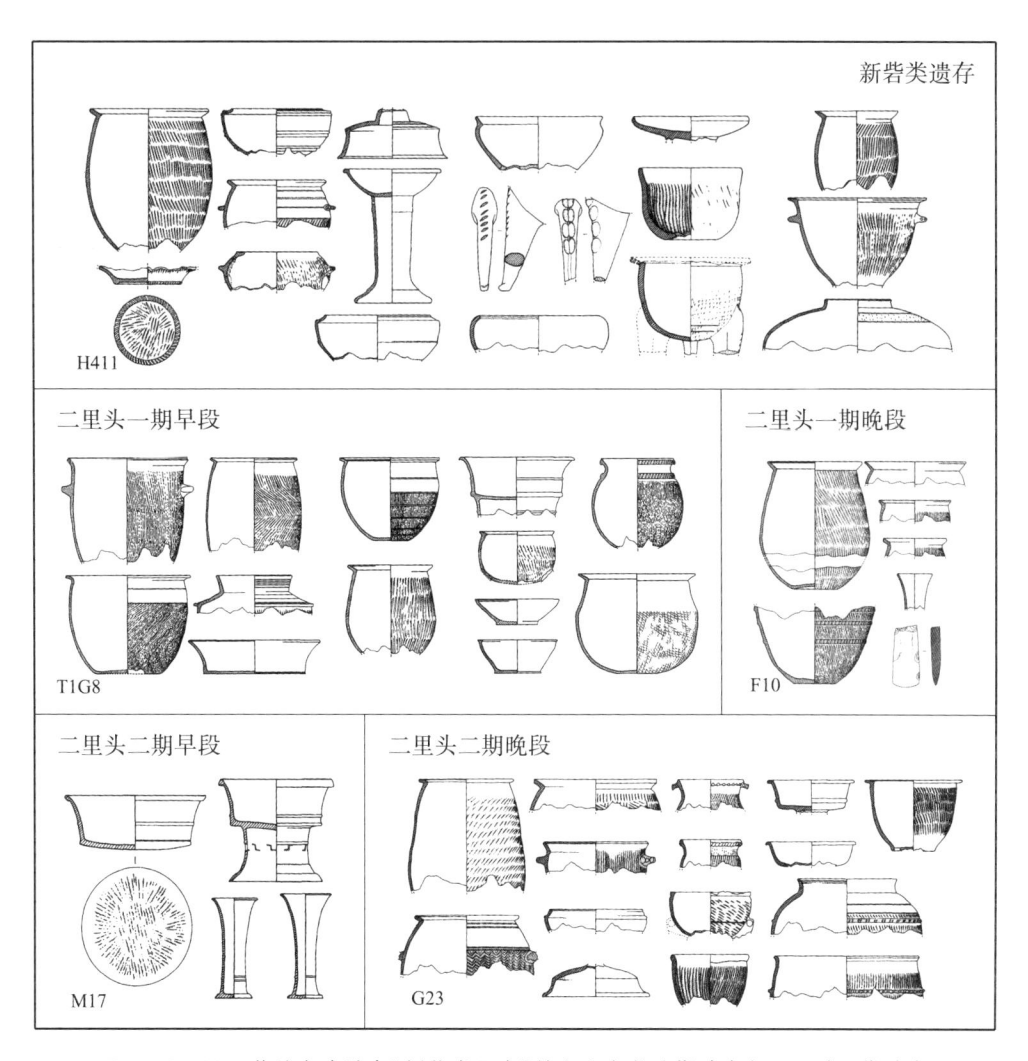

图 3-3-30　蒲城店遗址含"新砦类因素"的龙山文化晚期遗存与二里头早期遗存

5. 西平上坡

上坡遗址位于西平县北,沙颍河支流黑河的东侧,遗址面积约 3 万平方米。遗址发现有丰富的二里头文化早期遗存①。(图 3-3-31)

简报中的"早期遗存",包括 F4、H47、H57 等单位,出土二里头文化 I 式盆形鼎,浅腹,装足位置略低;I 式深腹罐,平折沿,方圆唇;I 式甑,圆鼓腹内收,篮纹,方形镂孔;I 式豆,浅盘,粗柄,上部微凸。简报将"早期遗存"看作是龙山文化晚期阶段的过

---

① 河南省文物考古研究所、驻马店市文物工作队、西平县文物管理所:《河南西平县上坡遗址发掘简报》,《考古》2004 年第 4 期,第 7—28 页。

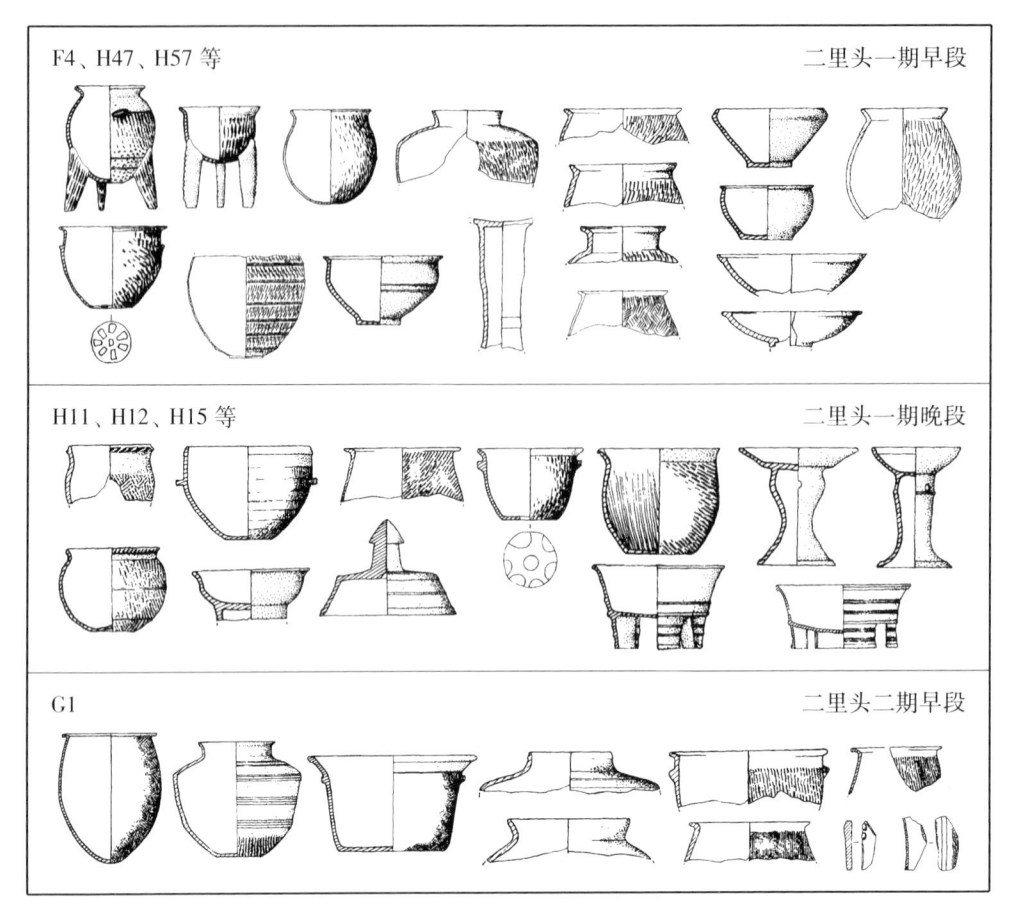

图 3-3-31　西平上坡遗址二里头文化早期遗存

渡期遗存,但从上述特征看,应属于二里头文化一期早段,但保留了较多本地龙山文化的因素。

简报的"中期遗存"中,H11、H12、H15 等单位出土二里头文化Ⅱ式花边口圆腹罐,直口,花边位置略高;Ⅱ式盆形甑,鼓腹,圆形和半圆形镂孔;Ⅱ式高柄豆,豆柄上部凸出;Ⅱ式三足盘,深腹,瓦足。从这些特征看,属于二里头文化一期晚段。

属于简报的"中期遗存",以 G1 为代表,出土二里头文化Ⅲ式深腹罐,尖圆底,平折沿、绳纹、Ⅲ式折肩罐,折肩下腹收。这些特征比较接近二里头文化二期早段。

除了上述遗址之外,郾城皇寓遗址是一处面积超过 50 万平方米的重要二里头文化遗址。从发掘出土的器物看,兴起于二里头文化的二期早段,延续至二里头文化第三期[①]。

[①] 河南省文物考古研究院、首都师范大学历史学院:《河南郾城县皇寓遗址二里头文化遗存发掘简报》,《考古》2017 年第 2 期,第 52-68 页。

综上所述,沙汝河流域各遗址普遍存在"新砦类遗存",在整体风格上与新砦遗址的典型"新砦类遗存"早段较为接近,但仍存在明显的区别,更接近本地龙山文化晚期的特征。二里头文化早期遗存十分丰富,尤其是二里头文化一期早段、晚段、二期早段、晚段均有发现,因此沙汝河流域从龙山到二里头文化的演变轨迹与洛阳盆地和伊河流域较为接近。沙汝河流域的龙山文化晚期至二里头文化早期的典型遗存分期可综合对应于下表:(表3-3-5)

表3-3-5 沙汝河流域含"新砦类因素"的龙山文化晚期遗存与二里头文化遗存分期表

	新砦类遗存早段	二里头文化一期早段	二里头文化一期晚段	二里头文化二期早段	二里头文化二期晚段
李 楼	非典型				
煤 山	非典型				
郝家台	非典型				
蒲城店	非典型				
上 坡					
皇 寓					

三、中原各地"新砦类遗存"与二里头文化早期遗存的综合分期与编年

在以上详细讨论中原各地"新砦类遗存"和二里头文化遗存的基础上,我们将进一步系统对比中原各地的情况,综合提出中原各地"新砦类遗存"与二里头文化早期遗存的年代对应关系。

"新砦类遗存"与二里头文化一期遗存的关系直接关涉二里头文化的形成过程,其中既有二者间的相对年代关系,同时也涉及对"新砦类遗存"文化性质的认定。关于这一问题,目前学术界存在较大的争议。有关"新砦类遗存"的认识,许宏先生曾做过总结[1],目前大致归纳为五种意见:

意见一:将"新砦类遗存"独立于龙山文化晚期和二里头文化之外,称为"新砦期"或"新砦文化"作为二者之间的过渡阶段。其中前者以赵春青为代表[2],后者以杜金鹏[3]、庞小霞、高江涛等[4]为代表。

---

[1] 许宏:《"新砦文化"研究历程评述》,《三代考古(二)》,第146-158页,北京:科学出版社,2006年。
[2] 赵春青:《新砦期的确认及其意义》,《中原文物》2002年第1期,第21-23、27页。
[3] 杜金鹏:《新砦文化与二里头文化——夏文化再探讨随笔》,《中国社会科学院古代文明研究中心通讯》2001年第2期,第23-28页,收入《三代考古(二)》,第66-72页,北京:科学出版社,2006年。
[4] 庞小霞、高江涛:《关于新砦期遗存研究的几个问题》,《华夏考古》2008年第1期,第73-80页。

意见二：承认"新砦类遗存"的独立性，但将其纳入二里头文化的范畴，称为"新砦期二里头文化"，以赵芝荃为代表①。

意见三：承认"新砦类遗存"的独立性和"新砦文化"的命名，但割断龙山文化与二里头文化的联系，反对将新砦文化作为过渡遗存，而认为二里头文化源于新砦文化，而不是王湾三期文化②。

意见四：反对"新砦类遗存"的独立性，或将其纳入二里头一期文化之内或将其归入龙山文化晚期的范畴。其中，前者以邹衡③、李维明④、陈旭⑤、常怀颖⑥等为代表；后者以韩建业⑦和饭岛武次⑧为代表。

意见五：注意到了"新砦类遗存"的地域性差异，从年代和地域"两个维度"考察"新砦类遗存"的年代和文化性质。其中，具体的认识又有所不同：

隋裕仁主张"新砦类遗存"与二里头一期年代上同时，地域上不同。他很早就指出"新砦期与二里头遗址一期文化是处在同时期而文化性质不同的遗存。新砦期是王湾三期文化向二里头类型转变过程中的过渡性文化遗存，而二里头遗址一期则是这个转变过程中的局部性部分质变的文化遗存"⑨。

顾万发（顾问）将"新砦类遗存"分为早晚两段，主张二里头文化一期晚于"新砦类遗存"早段，并可能与"新砦类遗存"晚段有所重合。但他坚持"新砦类遗存"的独立性，主张使用"新砦期"的概念，但将其限定在以花地嘴为代表的"新砦类遗存"早段上⑩。持有类似观点的还有靳松安，认为新砦遗存早段属于王湾三期文化最晚阶段，晚段属于二里头文化一期的偏早阶段⑪。

除了认同"新砦类遗存"的早晚之分之外，许宏还将二里头一期文化也分为早晚

---

① 赵芝荃：《略论新砦期二里头文化》，《中国考古学会第四次年会论文集》，第13-17页，北京：文物出版社，1985年；《试论二里头文化的源流》，《考古学报》1986年第1期，第1-19页。
② 魏继印：《论新砦文化的源流及性质》，《考古学报》2019年第3期，第301-326页。
③ 邹衡：《综述夏商四都之年代和性质》，《殷都学刊》1988年第1期，第2-16页；《二里头文化的首和尾》，《中国历史文物》2006年第2期，第4-5页。
④ 李维明：《二里头文化一期遗存与夏文化初始》，《中原文物》2002年第1期，第33-42页。
⑤ 陈旭：《二里头一期文化是早期夏文化》，《中国历史文物》2009年第1期，第9-16页。
⑥ 常怀颖：《二里头文化一期研究初步》，《早期夏文化与先商文化研究论文集》，第45-71页，北京：科学出版社，2012年。
⑦ 韩建业、杨新改：《王湾三期文化研究》，《考古学报》1997年第1期，第1-21页。
⑧ 饭岛武次：《关于二里头文化——二里头类型第一期不属于二里头文化》，《夏商文明研究》，第141-145页，郑州：中州古籍出版社，1995年。
⑨ 隋裕仁：《二里头类型早期遗存的文化性质及其来源》，《中原文物》1987年第1期，第49-55、23页。
⑩ 顾问：《"新砦期"研究》，《殷都学刊》2002年第4期，第26-40页。郑州市文物考古研究所、北京大学考古文博学院：《河南巩义市花地嘴遗址"新砦期"遗存》，《考古》2005年第6期，第3-6页。
⑪ 靳松安：《王湾三期文化的南渐及其相关问题》，《中原文物》2010年第1期，第31-38页。

两段,并认为"新砦类遗存"晚段年代上应与二里头一期文化早段相当,分布地域上以嵩山为界而有所差别。但他主张采用"新砦文化"的概念作为过渡类型的文化,同时将"新砦类遗存"与二里头文化遗存一并纳入"二里头系统"之中[①]。

张莉同意将"新砦类遗存"和二里头文化一期遗存都分为早晚两段的做法,但她主张"新砦类"早段、晚段分别与二里头文化一期的早段、晚段对应,遗存间的差异反映的是地域上的不同,并不存在时间上的错位[②]。

从这些不同意见的分歧以及我们上文的分析可知,"新砦类遗存"与二里头文化一期遗存的关系比较复杂,其中既有年代上的差异,又有地域性的区别。因此,要阐释这一问题,还需要在更加细致的分期框架内综合对比中原各地的情况。

首先我们讨论各地"新砦类遗存"与二里头文化各段遗存的编年问题。

(一) 相对年代的讨论

中原各地的"新砦类遗存"与二里头文化早期遗存的相对年代关系是以下所有讨论的基础。通过我们上文对中原各地"新砦类遗存"和二里头文化早期阶段遗存的详细分期研究,至少可以总结出两点共性:

第一,"新砦类遗存"有典型和非典型之分。相较而言,"新砦类遗存"早段更加普遍,在洛阳盆地、郑州地区、颍河中上游地区和沙汝河流域均有发现。伊河流域目前虽未发现,但也应有相当于这一阶段的遗存。反之,在洛河中游(宜阳韩城以上)、涧河流域、济源盆地三地前述龙山文化提前结束的地区,目前却未发现相当于这一阶段的遗存,文化面貌上处于空白阶段(龙山文化的发展中断,同时不见其他文化)。这些情况说明,"新砦类遗存"应与各地龙山文化传统保持着密切的关系。

第二,相当于二里头文化一期晚段和二期早段的遗存,在除了洛河中游(宜阳韩城以上)和济源盆地之外的地区,均有广泛的发现和分布。这种情况表明,至少在二里头文化的一期晚段和二期早段,二里头文化已经发展成型,并在中原各地形成了早期扩张之势。

沙汝河流域的郝家台、蒲城店遗址的地层关系进一步证明"新砦类遗存"的早段普遍早于二里头文化第一期早段。相反,"新砦类遗存"晚段仅在双洎河流域发达,与二里头文化一期早段的遗存在中原各地的分布存在明显的地域性差异,因此它们之间的相对年代关系将是以下讨论的重点。

---

① 许宏:《嵩山南北龙山文化至二里头文化演进过程管窥》,《中原地区文明化进程学术研讨会论文集》,第212-222 页,北京:科学出版社,2006 年。许宏:《"新砦文化"研究历程评述》,《三代考古(二)》,第146-158 页,北京:科学出版社,2006 年。
② 张莉:《新砦期年代与性质管见》,《文物》2012 年第4 期,第83-89 页。

1. 洛阳盆地典型二里头文化一期早段与郑州地区典型"新砦类遗存"晚段的关系

系统地对比两地出土的陶器特征,我们可以把洛阳盆地二里头文化一期早段与郑州地区"新砦类遗存"晚段分为三大类:(图3-3-32)

A类:两地共有,且形制基本一致的陶器。

折沿高足鼎:二里头文化的Ⅰ、Ⅱ式盆形鼎与"新砦类遗存"的Ⅱ式侧装三角形高足鼎,均为厚圆唇,平沿,浅腹,圜底或平底,三足安装位置较低,跟部带数个按窝。子母口高足鼎,均为圆鼓腹,圜底,带一对鸡冠状鋬手。二里头Ⅱ·ⅤT104⑥:51、Ⅱ·ⅤT104⑤:16 vs 新砦2000T6⑧。

大口尊:二里头文化的Ⅰ式大口尊与"新砦类遗存"的A型Ⅱ式大口瓮(尊),均为宽折沿,宽折肩,下腹斜收或斜内收成平底。东干沟T254(3):1 vs 新砦2000T6⑧:830。

小口高领瓮:二里头文化的Ⅰ、Ⅱ式高领罐与"新砦类遗存"的小口高领瓮,均为溜肩,下腹斜弧内收,小平底。二里头81YLⅢT22⑤:2 vs 新砦1979H2:4。

高领鼓腹罐:二里头文化一期早段的高领圆腹罐与"新砦类遗存"的高领鼓腹罐,均为侈口,高领,圆鼓腹,平底。二里头ⅡH216:16 vs 新砦2000T6⑧。

大平底盆:二里头文化的Ⅰ、Ⅱ式大平底盆与"新砦类遗存"的Ⅱ、Ⅲ式大平底盆,均为大敞口,尖唇或翻唇。二里头Ⅱ·ⅤT104⑥:28、Ⅱ·ⅤH146:15 vs 新砦2000T6⑧。

大口折沿盆:二里头文化的Ⅰ式大口折沿盆与"新砦类遗存"的大口折沿盆,均为斜折沿较高,深腹,圜底或小平底,带一对鸡冠状鋬手。二里头Ⅱ·ⅤT104⑦:12 vs 新砦2000T5⑧。

深盘腹豆:二里头文化的Ⅰ、Ⅱ式深盘腹豆与"新砦类遗存"的Ⅱ式高柄豆,均为曲腹微折,厚圆唇外侈,盘腹略宽。二里头Ⅱ·ⅤT104⑥:16 vs 新砦2000T6⑧:735。

刻槽盆:二里头文化的Ⅰ、Ⅱ式刻槽盆与"新砦类遗存"的Ⅱ式刻槽盆,均为直口,或微侈,深腹,小平底。二里头ⅧT14⑥B:11 vs 新砦2000T6⑧:630。

折腹形器盖:二里头文化的Ⅰ式折腹形器盖与"新砦类遗存"的Ⅱ式折腹盆,均为斜壁,口部外侈,菌形或塔形钮。二里头Ⅱ·ⅤH130:11 vs 新砦2000T6⑧:211。

B类:两地共有,但形制明显不同的陶器。

夹砂深腹罐:二里头文化早期的夹砂深腹罐为小折沿,垂腹或瘦腹,小平底或凹底;"新砦类遗存"的夹砂深腹罐则为宽折沿,鼓腹,下腹内收成较高的小平底。二里头Ⅱ·ⅤH103:11 vs 新砦2000T6⑧:826。

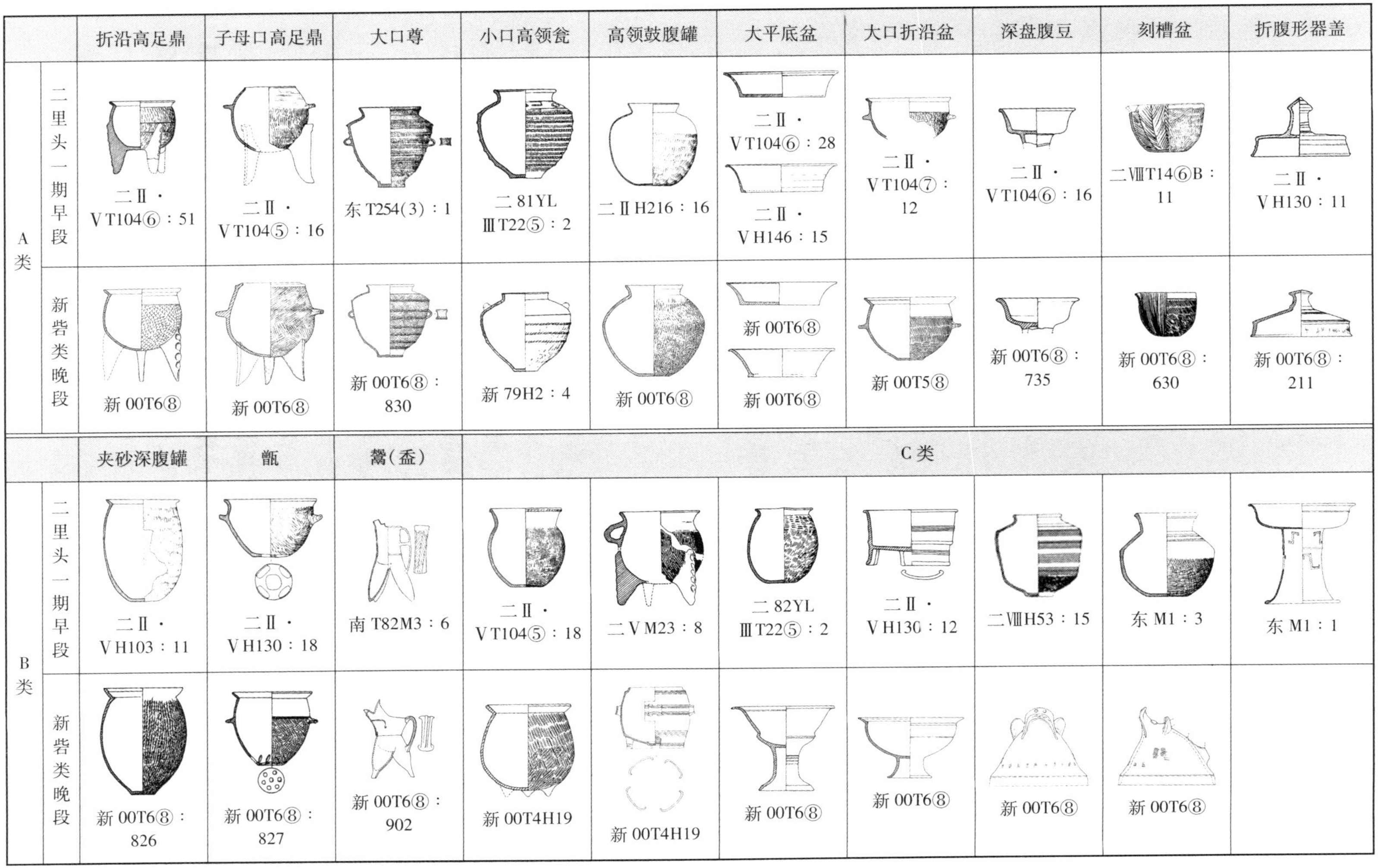

图 3-3-32 "新砦类遗存"晚段与二里头一期早段陶器比较

甑：二里头文化早期的甑均为大口盆形，5－6个大型镂孔占满了整个底部；"新砦类遗存"的甑则为深腹罐形，底部数个圆形镂孔，侧壁近底部也有一周梭形镂孔，形态与龙山文化晚期同类器非常接近。二里头Ⅱ·ⅤH130：18 vs 新砦2000T6⑧：827。

盉：二里头文化早期的盉为短柱状冲天流，大平口，高领，袋足细长，无足跟；"新砦类遗存"的盉则为短流，凹口，宽领，袋足有实跟。南寨T82M3：6 vs 新砦2000T6⑧：902。

C类：两地均为本地常见，而对方少见或基本不见的陶器。

其中，多见于二里头文化早期，而不见或少见于"新砦类遗存"的陶器有：花边口圆腹罐、单耳罐形鼎、捏口罐、三瓦足盘、小口尊形瓮、小高领折肩罐、矩尺形镂孔的豆或圈足盘等。

多见于"新砦类遗存"，而不见或少见于二里头文化早期的陶器有：乳钉足形鼎、子母口形瓮、簋形折腹豆等。

以上比较中：A类陶器在两地均大量存在，不但两地共有，而且形制相似或接近。其中，二里头文化一期的A类陶器多数属于二里头文化的一期早段，但也有少部分属于一期晚段。由此推测，"新砦类遗存"晚段大致应与二里头文化一期早段相当，或年代更晚至整个二里头文化的第一期。

B类陶器也占有相当的数量。但值得注意的是单纯从器物形制上看，"新砦类遗存"晚段中的B类陶器比二里头文化一期早段的B类陶器更接近龙山文化晚期的风格。另外，C类陶器中的乳钉足形鼎也是龙山文化晚期的典型器物。从这些情况看，郑州地区的"新砦类遗存"晚段与"新砦类遗存"早段一样，都延续了较多的龙山文化晚期的因素。

C类陶器数量巨大，至少说明在二里头文化形成的这段时间内（"新砦类遗存"晚段或二里头文化一期），洛阳盆地和郑州地区的文化面貌存在明显的区域性差异。

2. 中原其他地区二里头文化一期早段与"新砦类遗存"晚段的关系

中原其他存在二里头文化一期早段或"新砦类遗存"晚段的地区包括伊河流域、颍河中上游地区和沙汝河流域。伊河流域和颍河中上游地区的情况目前尚不清晰，沙汝河流域已经发现了丰富的相当于此阶段的遗存。

从煤山遗址70H3发表的陶器的特征看，二里头文化一期早段与"新砦类遗存"晚段的典型器物共存，进一步证实了上述"新砦类遗存"晚段基本与二里头文化一期早段同时的认识。郝家台遗址二里头一期以及蒲城店遗址二里头文化早期的情况与煤山70H3类似，普遍有二里头文化一期与"新砦类遗存"晚段的混合，又以二里头文化一期因素为主体，说明这一阶段的二里头文化一期早段与"新砦类遗存"晚段共存的现象在沙汝河流域比较普遍。

总之,通过上述对比分析,我们初步可以得出中原各地"新砦类遗存"和二里头文化时期遗存的相对年代存在"交错式"的对应关系:(表 3-3-6)

表 3-3-6　中原各地"新砦类遗存"与二里头文化早期的相对年代序列对应表

洛阳盆地	龙山晚期晚段	二里头文化一期早段	二里头文化一期晚段	二里头文化二期早段	二里头文化二期晚段	二里头文化三期	二里头文化四期
涧河流域	龙山晚期晚段	二里头文化一期早段	二里头文化一期晚段	二里头文化二期早段	二里头文化二期晚段	二里头文化三期	二里头文化四期
伊河流域	龙山晚期晚段	二里头文化一期早段	二里头文化一期晚段	二里头文化二期早段	二里头文化二期晚段	二里头文化三期	二里头文化四期
沙汝河流域	非典型"新砦类遗存"早段	二里头文化一期早段	二里头文化一期晚段	二里头文化二期早段	二里头文化二期晚段	二里头文化三期	二里头文化四期
郑州地区	典型"新砦类遗存"早段	典型"新砦类遗存"晚段	二里头文化一期晚段	二里头文化二期早段	二里头文化二期晚段	二里头文化三期	二里头文化四期
颍河中上游	非典型"新砦类遗存"早段	非典型"新砦类遗存"晚段	二里头文化一期晚段	二里头文化二期早段	二里头文化二期晚段	二里头文化三期	二里头文化四期
洛河中游	空白	空白	二里头文化一期晚段	二里头文化二期早段	二里头文化二期晚段	二里头文化三期	二里头文化四期
济源盆地	空白	空白	(少量线索)	(少量线索)	二里头文化二期晚段	二里头文化三期	二里头文化四期

(二) 绝对年代的讨论

随着碳 14 精确测年技术的不断改进,尤其是加速器质谱仪(AMS)的应用,和"夏商周断代工程""中华文明探源工程"等一系列重大科技攻关项目的实施,中原地区龙山至二里头文化的精确碳 14 测年数据得到逐步的积累,使得我们有条件对中原各地"新砦类遗存"与二里头文化的绝对年代关系进行讨论。

1. 中原各地"新砦类遗存"的绝对年代

目前可用来讨论"新砦类遗存"的高精度测年数据来自新砦、郝家台、西范店遗址。

(1) 新密新砦

新砦遗址"新砦类遗存"的测年数据包括 1999 年发掘[1]和 2002 年发掘[2]两批。这些样品采集自"新砦期"早段和晚段的若干单位。从树轮校正后的年代概率(置信度区间 68.2%)分布看,大致可分为两组:

---

[1] 北京大学震旦古代文明研究中心、郑州市文物考古研究院:《新密新砦——1999-2000 年田野考古发掘报告》,北京:文物出版社,2008 年。
[2] 中国社会科学院考古研究所河南新砦队、郑州市文物考古研究院:《河南新密市新砦遗址 2002 年发掘简报》,《考古》2009 年第 2 期,第 3-15 页。

第一组：年代概率区间的均值集中在公元前1840－前1780年。其中,采集自"新砦期"早段单位的样品均位于这一年代区间范围内,年代概率区间均值的范围集中在公元前1840－前1800年之间,可代表新砦遗址"新砦类遗存"早段的年代。

第二组：年代概率区间的均值集中在公元前1780－前1680年,均为"新砦期"晚段单位的样品,可代表新砦遗址"新砦类遗存"晚段的年代。(图3－3－33)

(2) 郾城郝家台

郝家台遗址"新砦类遗存"的测年数据来自2015－2016年发掘的墓葬①。其中M101－105相当于新砦类遗存的早段,树轮校正后的年代概率分布大致也可以分为两组：(图3－3－35)

第一组的年代概率区间的均值集中在公元前1940－前1900年;第二组的年代概率区间的均值集中在公元前1840－前1820年。这两组的年代大致代表了本地具有"新砦类遗存"早段特征的遗存年代范围。

(3) 登封西范店

西范店遗址的"新砦类遗存"测年样品来自2004年颍河中上游考古调查时采集的灰坑04DXFDP2H3③的动物骨骼样品②,共测得三个数据,树轮校正后的年代概率分布范围也可分为两组：

第一组的年代概率区间的均值为公元前1820;第二组的年代概率区间的均值分布范围为公元前1760－前1720年。这两组的年代大致代表了本地具有"新砦类遗存"特征的年代范围(图3－3－35)。

2. 中原各地二里头文化一期的绝对年代

目前可用来讨论中原地区二里头文化一期的高精度测年数据主要来自偃师二里头遗址和伊川南寨的二里头墓地。

(1) 偃师二里头

二里头遗址二里头一期的高精度测年数据不多,主要来自"夏商周断代工程"以来新采集的数据③。其中,属于二里头一期的单位主要是VG10、VT3H58等,均为二里头文化一期晚段。如果同时将二里头文化第二期的测年数据一期进行树轮校正,其年代概率分布范围大致可分为三组：(图3－3－34)

---

① 北京大学考古文博学院、河南省文物考古研究院、漯河市文物考古研究所：《河南漯河郝家台遗址2015－2016年田野考古主要收获》,《华夏考古》2017年第3期,第14－49页。
② 北京大学考古文博学院、河南省文物考古研究所：《登封王城岗考古发现与研究(2002－2005)》,第746－757页,郑州：大象出版社,2007年。
③ 中国社会科学院考古研究所：《二里头(1999－2006)》,北京：文物出版社,2014年。

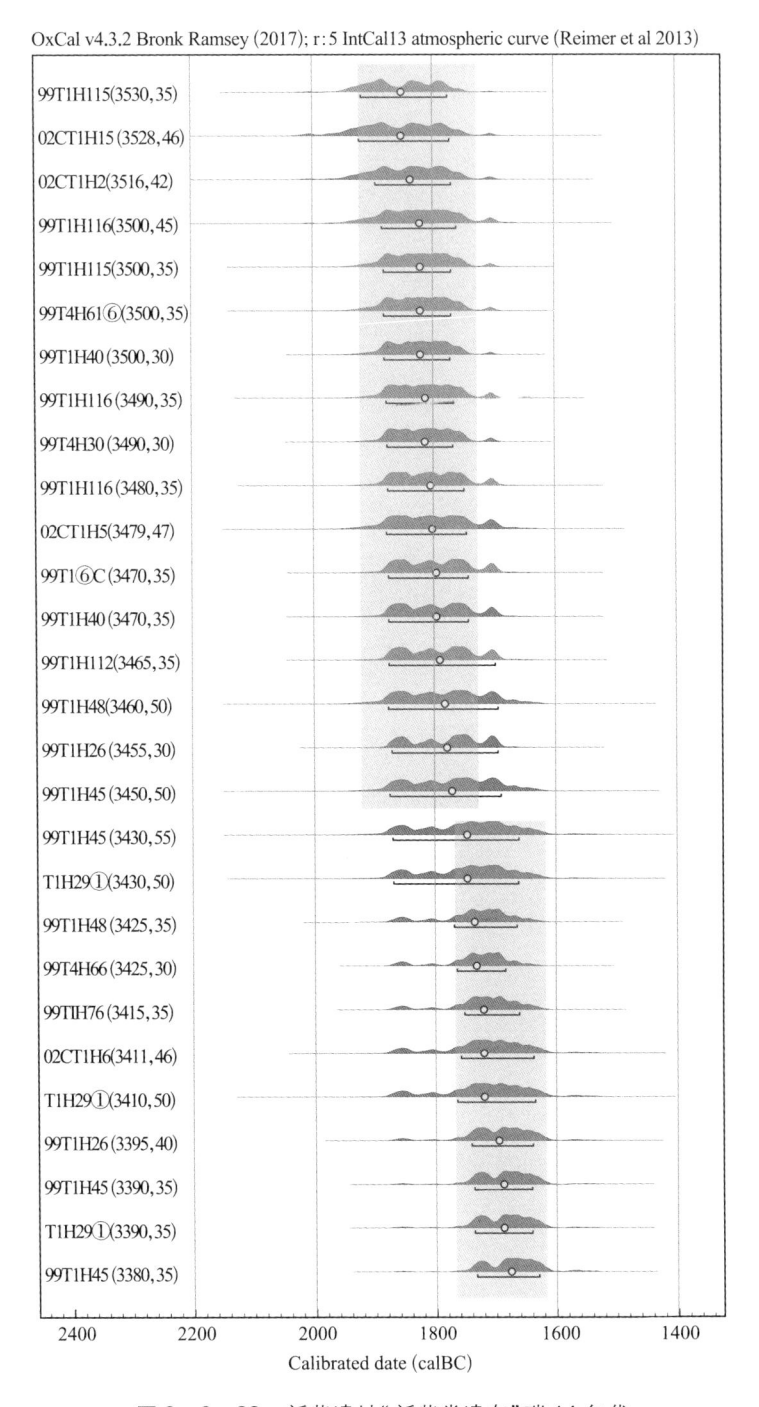

图 3-3-33 新砦遗址"新砦类遗存"碳 14 年代

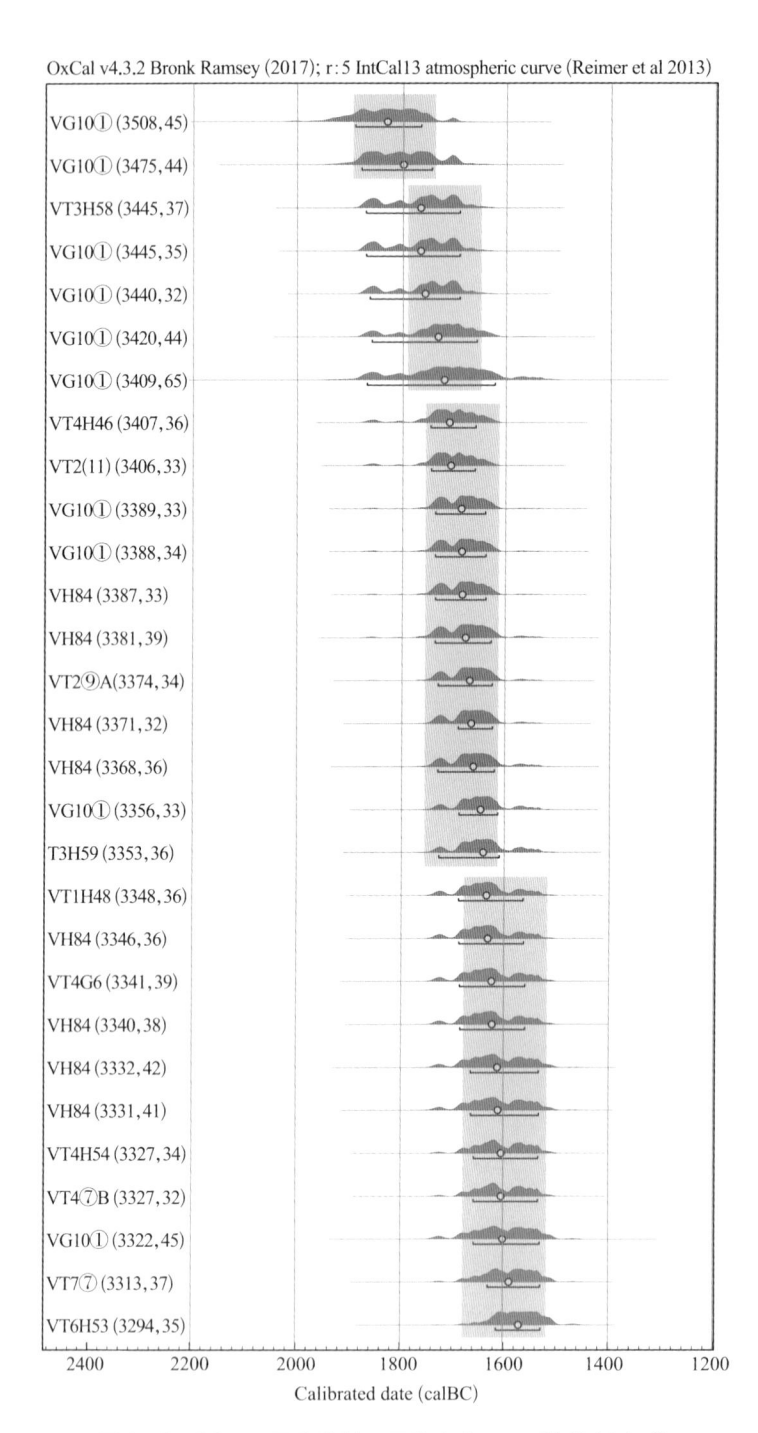

图 3-3-34 二里头遗址二里头文化一、二期碳 14 年代

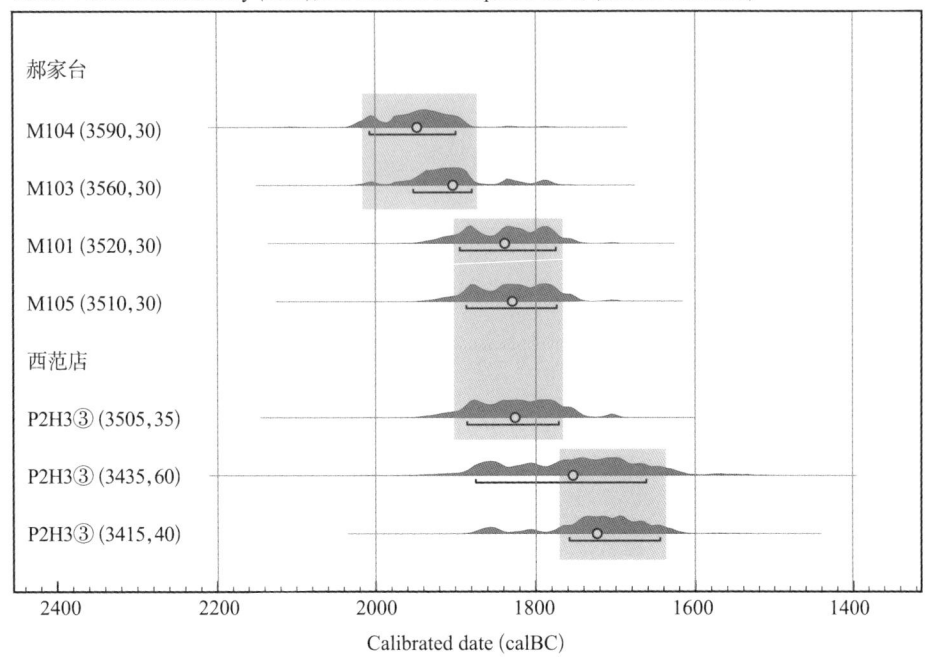

OxCal v4.3.2 Bronk Ramsey (2017); r:5 IntCal13 atmospheric curve (Reimer et al 2013)

郝家台

M104 (3590,30)

M103 (3560,30)

M101 (3520,30)

M105 (3510,30)

西范店

P2H3③ (3505,35)

P2H3③ (3435,60)

P2H3③ (3415,40)

Calibrated date (calBC)

图 3-3-35　郝家台、西范店遗址"新砦类遗存"碳 14 年代

第一组：年代概率区间的均值集中在公元前 1820 —前 1720 年。其中主要集中在公元前 1780 —前 1720 年，二里头文化一期晚段单位采集的样品大多数集中在这个年代区间范围内，大致代表了二里头文化一期晚段的年代范围。

第二组：年代概率区间的均值集中在公元前 1720 —前 1640 年之间，大致代表了二里头文化二期早段的年代范围。

第三组：年代概率区间的均值集中在公元前 1640 —前 1580 年之间，大致代表了二里头文化二期晚段的年代范围。

（2）伊川南寨

南寨遗址二里头墓葬的测年数据主要来自"夏商周断代工程"[①]。从随葬品组合分析，采样墓葬的年代涵盖二里头文化的一至三期。树轮校正后的年代概率分布范围大致可分为四组：（图 3-3-36）

---

① 张雪莲、仇士华：《关于夏商周碳 14 年代框架》，《华夏考古》2001 年第 3 期，第 59-72 页。

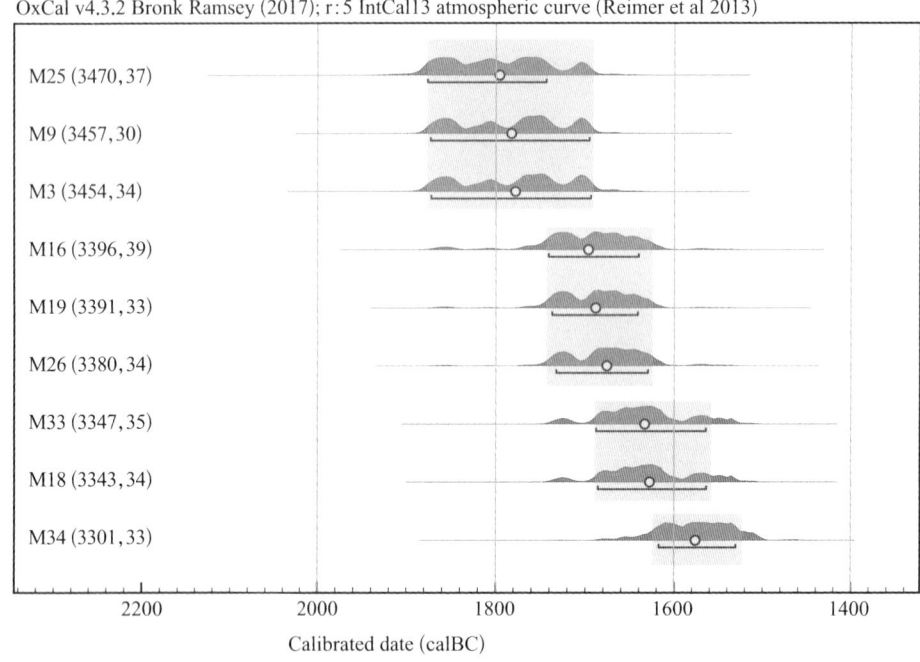

OxCal v4.3.2 Bronk Ramsey (2017); r:5 IntCal13 atmospheric curve (Reimer et al 2013)

图 3-3-36　南寨遗址二里头墓葬碳 14 年代

第一组,包括 M25、M9、M3,年代概率区间的均值集中在公元前 1800－前 1780 年。其中 M25 发掘者将其年代定为二里头文化二期,但实测年代明显偏老。M3、M9 均为二里头文化一期晚段,所测年代大致代表了该遗址的二里头文化一期晚段的年代范围。

第二组,包括 M16、M19、M26,年代概率区间的均值集中在公元前 1700－前 1680 年。发掘者将 M16 定为二里头文化三期,但实测年代明显偏老,其他 M19、M26 均为二里头文化二期,大致代表了二里头文化二期早段的年代范围。

第三组,包括 M33 和 M18,年代概率区间的均值集中在公元前 1640 年前后。发掘者均将其定为二里头文化二期,大致代表了二里头文化二期晚段的年代范围。

第四组,包括 M34,年代概率区间的均值为公元前 1580 年,发掘者将其定为二里头文化三期。

以上五处遗址的"新砦类遗存"与二里头文化早期遗存碳 14 测年校正年代概率分布可归纳为下图的形式:(图 3-3-37)

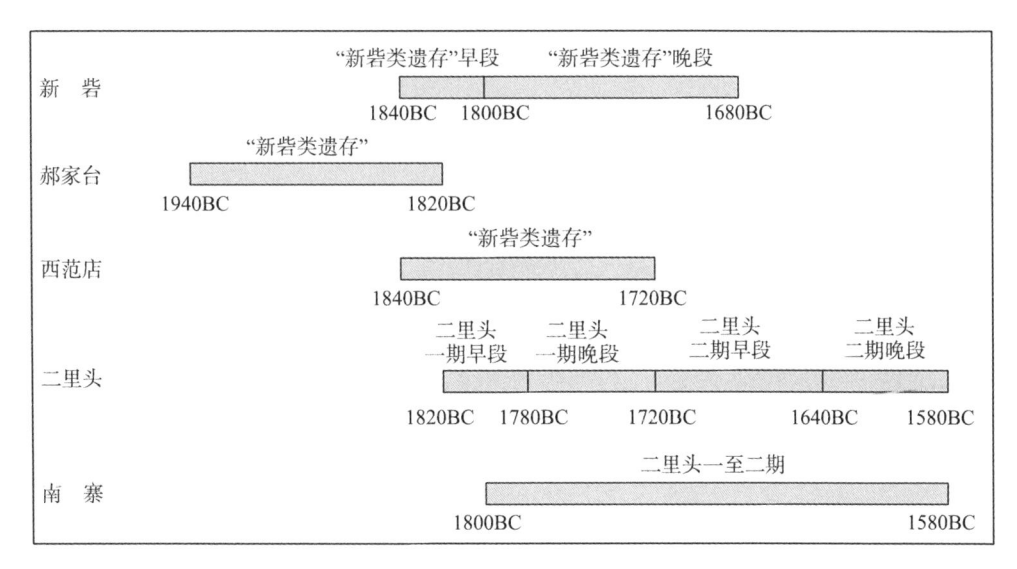

图 3-3-37　中原各地"新砦类遗存"与二里头文化早期碳 14 年代分布范围示意图
（以年代概率区间的均值计算）

整体来看，中原地区龙山向二里头文化的过渡大致发生在公元前 1800 年前后，但各地的过渡时间差异较大。其根本原因是因为各地文化发展演变的不平衡性所致。同时，碳 14 测年的"不确定性"，即年代存在一定的概率分布区间，也是碳 14 绝对年代与文化谱系研究的结论不能完全吻合的重要原因[1]。尽管如此，碳 14 绝对年代仍提供了一些重要的信息：

第一，嵩山以东以新砦遗址为代表的典型"新砦类遗存"与嵩山以西以二里头遗址为代表的二里头文化一期具有很大程度上的时间的重合性，反映了文化发展的区域性差异以及龙山向二里头转变的区域不同步性。

第二，沙汝河流域的"新砦类遗存"的起始年代明显早于双洎河流域的新砦遗址，但结束的时间也早，很快即为二里头文化所取代（该区域目前还缺乏二里头一期文化的直接测年数据）；颍河中上游的"新砦类遗存"的起始年代大致与双洎河流域相当，延续的时间也较长，结合王城岗、瓦店遗址龙山文化晚期晚段的测年数据，可知这里的龙山文化延续的时间普遍较长。

第三，洛阳盆地、伊河流域（也应包括沙汝河流域）二里头文化发展的一致性较强，说明这些地区在二里头文化的形成和早期发展过程中关系较为密切。

---

[1] 张海：《考古学中的时间不确定性及其数学解决方案》，《江汉考古》2016 第 4 期，第 95-102 页。

第四，二里头遗址发现的相当于二里头文化一期早段的遗存不多，没有直接的测年数据。但从公布的二里头文化一期晚段单位的测年数据看，其早段至少可早至公元前1820年（区间均值）。但即便如此，"新砦类遗存"的出现时间也明显早于二里头文化，而中原地区龙山向二里头文化的过渡是在"新砦类遗存"出现之后的事情。

四、中原核心区二里头文化形成与初步发展阶段的考古学文化谱系与区域文化互动

在构建起中原各地"新砦类遗存"和二里头文化遗存的整体编年框架之后，我们还需要进一步讨论各地"新砦类遗存"的文化性质，讨论它们与二里头文化间的属性关系以及受周边地区考古学文化影响的程度，进而综合提出中原核心区二里头文化形成与初步发展阶段的考古学文化谱系演进与区域文化互动的概况。

（一）"新砦类遗存"早段

目前，相当于"新砦类遗存"早段的遗存已广泛发现于郑州地区、洛阳盆地、颍河中上游地区和沙汝河流域。其中，最典型和出土遗物最丰富的主要是巩义花地嘴。

从目前披露的花地嘴遗址"新砦类遗存"特征来看，主要由本地龙山文化晚期遗存，即王湾三期文化因素与大量周边地区考古学文化因素共同组成。花地嘴遗址的"新砦类遗存"中的外来文化因素大致仍可分为东方文化系统、北方文化系统和南方文化系统三大类。

其中继承本地王湾三期文化因素的陶器种类有：乳钉足形鼎、侧装三角形罐形鼎、夹砂深腹罐、夹砂素面小罐、小口高领瓮、大口瓮、盆形甑、罐形甑、刻槽盆、平口盉、覆钵形器盖和假圈足碗等。

包含东方文化传统的因素有：各式钮的折腹形器盖、盂、大平底盆、带流盉、条形花纹单把杯、子母口瓮、大口堆纹瓮、罍、壶、小三足盘和甗等。

包含北方文化传统的因素有：单把鬲、敛口盆形斝、圈足罐、高柄豆、蛋形瓮等。

包含南方文化传统的因素有：侧装三角形足盆形鼎、"Y"形足罐形鼎、橄榄形罐、圜底罐和封口盉等。

从比例上粗略估计，继承本地王湾三期文化因素的陶器在数量上占大多数，其次是东方文化传统的因素，北方文化传统和南方文化传统的因素也占有一定比例。

因此，花地嘴"新砦类遗存"大致可以看作是在继承本地龙山文化晚期的基础上，大量吸收了东方文化系统的因素和部分北方及其南方文化系统的因素发展起来的。这种特定时期的"混合文化"构成模式，本质上与龙山时代早期的大范围人群迁徙造成的庙底沟二期文化南下、大汶口文化西进和屈家岭文化北渐，进而融合成本地独特

的龙山早期遗存的性质一样。不同的是,这一时期的花地嘴等遗址所接受的外来文化因素中东方的文化因素更加强烈。

除了陶器种类和数量之外,文化内涵也是讨论"新砦类遗存"文化性质的重要方面。按照陶器的功用不同,可大致分为炊器(鼎、夹砂罐、甗、甑)、储器(瓮、大口罐、罍、盆)、食器(碗、钵、豆)、礼器(特殊纹样的精致陶器)和饮器(壶、杯、盉)五大类。如果分别将其与不同的文化传统相对应,可以发现"新砦类遗存"中,主要的炊器、储器和食器均延续本地王湾三期文化传统,而礼器和饮器则较多源于周边地区的不同文化。从所谓的"高等级"器物种类来看,花地嘴遗址发现的朱砂彩绘纹瓮、刻划人面纹豆以及玉璋、玉钺等均为明显的东方或北方文化传统中的礼器。由此可见,花地嘴遗址"新砦类遗存"较王湾三期文化已经发生了重要的转变,其所接受的周边文化的影响主要体现在社会的上层,尤其是其中的诸多礼器又为以后的二里头文化所继承。

值得注意的是,花地嘴等遗址的"新砦类遗存"中所表现出的大量高等级外来文化因素并没有体现在所有的包含"新砦类遗存"的遗址中,甚至除了巩义的花地嘴和双洎河流域的遗址外,少有发现此类特殊遗存。从绝对年代来看,"新砦类遗存"早段的年代大致为公元前1840—前1800,这个年代范围已经与王城岗、瓦店、古城寨等遗址龙山文化晚期晚段的测年数据完全吻合。郝家台、西范店、东赵等遗址的"非典型新砦类遗存"又多数为继承本地龙山文化晚期因素的部分,因此,将这些遗址相当于"新砦类遗存"早段的遗存归入本地龙山文化晚期的范畴更为合适。

另外,从洛阳盆地矬李遗址此阶段遗存的特征看,二里头式花边口罐的出现表明中原不同地区相当于"新砦类遗存"早段时期的文化性质很可能存在区域性差异,由此也说明二里头文化的来源并不单一:在嵩山以东地区的新砦风格更浓烈,受到东方文化传统的因素影响更多;而嵩山以西地区的此阶段,很可能受到了更多的北方和西北方文化传统的影响。

(二)"新砦类遗存"晚段与二里头文化一期早段

目前可知,明确属于"新砦类遗存"晚段的典型遗址只发现在新密新砦。从出土陶器的种类看,与"新砦类遗存"早段的差别不大,可看作同一文化类型的延续,只是与花地嘴遗址相比,新砦遗址的"新砦类遗存"晚段相对缺少北方文化传统的因素,而新增加了堆纹大口尊、折腹形或簋形豆。当然,这也可能是遗址间的区域性差别造成。

"新砦类遗存"晚段的文化性质及其与二里头文化一期遗存间的关系是学术界讨

论的热点问题,或有学者将其看作二里头文化的重要来源[①],或作为二里头文化一期的地方类型[②]。如前所述,从年代上看,二者之间虽有相当范围的重合,但这绝不意味着二者必为同一文化的不同地方类型。"新砦类遗存"的具体文化内涵及其在中原不同地区的差异是讨论其文化性质时不可忽视的重要内容。

首先讨论新砦遗址"新砦类遗存"晚段与二里头遗址典型二里头文化一期遗存的文化性质。如前所述,从类型学上分析,两地都有部分形制接近的陶器,甚至"新砦类遗存"晚段的部分陶器形制特征更晚。但是,同时两地也有大量器类相同但形制完全不同,或各自常见但对方少见或基本不见的陶器。将所有上述或同或异的内容与不同的文化因素来源相对照,可以表述为下图、表的形式。(图3-3-38、表3-3-7)

对比发现,新砦遗址"新砦类遗存"晚段继承本地王湾三期文化因素且器物形制变化不大的器类占有相当大的比例;而二里头文化一期遗存中,虽然有一定数量的文化因素承自王湾三期文化,但多数形制改变较大,且大量新出现的器类和接受周边地区考古学文化的因素占据主导。

从受周边地区考古学文化影响的程度和方式上看,两地均受大量东方文化系统的影响,共享大量东方文化系统的因素。但二里头文化一期中的一些常见东方文化系统因素不见或少见于新砦遗址的"新砦类遗存"晚段,同时个别新砦遗址"新砦类遗存"晚段的东方文化系统的因素也不见或少见于二里头文化第一期。如此说明,东方文化系统对两地的影响方式和途径有所不同,二里头文化一期的东方因素并非通过新砦遗址的"新砦期"过渡而来。二里头文化一期遗存同时受大量的北方文化系统因素的影响,而这种影响在新砦遗址的"新砦类遗存"晚段却极少发现。两地虽然都接受一些南方文化传统的因素,但显然其内涵完全不同。另外,两地还各自存在大量自身创造的新因素也不见或少见于对方。

因此,新砦遗址的"新砦类遗存"晚段与二里头遗址的二里头文化一期各自属于不同的考古学文化,将"新砦类遗存"简单纳入二里头文化早期范畴,并不合适。

考虑到"新砦类遗存"晚段与本地龙山文化晚期传统所保持的密切关系,同时又受到了周边地区考古学文化的重要影响,其文化性质应与"新砦类遗存"早段一致,完全可以看作是个别遗址典型"新砦类遗存"的延续。而新砦遗址二里头文化一期晚段的遗存叠压在"新砦类遗存"晚段之上的地层关系说明,随着二里头文化的扩张,新砦遗址的"新砦类遗存"终被二里头文化所取代。

---

① 赵春青:《新砦期的确认及其意义》,《中原文物》2002年第1期,第21-23、27页。
② 李维明:《二里头文化一期遗存与夏文化初始》,《中原文物》2002年第1期,第33-42页。

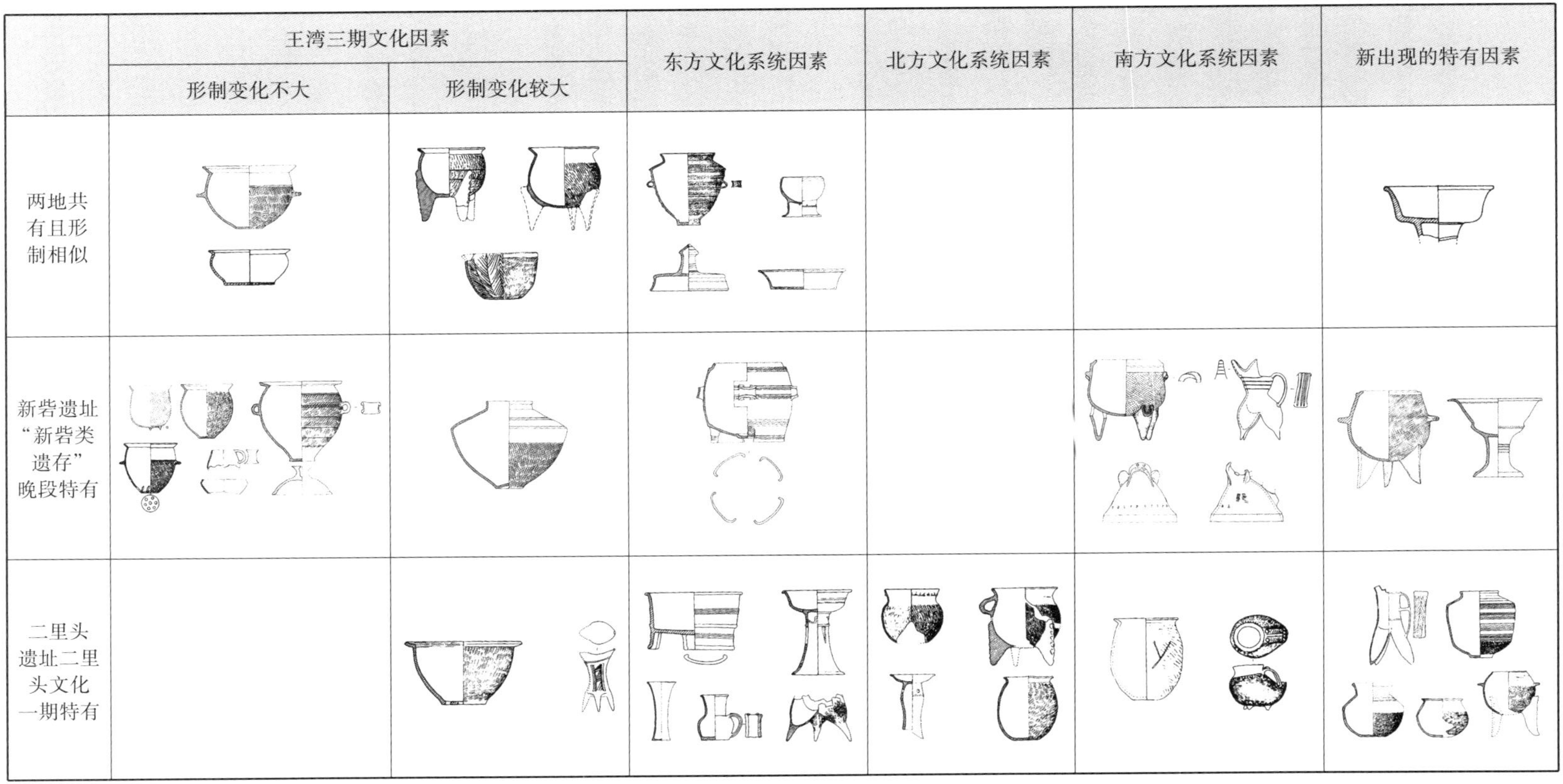

图 3-3-38 新砦遗址"新砦类遗存"晚段与洛阳盆地二里头一期陶器各类文化因素对比

表 3-3-7　新砦遗址"新砦类遗存"晚段与洛阳盆地二里头一期陶器各类文化因素对比

	王湾三期文化因素		东方文化系统因素	北方文化系统因素	南方文化系统因素	新出现的特有因素
	形制变化不大	形制变化较大				
两地共有且形制相似	大口折沿盆、大平底钵	高足鼎（盆形、罐形）、刻槽盆	堆纹大口尊、大平底盆、各式钮折腹器盖、簋形豆			深盘腹豆
新砦遗址"新砦类遗存"晚段特有	乳钉足形鼎、夹砂深腹罐、大口深腹罐、罐形甗、单把杯、敛口钵、钵形器盖	小口高领瓮	子母口瓮		"Y"形足盆形鼎、半封口盉、猪头形器盖	折腹豆、子母口敛口盆形鼎
二里头遗址二里头文化一期特有		盆形甗、爵	大三足盘、矩尺形镂孔豆（圈足盘）、觚、壶、甗	花边口圆腹罐、单耳罐形鼎、捏口罐、浅腹粗柄豆	夹砂深腹罐、鸭形鼎	白陶鬹（盉）、尊形瓮、敛口小罐、直领折肩小罐、敛口盆形鼎

综合以上分析，典型的"新砦类遗存"目前仅存在于花地嘴、新砦等一些单个的遗址上，而这种情况又只发生于郑州地区，尤其是双洎河流域，代表了这一时期考古学文化所呈现出来的一种特殊模式。与花地嘴、新砦遗址"新砦类遗存"早段并行的是包括郑州地区在内的诸多遗址的龙山文化晚期遗存；同样与新砦遗址"新砦类遗存"晚段并行的还有洛阳盆地、伊河流域、沙汝河流域新兴的二里头文化一期早段。由此可见，中原核心区在二里头文化的形成过程中，区域性差异明显，各地龙山文化结束的时间和二里头文化开始的时间均不相同。而在这一文化转型的过程中，郑州地区的一些特殊遗址，如花地嘴、新砦，则呈现出了一种在外来文化影响下的独特文化面貌。其独特性既在于外来文化所导致的社会上层的变化方面，也在于这种现象的发生不仅时间极短，而且空间极其有限，仅局限于有限小流域的有限遗址上。

因此，我们主张使用"新砦现象"的概念来表述这种特定时期的特殊考古学文化现象，而不主张统一使用"新砦期"或"新砦文化"的概念。考虑到，"新砦现象"的文化发生模式主要继承自本地龙山文化晚期的传统，因此我们主张把中原各地的"新砦类遗存"纳入龙山文化晚期的范畴，只是在郑州地区的一些遗址上发生了显著的"新砦现象"。

与"新砦现象"的昙花一现所不同的是，二里头文化一经形成即表现出了强大的扩张力。从现有的材料看,二里头文化是在部分继承本地龙山文化晚期因素的基础上,大量吸收了周边地区的文化因素,并加以重新整合创新而形成。在二里头文化的一期早段,即已通过伊河流域、沙汝河流域,过方城,经"夏路",向南联系南阳盆地进入汉水上游,淅川下王岗、郧县辽瓦店子遗址均发现这一时期的遗存。至二里头文化的一期晚段和二期早段,其势力已经扩展至了整个中原除济源盆地、洛河中游(韩城以上)之外的所有地区,终止了各地龙山文化晚期遗存以及发生"新砦现象"的遗址;至二里头文化二期晚段之后,整个中原核心区已经完全成为二里头文化的天下。这就是考古学文化谱系所描绘出的二里头文化在中原核心区的形成与扩张的全过程。

(三)中原地区龙山向二里头文化转变的考古学文化谱系重构

通过本节的分析可知,中原地区龙山向二里头文化的转变十分复杂,区域间存在显著的差异和过程的不同步性。表3-3-8是中原各地龙山向二里头文化转变的时空对照表,从中大致可以将这个转变的过程和转变的方式分为三种类型:

表3-3-8　中原各地龙山文化到二里头文化发展演变过程的对应表

济源盆地	(空白)	(空白)	(少量线索)	(少量线索)	二里头文化二期晚段
洛河中游	(空白)	(空白)	二里头文化一期晚段	二里头文化二期早段	二里头文化二期晚段
涧河流域	龙山文化晚期	二里头文化一期早段	二里头文化一期晚段	二里头文化二期早段	二里头文化二期晚段
洛阳盆地	龙山文化晚期	二里头文化一期早段	二里头文化一期晚段	二里头文化二期早段	二里头文化二期晚段
伊河流域	龙山文化晚期(非典型新砦现象)	二里头文化一期早段	二里头文化一期晚段	二里头文化二期早段	二里头文化二期晚段
沙汝河流域	龙山文化晚期(非典型新砦现象)	二里头文化一期早段	二里头文化一期晚段	二里头文化二期早段	二里头文化二期晚段
郑州地区	龙山文化晚期(典型新砦现象)	龙山文化晚期(典型新砦现象)	二里头文化一期晚段	二里头文化二期早段	二里头文化二期晚段
颍河中上游	龙山文化晚期(非典型新砦现象)	龙山文化晚期(非典型新砦现象)	二里头文化一期晚段	二里头文化二期早段	二里头文化二期晚段

第一,转变最早发生且迅速进入二里头文化的地区,包括洛阳盆地、涧河流域、伊河流域和沙汝河流域。这里普遍存在二里头文化一期早段的遗存。其中,洛阳盆地

和涧河流域的龙山向二里头的转变显得比较急剧,多数遗址龙山向二里头的延续性不强;伊河流域、沙汝河流域的转变则比较温和,伊川白元、郾城郝家台、平顶山蒲城店遗址中龙山到二里头的文化堆积连续且丰富,看不出文化衰退的征兆。

第二,转变较早发生但进入二里头文化较晚的地区,包括郑州地区和颍河中上游。这里基本不见二里头一期早段的遗存,至早在二里头一期晚段才完成转变。郑州地区发生了典型的新砦现象,且以双洎河流域为中心,沿嵩山东北经郑州、荥阳向洛阳盆地延伸,最远可达巩义花地嘴。二里头文化最早遗存的缺失恰恰说明本地新砦类遗存的强势。颍河中上游地区新砦现象并不典型,尤其是缺乏新砦类遗存中的特殊非日用类器物,但本地龙山文化强势,延续时间长,同样也阻止了二里头文化一期早段的扩张。

第三,转变较晚发生,且存在显著断裂的地区,包括洛河中游和济源盆地。这里不见二里头一期的遗存,在二里头文化二期甚至更晚阶段才完成转变。同时,这些地区的龙山文化结束的时间也较早,本地二里头文化的出现应为二里头形成以后强势扩张的结果,中间存在长时间的间断期。

如果我们按照上述龙山向二里头文化转变所表现出的区域差异性进行"聚类分析"并与本章第二节所述本地龙山文化的区域相关性的"聚类分析"进行比对,(图3-3-39、图3-3-40)可以发现:

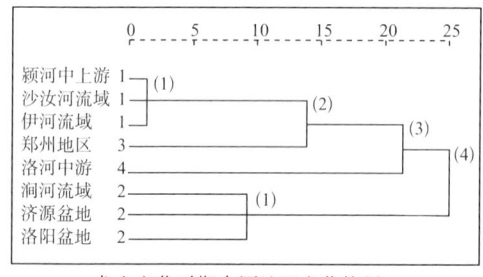

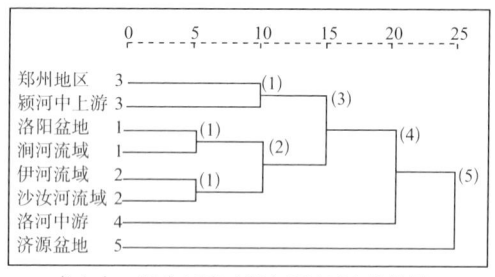

图3-3-39 中原地区龙山向二里头文化转变的区域格局(聚类图)

第一,中原地区龙山向二里头文化的转变在很大程度上承袭了本地龙山文化区域性特征的传统。比如,典型新砦现象仅发生在第(2)层级聚类的第3组(郑州地区),而非典型新砦现象则扩展到第(1)层级聚类的第1组(颍河中上游、沙汝河流域和伊河流域);二里头文化一期早段仅出现在第(1)层级聚类,包括第1组(伊河流域、沙汝河流域)和第2组(洛阳盆地、涧河流域)。如此说明:一方面,这个传统在很大

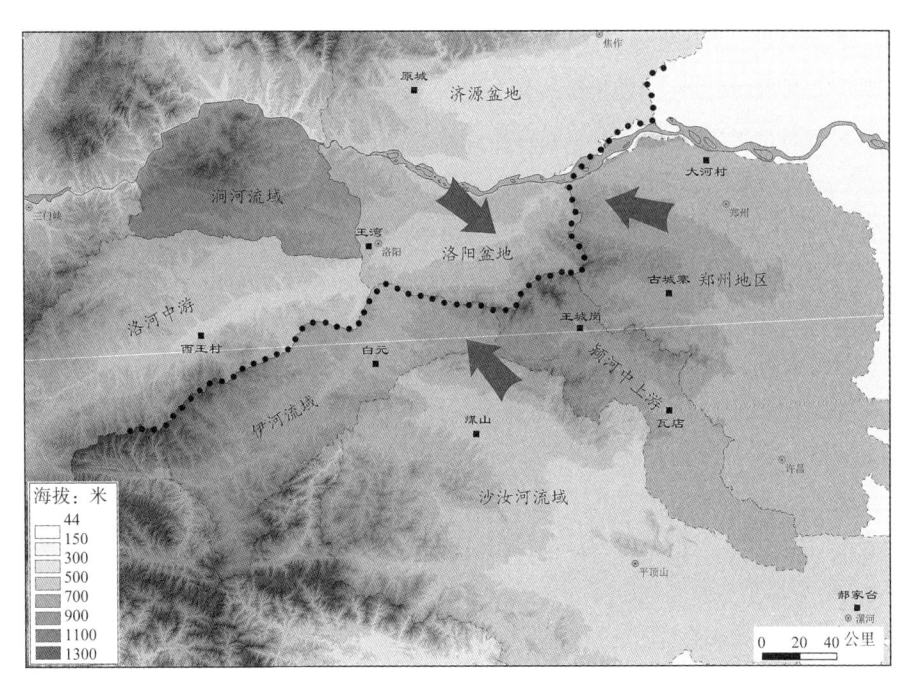

第三章 考古学文化谱系与编年 211

龙山文化时期中原地区格局

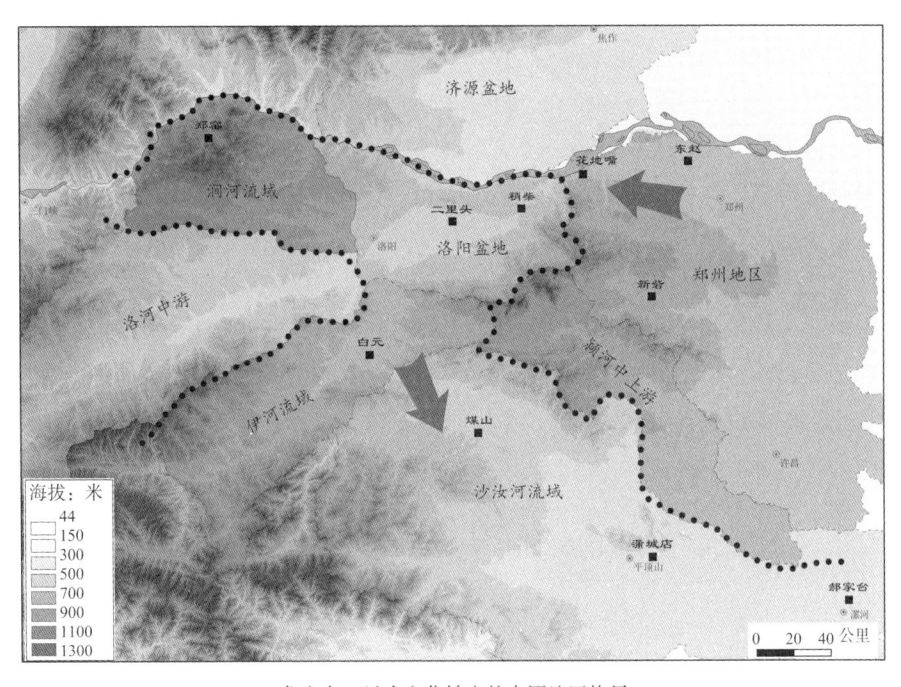

龙山向二里头文化转变的中原地区格局

图3-3-40 中原地区龙山向二里头文化转变的区域格局

程度上可以简化为嵩山南北①或郑洛地区龙山时期的对立②;另一方面,新砦现象作为一个突变因素发生在龙山文化传统势力相对较弱的地区。可见,本地龙山文化传统仍然是龙山向二里头转变的一个重要基础。

第二,中原地区龙山向二里头的转变又表现出了与龙山文化时期相比所不同的新格局,也即为二里头文化形成与扩张的新格局。其中,洛阳盆地、伊河流域和沙汝河流域的联系更加密切,直接由两个第(1)层级的聚类组生成第(2)层级的聚类组。由此可见,在二里头文化的出现和最早的扩张过程中,南方通道(即由洛阳盆地经伊河、沙汝河,过方城和南阳盆地,到汉水流域的传统"夏路")具有至关重要的意义。相反,二里头文化出现和扩张的初期回避向东的方向,避免与嵩山以东的传统对峙区的直接交锋。

由上可见,中原地区龙山向二里头文化过渡不仅有嵩山南北对峙(源自黄河流域与淮河流域的不同文化传统的影响)的龙山文化传统为基础,同时又有新的南方通道的开辟,周边地区多元文化在中原地区的融合起到了关键作用。值得注意的是,以往学界的研究关注点多在龙山、新砦与二里头的关系上,讨论较多的是东方文化传统对二里头形成的作用。从洛阳盆地的煤李、菠萝窑以及非常接近洛阳盆地的花地嘴遗址的零星情况看,同时大量出现了北方河套地区龙山文化以及同期齐家文化的因素,尤其是这些地区的制玉、用玉传统和早期冶铜技术为二里头文化所大量吸收。可见,中原地区龙山向二里头的过渡并不仅仅是中原与东方的关系,还应置于整个中国北方地区社会大变局下的背景下观察。近年来河套地区的石峁、芦山峁、碧村等高规格遗址的发现刷新了学术界的认识,尤其是石峁古城规模宏大,400万平方米的范围超过了二里头遗址,无论谱系③还是碳14测年数据均跨越了中原地区龙山至二里头文化的时间范围。因此,讨论二里头文化的形成不能回避来自北方和西北方考古学文化的影响。常怀颖梳理中原以北"过渡期"遗存发现,过渡遗存在太行山以东以及以西的晋中北、河套地区相当普遍④。从中原地区目前的情况看,黄河以北的济源盆地缺乏这一阶段的遗存,或许二里头文化早期的形成与扩张不走这一通道;而涧河流域连通三门峡—灵宝盆地至晋南和关中地区这一通道上的"过渡期"遗存的线索也不

---

① 王立新:《从嵩山南北的文化整合看夏王朝的出现》,《二里头遗址与二里头文化研究》,北京:科学出版社,2006年。许宏:《嵩山南北龙山文化至二里头文化演进过程管窥》,《中原地区文明化进程学术研讨会论文集》,第212-222页,北京:科学出版社,2006年。
② 张东:《试论洛阳盆地二里头文化的形成背景》,《中原文物》2013年第3期,第27-34、73页。
③ 孙周勇:《公元前第三千纪北方地区社会复杂化过程考察——以榆林地区考古资料为中心》,《考古与文物》2016年第4期,第70-79页。
④ 常怀颖:《中原腹地以北地区的"过渡期"遗存蠡探》,《三代考古(八)》,第437-469页,北京:科学出版社,2019年。

多。因此,从中原与北方地区考古学文化的关系讨论二里头文化的形成与早期扩张的问题还亟待进一步的发现与研究。

第四节　区域间的互动与融合:中原核心区文明形成过程中的考古学文化谱系特征

本章系统梳理了中原核心区新石器时代晚期以来的考古学文化谱系。研究表明,在这段走向文明的社会发展过程中,中原核心区的考古学文化的发展演变呈现出了异常纷乱复杂的局面。这种复杂性既表现在不同时期周边考古学文化对中原地区的影响上,同时也体现在中原内部不同区域间的互动以及各种考古学文化在中原的交汇融合方面。"天下居中"的地理位置和便捷的对外交通使得中原地区自新石器时代晚期以来的文化发展中又呈现出独特的开放性,社会的变革也更加频繁。梳理表明,仰韶文化以来中原地区的文化格局经历了三次重大的变革:

1. 第一次大变革发生在公元前 4000 年前后的仰韶文化早期,持续了大概 200 年的时间,标志性事件是仰韶文化的东进,主要表现是源自晋西南豫西地区的仰韶文化东庄类型和庙底沟类型迅速东扩,占领了整个中原核心区。这次大变革推动中原地区进入"仰韶时代",人口开始繁盛起来,为文明社会的发展奠定了基础。虽然中原各地的仰韶文化面貌略有差异,但整体来说文化的一致性相当强。这一时期,文化发展的重心明显位于中原的中西部,尤其是涧河流域、洛河中游以及伊河流域所发现的仰韶文化早中期的文化堆积都极为发达。

2. 第二次大变革始自公元前 2900 年前后,标志性事件是大汶口文化的西进和屈家岭文化北渐进入中原,中原社会进入仰韶文化晚期。这一时期的文化发展重心转移到中原的东部地区。这里在主要继承仰韶文化本地传统的基础上,大量吸收了来自东方大汶口文化的因素,并加以改造,形成了独具特色的秦王寨类型,其势力一度可达黄河南北、嵩山周围的整个中原的中、东部地区。与此同时,南方屈家岭文化的因素也逐渐融入进来,不同文化间的融合达到了前所未有的程度。这一时期,位于中原西部的涧河流域受到晋南豫西的影响,属于西王类型的范围,而洛河中游地区则相当衰弱。

第二次变革持续的时间较长,延续了大约 500 年。率先兴起于晋南豫西地区的西王村三期文化势力不断东扩,影响到了中原各地。这一阶段的秦王寨类型中出现了大量的绳纹、附加堆纹等西王村三期文化的因素,表明西方的文化势力卷土重来。这种文化发展的态势直至公元前 2400 年前后达到了高潮。兴起于晋南豫西的庙底沟二期文化发展至其晚段大举东扩,彻底改变了中原各地的仰韶文化晚期的格局。在庙底沟二期文化的强烈影响下,中原各地几乎同时发展出了本地的龙山文化早期遗存,并迅速步入到了"龙山时代"。

龙山时代的中原地区,考古学文化发展的重要特征表现为各地文化发展的不平衡性。龙山文化早期中原的西北部地区所接受的庙底沟二期文化因素较多,涧河流域和济源盆地的西部甚至还处于典型庙底沟二期文化的控制范围之内;而东南部地区所接受的东方和南方文化因素则更加突出。到了龙山文化晚期,即王湾三期文化阶段,考古学文化发展的区域性不平衡达到了顶峰。这种不平衡首先表现为各地文化发展演进的步伐不同。虽然中原各地大致同时步入龙山文化的晚期阶段,但很明显各地龙山文化结束的时间并不相同。济源盆地、洛河中游地区的龙山文化提前结束于公元前 1900 年以前;郑州地区和颍河中上游龙山文化结束时间则相对较晚,可延续至公元前 1800 年以后;洛阳盆地、涧河流域、伊河流域和沙汝河流域则由于二里头文化的兴起,而本地龙山文化结束于公元前 1800 年前后。龙山文化发展的区域性不平衡的另外一个重要表现为各地文化因素的差异,而这些差异本身又表现在不同的层面上,其中周边地区不同考古学文化的影响是一个重要的内容。这种周边不同背景考古学文化的影响也形成了中原各地各自独特的内外文化联系途径。反过来,周边地区的考古学文化也正是通过这些不同的途径对中原各地施加各自的不同程度的影响,从而加入到了"逐鹿中原"的过程中。

3. 第三次大变革大约发生在公元前 1800 年前后,标志性事件是"新砦现象"的发生和二里头文化的迅速崛起。这次变革持续时间虽短,不超过 100 年,但影响最为剧烈。随着龙山文化的衰落,周边地区的考古学文化迅速加强了对中原各地的影响强度。在外来文化因素的强烈作用下,中原各地的考古学文化均发生了不同程度的变化。郑州地区的变革最为剧烈,表现出了文化面貌复杂多样的特点,一些遗址较多延续了本地龙山文化的传统,另外一些遗址则更多接受了外来文化中的上层因素,从而发生了独特的"新砦现象";颍河中上游地区的"新砦现象"不典型,龙山文化延续时间长。洛阳盆地、涧河流域、伊河流域和沙汝河流域在大量吸收外来文化因素和继承部分本地龙山文化因素的基础上,不断加以改造创新,率先发展出了二里头文化。

随着二里头文化的迅猛发展,至其一期晚段和二期早段,中原各地除了韩城以上的洛河中游和黄河以北的济源盆地之外,已经均为二里头文化的统治范围。这一时期,二里头文化彻底取代了各地的龙山文化及其发生"新砦现象"遗址的特殊遗存,从而完成了在中原核心区的初步扩张的过程,其时间大致在公元前 1700 年前后。而至公元前1600年前后的二里头文化晚期阶段,二里头文化才彻底完成了一统中原的过程。

以上中原地区新石器时代晚期以来三次文化格局大变革的发生,其背后均有大规模周边考古学文化涌入的现象,因此更大范围内的环境变化和人群流动很可能是主要原因。方修琦等通过集成各类环境变化指标,综合绘制了中国全新世气温变化曲线[①]。由于经过树轮校正,这一曲线可以与考古遗址的精确碳14测年数据相对照(图3-4-1)。从中可见,导致中原地区文化格局大变革发生的三次事件,均发生在中全新世以来三次气温显著下降之后:

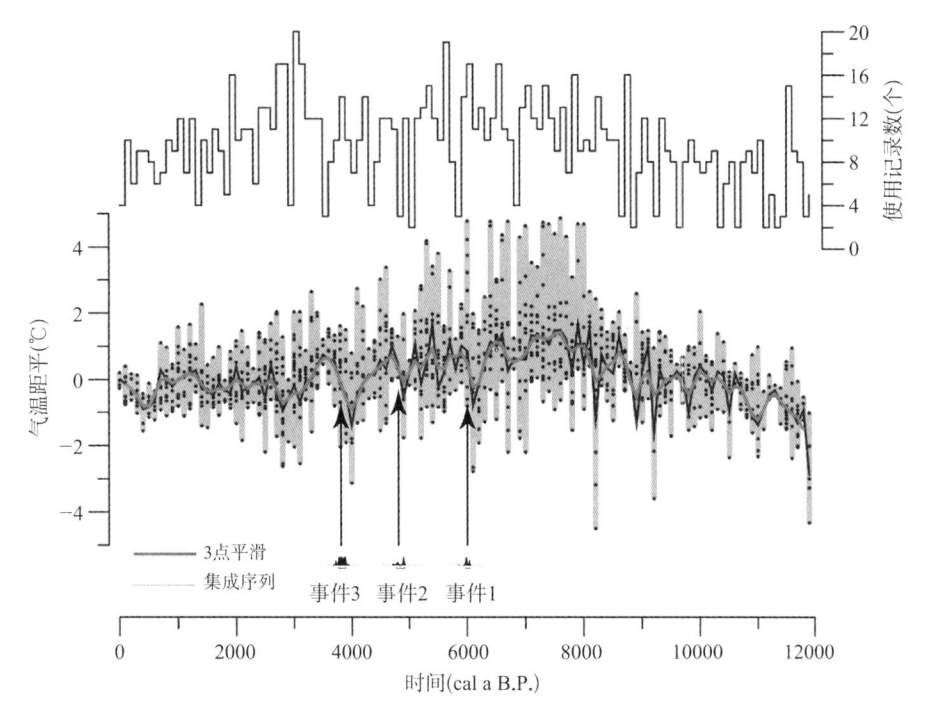

图3-4-1 中国全新世气温变化集成曲线

(修改自方修琦等,2011年)

事件1,公元前4000年前后,仰韶文化东庄类型和庙底沟类型东进,中原社会进入仰韶时代。人口大规模增加,社会发展开始进入"快车道"。

事件2,公元前2900年前后,大汶口文化和屈家岭文化开始大规模进入中原,中原社会经仰韶晚期的调整而进入龙山时代。社会复杂化加速发展,"邦国林立"的初

---

① 方修琦、侯光良:《中国全新世气温序列的集成重建》,《地理科学》2011年第31卷4期,第385-393页。

级文明形态显现。

事件3,公元前1800年前后,"新砦现象"发生,二里头文化崛起,中原社会进入青铜时代。以二里头都邑为中心的中原早期国家出现,文明发展进入高级形态。

这种由大尺度环境变化所带来的大范围人口迁徙显然是催动中原社会变革和文明演进的重要诱因,而要深入讨论中原地区新石器时代晚期以来人口规模的区域性变动和社会复杂化的具体表现,还需要进一步开展详细的聚落形态研究。

第四章 聚落形态

第一节 研究方法

按照美国从事聚落考古的先驱威利的定义,"聚落是人类将他们自己在所居住地面上处理起来的方式"[1],人类居住的聚落形态能够直接或间接反映其所处的社会关系。聚落考古以聚落为基本研究对象,通过考察人类不同方式的居住形态,探索古代社会结构与社会关系,是社会考古学研究的基本方法之一。因此,聚落形态的研究也是本书探讨中原核心区史前社会复杂化过程的重要内容。

一、层次划分

按照张光直先生的论述,聚落"是考古学研究中的一个基本的分析单位","是考古学家根据时间和空间界限界定的'稳定态'下在野外可以观察到的全部考古资料构成的考古单位"[2]。因此,考古学研究聚落形态首先应确定研究范围和基本的研究单元。

目前学术界一般根据严文明先生的论述,从三个方面开展有关聚落形态的研究工作,即单个聚落形态和内部结构的研究、聚落分布和聚落之间关系的研究、聚落形态历史演变的研究[3]。其中,前两个方面是聚落考古研究的横向内容,即研究的具体对象和不同的研究范围,其目标在于考察社会关系的具体内涵;而后一方面则是贯穿整个聚落形态考古研究全过程的纵向内容,其目标在于考察社会关系变化的历史过程。

单就聚落形态研究的横向内容来看,还可做进一步细致的划分。其中,单个聚落形态的研究是从微观的视角出发,可分为聚落内部各类遗迹现象的考察和单个聚落

---

[1] G.R.Willey, Prehistoric Settlement Patterns in Viru Valley, Peru. Bulletin 155, Bureau of American Ethnology, Smithsonian Institution, 1953, p.1.
[2] 张光直著,曹兵武译:《考古学——关于其若干基本概念和理论的再思考》,第32-48页,沈阳:辽宁教育出版社,2002年。
[3] 严文明:《聚落考古与史前社会研究》,《走向21世纪的考古学》,第104-122页,西安:三秦出版社,1997年。

图4-1-1 聚落形态研究层次划分示意图

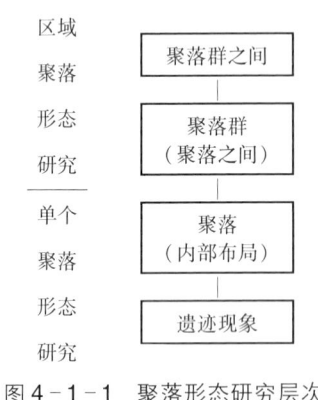

内部布局的考察,这种研究又常被称作"微观聚落形态研究",其研究的基本范围是单个聚落,基本单元为聚落中的各类遗迹现象。区域聚落形态研究(或聚落群的研究)是在一个小流域或小自然区域内研究聚落分布与聚落之间的关系,可再分为聚落群内部各聚落之间和聚落群之间两个层次,其研究的最小单元是单个的聚落,这种研究又常被称作"宏观聚落形态研究"[1]。

总之,以上这些不同研究内部的层次递进关系可示意为图4-1-1的形式。

从田野考古工作中资料获取的手段来看,单个聚落的研究资料主要从对遗址的大规模发掘和钻探工作中获取,而聚落群的研究资料主要依赖于区域系统调查。

二、研究内容

1. 区域聚落形态

区域聚落形态研究旨在以考古调查资料为主,在确定的时空框架内讨论区域内地貌景观与聚落群的划分、聚落群内聚落的分布和相互关系、聚落群的特征和聚落群之间的相互关系。从目前掌握的材料来看,这一研究可以讨论四方面的内容:

(1)聚落数量与面积反映的人口规模的变化

聚落数量与面积是研究不同时期区域人口规模及其变化的重要指标,而人口规模又是区域聚落形态研究的首要任务。当区域人口增加时,社会发展加速,社会开始朝向复杂化方向发展;当区域人口减少时,社会发展停滞或衰退。聚落数量和面积能够综合反映区域人口规模,聚落的面积需要考虑单个聚落面积和聚落的总面积。当单个聚落面积增加,聚落数量不变甚至减少时反映出区域人口集中的现象,这往往是早期城市革命的一个重要先兆。因此,聚落数量与面积这两个指标需要联动起来考察。

现实中,造成区域人口规模增加或减少的原因除了本地人口的自发性增长之外,还有一个重要的因素是区域间人口的迁徙。因此,研究中原地区区域聚落形态时需要充分关注不同小区域之间的聚落数量和面积变化的联动和耦合关系,并以此为基础探讨不同时期人口集中和社会发展重心转移的情况。

---

[1] 张光直:《考古学专题六讲》,第90页,北京:文物出版社,1985年。

（2）聚落等级划分反映的社会结构变化

聚落的等级划分是讨论社会复杂化程度的核心内容之一，尤其是酋邦理论依据社会管理阶层的级数定义社会复杂化程度，常常用聚落等级划分判断社会管理阶层，常用三级聚落代表酋邦，四级聚落代表国家等等划分方法。在实际操作中，可用来确定聚落等级的要素很多，而且不同地区的情况也不完全一样。但一般来说，可归纳为三个最主要的方面：聚落的面积、特殊遗迹现象、特殊手工业产品。另外，特殊的地理位置也是常需考虑的重要方面之一[①]。

A. 聚落的面积即聚落发展的规模，代表了某一特定时期聚落中的人口规模。一般来说聚落面积越大表明聚落的人口越多，其聚落具有更多功能，也提供更多的服务，社会复杂化程度也越高[②]。

B. 特殊遗迹现象可反映两方面的内容：第一，大型公共建筑和防御性设施的存在可以表明一个社会所能动员劳力的规模和中心聚落的控制范围；第二，具有某些特殊功能的建筑，比如宫殿、祭坛等的存在表明了社会中精英和其他特殊阶层的存在。

C. 特殊手工业产品的生产和流通则表明了中心聚落对特殊资源和技术的掌控情况，也能够反映不同聚落的等级。

另外，中心聚落常常占据显耀的地理位置，而特殊功能的聚落也会根据自身的需要占据特殊的地理位置，因此这也是考察聚落遗址等级的重要线索。

（3）聚落分布的空间变化反映的社会发展重心的转移

聚落遗址空间分布及其演变的研究主要考察不同时期不同类型和等级聚落的空间位置关系及演变过程，其中既包括聚落与聚落之间的位置关系，也包括聚落群之间的互动，同时聚落分布与地形地貌、环境、资源之间的空间位置关系也要考虑在内。

探索聚落分布空间位置变化可以借助地理信息系统（GIS）软件提供的空间密度分析工具。密度代表了某一时期的人口集中情况，而基于空间位置的不同时期的聚落密度图之间的对照关系能够为我们考察区域社会发展重心转移情况进行细致的评估。

2. 单个聚落形态

根据目前的田野考古工作所能获得的资料信息，单个聚落形态研究包括两个方面的具体内容：（1）通过对不同遗迹的功能研究以及聚落内部不同功能遗迹分布的考察，探索单个聚落内部的社会结构和社会组织的内容及复杂化过程和表现；（2）通

[①] Paul Wason, The archaeology of rank. Cambridge University Press. 1994. pp.127-152.
[②] Peter Haggett, Andrew D. Cliff and Allan Frey, Locational Analysis in Human Geography: Locational Models. Second edition, New York. 1997. p.140.

过对重要遗迹的分析,探索聚落内部各级社会单元的规模、性质及其演变过程,进而推测其社会关系的构成。

(1) 第一方面的研究,探索聚落内部的社会结构,最基本的工作是要从田野工作中区分出不同功能的遗迹的分布范围,也就是划分出聚落的功能区。进而由对这些功能区的特征、相互关系的讨论,探索其背后的社会组织结构。而由聚落内不同遗迹的功能分化所导致的不同功能区性质的变化及空间位置的移动等,又为我们进一步研究聚落内社会组织结构的复杂化过程提供了有益的线索。

(2) 第二方面的研究,探索聚落内部的社会关系,可根据对考古发掘的房屋的格局、墓地的布局、墓葬的形式等的研究,探寻构成基本社会关系的各级社会单元。讨论不同时期聚落内部各类社会单元的规模和演变过程可为探索文明和早期国家起源过程中社会关系的复杂化过程提供有益的线索。在以往的研究中,学者们常使用氏族、胞族、对偶家庭、扩大家庭等一系列民族学的概念来描述这些不同类型的社会单元。虽然目前我们仅根据有限的考古资料尚难以将考古学研究中所划分出的各类聚落单元直接对等于上述民族学的概念,但是这些概念却可以用来表述社会生产和生活基本单元的规模。另外,在具体使用这些民族学的概念讨论各聚落单元的社会属性时,功能、文化传统和象征意义也是需要同时考虑的重要内容。

三、聚落形态"共时性"的确立

确定不同聚落研究单元所处"稳定态"的特定时间范围,也就是其"共时性",是聚落形态研究的前提。不同目标的聚落形态研究需要不同的聚落共时概念,因此聚落形态研究要根据具体的需要在考古资料所提供的长时段的视角中界定不同聚落单元的共时性、历时性及其相关的空间位置的转换关系。

在区域聚落形态的研究中,讨论不同聚落的"共时性"主要依靠区域系统调查的资料。这种田野操作方法强调按照统一的标准对研究区域进行全面踏查,并准确记录所发现遗迹遗物的空间位置。使用区域系统调查的资料有助于我们在统一的层面上讨论不同聚落之间的"共时"关系。由于中原各地田野调查工作及相应发表资料的细致程度不同,因此在具体的研究中,不同区域所能采用的聚落"共时"概念也会有不同的层次。另外,潜在的聚落演变的区域性差异也可能导致我们对不同区域的聚落采用不同层次的"共时性"划分方案。在实际工作中,区域系统调查对聚落年代的确定主要仍依靠采集遗物的相对年代,因此对聚落群内部各聚落"共时性"的不同层次划分仍然要建立在考古年代学研究的基础之上。图 4-1-2 是我们在区域聚落形态的具体研究中将可能采用的不同层次的聚落"共时性"划分方案。需要说明的是,这一层次划分方案并不是唯一的,比如在一些地区仰韶文化晚期至龙山文化早期也可作为一个"共时"的阶段来讨论。

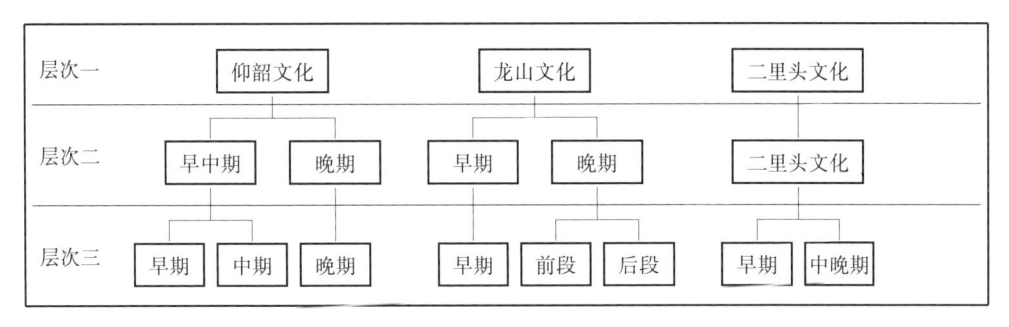

图 4-1-2　区域聚落形态研究中聚落"共时性"的层次划分方案示意图

在单个聚落形态的研究中,讨论不同遗迹间的"共时性"主要应该在田野工作中解决。近年来田野发掘中对不同类型"活动面"的关注即反映了这一点[①]。然而,针对中原核心区的大多数材料,在缺乏相应田野信息的支持下,我们只能退而求其次,根据与不同遗迹共存的遗物的年代学研究讨论遗迹之间的共时关系。目前,从对遗物年代学研究的宏观框架并结合已有的聚落形态研究成果,可将中原核心区的单个聚落形态的演变分为仰韶文化早中期、仰韶文化晚期到龙山文化早期、龙山文化晚期和二里头文化时期四个粗犷的"共时"时段分别讨论。但实际上在很多情况下,遗物的变化并不完全与聚落的变化同步。对于这一点,在资料条件允许的情况下,我们将在具体的研究中加以关注。

总之,从目前的考古材料积累情况看,中原核心区无论是单个聚落形态还是区域聚落形态的"共时性"及相应的聚落形态演变的时间框架均主要依靠考古年代学研究所确定的相对年代而构建起来。以下我们即从不同的聚落"共时性"层次出发分别讨论中原核心区区域和单个聚落形态的特征及其演变过程。

第二节　区域聚落形态

区域聚落形态的研究主要探讨聚落群内部和聚落群之间的社会关系,探索中原核心区社会复杂化过程中区域性社会组织结构和早期国家政治格局的形成过程。区

---

① 赵辉:《遗址中的"地面"及其清理》,《文物世界》1998年第2期,第78-87页。

域间的差异和比较将是研究的主要手段。区域聚落形态的研究对考古材料的准确程度要求较高,因此本书仅选取经过区域系统调查且全面发表资料的洛阳盆地、伊洛河下游支流、郑州地区,笔者实地调查逐一核实资料的颍河中上游地区、洛河中游地区、伊河流域和沙颍河流域的部分地区作为比较研究的对象。研究时空框架的界定,即聚落群范围的划分和聚落群内部各聚落"共时性"的确定将基于不同的区域性特征和具体的材料差异而详细论述。

区域的地貌和景观是我们划分聚落群的主要依据。考古学中的景观被看作是一种自然与人文相结合的空间概念,它常被定义为一个相互关联的空间网络,是通过一系列与人类生活密切相关的社会活动和自然事件而被人类长久关注的空间网络[①]。因此,区域景观的复原既是古代生存环境的再现,同时也是正确了解区域性生态空间中人类社会组织相关构成特征的重要手段。因此,在区域聚落形态研究中,首先应考察区域的地貌和景观特征及演变历史,并据此划分地貌单元,作为研究聚落空间布局和结构特征的基础。

一、洛阳盆地

1. 地貌景观

洛阳盆地位于伊洛河下游,洛河、涧河、瀍河和伊河在盆地内依次交汇后形成伊洛河,在盆地东端注入黄河。盆地整体地貌西高东低,南侧为嵩山,北侧为邙山,四周为出露基岩的低山或黄土台塬。盆地内部是发育自晚更新世以来的河流冲积平原。洛阳盆地的古地貌景观变迁的研究开展较为充分,主要工作包括古河道、古湖泊的复原和古地貌演化过程的重建等,主要技术手段有文献结合考古调查、遥感分析和地貌学研究三种。

(1) 古河道复原

段鹏琦根据文献和考古资料,提出现代洛河河道是始于东汉初年之后的人工修筑的河渠工程的故道[②]。更多的河道复原是通过遥感考古实现的,主要通过对各类遥感影像进行解译分析,并结合考古调查的遗址分布和历史文献的记载,复原古河道的位置和走向。许天申利用 LANDSAT 卫星的多光谱 TM 合成影像在现洛河南侧判读出一条古河道,所经地区在考古调查时未发现古文化遗址,推测为西周以前

---

① Julian Thomas, Archaeologies of Place and Landscape. in Archaeological Theory Today, edited by Ian Hodder, Polity Press. UK. pp.165 – 186.
② 段鹏琦:《汉魏洛阳城与自然河流的开发与利用》,《庆祝苏秉琦考古五十五年论文集》,第 504 – 514 页,北京:文物出版社,1989 年。

的洛河故道[1]。杨瑞霞等利用黑白航片,根据古河道的连续暗色河曲纹理,在二里头遗址附近的伊洛河之间复原了两条古河道[2]。刘建国发现冬季 QuickBird 影像能清晰显示出三条洛河故道,并通过叠加区域系统调查的考古遗址分布,判断其中一条河道自仰韶文化以来就有遗址分布,年代应早于仰韶文化时期;另一条河道,不见任何先秦时期的聚落,因此判断其年代较晚[3]。这些研究表明洛阳盆地全新世以来洛河河道处于不稳定的状态,经常南北改道,对遗址的空间分布产生重要影响。

(2) 古湖泊复原

盆地内部地势低平,全新世以来,伊洛河河道的频繁摆动形成很多河曲和牛轭湖。这些牛轭湖多分布于现今伊洛河两岸的一级阶地内,数量多,面积不等。由于牛轭湖的水多为主河道水经砂砾堤渗入,水流稳定,且水质较好,十分适合古人类取用,因此其周围常发现古文化遗址。盆地西部经发掘和钻探发现有一片面积较大的古牛轭湖,皂角树、矬李遗址即位于此湖畔[4]。

二里头遗址的聚落考古调查发现遗址的西南很可能为一处河流决口形成的古伊洛河牛轭湖[5]。另外,从周代以前的遗址分布特征看,位于伊洛河"夹河滩"的纲常、桂连凹、夏庄、潘寨老寨、西马庄、火龙庙、穆庄、齐村等遗址很可能围绕着古洛河的河曲或一处牛轭湖而分布。

(3) 古地貌演化

更加系统和准确的地貌复原工作主要依靠勘探和暴露典型剖面的系统取样和地貌学分析工作。张小虎根据地貌调查和勘探资料,在今洛河北岸识别出与二级阶地堆积完全不同的一级阶地,并综合考古遗址的分布,提出今汉魏洛阳城以东洛河河道并非历史上的人工河渠,而是原来的洛河故道,而距今 4 000 年洛河从大郊寨附近决口改道至伊河,形成古伊洛河,直到偃师商城废弃之后又改回原河道[6]。张俊娜、夏正楷根据二里头遗址南侧一处人工水渠剖面的古洪水沉积学证据提出,距今 4 000 年前的一次异常洪水事件是导致洛河改道和二里头遗址兴起的重

---

[1] 许天申:《洛阳盆地古河道变迁初步研究》,《河南省博物院落成暨河南省博物馆建馆 70 周年纪念论文集》,第 138-141 页,郑州:中州古籍出版社,1998 年。
[2] 杨瑞霞、郭仰山、詹志明、王超:《遥感技术在河南省考古中的应用》,《国土资源遥感》2001 年第 2 期,第 19-24 页。
[3] 刘建国、张蕾:《遥感与 GIS 支持的洛阳盆地聚落与环境研究》,《二里头(1999-2006)》,第 1263-1269 页,北京:文物出版社,2014 年。
[4] 洛阳市文物工作队:《洛阳皂角树——1992-1993 年洛阳皂角树二里头文化聚落遗址发掘报告》,第 82-85 页,北京:科学出版社,2002 年。
[5] 许宏、陈国梁、赵海涛:《二里头遗址聚落形态的初步考察》,《考古》2004 年第 11 期,第 25-33 页。
[6] 张小虎:《中全新世黄河流域不同区域的环境考古研究》,北京大学博士学位论文,2010 年。

要原因①。上述地貌学的综合研究成果堪布于《二里头》报告,将洛阳盆地的一万年以来的地貌演变划分为几个阶段②:

第一阶段:距今 10 000 年前的晚更新世,马兰黄土在本区持续堆积发育。

第二阶段:距今 10 000 年前后,河流开始下切,形成伊洛河谷地和谷地两岸的黄土台塬、三级、二级阶地。从二级阶地广泛分布在现今的伊洛的分水岭看,二级阶地发育阶段的伊洛河交汇口在二里头遗址所在地的西侧。

第三阶段:距今 1 000 - 7 000 年,一级阶地堆积开始发育。这一时期的伊洛河河谷宽广,两河交汇口位置转移到二里头遗址所在地的东侧。

第四阶段:距今 7 000 - 4 000 年,河流下切,一级阶地形成,阶地宽阔,构成与现今地貌类似的空间格局,史前文化繁荣。

第五阶段:距今 4 000 年前后,发生异常洪水事件,导致古洛河改道在二里头遗址西侧汇入伊河,伊洛河交汇口位置转移到二里头遗址所在地的西侧。

第六阶段:历史时期,汉魏时期再度发生洪水事件,洛河再度向北改回原道,形成今天的洛阳盆地水系格局。

从上述洛阳盆地全新世以来的地貌演化过程来看,伊洛河的频繁摆动和改道、河流下切、洪水事件是塑造盆地内河流地貌的主要因素,尤其是伊洛河交汇口的若干次变动在很大程度上改变了盆地内的地貌景观。仰韶、龙山文化时期,伊洛河交汇口在东面,夹河滩的范围宽阔,盆地主要地貌单元被切分成三部分,即北侧邙山黄土丘陵台塬、中部伊洛夹河滩冲积平原和南侧嵩山山前黄土台塬;二里头文化时期,洛河改道,伊洛河交汇口转移到西侧,北侧邙山黄土台塬与伊洛河河滩冲积平原连成一片,极大扩展了盆地内的人类生存空间,二里头都邑性聚落出现并迅速发展壮大。相比古洛河的频繁改道,古伊河南北摆动幅度大,其流域面积远宽于古洛河。与此同时,伊、洛河南北摆动形成的众多河曲和牛轭湖遍布盆地内部,而源自邙山和嵩山的众多支流也不断汇入盆地内的伊洛河主河道。(图 4 - 2 - 1)上述盆地河流地貌演化复原为我们研究洛阳盆地新石器时代晚期以来的聚落空间布局提供了基本的依据。

---

① 张俊娜、夏正楷:《中原地区 4ka BP 前后异常洪水事件的沉积证据》,《地理学报》2011 年第 66 卷第 5 期,第 685 - 697 页。《洛阳二里头遗址南沉积剖面的粒度和磁化率分析》,《北京大学学报(自然科学版)》2012 年第 48 卷第 5 期,第 737 - 743 页。
② 夏正楷、张俊娜、张小虎:《古代地理环境》,《二里头(1999 - 2006)》,第 1239 - 1263 页,北京:文物出版社,2014 年。

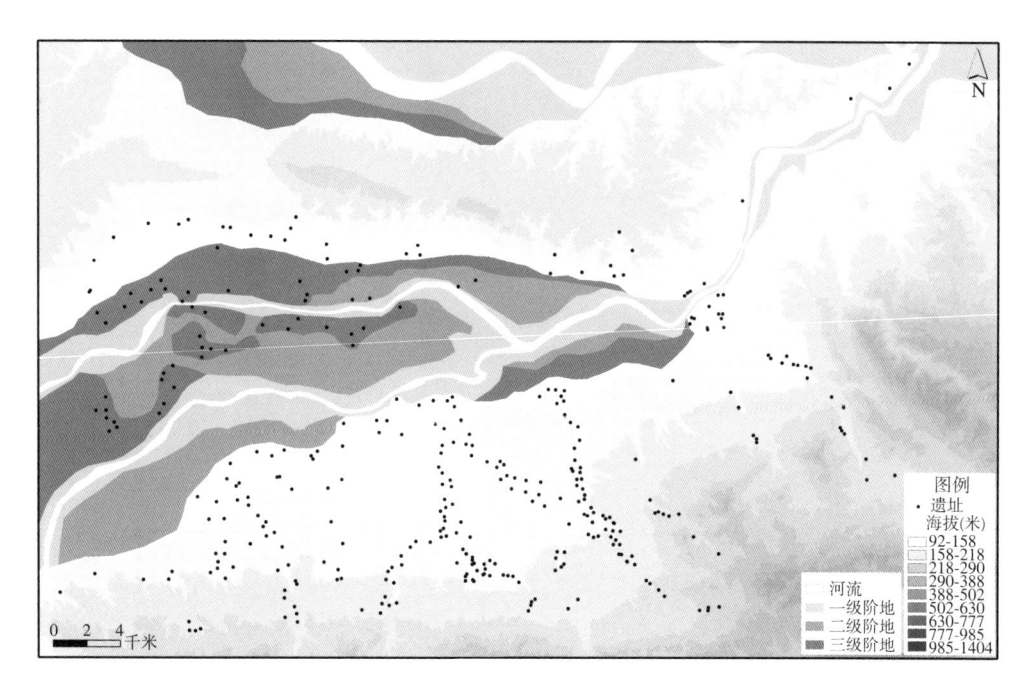

图 4-2-1a 洛阳盆地地貌河流地貌

（据夏正楷等，2014）

图 4-2-1b 洛阳盆地仰韶文化时期河流与聚落

226　中原核心区文明起源研究

图4-2-1c　洛阳盆地龙山文化时期河流与聚落

图4-2-1d　洛阳盆地二里头文化时期河流与聚落

2. 聚落群的划分

洛阳盆地新石器时代晚期以来的宏观聚落布局的认识主要依据区域考古调查的资料。20世纪70、80年代洛阳考古工作者以洛阳为中心开展了两次小规模的调查,积累了丰富的资料[1]。更加全面的区域系统调查开始于20世纪末,最重要的工作是中澳美联合开展的洛阳盆地中东部先秦时期遗址的区域系统调查。这项工作不仅是国内最早开展的区域系统调查之一,而且调查成果也有了全面的发表[2]。

根据洛阳盆地中东部区域系统调查的成果并结合全新世以来的地貌演化复原研究,可以将区域系统调查发现的洛阳盆地聚落遗址分为两群:

(1) 伊洛河北聚落群,位于伊河和伊洛河主河道以北,包括邙山南坡以及古洛河两岸的一、二、三级阶地。仰韶到二里头文化的聚落主要位于泛滥平原的阶地上,部分遗址靠近邙山的黄土台塬。如果以河流划分,该聚落群又可分为洛河北岸片区和伊洛夹河平原片区两个空间。由于洛河的改道,不同时期这两个空间的范围有所不同。二里头文化时期,伊洛交汇口西移,夹河平原的范围缩小,洛河北岸的空间大大拓宽。该聚落群的聚落主要围绕盆地内的枝杈河曲和牛轭湖分布,以盆地内部伊洛河提供的水资源为基础,开发泛滥平原的自然资源,是一种接近"湿地型"的聚落发展模式。

(2) 伊洛河南聚落群,位于嵩山北坡古伊河与伊洛河南岸二、三级阶地和黄土台塬之上,多分布于源自嵩山小型支流浏涧河、马涧河、酒流河、干沟河、坞罗河两岸。该聚落群的聚落主要分布在海拔位置相对较高的黄土台塬或高阶地上,均距古伊河与伊洛河主干道较远,以发源嵩山的诸多支流的水资源为基础,开发黄土台塬的自然资源,是一种类似"台地型"的聚落发展模式。

3. 区域聚落形态

洛阳盆地的区域系统调查提供了研究该区域聚落形态的完备资料,一些研究者利用区域系统调查的成果开展了区域聚落形态的相关研究,并广泛采用了地理信息系统(GIS)支持的空间分析方法。这些研究包括利用数字高程模型(DEM)分析多指

---

[1] 洛阳博物馆:《一九七五年洛阳考古调查》,《河南文博通讯》1980年第4期,第9-11页。方孝廉:《洛阳市一九八四年古文化遗址调查简报》,《中原文物》1987年第3期,第5-20页。
[2] 中国社会科学院考古研究所二里头工作队:《河南洛阳盆地2001-2003年考古调查简报》,《考古》2005年第5期。中国社会科学院考古研究所二里头工作队:《河南洛阳盆地2001-2003年考古调查简报》,《偃师二里头遗址研究》,第753-776页,北京:科学出版社,2005年。陈星灿、刘莉、李润全:《中国文明腹地的社会复杂化进程——伊洛河地区的聚落形态研究》,《考古学报》2003年第2期,第161-218页。Li Liu, Xincan Chen, Yun Kuen Lee, Henry Wright, Arlene Rosen. Settlement patterns and development of social complexity in the Yiluo region, North China. *Journal of Field Archaeology*, 2004, 29(1-2): 75-100. 中国社会科学院考古研究所、中澳美伊洛河流域联合考古队:《洛阳盆地中东部先秦时期遗址(1997-2007年区域系统调查报告)》,北京:科学出版社,2019年。

标的河流地貌特征与不同时期聚落空间布局的关系[1];利用"遗址资源域"(site catchment analysis,SCA)和泰森多边形划分聚落空间布局结构,并结合聚落等级推测社会政治组织[2];利用"史前土地利用碳循环模型"(prehistoric land use and carbon circle model,PLCM)结合环境和聚落参数推测古代土地利用及碳循环状况[3];以及利用调查的聚落信息结合地形地貌推测古代可耕地面积及人口状况[4]等等。

需要注意的是,虽然洛阳盆地的区域系统调查提供了详细和完备的研究资料,但从实际操作来看,调查数据的采集和记录标准并不完全统一。根据调查报告的叙述,调查工作由两支考古队分工完成。其中,二里头工作队主要负责调查区域的西部,以伊洛冲积平原为主,也包括沙沟河、酒流河等嵩山支流流域的调查;中澳美联合考古队则主要负责调查的东部区域,包括干沟河、坞罗河以及马涧河、浏涧河的部分区域。尽管两支调查队采用了相同的调查方法,但在遗址的界定、面积、年代认定等方面仍存在差异。尤其是中澳美联合考古队的调查,一些遗址因为位置接近,很可能被切分成了若干不同的遗址。鉴于这种情况,在利用这些调查资料开展区域聚落形态分析时,不宜单纯的使用聚落数量进行统计,而聚落的面积相比数量更能反映古代人口规模的真实情况。

此外,对聚落的"共时性"的问题,调查者将洛阳盆地的聚落按照采集遗物的文化分期分为仰韶文化早中晚期、龙山早晚期和二里头文化一至四期。但在实际操作过程中,并非所有的聚落都具备细致分期的条件,一些聚落只能笼统地划分。另外,由于一些遗存(如龙山早期、二里头文化一期)本身数量不多,有的埋藏较深,不易发现,单纯依据调查的资料难以从细致的文化分期角度对聚落进行有效分期。鉴于此,在进行区域聚落形态研究时,我们只能粗略地使用仰韶文化、龙山文化和二里头文化三个大的时段,并对"多数大型仰韶文化遗址均为仰韶晚期"这一特殊现象予以关注。

---

[1] 杨林、裴安平、郭宁宁、梁博毅:《洛阳地区史前聚落遗址空间形态研究》,《地理科学》2012年第32卷第8期,第993-999页。刘建国:《"天眼"看透古河山:遥感与GIS支持的洛阳盆地聚落与环境考古》,《世界遗产》2015年第8期,第49-51页。马寅清:《基于GIS的洛阳市史前聚落遗址空间分布特征研究》,《洛阳考古》2016年第2期,第81-92页。刘建国、张蕾:《遥感与GIS支持的洛阳盆地聚落与环境考古》,《科技考古(二)》,第155-160页,北京:科学出版社,2017年。
[2] 王子孟:《洛阳盆地二里头文化聚落的控制网络与模式——基于遗址资源域与泰森多边形的分析》,《华夏考古》2014年第3期,第56-64页。
[3] 于严严、吴海斌、郭正堂:《史前土地利用碳循环模型构建及其应用——以伊洛河流域为例》,《第四纪研究》2010年第30卷第3期,第540-549页。
[4] 乔玉:《伊洛地区裴李岗至二里头文化时期复杂社会的演变——地理信息系统基础上的人口与农业可耕地分析》,《考古学报》2010年第4期,第3-34页。

(1) 聚落面积反映的人口规模的变化

根据对调查报告的统计,洛阳盆地的区域系统调查共发现包含仰韶至二里头文化遗存的遗址 364 处。其中,仰韶文化聚落(包括仰韶文化中期和晚期)244 处,龙山文化聚落(包括龙山早期和晚期)209 处,二里头文化聚落(包括二里头文化一至四期)204 处。从不同时期的聚落总面积来看,从仰韶到龙山文化聚落总面积呈现衰减的情况,而至二里头文化时期聚落总面积则急剧扩大。(图 4-2-2a,表 4-2-1)从单个聚落的平均面积来看,同样呈现出仰韶文化到龙山文化的缩减和二里头文化时期剧增的情况。(图 4-2-2b,表 4-2-2)由此可见,整体上洛阳盆地仰韶文化至龙山文化时期出现人口规模缩减的状况,但至二里头文化时期则出现大规模反弹,不仅人口数量大大增加,而且人口的聚集程度也在增加。二里头文化时期洛阳盆地人口规模的增加应与大量外来人口的涌入有关。

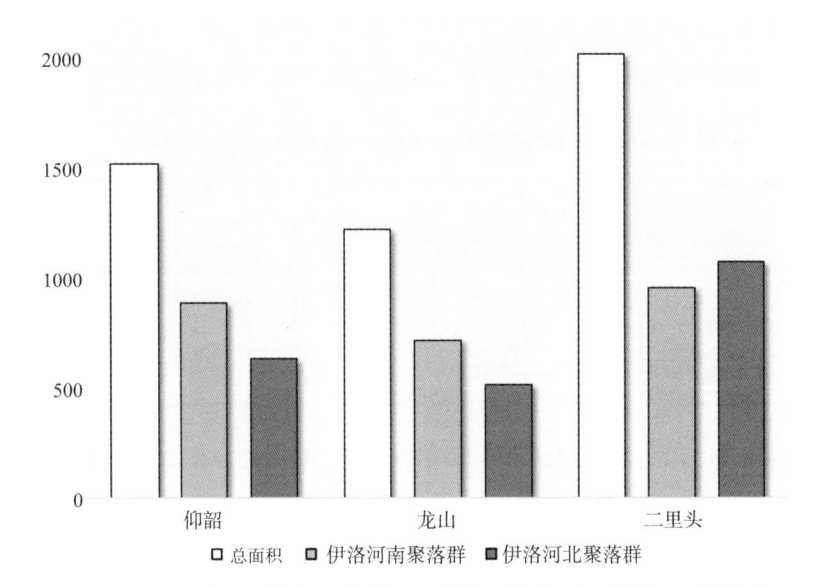

图 4-2-2a 洛阳盆地各聚落群不同时期聚落总面积(单位:万平方米)

表 4-2-1 洛阳盆地各聚落群不同时期聚落总面积(单位:万平方米)

	仰韶文化时期	龙山文化时期	二里头文化时期
伊洛河南聚落群	887.83	716.05	954.68
伊洛河北聚落群	636.2	514	1 074.6
总　　计	1 524.03	1 230.05	2 029.28

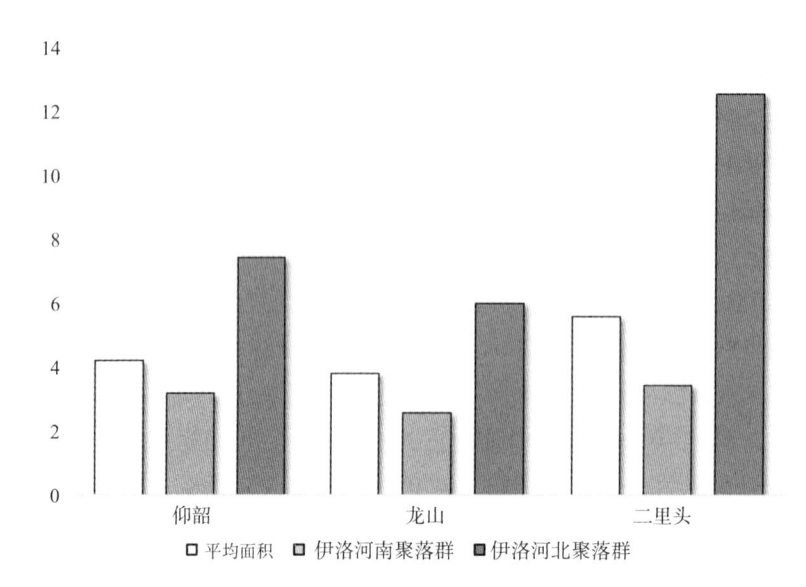

图 4-2-2b 洛阳盆地各聚落群不同时期聚落平均面积(单位:万平方米)

表 4-2-2 洛阳盆地各聚落群不同时期聚落平均面积(单位:万平方米)

	仰韶文化时期	龙山文化时期	二里头文化时期
伊洛河南聚落群	3.19	2.56	3.43
伊洛河北聚落群	7.4	5.98	12.5
总　计	4.19	3.78	5.57

　　进一步考察伊洛河南和伊洛河北两个聚落群,则整体上都呈现出相似的聚落发展模式,即龙山文化时期聚落规模的缩减和二里头文化时期的增加。但十分明显的差异在于伊洛河北聚落群在二里头文化时期聚落规模急剧扩大,并在聚落总面积上超过了伊洛河南聚落群。如此表现出二里头文化时期洛阳盆地的社会发展重心已经由仰韶—龙山文化时期的台地型模式转向了盆地内部的湿地型模式。值得注意的是,从不同时期的平均聚落面积看,伊洛河北聚落群普遍比伊洛河南聚落群的单个聚落的规模更大。其原因一方面可能与前述不同调查队采用的调查记录方法的差异有关,但另一方面或许湿地型的聚落本身所处的生态环境更加多样化,尤其是临湖而居的特点,更适合发展多样化的经济形态,支持更大规模的人口。但有关这方面的内容还有待进一步的研究。

　　除了以上仰韶、龙山、二里头三个大时段的人口规模变化外,仰韶文化晚期也值得关注。与仰韶文化中期相比,仰韶晚期的聚落总面积有所减少(仰韶中期 1 056.68 万平方米,仰韶晚期 917.32 万平方米),但单个聚落的平均面积则显著增大(仰韶中期 6.65 万平方米,仰韶晚期 7.4 万平方米)。如此说明在仰韶文化晚期已经开始出现人口集中的现象,而人口的集中是"城市革命"和早期城市化的一个重要特征[①],表明洛阳盆地与大致同时代的黄河中下游和长江中下游的区域社会一样,在仰韶文化晚期已经开始进入社会加速发展的阶段。

相比之下,考古调查所记录的龙山文化早期聚落无论数量还是面积都大为减少。这种"间断现象"实际上主要与这一时段的绝对时间相对短暂(大致集中在公元前 2400 年前后),很快即进入龙山文化晚期有关。同样的情况也发生在二里头文化一期阶段(大致集中在公元前 1800 年前后),因此不能简单理解为人口规模的"锐减"。

(2)聚落等级划分反映的社会结构变化

聚落等级的划分主要依据对聚落面积的统计分析。一般认为,聚落面积与人口聚集的规模呈正相关:聚集的人口越多,聚落内的功能和结构越复杂,聚落的等级也越高。西方考古学中常常按照"酋邦理论"的设定,根据聚落等级划分社会结构,将聚落面积的等级结构等同于社会管理组织的层级结构,并由此判断是否进入国家管理形态。尽管这种研究方法饱受诟病,但依据面积划分聚落等级仍然是考古学上有效观察区域社会组织结构的基本方法。在实际操作中,由于中原地区仰韶到二里头文化时期的遗址普遍延续性强,一个遗址上常包含多个时期的文化堆积,而在实地调查中又很难确定同一遗址上不同时期聚落的准确面积。另外由于遗址保存状况的原因,无论是地表采集陶片还是暴露文化层的分布范围均很难完全代表该期聚落的实际分布范围。因此,仅仅使用面积数据参数划分聚落的等级目前还有相当的局限性,结论也有待进一步的验证。

洛阳盆地区域系统调查虽然在单个聚落面积的记录方面存在瑕疵,但仍可大致用作聚落等级划分的依据。从整体上分析,利用小提琴图(violin plot)对包括伊洛河南、北两个聚落群不同时期的聚落面积进行汇总统计可以发现,两个聚落群都表现出相似的聚落规模分化模式:仰韶和龙山文化的聚落规模大致相似,均为二级聚落结构的特点,相比之下二里头文化的聚落规模分化模式均有了显著的变化。首先,伊洛河北二里头文化的大型聚落显著增加,并出现了二里头超大型聚落,与仰韶、龙山文化相比呈现出更明显"金字塔式"的聚落层级结构。其次,伊洛河南聚落群在二里头文化时期,小型聚落的数量显著减少,大型聚落数量增加,反映出人口向大型聚落集中

---

① V.G. Childe. 1936. Man Makes Himself. London: Watts. 1st edition.

的现象。如此表明,整个洛阳盆地从聚落等级划分来看,二里头文化时期发生了大的突变,仰韶到龙山文化的传统中断,社会组织结构有了新的变化。(图4-2-3a、b)

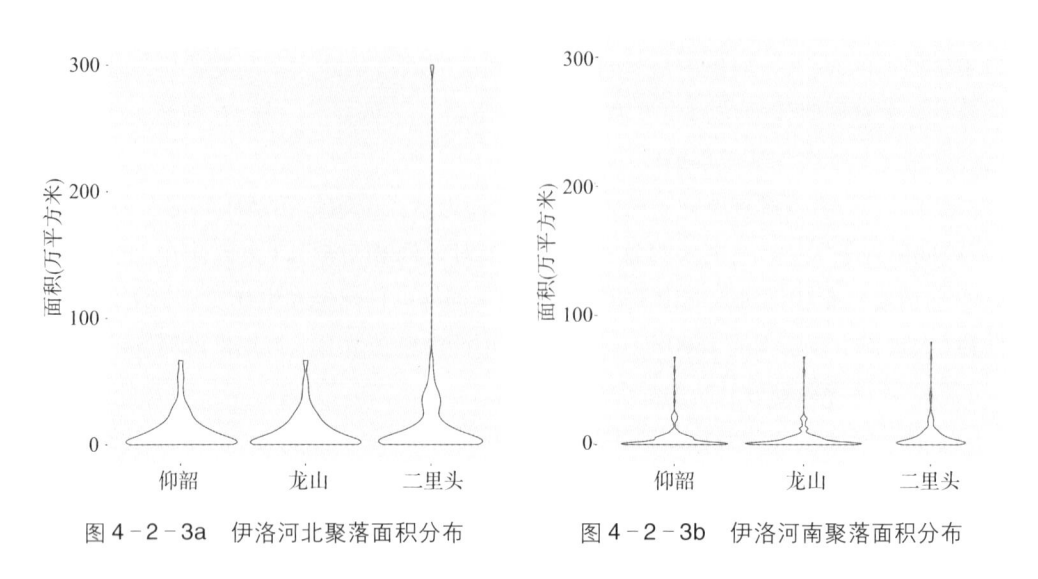

图4-2-3a 伊洛河北聚落面积分布　　图4-2-3b 伊洛河南聚落面积分布

从最大面积中心聚落分析,无论伊洛河南还是河北的仰韶、龙山文化聚落最大面积约60万平方米,代表了仰韶、龙山文化时期最大社会组织的规模。从统计数量来看,面积50-60万的大型聚落,仰韶文化和龙山文化时期有2-3处,其中伊洛河南2处,伊洛河北2-3处。二里头文化时期,同一级别的大型聚落有4处,面积约50-70万平方米,伊洛河南北各有2处,代表了这一级别的社会组织的延续性。所不同的是二里头文化时期新出现了面积300万平方米的二里头都邑聚落,单纯从面积上计算相当于同一时期的4个50-60万级别聚落总面积的1.25-1.5倍,显然二里头都邑聚落的形成不会是本地聚落的自然演化,其代表的最高一级社会组织的控制或管辖范围也应远远超出洛阳盆地。(图4-2-4)总之,与仰韶、龙山文化相比,二里头文化时期洛阳盆地社会结构的最大变化是以二里头都邑聚落为核心增加了更高一级的社会组织和区域性的中心。

除了聚落面积之外,功能性也是考量聚落等级和社会结构的一个重要指标。中心聚落不仅能够提供更多的服务,还常常是社会管理阶层居住的场所。洛阳盆地仰韶、龙山文化遗址开展的系统性聚落考古发掘十分有限,因此目前对这方面的认识还相当不足。根据调查的记录,一些龙山文化聚落,如塔庄,存在大型夯土建筑和陶排水管道,说明龙山文化时期高等级聚落和社会组织的存在,有关这方面的深入研究还有待于更多的田野工作。相比之下,二里头文化的聚落则开展了较多的工作。首先是二里头遗址多年的聚落考古,发现了宫殿区、作坊区、规划性的道路、贵族墓葬等丰

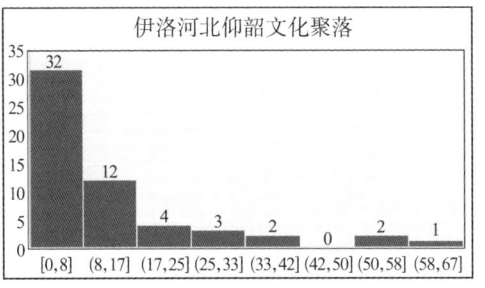

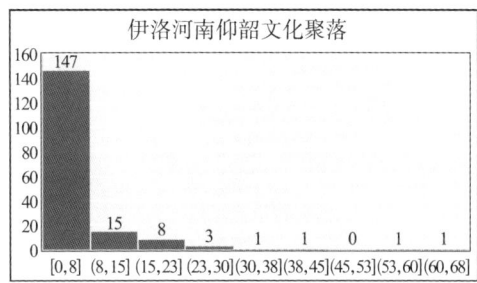

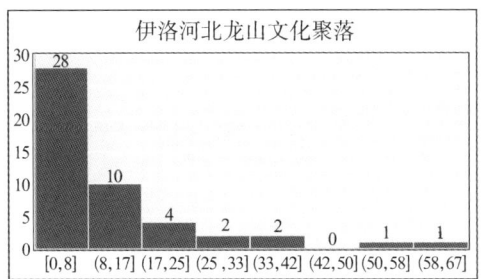

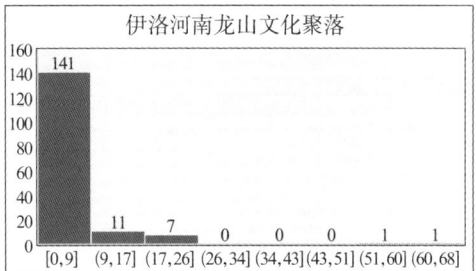

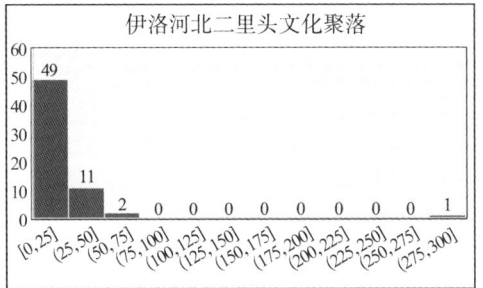

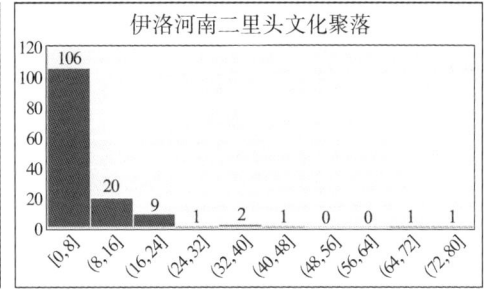

图 4-2-4　洛阳盆地仰韶至二里头文化聚落面积等级划分

富的高等级遗存,无论从聚落规模还是功能性上都支持二里头遗址是一处都邑性质中心的认识。此外,灰嘴遗址的考古工作表明二里头文化时期还存在以专业化制作石铲为特征的手工业中心性质的功能性聚落[1]。如果这一结论成立的话,那么二里头文化时期洛阳盆地已经存在多重结构的社会管理组织,并掌控着手工业的专业化生产。

(3) 聚落分布空间变化反映的社会发展重心的转移

基于聚落规模的空间密度分析能够为我们提供有效的观察视角,了解特定时期内社会发展重心的空间位置及其移动的情况。利用核密度(kernel density)分析工具可以绘制出洛阳盆地仰韶至二里头文化时期的聚落分布密度图,其中聚落的面积可以用作权重指数,有效解决聚落单位划分的标准不统一问题。

---

[1] 刘莉、陈星灿、李保平:《中国早期国家非国有手工业:二里头畿内的考古学分析》,《洛阳盆地中东部先秦遗址:1997-2007 年区域系统调查报告》,第 1318-1329 页,北京:科学出版社,2019 年。

234　中原核心区文明起源研究

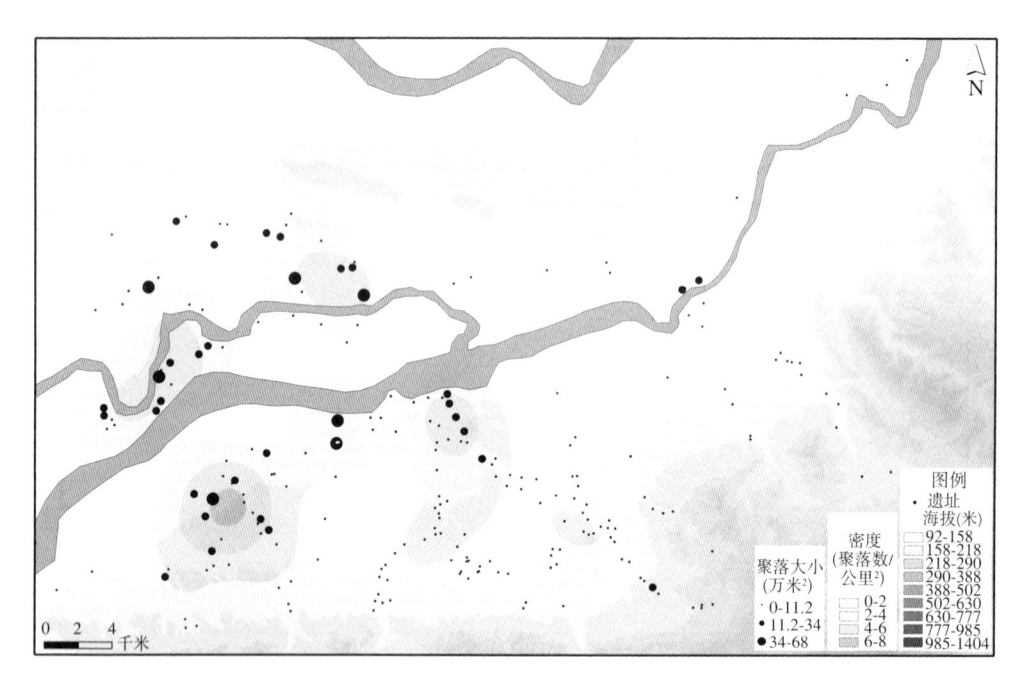

图 4-2-5a　洛阳盆地仰韶文化聚落分布密度

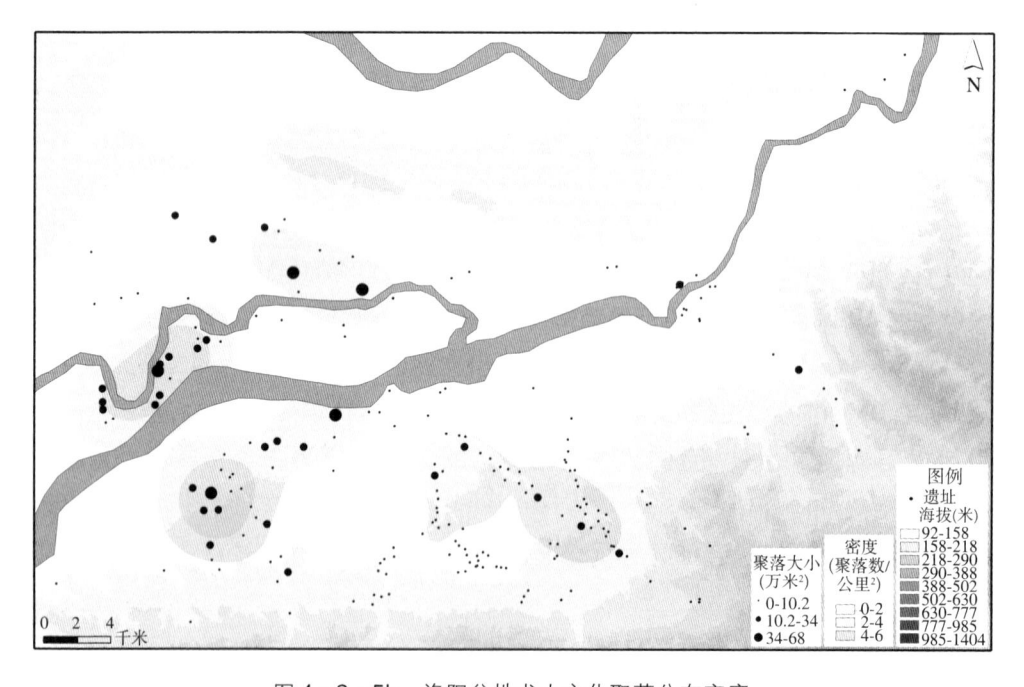

图 4-2-5b　洛阳盆地龙山文化聚落分布密度

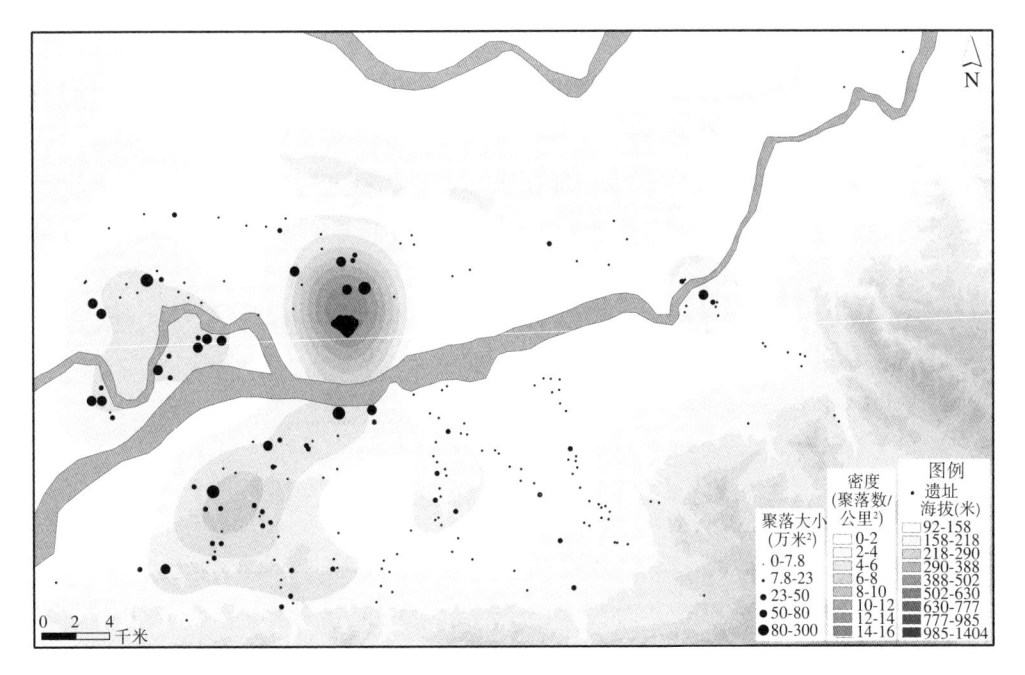

图 4-2-5c 洛阳盆地二里头文化聚落分布密度

由图 4-2-5 可见，仰韶、龙山文化时期，洛阳盆地大致表现出相似的聚落分布模式：伊洛河北和伊洛河南两个大的聚落群分别可以进一步划分为 2-3 个小的人口密集分布的区域。其中，伊洛河北聚落集中分布在古洛河河曲牛轭湖和邙山山前的古洛河北岸两个区域；伊洛河南聚落集中分布在嵩山支流汇入古伊河河口处和支流马涧河、浏涧河所在的黄土台塬地区。其中，大型聚落主要分布在盆地内部的古伊、洛河两岸，包括古洛河两岸阶地和嵩山支流汇入古伊河河口处。

二里头文化时期，聚落分布的模式与仰韶、龙山文化相比还基本保持了原有的空间格局，即以古伊河为界分为南北两组，每组 2-3 个小聚落群。这种情况或许与基础自然条件和自然资源的制约有关。但重要的是，显著的变化发生在聚落重心的转移上：其一，除了二里头中心聚落所在区域外，其他几处小聚落群的规模均在缩减，尤其是嵩山北麓的台塬型聚落缩减的程度更为明显，人口迅速向二里头中心聚落所在的古洛河北岸转移；其二，位于洛阳盆地东部出口的坞罗河与伊洛河交汇处，新出现了一处以稍柴遗址为中心的聚落群，稍柴是洛阳盆地内仅次于二里头遗址的二里头文化大型聚落，也是新兴的次级中心，它的出现表明二里头时期的社会组织在洛阳盆地内部的空间结构也在发生重要的变化。

图 4-2-6 是将图 4-2-5 的仰韶、龙山、二里头文化时期聚落空间密度图做进一步的相关性分析的结果,直线方向代表空间正相关,坐标轴方向代表空间负相关。由此可见,仰韶与龙山文化聚落的空间分布主要表现为正相关性,表明其社会发展的重心保持了近似相同的位置。但是一部分仰韶文化聚落较高密度的分布区域在龙山文化时期明显降低,则反映了龙山文化时期部分聚落群的衰落。龙山与二里头文化聚落的空间分布则表现为两种相关性:多数二里头文化的聚落继续维持了原有龙山文化聚落的位置,但新出现的超大规模的二里头中心聚落则显然远离了传统龙山文化聚落的位置,而新开辟了发展的空间,并由此带动了整个洛阳盆地社会发展重心的转移。

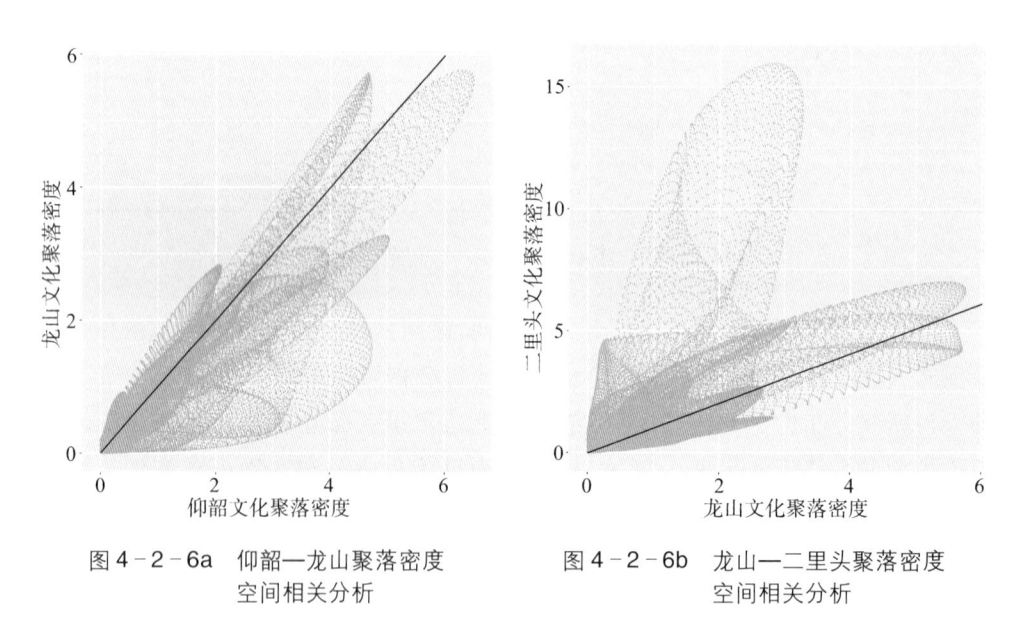

图 4-2-6a 仰韶—龙山聚落密度空间相关分析

图 4-2-6b 龙山—二里头聚落密度空间相关分析

综合上述对洛阳盆地仰韶至二里头文化宏观聚落形态的分析,可总结出三个重要特征:

第一,人口规模上,仰韶晚期开始出现人口集中现象,但龙山文化时期有明显的衰退,至二里头文化时期聚落大发展,人口规模达到顶峰。

第二,社会结构上,仰韶、龙山文化保持基本相似的二级聚落规模分化模式,二里头文化时期的最大变化是超大型的都邑中心出现,形成了更为复杂的社会组织。

第三,空间布局上,仰韶、龙山文化聚落发展重心均匀分布于盆地内部和黄土台塬,二里头文化时期聚落发展重心明显向盆地内部转移,即从"台地型"与"湿地型"并重发展到以"湿地型"为主。

二、郑州地区

1. 地貌景观

郑州地区概指嵩山东部和东北部的山前丘陵过渡到冲积平原的广大地区,从水系上可分为伊洛—黄河水系的洛汭地区、荥阳—广武一带的索须河流域和新密至新郑的双洎河流域。现今郑州地区的地貌和水系的格局形成于晚更新世以来的构造运动[1],并持续至全新世逐步趋于平缓和稳定[2]。大体来讲,郑州地区适宜史前人类居住的全新世地貌包括黄土台地、河流阶地和冲积平原三种类型,但其空间分布存在明显的异质性。其中洛汭地区地处嵩山北麓,为伊洛河下游入黄河处,河谷狭窄,史前遗址主要位于有限的黄土台地和河流阶地上,这里全新世以来的地貌演变过程大体上与索须河流域西南部相当。索须河流域不仅有宽阔的黄土台地和河流阶地,而且冲积平原地貌发育,形成有面积广大的全新世湖沼,这里景观多样,史前人类活动丰富。双洎河流域属于较为典型的宽阔河谷景观,史前遗址主要位于黄土台地和河流阶地上,人类活动的空间较为充足。郑州地区近年来在索须河流域和双洎河流域开展了较多的环境考古研究。

(1) 索须河流域

索须河流域位于嵩山东北麓,北以黄河为界限,南至嵩山,主要水系为发源嵩山的枯河、索河、须水河,自西南流向东北,交汇后称为索须河,再汇入贾鲁河,整体上属于贾鲁河—颍河水系的上游,总体地势西北高东南低。

进入全新世,索须河流域的地貌格局基本确定,西南部山地、丘陵和河谷景观与今天相差不大,但东北部冲积平原地区地貌变化较为频繁。全新世早中期,荥阳至郑州一带广泛发育有湖沼,历史文献有"荥泽"[3]和"圃田泽"[4]的记载。李永飞等通过系统的钻孔和沉积剖面分析,重建了全新世郑州—荥阳地区的湖沼沉积状况。其中复原的大面积湖沼有四处,时代为距今8 000 - 3 000年的全新世中期:荥阳地区两处,一处以西张村为中心,面积约143平方公里,一处以须水镇为中心,面积约44平方公里;郑州东部地区两处,一处在京水、大河村东,在等高线85米和90米之间,为中全新

---

[1] 徐海亮:《史前郑州地区地貌与水系演化问题初探》,《历史地理》(第二十八辑),第33 - 44页,上海:上海人民出版社,2013年。
[2] 鲁鹏、田奇了、邱士可、刘彩玲:《河南索须河流域更新世地貌演变及机制分析》,《地域研究与开发》2014年第33卷第3期,第172 - 176页。
[3] 王德甫、王超、王朝栋、郭仰山:《禹荥泽——古黄河的一块天然滞洪区》,《湖泊科学》2012年第24卷第2期,第320 - 326页。侯卫东:《荥泽的范围、形成和消失》,《历史地理》(第二十六辑),第285 - 292页,上海:上海人民出版社,2012年。
[4] 张汉洁:《古圃田泽的变迁与开发利用》,《地域研究与开发》1988年第3期,第51页。

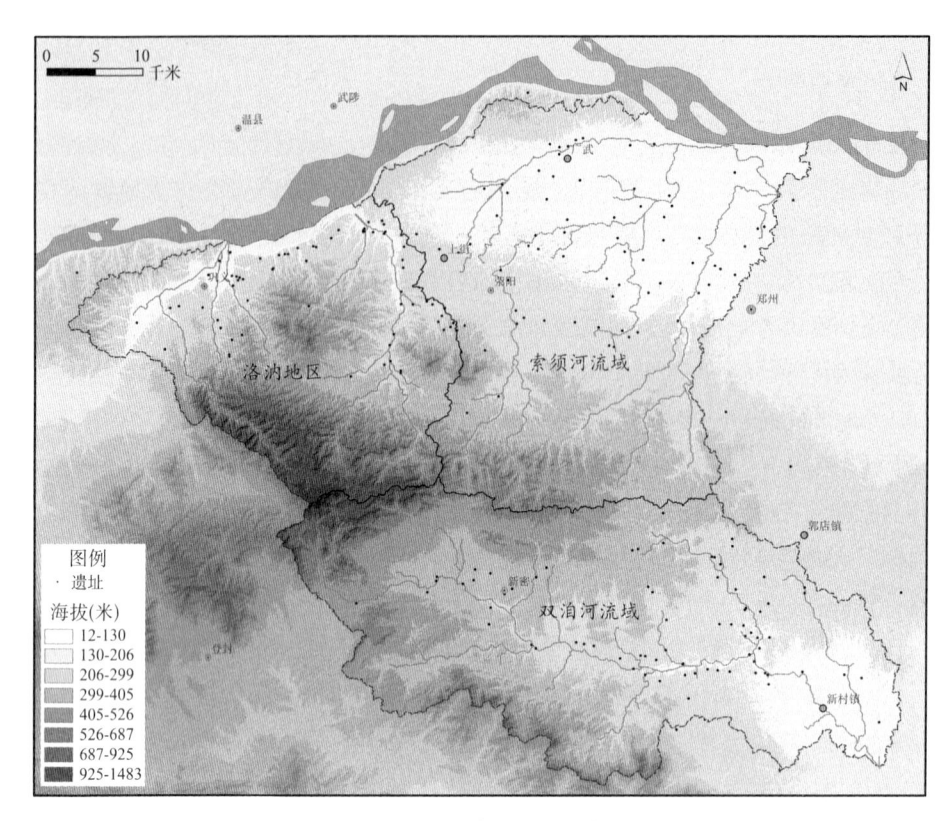

图 4-2-7 郑州地区的河流流域划分

世早期,另一处以圃田为中心,时代为全新世中期①。

全新世中期以后,受大范围地质构造作用的影响,荥阳一带(古荥泽)的湖泊大量消亡,原济水(文献记载分支于黄河)水源缩小,古济水、索、须、京水上源的侵蚀基准面下降,河流下切,河道固定,逐步形成今天的状况;郑州东部地区(古圃田泽)则经过了大量的人工改造,形成了人工修整的鸿沟天然水道②。

总之,全新世早中期的索须河流域,地貌景观从嵩山山前的黄土台地过渡到河湖密布的冲积平原,尤其是史前遗址大量分布在"水乡泽国"的湿地环境之中,成为该地区史前聚落发展的一个重要环境特征。

(2)双洎河流域

双洎河流域位于嵩山东麓,主要由双洎河及其支流洧水、溱水、溱水和黄水河组

---

① 李永飞、于革、李春海、胡守云、沈华东、尹刚:《郑州—荥阳附近全新世湖沼沉积环境及对人类文化发展的意义》,《海洋地质与第四纪地质》2014年第34卷第3期,第143-154页。
② 徐海亮:《史前郑州地区地貌与水系演化问题初探》,《历史地理》(第二十八辑),第33-44页,上海:上海人民出版社,2013年。

成,地势西北高东南低。其中,双洎河干流发源嵩山,流经山前黄土丘陵地带,在新郑市东南进入颍河冲积平原。

双洎河流域的主体地貌景观以宽阔河谷为主要特征,河流阶地发育完备。整体来讲,西部多黄土丘陵台地,东部河流阶地宽阔,形成两种不同的地貌景观。环境考古研究表明,双洎河流域存在两种新石器时代的聚落分布模式:裴李岗文化聚落主要分布在西部双洎河的上游,多为单一型遗址(即只有一个时期的遗存);仰韶、龙山文化聚落则主要分布在东部,且多为复合型遗址(即同一遗址上既有仰韶又有龙山文化聚落)[①]。这种情况表明,自仰韶文化以来,双洎河流域古人类的生业经济模式发生了重要变化,其中很可能也对应着重要的生态环境的变化。因此,有关双洎河流域全新世中期以来地貌演变的研究受到了较多的关注。

夏正楷等在双洎河的新砦遗址附近划分出四级河流阶地,并在新砦遗址所在的T4阶地面上发现了埋藏古河道和洪水的沉积学证据,通过孢粉和碳氧同位素的分析进一步提出新砦期前后的气候尤其是降水的变化,导致了异常洪水事件的发生,对龙山向二里头文化的过渡产生了重大影响[②]。

张震宇[③]、许俊杰[④]、鲁鹏[⑤]等根据溱水流域柿园遗址典型剖面的沉积物分析和精确测年数据,提出全新世中期双洎河下切并形成二级阶地的时间发生在距今4000年前后的认识。但也有研究者指出全新世早中期河流的持续加积过程延续时间较长,此次河流下切发生的时间更晚,或可至距今3000年[⑥]。

尽管上述环境考古的研究仍存在细节上的差异,但这些研究成果均表明至少在仰韶文化时期,双洎河流域整体上仍处于泛滥加积状态,高水位的景观环境为仰韶文化聚落的人类活动提供了更丰富的水生资源。之后河流的逐步下切和新阶地面的出现又为后期人类的活动提供了更广阔的空间。

2. 区域聚落形态

郑州地区的区域聚落形态研究主要来自郑州市文物考古研究院新世纪以来开展

[①⑥] 王辉:《双洎河中上游地区新石器时代的聚落分布变化与自然环境关系初探》,《科技考古(第二辑)》,第141-154页,北京:科学出版社,2007年。

[②] 夏正楷、王赞红、赵春青:《我国中原地区3500aBP前后的异常洪水事件及其气候背景》,《中国科学(D辑)》第33卷第9期,第881-888页,2003年。夏正楷、杨晓燕:《我国北方4kaB.P.前后异常洪水事件的初步研究》,《第四纪研究》第30卷第2期,第422-429页,2010年。

[③] 张震宇、周昆叔、杨瑞霞、张松林、蔡全法、鲁鹏、郝利民、王超:《双洎河流域环境考古》,《第四纪研究》第27卷第3期,第453-460页,2007年。

[④] 许俊杰、莫多闻、王辉、周昆叔:《河南新密溱水流域全新世人类文化演化的环境背景研究》,《第四纪研究》第33卷第5期,第954-964页,2013年。

[⑤] Lu, P., Wang, H., Chen, P., Storozum, M., Xu, J., Tian, Y., Mo, D., Wang, S., He, Y. and Yan, L. 2019. The impact of Holocene alluvial landscape evolution on an ancient settlement in the southeastern piedmont of Songshan Mountain, Central China: a study from the Shiyuan site. *Catena 183*: 1-12.

的遗址系统调查工作的相关记录[1]。2011－2012年郑州市文物考古研究院联合北京大学考古文博学院又对郑州—荥阳地区的索、须、枯河流域的先秦遗址进行了复查，确认了仰韶文化遗址27处、龙山文化的遗址23处、二里头文化遗址27处，并根据聚落的规模和特征指出，该地区仰韶文化晚期最为发达，龙山文化时期出现了聚落和人口的衰退，二里头文化时期以大师姑聚落为中心又出现了人口的再度聚集现象[2]。双洎河流域的区域聚落考古工作也有系统开展，并初步发表了区域系统调查的资料[3]，相关研究除了诸多前述环境考古背景下的人地关系的讨论之外，一些系统的考古学研究也有涉及。如韩佳佳在其论文中提出双洎河流域依据不同的流域位置存在不同的史前聚落发展模式，其中上游为"衰退型"、中游为"增长型"和下游为"振荡型"[4]。这些认识对我们了解郑州不同地区的史前区域聚落形态演变具有重要意义。

以下，我们主要依据郑州市文物考古研究院的调查资料对郑州地区的区域聚落形态进行分析。

（1）聚落数量与面积反映的人口规模的变化

依据对调查资料的统计，郑州地区共记录仰韶至二里头文化时期的聚落遗址212处，其中索须河流域63处、洛汭地区72处、双洎河流域77处。根据调查资料，我们可以从聚落的数量、总面积和平均面积三个角度观察不同区域的人口规模演变情况。

无论从聚落数量还是聚落总面积来看，索须河流域与洛汭地区表现出更加一致的人口规模变化趋势，而与双洎河流域不同。第一，索须河流域和洛汭地区的仰韶文化（具体为仰韶文化晚期）聚落最发达，不仅聚落数量多而且总面积大，表现出人口大发展的状态；至龙山文化时期出现了显著缩减，并持续缩减至二里头文化时期降到最低水平；人口规模的再度回升发生在二里头文化晚期之后。相比而言，位于西部的洛汭地区比东部的索须河流域的缩减程度更为显著。第二，双洎河流域则表现为龙山文化时期聚落的大发展，人口规模达到峰值；至二里头文化时期开始出现显著衰退的现象。总之，郑州地区的嵩山北麓与嵩山东麓的人口波动状况截然不同，或许代表了不同的区域社会发展模式，但最终的结果都是二里头文化时期的人口大规模缩减，至二里头文化晚期之后随着二里头文化的扩张才再度兴盛起来。（图4－2－8、表4－2－3、表4－2－4）

---

[1] 张松林：《郑州市聚落考古的实践与思考》，《中国聚落考古的理论与实践（第一辑）——纪念新砦遗址发掘30周年学术研讨会论文集》，第199－247页，北京：科学出版社，2010年。
[2] 郑州市文物考古研究院、北京大学考古文博学院：《河南省郑州市索、须、枯河流域考古调查报告》，《古代文明（第10卷）》，第301－375页，上海：上海古籍出版社，2016年。
[3] 赵春青、张松林、顾万发、江旭：《溱洧流域先秦聚落调查简报》，《区域、社会与中国文明起源——国家科技支撑计划课题"中华文明起源过程中区域聚落与居民研究"成果集》，第138－176页，北京：科学出版社，2019年。
[4] 韩佳佳：《双洎河流域史前遗存研究》，郑州大学硕士学位论文，2015年。

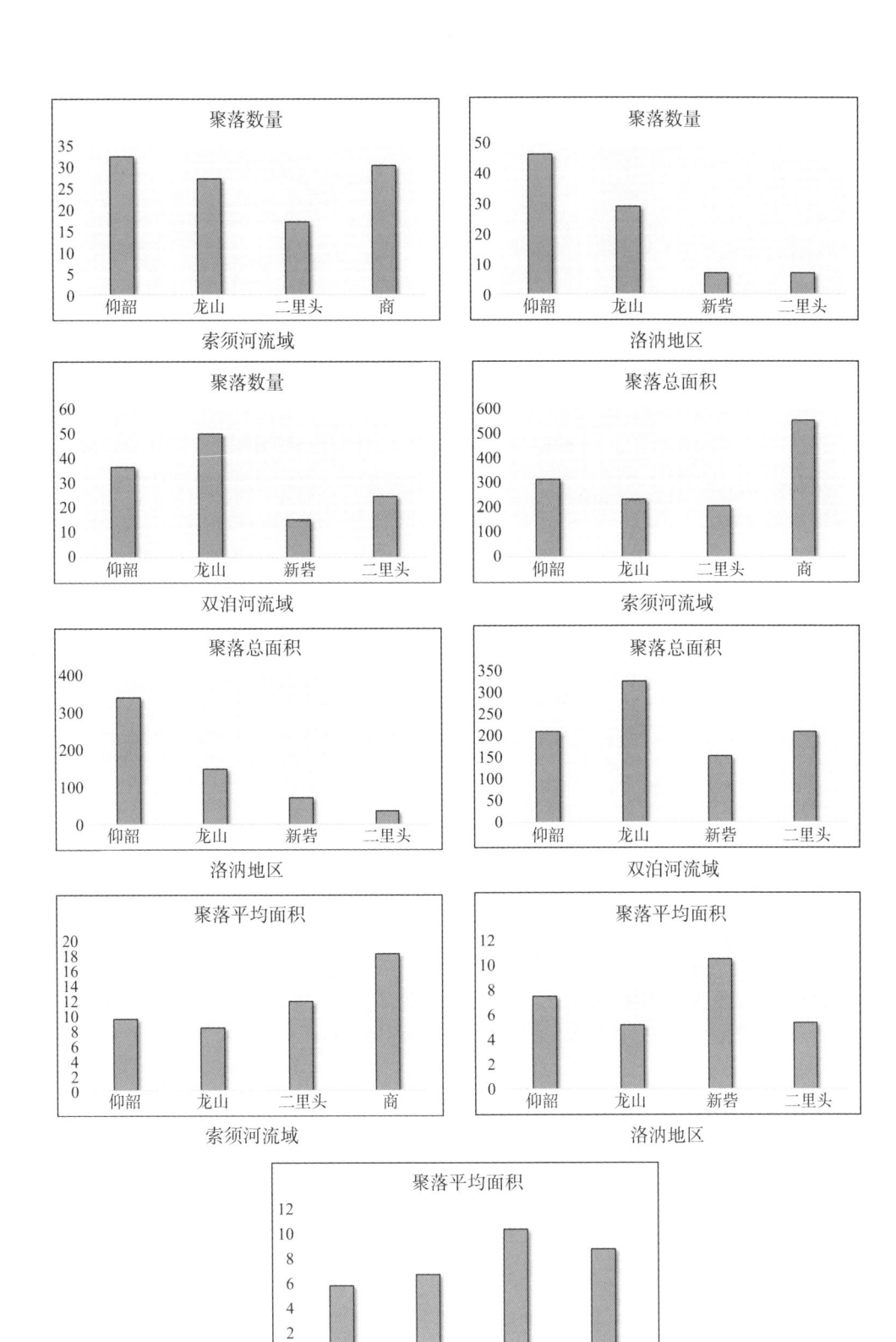

图 4-2-8　郑州地区仰韶至二里头文化时期聚落的数量(单位：个)与面积(单位：万平方米)

表4-2-3　郑州地区不同时期聚落数量

	仰韶文化时期	龙山文化时期	新砦时期	二里头文化时期
索须河流域	32	27	/	17
洛汭地区	46	29	7	7
双洎河流域	36	49	15	24

表4-2-4　郑州地区不同时期聚落总面积(单位：万平方米)

	仰韶文化时期	龙山文化时期	新砦时期	二里头文化时期
索须河流域	305.5	226.9	/	201
洛汭地区	336.5	146.05	72	36.4
双洎河流域	208.14	325.82	153.89	208.89

表4-2-5　郑州地区不同时期聚落平均面积(单位：万平方米)

	仰韶文化时期	龙山文化时期	新砦时期	二里头文化时期
索须河流域	9.55	8.4	/	11.8
洛汭地区	7.31	5.04	10.28	5.2
双洎河流域	5.78	6.65	10.26	8.7

除了上述聚落数量与总面积外，聚落的平均面积则更能反映不同时期的人口集中情况。相比而言，仰韶至龙山文化时期无论嵩山北麓还是东麓的聚落平均面积变化均与聚落数量和聚落总面积的变化节奏相一致，表明这一阶段的人口规模和集中状况呈正相关。显著的变化发生在新砦阶段，无论双洎河流域还是洛汭地区，虽然短时间内发生"新砦现象"的聚落数量不多、总面积不大，但新砦聚落的平均面积显著增加(如新砦、花地嘴)，表明"新砦现象"的发生主要表现在一些大型聚落，这一时期已经开始出现了显著的人口聚集现象。同样的情况也发生在二里头文化晚期的索须河流域和双洎河流域，二里头文化晚期聚落平均面积已经远超仰韶和龙山文化，表明随着二里头文化晚期向东的扩张，一些新型城址大量出现，如大师姑、东赵、望京楼等，人口聚集的新型城市化模式发展起来。

(2) 聚落等级划分反映的社会结构的变化

聚落面积是讨论聚落等级划分的重要依据。利用提琴图对郑州地区不同时期聚落面积的分布状况进行展示,可见三个区域分别表现出了不同的聚落等级结构和发展演变模式。就聚落间的分化程度而言,洛汭地区在仰韶文化晚期即已出现三级复杂聚落等级结构;双洎河流域的三级聚落结构出现在龙山文化时期;而索须河流域至二里头以后的商代才出现复杂的四级聚落等级结构。(图4-2-9)由此表现出三地仰韶文化晚期以来社会复杂化的节奏不同。

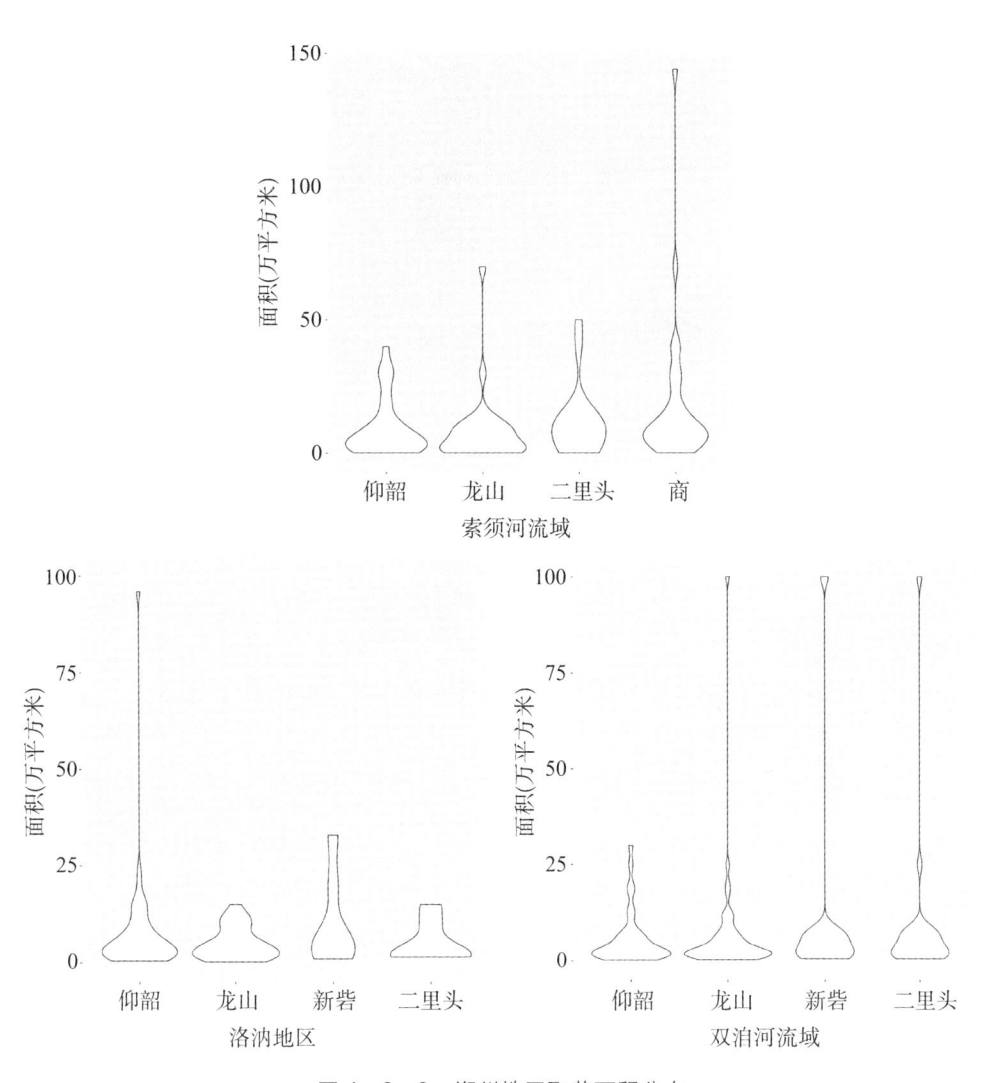

图4-2-9 郑州地区聚落面积分布

结合统计直方图进一步分析,(图4-2-10)索须河流域仰韶文化聚落大致上可分为两个等级,除了面积数千到几万平方米的小型聚落之外,面积在20-40万的中型聚落数量较多。龙山文化时期,虽然聚落数量和规模缩减,但缩减主要表现在中型聚落上,同时又出现了面积大于 50 万平方米的较大型聚落,呈现出非典型的三级聚落结构的特征。二里头文化晚期聚落规模开始回升,也是首先表现在面积 40-50 万的中型聚落上,但结构上基本还是仰韶文化晚期的二级特征。至商代聚落群规模大发展,但数量显著增加的也是中型以上规模的聚落,并表现出具有早期国家形态的四级聚落分化的特征。

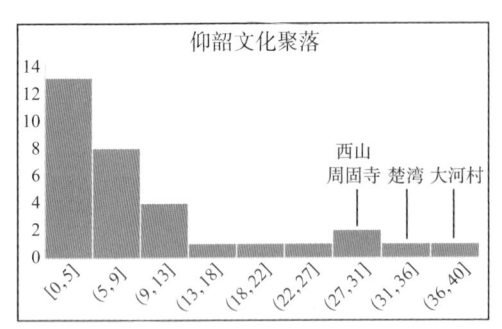

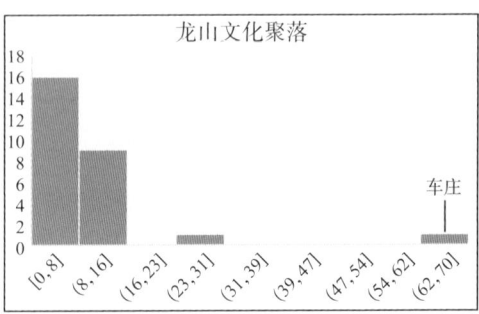

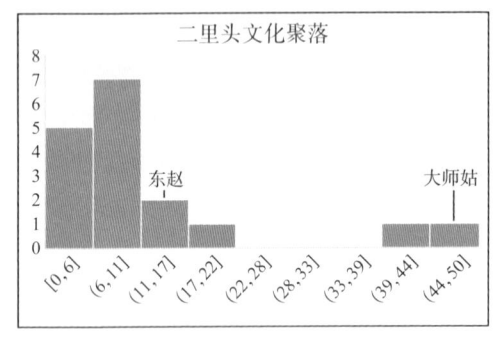

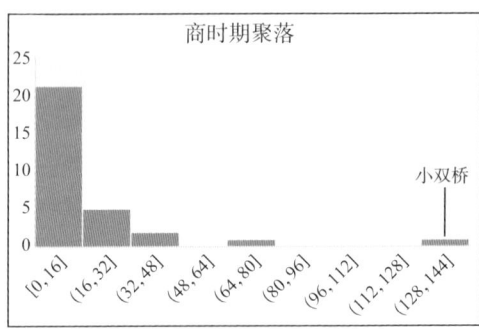

图 4-2-10 索须河流域仰韶至商代聚落面积的等级划分

洛汭地区仰韶文化聚落即表现为三个等级的金字塔式结构,出现了面积近百万的双槐树大型中心聚落,具有强烈的分化特征。龙山文化时期随着聚落群规模的收缩,聚落等级也迅速降为二级结构,并一致持续到二里头文化时期。(图 4-2-11)

双洎河流域仰韶文化聚落表现为两级结构的特点,中型聚落的面积多在 20-30 万平方米左右。至龙山文化时期,随着聚落数量和聚落群规模的扩大,出现了显著的区域性分化,新出现的新砦中心聚落面积 70-100 万平方米,并延续至新砦、二里头文化时期。相比龙山文化的三级聚落结构,新砦、二里头阶段的双洎河流域基本上保持了二级聚落结构的特征,除了新砦中心聚落外,其他聚落的规模均较小,缺乏中型规模的聚落。(图 4-2-12)

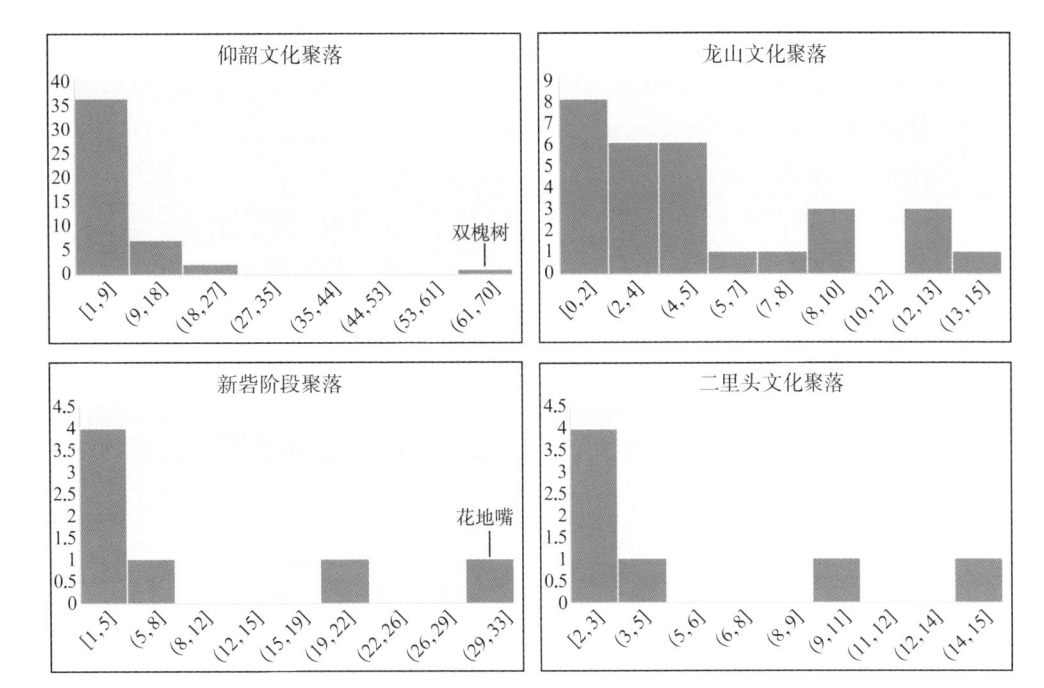

图 4-2-11　洛汭地区仰韶至二里头文化聚落面积的等级划分

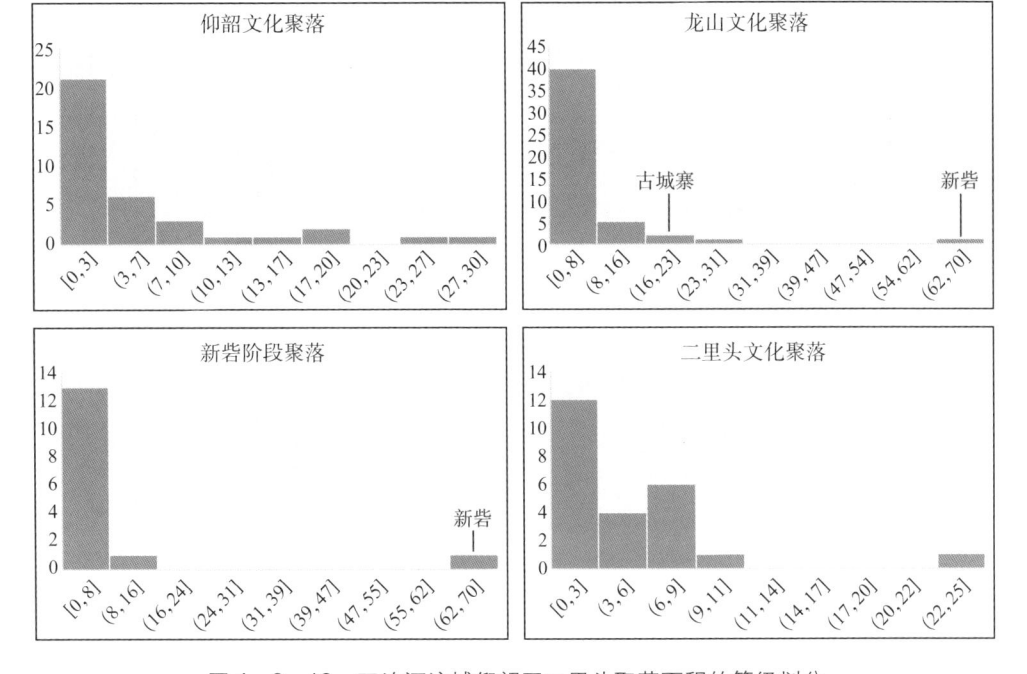

图 4-2-12　双洎河流域仰韶至二里头聚落面积的等级划分

除了聚落面积之外,功能性也是评估社会等级分化的一个重要指标。索须河流域仰韶文化晚期阶段出现了一些重要的遗迹,尤其是西山城址是中原地区最早出现的史前城址,其圆形结构的特征与大体同期的长江中游史前城址类似,表明具有共同的大时代特征。值得注意的是西山城址所在的聚落为面积约 30 万平方米的中型聚落,同时期面积与西山相当,甚至超过西山的聚落还有大河村、关庄、楚湾等等。有研究者认为这种现象或反映了社会矛盾应主要表现在区域内的小聚落群之间[①]。如此,索须河流域在仰韶文化时期很可能存在若干同等规模的社群组织,其控制的范围不大,内部以类似西山的中型聚落为中心存在两级社会结构。龙山文化时期虽然调查发现了面积更大的聚落,但缺乏深入的考古工作,具体情况不详。二里头文化晚期索须河流域再度开始繁荣起来,新出现了一系列二里头文化的城址,如大师姑、东赵。有趣的是,这些城址也出现在面积 40－50 万平方米的中型聚落,表明二里头文化的扩

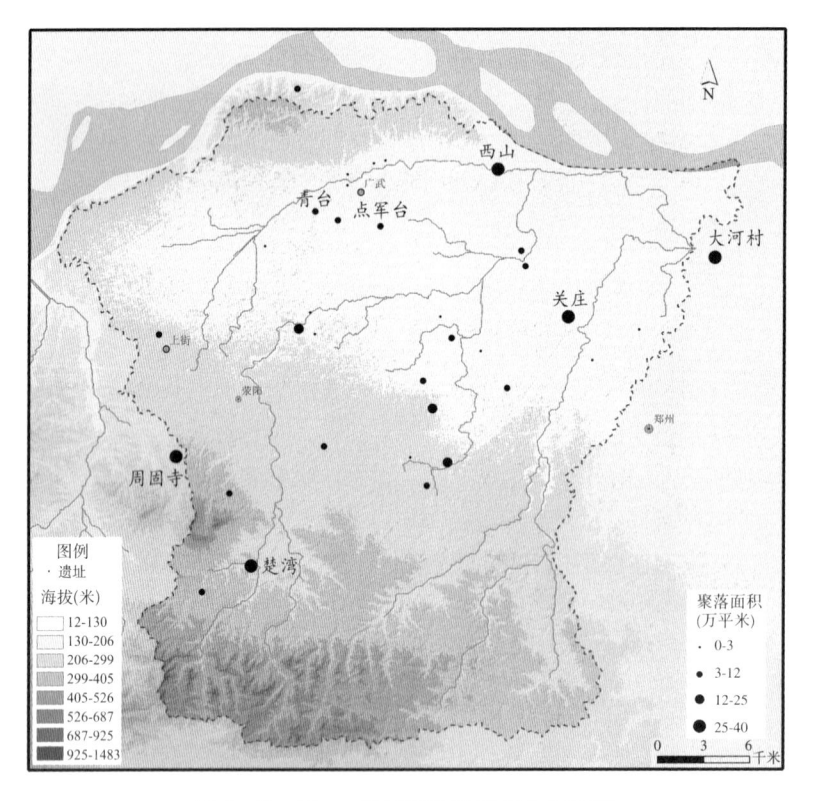

图 4－2－13a　索须河流域仰韶文化聚落

---

① 赵辉、魏峻:《中国新石器时代城址的发现与研究》,《古代文明(第 1 卷)》,第 1－34 页,北京:文物出版社,2002 年。

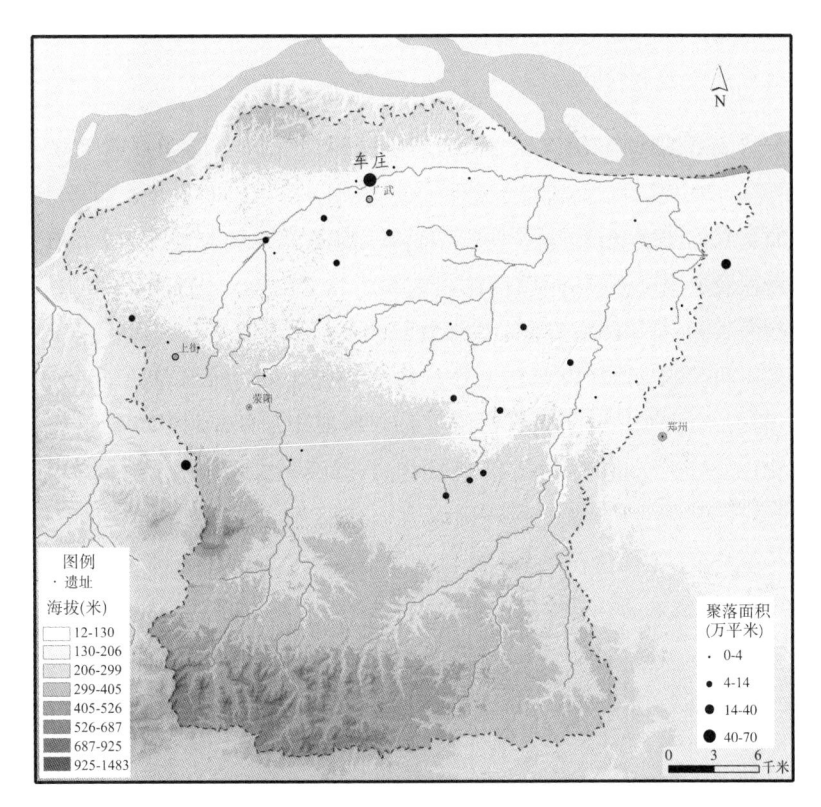

图 4-2-13b 索须河流域龙山文化聚落

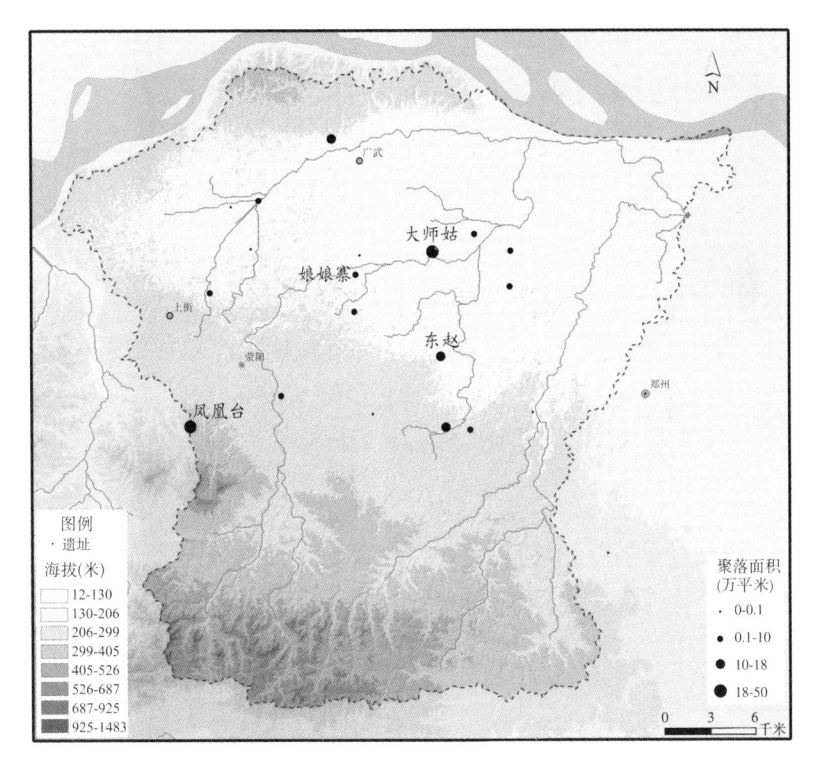

图 4-2-13c 索须河流域二里头文化聚落

张在本地依然发展的是二级组织的社会结构。这种状况直到早商时期才得以彻底改变,本地新出现的小双桥大型都邑聚落将该地区纳入了新的早期国家政体之中。

洛汭地区在仰韶文化晚期出现了双槐树大型聚落。根据近来新闻媒体的报道,该聚落的面积超过 100 万平方米,存在三重环壕和大型夯土建筑等高等级遗迹,显然已经成为该区域的唯一中心。如果以双槐树为中心,那么洛汭地区仰韶文化晚期的三级社会组织的影响力和控制范围明显应超出邻近索须河流域普遍的两级社会组织单元,或许西山城址的出现也受其影响。仰韶晚期之后,洛汭地区社会发展衰退严重,甚至龙山、二里头文化时期均不见面积超过 15 万平方米的中型聚落。例外的情况出现在"新砦现象"发生时期,花地嘴聚落为一处面积 30 多万平方米的中型聚落,发现有双重环壕的聚落结构,表明洛汭地区在龙山向二里头的过渡阶段,随着外来人口的进入,短时间内又出现了两级社会组织的结构,但未能延续,又迅速衰落下去。(图 4-2-14,图 4-2-11)

双泊河流域在龙山文化时期聚落规模大发展,达到峰值,并出现了古城寨龙山城址,不仅有目前中原地区建筑水平最高的版筑城墙,而且还在城内发现有的大型廊庑

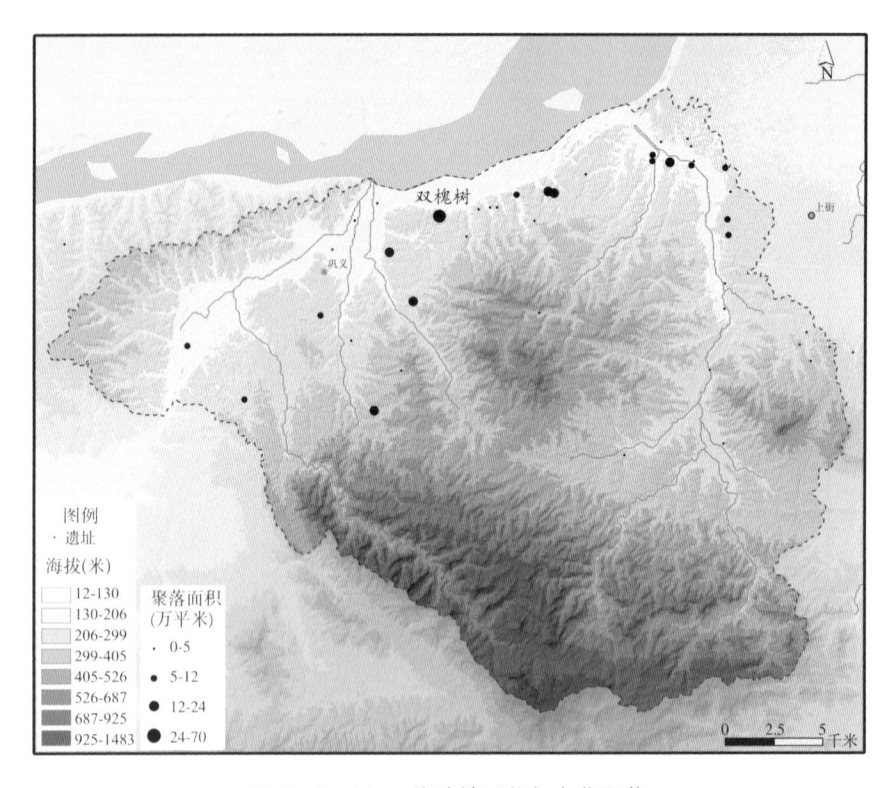

图 4-2-14a 洛汭地区仰韶文化聚落

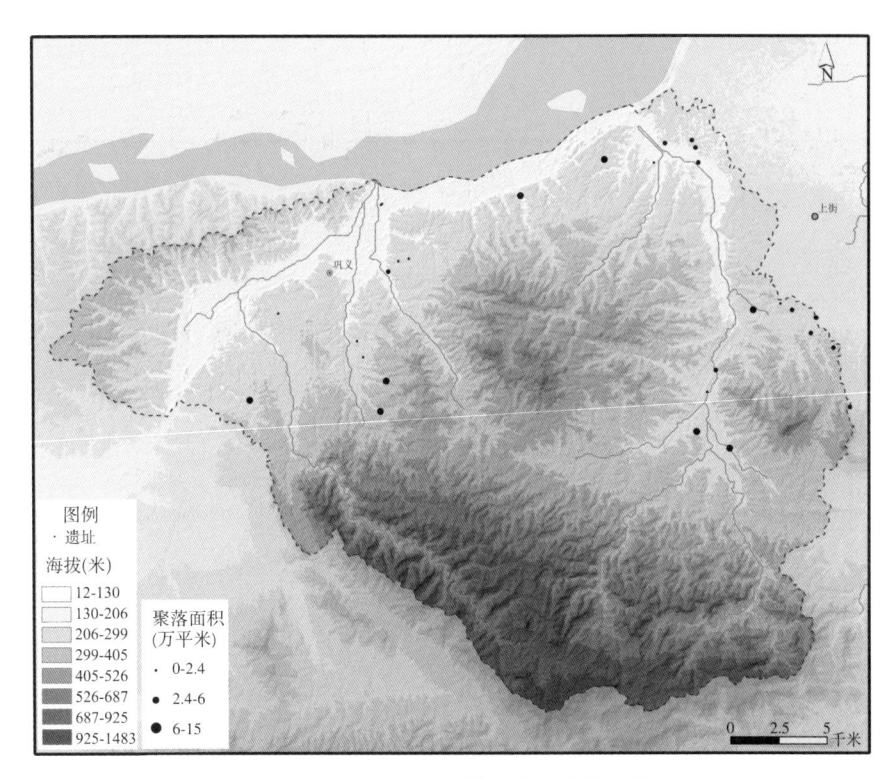

图 4-2-14b 洛汭地区龙山文化聚落

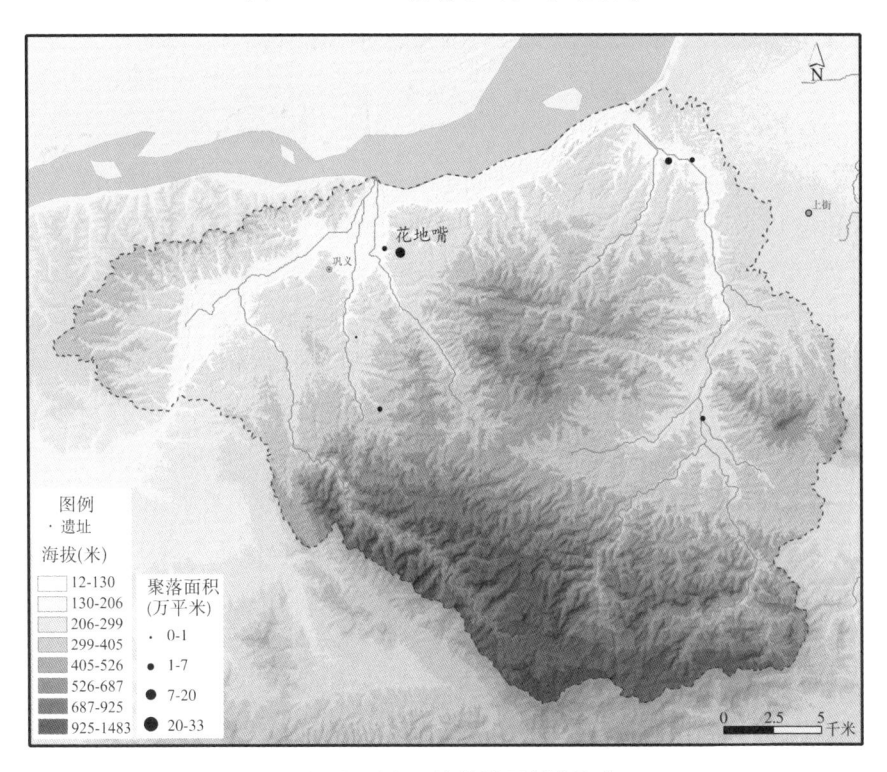

图 4-2-14c 洛汭地区新砦聚落

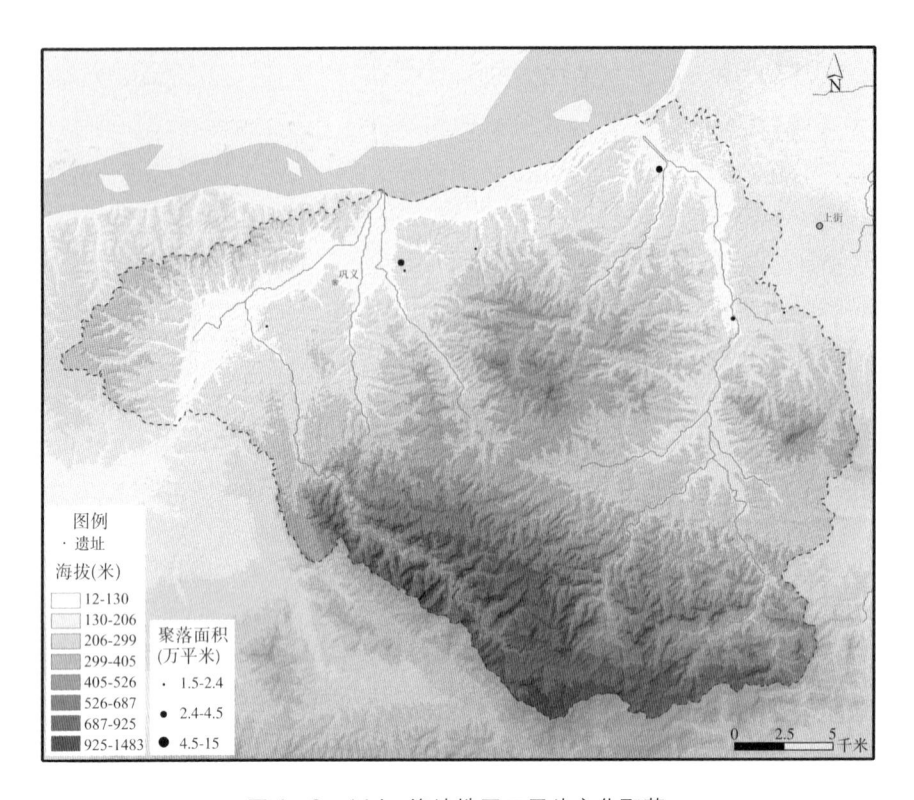

图 4-2-14d 洛汭地区二里头文化聚落

式建筑。但需要注意的是,在双洎河流域龙山文化时期的三级聚落结构中,古城寨城址的面积仅 17.6 万平方米,勉强算得上一处中型聚落。相比而言,新砦龙山聚落的面积超过 70 万平方米,俨然这里才是该区域的中心。新砦与古城寨遗址的直线距离仅 10 多公里,在邻近的二级中型聚落中出现突出防御性的城址,表明龙山时期双洎河流域的三级社会组织的控制力很可能是有限的,聚落群的内部矛盾依然突出。至新砦阶段,随着新一轮外来人口的进入,新砦聚落的规模达到峰值,不仅面积达 100 万平方米,而且出现了城墙、双重环壕和"大型浅穴式建筑"。但这一时期的中小型聚落都出现萎缩,古城寨城址迅速废弃,聚落群呈现出两级社会组织分化严重的状况,与仰韶文化时期的两级社会组织不同的是,这一阶段出现了人口往超大型中心聚落聚集的现象,并延续了一定的时间。(图 4-2-15)

(3) 聚落分布空间变化反映的社会发展重心的转移

基于聚落面积的密度分析可以为我们提供人口空间分布状况的量化估计,而不同时期聚落空间密度的相关性分析则是评估社会发展重心移动状况的有效手段。

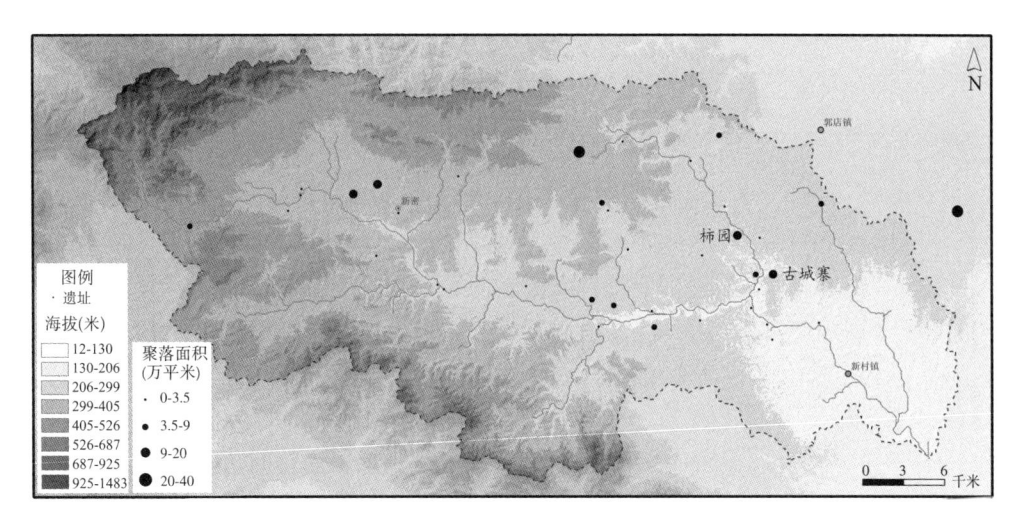

图4－2－15a 双洎河流域仰韶文化聚落

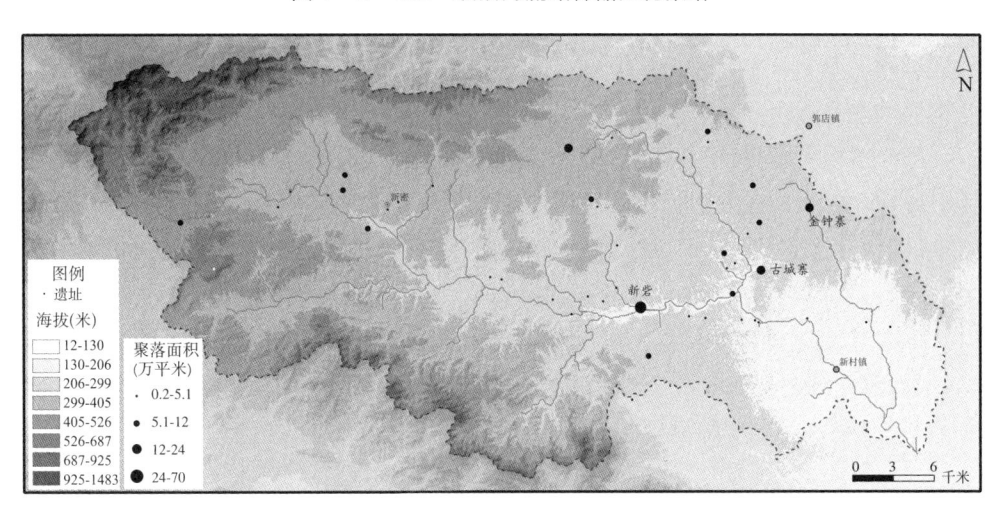

图4－2－15b 双洎河流域龙山文化聚落

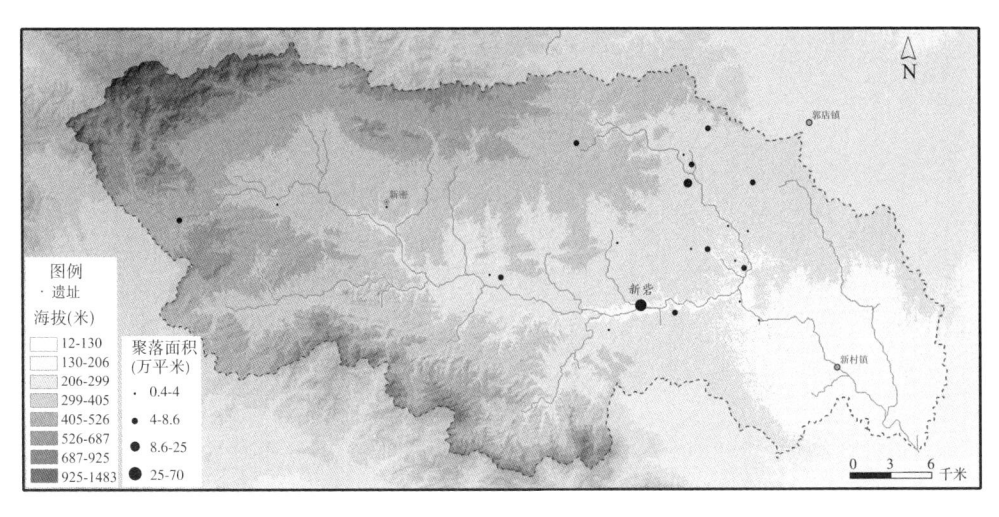

图4－2－15c 双洎河流域新砦聚落

252　中原核心区文明起源研究

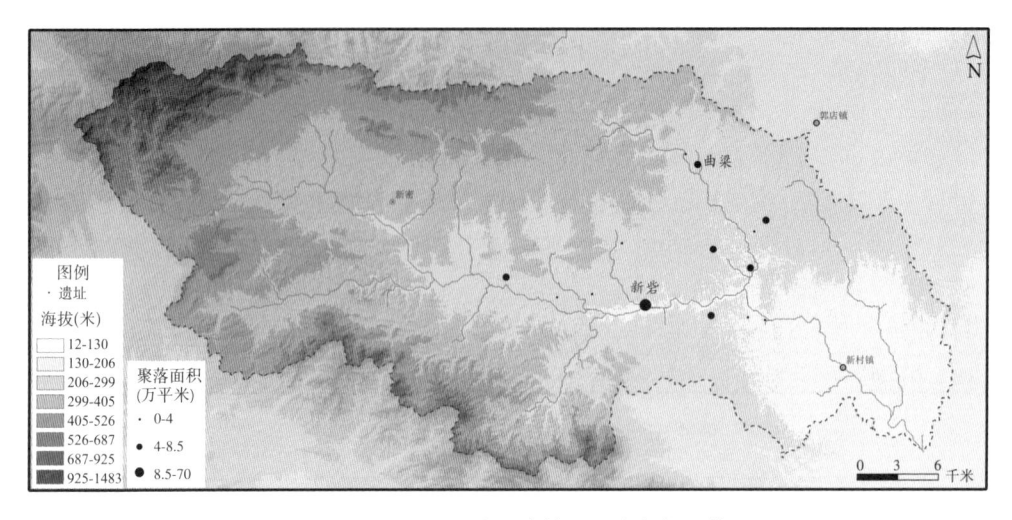

图4-2-15d　双洎河流域二里头文化聚落

图4-2-16显示,索须河流域仰韶与龙山文化聚落的空间分布呈现为负相关,尤其是密度值高于1的高密度区间,表明仰韶与龙山文化的人口聚集模式恰好相反。相比仰韶文化的繁荣,龙山文化的衰落同时也表现出了不同的空间利用方式。与龙山文化相比,二里头聚落的空间布局则呈现为两组:一组的聚落密度与龙山文化接近正相关,另一组则表现为显著的负相关。如此说明,二里头文化中一部分聚落是在延续了龙山文化的基础上继续发展,但还有一部分则选择了全新的空间位置,尤其是二里头文化晚期新出现的大师姑城址。

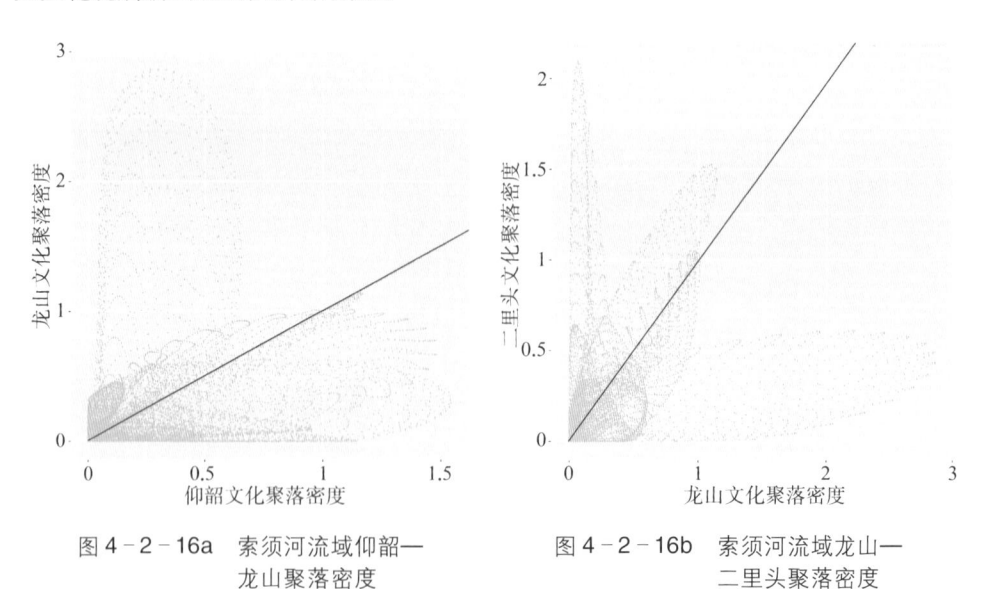

图4-2-16a　索须河流域仰韶—
　　　　　　龙山聚落密度

图4-2-16b　索须河流域龙山—
　　　　　　二里头聚落密度

洛汭地区仰韶与龙山文化聚落密度也呈现显著的空间负相关,说明同样存在龙山文化衰落之后的社会发展重心转移。相比而言,新砦聚落一部分继续在龙山文化的基础上发展,但也出现了开发与龙山文化完全不同的新空间的情况,如花地嘴聚落群。二里头文化聚落则基本保持了与新砦聚落相同的空间位置。(图4-2-17)

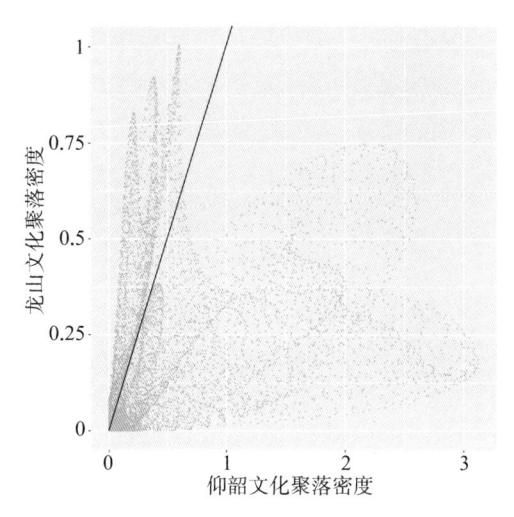

图4-2-17a 洛汭地区仰韶—龙山聚落密度

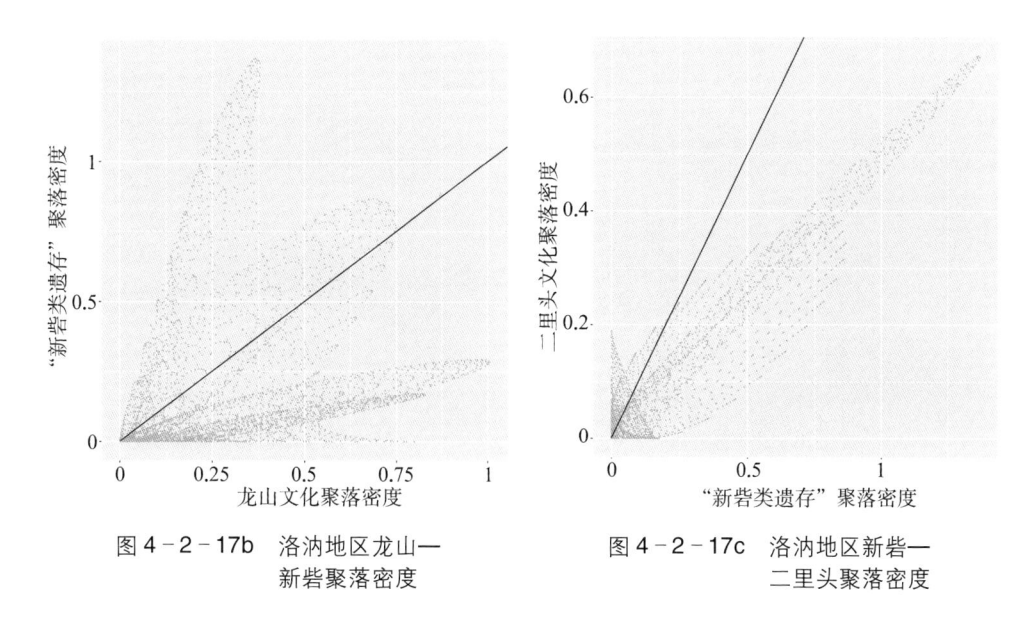

图4-2-17b 洛汭地区龙山—新砦聚落密度

图4-2-17c 洛汭地区新砦—二里头聚落密度

双泊河流域仰韶与龙山文化聚落密度相关性明显分为两组:一组呈现为正相关,代表了空间位置上聚落的延续性发展;一组呈现为负相关,具体表现为在仰韶文化低密度空间范围内发展起来的龙山文化新聚落群。龙山、新砦至二里头阶段聚落的空间分布则表现出强烈的正相关,代表了相同空间利用模式的持续。(图4-2-18)

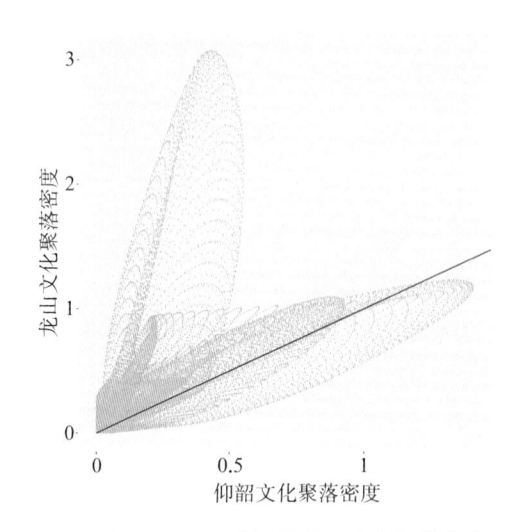

图4-2-18a 双洎河仰韶—龙山聚落密度

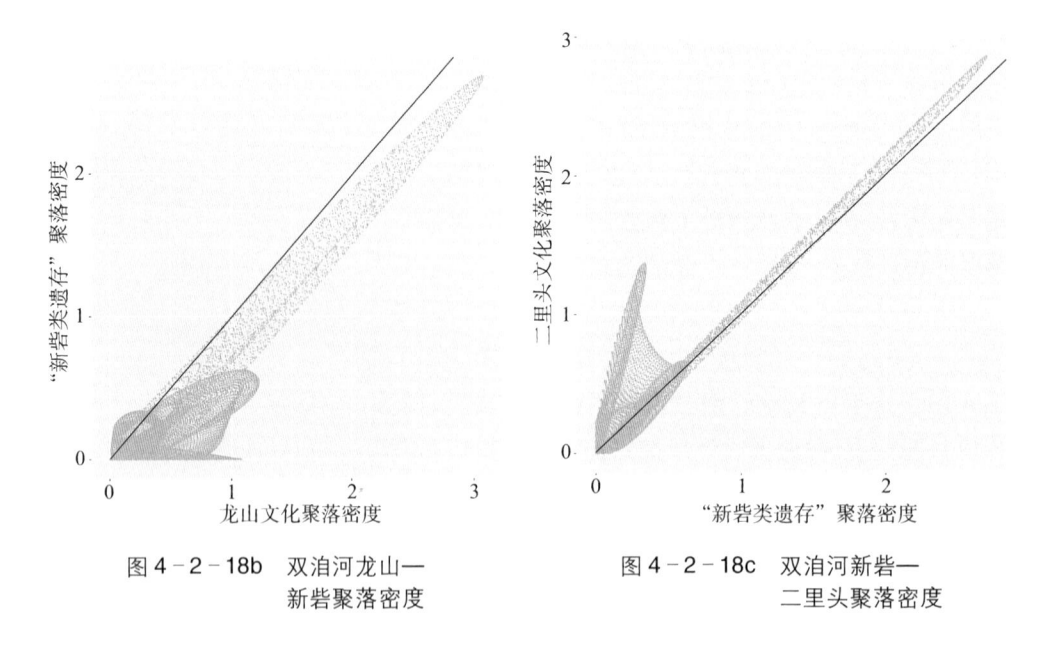

图4-2-18b 双洎河龙山—新砦聚落密度

图4-2-18c 双洎河新砦—二里头聚落密度

总之,郑州地区仰韶至龙山文化时期各地社会发展的重心均发生了明显的转移,尤其是嵩山北麓地区表现的更为彻底。而龙山向二里头文化的过渡情况较为复杂,双洎河流域的延续性最强,且主要表现在强势的中心聚落上;洛汭地区较早发生了局部性的变化,以新砦早期的中型聚落花地嘴的出现为代表,但之后保持了稳定;索须河流域则在二里头文化晚期才发生局部的变化,主要以二里头文化晚期扩展过程中新出现的城址为代表。

综合上述对郑州地区仰韶至二里头文化的区域聚落形态的分析,有四个重要特征值得关注:

第一,嵩山北麓的索须河流域和洛汭地区表现出了相似的社会发展模式,这里都是在仰韶晚期阶段实现了大的发展,无论人口规模还是社会分化均达到峰值,但进入龙山时代则开始出现显著的衰退,直到二里头文化晚期阶段随着二里头文化的扩张又开始回升。嵩山南麓的双洎河流域则是在龙山文化晚期的社会发展达到峰值并持续到"新砦期晚段",无论人口规模还是社会复杂化程度均在这一阶段达到顶峰,至二里头文化中晚期迅速衰落。

第二,从区域社会的兴衰与景观环境的关系来看,仰韶文化晚期的社会发展重心集中在嵩山北麓的黄河南岸,以多湖沼的湿地开发为优;而龙山晚期的社会发展重心则有向宽阔河谷阶地转移的新趋势。

第三,郑州地区自仰韶文化晚期开始普遍出现史前城址,是中原地区史前城址发现较为集中的区域之一。但有趣的是,无论仰韶、龙山还是二里头晚期的城址均出现在本地聚落群的中等规模的聚落中,可视为本地二级社会组织单元的产物,反映了区域社会复杂化过程中复杂的内部矛盾和整体上不稳定的社会结构。

第四,新砦现象的发生主要表现在大中型的聚落,说明这一阶段短暂的人口流入和社会变迁是以本地龙山文化的传统为基础的,而不应该是整个区域大的社会结构的彻底重塑。

三、颍河中上游地区

1. 地貌景观

颍河中上游地区是从嵩山南麓的源头到许昌境内100余公里范围内的河谷地带。从地貌上看,颍河中上游谷地明显以200米等高线为界分为登封和禹州两个自然区域。两区以白沙水库为界,河流落差从上游的平均每公里5.7米迅速降低到中游的平均每公里2米。(图4-2-19)

登封境内,颍河谷地为嵩山、箕山及其余脉所环抱,形成登封盆地,环境相对封闭,但可通过颍河及其支流与伊、双洎河相通,进而可到达洛阳盆地和郑州地区。该区河流水系发达,大量源于嵩山的支流不断注入颍河。这些支流河道窄,河流集水面小,但水流落差较大,流速快。在降雨量大时,容易形成山洪,携带大量的砾石,淤

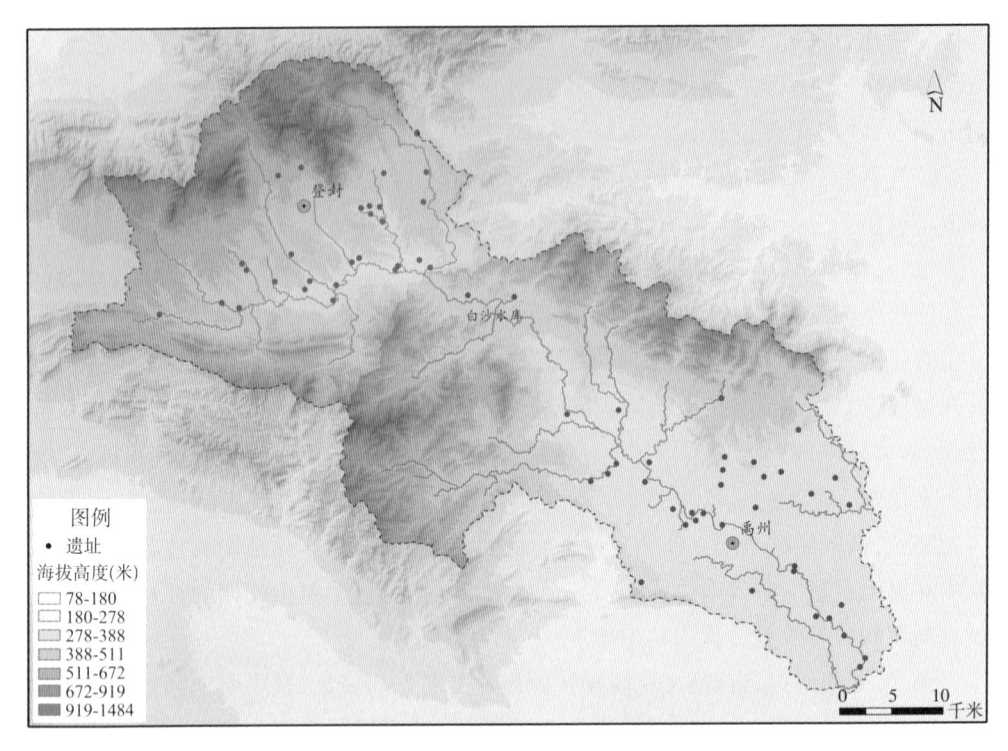

图 4-2-19　颍河中上游区域划分

塞下游河道,形成自然水坝,导致下游河流摆动,具有很大的破坏力。调查发现的仰韶到二里头文化的聚落遗址多数位于颍河与其支流的交汇处,且均分布于颍河左岸,自成体系,可称之为登封聚落群。

禹州境内颍河河流速变慢,自西北向东南形成广阔的冲积平原,但颍河谷地北侧横亘嵩山余脉具茨山,南侧尚有箕山余脉绵延,地形呈半开放型。禹州境内的颍河流域面积达 910 平方公里,先后有阎寨河、涌泉河、潘家河等 9 条支流汇入,水量丰富,但颍河河道宽阔,水流落差小,流速慢,形成众多河曲。遗址多位于颍河及其大型支流的河湾地带,相对位置变动不大,且分布均匀也自成体系,可称之为禹州聚落群。

颍河中上游地区环境考古的研究较为充分。周昆叔等根据实地调查并结合遥感影像最早绘制了该地区的地貌单元分布图,详细区分了不同河流阶地的空间分布状况,新石器时代的遗迹基本分布在河流的二级以上阶地[①]。(图 4-2-20)

---

① 周昆叔、宋豫秦:《颍河文明的人地关系分析》,《颍河文明——颍河上游考古调查试掘与研究》,第 292-305 页,郑州:大象出版社,2008 年。

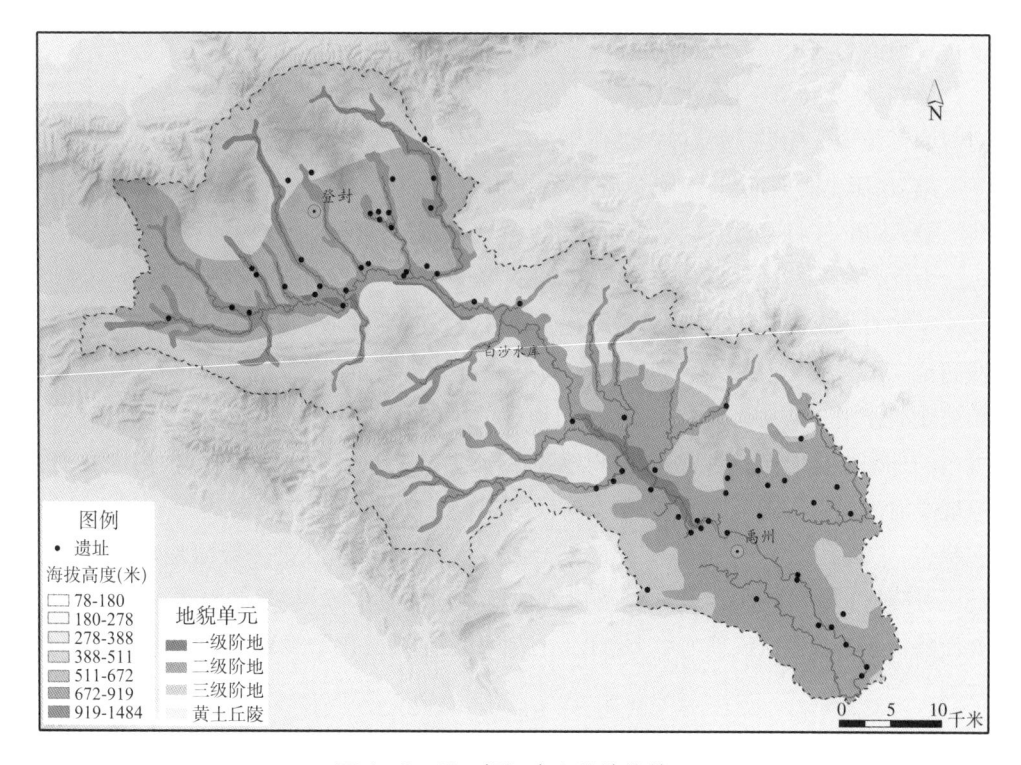

图 4-2-20　颍河中上游地貌单元

李中轩等利用 GIS 水文分析方法结合河流地貌分析,认为颍河中上游河流水系处于发育的壮年期,登封盆地的河流地貌发育主要受到构造活动影响,新石器时代河流以下切侵蚀为主;禹州平原则属于气候过程主导的冲积平原,新石器时代的河流堆积期长于下切期。因此,两地之间存在地貌上的显著差异[1]。

王辉等主要依据瓦店遗址周边典型剖面的沉积物分析,并结合野外观察的不同地貌单元的空间分布,将晚更新世以来颍河中上游河流地貌的演化分为六个阶段[2]:

第一,晚更新世堆积,河流处于泛滥加积状态,颍河谷地淤积至目前二级阶地的高度;

第二,早全新世下切,河流下切,现代颍河谷地雏形形成,晚更新世河流泛滥平原成为一级阶地;

第三,中全新世堆积,晚至仰韶文化之前,河流下切停止,河流开始不断堆积,一

---

[1] 李中轩、吴国玺、许淑娜、徐永新、孙艳丽、莫多闻:《颍河上游新石器时期的地貌变迁对史前聚落的影响》,《第四纪研究》第 38 卷第 2 期,第 380—392 页,2018 年。
[2] 王辉、张海、张家富、方燕明:《河南禹州瓦店遗址的河流地貌演化及相关问题》,《南方文物》2015 年第 4 期,第 81—91 页。

级台地地面与河床高差逐步缩小;

第四,晚全新世下切,距今 3000 前后,不晚于距今 2000 年,河流开始大规模下切,河谷深度与现代相当,河流以侧蚀作用为主,塑造了宽河谷的状态;

第五,历史时期堆积,在晚全新世下切河谷中普遍发现;

第六,历史时期下切,这次下切塑造了现今河漫滩和河床所在的河谷。

由此可见,一方面,现今的颍河二级阶地在晚更新世晚期即已形成,整个全新世都处于相对稳定的状态,是新石器时代聚落选址的主要区域。因此,颍河中上游地区仰韶至二里头文化聚落的宏观空间布局更多是受文化和社会因素的影响,而不是地貌演变的作用。从文化谱系上看,禹州地区的仰韶和龙山文化明显比登封地区包含更多的外来文化因素,这显然与禹州地区在地理空间上相对开阔有关。但另一方面,与现今河流地貌景观不同的是,中全新世的新石器时代中晚期,颍河河谷处于泛滥加积状态,尤其是龙山—二里头文化时期,河面与当时聚落所在的一级阶地地面(现今的二级阶地)基本持平,因此人类可以方便地利用河流水源,甚至是引水灌溉。这两方面的特征是我们认识颍河中上游地区仰韶至二里头文化宏观聚落结构的重要环境基础。

2. 区域聚落形态

颍河中上游地区是文献记载夏人早期活动的中心地域,因此该区的考古工作一直备受关注,区域性的考古调查开展过多次,为我们讨论该区区域聚落形态提供了丰富的资料。

1959 年徐旭生先生以探索夏文化为目标的考古调查,发现了王城岗(时称"告成八方间")等重要遗址[1]。

1975 年,中国社会科学院考古研究所洛阳工作队为了进一步探索夏文化,再次详细调查了登封的石羊关和禹县谷水河、阎寨遗址,并新发现了禹县的崔庄等遗址[2]。

1977 年,王城岗遗址发掘间隙,考古工作者们又对登封境内颍河两岸龙山文化和二里头文化的遗址进行了一次比较全面的调查,共发现龙山文化遗址和二里头文化遗址 20 处[3]。

1979 年,河南省文物研究所开展了对禹县(现改为禹州)颍河两岸的考古调查与试掘。此次调查除了复查了阎寨、谷水河、崔庄遗址之外,又新发现了瓦店、冀寨、吴湾、胡楼等 13 处仰韶文化到二里头文化的遗址,并对其中的吴湾、崔庄、董庄三处遗址

---

[1] 徐旭生:《1959 年夏豫西调查"夏墟"的初步报告》,《考古》1959 年第 11 期,第 593 页。
[2] 中国社会科学院考古研究所洛阳工作队:《1975 年豫西考古调查》,《考古》1978 年第 1 期,第 23 - 34 页。
[3] 安金槐:《豫西颍河上游在探索夏文化遗存中的重要地位》,《考古与文物》1997 年第 3 期,第 54 - 60 页。

进行了试掘①。

1998年,河南省文物考古研究所与美国密苏里州州立大学人类学系合作在颍河上游地区运用GPS与GIS技术对仰韶到二里头文化的遗址开展了一次系统的考古复查②。

2002－2005年,"中华文明探源工程预研究"项目"登封王城岗遗址周围龙山文化遗址的调查"子课题和"中华文明探源工程(第一阶段)"项目"王城岗遗址的年代、布局及周围地区的聚落形态"子课题再度全面复查了登封、禹州境内颍河两岸的仰韶至二里头文化的遗址,并系统采集了碳化大植物遗存③。

2011－2014,借由"南水北调中线工程"项目禹州段考古工作和"中华文明探源工程"项目的实施,北京大学考古文博学院与河南省文物考古研究所合作,先后三次组织力量选择在禹州境内颍河北岸支流连续开展考古区域系统调查,完成了90平方公里范围内的全覆盖式地表踏查,新发现了一批仰韶至二里头文化的遗址④。

以上颍河中上游地区的多次考古调查和复查工作使得我们对所发现遗址的文化内涵、堆积状况等有了较为深刻的认识,从目前所掌握的资料信息已可以对该区的区域聚落形态进行初步的讨论。

(1) 聚落数量与面积反映的人口规模的变化

我们依据颍河中上游地区历次考古调查的资料,结合第三次文物普查提供的新数据,对颍河中上游地区仰韶至二里头文化时期聚落的数量和面积进行统计,以了解人口规模的变化情况。

从图4－2－21和表4－2－6、7、8来看,整体来讲颍河中上游地区龙山文化时期聚落大发展,无论是聚落数量还是聚落总面积都相比仰韶文化时期扩大一倍,人口规模达到顶峰。二里头文化时期又表现为明显的衰减,人口规模基本恢复到仰韶文化的水平。虽然总体的人口规模变化趋势一致,但相比之下禹州平原比登封盆地表现出更为显著的人口波动的态势,仰韶文化时期人口规模不足登封盆地的一半,龙山文化时期则暴增超过登封盆地,二里头文化时期从聚落总面积看又缩减至小于登封盆地的水平。可见,禹州平原地区龙山文化时期可能出现过短暂的大规模移民现象。

---

① 河南省文物研究所、禹县文管会:《河南禹县颍河两岸考古调查与试掘》,《考古》1991年第2期,第97－109页。
② 中国河南省文物考古研究所、美国密苏里州立大学人类学系:《河南颍河上游考古调查中运用GPS与GIS的初步报告》,《华夏考古》1998年第1期,1－16页。河南省文物考古研究所、密苏里州立大学人类学系、华盛顿大学人类学系:《颍河文明——颍河上游调查试掘与研究》,郑州:大象出版社,2008年。
③ 北京大学考古文博学院、河南省文物考古研究所:《区域调查——颍河中上游登封、禹州考古调查》,《登封王城岗考古发现与研究(2002－2005)》,郑州:大象出版社,2007年。
④ 张海、方燕明、席玮、赖新川、赵亮、吴学明、逄博:《以WEB和3S技术为支持的南水北调禹州段考古区域系统调查》,《华夏考古》2012年第4期,第138－145页。

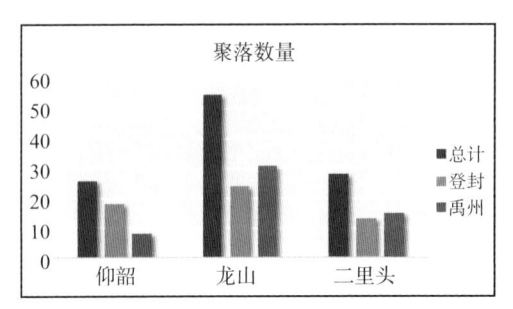

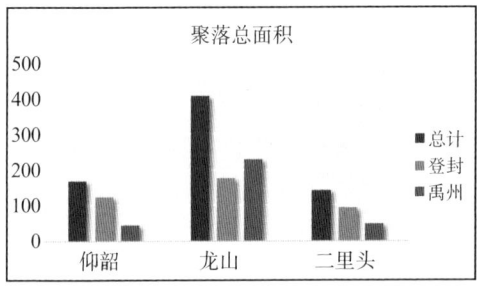

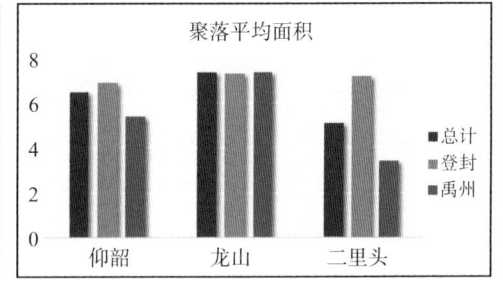

图 4-2-21 颍河中上游地区仰韶至二里头文化聚落规模变化(单位：万平方米)

表 4-2-6 颍河中上游不同时期聚落数量(单位：个)

	仰韶文化时期	龙山文化时期	二里头文化时期
登封盆地	18	24	13
禹州平原	8	31	15
总　　计	26	55	28

表 4-2-7 颍河中上游不同时期聚落总面积(单位：万平方米)

	仰韶文化时期	龙山文化时期	二里头文化时期
登封盆地	124.3	175.3	93
禹州平原	43.5	229.4	50.5
总　　计	167.8	404.7	143.5

表 4-2-8 颍河中上游不同时期聚落平均面积(单位：万平方米)

	仰韶文化时期	龙山文化时期	二里头文化时期
登封盆地	6.9	7.3	7.2
禹州平原	5.4	7.4	3.4
总　　计	6.5	7.4	5.1

有趣的是,颍河中上游地区仰韶与龙山文化时期聚落的平均面积相差不大,仅在二里头文化时期的禹州平原聚落明显变小,反映出显著的衰退现象。如此表明,这里仰韶至二里头文化的单个聚落发展规模大体相当,人口变化主要表现在聚落的数量上,这一点可以在后面的聚落空间位置分布上反映出来。

(2) 聚落等级划分反映的社会结构的变化

首先是聚落面积的分化。从聚落面积的提琴分布图(图 4-2-22)和直方图(图 4-2-23)看,颍河中上游地区仰韶和二里头文化聚落可划分为两级结构,多数聚落的面积小于20万平方米,两个时期均只有一处面积30万平方米的中型聚落,即仰

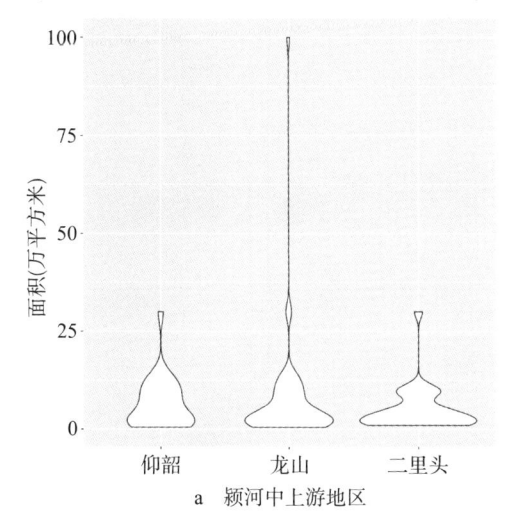

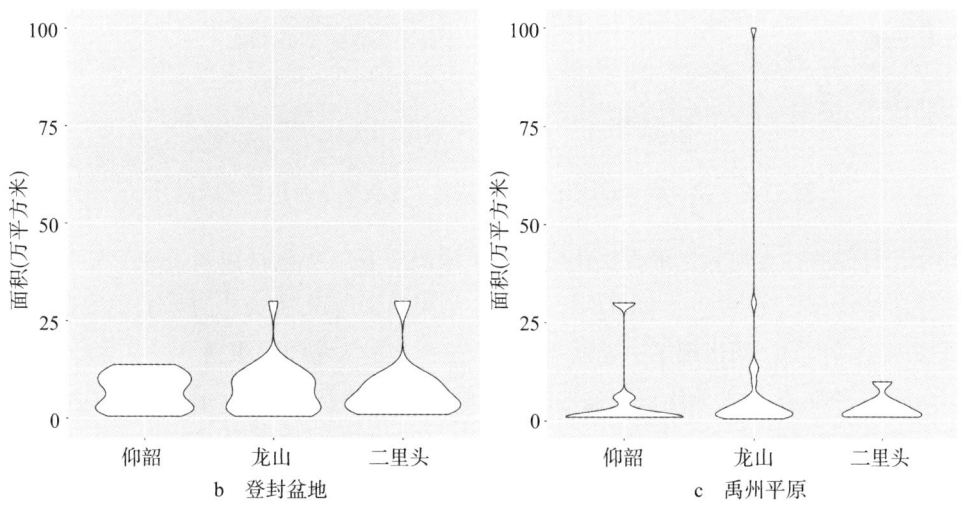

图 4-2-22 颍河中上游地区聚落面积分布

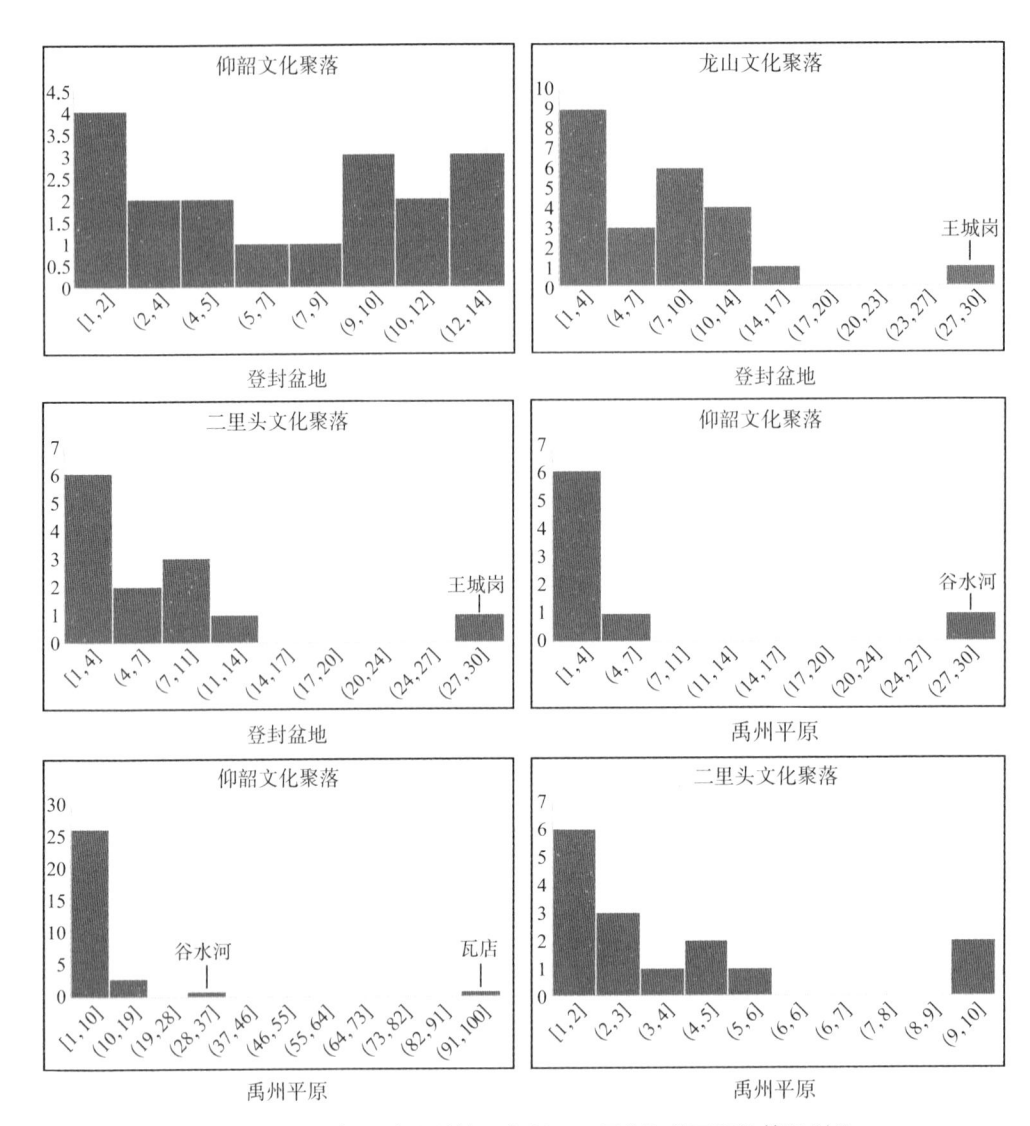

图 4-2-23 颍河中上游地区仰韶至二里头聚落面积的等级划分

韶文化时期的谷水河和二里头文化时期的王城岗。龙山文化时期则表现为显著的三级聚落结构，除了面积小于 20 万平方米的小型聚落和面积 30 万平方米的中型聚落王城岗、谷水河之外，新出现了一处面积 100 万平方米的大型龙山聚落——瓦店。

除此之外，禹州平原比登封盆地的聚落分化更为显著：登封盆地仰韶至二里头文化时期只发展有二级聚落结构，而禹州平原在龙山文化时期出现了以瓦店为中心的三级聚落结构。除了聚落分级的差异之外，禹州平原小型聚落面积普遍偏小，人口明显向大中型聚落集中，而登封盆地小型聚落的规模略大，人口集中现象也不如禹州平原。

除了聚落面积上的分化,颍河中上游地区开展了较为全面的考古工作,尤其是"中华文明探源工程"在王城岗和瓦店遗址开展了多次发掘和多学科综合研究,为我们提供了从聚落功能性角度出发观察聚落等级划分和相应社会结构认识的新材料。

瓦店聚落无疑是颍河中上游地区龙山文化时期的区域性中心,拥有100万平方米的超大规模。从功能性上,瓦店在聚落群中的中心地位表现在三个方面:

第一,大型公共性建筑和特殊类遗迹现象。首先,发掘和钻探表明瓦店聚落存在若干大型环壕,将该聚落分为若干独立的空间,其中规模最大的有两处,围绕西北和东南台地[1]。通过对围绕西北台地的环壕中堆积物的连续土壤微结构分析表明,该环壕在龙山文化开凿的初期主要用作引水,并进行过长时间的维护,龙山文化后期才废弃并迅速淤平,研究者推测该环壕引颍河水应主要用于稻作农业的灌溉,是一项社区公共性的水利工程[2]。其次,瓦店聚落中发现有若干处大型夯土建筑。其中,西北台地的环壕中发现两组对称的大型夯土建筑,东侧建筑WD2F1为回字形建筑,面积近千平方米,其上发现有人和动物的奠基坑;西侧建筑由三座夯土基址组成,面积也近千平方米。东南台地也发现有夯土建筑ⅣT5F8,发掘面积近百平方米,也有奠基坑的发现;另外20世纪80年代的发掘,还在东南台地发现成组的圆形夯土祭台遗迹。大型公共性建筑和特殊类遗迹表明瓦店聚落具备强大的社群动员能力,并承担相应的区域社会的特殊服务功能。(图4-2-24)

第二,高等级手工业产品及发达的交换贸易。高等级手工业品主要是指采用特殊原料或技术制作的高档手工业产品或具有特殊用途的手工业产品。由于制作这些产品的原料不易获得或技术复杂,所以常被统治阶层垄断,并在社会精英中使用、流通。因此,大量发现有特殊手工业产品的聚落常常被认定存在精英阶层的人物而具有较高的等级。瓦店聚落中发现的龙山文化时期高等级手工业产品主要是玉器(绿松石)、精致陶器和黄牛卜骨。其中,玉器主要出土于具有后石家河文化特色的成人瓮棺中,以玉鸟形笄首为代表,还发现有小型玉锛和玉片等。经红外光谱分析,其中部分玉器为透闪石软玉,应源于远距离的交换[3]。另外,遗址在20世纪80年代的发掘中还出土有绿松石装饰品。瓦店遗址出土的精致陶器数量多,主要是各类酒水"饮器",如薄胎磨光黑陶杯形器、觚形器和白陶鬶等。这些陶器不仅制作精良,而且造型

---

[1] 河南省文物考古研究院、北京大学考古文博学院:《禹州瓦店环壕聚落考古收获》,《华夏考古》2018年第1期,第3-29页。
[2] 张海、庄奕杰、方燕明、王辉:《河南禹州瓦店遗址龙山文化壕沟的土壤微形态分析》,《华夏考古》2016年第4期,第86-95页。
[3] 员雪梅:《燕辽、海岱、中原地区新石器时代玉器研究》,北京大学博士学位论文,2005年。

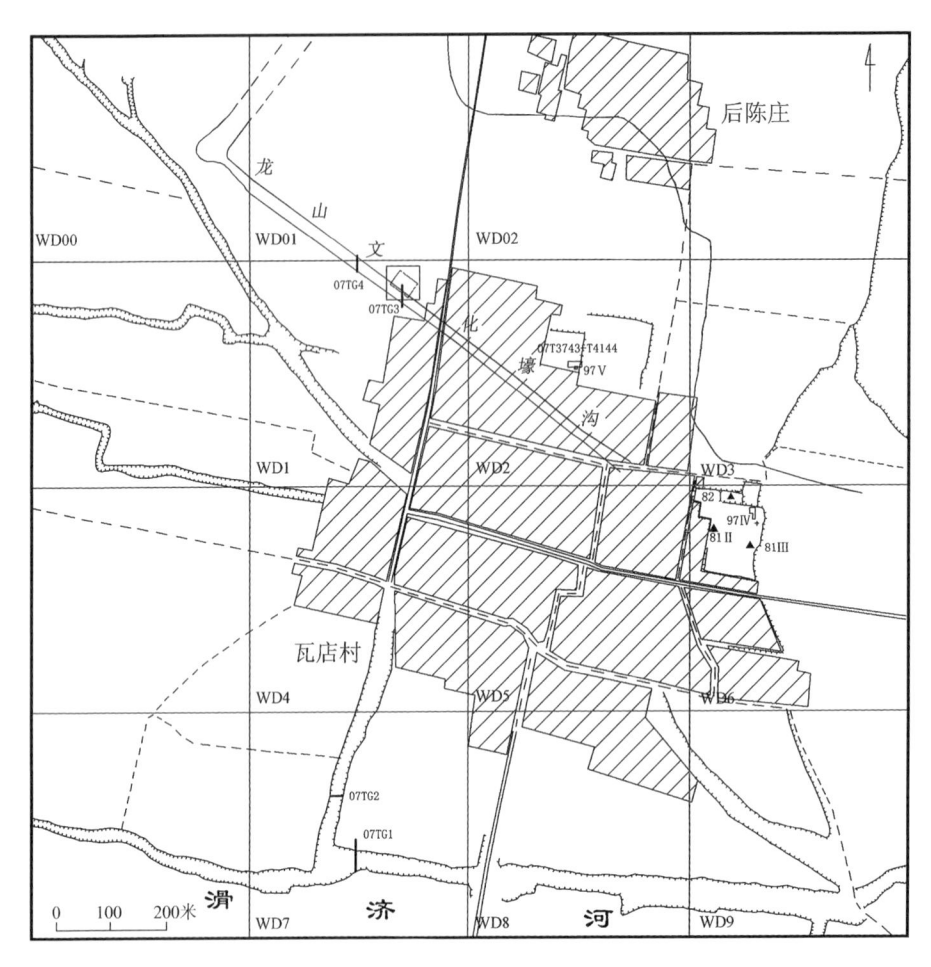

图 4-2-24 瓦店环壕聚落

考究,且常常刻画特殊的图案和纹样,不仅显示了其高超的制陶工艺,而且从功用上看,很可能专为社会精英阶层的"宴飨"活动所使用。黄牛在龙山文化时期的中原核心区的发现较少,从目前的考古材料来看,中原地区的黄牛主要发现在豫东地区,如柘城山台寺[①]、淮阳平粮台都不仅发现有完整的黄牛埋葬现象,而且还用黄牛骨占卜和制作骨器的情况。瓦店龙山聚落出土的用黄牛肩胛骨占卜的情况体现了该聚落与豫东地区的密切联系,同时也反映出聚落中特殊人群及特殊宗教祭祀活动的存在。(图 4-2-25)

---

① 中国社会科学院考古研究所、美国哈佛大学皮保德博物馆:《豫东考古报告——"中国商丘地区早商文明探索"野外勘察与发掘》,北京:科学出版社,2017年。

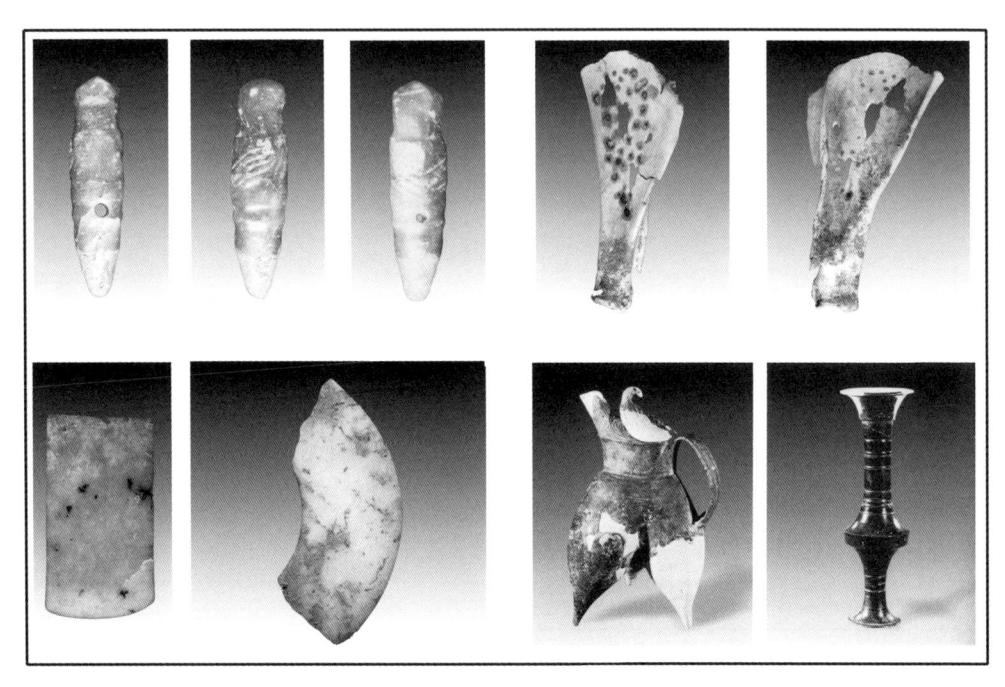

图 4‑2‑25　瓦店龙山聚落出土高等级手工业产品

瓦店聚落中的多来源手工业产品暗示了交换贸易的存在。瓦店遗址发现了一组可能为测定容积的量器。这组量器由一组磨光黑灰陶觚形器组成,目前发现有若干个序列,每个序列均由形制相同但大小不同的陶觚组成。其中最清晰的一个序列为折腹觚形量器,共有 7 个单位,经过实测得到其容积分别约为 50、100、150、200、400、1 000(残器估测)和 4 500 毫升。(图 4‑2‑26、表 4‑2‑9)这些容器集中出土自

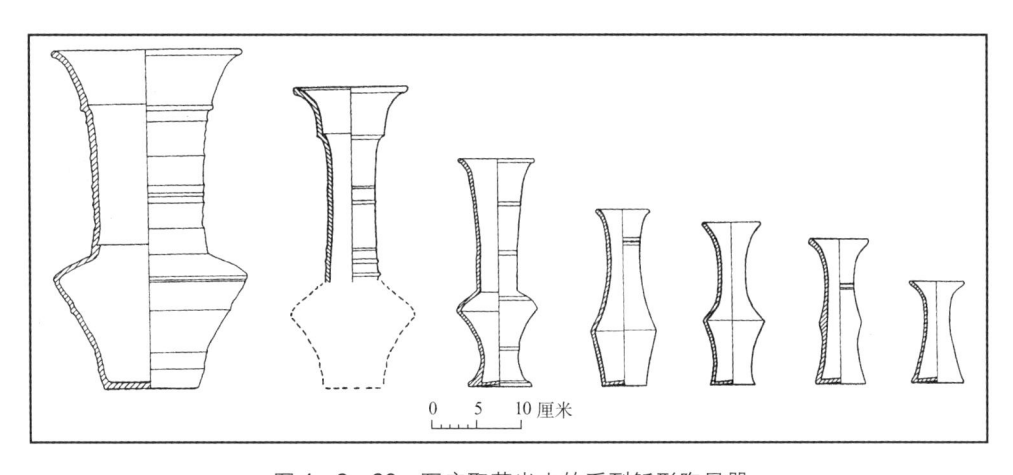

图 4‑2‑26　瓦店聚落出土的系列觚形陶量器

几个位置十分接近的灰坑,时代清楚。同样形制和规格的陶甗形量器主要发现在颍河流域,而其他地区则基本不见,如颍河上游禹州冀寨、中下游的漯河郝家台、下游的淮阳平粮台等,表明这种量器的使用范围主要是在颍河流域。

表 4-2-9 瓦店聚落出土系列甗形陶量器容积表

编 号	口径(厘米)	底径(厘米)	通高(厘米)	容积(毫升)
04YWADH4③:1	20.8	10.4	37	4 500
81ⅠT4(4B):13	12.8	—	—	1 000(据比例推测)
81ⅠT5H28:8	8	7	25.2	400
81ⅡT1H61:4	5.9	5	19.4	200
81ⅡT1H61:5	6.5	5	17.8	150
81ⅡT3H12:14	6.4	5.5	15.8	100
81ⅡT1H10:1	6	5.8	11.1	50

无独有偶,甘肃秦安大地湾仰韶文化晚期大型房屋 F901 中出土的一组异形陶器,经测定,容积大致呈指数级增长,因此有学者认定其为与度量容积有关的容器[①]。容积单位呈指数级增长正是一般容量度量单位关系的共同特点,如古巴比伦王国的容量单位 gin、sila、ban、bariga、gur 之间的换算关系[②]。中国古代文献中记载了春秋战国时期齐国陈氏所使用的容量单位升、豆、斗、区、釜、钟之间的换算关系[③],都可以发现同样的变化规律。大地湾和瓦店的成组陶量器都符合这一特征,因此应与统一的度量容积有关。(图 4-2-27)

有研究者认为统一的度量衡是赋税制度的产物[④],美索不达米亚、埃及等早期文明中均发现有统一的测定容积的度量单位和相应容器,用以测量谷物、啤酒、油类等的容积。大地湾遗址出土量器的 F901 为一座高等级的房屋建筑,有研究者认为与公共性的礼仪活动、祭祀及食物分配有关[⑤]。瓦店聚落所发现的这组量器与上述聚落内大量发现的多来源的手工业产品相互印证,表明瓦店聚落同时也是龙山文化时期的颍河流域甚至整个中原地区的一处重要的经济和贸易中心。

[①] 赵建龙:《大地湾古量器及分配制度初探》,《考古与文物》1992 年第 6 期,第 37-42 页。
[②] 李伟译:《古巴比伦的度量衡单位制》,《中国计量》2006 年第 5 期,第 48 页。
[③] 紫溪:《古代量器小考》,《文物》1964 年第 7 期,第 39-54 页。丘光明:《试论战国容量制度》,《文物》1981 年第 10 期,第 65-74 页。
[④] 丘光明:《中国古代度量衡》,北京:商务印书馆,1996 年。
[⑤] 张力刚、程晓钟:《浅议大地湾遗址 F901 的社会功能》,《丝绸之路》1999 年第 S1 期,第 123-124 页。

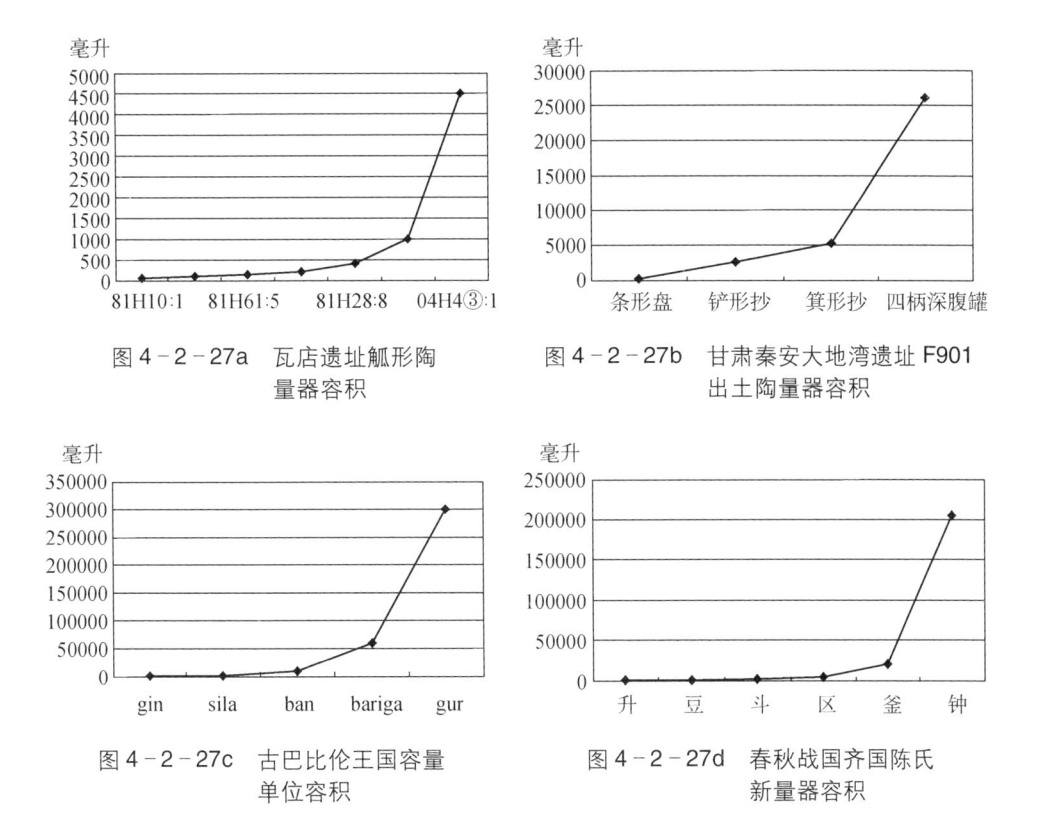

图4-2-27a　瓦店遗址觚形陶量器容积

图4-2-27b　甘肃秦安大地湾遗址F901出土陶量器容积

图4-2-27c　古巴比伦王国容量单位容积

图4-2-27d　春秋战国齐国陈氏新量器容积

第三,多元文化的融合和不同人群的聚集。瓦店遗址发掘出土了一批具有多元文化特征的遗物。如后石家河文化的成人瓮棺和随葬玉器现象、日用陶器中的石家河文化风格的喇叭口刻槽盆、盆形鼎、陶塑小动物和人头像等等;山东龙山文化的折沿圈足盘、白陶鬶、鬼脸形足鼎等;王油坊类型的子母口瓮、刻画符号、黄牛卜骨等。这些现象说明瓦店聚落本身是一处多元文化的汇聚之地。

除了传统考古学之外,生业经济的研究也为我们提供了瓦店聚落龙山人群的多元特征。首先,颍河中上游地区系统的植物考古调查表明,仰韶至二里头文化时期主要的农作物组合中,以粟(黍)占绝对多的数量,大豆次之。虽然,研究者提出中原地区龙山文化时期为稻粟混作的农业经济形态[1],但多数遗址只是水稻的出土概率较高,发现普遍,但数量比例却极低,说明水稻在经济生活中的作用十分有限,仍属于典型的粟作农业经济形态。有趣的是,瓦店聚落是颍河中上游地区唯一不

---

[1] 赵志军:《中华文明形成时期的农业经济发展特点》,《中国历史文物》2011年第1期,第19-31页。

同的一处。该遗址出土的炭化植物遗存中,水稻无论是数量还是出土概率都很高,显示了真正的稻粟混作的特征①。(图4-2-28)炭化植物遗存分析显示的瓦店聚落的多元农业经济特征可以在人骨稳定同位素分析获得的有关食性方面的信息上得到印证。碳氮稳定同位素分析表明,瓦店聚落同时存在以粟(黍)为主食的 C4 组人群和以水稻为主食的 C3 组人群。其中,与 C4 组人群相对应的是家猪、狗的饲养,表现为典型的粟作农业经济特征;C3 组人群也饲养少量的家猪,但同时摄入更多的蛋白质,表现为稻作农业经济的特征②。(图4-2-29)如此,进一步证明瓦店聚落同时存在以粟作和稻作为主要生业经济模式的两群人共同生活。由前述地貌环境的研究表明,颍河中上游地区的二级阶地在晚更新世末即已形成,仰韶至龙山文化遗址均处于稳定的二级阶地之上,因此并不存在由环境差异导致的生业经济的差别,瓦店聚落多种生业经济并存只能是文化上多样性的反映。瓦店聚落是一处多元文化的融合之地,也是不同生活习惯与文化传统的人群的聚集之处。

总之,从大型公共建筑、功能多样复杂的遗迹、高等级的手工业生产、发达的交换贸易和不同人群与文化的交汇融合来看,瓦店聚落是龙山文化时期颍河中上游甚至整个嵩山东南麓地区的政治、文化、经济和贸易的中心。

王城岗是颍河中上游地区龙山文化时期的一处中型规模的聚落,面积30多万平方米,为该地区的一处次级聚落中心,因发现有夯土城墙以及其地望与文献记载的"禹都阳城"相符合而受到学界的持续关注。王城岗聚落的重要发现是一座面积达30多万平方米带有壕沟的龙山文化晚期夯土城墙③。(图4-2-30)为了计算以当时的生产工具修建如此规模的一座城址所需花费的劳力,进而推算王城岗聚落在整个聚落群中的控制力,我们对修建该城址的土方量进行了复原估算,并开展了模拟实验。

---

① 刘昶、方燕明:《河南禹州瓦店遗址出土植物遗存分析》,《南方文物》2010年第4期,第55-64页。北京大学考古文博学院、河南省文物考古研究所:《登封王城岗考古发现与研究(2004-2005)》,郑州:大象出版社,2007年。
② Chen XL, Fang YM and Hu YW et al. (2016) Isotopic reconstruction of Late Longshan Period (ca. 4200 - 3900 BP) dietary complexity before the onset of state-level societies at the Wadian site in the Ying River Valley, Central Plains, China. International Journal of Osteoarchaeology 26(5):808-817.陈相龙、方燕明、胡耀武、侯彦峰、吕鹏、宋国定、袁靖、Michael P. Richards:《稳定同位素分析对史前生业经济复杂化的启示:以河南禹州瓦店遗址为例》,《华夏考古》2017年第4期,第70-79、84页。
③ 北京大学考古文博学院、河南省文物考古研究所:《登封王城岗考古发现与研究(2004-2005)》,郑州:大象出版社,2007年。

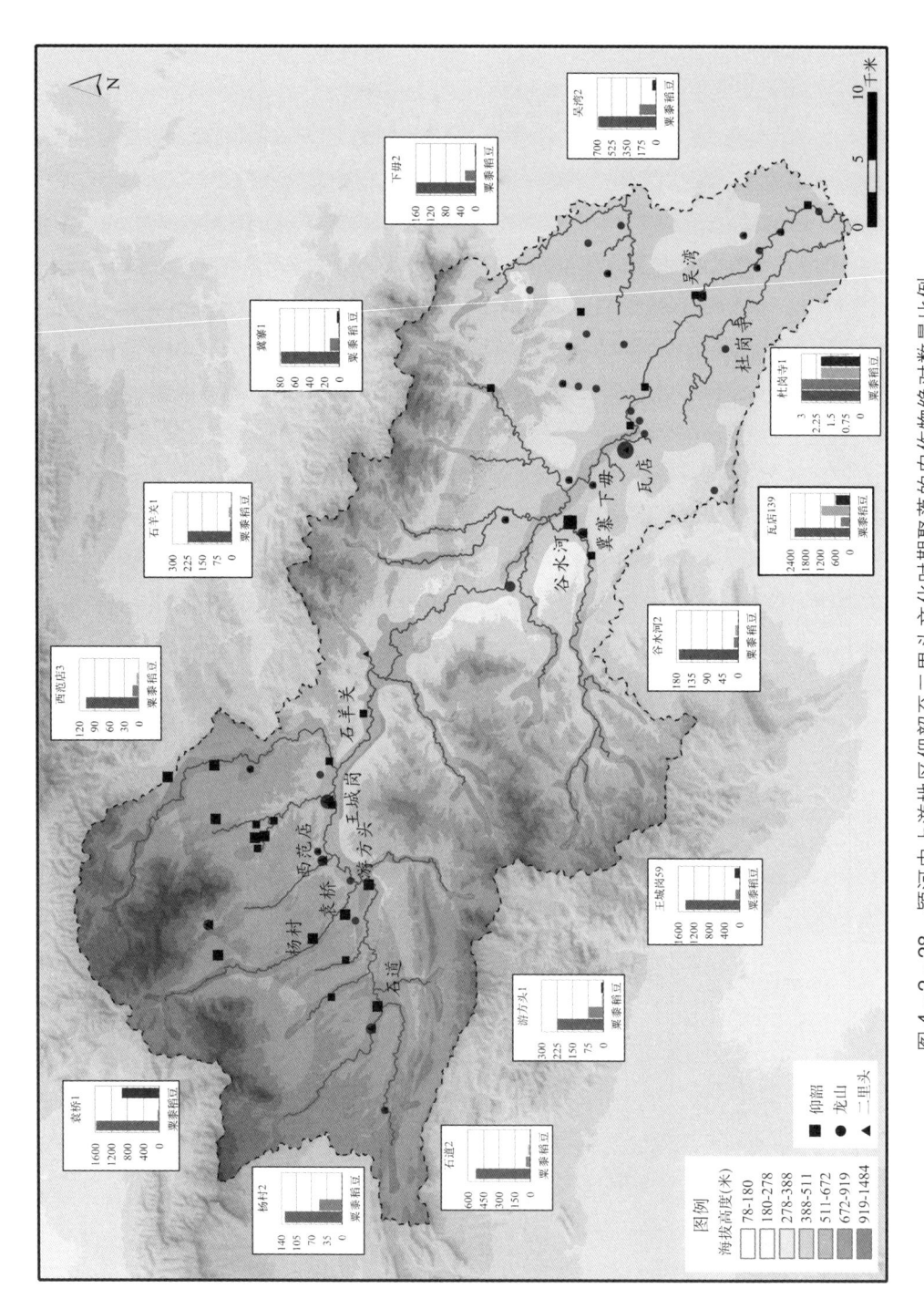

图 4-2-28 颍河中上游地区仰韶至二里头文化时期聚落的农作物绝对数量比例
（遗址名后的数字代表取样单位数，杜岗寺遗址样品数量过少，不具可比性）

270　中原核心区文明起源研究

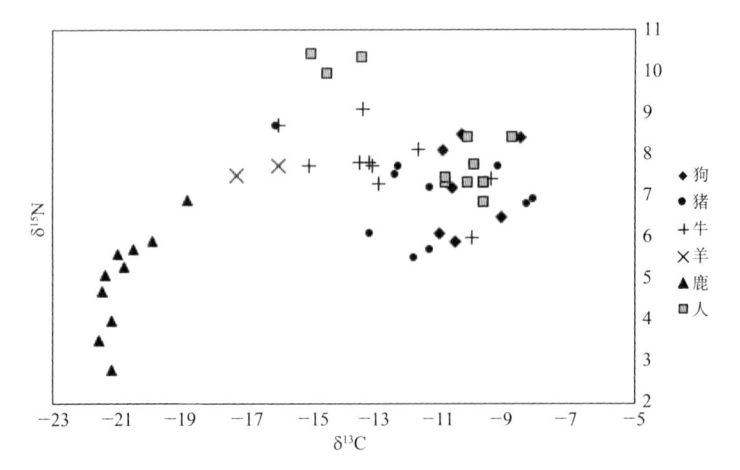

图 4-2-29　瓦店龙山人与动物骨骼碳氮稳定同位素

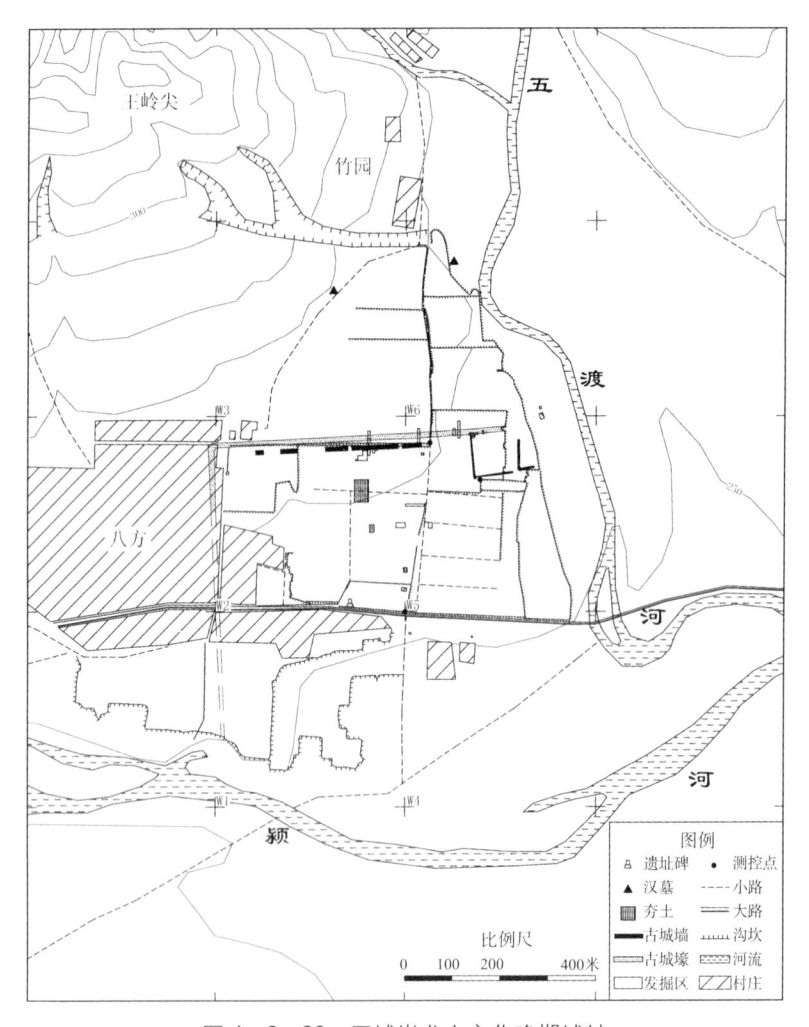

图 4-2-30　王城岗龙山文化晚期城址

实验结果如表 4-2-10 所示,仅是以修筑城址所用纯劳动力计算。从目前我们所掌握的登封地区龙山文化晚期各个聚落的资料看,由于我们并不清楚每个聚落的性质以及聚落上居住区的大小,所以无法准确估计出各聚落的人口数量。如果我们简单地根据当地现代农村的经验,按照一个村落能够常年提供 50-100 个青壮年劳力,要一年完成这个工程,需要征集 10-20 个聚落的劳力。这与我们目前调查发现的登封盆地龙山文化晚期聚落的数量大体符合。据此我们可以初步判断,王城岗聚落很可能已经成为龙山文化晚期颍河中上游地区登封盆地聚落群的中心,并具有整个聚落群的控制力,能够调动整个聚落群的力量共同完成一项庞大的集体工程。

表 4-2-10　王城岗龙山文化晚期城址修建用工量模拟实验计算结果

假定用工数	完成时间	假定完成时间	所需用工数
500 人	2 年零 5 个月	0.5 年	2 330 人
1 000 人	1 年零 2 个月	1 年	1 160 人
1 500 人	10 个月	1.5 年	780 人
2 000 人	7 个月	2 年	580 人

在王城岗聚落还发现有与龙山文化晚期城址同期的大型建筑的夯土台基。20 世纪 70 年代末 80 年代初发掘的龙山文化晚期小城城墙内即发现有大片夯土。由地层关系可知,其时代应与小城同时,但由于被破坏严重已无法复原其规模和结构[①]。2004、2005 年龙山文化晚期大城城墙内也钻探发现大片夯土台基,其中最大一处位于城中偏北,其面积可达 1 380 平方米[②]。这些有别于小型房屋的大型夯土建筑很可能服务于中心聚落里的特殊人群和特殊活动。(图 4-2-30)

另外,王城岗龙山文化晚期小城和大城内均发现有"奠基坑"。这些"奠基坑"均为废弃后的灰坑中以夯土填实,夯土中夹杂一些完整或不完整的人骨架。"奠基坑"多出现在夯土台基或城墙等地面上有大型夯土建筑的地基之下,很明显与特殊建筑的奠基有关,并与之形成一体结构,反映出紧张的社会矛盾以及聚落内部的人群分化。(图 4-2-31)

[①] 河南省文物考古研究所、中国历史博物馆考古部:《登封王城岗与阳城》,北京:文物出版社,1992 年。
[②] 北京大学考古文博学院、河南省文物考古研究所:《登封王城岗考古发现与研究(2004-2005)》,郑州:大象出版社,2007 年。

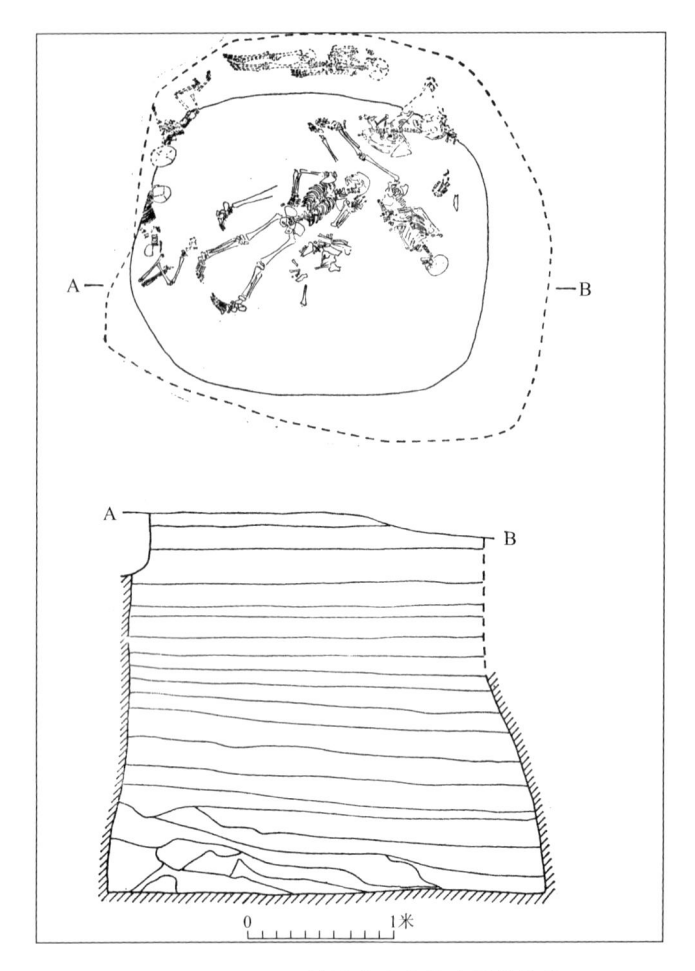

图 4-2-31 王城岗龙山文化人骨奠基坑

总之,无论从聚落面积分化还是聚落功能性分析看,颍河中上游地区仰韶文化和二里头文化时期都存在两级聚落组织和社会结构,而龙山文化时期则明显发展出三级社会结构。其中,龙山文化时期以瓦店为中心,形成了区域性的政治、经济、文化和贸易中心。而有趣的是,王城岗龙山城址同样在聚落群中处于中型规模的聚落之中,反映了中型规模的中心聚落修建城墙,对防御性的需求更为突显。而无论三级还是二级聚落中心,瓦店和王城岗都反映出了强有力的社会动员能力,能够在不同层次上调动整个聚落群为代表的社会单元的力量开展公共活动,因此社会的管理和领导阶层显然已经存在于龙山时代的三级社会组织之中。

(3) 聚落分布空间变化反映的社会发展重心的转移

从不同时期的聚落空间分布看,(图 4-2-32)仰韶至二里头文化的聚落主要沿

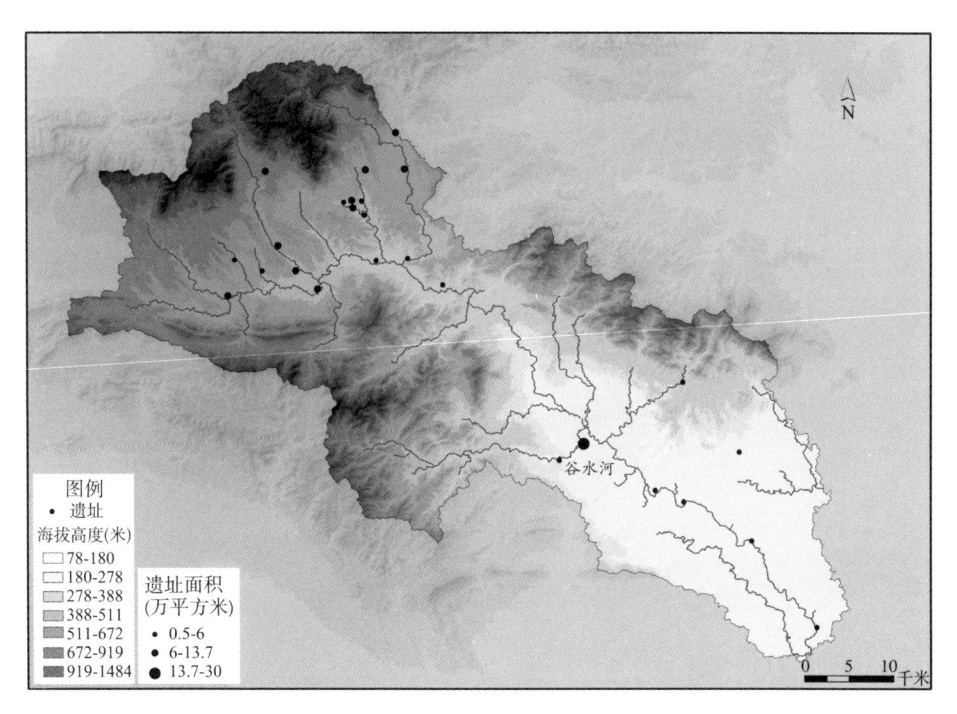

图 4-2-32a 颍河中上游地区仰韶文化聚落

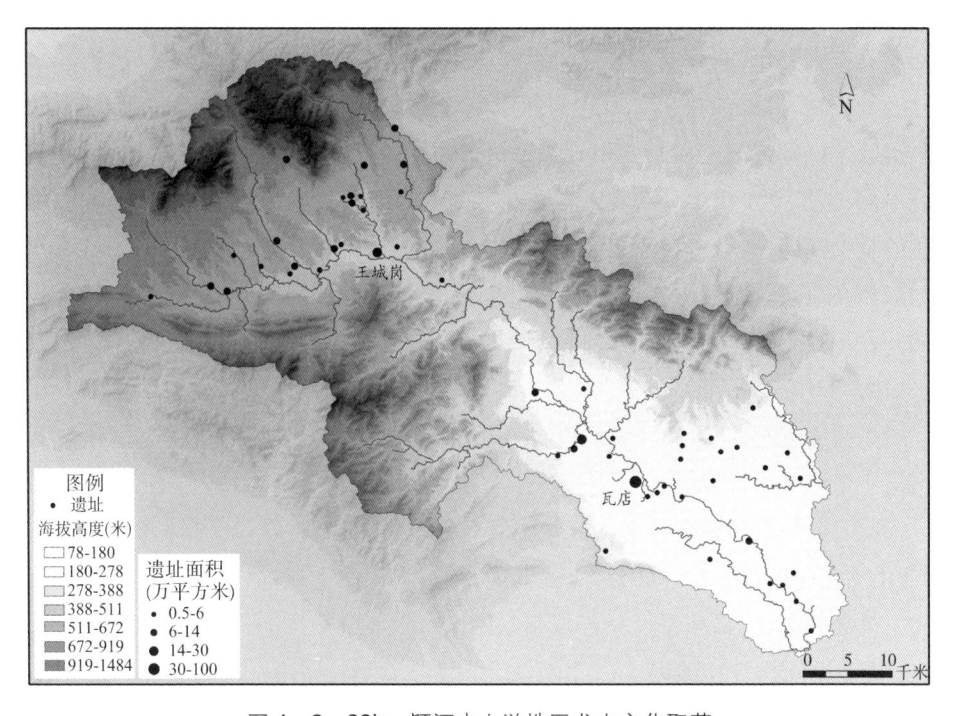

图 4-2-32b 颍河中上游地区龙山文化聚落

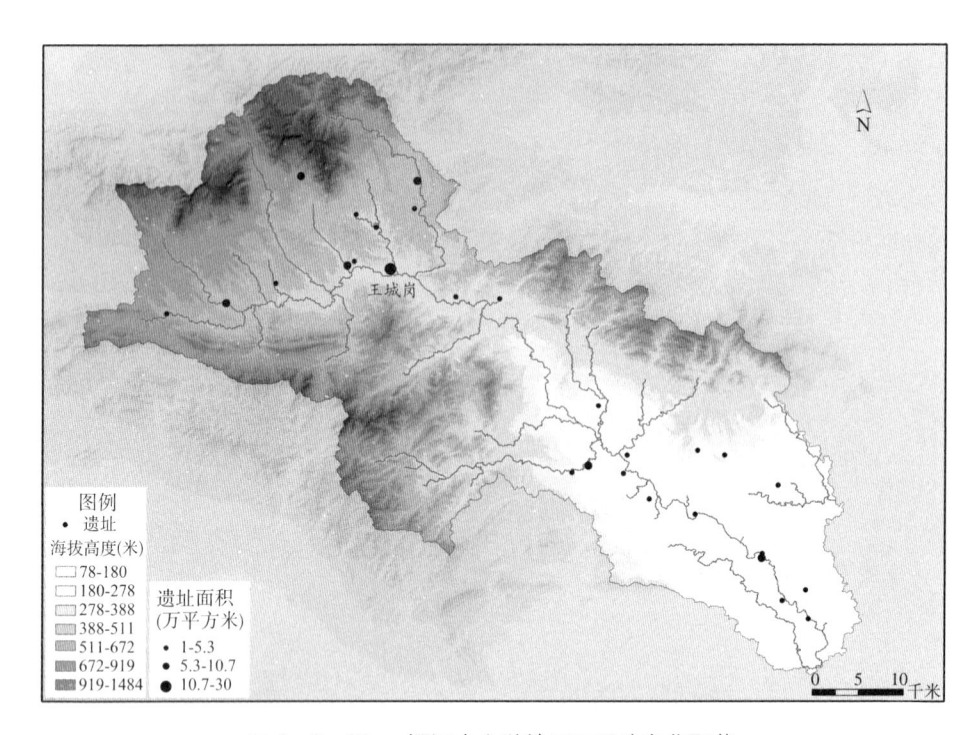

图 4-2-32c　颍河中上游地区二里头文化聚落

颍河及其支流分布,调查发现遗址间距约 2-4 公里。由于晚更新世以来颍河二级阶地已经处于相对稳定的状态,因此仰韶至二里头文化的聚落沿河流等间距分布的状况当反映了以宽阔河流阶地为基础开发土地资源的基本模式。仰韶文化时期,聚落密度不高,遗址主要集中分布在上游登封盆地的颍河支流及其干道,年代上涵盖仰韶文化的早中晚期,从空间布局来看也基本"占满"了可开发利用的空间;而中游禹州平原的仰韶文化聚落则只分布在颍河主干道上,年代均为仰韶文化晚期,显然对禹州平原的开发不充分。龙山文化时期,聚落密度大大增加,无论上游登封盆地还是中游禹州平原的可开发利用空间基本"占满",对整个河流谷地的土地资源利用达到饱和状态。二里头文化时期,聚落密度再度降低,登封盆地和禹州平原的二里头文化聚落均向河流主干道的位置收缩。

不同时期的聚落空间分布密度相关性分析也表明,(图 4-2-33)与仰韶文化相比,龙山文化的聚落分布一部分(登封盆地)延续了仰韶文化的传统位置,但同时又扩展到了全新的空间(禹州平原),形成新兴的人口密集分布区。但值得注意的是,这些新兴的密集分布的龙山聚落在二里头文化时期又迅速衰落下去,只有部分二里头文化聚落在传统龙山文化聚落的空间位置上继续发展。因此,总体上颍河中上游地区

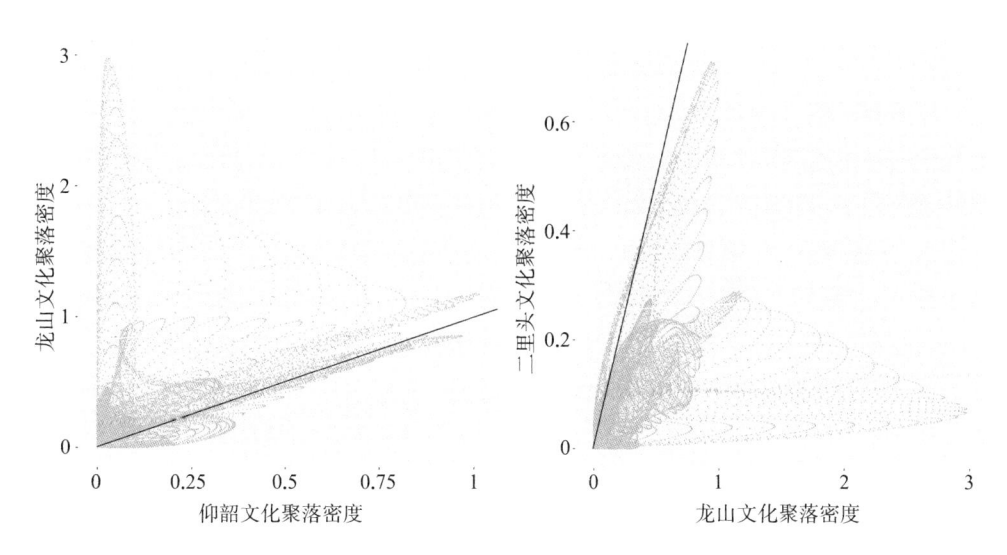

图 4-2-33　颍河中上游地区仰韶至二里头文化聚落密度空间相关分析

的社会发展重心表现为从仰韶文化时期的上游登封盆地转移到龙山文化时期的中游禹州平原,再到二里头文化时期重新收缩回登封盆地的过程。

综合上述对颍河中上游地区仰韶至二里头文化的区域聚落形态的分析,可归纳出几个重要特征:

第一,颍河中上游地区自晚更新世以来即形成了稳定的河流阶地,为仰韶至二里头文化的发展提供了稳定的土地资源和发展环境,聚落空间位置的变化在很大程度上受到更多文化和社会因素的制约,而非自然环境。

第二,颍河中上游地区仰韶文化晚期社会开始加速发展,在龙山文化晚期社会发展达到顶峰,无论人口规模还是土地资源利用均达到饱和状态,二里头文化时期又迅速衰退。这一过程在空间上表现为自颍河上游的登封盆地向中游的禹州平原的扩张和收缩。

第三,从社会复杂化水平来看,颍河中上游地区在仰韶和二里头文化时期均表现为两级社会组织结构,龙山文化时期则发展出了三级社会组织结构。综合研究表明,龙山文化的三级社会结构中应存在两级社会管理阶层。

第四,瓦店聚落是龙山文化时期颍河中上游甚至整个嵩山东南地区的政治、经济、文化和贸易中心。发现有城址的王城岗聚落属于中等规模的次级中心,出现在两级社会组织结构的社群中。相比而言,瓦店聚落无论从规模还是控制影响力上都高于王城岗聚落。

四、洛河中游地区

1. 地貌景观

洛河中游地区是洛河中游流经的洛宁和宜阳两县境内的河谷地区。该区通过洛河与下游的洛阳盆地直接相通,大致可以宜阳韩城作为两地的分界。

洛河中游地区位于崤山与熊耳山之间的山间盆地。该区与聚落遗址的分布关系最为密切的地貌单元有二:第一,以洛河主干道及其两侧的河流阶地为主体的冲积平原;第二,广泛分布于山前的黄土台塬,为发源崤山和熊耳山的洛河羽状支流切割成若干台地。

目前所发现的该区仰韶至二里头文化的聚落遗址均分布于洛河及其支流两岸。调查表明聚落遗址多数分布于洛河与其支流的交汇处,且位置更接近支流,而与洛河多保持1-3公里较远的距离。相比之下,洛宁地区的聚落遗址更倾向分布在黄土台塬的边缘,距离洛河主干道较远;而宜阳地区的聚落遗址则主要沿洛河主干道的二级阶地分布,遗址距离洛河河道很近。这种聚落分布模式表明该区存在不同的地貌资源的开发利用模式:以黄土台塬为主体的聚落开发模式,与豫西三门峡—灵宝盆地以及关中地区仰韶—龙山文化的模式比较接近;以稳定的河流阶地为主体的聚落开发模式,与双洎河、颍河中上游地区近似。其中,又以第一种模式为主。(图4-2-34)

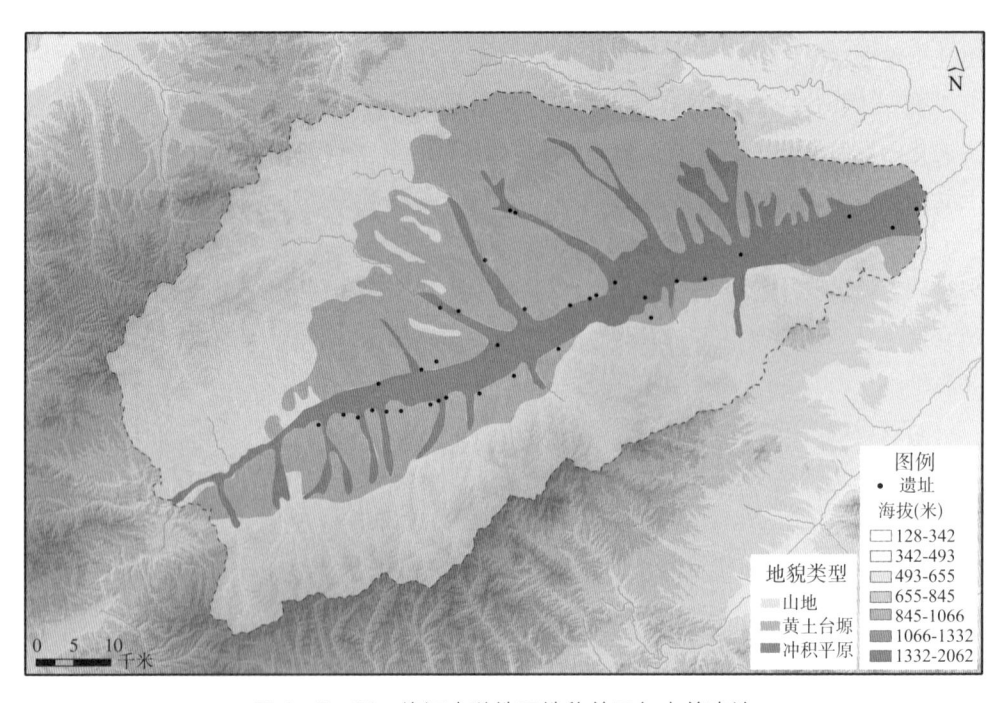

图4-2-34 洛河中游地区地貌单元与史前遗址

洛河中游地区广泛分布有形成于晚更新世的风成黄土堆积①。这些黄土堆积面积广阔，并由洛河各条支流分割成若干规模较大的黄土台塬，其中洛宁境内就有著名的"五塬"：赵村塬、谷圭塬、王村塬、官庄塬和大明塬②。这些黄土台塬顶部平坦，面积广阔，黄土堆积厚达几十米，其前缘靠近洛河支流的一侧常有聚落遗址分布。由于黄土土质细腻均匀，垂直节理发达，富含碳酸钙，十分适宜旱作农业，因此黄土塬上的各时期聚落规模较大，文化层深厚。统计可知，洛河中游地区仰韶到二里头文化聚落中共有 43 处位于黄土台塬上，占各时期聚落总数的 57.3%。洛宁地区更为显著，共有 32 处聚落位于黄土台塬上，占本地各时期聚落总数的 80% 和整个洛河中游地区所有处于黄土台塬的聚落总数的 74.4%。而宜阳韩城以下地区黄土堆积明显减少，聚落遗址开始以分布于洛河两岸二级阶地者增多，并逐渐进入洛阳盆地的范围。

上述洛河中游地区既为相对封闭的小盆地，又有广阔的黄土台塬和便利的水源及水网交通系统，形成了该区仰韶文化以来规模较大而又稳定发展的各时期农业聚落。

2. 区域聚落形态

洛河中游地区的考古调查工作开展较早，积累有较丰富的调查和试掘材料③。虽然该区尚未开展全面的区域系统调查，但目前已发现遗址数目较多，笔者实地调查过其中绝大多数，因此我们可以现有的材料大致勾勒出本地仰韶到二里头文化的区域聚落形态特征及其演变趋势。

（1）聚落数量与面积反映的人口规模的变化

从洛河中游地区的考古调查资料中可以清晰地将仰韶文化晚期至龙山文化早期的遗存区分出来，表明这里仰韶至龙山文化的过渡稳定且普遍。据此，我们可以将洛河中游地区仰韶至二里头文化的聚落有效划分为仰韶文化早中期、仰韶文化晚期至龙山文化早期、龙山文化晚期和二里头文化时期四个阶段进行统计和观察。

从聚落数量来看，洛河中游地区仰韶至龙山文化虽然略有减少，但基本保持了稳定的繁荣状态；至二里头文化时期聚落数量极度锐减。聚落总面积也表现出了聚落稳定的繁荣态势，但在变化趋势上则与聚落数量相反，有缓慢增加的趋势。单个聚落平均面积，在四个时期均表现为大致相同的情况，同样表现出一种相对稳定的聚落规模发展模式。

---

① 河南省地质矿产局：《河南省区域地质志》，《中华人民共和国地质矿产部地质专报（一、区域地质，第 17 号）》，北京：地质出版社，1989 年。
② 洛宁县志编纂委员会：《洛宁县志》，第 59 - 60 页，北京：生活·读书·新知三联书店，1991 年。
③ 李健永、裴琪、贾峨：《洛宁县洛河两岸古遗址调查简报》，《考古通讯》1956 年第 2 期，第 51 - 53 页。中国科学院考古研究所洛阳发掘队：《1959 年豫西六县调查简报》，《考古》1961 年第 1 期，第 29 - 32 页。

洛河中游地区的这种聚落稳定发展的模式表明,该地区的仰韶至龙山的区域社会相对封闭,人口规模整体上变动不大,基本不受外来大规模人口迁徙的影响。这一点也能够从文化谱系的研究中得到印证,作为龙山文化晚期的西王村聚落发掘出土的王湾三期文化遗存非常单纯。值得注意的是,仰韶至龙山文化时期聚落数量的微弱递减与聚落总面积的微弱增加相同步,表明与仰韶文化相比,龙山文化时期出现了一定程度上的人口集中现象,而且这种集中现象是从仰韶文化晚期开始发生的。二里头文化时期无论聚落数量还是总面积的锐减,说明这一阶段本地的人口很可能已经大规模输出到了下游的洛阳盆地。(图4-2-35、表4-2-11)

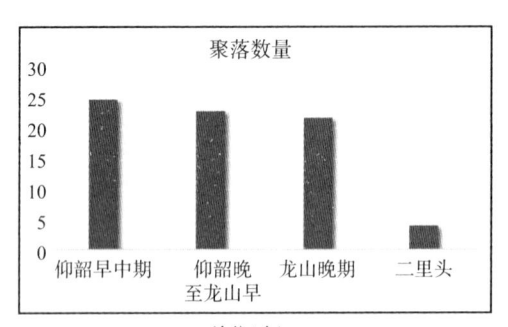

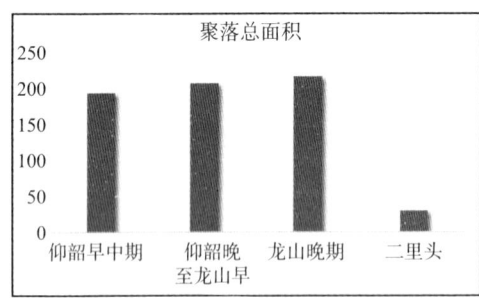

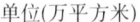

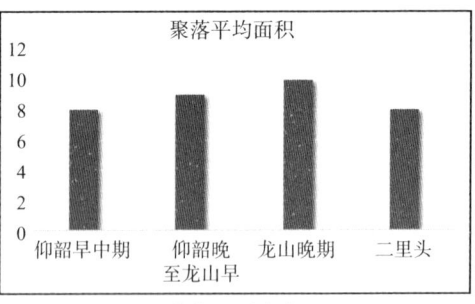

图 4-2-35　洛河中游地区聚落数量与面积反映的人口规模变化

表 4-2-11　洛河中游地区不同时期聚落数量

	仰韶早中期	仰韶晚至龙山早	龙山文化晚期	二里头文化时期
聚落数量(个)	25	23	22	4
聚落总面积(万平方米)	193	206	216	30
聚落平均面积(万平方米)	8	9	10	8

(2) 聚落等级划分反映的社会结构的变化

洛河中游地区聚落等级划分的主要依据是聚落的面积。从不同时期聚落面积分布的提琴图看,仰韶文化早中期呈现为二级聚落结构,聚落之间的分化不明显;仰韶文化晚期开始出现了显著的变化,已经呈现出了显著的三级聚落结构;龙山文化时期三级聚落结构的特征更加显著,聚落间分化显著增强;二里头文化时期聚落结构重新回到二级状态(图 4-2-36)。

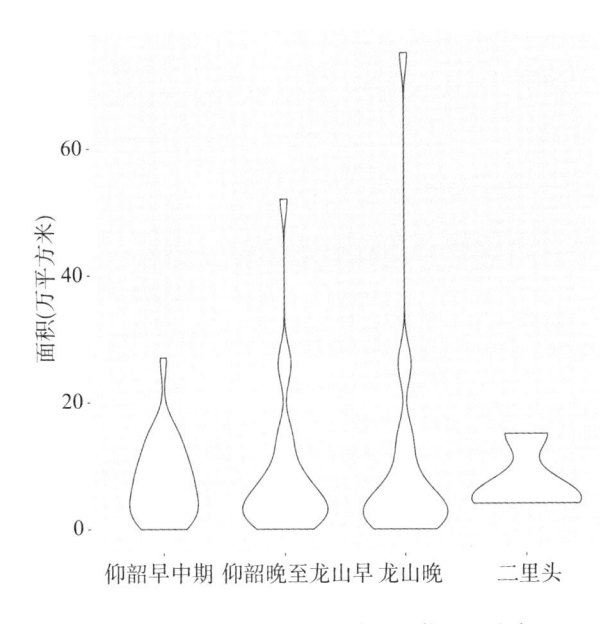

图 4-2-36 洛河中游地区聚落面积分布

直方图进一步表明洛河中游地区社会结构的重要变革发生在仰韶文化晚期,开始呈现出了显著的三级聚落结构,其中苏羊是一处面积 50 万平方米的大型聚落,年代以仰韶文化晚期至龙山文化早期为主。龙山文化晚期,聚落间的分化更加显著,洛宁西王村遗址作为三级聚落结构中的中心聚落,保守估算的面积达 75 万平方米,几乎占据了整个支流台塬的范围。西王村遗址经过小规模的发掘,发现了丰富的遗存,遗址调查中还发现了体量较大的窖穴,表明聚落中存在大量储藏粮食的现象。西王村聚落俨然成为整个洛河中游地区的龙山文化中心。二里头文化时期,聚落规模大大缩减,面积最大的四岭遗址,仅 15 万平方米左右,且位置已经非常接近洛阳盆地的边缘。(图 4-2-37)

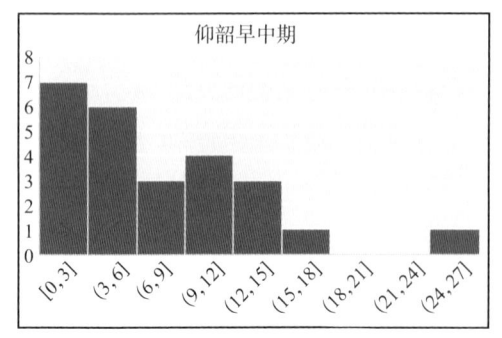

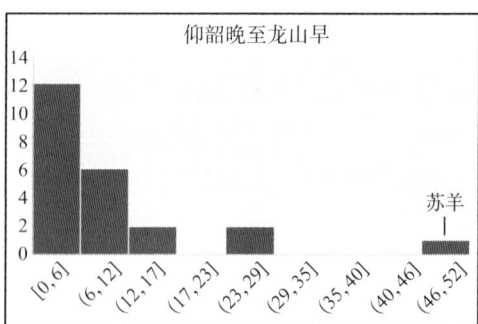

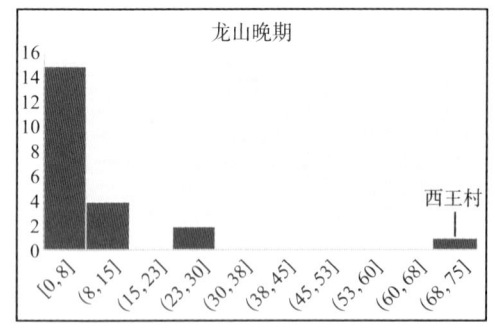

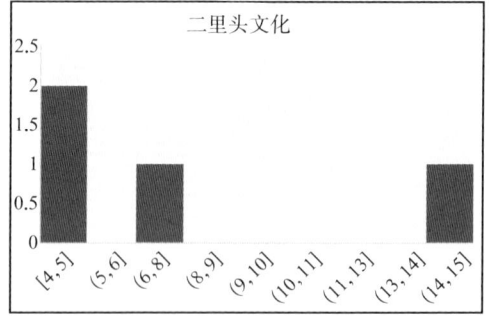

图 4-2-37　洛河中游地区仰韶至二里头文化的聚落面积等级划分

（3）聚落分布空间变化反映的社会发展重心的转移

从不同等级的聚落空间布局来看,(图 4-2-38)仰韶文化早中期的中型聚落沿洛河主干道均匀分布,平均间隔约 20 公里,形成规模大致相同的 5 个小型聚落群。仰韶文化晚期社会发展重心开始向盆地中心转移,大型聚落苏羊即位于盆地中心地区。龙山文化晚期,随着位于盆地西侧的西王村大型聚落的兴起,社会发展重心又向西部转移。二里头文化时期,伴随着这个洛河中游盆地的衰落,社会发展重心进一步转移到东部洛阳盆地。

不同时期聚落的密度空间相关性分析同样显示出聚落分布重心的不断转移：（图 4-2-39）与仰韶文化早中期相比仰韶晚期至龙山早期聚落有一定的相关性,但也出现了新发展起来的高密度区间；同样,龙山文化晚期在仰韶晚至龙山早聚落的基础上,也新发展出了高密度的聚落分布区间；二里头文化时期则表现出显著的衰落。如此表明,洛河中游地区仰韶至龙山文化时期聚落发展重心既表现出不断移动的趋势,同时也有相当程度的继承性,即前期聚落的核心发展区在后期继续使用。这种状况应该与洛河中游地区相对封闭且稳定的聚落发展模式有关。

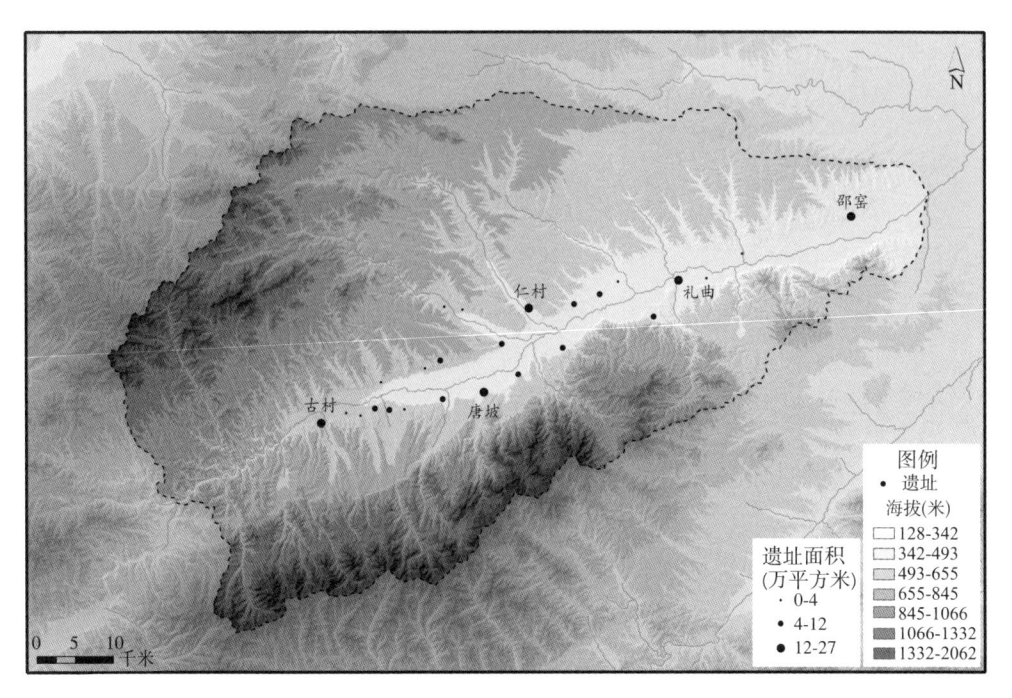

图4-2-38a　洛河中游仰韶文化早中期聚落

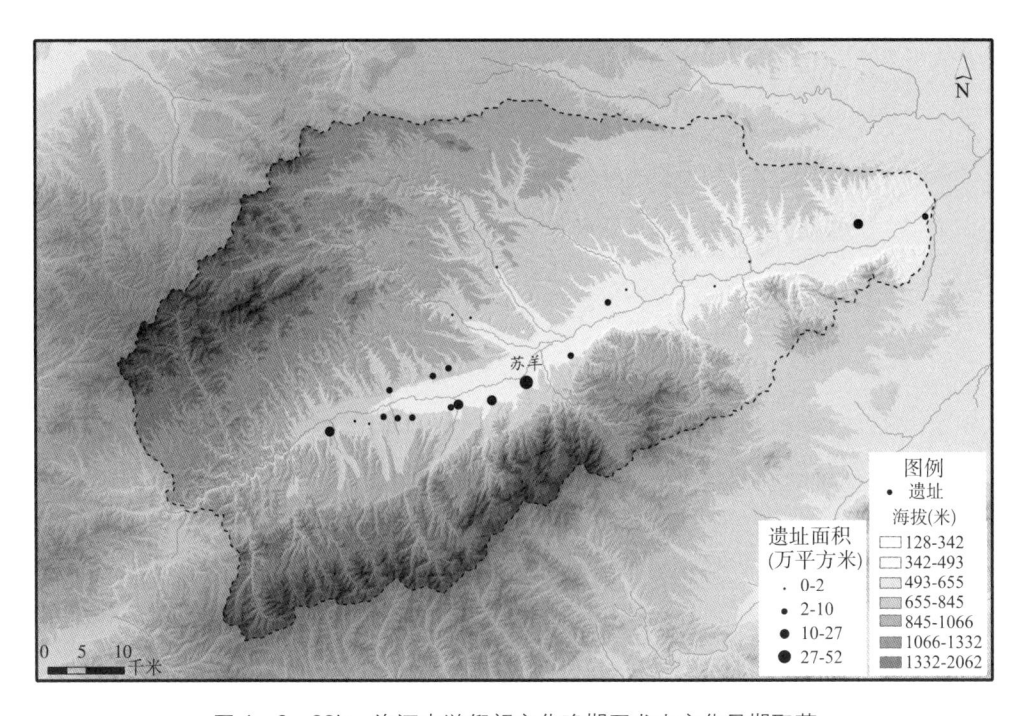

图4-2-38b　洛河中游仰韶文化晚期至龙山文化早期聚落

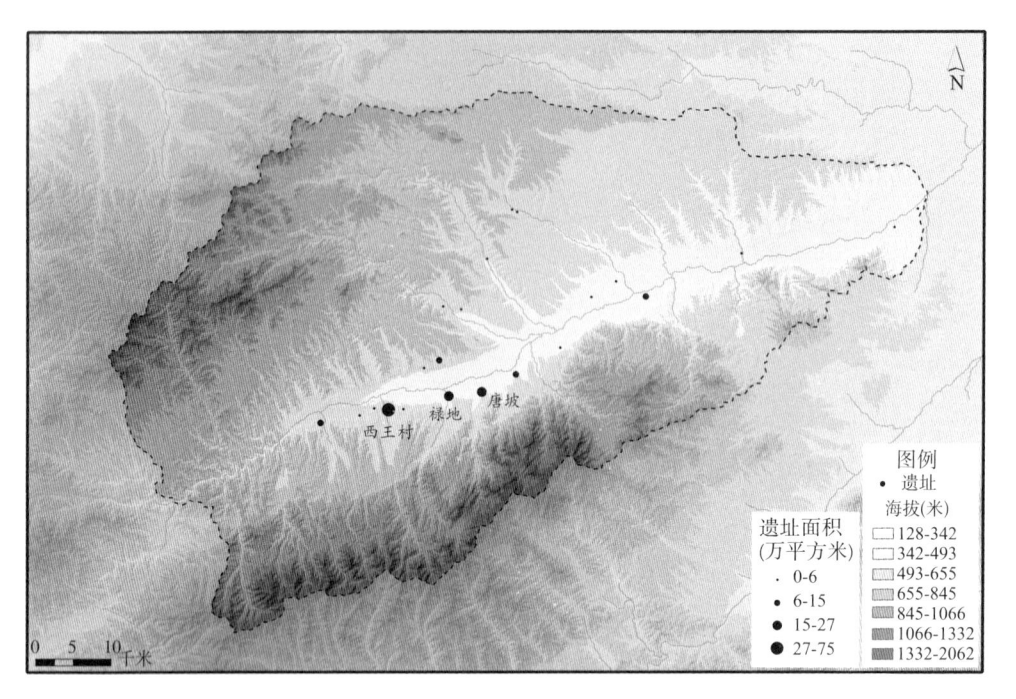

图 4-2-38c　洛河中游龙山文化晚期聚落

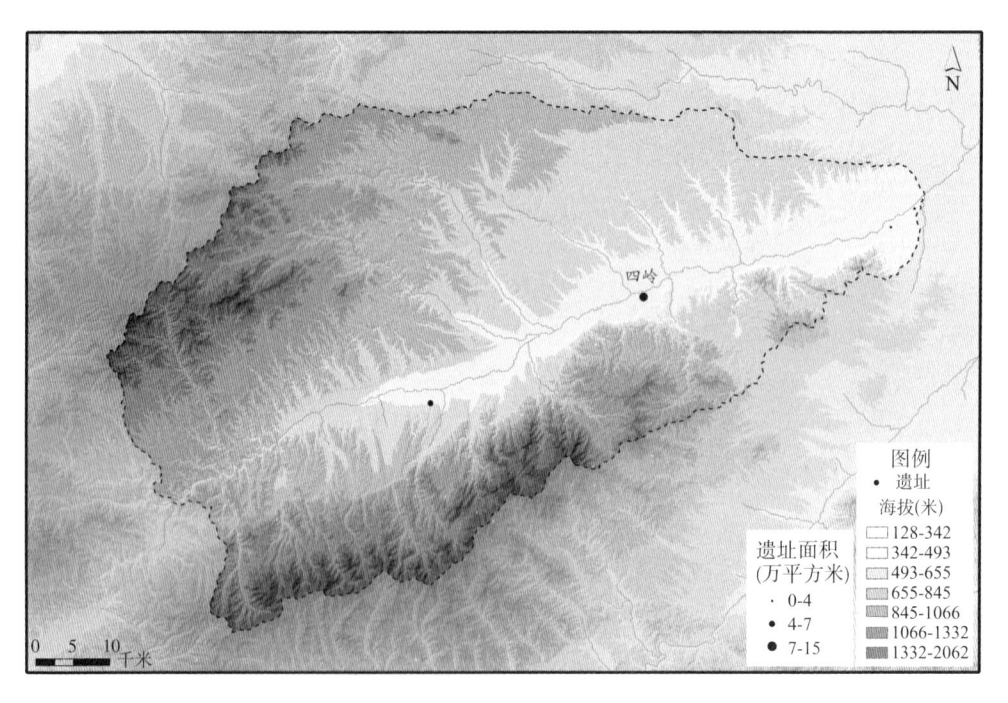

图 4-2-38d　洛河中游二里头文化聚落

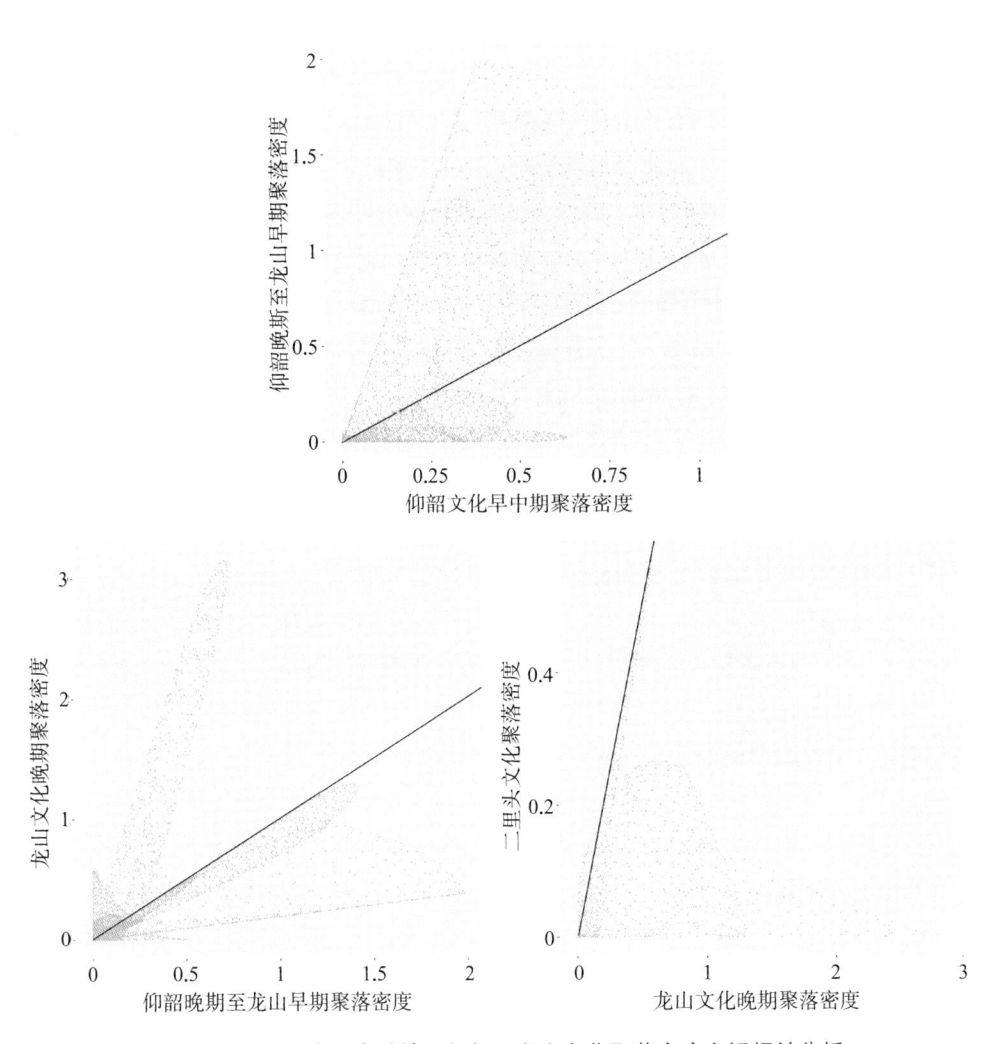

图 4-2-39 洛河中游地区仰韶至龙山文化聚落密度空间相关分析

综合上述洛河中游地区仰韶至二里头文化宏观聚落形态分析,可归纳出如下几个重要特点:

第一,洛河中游地区相对封闭,仰韶至龙山文化聚落和人口稳定发展,没有显著的增减变化,至二里头文化时期则明显衰落,很可能这一时期大规模移民至下游的洛阳盆地。

第二,在人口稳定发展的基础上,仰韶晚期开始出现人口集中现象,并从仰韶文化早中期的二级聚落结构,发展出三级聚落结构。龙山文化时期三级聚落结构更加显著。

第三,尽管洛河中游地区聚落和人口稳定发展,但不同时期仍然表现出社会发展重心的不断转移现象。

五、伊河流域

1. 地貌景观

伊河流域指伊河及其支流流经的伊川、嵩县等地的山间河谷盆地。该区河流水系发达,是联系洛阳盆地与颍河中上游地区及沙汝河流域的重要通道。伊河是中原地区长度最长、流域面积最广的一条河流,也是沟通黄河与淮河水系的交通要道之一;该区西北方向横亘西南—东北走向的熊耳山,基本阻断了与洛河中游地区的交往;但东南部西北—东南走向的嵩箕山脉、外方山和伏牛山之间却形成诸多山谷,并有伊河、颍河和北汝河的大型支流相通,交通便利。此外,伊河向北过伊阙即为洛阳平原,成为洛阳平原联系东方的重要通道。调查所发现的该区仰韶到二里头文化聚落遗址均大量分布在伊河及其大型支流的两岸,充分表明伊河及其支流在古代交通中的重要作用。

伊河及其支流流经的山间河谷盆地中也广泛分布有第四纪黄土堆积,但与洛河中游地区不同的是该区不见面积广阔的黄土台塬,相反由伊河各类支流所分割的黄土丘陵和河流下切形成的阶地地貌十分发达。这些黄土丘陵常与河流二、三级阶地相接,形成山前缓坡,考古调查所发现的仰韶到二里头文化的聚落遗址即多处于黄土丘陵的缓坡到河流二、三级阶地的前缘,地形起伏明显,遗址一般规模不大。(图4-2-40)

整体来看,伊河流域可分为两个相对独立的地理单元:

嵩县盆地,位于中上游地区,多高山峡谷,但嵩县至陆浑一带为较宽阔的山间盆地,其中黄土堆积较厚,多数遗址集中在此,但由于修建陆浑水库,淹没了其中相当一部分。由于受到地形的限制,伊河河道狭窄,但支流众多,这些支流均形成于高山峡谷之中。通过源自外方山的一些支流峡谷可与北汝河的支流相通,其中上游的阶地上也常分布有各个时期的聚落。

伊川谷地,位于中下游,河流阶地宽阔,其中不乏大型支流,又以下游源自嵩山的白降河为代表。从调查所发现的聚落遗址的分布情况看,仍可分为两类:第一类处于伊川盆地,聚落遗址沿伊河主干道的中小型支流两岸分布,多数位于伊河与其支流交汇处靠近支流的一侧;第二类沿大型支流及次一级支流两岸阶地分布,其中以沟通颍河中上游地区的白降河流域目前所发现的聚落遗址数目最多,而沟通北汝河流域的重要支流杜康河下游也发现有龙山到二里头文化时期的重要聚落,但其中上游地区由于目前考古工作的局限,情况尚不明晰。

从遗址与河流的关系来看,无论伊川谷地、白降河流域还是嵩县盆地均有一些聚落遗址位于偏离主河道较远的支流中上游,表明整个伊河流域的开发程度较高。相比较而言,伊川谷地的聚落遗址普遍距离伊河主河道较远,多数超过1公里,而相对更

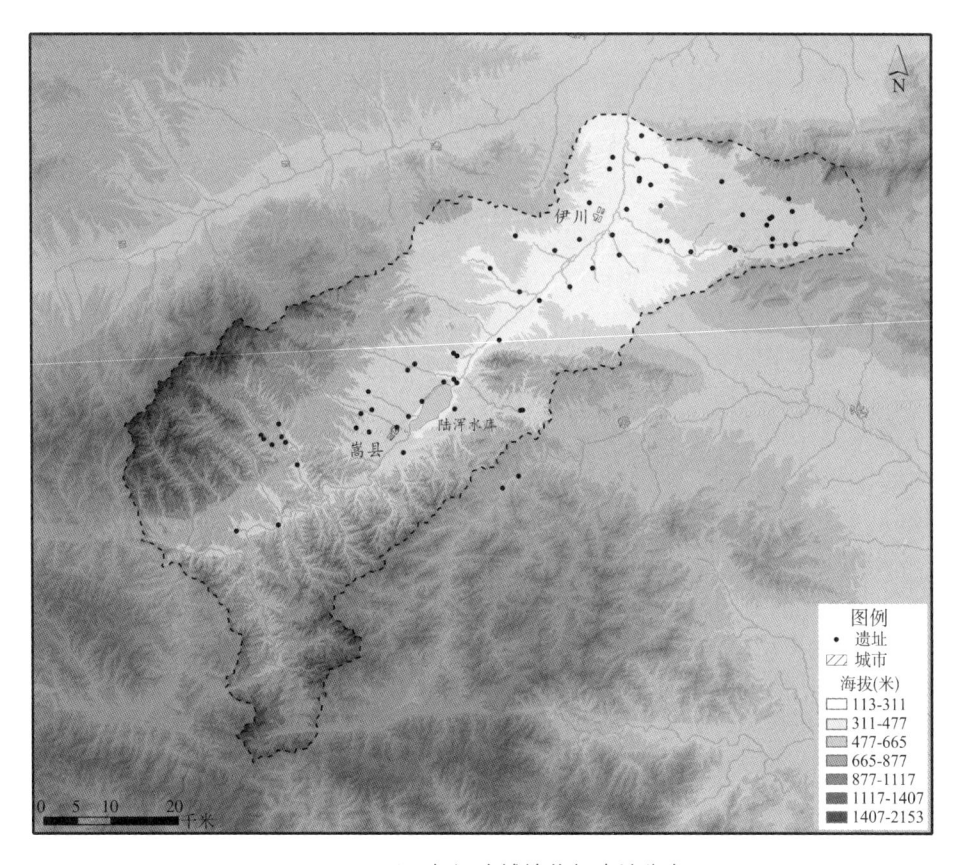

图 4-2-40　伊河流域地貌与遗址分布

靠近支流,主要与伊河中下游河道摆动幅度宽、侧蚀范围大有关;白降河流域遗址或靠近主河道分布或靠近其支流,可能是白降河河流摆动幅度不大,靠近其主河道的阶地也适宜于聚落开发;嵩县盆地的聚落遗址可分为两类,其中多数靠近下游地区的聚落相距伊河主河道较远,其情况大致应与伊川盆地近似,另外一些靠近上游地区的聚落遗址则距离伊河主河道较近,其情况则应与白降河流域相仿。

总之,伊河流域由伊川谷地和嵩县盆地两个相对独立的地理单元组成,但无论伊川谷地还是嵩县盆地均有联系颍河中上游地区及沙汝河流域的河流水道,因此整个流域在中原地区成为沟通南北的重要交通通道。伊河流域的遗址多数沿河流分布,区域的开发较为充分。

2. 区域聚落形态

伊河流域考古调查工作开展较多[①],虽至今未进行全面的区域系统调查,但目前

---

① 中国科学院考古研究所洛阳发掘队:《1959 年豫西六县调查简报》,《考古》1961 年第 1 期,第 29-32 页。

积累的各种调查资料已较丰富。笔者实地调查核实该区大多数目前所发现的仰韶至二里头文化的遗址,并详细收集了相关聚落信息。以下即主要依据复查材料粗略讨论该区仰韶到二里头文化的区域聚落形态特征及其演变过程。

（1）聚落数量与面积反映的人口规模的变化

从不同时期的聚落数量、总面积和平均面积来看,伊河流域仰韶文化以来总体上聚落和人口规模表现出了相当程度的稳定性。尽管与仰韶文化兴盛时期相比,龙山至二里头文化的聚落数量有明显减少,但聚落的总面积基本保持不变,且聚落平均面积不断上升。如此表现出在人口总规模基本稳定的同时,人口不断向大中型聚落集中的现象。仰韶文化晚期至龙山文化早期聚落的数量和总面积都有明显的下降,这或许是调查数据的不准确所致,或许反映了仰韶文化晚期以来社会结构的调整和新的变化。但整体上仰韶至二里头文化的聚落和人口的稳定是伊河流域的最大特点。

相比较而言,伊川谷地与嵩县盆地都呈现为仰韶文化以来的聚落数量下降的趋势,但伊川谷地的聚落总面积和聚落平均面积则不断增长,嵩县盆地则表现出相反的不断下降态势。如此表明,仰韶文化以来区域性人口的集中是从嵩县盆地朝向下游的伊川谷地。（图4-2-41、表4-2-12/13/14）

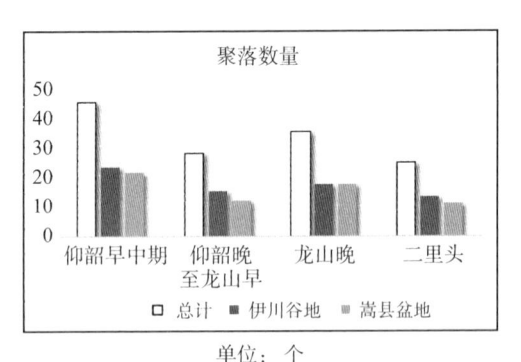

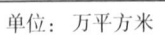

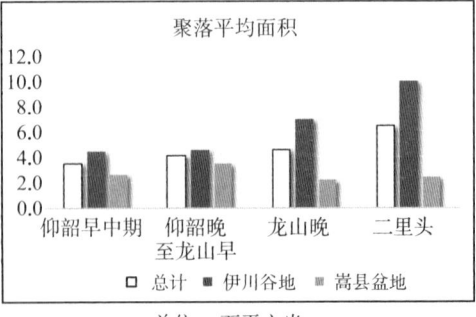

图4-2-41 伊河流域聚落数量与面积反映的人口规模变化

表4-2-12　伊河流域不同时期聚落数量

	仰韶早中期	仰韶晚至龙山早	龙山文化晚期	二里头文化时期
伊川谷地	23	15	17	13
嵩县盆地	21	12	17	11
总　　计	44	27	34	24

表4-2-13　伊河流域不同时期聚落总面积(万平方米)

	仰韶早中期	仰韶晚至龙山早	龙山文化晚期	二里头文化时期
伊川谷地	101	67	116.5	128.5
嵩县盆地	54	42.5	38	26
总　　计	155	109.5	154.5	154.5

表4-2-14　伊河流域不同时期聚落平均面积(万平方米)

	仰韶早中期	仰韶晚至龙山早	龙山文化晚期	二里头文化时期
伊川谷地	4.4	4.5	6.9	9.9
嵩县盆地	2.6	3.5	2.2	2.4
总　　计	3.5	4.1	4.5	6.4

(2)聚落等级划分反映的社会结构的变化

首先是聚落面积的划分。从图4-2-42a不同时期聚落面积提琴图看,伊河流域仰韶文化时期基本保持了二级结构的特征,几万平方米的小型聚落数量最多,中型聚落一般在10-15万平方米。龙山文化晚期基本上保持了仰韶文化二级聚落结构的特征,但最大聚落的规模如马迴营的面积增加至30万平方米。二里头文化时期有了显著的变化,表现出了三级聚落结构的特征,且各级聚落的面积都显著增加,个别小型聚落的面积突破10万平方米,同时增加了面积近30万平方米的中型聚落伊川南寨和面积40万平方米的大中型聚落登封南洼。如果将伊川谷地与嵩县盆地分开看,上述不同时期聚落面积的等级划分主要体现在下游的伊川谷地,上游的嵩县盆地各个时期的聚落面积均不超过10万平方米,表明龙山文化以来的社会分化主要体现在伊河下游地区。

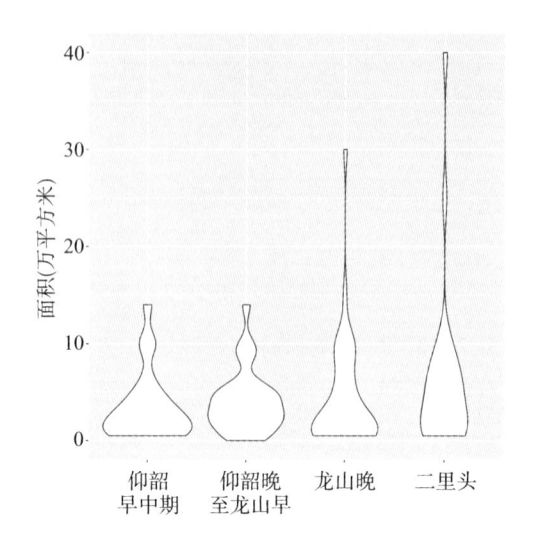

图 4-2-42a　伊河流域聚落面积分布

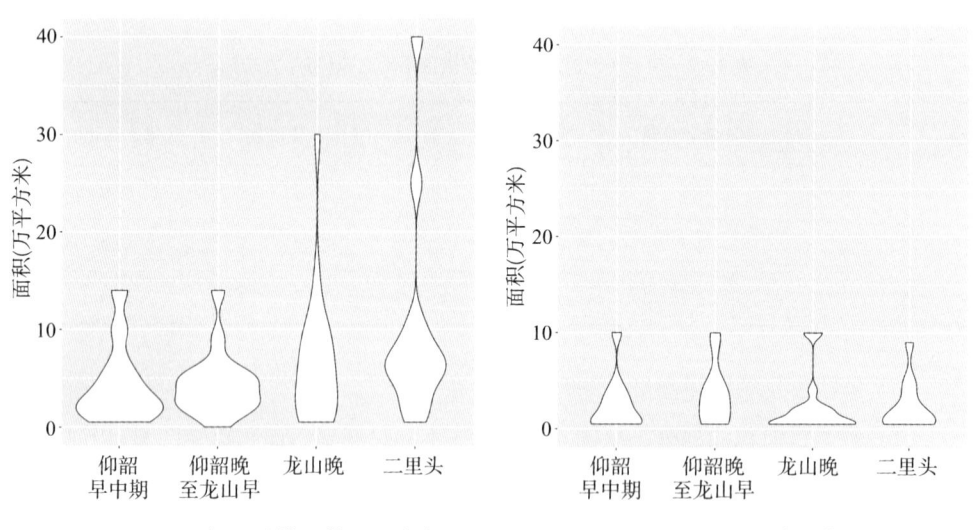

图 4-2-42b　伊川谷地聚落面积分布

图 4-2-42c　嵩县盆地聚落面积分布

直方图进一步显示出不同时期的聚落面积分化状况：(图 4-2-43)相比之下仰韶文化晚期虽然中型聚落的规模变化不大，但面积小于 2 万平方米的小型聚落数量显著减少；与龙山文化相比，二里头文化的小型聚落显著减少，在原有龙山文化聚落分级结构基础上新出现了中型和大中型的聚落，使得二里头文化的聚落面积分化更加显著。由此可见，伊河流域的聚落面积分化也表现出了稳步发展的态势，后一时期的聚落面积的分化结构均与前一时期有明显的继承关系。

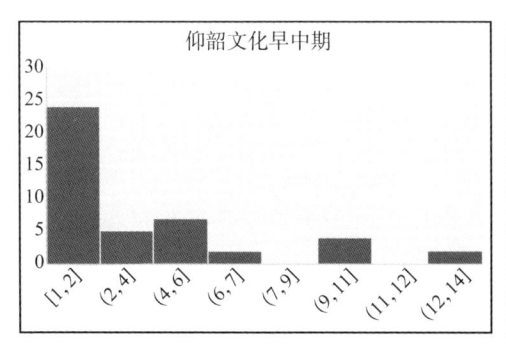

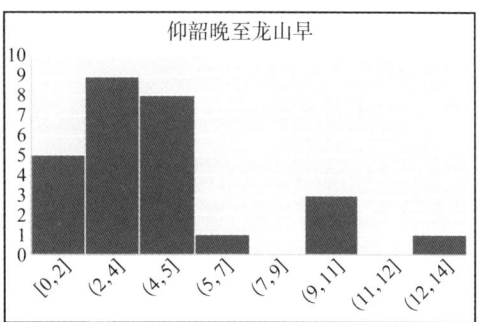

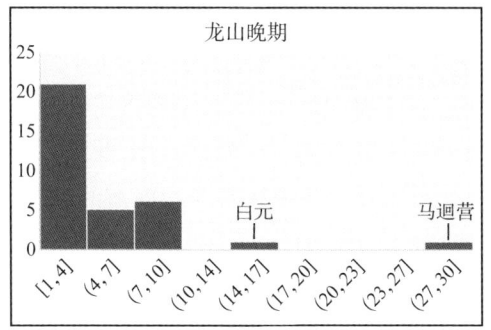

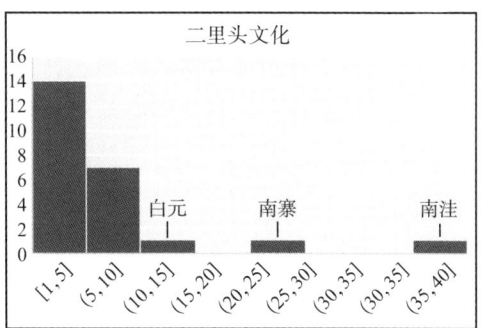

图 4-2-43　伊河流域仰韶至二里头文化聚落面积分组

值得注意的是,与中原其他地区相比,伊河流域的中型和大中型聚落明显规模偏小,中型聚落面积均不超过 20 万平方米,大中型聚落面积仅 30-40 万平方米。或许反映了该地区社会复杂化的发展程度不及周边地区,或许与该地区系统的考古发掘还较为欠缺有关。尽管如此,很明显的一点是伊河流域在二里头文化时期的社会复杂化程度达到顶峰状态,形成了分化鲜明的三级结构,这应该是受到了这一时期洛阳盆地二里头中心的影响所致。

除了聚落的面积分化之外,大中型聚落的特殊功能性也能反映出聚落之间的等级差异。在对遗址进行复查的过程中,马迴营作为龙山文化晚期的中心,发现了制作精美的蛋壳黑陶,反映出了遗址或存在高超的制陶手工业技术,或是能够从事精致商品贸易的中心。二里头文化时期,南洼聚落是伊河流域的最大中心,南洼遗址的考古工作较为充分,不仅发现了规模较大的环壕,而且遗址发掘出相当数量的白陶,制作精美,种类齐全,甚至还包括白陶制作的装饰品,反映出遗址中可能存在白陶的专门化生产[1]。南寨作为一处规模中等的二里头文化聚落,发掘出较为完整的二里头文化墓地,从出土随葬品看基本为陶器组合,不见二里头遗址所见的较高等级墓葬,这也

---

[1] 崔宗亮:《登封南洼遗址二里头文化白陶器鉴赏》,《文物鉴定与鉴赏》2010 年第 11 期,第 42-48 页。

大体与该聚落的规模相匹配。可见,聚落的功能性分析大致与聚落面积分化所见社会组织结构的认识基本相符。

(3) 聚落分布空间变化反映的社会发展重心的转移

图4-2-44是不同时期聚落的分布图,仰韶文化早中期面积稍大的中型聚落主要沿伊河主干道均匀分布,彼此间距5-10公里不等,尤其是在下游的伊川谷地更为显著,表现出一种均衡发展的态势。其中下游伊川谷地的中型聚落均位于河流的右岸,而上游的嵩县盆地则位于河流的左岸。仰韶文化早中期的聚落均衡发展的态势延续到了仰韶文化晚期和龙山文化早期,只是聚落的规模和数量有所衰减。龙山文化时期,社会发展重心开始转移到下游伊川谷地,除了中型聚落继续沿伊河主干道右岸分布外,新出现的区域性中心马迴营聚落则位于下游伊河的左岸,呈现出完全不同的聚落布局模式。二里头文化时期,文化发展重心又转移到了伊河的右岸,并进一步向支流白降河转移,新出现的大中型二里头文化中型南洼聚落即位于白降河的上游,而继续向东则可以沟通颍河上游地区。总之,龙山文化晚期以来,伊河流域的中心聚落频繁在河流的左右两岸转移,表明尽管整体上伊河流域的社会发展稳定,但依然存在内部社会结构的不断调整和相应空间位置的变化。

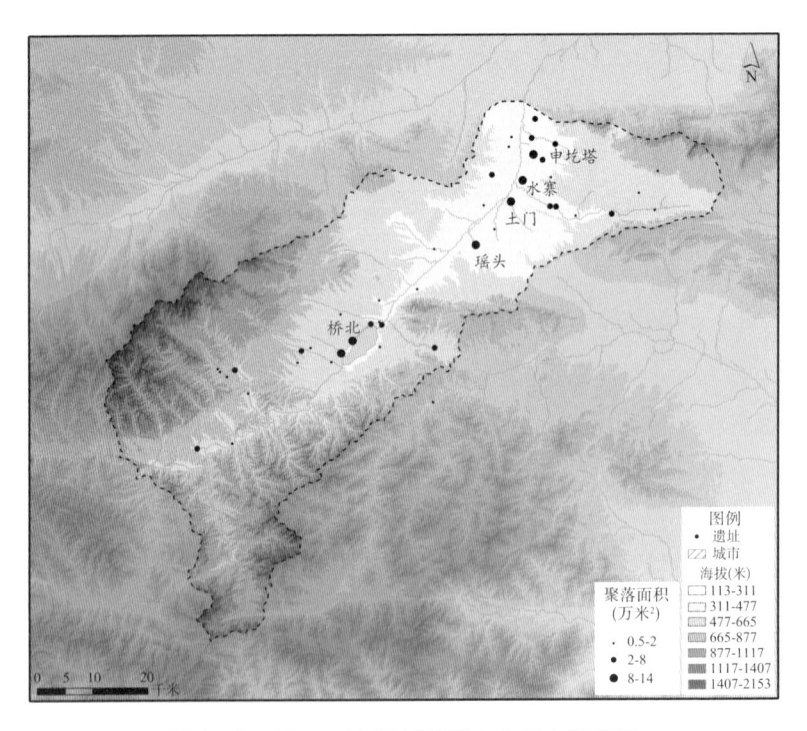

图4-2-44a　伊河流域仰韶文化早中期聚落

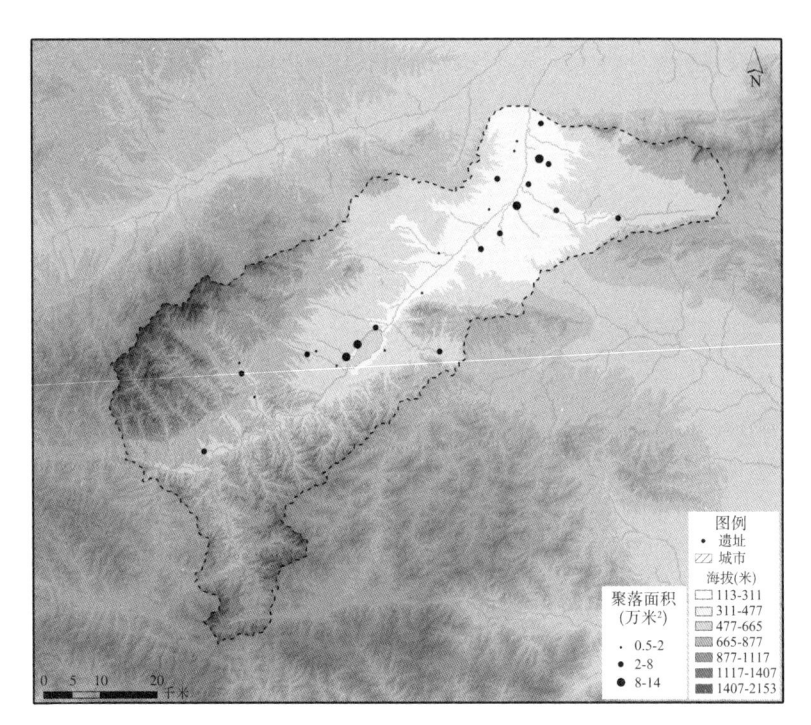

图 4-2-44b 伊河流域仰韶文化晚期至龙山文化早期聚落

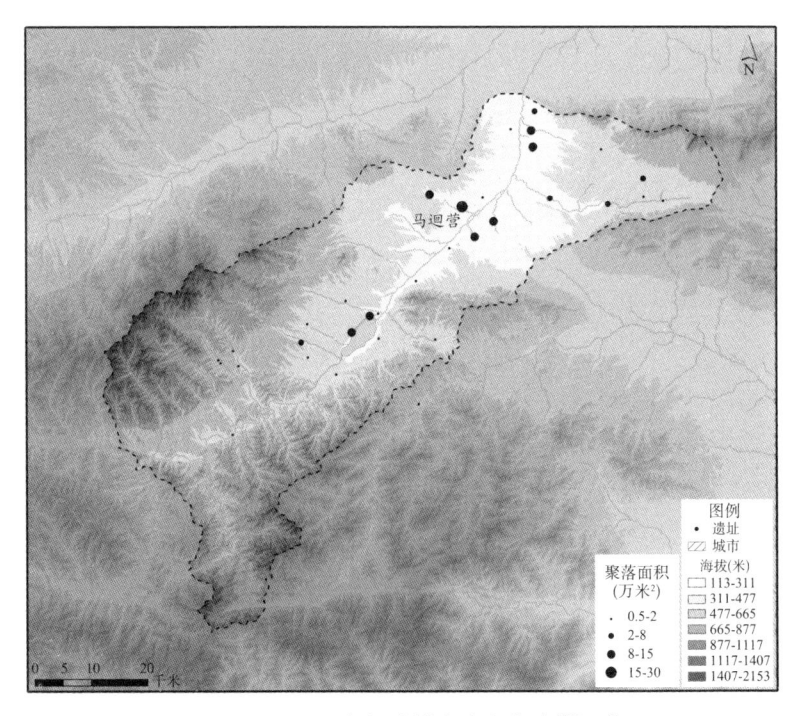

图 4-2-44c 伊河流域龙山文化晚期聚落

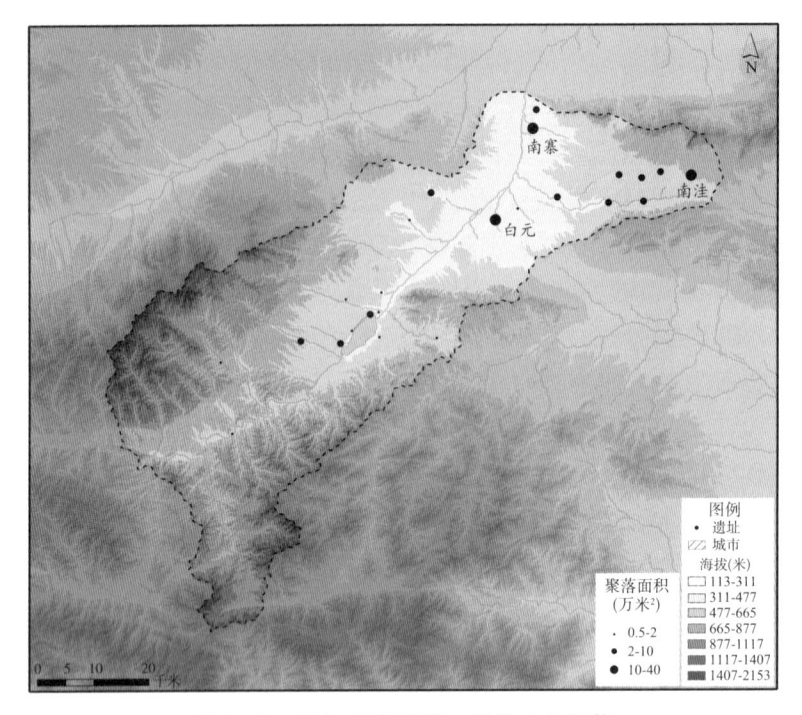

图 4-2-44d　伊河流域二里头文化聚落

基于空间密度的相关性分析同样说明伊河流域仰韶文化以来社会发展重心不断转移的情况：与仰韶文化早中期相比，仰韶晚期至龙山早期的聚落基本保持了相同的位置；龙山文化晚期的聚落密度则与仰韶晚至龙山早相比表现出明显的负相关，暗示

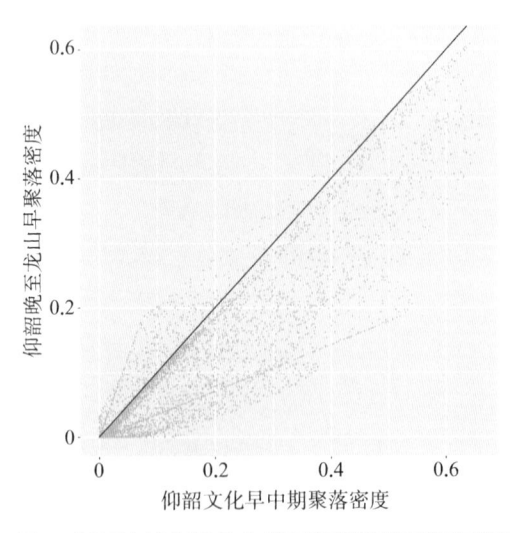

图 4-2-45a　伊河流域仰韶早中期至仰韶晚期聚落密度空间相关性

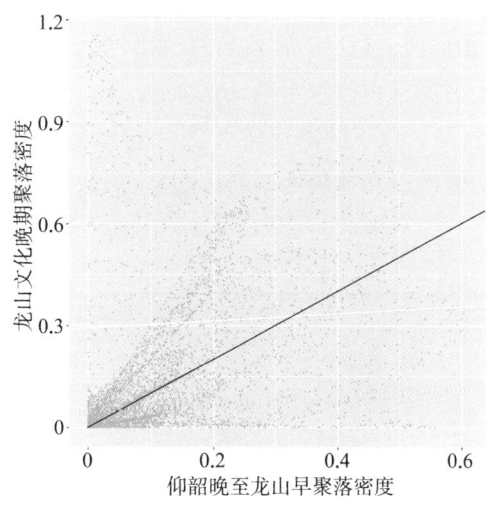

图4-2-45b 伊河流域仰韶晚期至龙山晚期聚落密度空间相关性

图4-2-45c 伊河流域龙山文化晚期至二里头文化时期聚落密度空间相关性

了完全不同位置的社会发展重心。二里头文化时期基本保持了与龙山文化相似的空间结构。总之,伊河流域宏观聚落形态发展的重要变化发生在仰韶至龙山文化时期。

综合上述伊河流域仰韶至二里头文化宏观聚落形态分析,可归纳出如下几个重要特点:

第一,伊河流域整体上仰韶至二里头文化的区域人口规模比较稳定,但区域内部存在龙山文化时期人口和社会发展重心向下游伊川谷地转移和集中的情况,并延续到二里头文化时期。

第二,相比而言,伊河流域仰韶至二里头文化的社会等级分化并不显著,仰韶、龙山文化均表现为二级聚落结构的特征,虽然在二里头文化时期也出现了三级结构的宏观聚落形态,但中心聚落的规模不大。

第三,伊河流域仰韶文化以来的社会复杂化主要体现在下游的伊川谷地,上游的嵩县盆地整体社会发展则不断衰落。

六、沙颍河冲积平原

1. 地貌景观

沙颍河冲积平原属于沙汝河流域的一部分。沙河源于伏牛山,自西向东流经漯河市;颍河源于嵩山,自西北向东南流经漯河市以北。沙河与颍河流经本区之后继续向东流,在周口一带交汇成为淮河。因此,沙颍河冲积平原实际上是以漯河市为中心的沙河与颍河等多条主干河流及其支流的泛滥冲积之地。

该地区水系发达,包括颍河、沙河、澧河、小洪河、甘江河等,均可视为淮河上游支流。这些水系主要源于伏牛山,据文献记载大多属于古汝水水系,历史时期经人工改道和再造,形成了现今北汝河—沙河水系和驻马店以下的南汝河水系。地质考古勘探表明,全新世早中期该地区即存在频繁的河流改道和地貌的不断再塑造过程,反映出典型的泛滥冲积平原地貌演化特征[①]。(图4-2-46)

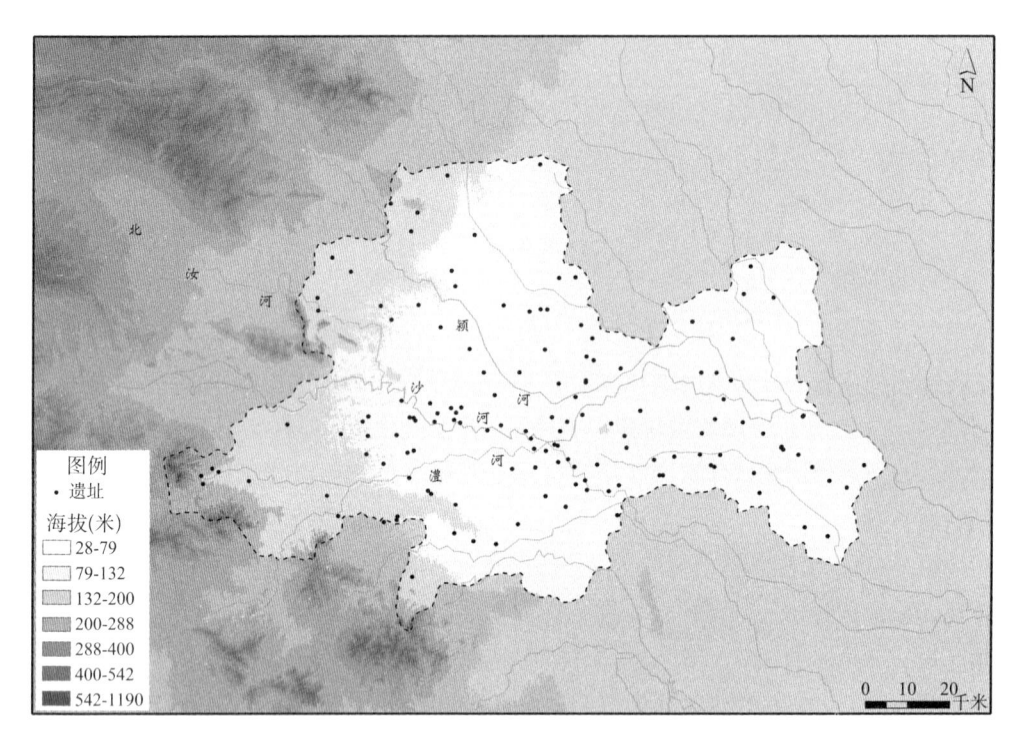

图4-2-46 沙颍河冲积平原地貌和遗址

整体来讲,沙颍河冲积平原的地貌包括两大类:

其一,黄土岗地,包括西部伏牛山前的黄土台地和零星分布于冲积平原内部的剥蚀残岗,其中面积较大的岗地以漯河市东部的召陵岗为代表。这些黄土岗地的发育年代为晚更新世,主要堆积物为晚更新世的次生黄土以及其中发育的河流堆积物,并不断受到全新世以来河流侵蚀的影响。

其二,全新世冲积平原,是本地区最主要的地貌类型。经过细致的地质考古勘

---

① 王辉、张海、鲁鹏:《河南漯河郝家台遗址的地貌背景初探》,《华夏考古》2017年第3期,第123-130页。

探,可将冲积平原内部全新世地貌细分为5种地貌类型[①]:

1. 冲积平原高地,由河流泛滥形成的地势较高的地区,成土环境为氧化环境,由于地势高,再度受到河流泛滥的影响较小;

2. 冲积平原低地,主要由湖沼类沉积构成,多为半水成环境,包括牛轭湖、堤后湖、河间洼地等;

3. 河漫滩,主要指示古河道的位置,包括古河道附近的古阶地和天然堤等;

4. 古水流经的冲积平原高地,由冲积平原和河道沉积物共同组成,与河流改道有关;

5. 古水流经的冲积平原低地,由冲积平原、湖沼和河道沉积物共同组成,与河流改道有关。

考古发现的新石器时代遗址主要分布在黄土岗地的边缘或冲积平原内部的高地之上。通过地质考古勘探的记录,沙颍河冲积平原不同地貌类型的土壤和水文条件差异较大,贾湖文化时期的遗址主要分布在土壤化条件好,且水文条件稳定的地区;自仰韶文化晚期以来,人类开始由西部的山前黄土台地向东部的冲积平原内部扩张;龙山文化时期随着气候转向干凉,人类开始大规模开发利用冲积平原的湿地景观,各种地貌类型均能见到龙山文化聚落,从而形成了区域经济发展的高峰。

2. 区域聚落形态

沙颍河流域目前尚未开展区域系统调查,但第三次文物普查详细记录了该地区仰韶至二里头文化阶段遗址的状况,经过研究者的重新复查核对,能够为区域聚落形态研究提供准确可靠的数据。

(1) 聚落数量与面积反映的人口规模的变化

由图4-2-47和表4-2-15可见,沙颍河冲积平原无论聚落数量还是聚落总面积均在龙山文化晚期爆发,超出仰韶文化时期的规模近3倍之多,而在二里头文化时期又迅速回落到仰韶文化时期的水平,由此表现出"大起大落"的特征。这种剧烈的人口波动状况很难由区域人口自发性的增长来解释,而应该是大规模人口迁入与迁出的反映。值得注意的是,二里头文化时期虽然聚落整体的规模在缩减,但单个聚落的平均面积却显著增加,这主要是由于中心聚落皇寓的出现所致,由此表现出人口集中的现象。

[①] 张海、李唯、王辉、梁法伟:《黄淮平原西部漯河地区中全新世人地关系的初步研究》,《华夏考古》2019年第4期,第28—40页。

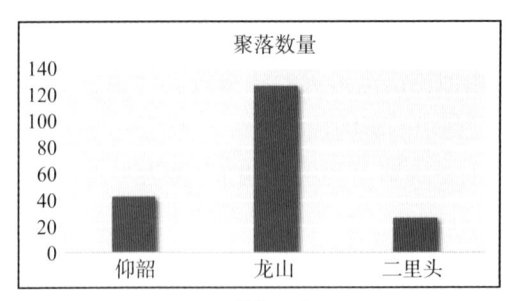

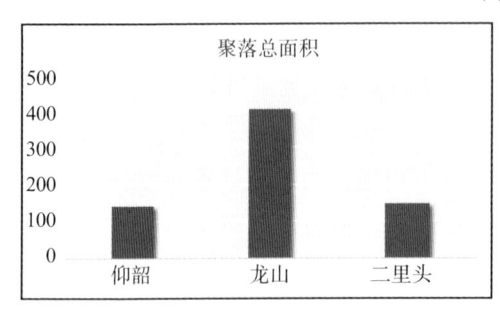

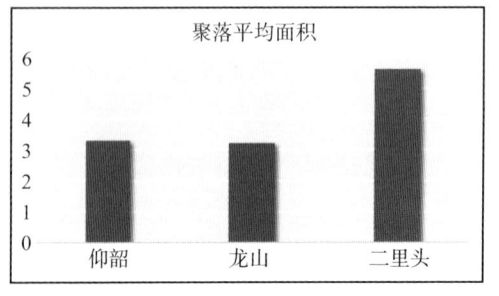

图 4-2-47　沙颍河冲积平原仰韶至二里头文化时期人口规模的变化

表 4-2-15　沙颍河冲积平原不同时期聚落数量

	仰韶文化中晚期	龙山文化晚期	二里头文化时期
聚落数量(个)	43	127	26
聚落总面积(万平方米)	140	403.2	146.4
聚落平均面积(万平方米)	3.3	3.2	5.6

(2) 聚落等级划分反映的社会结构的变化

从聚落面积来看,图 4-2-48 是不同时期聚落面积统计的提琴图,仰韶文化和龙山文化时期的聚落面积均表现为二级结构,小聚落的数量较多,面积超过 10 万平米的中型聚落有一定数量。二里头文化时期则出现了三级聚落结构,与仰韶—龙山文化时期相比,小聚落和中型聚落都呈现为显著萎缩的状态,但同时出现了面积超过 50 万平方米的大型聚落。

图 4-2-49 直方图进一步说明了沙颍河冲积平原不同时期的聚落面积分级情况,仰韶和龙山文化表现出近似的聚落等级结构,小型聚落占大多数,中型聚落的规模和数量都有限。二里头文化时期中型聚落缩减显著,但新出现区域性中心皇寓。

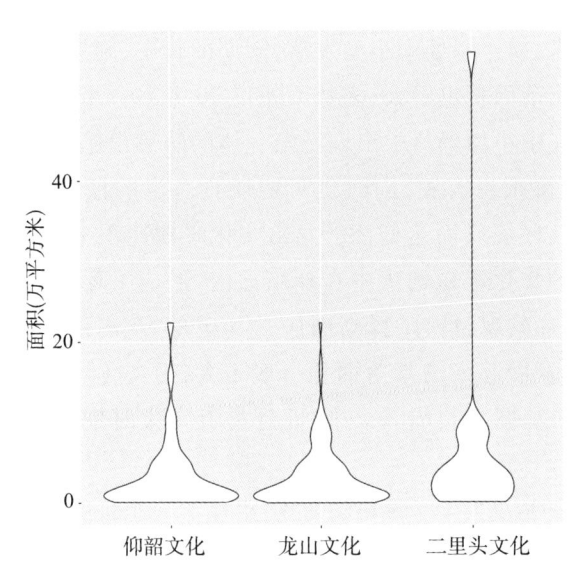

图 4-2-48 沙颍河冲积平原聚落面积分布

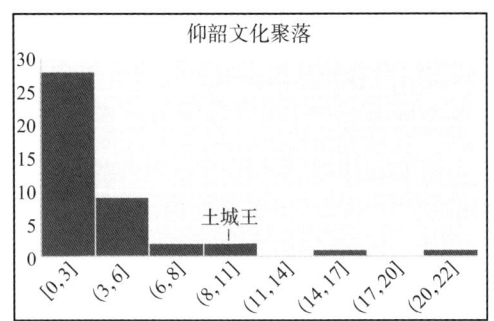

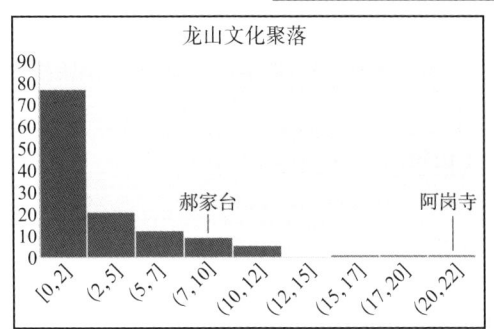

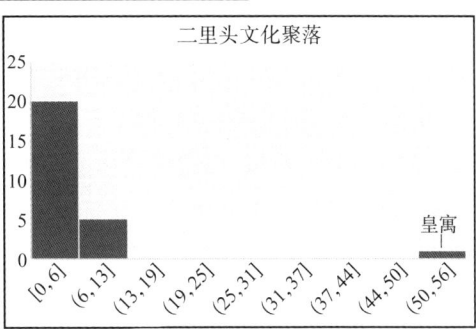

图 4-2-49 沙颍河冲积平原聚落等级划分直方图

值得注意的是,郝家台作为该地区发现的唯一一处龙山文化晚期的城址,面积不超过 10 万平方米,属于一处中小型聚落,同期的付庄、阿岗寺等聚落的面积虽然均超过郝家台,但聚落面积也不大,多数不超过 20 万平方米,聚落之间的等级分化并不显著。因此,在中小型聚落中出现城壕一体的防御设施,很可能与冲积平原不稳定的水环境下防御水患有关,同时也可能兼具一定的抵御社群间冲突的功能。与郝家台城址相比,环壕反而是仰韶—龙山文化时期冲积平原内部比较普遍的聚落防御设施,遗址的文化堆积均集中在环壕之内,形成了环壕墩台式,并逐步向上发展的聚落空间布局景观,具有"择高而居",甚至是"筑高而居"的特点。因此,这种特殊地貌环境下发展起来的聚落面积一般不大,但文化层较厚,一般超过 4 米。从目前已有的考古发掘材料看不出仰韶至龙山文化时期聚落之间的显著等级差异。

二里头文化时期情况发生了重要的变化,出现了一处面积超过 50 万平方米的中心聚落——皇寓[①]。该遗址遭破坏严重,但抢救性的发掘仍然出土了一批重要的二里头文化时期遗存,其中有改制自龙山文化的玉石琮等高等级遗物,表明这一时期该地区的社会结构发生了重要变化,而三级聚落结构和中心聚落的出现也表明二里头文化时期沙颍河冲积平原才开始正式进入复杂社会的发展轨道。

(3) 聚落分布空间变化反映的社会发展重心的转移

从不同时期的聚落空间分布图看,沙颍河冲积平原仰韶至二里头文化的社会发展重心在不断转移。仰韶文化时期尤其是仰韶文化早中期的聚落发展重心集中在冲积平原西部边缘的伏牛山前。这里不仅聚落密集,而且多见面积较大的中型聚落,如湖南郭、阿岗寺等。龙山文化时期新发展起来的聚落迅速占领了整个冲积平原,尤其是东部冲积平原的低洼地区。从新出现的龙山文化聚落的空间布局来看,主要沿着南北向的两条相交的条带分布,很可能是古颍水与古汝水流经地区。除此之外,其他零星的线状分布的聚落,很可能也与不同规模的小型支流有关。总之,龙山文化时期冲积平原的内部得到了充分的开发。二里头文化时期的聚落规模有了较大程度的收缩,但整体趋势依然是向冲积平原的内部集中,表明二里头文化时期主体上延续了龙山文化的资源开发和利用模式,社会发展重心依然选择在冲积平原的内部。(图 4-2-50)

[①] 河南省文物考古研究院、首都师范大学历史学院:《河南郾城县皇寓遗址二里头文化遗存发掘简报》,《考古》2017 年第 2 期,第 52-68 页。

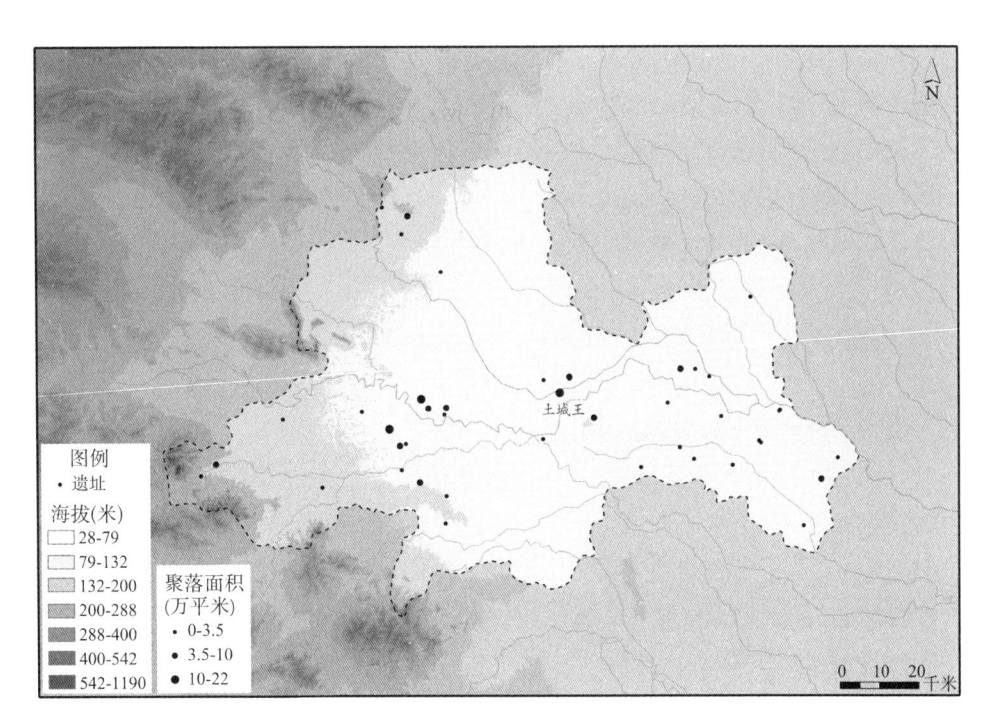

图 4-2-50a　沙颍河冲积平原仰韶文化时期聚落

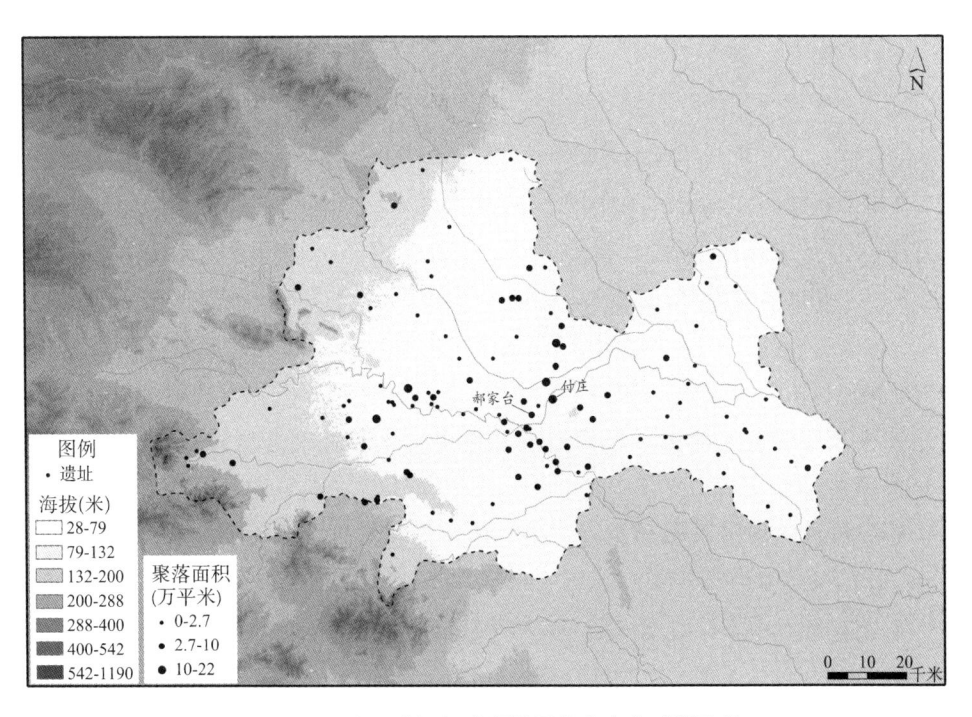

图 4-2-50b　沙颍河冲积平原龙山文化时期聚落

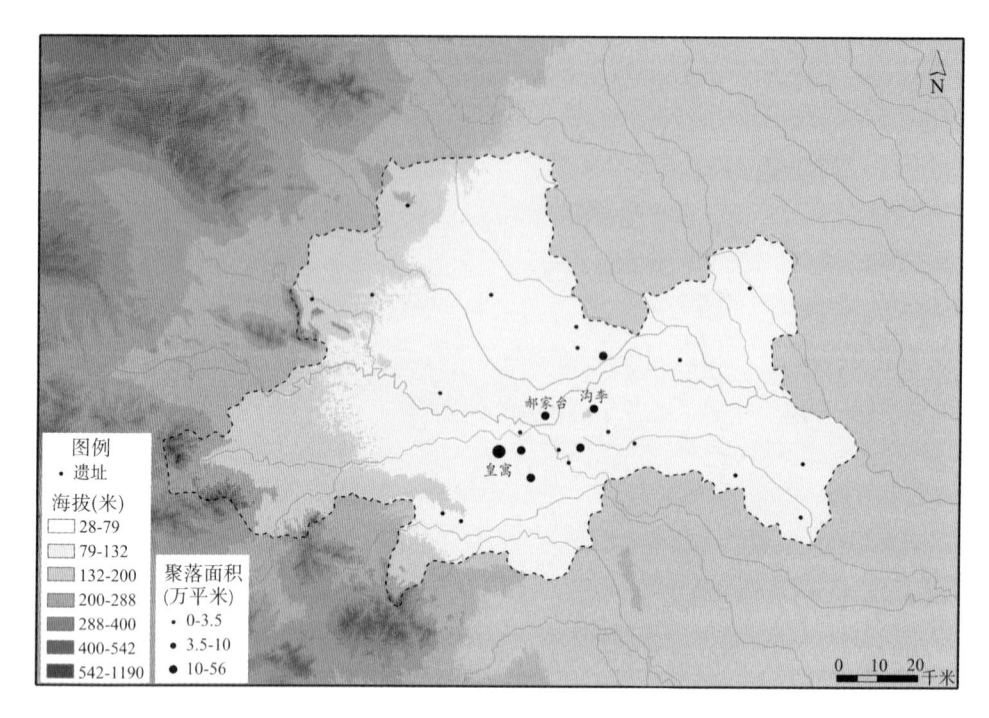

图 4-2-50c 沙颍河冲积平原二里头文化时期聚落

考察不同时期聚落空间分布密度之间的相关性,可以进一步看出仰韶至二里头文化的社会发展重心的空间移动情况。与仰韶文化相比,相当一部分的龙山文化聚落承续自仰韶文化聚落并继续发展(主要是冲积平原西部边缘的山前聚落),少见仰韶文化聚落被彻底废弃的情况,同时又大量出现了新空间位置的密集分布龙山文化聚落(冲积平原内部的聚落)。相反,与龙山文化聚落相比,二里头文化时期有大量原有的龙山文化聚落被废弃,而相当一部分新出现的二里头文化聚落即便是同在冲积平原的内部也选择了不同的空间位置,表明龙山至二里头文化时期社会发展重心在冲积平原内部移动的情况。(图 4-2-51)

总之,上述沙颍河冲积平原仰韶至二里头文化宏观聚落形态有如下几个重要特点:

第一,沙颍河冲积平原在龙山文化时期聚落和人口大爆发,然后又迅速衰落下去,表现出了明显的"移民模式"。

第二,尽管龙山文化时期沙颍河冲积平原的人口爆发性增长,但社会复杂化的程度较低,整体上依然表现为二级社会结构的特征,而真正意义上的中心聚落和三级社会结构出现在二里头文化时期。

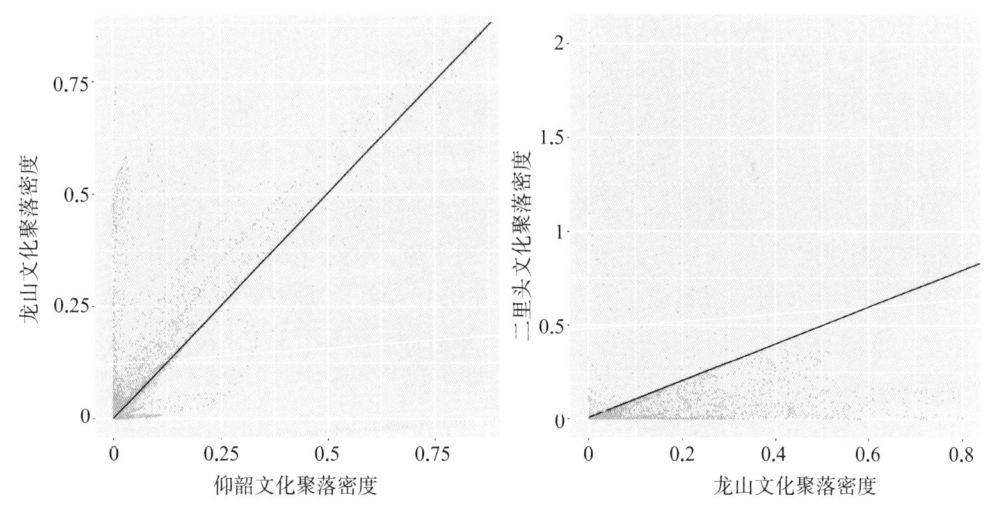

图 4-2-51　沙颍河冲积平原聚落密度空间相关性

第三,沙颍河冲积平原仰韶至二里头文化的社会发展受冲积平原环境地貌变化的影响较大,仰韶文化时期的社会发展重心位于冲积平原西部边缘的伏牛山前地带,龙山文化时期迅速扩张到整个冲积平原,尤其是东部的低洼地区,二里头文化时期虽然延续了对冲积平原内部的开发模式,但社会发展重心相比龙山文化时期依然有明显的空间位置移动。

七、小结：宏观聚落形态反映的中原核心区早期社会复杂化进程

上述研究从宏观聚落形态的角度分区域详细讨论了中原核心区仰韶至二里头文化的聚落演变和社会复杂化的进程,其中主要涉及了区域人口的规模、社会等级结构和不同时期的社会发展重心移动三个方面的内容。初步的分析表明,宏观聚落形态的上述三个方面在不同区域的差异表现得十分明显,而区域之间很可能存在此消彼长的联动甚至是互动关系,因此十分有必要将不同的区域做进一步的整合分析。

(一) 人口规模的变化

人口的增加和聚集常常被看作是社会复杂化、"城市革命"和早期国家起源的重要物质基础,史前的中原地区也不例外。不同时期的聚落数量和面积是考察人口规模变化的可操作性指标,据此我们可以将中原地区仰韶至二里头文化的人口规模变化模式分为三种类型：

模式一,仰韶文化时期人口规模最大,龙山至二里头文化时期衰退。包括洛河中游地区、伊河流域和郑州—荥阳地区。其中,洛河中游和伊河流域位于中原的西部,

同属于黄河水系,仰韶文化早中期即兴盛起来,人口规模达到最大;郑州—荥阳地区则略滞后,在仰韶文化晚期达到顶峰。相比之下,郑州—荥阳地区在龙山文化时期即已开始出现聚落规模衰退和人口外流的现象,洛河中游地区则在龙山文化晚期晚段开始人口锐减,伊河流域则基本保持了稳定的人口规模至二里头文化时期。

模式二,龙山文化时期人口暴增,二里头文化时期迅速衰落。包括嵩山东南淮河水系的双洎河流域、颍河中上游和沙颍河冲积平原。这些地区远离仰韶文化的核心区,在仰韶文化时期人口规模十分有限,但至龙山文化时期则出现了人口剧增的现象,当与大量外来人口的涌入有关,二里头文化时期又出现了本地的衰退和人口的大量迁出现象。

模式三,二里头文化时期人口迅速增长并达到区域最大规模。主要是洛阳盆地。这里仰韶至龙山文化的人口规模发展状况大致与郑州—荥阳地区类似,不同之处在于二里头文化时期人口规模的迅速膨胀,当与这一时期大量外来人口的涌入有关。

由于不同区域考古项目的调查和记录的方法和标准不同,我们无法将各地的聚落数量和面积进行直接比对。但如果对聚落的年代进行统一简化,并以聚落总面积为单位按不同区域进行百分比的归一化处理,仍然可以为我们比较中原不同区域人口规模相对波动状况提供有效的参考。如图4-2-52、4-2-53所示,中原各地仰韶

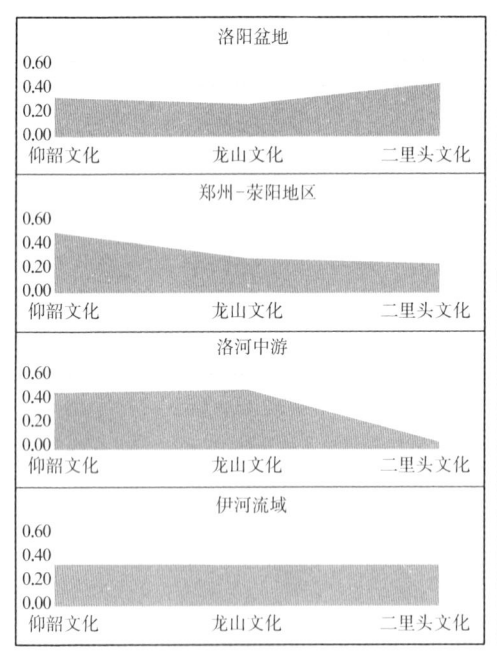

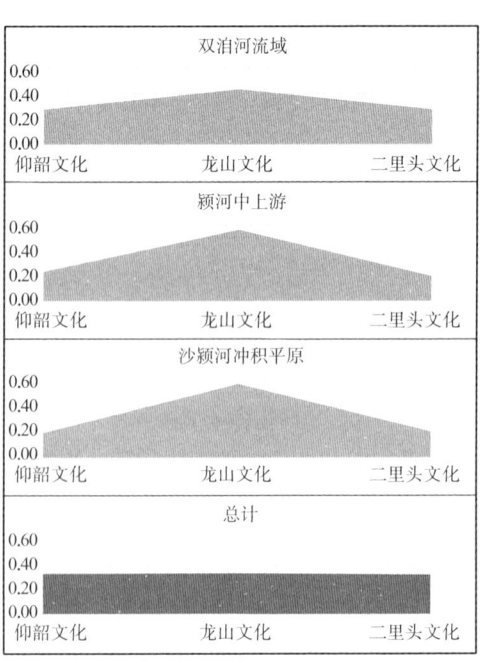

图4-2-52 中原核心区仰韶至二里头文化人口规模变化示意图

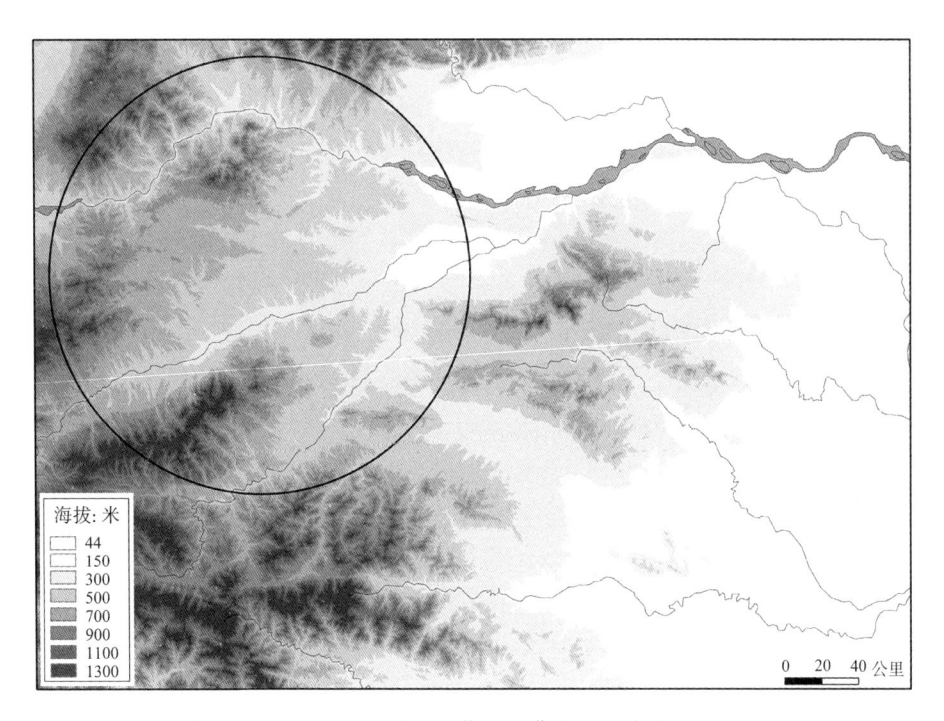

图 4-2-53a　仰韶文化时期人口集中与社会发展重心区

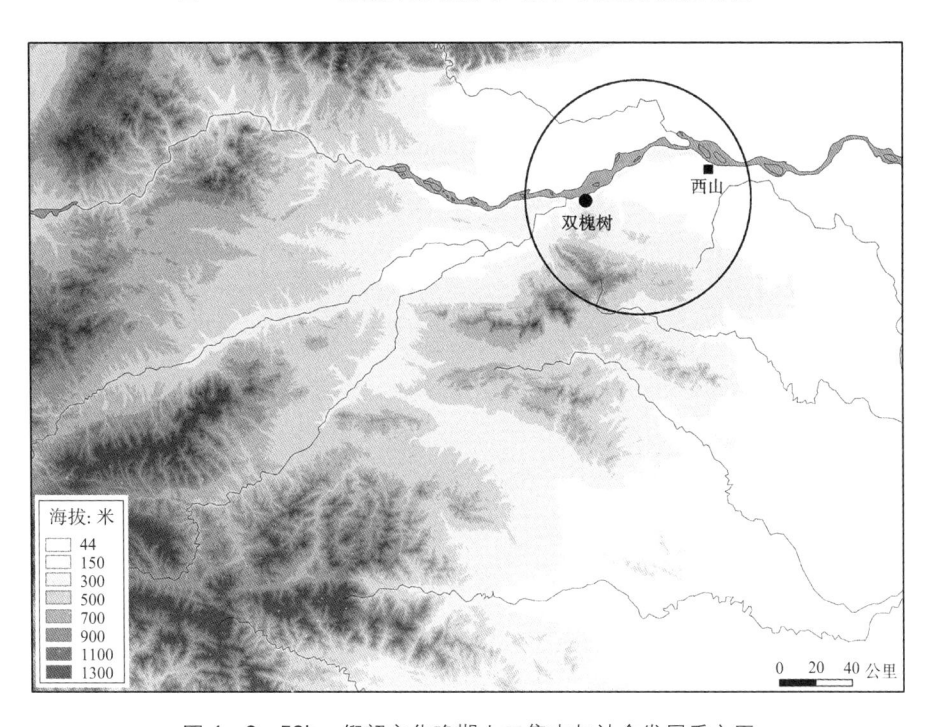

图 4-2-53b　仰韶文化晚期人口集中与社会发展重心区

304　中原核心区文明起源研究

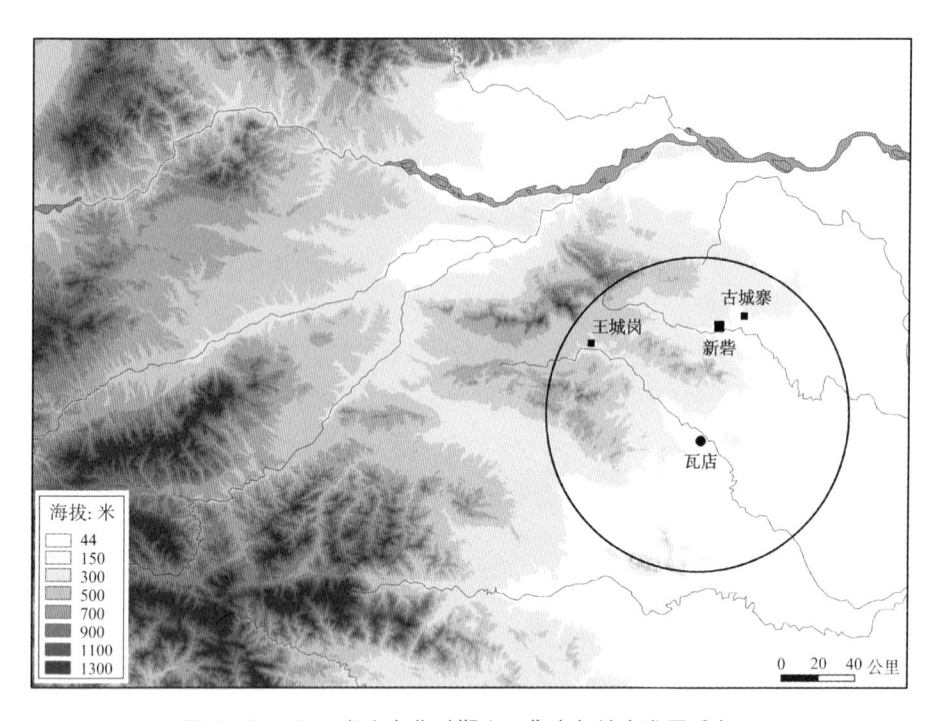

图4-2-53c　龙山文化时期人口集中与社会发展重心区

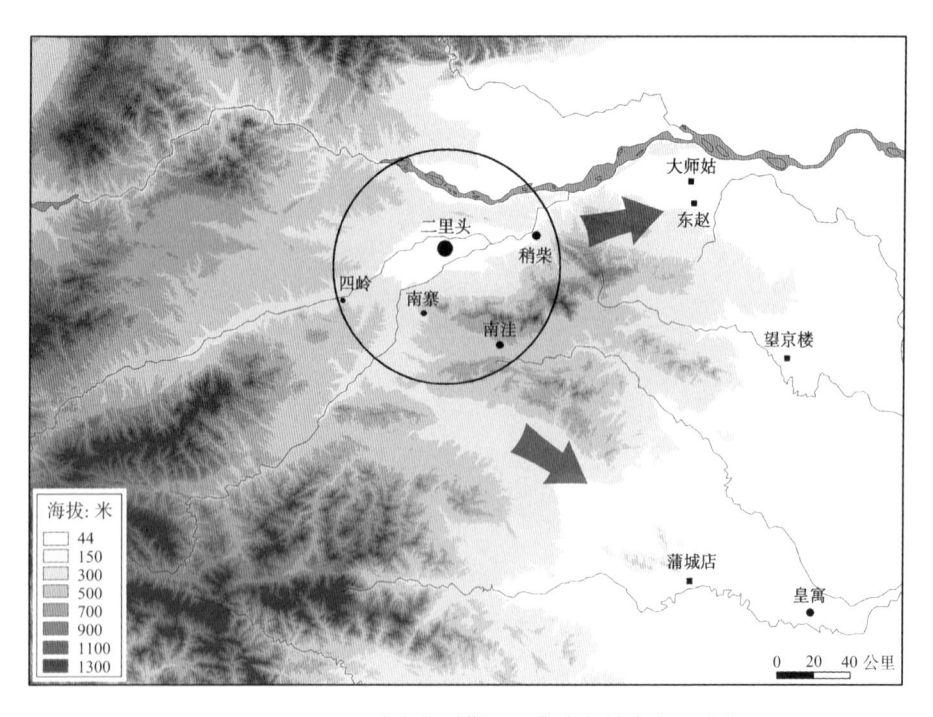

图4-2-53d　二里头文化时期人口集中与社会发展重心区

至二里头文化的区域人口波动状况存在明显差异,但共同之处是没有任何一个区域能够长时间维持大规模的人口和持续稳定的繁荣。整体来看,仰韶文化时期人口集中在中原西部的洛河、伊河流域,仰韶晚期嵩山东北的郑州—荥阳地区繁荣起来,龙山文化时期主要人口又转移到了嵩山东南地区,二里头文化时期大规模的人口迁移再度朝向了洛阳盆地,而不同区域之间人口规模的变化恰好形成了"此消彼长"的态势。如果将整个中原核心区统一考量的话,则仰韶至二里头文化时期整体上的人口规模相当稳定,并没有出现显著的波动。由此可见,虽然考古学文化上表现出中原地区仰韶文化以来存在广泛的对外人群和文化的交流,但并没有在整体上改变中原地区的人口结构,大规模的区域内部人口流动是推动早期文明化进程的一个突出现象。区域内人口的频繁流动可能与中原地区以粟作农业为主体的土地利用方式有关,但也造成了不同时期局部人口规模的急剧增加,并为区域社会的复杂化奠定了基础。

(二) 区域社会复杂化的进程

区域社会复杂化主要表现为区域内社群之间的分化以及区域性社会组织结构的复杂化方面,而不同级别中心聚落的出现及其相互之间构成的社会—政治关系网络的形成是标志性特征。这种区域社会组织结构的复杂化可以通过单体聚落规模等级划分寻找线索。中心聚落往往规模较大,聚集更多的人口,也承担更多的社会服务角色。在中心/次中心与普通聚落之间可能存在社会控制关系,中心聚落表现出一定的社会动员能力,大型公共性建筑和体现管理阶层特殊地位的遗迹遗物是考古学上能够观察到的社会复杂化的实物证据。中原地区缺乏反映早期贵族阶层身份的墓葬,因此区域社会复杂化主要依据聚落规模的等级划分和中心聚落的功能性认识方面。如图 4-2-53、4-2-54 所示。

仰韶文化早中期,中原各地基本上都是二级聚落结构,最大规模的仰韶文化聚落面积在 20-40 万平方米不等。二级聚落结构的一个重要特征是区域内不存在单一的、规模悬殊的超大型聚落,而是若干规模相当的中型聚落均匀分布,并环绕以更多的小型聚落,从而表现为一种近似平等、均衡的社会组织结构。

仰韶文化晚期,中原地区开始出现带有单一区域性中心的三级聚落结构,主要表现在郑州地区。近年来的田野工作表明,巩义双槐树聚落的面积超过 100 万平方米,是同时期同一区域其他最大聚落面积的 2-3 倍,表现出区域性人口集中的现象,双槐树无疑是该地区唯一的超大型聚落中心。从中心聚落的功能来看,双槐树发现有多重大型环壕、版筑夯土大型建筑基址和夯土祭台遗迹等,表明中心聚落承担了较多的社会公共服务功能,同时又能够动员更多的社群劳力,因此双槐树中心更具有政治性特征。同一时期的二级聚落面积在 20-40 万平方米不等,如大河村、青台、西山、楚湾

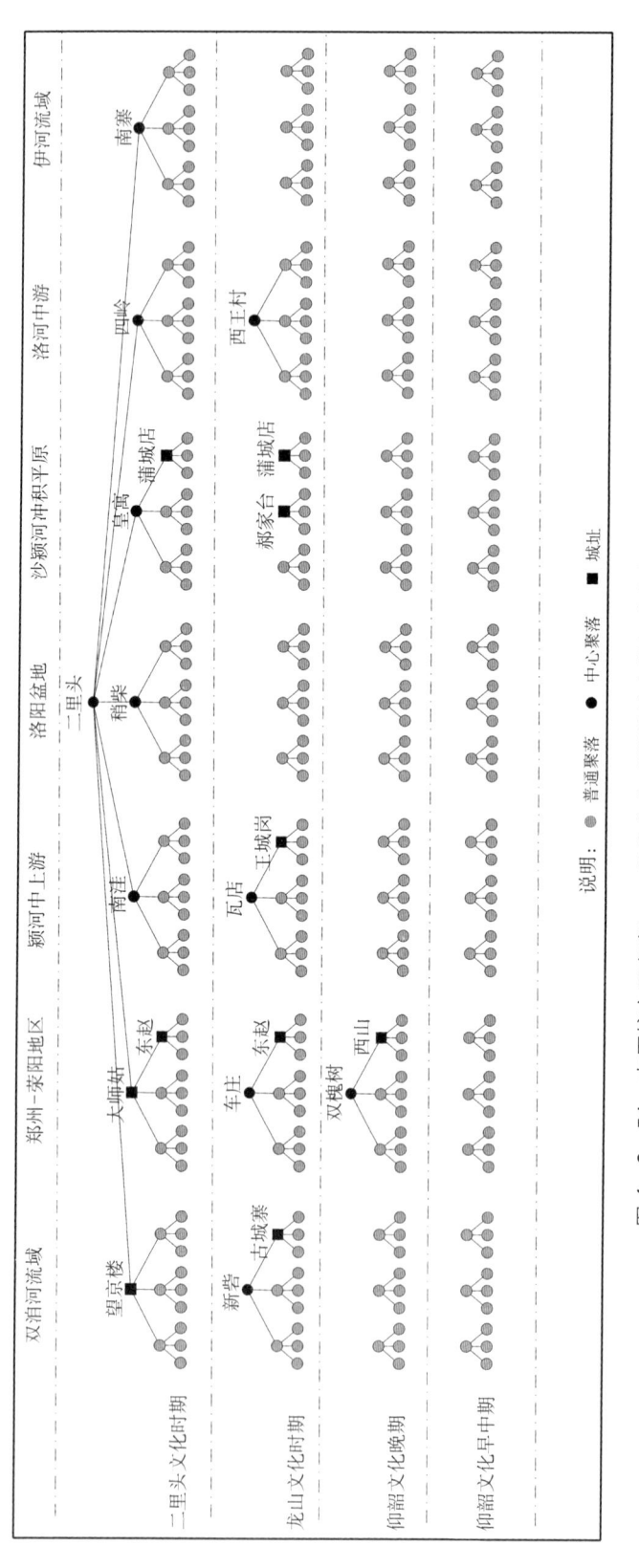

图 4-2-54　中原核心区仰韶—二里头文化时期的社会等级分化与社会—政治关系网络

等。这些聚落彼此之间的空间分布较为均衡,往往也有环壕甚至是夯土城墙和聚落内的大型公共建筑,因此其聚落的中心性服务功能应与双槐树类似。它们或许受双槐树中心聚落的控制或制约而成为区域性的次级中心,或许代表更小区域的中心而与双槐树聚落群之间形成对抗关系。但值得注意的是,除了政治上的控制之外,在双槐树中心—次级中心—普通聚落之间还可能存在一些特殊商品的生产和贸易关系。如,双槐树、青台、汪沟都发现有直接或间接的养蚕纺丝的证据,表明丝绸织品很可能在仰韶文化晚期的郑州地区流通,而各级中心聚落或许在其中发挥了重要的经济作用。

龙山文化时期,带有单一区域性中心的三级聚落结构在中原各地更为普遍,且主要集中在嵩山东、南地区,目前可见的有以车庄为中心的索须河流域、以新砦为中心的双洎河流域、以瓦店为中心的颍河中上游地区和以西王村为中心的洛河中游地区。这些大型中心聚落都超过各自区域内其他最大规模聚落面积的 2-3 倍,显然是区域性人口集中的结果。瓦店无疑是其中最大的一处区域性中心,面积超过 100 万平方米,是同在颍河中上游的次级中心聚落王城岗城址的 3 倍多。瓦店聚落的中心性特征表现在政治、经济和文化三个方面。多组(重)环壕、大型公共性建筑基址、祭祀遗迹代表了其复杂的社会服务和超强的政治控制力;包括中原、海岱和江汉等地文化因素的融合共处代表了其多元文化交汇融合的文化中心地位;南北方的稻、粟两种经济形态并存发展和区域间商品贸易的实物证据又表明瓦店聚落的重要经济地位。同处颍河中上游的王城岗聚落,面积 30 余万平方米,发现有前后两个时期的城墙和城壕以及城内的大型夯土建筑,表明其也具备一定的社群劳力动员和公共性政治服务的功能,可以看作是另外一处次级的区域性中心。王城岗城壕防御设施的出现很可能是与更大规模的瓦店中心聚落相对抗的结果,但以往的研究中常常将王城岗与瓦店并列为对等的区域性中心,显然并不恰当。相反,王城岗只是其中一处次级中心,并不具备类似瓦店的文化和经济中心的地位,并与瓦店中心聚落之间存在对抗关系。以往的诸多研究中,常常简单的将中原地区龙山文化的古城聚落看作是区域性的中心,包括王城岗、古城寨、郝家台、蒲城店等。但实际上这种认识是有问题的,这些中原龙山城址均在区域聚落群中属于中等规模,多数仅仅是充当了次级中心的地位,而不是区域性的中心,从而形成了中原地区仰韶文化晚期以来独特的"中心—城址"的对抗关系(如,双槐树—西山、瓦店—王城岗、新砦—古城寨)。除此之外,龙山文化时期带有单一区域性中心的三级聚落结构在中原各地也并非广泛存在于所有的区域,如洛阳盆地、洛汭地区、伊河流域、沙颍河冲积平原这一时期都是简单的二级聚落结构,并不存在单一的超大型区域中心。如此表明,龙山文化时期中原各地的社会复杂化程度存在明显的区域性差异。

二里头文化时期,中原核心区的宏观聚落结构发生了重大变化。首先,洛阳盆地出现了面积300万平方米的超大型都邑中心二里头。二里头中心聚落的规模是同期整个中原其他地区最大规模聚落面积的5-6倍,聚落功能也更为多样和复杂,毫无疑问可以看作是整个中原地区的单一型都邑性中心。与中原地区仰韶—龙山文化时期的单一区域性中心聚落相比,二里头都邑也是其规模的3倍以上,因此二里头都邑的出现显然已经超出了仰韶—龙山文化时期区域复杂社会的发展水平,而进入了新的文明阶段,有研究者将其称为中原地区的"广域王权国家"[①]。其次,在区域社会结构方面,虽然除了洛阳盆地之外的其他中原各地都普遍出现了聚落规模的缩减现象,但带有区域性中心性质的多级聚落结构仍然较为普遍。如伊洛河下游的稍柴、索须河流域的大师姑、白降河—颍河中上游的南洼、沙颍河冲积平原的皇寓。这些聚落的规模多在50万平方米左右,普遍超出所在区域其他二里头最大聚落规模的2倍以上。此外,洛河中游的四岭、伊河下游的南寨虽然聚落规模略小,但与同区域其他聚落相比依然规模可观,很可能也充任了区域中心的作用。由此可见,二里头文化时期中原各地继续保持了多中心的三级聚落结构的特征,但中心聚落的规模较龙山文化时期有了显著的缩减,人口更多的是向位于洛阳盆地的二里头都邑所在地集中。最后,除了人口的集中之外,从单个聚落的布局和功能性分析来看,各中心发现的城墙或大型环壕、宫殿建筑、贵族墓葬等表明社会管理阶层的普遍存在,而二里头都邑的铜器、玉石器、绿松石、漆器等新兴的高端手工业生产的出现和繁荣以及产品在不同中心聚落之间的流通,均表明中原地区二里头文化时期的多级聚落中心之间已经形成了复杂的社会—政治网络,对人口、技术和资源进行有效的掌控,二里头都邑成为这个网络系统的中心。考古发现表明,二里头都邑同样也是一处多元文化交汇融合的地方,因此与传统龙山文化区域中心相比,二里头更突出了其政治和文化中心的特色。尤其值得注意的是,二里头文化时期出现了对中原地区之外的重要资源的大量开发利用,如玉料和铜矿,均由中原之外输入,大规模开采绿松石也是在南方的汉水流域。如此彻底改变了中原地区依赖本地资源发展的社会复杂化模式,而通过新的政治体制,将中原地区的地理优势有效转化为政治和文化优势,实现了疆域的扩大和新型贵族阶层的成长以及对"中心与边疆"、"文明与野蛮"的再定义,从而开启了真正意义上早期中国的新模式和文明发展的新阶段。

总之,中原核心区的社会复杂化进程始于仰韶文化晚期,经历了两个重要的发展

[①] 许宏:《最早的中国》,北京:科学出版社,2009年。

阶段。这个过程主要以中原地区自身的人口为基础,通过区域间人口的流动实现局部的人口聚集和早期城市化。在这个过程中,中原地区强化了与周边地区的联系,尤其是在青铜时代的早期"全球化"浪潮中[①]引入了以铜器冶铸为核心的新技术和新资源,成为推动中原地区社会复杂化转型的关键,并最终推动了中原社会进入二里头早期国家文明的新阶段。

(三) 社会发展重心的移动

中原地区由区域间人口的流动而实现的人群聚集和社会复杂化显示了不同时期社会发展重心的频繁移动。(图4-2-55)

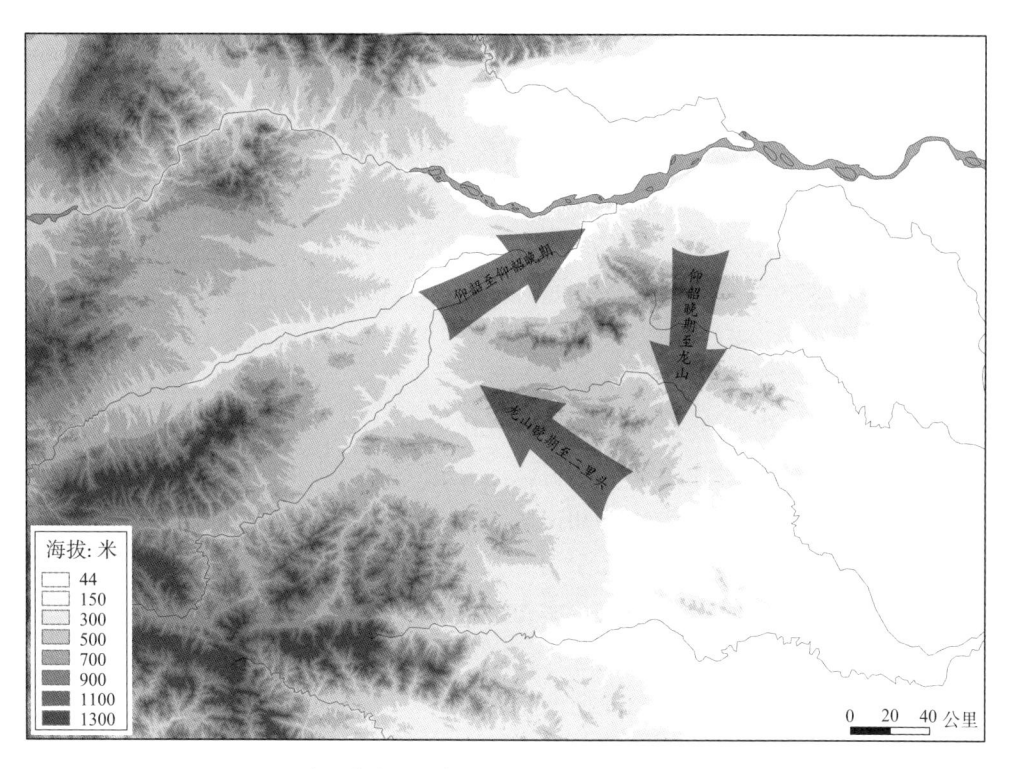

图4-2-55 中原核心区仰韶至二里头文化时期社会发展重心的移动

仰韶文化早中期,受到晋南豫西仰韶文化核心区的影响,中原社会发展重心位于西部的涧河、洛河和伊河流域。这里仰韶文化聚落众多,规模较大,但社会发展相对比较均衡。仰韶文化晚期,中原社会开始进入加速发展阶段,人口向嵩山东北的郑

---

① 张弛:《龙山—二里头——中国史前文化格局的改变与青铜时代全球化的形成》,《文物》2017年第6期,第50-59页。

州—荥阳—巩义一带集中,并率先在这一地区发展出了以双槐树为中心的区域复杂社会,而以西山为代表的中原地区最早史前城址的出现,反映了社群之间的分层和分化现象以及由此而形成的紧张关系已经广泛存在于聚落群之间。

龙山文化时期,嵩山东北地区开始衰落,人口和社会发展重心都开始向嵩山东南地区转移,尤其是以瓦店和新砦为代表的区域性中心聚落先后兴盛起来,形成了龙山文化时期多中心的区域复杂社会并存的局面。区域之间既存在紧张的对立关系,也有着广泛的交往和贸易,因此这些中心常常既是人口集中和管理阶层居住的早期城市,同时也是多元文化汇聚和交换贸易繁荣的场所,兼具区域政治、经济和文化上的重要地位,代表了中原地区早期城市化发展的重要特征。中原地区在龙山文化时期首先出现了筑城的高潮,其中嵩山东南地区是史前城址最为集中的地区之一(其次是黄河以北地区),同样是这一地区成为中原地区龙山文化时期社会发展重心的证据。

二里头文化时期,嵩山周边地区迅速衰落,人口和社会发展重心再度转移至洛阳盆地。与龙山文化的多中心区域复杂社会相比,二里头文化时期形成了以二里头都邑为单一中心的更庞大的复杂政体结构,其控制范围涵盖了整个中原核心区,并在二里头都邑与新兴的不同区域中心之间形成了人口、核心技术和重要资源掌控的社会—政治关系网络。多数研究者认同,这个以二里头为中心的复杂政体代表了中原地区的早期国家形态,很可能就是文献传说中记载的夏王朝。结合二里头文化的分期和重要中心聚落出现的时间和空间分布来看,二里头文化早期阶段(一期和二期早段)在中原核心区的扩张主要沿着伊河、汝河通道,过方城一线向南方地区延伸,其中重要的中心或次级中心聚落包括伊川南寨、登封南洼、郾城皇寓、平顶山蒲城店,甚至远至郏县辽瓦店子,即文献中传说的"夏路"。这条线路可以看作是二里头文化早期阶段除了洛阳盆地之外在中原核心区率先经营和发展的重要线路。而到了二里头文化晚期阶段(四期),随着洛阳盆地趋于衰落,中原地区社会发展的重心开始有了向郑州地区转移的趋势,二里头文化晚期的城址和中心聚落,如望京楼等相继出现在郑州—荥阳地区。至早商阶段随着郑州商城、小双桥等新型都邑的兴起,中原地区社会发展的重心再度转移到了郑州地区。

从宏观聚落形态中观察到的中原地区早期文明进程中社会发展重心频繁移动的情况或许与以粟作农业经济为主体的土地资源的利用方式以及环境的变迁有关,但也反映了中原社会复杂化和早期文明演进中的一个重要内在机制。中原地区地处"天下居中"的重要地理位置,仰韶文化晚期以来始终是多元文化的汇聚之地,以不同文化传统为基础的政治利益集团之间相互角逐,势力此消彼长,最终形成了各种势力"逐鹿中原"的盛况,并深刻影响到了历史时期,从而形成了中原文明的一个重要特质。显然,从这个意义上讲,中原文明进程的这一特点可以追溯至其形成的初期阶段。

第三节 单个聚落形态

中原核心区文明化进程的复杂性决定了在讨论单个聚落形态演变特征时,应在不同的区域间以逐级比较的方式展开。然而,仅就目前所开展的考古工作的数量和积累的材料看,这一目标还无法实现。因此,我们在具体的研究中,将在整个中原核心区大的时空框架下讨论单个聚落形态演变的整体趋势,同时关注其中可能存在的区域性差异。这种从微观视角观察到的社会复杂化进程的整体趋势可为我们提供关于早期城市/村落布局、基层社会组织结构和文化传统等方面的认识。

一、单个聚落布局的考察

(一)仰韶文化早中期

中原核心区目前所知属于仰韶文化早期且布局清晰的聚落主要是位于涧河流域的荒坡。该聚落位于黄河南岸的台地上,面积约1万平方米,属于小型聚落①。发掘报告详细公布了遗址发掘的情况,发掘1500平方米,发现仰韶文化灰坑32座、陶窑3座、房址3座、壕沟2条,据此能大致了解该地区仰韶文化早期聚落布局的状况。荒坡聚落最重要的发现为有一条壕沟G1,保存较为完整,位于聚落的西南角。从G1的发掘情况来看,西北端呈现为"凸"字形结构,而东南端为"凹"字形豁口,虽然具体的功能不详,但发掘者据此判断应为完整的壕沟,兼具排水的功能。该壕沟位于荒坡聚落的西南部,与聚落东部的黄河干流和北部的冲沟一起构成完整的封闭空间,因此壕沟颇具有类似"环壕"的性质,可以看作是荒坡仰韶文化聚落的重要边界。壕沟内部发现的灰坑较多,房屋较少。房屋有地穴(窑洞)和半地穴式两种,由于发掘面积有限,看不出来明显的空间结构。重要的发现是有3处陶窑,位于壕沟外侧的西部和西南部。荒坡仰韶文化早期聚落的居住区包括生活和储藏设施位于环壕内侧,而烧陶生产区和墓葬区位于环壕外侧,这样的布局结构与西安半坡和临潼姜寨颇为相似。考虑到涧河流域特殊的地理位置,其仰韶文化早期阶段可能受半坡类型的影响较

---

① 河南省文物管理局、河南省文物考古研究所:《黄河小浪底水库考古报告(三)》,郑州:大象出版社,2008年。

多,因此带有环壕聚落的布局特点。严文明先生指出,西安半坡和临潼姜寨等半坡类型的环壕聚落的重要特征是聚落内部的凝聚式和向心式的格局①。同样,荒坡聚落代表了一个完整的史前村落,聚落内部布局很可能也兼具凝聚式和向心式的结构特点。(图4-3-1)

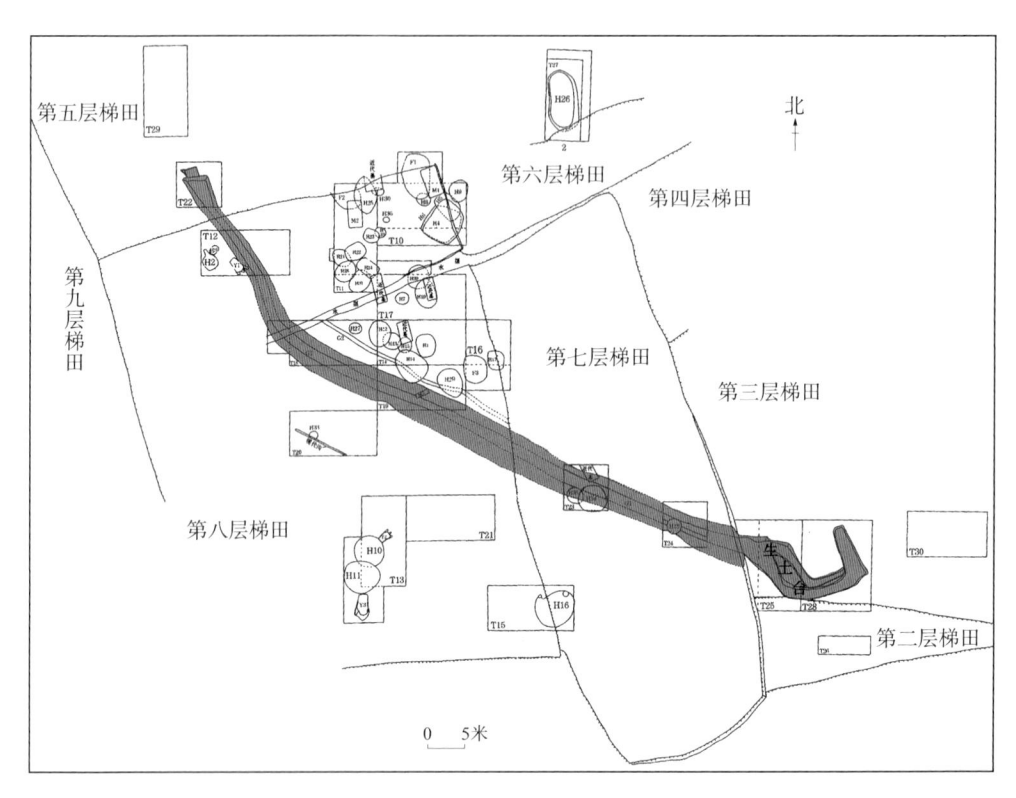

图4-3-1 新安荒坡仰韶文化早期聚落布局

(据:河南省文物管理局等,2008年;改绘;阴影为壕沟G1)

明确属于仰韶文化中期的聚落在中原核心区已有较多的重要发现,但均未详细公布资料。位于涧河流域的渑池关家遗址主要文化堆积属于仰韶文化中期,面积9万平方米,是目前所知中原核心区仰韶文化中期内部布局最清楚的聚落。根据简单的报道,该聚落位于渑池县东北黄河南岸台地上,聚落布局整体上与荒坡仰韶早期聚落相似,东、北两面临河,西、南两面则有壕沟,形成防御系统。聚落中共发现两片墓地,分别位于西北部壕沟两侧和遗址东南部,均为单人仰身直肢葬,无随葬品。但两片墓

---

① 严文明:《中国新石器时代聚落形态的考察》,《庆祝苏秉琦考古五十五年论文集》,第24-37页,北京:文物出版社,1989年。

地葬俗有所不同,东南墓地的墓葬有生土二层台,且死者面部涂有朱砂,北部墓地则不见。除了成人墓地之外,聚落西南部还集中发现了10余座瓮棺葬。居住区位于聚落中部和西南部,目前共发现有20多座房屋,有圆形和方形两种,均属半地穴式,房屋周围有很多灰坑。聚落东北部发现有2座陶窑。另外,关家聚落的东北部部分灰坑中集中出土了大量的石块、石器及其石器半成品,很可能是与石器加工有关的废弃堆积[1]。

从上述关家聚落的内部布局结构看,不同功能区布局清晰,规划严整。居住区位于聚落中心,很可能也兼具凝聚式和向心式结构的布局特征。聚落中同时出现两片葬俗不同的墓地,或表明村落内部至少存在两个不同的社群组织,或表明同一社群内部的部分成员之间已经存在了某种程度上的分化,由于未发表相关资料,对此我们还无法进一步讨论。

邻近中原核心区的晋南豫西地区是仰韶文化庙底沟类型的核心区,其中三门峡灵宝盆地的考古工作发现了规模宏大的仰韶文化庙底沟类型的聚落群。灵宝西坡大型聚落的钻探和发掘清晰地揭露出仰韶文化庙底沟类型聚落的布局。西坡聚落位于黄河的两条支流之间,其南北两侧各有一条壕沟,形成完整的防御体系。聚落内部规划严整,居住区位于聚落中部,其中两处面积200多平方米的大型房屋位于聚落的中心位置[2],墓葬区在壕沟之外,整个聚落布局明显具有凝聚式和向心式的结构特征。

除此之外,中原其他地区的一些聚落也有零星的调查材料可显示其内部布局的概况。

沙汝河流域:根据赵春青的调查,汝州洪山庙聚落位于汝河北岸的三级阶地上,面积5万多平方米,属于中小型聚落。该遗址已被工程建设严重破坏,但仍能大致看出其聚落总体布局的大势:"西部是墓葬区,东部为居住区,二者相距颇近,几乎连在一起。"[3]显然,洪山庙聚落内部也应该有明确的功能区划。

伊河流域:根据笔者的实地调查,位于伊川县东南伊河与其支流交汇处的瑶头遗址,主要文化堆积属于仰韶文化中期,面积超过14万平方米,为这一阶段伊河流域规模较大的聚落。从遗址南部临河的断面所暴露的文化堆积看,有大量的残破房屋地面、烧土堆积、陶窑和堆积较厚的灰土层,应为生活居住区;而遗址北部砖厂取土坑壁上则不见文化层,却有密集分布的大型袋状灰坑,很可能是仓储区。

同样的聚落布局也见于伊河支流白降河的叶村东遗址。该遗址的主要文化堆积

---

[1] 樊温泉:《关家遗址发掘获重要成果》,《中国文物报》2000年2月13日第1版。
[2] 河南省文物考古研究所等:《河南灵宝西坡105号仰韶文化房址》,《文物》2003年第8期,第4—17页。中国社会科学院考古研究所河南一队等:《河南灵宝市西坡遗址发现一座仰韶文化中期特大房址》,《考古》2005年第3期,第5—8页。
[3] 赵春青:《郑洛地区新石器时代聚落的演变》,第69页,北京:北京大学出版社,2001年。

为仰韶文化中期,面积5.7万平方米,为中型聚落。聚落地处白降河南岸的阶地上,地势南高北低。从文化堆积的暴露情况推测,南部二级阶地后缘处有大量袋状灰坑,为仓储区;北部临河断崖上发现有房屋地面和较厚的文化层,应为居住区。

总之,虽然至今我们对中原核心区仰韶文化早中期单个聚落布局的了解还十分有限,但从上述零星的材料可以看出,仰韶文化早中期聚落内部应具有明确的功能区划,聚落依据自然河流和人工壕沟共同构筑防御体系,其中居住区、仓储区、墓葬区,甚至不同功能的作坊等分别占据聚落的不同位置,居住区多位于聚落中心,聚落布局结构紧凑兼具凝聚式和向心式的布局特征。

(二) 仰韶文化晚期至龙山文化早期

鉴于中原各地仰韶文化晚期遗存与龙山文化早期遗存间的连续性较强,在同一遗址上又常难以区分,因此在考察单个聚落形态时,我们将其作为仰韶到龙山文化的过渡这一个较大的"共时"时段一并讨论。

目前中原核心区经过大面积发掘,聚落内部结构布局较清楚的遗址有巩义双槐树、郑州西山、郑州大河村、孟津妯娌等,以下分别讨论。

1. 城址和中心聚落

(1) 巩义双槐树

双槐树聚落是近年来发现的一处以仰韶文化中晚期为主的超大型中心聚落,位于巩义市黄河南岸高台地上,伊洛河汇入黄河处。该聚落面积超过100万平方米,属于仰韶文化中晚期中原地区的超大型区域性中心。

双槐树聚落目前尚未发表相关考古报告,但根据新闻报道可知,双槐树聚落的布局特点是三重环壕组成一体式的结构,之间有通道,共同组成严密的防御体系。目前发现的主要遗迹都位于内侧环壕内。居住区位于聚落的中部偏北,包括若干组大型夯土建筑的基址,均为木骨泥墙的排房式建筑,最大的一组排房达15间。面积最大的单间房F12位于北侧,与南侧夯土排房式建筑之间有一道围墙相隔,可能是内侧大建筑的院墙。F12室内面积超过200平方米,为一处长方形单体建筑,可看作是仰韶文化传统的"大房子",F12周边还有同样规格的F11、F13、F20等大建筑,纵贯这些建筑的中间还发现有一条巷道。这些建造技术讲究、规模宏大的房屋很可能不作单纯的居住使用,而是具有某种公共服务或礼仪性的功能[1]。居住区的南侧发现有三处夯

---

[1] 宋兆麟:《云南永宁纳西族的住俗——兼谈仰韶文化大房子的用途》,《考古》1964年第8期,第43-47页。陈星灿:《庙底沟期仰韶文化"大房子"功能浅论》,《考古学研究(九)》,第587-611页,北京:文物出版社,2012年。刘莉、王佳静、陈星灿、李永强、赵昊:《仰韶文化大房子与宴饮传统:河南偃师灰嘴遗址F1地面和陶器残留物分析》,《中原文物》2018年第1期,第32-43页。

土祭台和一处大型公共墓地。另外两处公共墓地,均位于外壕和中壕之间。墓地规模较大,三座墓地目前发现超过1 700座墓葬。(图4-3-2)

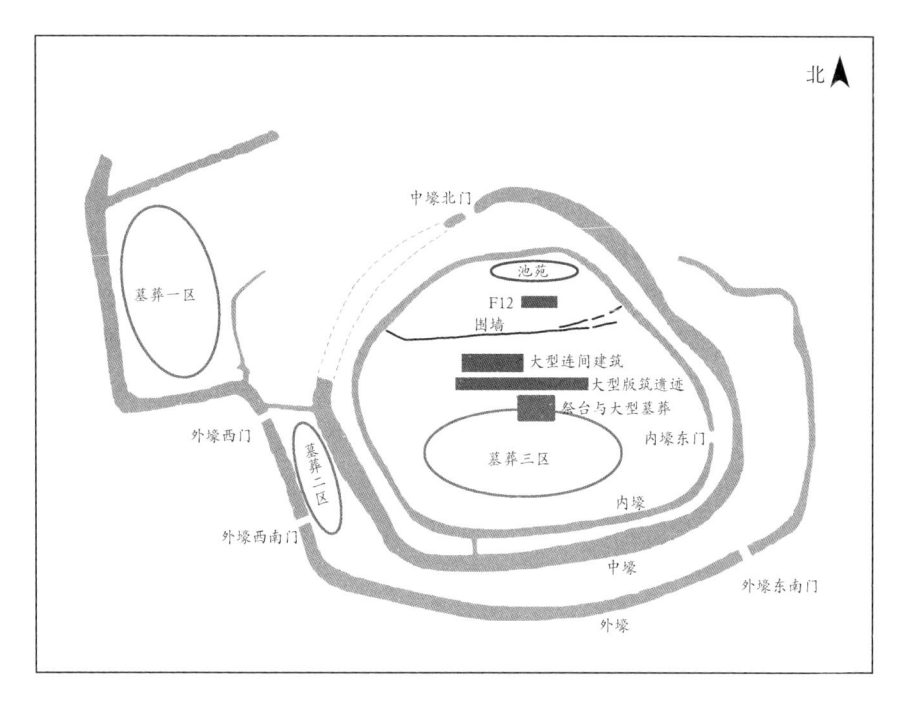

图4-3-2　巩义双槐树聚落布局示意图

双槐树聚落的布局结构体现了两个方面的重要特征:

第一,从多重环壕结构、居住区位于中心、墓葬区主要在外围的整体布局以及"大房子"居中的特点看,双槐树聚落延续了仰韶文化中期传统的凝聚式和向心式布局特征。

第二,从排房式、院落式建筑等新特征来看,双槐树聚落又受到较多的长江中游屈家岭文化和海岱地区大汶口文化的影响,尤其是夯土祭台、居中的大型墓葬等表明与其他聚落相比,该聚落等级较高,为区域性中心。

(2) 郑州西山

该遗址位于郑州市北郊邙山余脉西山,枯河北岸的二级阶地上,主要文化堆积为仰韶到龙山文化早期。该遗址发现一座仰韶文化晚期的城址,平面大致呈不规则的圆形,直径约180米,城内面积约2.5万平方米[①]。值得注意的是,在西山城的外侧还

---

① 杨肇清:《试论郑州西山仰韶文化晚期古城址的性质》,《华夏考古》1997年第1期,第55-59页。张玉石:《西山仰韶城址及相关问题研究》,《中国考古学的跨世纪反思》,第175-194页,香港:商务印书馆,1999年。国家文物局考古领队培训班:《郑州西山仰韶时代城址的发掘》,《文物》1999年第7期,第4-15页。

有大面积的同期文化堆积,并发现有残长超过550米的外壕,总面积达35万平方米,形成双重环壕的布局结构①。(图4-3-3)

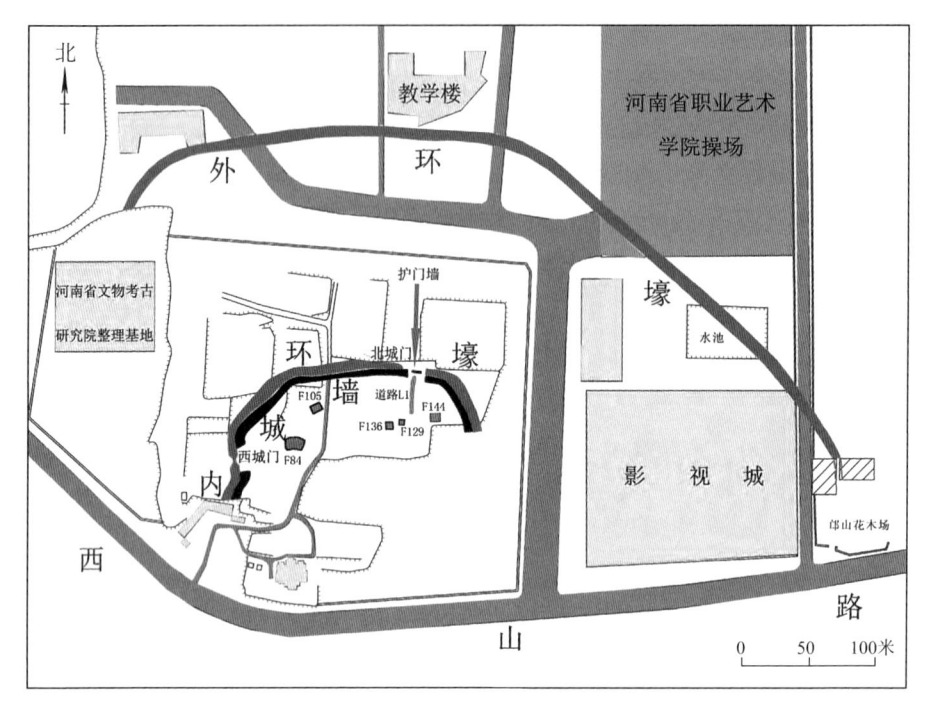

图4-3-3 西山古城平面布局
(据:张玉石、郝红星,2016年)

城墙厚4-8米,建筑方法为先挖基槽再小板块夯筑。城墙外有城壕,宽5-7.5米,深4米。从探沟解剖的城墙与城壕的结构看,城壕紧贴城墙外侧,城墙在城壕的底部开始向上夯起形成城、壕一体结构。城墙与城壕可清晰地划分为连续维护和使用的三个阶段,但每次维护均将城壕填满之后,在原始位置或略向外再重新挖壕,并对已有的城墙进行修补,这样的过程至少出现两次,而对城墙和城壕的反复维护表明城址处于稳定发展的阶段。钻探发现城北、城西各开一门,其中北门宽10米,门前及其两侧有城台和护门墙等设施,还有一条道路通往城内。(图4-3-4)

城内已发掘出房基200余座,集中在城北部。从保存较好的几座来看,似可分为两组:位于路两侧的F144、F129,门向北城门;F136、F105门向城中心,显然城内房屋并无统一的向心式布局。

---

① 张玉石、郝红星:《中原大地第一城——郑州西山古城发掘记》,《大众考古》2016年第5期,第19-27页。

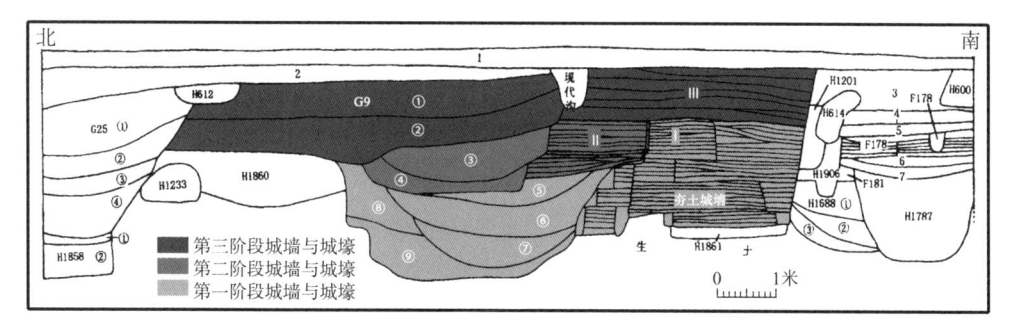

图 4-3-4　西山古城城墙与城壕剖面

（据：国家文物局考古领队培训班，1999 年，图二改绘）

也发现有一座大型夯土建筑，位于西门内东侧，平面为扇形，周围有数座房基环绕。此建筑北侧是一处面积达数百平方米的广场。

仓储区位于城内西北，发现有近 2 000 座窖穴，均为袋形，坑壁上掏有壁龛。从地形来看，仓储区为城内位置最高处。

城里城外共有两片墓地。城外墓地位于西部，均为单人葬，不见随葬品；城内墓地位于北部，多为合葬墓，但合葬的形式多样，有成人与婴儿合葬墓，有成年男女合葬墓，也有成年男女同穴分层合葬墓。

城的东南部陶窑分布密集，多为横穴窑，推测应为烧陶作坊区。

总之，从西山城内的布局来看，不同功能区规划清晰，布局结构严谨，但各类遗迹的分布缺乏向心式的结构。西山是中原地区目前发现的年代最早的城址，平面近似圆形，双重环壕的结构表现出仰韶文化聚落的传统。但是从城壕的建筑和布局结构看，与同时期江汉平原的屈家岭文化的城址，如城头山、鸡叫城[1]等十分接近，而联系到西山仰韶文化晚期城址内发现有大量屈家岭文化因素，表明西山城址的出现很可能与屈家岭文化的北进有密切关系。

（3）郑州大河村

大河村遗址位于郑州市郊贾鲁河南岸约 2.5 公里的一处漫坡岗地上。遗址平面形状为椭圆形，面积约 40 万平方米。考古报告称遗址中部有一条古河道自西南向东北将遗址分隔为东西两部分。报告虽未对该古河道的年代进行讨论，但从探方 T32、T46 等的布设来看，明显处于古河道的位置。发掘表明，T32 与 T46 内均有仰韶文化

---

[1] 郭伟民：《新石器时代澧阳平原与汉东地区的文化与社会》，北京：文物出版社，2010 年。

晚期的房基和灰坑，因此很明显至少在这一时间段内古河道并不存在①。

遗址中发现有大量仰韶文化晚期的房屋、灰坑和墓葬，报告将其分为两期，即大河村第三、四期，大致对应于本书所划分的仰韶文化晚期早段和中晚段。实际上，两期的聚落空间布局十分近似，但又有所变化。

大河村第三期聚落的居住区位于遗址中部，目前共发现有房基17座，大致可分为南北两区：南区房基发现数量略多，集中在遗址的Ⅰ、Ⅱ区探方内，大致又可分为三排，自北而南分别是：探方T23内的F23，探方T1－9内的F1－4和F16、F35，探方T54内的F46，探方T30－32内的F29和探方T33－34内的F30－33。北区房基仅发掘探方T15、T17内有打破关系的两组房屋F17－18和F19－20。南北两区的房屋间距约500米，其间发掘的探方内只有零星的灰坑。这些房屋均呈东西向延伸，南北成排。

从各排房屋的门向看，它们之间存在明显的联系：北区房屋门向朝南，室外活动面也在南部，与南区房屋相对。南区各排房屋门向复杂，中间一排的F1－4为多间房，门向各朝向南北，分别与其南北两排房屋相对；F29门向西，很可能与F46排房屋相对；F30－32门向可能朝南，说明遗址南部可能还有房屋。显然各排房屋之间形成凝聚式的布局，但同时又不见统一的向心式结构。

目前尚未发现大河村三期聚落的成人墓地，儿童瓮棺葬或零星埋于各排房屋附近，或集中埋葬在遗址西部边缘的探方T43附近。（图4－3－5）

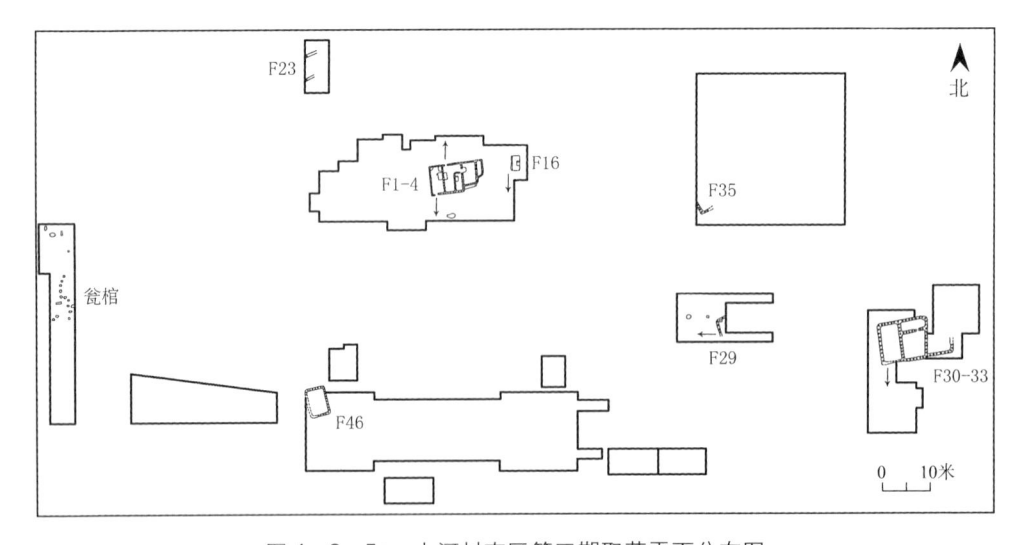

图4－3－5a　大河村南区第三期聚落平面分布图

（据：郑州市文物考古研究所，2001年，图八八—八九改绘）

---

① 郑州市文物考古研究所：《郑州大河村》，北京：科学出版社，2001年。

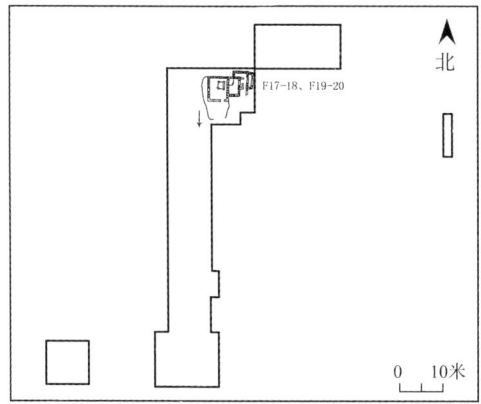

图 4-3-5b　大河村北区第三期聚落平面分布图

（据：郑州市文物考古研究所，2001 年，图九〇改绘）

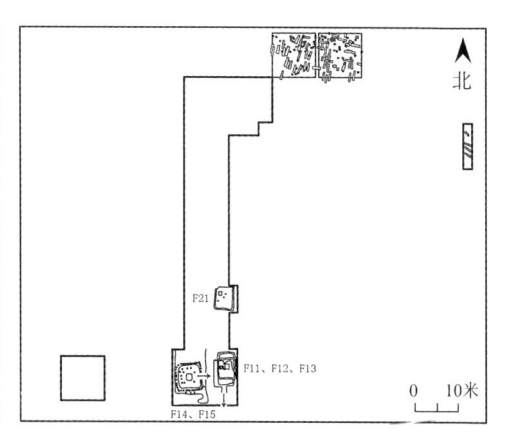

图 4-3-5c　大河村北区第四期聚落平面分布图

（据：郑州市文物考古研究所，2001 年，图一三五改绘）

大河村第四期聚落目前共发现房基 27 座，仍可大致分为南北两区：南区房基数量多，仍可大致分为三排，位置与第三期聚落相比有明显的变动：

原探方 T23 中最北一排房基已经不见，但大概同排的遗址西部边缘的探方 T44 中新出现了有打破关系的两座双间房 F36-37 和 F38-39；原探方 T1-9 内仍有多间房 F5-10，但位置略向西移动，同时东部探方 T57 内也发现 F47 残房基。F36-37/F38-39、F5-10、F47 大致组成了最北一排。

原探方 T30-32 中仍有多座房基 F26、F27、F28；原探方 T54 内也有多座房基 F42、F43、F44-45，另外略向东还新出现了另外一组以 F41 为代表的房基。这三组房屋组成了中间一排。

探方 T46 内新出现了房基 F40，大致与探方 T35 内的 F34 同排，而原探方 T33-34 内房基已经不见。这两组房屋组成了最南面一排。

北区原探方 T15 内的房基转移到了南部探方 T8 和 T21 内，形成南北两排，北排以 F21 为代表，南排有 F12-13、F14-15 两座房基。这一时期的南北两区房屋很可能已经相距很近，其中北区的南排房基已经与南区的 F47 在南北位置上几乎处于同排了。

第四期各排房屋的门向之间也存在明显的联系：北区房屋 F14 门向东与大致同时的 F11 相对应，而 F11 门向南，与南区的房屋相对应；南区最西段的 F36-37 门向东，朝向北部的 F5-10 等多间房；F6-7 门向南，与 F41 等排房屋相对；南区最南段的 F34 朝向北，与其北排的 F47 等房屋相对。同样，这一时期的各排房屋之间也保持着凝聚而非向心式的布局结构。

属于大河村第四期聚落的墓地发现数量较多,且大致能与各组房屋相对应:南区最西段的F36－37和F38－39组房屋,其南部探方T42、T43内密集分布有瓮棺葬和成人竖穴土坑墓,形成一片墓地;南区北部的F5－10组多间房,北部20米处的探方T23内密集分布有成人竖穴土坑墓和少量瓮棺组成的墓地,而F5－10周围也分布有瓮棺,其南部也有零星的竖穴土坑墓;南区F42－F45房屋组与F41房屋组之间密集分布有竖穴土坑墓和零星的瓮棺,形成另一片墓地;北区的墓地似乎距离房屋略远,墓葬集中分布在北区房屋以北约40米的探方T14、T24和东北约50米的探方T10内。

显然与第三期相比,第四期南北两区的房屋均明显具有向南部扩展的趋势,但南区房屋仍保持三排的布局结构,而北区房屋布局则有所扩大。与房屋相比,墓地的变化较为显著,主要表现为第四期墓地规模的急剧扩大,且形成与各组房屋相对应的分布状况。

总之,大河村仰韶文化晚期聚落由成组的房屋和相应的墓地有序组成,虽然聚落的布局前后有所变动,但整体结构始终保持凝聚但非向心式的格局。如果一组房屋和相应墓地为一个社会组织单元的话,那么整个聚落则很可能代表了两个不同的社会组织单元。从两期房屋和墓地空间位置的变动和各类遗迹间频繁发生的打破关系看,这一时期聚落内部并不稳定,不同功能区的位置开始发生变化。

除了内部结构之外,据相关报道近年来大河村聚落新发现了由南北近长方形的城墙和外围更大范围的环壕组成的多重防御设施,表明大河村与西山城址同样是一处重要的城址和具有多重环壕的区域性中心,而有关大河村聚落整体布局的讨论还有待于更多资料的发表。

(4) 其他中心聚落

在郑州—荥阳地区,除了双槐树、西山、大河村之外,其他中等规模的次级中心聚落中也广泛发现有多重环壕的布局结构。如,荥阳青台聚落发现的三重环壕围绕枯河形成防御系统;荥阳汪沟聚落发现有三重环壕与索河相通,其中内圈环壕之中还发现有成片的夯土建筑;郑州尚岗杨聚落发现有双重环壕与七里河相通,环壕内侧也有成片的夯土发现[1]。(图4－3－6)

如此表明,多重环壕结构在中原地区仰韶文化晚期发展的重心——嵩山东北的郑州—荥阳地区,广泛存在于中心和次级中心的聚落中。聚落的中心位置常常有大型夯土建筑。多重环壕的出现目前最早见于关中地区仰韶文化早期的鱼化寨双重环壕,可看作是仰韶文化环壕聚落的发展型式。在同一处聚落,重复修建功能相似的防

---

[1] 顾万发:《文明之光——古都郑州探索与研究》,北京:科学出版社,2016年。

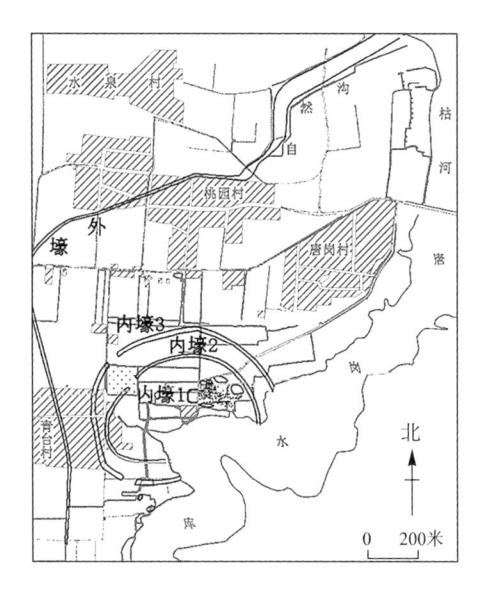

图4-3-6a 青台聚落环壕

（转引自许宏，2017，图3-21）

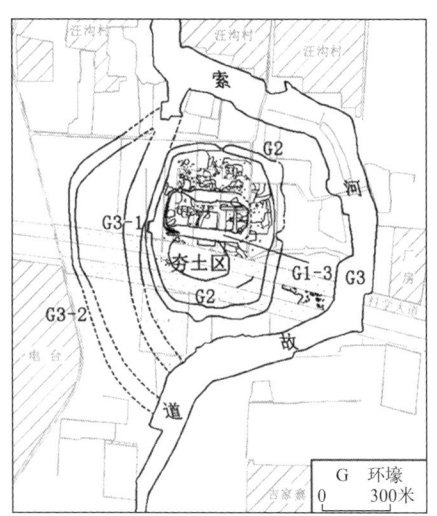

图4-3-6b 汪沟聚落环壕

（转引自许宏，2017，图3-22）

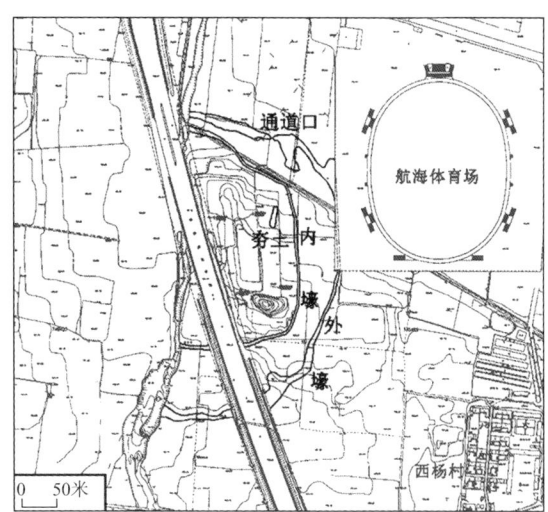

图4-3-6c 尚岗杨聚落环壕

（转引自许宏，2017，图3-23）

御设施完全没有必要,因此多重环壕很可能反映的是中心聚落长期稳定发展和聚落规模不断扩大的结果。当然,有关这一推论还有待于更多考古证据的支持。

2. 普通聚落

(1)孟津妯娌

该聚落位于洛阳盆地西北黄河南岸的邙山黄土台塬上,目前共发掘3 450平方米,清理房基15座、窖穴60多个、墓葬56座,揭示出该聚落由居住区、仓储区、墓葬区和制作石器的作坊等不同功能区组成①。(图4-2-7)

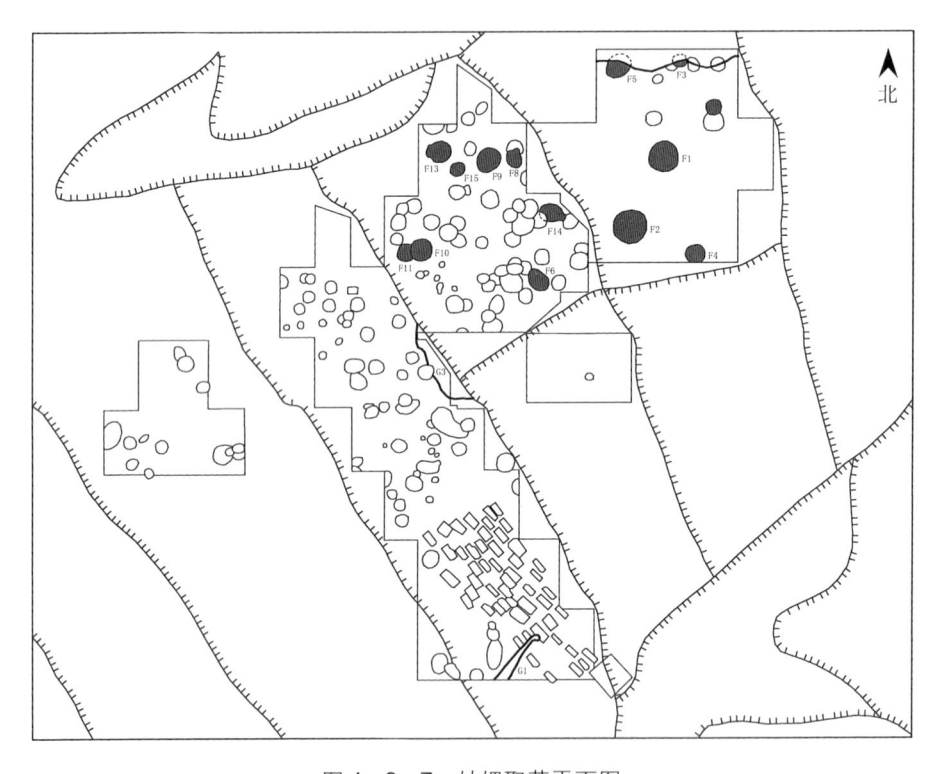

图4-3-7 妯娌聚落平面图

(据:马萧林,1997年,图一改绘;阴影圆形部分为房屋)

居住区位于遗址的北半部,共发掘有房基15座,为圆形或扁圆形的半地穴式建筑。房屋面积均不大,大的直径4米余,小的直径2米余。房屋均有门道,门道带有台阶,室内地面用料姜石粉或粗砂铺垫。室内均有灶,其中F7还发现有3个壁灶。

---

① 河南省文物管理局等:《黄河小浪底水库文物考古报告集》,第23-25页,郑州:黄河水利出版社,1998年。
马萧林:《论伊洛地区的王湾二期文化》,郑州大学硕士学位论文,1997年。

房屋附近分布有窖穴,多为圆形袋状,另外也有少量椭圆形或不规则形灰坑。居住区内的房屋仍可细分为不同的组群,且各有相应的窖穴,从而形成各自完整的生活单元。

居住区西南有一条深4米余的壕沟,呈西北东南走向。壕沟之西发现有50多个灰坑,但不见房基,可能为仓储区。仓储区的灰坑密度与居住区相当,结构也大体相同。但这里发现有少量灰坑葬,还发掘有4座底部带小圆形坑的大圆形袋状坑,称为"子母坑",其中H153内还出土3件形制相同、大小依次的陶器,发掘者称之为"陶铙形器"。此类陶器很有可能与瓦店遗址的系列陶瓠形器一样为称量谷物的量器。仓储区南部的4个灰坑内出土了大批的石器和石料,H141即出土有500余件,其中既有原料,又有制作工具、成品和半成品,同时还有废坯料。整体来看,仓储区的情况比较复杂,功能并不单纯。

仓储区之南为墓葬区,共发掘清理墓葬56座。除了西北边缘的M3为四人合葬墓之外,其余均为长方形竖穴土坑单人葬。这些单人竖穴土坑墓均朝向西北,排列整齐,由西北向东南分布,至遗址东南部的断崖处被断崖下的现代沟破坏,形成完整的墓地。墓葬有大小之分,结构和随葬品也略有差异,表明其间可能存在分化。

上述妯娌聚落的空间布局有两方面的重要特征:

首先,聚落功能复杂,但功能区划清晰明确,聚落发展稳定有序。居住区、仓储区、墓葬区和制作石器的作坊各自具有明确的区划。有迹象表明不同功能区的规模有逐步扩大的趋势,但并没有发生聚落内部功能区位置整体变动的现象。这种聚落内部功能区划明确,且稳定有序发展的情况与仰韶文化早中期基本一致。

其次,聚落布局不见向心式的格局。尽管妯娌聚落经过严整的规划,居住区、生产区和埋葬区紧密结合在一起,但从各功能区的分布情况看,显然不具备向心式的格局。居住区位于聚落最北部,而不是聚落的中心位置。居住区虽然由集中分布的数量不等的房屋和相应窖穴组成不同的生活单元,但它们之间的分布规律不明显,也不见共同的中心。居住区内房屋的分组与整个聚落只有一片墓地也不相照应①。这种具有凝聚式特征,但缺乏向心式格局的聚落分布模式显然与仰韶文化早中期的环壕聚落有所不同,聚落内部虽然功能划清晰、发展较稳定,但聚落群缺乏共同的中心,布局结构略显疏松。

(2) 郑州站马屯

站马屯聚落位于郑州市南郊,可分为东西两区,均位于相对地表略高的小台地

---

① 赵春青:《郑洛地区新石器时代聚落的演变》,第101页,北京:北京大学出版社,2001年。

上。其中,第Ⅱ区位于西北,面积约9万平方米,其发掘表明为一处仰韶文化晚期的中小型聚落。2009—2010年的发掘,揭露了聚落的冰山一角[①]。

发掘表明,在聚落西部和南部的边缘地区有两道围栏,分作内外两周,呈弧形分布,两圈之间相距2-8米。围栏由基槽和柱洞组成,柱洞多数开口于基槽之中,说明是一体结构。与围栏范围大致相同的还有一条灰沟。围栏在聚落的西南部的范围较灰沟小,在南部基本与灰沟重合。聚落东部只发现有灰沟。发掘者认为,围栏圈定了早期聚落的范围,而灰沟则是晚期聚落的边界,整个聚落在仰韶文化晚期稳定发展。

重要的发现是围栏内接近围栏边缘的两片墓地,其中东南一片为成人墓地,共发现墓葬78座,为单人仰身直肢葬,排列整齐,头向一致。另外一处墓地为儿童葬,位于中部,主要是集中埋葬于一个大坑K2中的瓮棺,共41座,又可细分为10组,均以尖底瓶或尖底缸为主要葬具。东南墓地显然经过了严整的规划,均为一次葬,与妯娌聚落的墓地情况类似,表明聚落中死亡的成年人以个体为单位进入公共墓地。相反,埋葬于一个大坑中的多个瓮棺显然是二次埋葬的行为,而集中埋葬未成年人的行为是否同样是一种仰韶文化传统的"葬仪"呢?由于未成年儿童尚不具备完整的社会属性,而成年人又是单人墓葬的形式,因此这一问题显得比较复杂。但从整体的聚落布局来看,站马屯仰韶晚期的聚落大致体现了与妯娌相似的结构,聚落内部仍然能够看出明确的功能区划。(图4-3-8)

综上所述,从妯娌、站马屯仰韶文化晚期普通聚落的布局看,进入仰韶文化晚期的聚落内部的功能更为复杂,但居住区、仓储区、墓葬区、手工业作坊区等功能区划仍较清晰,房屋和墓葬的布局仍然保持相对集中的凝聚式结构特征,但仰韶文化早中期常见的向心式结构已经很少见到了。

(三) 龙山文化晚期

目前中原核心区龙山文化晚期的聚落遗址已有广泛的发掘,但相对而言,发掘面积较大,内部结构较清楚的聚落均为城址和中心聚落。因此对这一时期单个聚落形态的讨论也将主要集中在这些聚落方面。

中原史前城址在仰韶文化晚期的西山聚落首先开始出现,至龙山文化晚期发展至高潮。尤其是嵩山东、南地区,目前所发现的龙山文化晚期城址有颍河中上游地区的登封王城岗,双洎河流域的新密古城寨、新密新砦,沙汝河流域的郾城郝家台、平顶

[①] 河南省文物考古研究所、河南省文物管理局南水北调文物保护办公室:《郑州市站马屯遗址仰韶文化遗存2009-2010年的发掘》,《考古》2011年第12期,第58-73页。

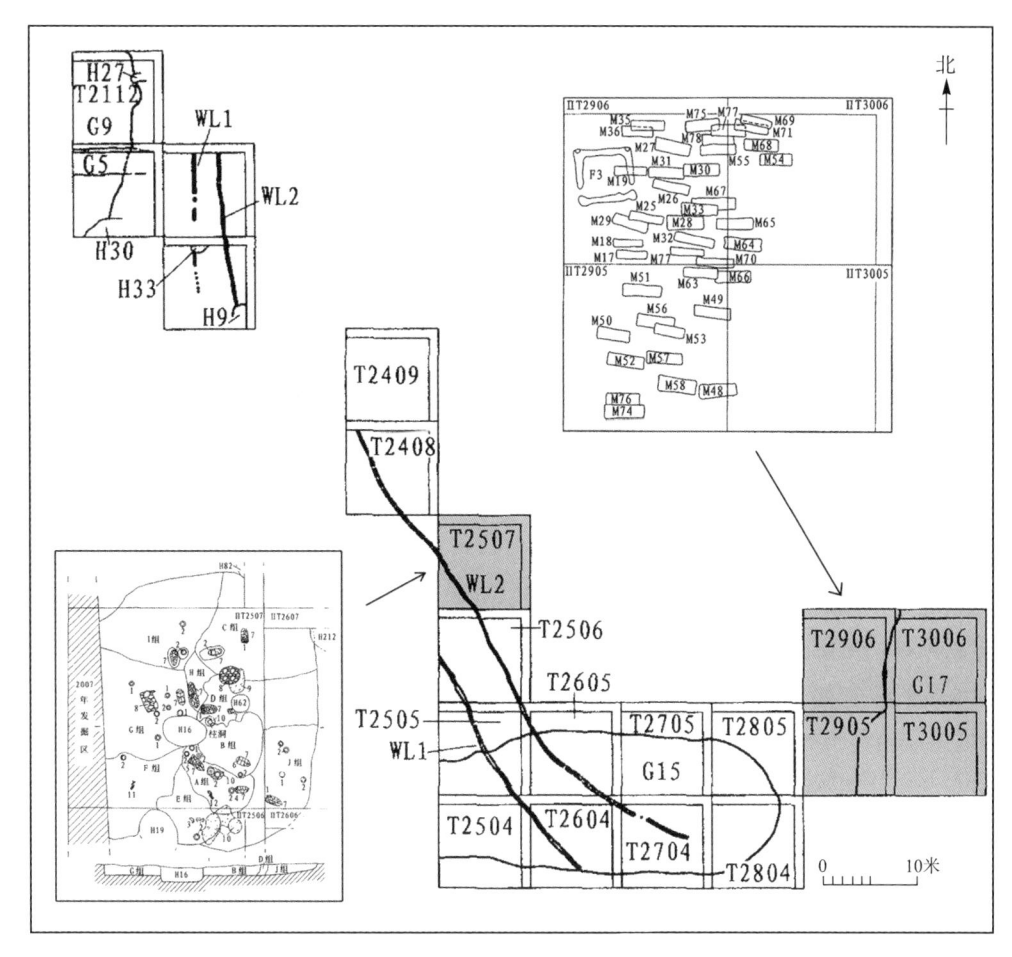

图 4-3-8　站马屯仰韶晚期聚落

（据：河南省文物考古研究院等，2011年，图七、十、十三改绘）

山蒲城店，济源盆地的徐堡、西金城，另外邻近的周边地区，如辉县孟庄、濮阳高城、安阳后岗、淮阳平粮台等也有发现。其中工作较多、结构较清楚的有登封王城岗、新密古城寨、新砦。

1. 城址

（1）登封王城岗

王城岗聚落位于颍河上游登封盆地颍河与其支流五渡河交汇处，到目前为止至少发现有三座龙山文化晚期城址，其中小型城堡两座（简称为小城），带城壕的大型城址一座（简称为大城）。

两座小型城堡东西并列，位于遗址的东北边缘，其中西城城墙保存较完整，面积约 1 万平方米[①];大城的面积超过 30 万平方米,涵盖了整个遗址的范围。小城位于大城的东北角,方向基本平行[②]。

讨论王城岗城址的布局首先应讨论小城之间,以及小城与大城之间的年代关系。关于东西两座小城的年代,报告根据地层关系指出两座城址均为王城岗龙山文化二期(大致相当于本书所划分龙山文化晚期前段第二组),同时又根据两座城址的城墙方向有所偏差,且西城利用了东城的西墙的情况推测,两城并非同时修建,西城的建筑和使用年代可能晚于东城。

实际上,东西两座小城之间并无确凿的地层关系可以证明它们之间的早晚,但从上述报告中所指出的两城并不平行的情况看,很难说它们是同期的城址,而更有可能是先后建筑、使用的小城堡。从东城保存较好的西南城角的夹角明显小于西城来看,据此推断东城的面积很可能小于西城。

有关小城与大城的年代关系,从探方 W5T2873 等处的地层关系看,大城的城壕打破了小城的城墙基槽,显然大城的建筑和使用年代均应晚于小城。从打破小城基槽的灰坑属于王城岗龙山文化三期(大致相当于本书所划分龙山文化晚期后段第三组的偏早阶段),而叠压在大城城墙夯土之上的地层出土陶片不晚于王城岗龙山文化四期(大致相当于本书所划分龙山文化晚期后段第三组的偏晚阶段)看,小城和大城的废弃年代分别不晚于王城岗龙山文化的第三期和第四期。

总之,我们认为三座城址的年代很可能都不同时,小城东城最早,小城西城其次,大城最晚,整个聚落的城址自东向西发展,规模逐步扩大。(图 4-3-9)

再进一步结合各类遗迹现象之间的地层关系,我们可以详细讨论小城与大城之间的年代关系和城内布局结构。

有研究者根据小城西城内发现的大量同期灰坑推测西城原来是仓城,后东城被毁,居民迁住进来[③]。然而,从同期遗迹之间的地层关系来看,在小城西城的范围内发现有五类遗迹同属于王城岗龙山文化二期:城墙、夯土残块、带有夯土的奠基坑、夯土坑和普通的灰坑。仔细观察这五类遗迹的空间分布可以发现,奠基坑、夯土坑与夯土块广泛分布于小城西城之内,说明这里曾经有处理地基比较讲究的大型夯土建筑。考虑到小城西城所在位置被严重破坏,城墙只剩下基槽部分,因此此类大型建筑很可

[①] 河南省文物研究所、中国历史博物馆考古部:《登封王城岗与阳城》,北京:文物出版社,1992 年。
[②] 北京大学考古文博学院、河南省文物考古研究所:《河南登封市王城岗遗址 2002、2004 年发掘简报》,《考古》2006 年第 9 期,第 3-15 页。北京大学考古文博学院、河南省文物考古研究所:《登封王城岗考古发掘与研究(2002-2005)》,郑州:大象出版社,2007 年。
[③] 钱耀鹏:《中原龙山城址的聚落考古学研究》,《中原文物》2001 年第 1 期,第 29-39 页。

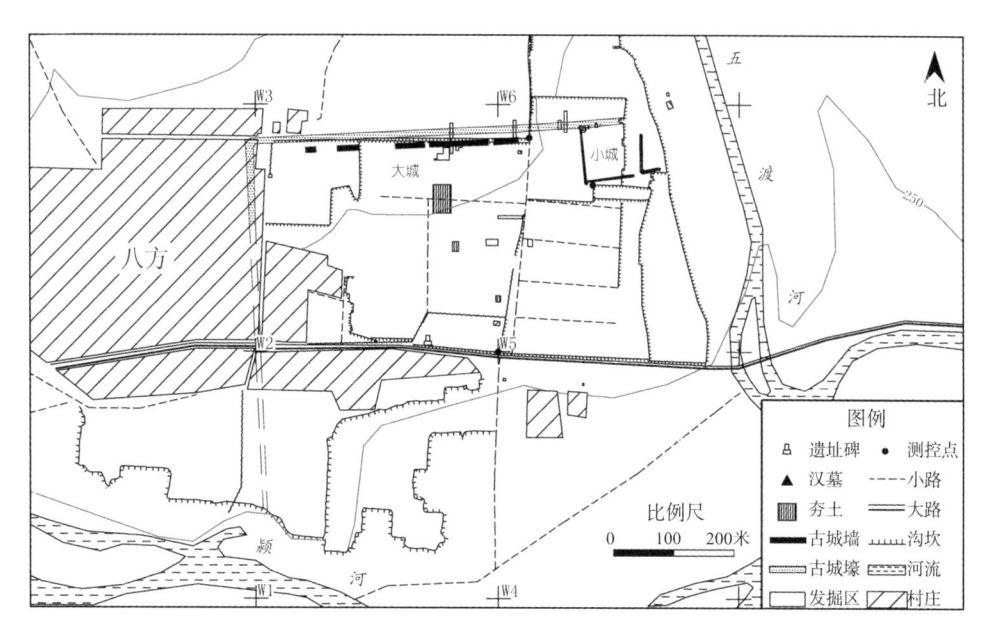

图 4-3-9 王城岗龙山文化晚期城址平面图

能同样遭到严重破坏,而只保留了少量的基础部分。然而值得注意的是,这些夯土块、奠基坑和夯土坑却与同期的普通灰坑交错分布,且多有相互间打破的现象,如 H513 打破奠 8、奠 11 打破 H499 等,说明这些普通灰坑不可能与大型夯土建筑同时使用。考虑到在小城西城建筑和使用之前之后,该地均有大量的属于王城岗龙山文化一、三、四、五期的灰坑分布,而极少见其他类型的遗迹,说明此地龙山文化晚期以来很可能曾长期作为仓储区使用。(图 4-3-10)

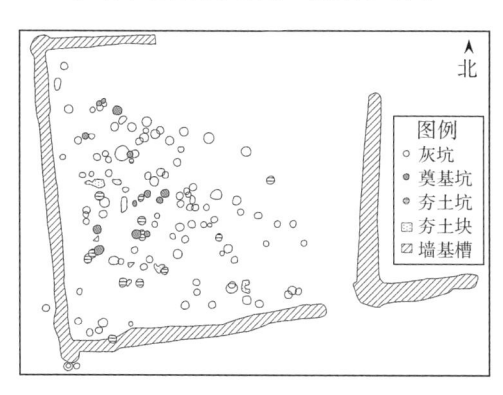

图 4-3-10a 王城岗小城龙山文化
第二期聚落平面图

(据:河南省文物研究所等,1992 年,图十八改绘)

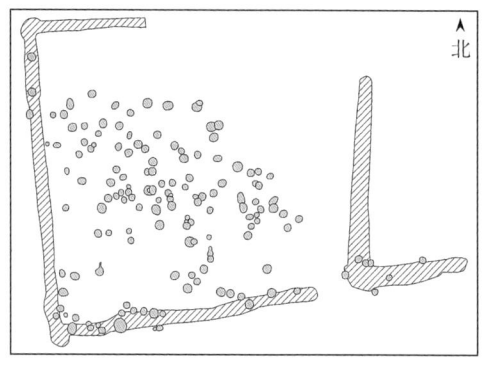

图 4-3-10b 王城岗小城龙山文化
第三期聚落平面图

(据:河南省文物研究所等,1992 年,图十八改绘)

因此,更合理的解释是:仓储区内短期出现的城墙和大型夯土建筑说明在王城岗龙山文化第二期,该地曾经发生过聚落功能的变化,将仓储区改建为大型夯土建筑区,并修筑墙体加以保护。从只见墙体不见城壕的情况看,或许小城是作为大型建筑的院墙使用的。但该区作为建筑区使用的时间短,随着外围大城的修建和大型建筑区位置的转移,这里又重新作为仓储区继续使用,并一直延续到龙山文化晚期的最晚阶段。那么,显然在王城岗龙山文化的第二期,整个聚落布局已经发生了重要转变,东西两座小城均应在王城岗龙山文化第二期阶段废弃。

王城岗龙山文化第三期的大量灰坑挖掘在小城基槽之上的现象说明,在大城的修建和使用时期很可能已将小城城墙夷为平地。

大城时期是王城岗龙山文化晚期聚落规模最大的时期,主要文化堆积集中在城墙范围之内。大城为平地起建,与小城挖有基槽的情况略有不同,但夯筑技术基本一致。大城北部和西部挖掘有城壕,东、南两侧则利用五渡河与颍河的天然河道共同形成完整的防御体系,但城墙与壕沟之间尚相隔大约10米的距离。发掘和测量表明,尽管王城岗聚落处于山前缓坡之上,地势西北高东南低,但城壕底部基本取平。城壕开口于五渡河与颍河之处,现今河面的海拔高程也完全一致,沟底高于现代河面4米。根据对颍河中上游地区河流地貌的研究,全新世中期颍河谷地处于泛滥加积状态,河流水位高于现今,水面大致能到现今二级阶地的边缘[①]。据此,颍河支流的五渡河水能直接流入城壕。城壕底部完全取平的做法表明城壕的挖掘过程经过了严格的测算和精确的施工,大城的修建很可能预先采取了统一的规划和设计。

目前我们所知的城内布局情况相当有限。大城中部偏北有两处大型夯土台基,但未做解剖,年代不详。大城东北角原小城所在地基本揭露完毕,发现成排分布的密集灰坑,多数为圆形袋状,而基本不见其他类型的遗迹现象,表明这里很可能一直作为仓储区使用。大城和小城的废弃灰坑内均发现大量的生活垃圾以及制骨、制石的半成品和废料,表明城内曾有丰富的生产活动,但限于发掘面积,还无法了解大城内的详细布局。

(2) 新密古城寨

古城寨聚落位于嵩山东南的双洎河流域,双洎河支流溱水河与无名河交汇处的台地上。该聚落所在遗址的文化堆积包含仰韶、龙山、二里头各个时期,其中有龙山

---

① 王辉、张海、张家富、方燕明:《河南禹州瓦店遗址的河流地貌演化及相关问题》,《南方文物》2015年第4期,第81-91页。

文化晚期的城址①。

古城寨城址由保存完好的夯土城墙和城壕组成,2016-2017 年的发掘,对东部的城墙和城壕进行了整体解剖,确定城墙与城壕的建造和使用年代为龙山文化晚期②。城址东、南、北三面筑有城墙,长 350 米,宽 102 米,城内面积 3 万余平方米。其中南北城墙各开有城门。南、北、东三面皆发现有城壕,西面利用溱水河自然河道,显然该城址也是利用自然河道与人工工事共同构建的防御体系。(图 4-3-11)

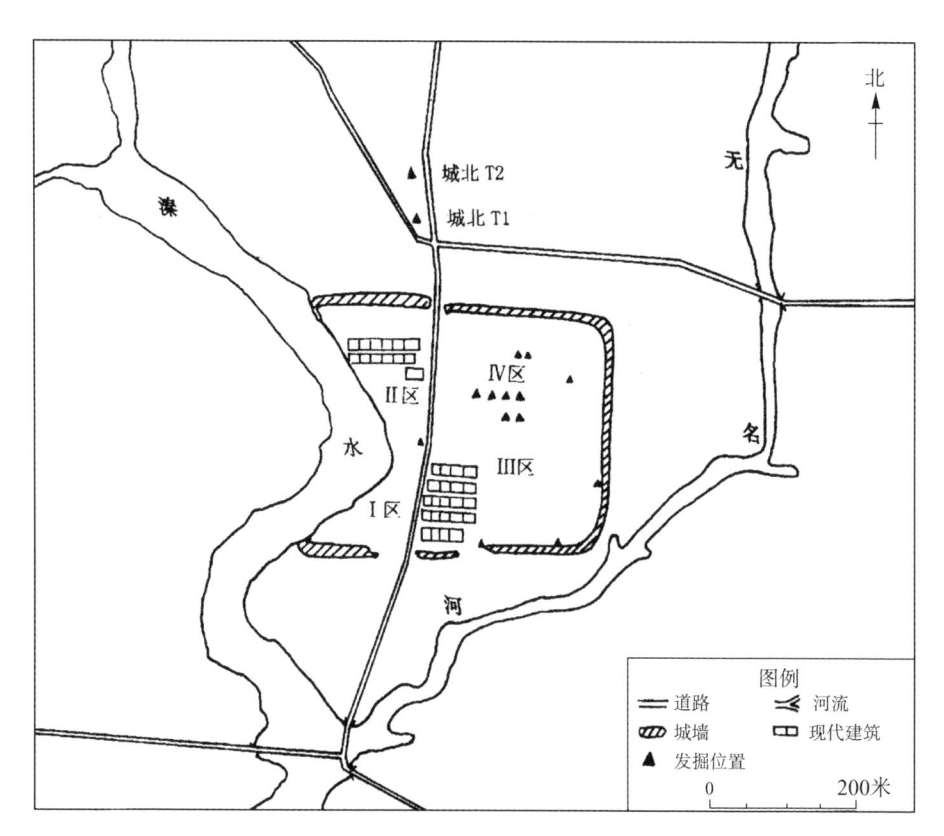

图 4-3-11　古城寨聚落平面图

(据：河南省文物考古研究所,2002 年,图二)

---

① 河南省文物考古研究所、新密市炎黄历史文化研究会：《河南新密市古城寨龙山文化城址发掘简报》,《华夏考古》2002 年第 2 期,第 53-82 页。蔡全法：《古城寨龙山城址与中原文明的形成》,《中原文物》2002 年第 5 期,第 27-32 页。
② 河南省文物考古研究院：《河南新密古城寨城址 2016-2017 年度发掘简报》,《华夏考古》2019 年第 4 期,第 3-13、27 页。

城墙夯筑因地制宜,地势高处开挖基槽,地势低处则夯筑宽阔的墙基,地势平坦之处则平地起建。城墙采用先进的版筑技术分段分块筑成,现保存最好处仍高出地面 16 米,城墙的版筑技术与郑州西山仰韶晚期城址存在一定的继承关系。从解剖情况看,城墙外侧即为城壕,形成城壕一体的结构,城墙外侧的城壕底部有多次清淤后在墙体外侧加固形成的多组"护坡"的现象,起到了对城墙基础的有效加固作用。

城中部偏北发现两处相连的建筑基址,其中 F1 为高台夯土建筑,平面呈长方形,面积达 330 平方米。发掘表明 F1 上有 6 排柱洞将房基分为 7 间,其北、东、南三面有回廊。F1 北部约 7.5 米处发现一座廊庑式建筑基址 F4,揭露部分东西长 60 米,南北宽近 4 米,由数道墙基、门道和门房构成。发掘者称在廊庑基址 F4 东端到夯土建筑 F1 东北角有一道墙基槽相连接,从而将两建筑连为一体,形成有转角特征的院落式建筑群。从打破廊庑基址 F4 的灰坑多属于龙山文化晚期看,该建筑群的年代应为龙山文化晚期,与城址同时使用。从大量灰坑打破廊庑基址的情况看,城内显然也存在功能区的频繁转化情况。

总之,古城寨城址的高墙深壕特征十分显著,防御特色鲜明,城的中心位置有受到严密保护的大型建筑。大型建筑具有复杂的廊庑结构,构成了院落式建筑群。

(3) 新密新砦

新砦聚落同样位于嵩山东南双洎河流域,双洎河支流武定河、圣寿溪河与双洎河交汇处的台地上。该聚落所在遗址经过多次发掘,主要包含有龙山至二里头文化时期的堆积。多年来新砦遗址的聚落考古发掘与研究发现有龙山文化晚期和"新砦期"的城墙城壕、双重环壕和大型浅穴式建筑[1]。(图 4-3-12)

新砦城址由城墙、城壕和内壕、外壕组成,其中城墙和城壕有龙山文化晚期和"新砦期"两个时期,外侧又被二里头文化壕沟打破。新砦城址始建于龙山文化晚期,平面大致呈不规则的圆角方形。从东城墙探沟 CT4-CT7 的解剖情况看,新砦城址的建造和使用过程可分为四个阶段:龙山文化晚期、"新砦期早段"、"新寨期晚段"和二里头文化时期。其中,龙山文化晚期和"新砦期"的建造方法相似,都是直接挖壕,并在城壕的内侧起墙,墙体宽平均约 11 米,城壕紧靠城墙外侧,壕深约 7 米,从而形成城、

---

[1] 赵春青等:《河南新密新砦遗址发现城墙和大型建筑》,《中国文物报》2004 年 3 月 3 日第 1 版。中国社会科学院考古研究所、郑州市文物考古研究所:《河南新密市新砦城址中心区发现大型浅穴式建筑》,《考古》2006 年第 1 期,第 3-6 页。赵春青等:《河南新密新砦城址发掘城墙西北角与浅穴式大型建筑》,《中国文物报》2006 年 6 月 30 日第 2 版。中国社会科学院考古研究所河南新砦队、郑州市文物考古研究院:《河南新密市新砦遗址东城墙发掘简报》,《考古》2009 年第 2 期,第 16-31 页。中国社会科学院考古研究所河南新砦队、郑州市文物考古研究院:《河南新密市新砦遗址浅穴式大型建筑基址的发掘》,《考古》2009 年第 2 期,第 32-47 页。

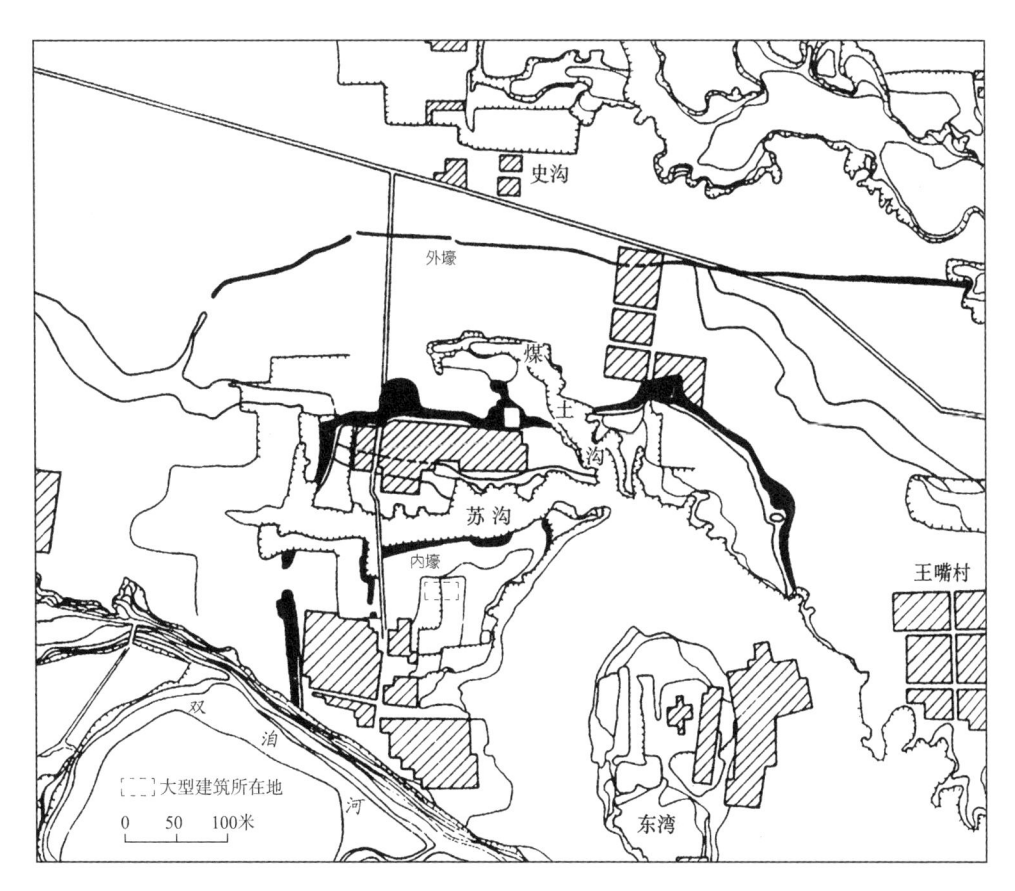

图 4-3-12 新砦聚落平面图

（据：赵春青等，2004 年，改绘）

壕一体的防御结构。这种建城方法与邻近的新密古城寨、淮阳平粮台十分接近：在贴近城壕内侧采用斜向向上夯筑的方式，形成城墙外侧的类似护坡结构。但新砦城址的地面部分被破坏殆尽，无法判断城墙主体本身是否采用了版筑法。值得注意的是，新砦城址的连续四个建造和使用的阶段表明城址被反复的维护、重建和连续使用，客观上使得城壕结构逐步向外扩展，城的规模得以逐步扩大，聚落处于连续稳定发展的状态。（图 4-3-13）

新砦聚落龙山文化晚期到"新砦期"的城址规模宏大，现存面积 40 余万平方米，复原面积可达 70 万平方米。在城址的外侧北部 220 米外发现有一道外壕，长约 1 500 米，分别与双洎河两条支流相通；城址内侧发现有内壕，圈占区域为正方形，约 6 万平方米。内壕内侧中心位置有大型浅穴式建筑基址。但是，报道未交代外壕与内壕的年代，从整体空间布局看，其与城址应是一体式的结构。

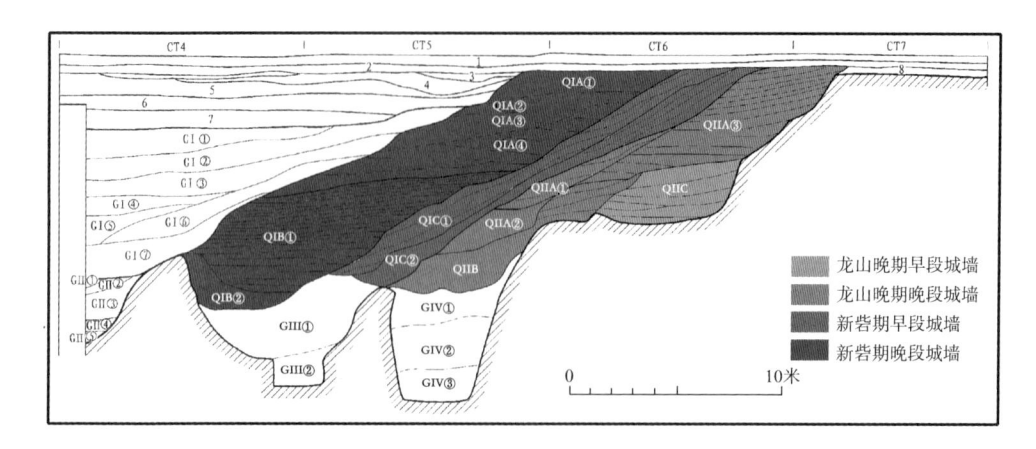

图 4-3-13　新砦东城墙解剖图

（据：中国社会科学院考古研究所河南新砦队等，2009 年，图三改绘）

　　大型浅穴式建筑基址仅发掘揭露了其中一部分，东西长 99 米，南北宽 14.5 米。发掘者认为该建筑建在一处贯穿东西的"新砦期晚段"的大路路面之上，墙体经过反复的维护和加固。考虑到同一区域的古城寨城址内也存在类似院落式的大型建筑，因此笔者推测不排除新砦发现的大型建筑可能会是院墙及其外侧夹道的可能性。值得注意的是，从该大型建筑所在位置的发掘情况看，龙山文化晚期以来这里出现复杂的灰坑、道路、建筑等不同遗迹间的叠压打破关系，表明这一区域同样存在频繁的功能转化情况。

　　总之，新砦城址有三重城、壕的防御体系，城壕一体的建筑不断外扩，聚落稳定发展，大型建筑位于聚落中心，受到严密的保护，还可能存在大建筑外侧的道路系统。这些特点均可与仰韶晚期的巩义双槐树中心聚落以及邻近的古城寨城址相对照，表现出了中原地区早期社会复杂化过程中城址和中心聚落布局的特征。

　　与新砦城址兴盛期大致同时期的巩义花地嘴聚落也拥有双重环壕的聚落布局特色。花地嘴聚落的环壕与伊洛河及其支流西泗河共同构成防御工事，内外壕之间相距 100 米[①]。（图 4-3-14）花地嘴聚落布局的详细资料尚未公布，但从该聚落出土玉石牙璋、彩绘陶瓮和精致刻纹陶器等高等级遗物来看，应为一处区域性的中心。

[①] 张松林、张莉：《嵩山与嵩山文化圈》，《中原地区文明化进程学术研讨会论文集》，第 109 页，北京：科学出版社，2006 年。

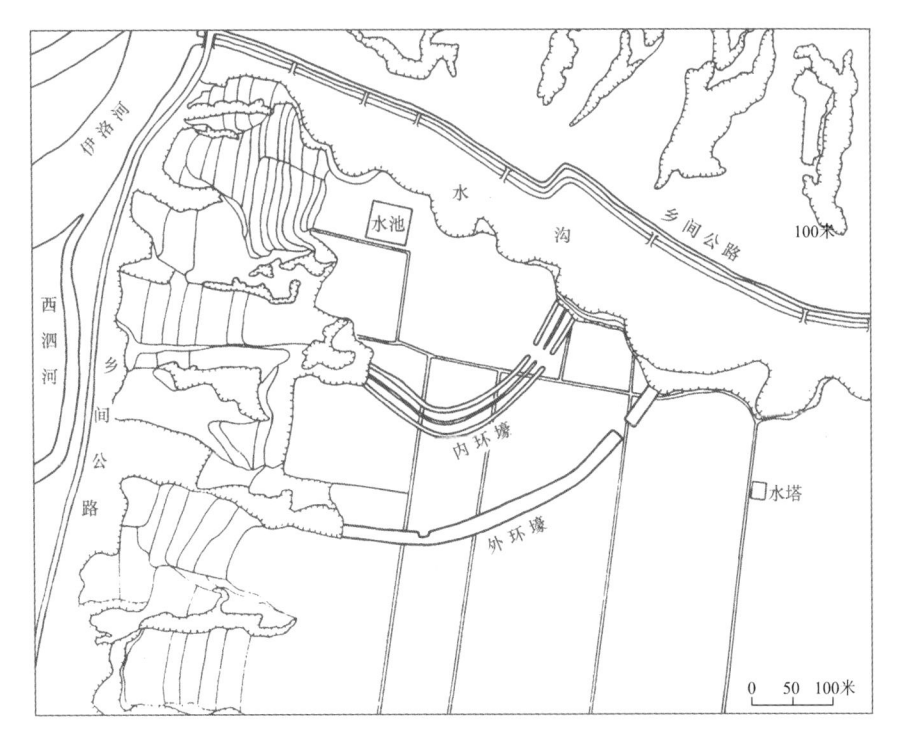

图 4-3-14　巩义花地嘴聚落平面图

（据：张松林等，2006 年，图十四）

（4）郾城郝家台

郝家台城址位于漯河市郾城区，地处沙颍河冲积平原的中心位置，于 20 世纪 80 年代发现并发掘[1]。2015-2016 年的发掘进一步确认了郝家台城墙与城壕的结构以及城内的布局[2]。郝家台龙山文化城址平面近长方形，南北长约 200 米，东西宽约 140 米，城内面积约 2.8 万平方米。东、西两侧城墙保存完好，东墙中段有缺口，或许与城门通道有关；南北两侧城墙破坏严重，北城壕中段变窄，并发现有零星的垫土，可能与城门或道路有关。郝家台龙山城址并非正南北方向，而是北偏东 12 度，地质钻探表明或许与古河道的方向一致。（图 4-3-15）

通过探沟的解剖可以了解郝家台城墙与壕沟的建造和使用过程。城壕紧贴城墙的外部，但未见类似护坡的遗迹或后期城壕清淤后加固城墙外侧的情况。相反，第二

---

[1] 河南省文物研究所、郾城县许慎纪念馆：《郾城郝家台遗址的发掘》，《华夏考古》1992 年第 3 期，第 62-91 页。河南省文物考古研究所：《郾城郝家台》，郑州：大象出版社，2012 年。
[2] 北京大学考古文博学院、河南省文物考古研究院、漯河市文物考古研究所：《河南漯河郝家台遗址 2015-2016 年田野考古主要收获》，《华夏考古》2017 年第 3 期，第 14-49 页。

图 4-3-15 郝家台龙山文化城址平面图
（据：北京大学考古文博学院等，2017 年）

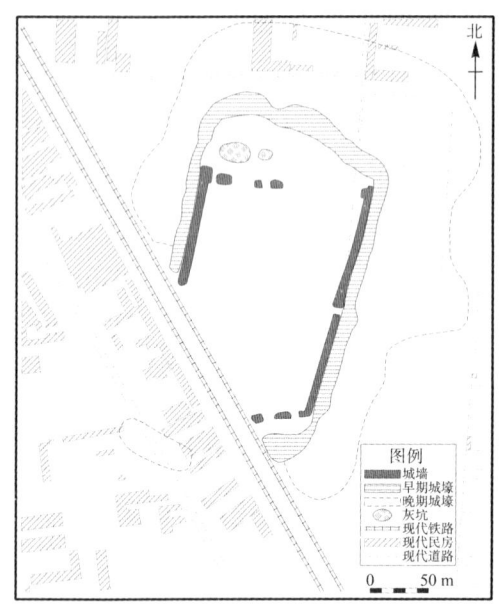

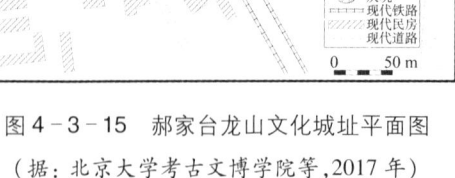

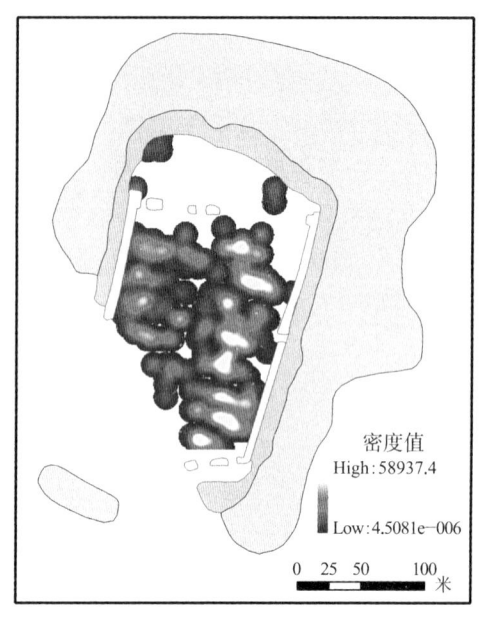

图 4-3-16 郝家台龙山文化城址房屋密度图
（据：北京大学考古文博学院等，2017 年）

期的城壕彻底挖破第一期的城壕，并向外侧大范围扩展。城壕的扩大应与郝家台城内因大规模修建高台式土坯房建筑而向城外的取土活动有关。值得注意的是，郝家台聚落的各类遗迹均集中在城内的范围，城内堆积厚度普遍超过 6 米，在同一位置上连续建造房屋可达数层，表现出连续向上发展的聚落生长过程，而不是向外部的扩张。系统的地质钻探表明，郝家台城址处于沙颍河冲积平原地势相对较高的自然台地上，属于"择高而居"的崮堆型聚落。因此，聚落连续向上发展和不断在城壕外侧取土的过程应该与郝家台聚落所处的泛滥冲积平原不稳定的水环境有关，聚落只能在有限的高台地上发展。

对西部城墙的发掘解剖表明，郝家台城墙底部宽约 12 米，残高仅 1 米有余，但城墙顶部发现有若干残留柱洞，说明城墙本身可能就不高，因此不排除在矮墙上建木栅栏一类简易防御设施的可能。类似的情况也可见于近年来发掘的山东章丘城子崖龙山文化城墙。

经过细致的钻探，郝家台城内可以清晰区分出东西延展、南北排列的 8 排房屋，规划相当严整。局部发掘表明，每排房屋都建在垫高的黄土高台之上，房屋为间间相连的土坯排房，房前屋后发现有储藏的坑穴、陶窑和墓葬，形成"居葬合一"的模式。这 8 排房屋布局整齐，似乎有沿城址中轴线对称分布的特点。房屋之间看不出明显的等级差异，应该是一处建有围墙且内部相对平等的村镇。（图 4-3-16）

总之，为适应泛滥冲积平原的地貌环境，择高而居，有宽阔的外壕和低矮的城墙，内部规划严整、居葬合一，且不断向上发展的聚落布局和发展模式是郝家台龙山城址的重要特点。

（5）平顶山蒲城店

蒲城店聚落位于沙汝河流域的沙河北岸，于20世纪50年代发现，2004－2005年经过系统的钻探和发掘，发现了龙山文化晚期和二里头文化早期的相邻两座城址[①]。（图4－3－17）

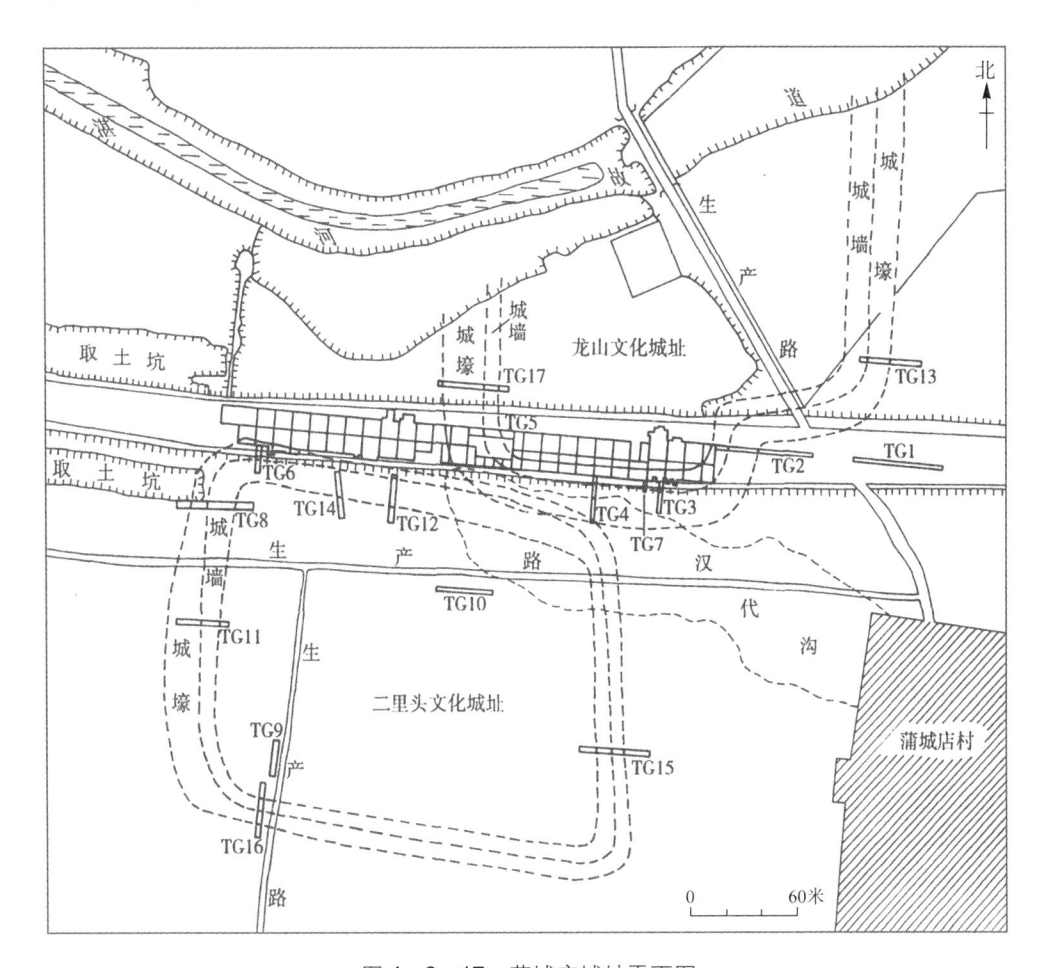

图4－3－17 蒲城店城址平面图

（据：河南省文物考古研究所等，2008年，图四）

[①] 河南省文物考古研究所、平顶山市文物局：《河南平顶山蒲城店遗址发掘简报》，《文物》2008年第5期，第32－49页。

龙山文化晚期的城址位于遗址东部的岗地上,平面略呈长方形,现存东、西、南三面城墙,北墙被沙河支流湛河冲毁。西墙残长 124 米,南墙 246 米,城内面积现存 2.65 万平方米,规模大致与邻近的郝家台城址类似。蒲城店龙山文化城址由城墙和紧贴城墙外侧的城壕组成一体结构。城墙由主体部分和两面护坡组成。从西侧城墙和城壕的解剖情况看,墙内侧斜向堆积的夯土层压在城墙内侧墙角处,应为加固城墙基础的护坡。墙外侧可以清晰分辨出 6 块类似夯筑的护坡堆积,均从城壕底部沿墙根向上夯起。这实际上反映了城壕使用过程中反复清淤,依托壕沟内缘加固墙基,并逐步向外扩大的过程,是城址一定时期内稳定发展的表现,与新砦城址的情况类似。(图 4-3-18)

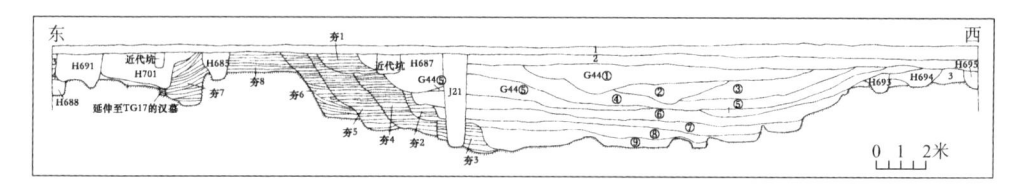

图 4-3-18 蒲城店龙山文化城墙城壕剖面图

(据:河南省文物考古研究所等,2008 年,图三)

城内发掘面积有限,仅发现有类似郝家台的排房以及灰坑和陶窑等生活设施,但对城内的布局状况尚不清楚。蒲城店龙山城址的规模较小,与郝家台类似,或许也是带有城壕防御设施的村镇型聚落。

(6)博爱西金城

西金城龙山文化城址位于黄河以北的济源盆地,沁河支流勒马河与运粮河之间。2006-2008 年经过大规模勘探发掘,揭示了一座龙山文化晚期的重要城址[①]。(图 4-3-19)

城址平面呈略不规则的圆角长方形,南北长 400-560 米,东西宽 440-520 米,墙体宽 10-25 米不等,城内面积 25.8 万平方米。探沟解剖表明,城墙主要由细沙土、淤土等拍筑而成,局部有夯筑,建筑技术类似于郝家台。发掘简报将流经城墙北侧和东侧的小河看作是城壕的一部分,该小河宽约 10 米,自北而南流,紧贴北墙和东墙的外侧,其中东侧的北段为一条,至南侧分为两条,中间为一处沙洲分割。发掘表明,小河(壕沟)南段的两侧均有多次清淤后加固沟岸的情况,说明经过有意识的人工维护,是利用自然河道并加筑城墙形成的城壕一体结构。

[①] 河南省文物管理局南水北调文物保护办公室、山东大学考古系:《河南博爱县西金城龙山文化城址发掘简报》,《考古》2010 年第 6 期,第 22-35 页。

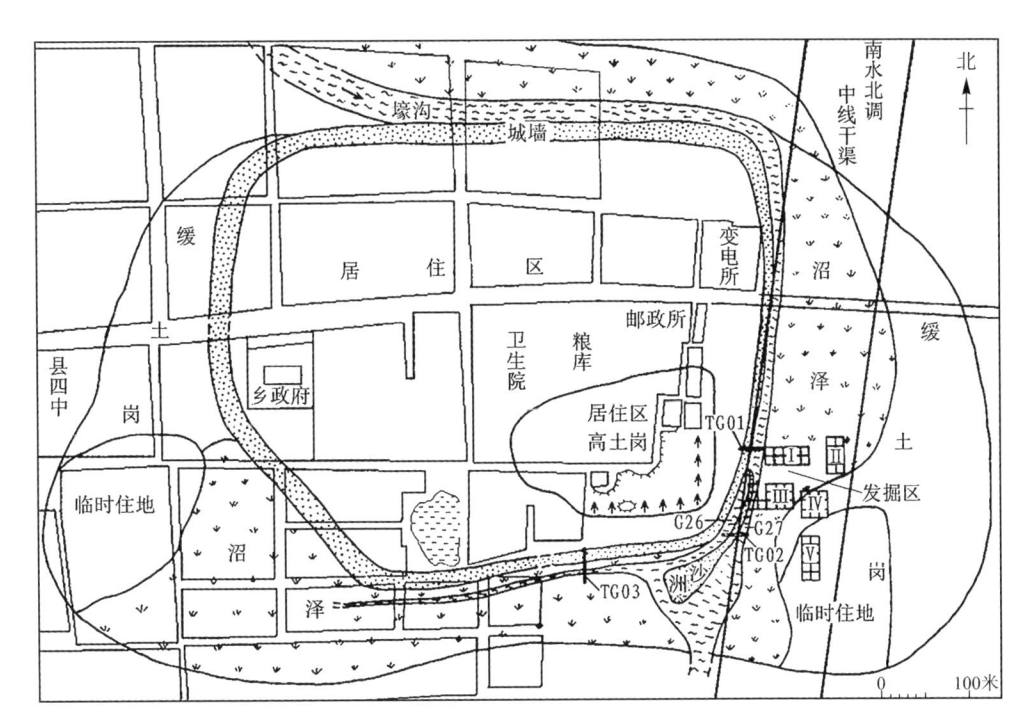

图 4-3-19　西金城聚落平面图

（据：河南省文物局南水北调文物保护办公室等，2010 年，图三）

钻探表明，城址位于"褐色或黄色粉砂土堆积的土丘之上"，与山东定陶十里堡等黄泛区的岗堆类遗址较为类似。城内东南部地势较高，文化堆积厚达 3 米，集中发现有白灰面的房屋，是城内的重要居住区；城内其他地区地势低洼，发现的居住遗迹相对较少。如此表明，城内的布局也存在"择高而居"的情况。值得注意的是，城外东西两侧各有一个东北向西南分布的条形土岗，地势较高，均发现有龙山文化堆积，而城墙与城外条岗之间多有湖沼相沉积发现。由此可见，西金城聚落很可能利用了一处地势较高的废弃古河道，两侧为废弃的天然堤，中间城内的高地可能是一处废弃的沙洲。由此，西金城聚落利用废弃古河道，形成了城内外相结合的布局结构，总面积超过 70 万平方米。但相比而言，主要遗存仍集中在城内，城外遗存相对贫乏，发掘者认为城外为从事季节性生产的临时性驻地。

总之，西金城聚落代表了黄河以北地区开发利用泛滥冲积平原的独特模式。

（7）焦作徐堡

徐堡城址位于焦作市南约 30 公里的温县武德镇徐堡村东，沁河南岸，北距西金城龙山文化城址仅 7.5 公里，同属于一个区域聚落群。2006 年为配合南水北调工程文物调查时发现,并经过抢救性发掘①。

城址位于遗址的中北部,平面略呈不规则的圆角长方形,北部很可能利用了沁河河道,东城墙残长约200、南城墙长500、西城墙残长360米,整个城址现存面积约20万平方米。从龙山文化晚期典型灰坑H88打破西城墙内侧护坡的地层关系看,城址的下限应不晚于龙山文化晚期。

现存城墙保存较好,距地表1-1.7米。西墙和东墙的中部各有一缺口可能为城门。在城址中部发现一处堆筑台地,平面呈不规则长方形,东西长90、南北宽70米,面积6000余平方米,年代不详,可能为城址中的重要建筑。

徐堡龙山文化晚期城址内部布局结构目前尚不清楚,但城址也明显利用了自然河道形成完整的防御系统。

2. 中心聚落——禹州瓦店

瓦店聚落位于颍河中游地区颍河南岸的台地上,为龙山文化晚期颍河中游地区聚落群的中心②。该遗址历经数次发掘、钻探与调查,但整体的布局结构仍然不清楚。

瓦店聚落面积超过100万平方米,是龙山文化时期中原核心区规模最大的中心聚落。但主要文化堆积被现代村落所叠压,考古工作十分不方便。初步的钻探表明,瓦店聚落由若干组环壕组成。2007年的钻探和发掘,确认了遗址西北部一处龙山文化晚期的环壕,为直角拐角,环壕内面积超过40万平方米③。聚落的西部和西南部地表也可见直角的壕沟,但发掘解剖无法直接判断其年代能否早至龙山文化时期。遗址的西南部地表可见一条贯穿西北东南方向的壕沟,年代不详。这条壕沟以北的台地上文化堆积深厚,目前瓦店聚落发现的高等级遗物均出土于此。在这些壕沟之间均可见到文化堆积,另外西北环壕外围文化堆积也较深厚,可见这些壕沟与遗址的关系颇为复杂,还有待于今后的工作。通过对西北环壕内连续堆积的土壤微结构的观察,可知环壕周围的土地利用方式在龙山文化时期即发生频繁的改变,表明聚落内部功能区变动频繁④。根据上述情况推测,作为一处大型中心聚落,瓦店很可能是由若干组环壕组成,环壕建造和使用的年代不同。

---

① 毋建庄、邢心田等:《河南焦作徐堡发现龙山文化城址》,《中国文物报》2007年2月2日第2版。
② 张海:《从瓦店遗址看中原腹地国家文明的起源——〈禹州瓦店〉读后感》,《华夏考古》2005年第1期,第108-110页。
③ 河南省文物考古研究院、北京大学考古文博学院:《禹州瓦店环壕聚落考古收获》,《华夏考古》2018年第1期,第3-29页。
④ 张海、庄奕杰、方燕明、王辉:《河南禹州瓦店遗址龙山文化壕沟的土壤微形态分析》,《华夏考古》2016年第4期,第86-95页。

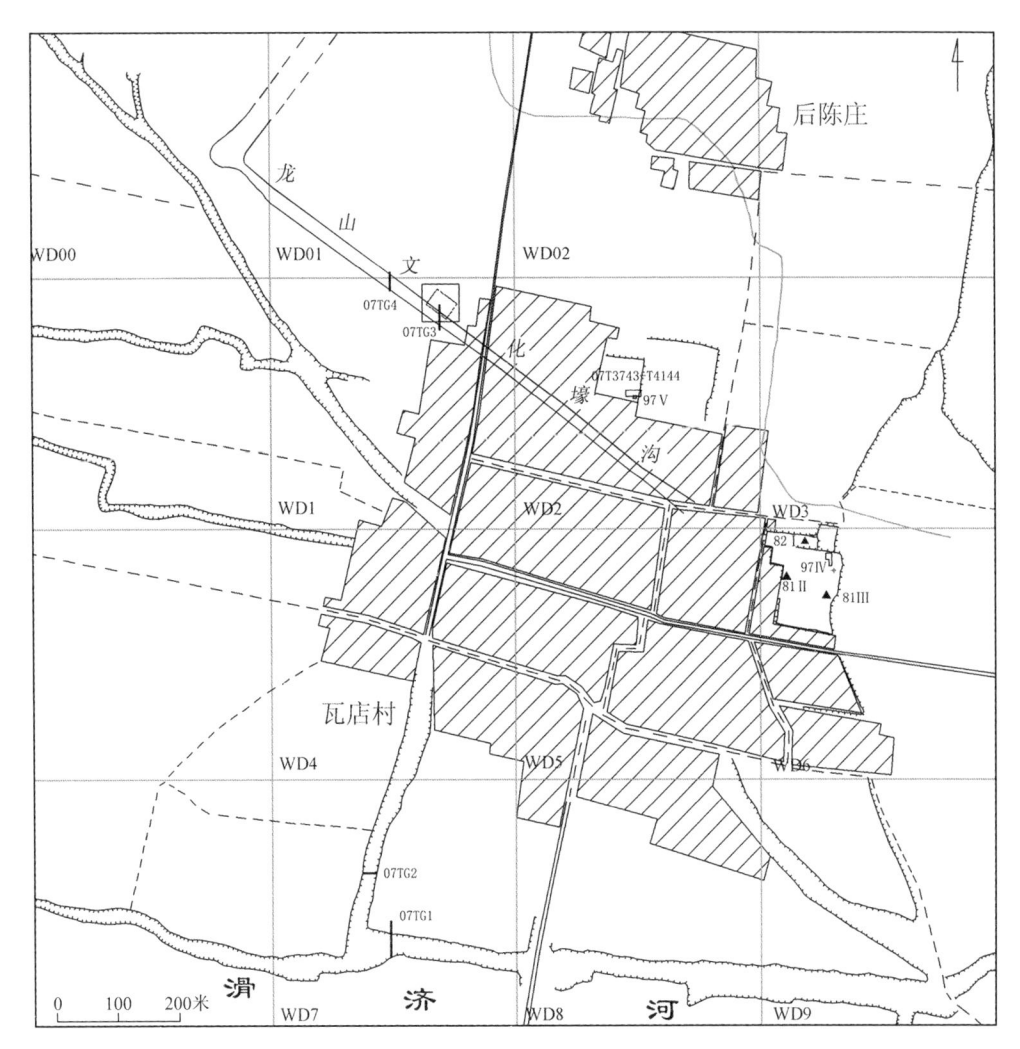

图 4-3-20 瓦店聚落平面图

（据：河南省文物考古研究院等，2018 年，图二）

瓦店聚落东侧岗地的发掘表明，这里文化堆积厚，遗迹现象复杂，主要有房屋、灰坑、墓葬和夯土台基三类。从发掘情况看，房屋形态多样，既包括规模较大的平地起建的长方形建筑，有的或带有动物奠基坑；另外也有规模较小的方形和圆形半地穴式建筑，但不见烧灶遗迹。显然，这里的房屋功能更加多样，周围分布有大量同期灰坑，同时也发现有大量灰坑或墓葬打破房屋基础的情况，表明这里应主要作为居住区使用。

东岗地西部边缘第Ⅱ发掘区内曾发现两座圆形台基，其中一座分内外两层夯筑，并发现有奠基用的人头骨,表明这里可能为一处祭坛。岗地南部村民建房起土时曾发现成片的成人瓮棺葬,均使用大型陶瓮作为葬具,有的随葬石铲和小件玉器,表明这里很可能是一处成人瓮棺墓地。东岗地上也曾发现大量的成人单人竖穴土坑墓,但均不见随葬品,分布不集中,头向也不固定,不能形成独立的墓地。

西北岗地发掘面积少,但发现了一座规模较大的大型夯土建筑,并带有出土人骨和牛卜骨的奠基坑。该岗地的文化层较为纯净,少见东岗地的生活垃圾类堆积,推测这里可能是具有特殊功能的区域。

考古学文化和生业经济的研究均表明瓦店聚落是一处多种生业经济和不同人群聚居的场所,因此聚落的布局除了功能区划之外,也可能存在不同人群的生活场所的空间划分,而聚落内部不同环壕的交错纵横和功能区的频繁转换或许正与此相关。

综上,目前对龙山文化晚期中原核心区聚落布局的了解还主要限于城址和中心聚落。这些城址和中心聚落主要集中在嵩山东南(黄河以北的太行山前是另外一处龙山城址集中的区域),与这一时期中原社会发展的重心向嵩山东南移动关系密切。城址和中心聚落的布局主要表现出了以下四个方面的共同特征:

第一,区域性的大型中心聚落,如瓦店和新砦,继承了仰韶文化晚期郑州—荥阳地区的特征,普遍具有多重(组)环壕或城壕等防御设施,表现出中心聚落人口增长,规模稳定发展,范围不断向外扩张的特点。

第二,这一时期大量出现的城址,多集中在中等规模的次级中心聚落。从其所处的环境背景来看,均利用自然地势,依托河流或岗地修建,又可分为建筑在河流阶地之上(王城岗、古城寨、蒲城店)和泛滥冲积平原的岗地(郝家台、西金城)之上两种。前者主要以防御社会冲突为主要功能,城墙多用版筑法夯筑,城壕一体,而版筑技术易于修筑高墙,形成"高墙深壕"的防御工事;后者则以泛滥冲积平原防御水患为主,城墙建筑技术不甚讲究,多为堆筑而成,墙体较为低矮,壕沟普遍不深。这些情况反映出龙山文化城址的环境背景和社会—政治功能的复杂性,不宜一概而论。

第三,龙山文化的城址虽然均依托自然地形和河流走向而修建,但同时尽量讲求方正的布局结构。一些城址如郝家台城内排房规划有序,似存在中轴对称格局,表明龙山社会内部的组织管理阶层对秩序的追求。与此同时,城址和中心聚落内不同功能区的频繁转换又表明聚落内部结构的不稳定性,或反映了社群内部成员构成的复杂性。

第四,中心聚落和城址内普遍出现了大型建筑。从目前发现的结构较为清楚的大型建筑看,或由带有廊庑结构的数组建筑围成院落,有的还带有院墙,从而形成院落式建筑群。这些建筑一般处于聚落的中心位置,受到严密保护,一些院墙外还可能存在贯穿聚落的道路系统。显然,这些在嵩山东南地区的龙山文化中心聚落和城址中出现的新元素为二里头都邑所继承,是我们了解二里头宫城布局来源的重要线索。

(四)二里头文化时期

二里头文化时期是中原核心区早期国家诞生与初步发展的阶段,目前学术界关于这一时期单个聚落形态的研究集中在对二里头都邑的研究上,主要工作包括对二里头中心聚落布局的考察和各类遗迹的发掘和钻探。近年来,除了二里头中心聚落之外,一些次等级的中心如大师姑、南洼、东赵、望京楼等聚落也开展了一些单个聚落形态的研究工作,使得我们对二里头文化时期各等级中心聚落的布局结构有了初步了解。

1. 偃师二里头

二里头都邑聚落位于古伊洛河北岸的一级阶地上,经过近半个世纪的调查、发掘和钻探,我们已经能够较为详细地勾勒出聚落布局的总体结构[①]。二里头聚落的现存面积超过300万平方米,大致呈西北—东南分布,东西最长2.4公里,南北最宽1.9公里。整个聚落大致能分为中心区和一般居住区两大部分,墓葬和其他手工业遗迹的分布则较为零散。(图4-3-21)

中心区位于遗址的东南部至中部,由宫殿区、大型围垣作坊区、特殊遗迹和若干贵族生活区组成:

(1)宫殿区

面积不小于12万平方米,位于遗址中部偏东南。外围有垂直相交的大道,二里头文化三期以后筑有宫城。目前为止,所发现的大型夯土建筑均位于这一区域内[②]。

发掘表明,该区主要从二里头第二期开始发展起来。这一时期,在聚落的中部修建有四条纵横交错的道路,略呈井字形,目前内部发现有两座东西并列的大型夯土建筑:3号建筑和5号建筑。3号建筑基址长超过150米,宽约50米,为一座大型三进院落的建筑;5号建筑基址位于3号基址以西,为一座四进院落的大型建筑。3号建筑与5号建筑之间以宽约3米的通道相隔,东西并列,通道的路土下发现有长逾百米的木结构排水暗渠。

[①] 许宏、陈国梁、赵海涛:《二里头遗址聚落形态的初步考察》,《考古》2004年第11期,第25-33页。许宏:《二里头遗址及其周边区域的聚落考古学研究》,《中国考古学与瑞典考古学——第一届中瑞考古学论坛文集》,第62-89页,北京:科学出版社,2006年。

[②] 中国社会科学院考古研究所:《二里头(1999-2006)·第六章 宫殿区》,北京:文物出版社,2014年。中国社会科学院考古研究所二里头工作队:《河南偃师市二里头遗址宫殿区5号基址发掘简报》,《考古》2020年第1期,第20-36页。

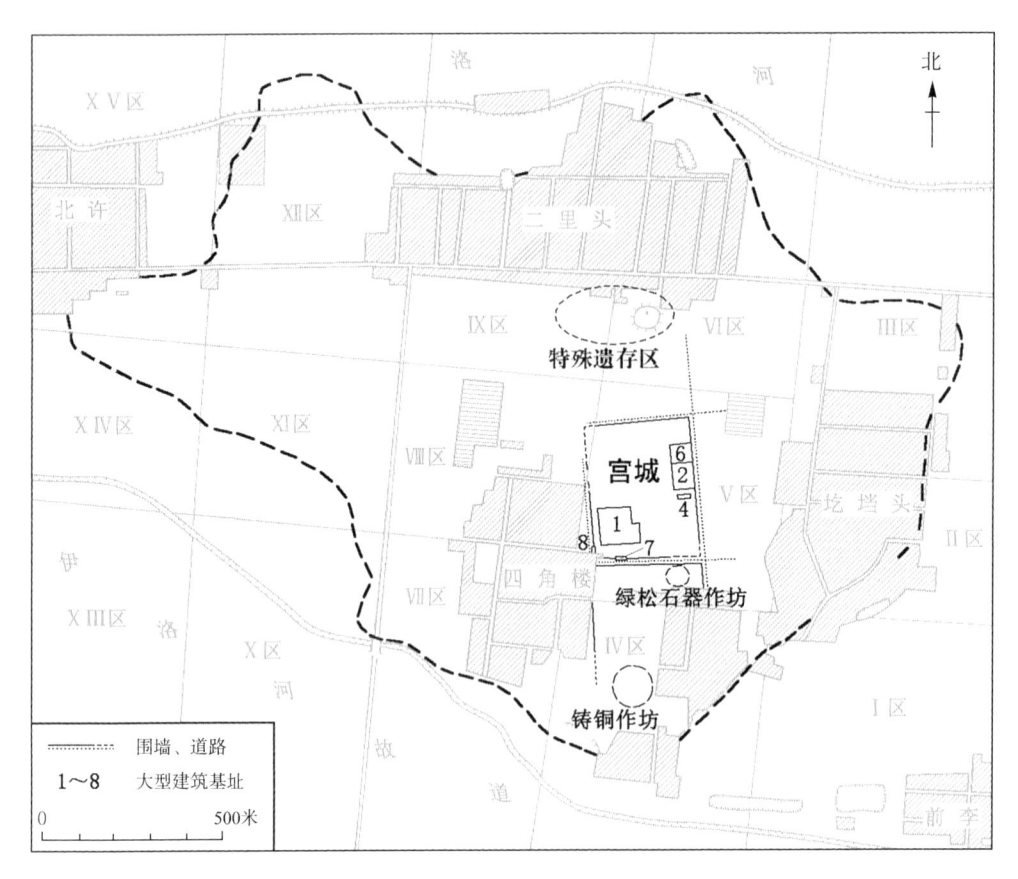

图 4-3-21　二里头聚落平面分布图

（据：许宏，2017 年，改自图 5-2）

二里头文化第三期，四条大道继续使用，同时在内侧修建了宫城城墙。宫城平面近长方形，方向为北偏西，城内面积约 10.8 万平方米。宫城内部西南为 1 号宫殿基址群，包括 1 号宫殿、7 号基址、8 号基址、9 号基址以及 1 号宫殿与 8 号基址间的夯土隔墙。宫城东北部为 2 号宫殿基址群，包括 2 号基址、4 号基址及其东庑。尤其是 7 号与 4 号基址分别位于 1 号宫殿和 2 号宫殿南大门的正前方，构成了宫城内两组有明确中轴线的大型建筑基址群。

二里头文化第四期，四条大道、宫城城墙、2 号宫殿、4 号宫殿的主殿台基、7 号基址、8 号基址仍在使用，同时在 2 号基址的后面新建了 6 号庭院式建筑基址以及与西侧并列的 11 号建筑基址。这一时期，1 号宫殿和 4 号基址的东庑在此期晚段开始废弃，但与此同时宫城南墙外又开始新建南侧大型手工业作坊区的围垣设施。

总之,宫殿区在二里头文化二期始建,并以四条纵横交错的大路为界限;至第三期达到高潮,并修建了宫城城墙和两组有明确中轴线的建筑群落;第四期继续发展,至其晚段宫殿建筑大规模废弃,宫城全面衰落。

(2) 大型围垣作坊区

二里头文化一期即发现有较多的白陶、象牙和绿松石制品,但集中冶铸青铜和生产绿松石制品的高级作坊区位于宫城之南的围垣设施之内,从二里头文化二期开始发展起来。其中铸铜作坊位于宫殿区之南 200 米处,面积约 1 万平方米。该区南部还发现有一条宽 16 米以上,深约 3 米,已知长度超过 100 米的壕沟。绿松石器作坊位于宫城以南的绿松石料坑及其周围 1 000 平方米的范围内,主要产品是绿松石管、珠及嵌片之类的装饰品。此外,在作坊区的北部还零星发现有骨料、玉片和陶串珠,因此也有在作坊区加工骨器和玉石器等小型作坊的可能。

从二里头文化四期开始,在宫城之南新建了长度分别超过 200 米的夯土墙 Q3 和 Q5 组成的围垣设施[1],之后又发现了西侧的 Q7,从而将上述铸铜、绿松石等作坊围起来共同构成了作坊区的完整围垣结构[2]。围垣作坊区的衰落和废弃也是在二里头文化的四期晚段。

(3) 贵族生活区

贵族生活区位于遗址的东部、东南部和中部,即宫殿区的周围,主要以中小型夯土建筑基址为主。这些建筑基址的面积在 20 - 400 平方米之间,普遍小于宫殿区内的大型建筑,结构也显得简单。中型墓葬的分布也与这些夯土建筑的分布大体一致,其中宫城东北的Ⅲ区和北部的Ⅵ区是中型墓葬最为集中的两个区域。

(4) 特殊遗存区

位于宫殿区北部和西北部,包括圆形的地面建筑和长方形的半地穴建筑以及附属于这些建筑的墓葬。因为功能特殊,发掘者将其称为"祭祀遗存区"[3]。但也有不同意见,认为可能是干栏式的粮仓[4]。可见这类遗存的性质还有待深入研究。

除了中心区之外,一般居住区位于遗址西部和北部。该区常见小型地面式和半地穴式房基及其随葬品以陶器为主的小型墓葬。这一区域文化层不厚,被严重破坏,可能属于中心区之外的一般性居住活动区,其中二里头村西北一带的文化遗存相对

---

[1] 赵海涛、陈国梁、许宏:《二里头遗址发现大型围垣作坊区全面揭露一处二里头文化末期大型庭院建筑》,《中国文物报》2006 年 7 月 21 日第 2 版。
[2] 中国社会科学院考古研究所二里头工作队:《河南偃师市二里头遗址城垣和道路 2012 - 2013 年发掘简报》,《考古》2015 年第 1 期,第 40 - 57 页。
[3] 杜金鹏:《偃师二里头遗址祭祀遗存的发现与研究》,《中原文物》2019 年第 4 期,第 56 - 70 页。
[4] 曹大志:《二里头的干栏式圆仓》,《古代文明研究通讯》2019 年总第 83 期,第 39 - 42 页。

较丰富,可能为一处集中的居住区。

据发掘者推算,二里头遗址中目前共发掘有墓葬400余座。但这些墓葬散见于遗址各处,一般与居住区无法严格区分。另外,这些墓葬常常与二里头文化的一般生活堆积相互叠压打破,说明墓葬与居住区之间无法严格区分。与龙山文化晚期一样,这里存在中小型房屋与墓葬的"居葬合一"的现象。

(5) 城市基础设施

除了上述明确的功能区划之外,二里头都邑还建有为城市生产和生活服务的基础设施,包括道路系统和水管理系统。

二里头都邑的道路以井字形大道为核心,道路宽达 10-20 米,为城市干道。道路的两侧有围墙和围垣,将上述宫殿区围于正中心,作坊区围于宫殿区南部,特殊遗存区围于宫殿区北部,贵族居住区划分于周边。这些大道有层层路面,表明其被常年使用和维护。2003 年的发掘还在路面上发现了双轮车辙的痕迹。虽然目前我们还不知道二里头双轮车的样式、牵引方式以及具体的用途,但很明显的是双轮车可以大大提高市内交通运输的效率,是加速城市人员和物资流通的重要方式。

除了道路系统之外,水管理也是早期城市需要解决的问题。目前,二里头都邑内发现了大量的水井,远远超出龙山文化晚期水井的数量。值得注意的是,二里头都邑内的水井广泛分布于各个功能区块,与宫殿、普通房屋、铸铜作坊、制玉石作坊、陶窑等均密切相关,水井以其开凿位置的灵活性和供水方式的便捷性迅速成为城市生产生活供水的主要方式。除了供水以外,二里头都邑内还发现了与大型建筑相关的排水设施,包括庭院里的口部铺设石板的渗水井、陶排水管道和建筑边缘的排水沟等。这些都说明二里头都邑已经形成了供水与排水相结合的城市水管理系统。

综上,二里头都邑聚落内部结构布局的重要特点是以宫城区为中心形成等级分明,层次清晰的向心式对称布局结构。

宫城区的位置正处于都邑聚落的正中心,一开始即以井字形大道为规划,内部建以大型夯土建筑。贵族居住区围绕宫城区分布,以中小型夯土建筑为主。再往外围是一般居住区,以小型地面式和半地穴式房屋为主。与贵族生活密切相关的铸铜作坊、绿松石作坊、特殊遗存区均分布于宫城区周围、贵族居住区附近,中型墓葬也分布于此。一般生活区内相应分布有小型墓葬。宫城区内部大型建筑普遍具有中轴对称的特征。另外,从井字形大道所围成的长方形空间以及宫城城墙为十分规矩的长方形来看,显然都体现了追求方正和营造鲜明的对称式空间布局的设计理念。将宫殿和高级手工业作坊围于高墙之内,外侧是连通整个都邑的笔直干道,既有强化城市功能区划的作用,又有利于新式交通工具(如双轮车)的通行和物流、信息的畅通。尽管不同时期二里头聚落在局部表现出了复杂的各类建筑的使用、废弃、重建、再废弃的过程,但均限定在固定的空间位置上。我们注意到,二里头都邑内无论是宫殿区还是各类作坊区和特殊遗存区均出土大量的卜骨,表明占卜活动已经遍及生产生活的各个方面。这些都表明整个二里头都邑始终在严格的规划和有效的管控之下稳步发展。

总之,这种向心式对称布局结构的特征以鲜明的等级划分为依据,其内部宫殿区——贵族居住区——一般居住区的层次结构,加上二里头聚落所处的中原中心位置,完全符合"择天下之中而立国,择国之中而立宫,择宫之中而立庙"①的特点,是中原地区早期国家都邑建设的开端。

2. 荥阳大师姑

大师姑聚落位于荥阳市广武镇索河的下游,发现有规模较大的二里头文化城址。经过调查、钻探和发掘,发现并确认了一座带有城壕和夯土城墙的年代为二里头文化第二到四期的城址②。

大师姑城址位于索河下游,索河从其西南部自西向东再转向北流过。河流两岸均有城垣和壕沟,报告中并未提及城址是否为后期索河改道所冲毁,还是原本即在索河两岸分别营建。但从两岸城垣和城壕的平面形状看并不对称,因此似乎后一种可能性更大,即城址本身即利用了索河河道,同时分作东西两部分。

河东城址平面为较规则的正方形,东、北、南三面均有城墙和城壕,西部紧临索河,南部城墙和城壕东部向外呈直角状突出一部。城址东西宽约 560 米,南北长约 610 米,约 34 万平方米。河西城址平面为不规则形,其北侧城墙与城壕显然与河东部分不在同一直线上,除了整体位置明显向南之外,走向也非正南北,而是自东北向西南收缩,西北转角为钝角,东部和南部相当范围似乎利用了索河河道,河西城址面积约 11 万平方米。河东、河西两部分城址的城内现存总面积约 45 万平方米。(图 4-3-22)

从发掘解剖以及索河东岸剖面调查所见的情况看,城墙为分块版筑而成,城墙与城壕紧密相接形成城壕一体结构。城墙内外均有护坡,外侧明显有清理城壕后在城墙外侧进行加固和扩建的过程,这与嵩山东南地区龙山晚期城址的建造和使用情况基本一致,可以看作是龙山筑城技术的延续。(图 4-3-23)结合城的布局分东西两部分,城内堆积从二里头文化二期延续至四期,可见城址曾经历了长期稳定的发展和不断扩建的过程。

---

① 《吕氏春秋·慎势篇》。
② 郑州市文物考古研究所:《郑州大师姑》,北京:科学出版社,2004 年。

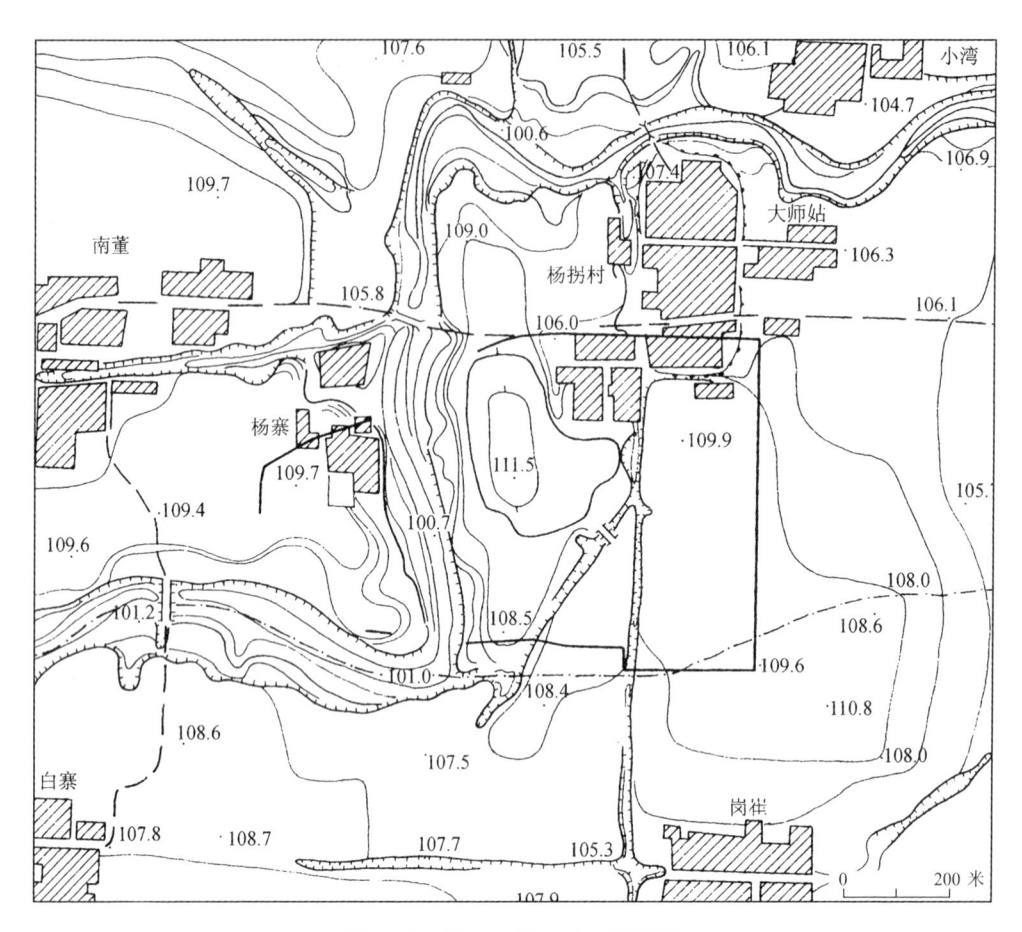

图 4-3-22 大师姑城址平面图

(据：郑州市文物考古研究所，2004 年，图二)

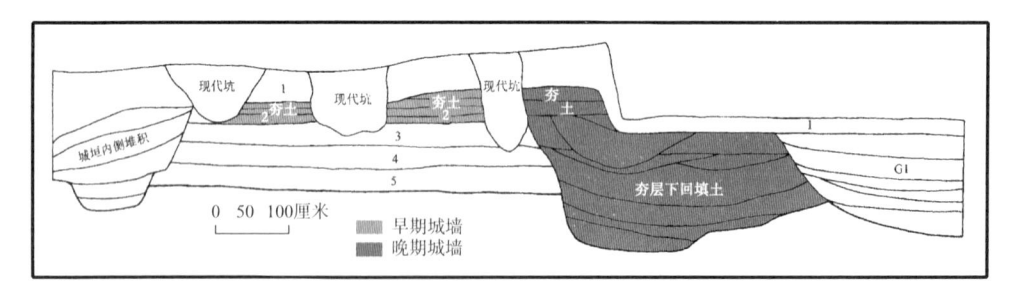

图 4-3-23 大师姑城址索河东岸剖面

(据：郑州市文物考古研究所，2004 年，图二二)

城内发掘面积有限,布局结构尚不清楚,但从出土遗物来看,既有卜骨和玉琮、玉环等高等级的遗物,也发现有二里头文化的陶排水管等建筑材料,说明城内存在二里头文化时期的大型建筑。显然,大师姑城址应为二里头文化时期的一处区域性的中心。

3. 郑州东赵

东赵聚落位于嵩山北麓的山前缓坡冲积平原上,一系列的调查、钻探和发掘确认了东赵聚落由大、中、小三座城址组成,年代从新砦期延续至战国[①]。(图4-3-24)

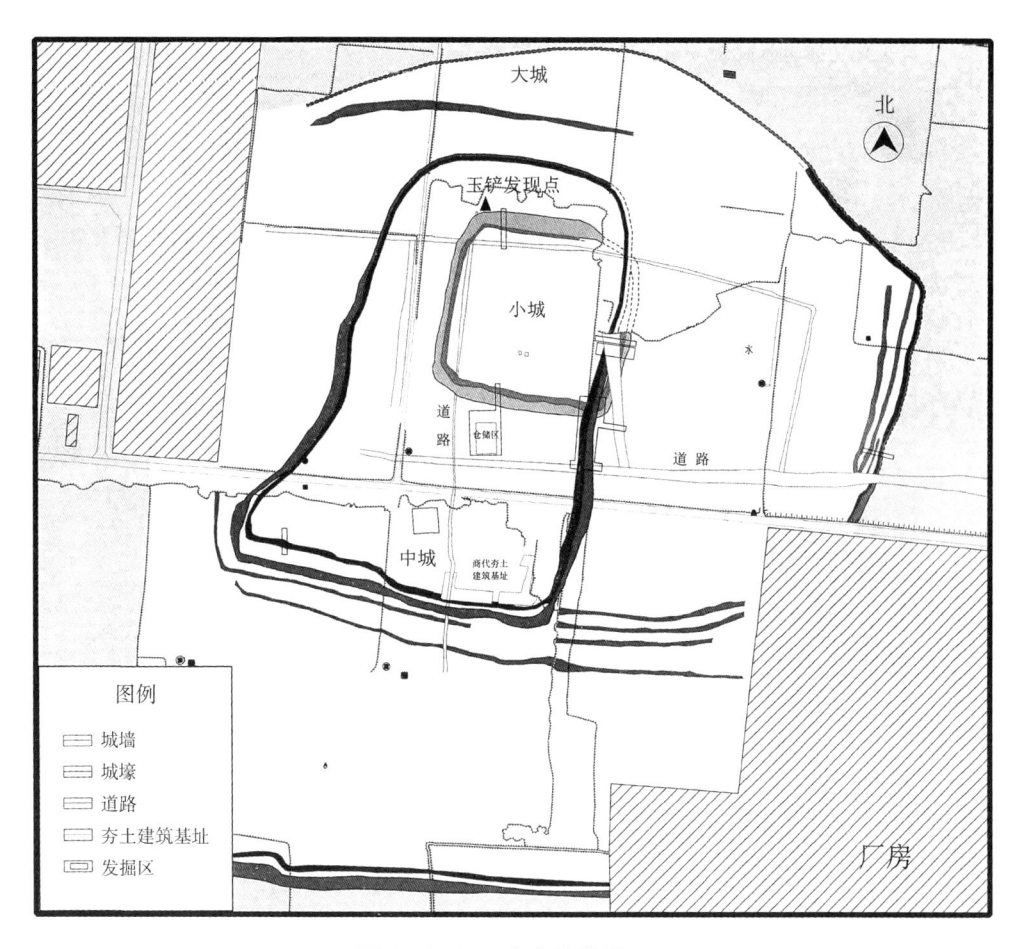

图4-3-24 东赵城址平面图
(据:张家强、郝红星,2015年)

[①] 张家强、郝红星:《沧海遗珠——郑州东赵城发现记》,《大众考古》2015年第8期,第20-27页。

小城位于遗址的东北部,近于方形,边长150米,面积约2.2万平方米。发掘解剖表明,小城城墙和壕沟的建造方式与新砦类似,城壕紧贴城墙外侧,为城壕一体式结构。从层位关系上可以明确判断小城的始建年代为新砦期。

中城位于遗址的中部,平面大体呈梯形,北墙长150米,南墙长256米,面积7.7万平方米。中城始建于二里头文化第二期,城墙和壕沟均打破小城,说明中城没有在小城的基础上继续扩建,而是进行了彻底的重建。值得注意的是,中城中部偏东的区域发现了大量的窖穴遗迹,可能是集中的仓储区。另外,中城内发现了大量二里头文化时期的水井、蓄水池和纵横交错的水渠,说明城内有完善的人工供水系统。考虑到:首先,东赵遗址所处的地貌为山前冲积平原,嵩山北麓的檀山北坡上,距离主河道须水河有2公里远,取水并不方便,却依靠城内的先进供水系统解决用水问题。第二,该聚落的延续时间很长,包含了丰富的龙山、新砦、二里头、二里岗、西周、东周六个时期的遗存,尤其是发现的商代夯土基址仅次于偃师商城的同类建筑,同时调查发现有商代的青铜器和玉铲,说明该聚落在不同时期均具有较高的等级。第三,距离东赵二里头城址以北仅6公里远就是大师姑城址,两城大致都是二里头文化第二期始建。以上三点均说明东赵聚落应具有特殊的重要性,以至于夏商时期这里被反复的营建和使用。

4. 新郑望京楼

望京楼聚落位于嵩山东麓双洎河支流黄水河和黄沟水之间,在同样位置上发现了二里头文化晚期和二里岗文化的城址[①]。

发掘者将望京楼二里头文化城址分为内外两部分。内城仅存东半部分,东墙长625米,南北墙各残长41、32米;东城壕长645米,南北壕各残长220、180米。发掘者所称之外城,未见城墙,实际上是利用东西两侧的黄水河和黄沟水,南北以横向壕沟相通而围成的长方形封闭空间,南北长1 510米,北宽南窄,北壕长1 181米,南边长985.4米,面积约168万平方米。(图4-3-25)

从对城墙和城壕的解剖来看,城墙与城壕连为一体,但未见护坡类堆积,为一次性建筑,使用时间不长,没有经过后期的反复维护。(图4-3-26)

城内南部发现有夯土台基以及一座大型水池,表明城内存在高等级建筑和供水设施。值得注意的是,城内东部及其中南部发现有密集分布的窖穴,或为集中的仓储区。小型建筑和墓葬发现较少,但同样存在"居葬合一"的现象,未见专属的墓葬区。

[①] 郑州市文物考古研究院:《新郑望京楼——2010-2012年田野考古发掘报告》,北京:科学出版社,2016年。

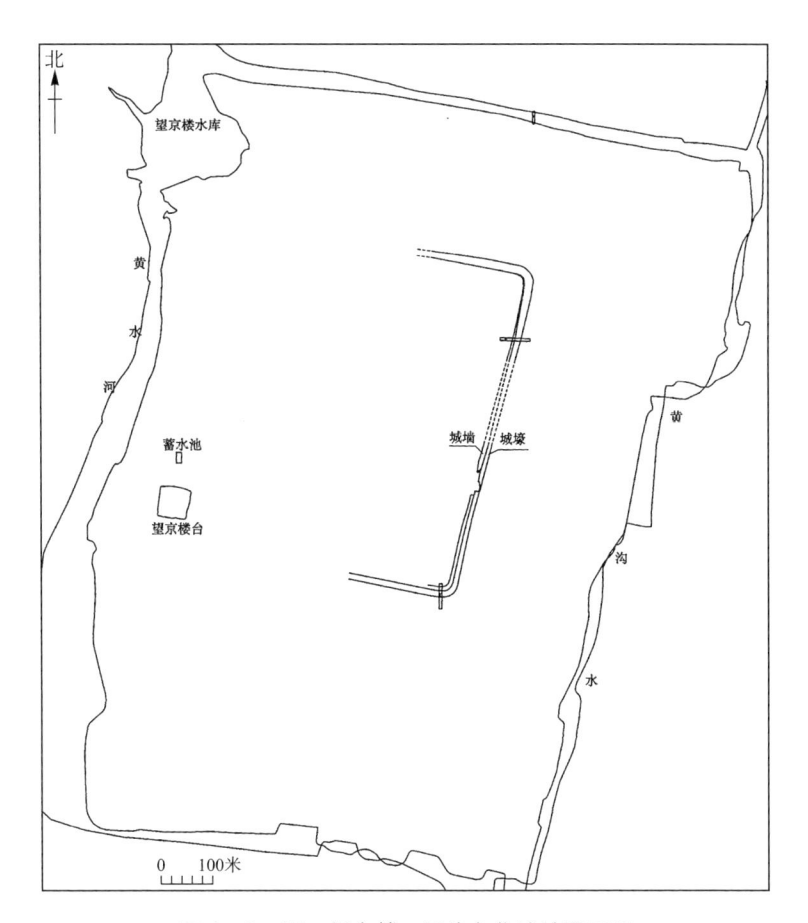

图 4-3-25 望京楼二里头文化城址平面图

（据：郑州市文物考古研究院，2016年，图四二）

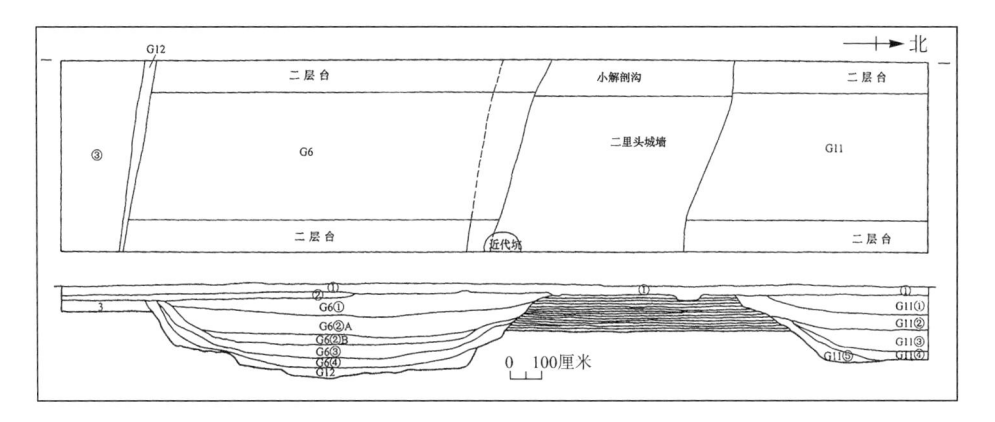

图 4-3-26 望京楼二里头文化城址剖面图

（据：郑州市文物考古研究院，2016年，图四三）

望京楼二里头城址北距大师姑和东赵城仅40多公里,但年代上为二里头文化四期,兴起的时间更晚,却又都在早商时期繁荣,反映了夏商时期中原王朝对中原东部地区持续和多波次的经营。

5. 登封南洼

南洼聚落位于伊河支流白降河上游,接近伊河流域与颍河流域的分水岭,遗址的西部和北部为白降河支流狂水所环绕,为一处二里头文化时期新兴的区域性中心聚落[1]。

考古发掘和钻探发现了聚落周围的两条环壕G1和G3,其年代为二里头文化第二至三期。两条环壕均通往狂水,与自然河道共同组成完整的防御体系。发掘者认为,由于狂水下游摆动频繁,因此不排除环壕的西部被冲毁的可能。从发掘解剖的情况看,外壕(G1)年代至少可早至二里头文化二期,并被内壕(G3)打破,内外壕内的面积分别为11.3万和4.6万平方米。(图4-3-27)从环壕不规则的形状看,环壕的修建显然缺乏规划性。晚期环壕的范围向内收缩也不同于其他多重城壕设施的二里头中心聚落。发掘者认为内壕修建后,集中出现在其内部的陶窑和白陶制品,说明内壕

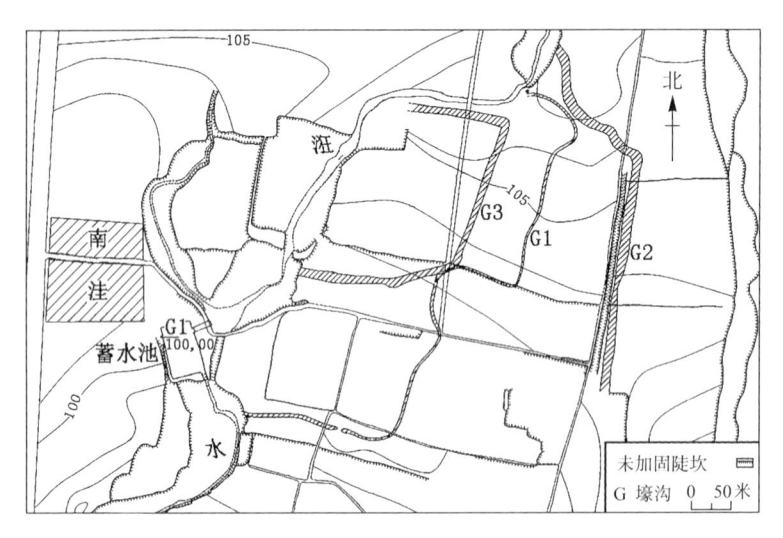

图4-3-27 南洼二里头环壕聚落平面图

(转引自:许宏,2017年,图5-10)

---

[1] 郑州大学历史学院考古系、郑州市文物考古研究所:《河南登封南洼遗址2004年春试掘简报》,《中原文物》2006年第3期,第4-12、22页。韩国河、张继华、张松林:《2004年春季登封南洼遗址钻探试掘工作概述》,《中原地区文明化进程学术讨论会论文集》,第333-336页,北京:科学出版社,2006年。郑州大学历史文化遗产保护研究中心:《登封南洼——2004-2006年田野考古报告》,北京:科学出版社,2014年。

的修建与保护白陶的专业化生产有关。考虑到南洼聚落出土的白陶数量较多、种类丰富,除了陶酒器之外,还有大量的网坠和装饰品,远超过聚落自身消费的需要,因此不排除聚落专门生产白陶并用于远距离贸易的可能。南洼环壕聚落的特殊布局,或许与聚落的这一特殊性质有关。在内外环壕之间还发现一处独立的小型公共墓地,排列整齐,也不同于其他二里头文化聚落的情况。发掘者推测,其可能是制陶工匠的墓地。

6. 平顶山蒲城店

蒲城店二里头文化城址在龙山文化晚期城址的西南部,城墙与城壕均打破龙山文化城址[①]。该城平面近似圆角长方形,东西长260米,南北宽204米,城内面积约3.6万平方米。(图4-3-17)

发掘解剖显示,城墙与城壕为一体式建筑,城壕紧贴城墙。城墙的修建明显分两块,内侧夯层薄,夯打较好;外侧夯层厚,似为堆筑。城壕经过一次清淤疏浚,形成早晚两个阶段的遗存,晚期城壕与早期相比位置外移,表明城址经历了稳定的发展、维护和扩建。但与龙山晚期不同的是不见护坡结构。(图4-3-28)

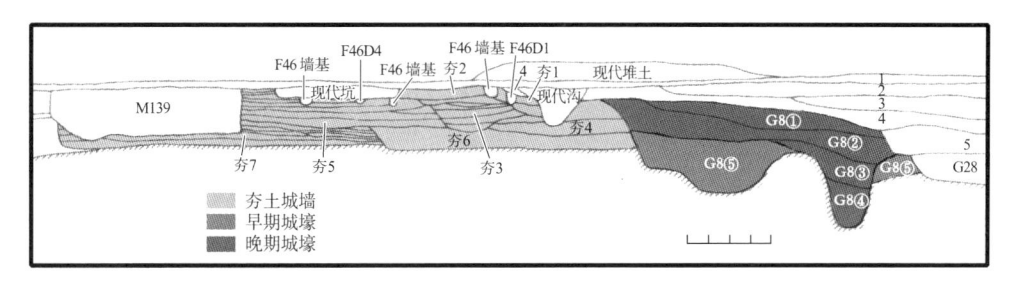

图4-3-28 蒲城店二里头城壕剖面图

(据:河南省文物考古研究所等,2008年,图三)

值得注意的是,在二里头文化城内中部偏西的位置发现一处夯土墙,成片的二里头文化房址均发现在夯土墙的西侧,层位上也大致相同。因此,很可能是居住区的一处院墙。目前所发现的二里头文化房址有20多处,均为地面式多间排房式建筑,排列有序,分布集中,应是继承了本地龙山文化的传统。

蒲城店二里头文化城址兴建于二里头文化一期,是目前所知年代最早的二里头城址。遗址上龙山至二里头文化的堆积连续存在,发现有明确的过渡时期遗存,二里头城址的规模也与龙山城址大体相当,这是聚落和人口连续稳定发展的表现。然而,

---

[①] 河南省文物考古研究所、平顶山市文物局:《河南平顶山蒲城店遗址发掘简报》,《文物》2008年第5期,第32-49页。

二里头文化城址并未利用龙山城址或进行扩建,而是选择在相邻的位置重建,如此说明龙山至二里头文化聚落内部发生了重要变化,或许这种变化的动因源于二里头文化早期的扩张。

总之,与龙山文化相比中原核心区二里头文化都邑和各级中心聚落的布局结构发生了不同程度的变化。

第一,二里头都邑聚落开创了以井字形大道贯穿都城,将城市方正划分的棋盘格局,并以围垣宫殿建筑居中的早期都城规划的新模式。城内的功能区划更加讲究,重要的手工业生产作坊区也建有围垣设施予以保护。除了人口的集中之外,城市的功能上更加强调为社会上层人士和管理阶层服务,尤其突出等级和秩序。与此同时,早期城市生活开始繁荣起来,城市道路和水管理系统开始出现。

第二,除都城之外二里头文化新建的城址或中心聚落多延续本地区的龙山文化传统,依托自然河道修建城壕一体的防御设施或多重(组)环壕,城内布局上也更接近本地龙山城址的特征,目前尚未见到类似二里头都邑聚落井字形城市布局的复制。目前所发现的二里头文化城址所在的嵩山以东、以南地区同时也是传统上龙山城集中分布的地区,表明二里头文化的扩张主要还是依托本地已有的社会结构和文化传统,通过政治上的控制来实现的。

从目前所见的二里头文化中心聚落或城址来看,兴建、繁荣和衰落的时间各不相同,表明二里头文化的扩张是持续不断和多波次的。但与龙山文化时期各地普遍形成的"中心—城址"的对立关系相比,新兴的二里头区域中心往往同时也是城址。可见,这种对立关系也由区域内部的中心—次级中心之间转移到了区域的中心与普通聚落之间。因此,可以说与龙山文化相比,二里头城址的性质发生了重要变化。

一些研究者从资源控制的角度出发,认为东赵、南洼、灰嘴等中心(城址)可能与粮食集中储存、白陶和石器手工业生产、获取铜料等战略资源有密切的关系,反映出新兴的二里头中心对整个中原核心区的经营管理策略以及中心之外的边缘地区重要战略资源的掌控方式[1]。但也有研究者认为,中原腹心的东部和南部地区普遍出现的二里头文化城址体现了较强的防御色彩,是夷夏对峙的结果[2]。总之,无论哪一种解释,均体现出二里头文化时期整个中原地区都以二里头都邑为核心的单中心特色,是中原地区早期国家的政治体制和管理方式的具体表现。

---

[1] 刘莉、陈星灿:《城:夏商时期对自然资源的控制问题》,《东南文化》2000年第3期,第45-60页。刘莉、陈星灿:《中国早期国家的形成——从二里头和二里岗时期的中心和边缘之间的关系谈起》,《古代文明》(第1卷),第71-134页,北京:文物出版社,2002年。
[2] 刘绪:《新郑望京楼——2010-2012年田野考古发掘报告·序》,北京:科学出版社,2016年。

二、聚落内部遗迹现象的考察

(一) 仰韶文化早中期

目前中原核心区经过发掘，结构清楚的仰韶文化早中期遗迹主要是房屋、墓葬和陶窑。

1. 房屋

明确属于仰韶文化早期的房屋在新安荒坡、渑池西湾和洛阳王湾遗址有所发现。

荒坡仰韶文化早期的房址发现有三座，其中F1和F3为地穴式房屋建筑，保存较为完好。这两座房屋的共同特点是先挖一个地穴坑，然后在坑壁中部横向挖出一个炕洞作为休息的区域，从建筑形式上比较接近后期的窑洞式建筑。F1的地穴坑，平面呈椭圆形，坑口长5.14米，宽3.34米，深2.18米；坑底长5.08米，宽3.4米。底部有小土台和两个小坑，其中北侧的小坑内填草木灰，坑底和坑壁被火烤成硬面，应为灶坑。炕洞距地穴坑口1.68米，有门，平面呈椭圆形，洞顶弧形，洞壁规整，长2.1米，宽1.64米，顶高0.7米，发掘者认为是人休息的场所。F3的结构与F1大体相似，地穴坑口略小，长3.05米，宽2.58米，但结构更为复杂，在地穴坑口有柱洞，上部有斜坡式通道，下部有四级台阶式通道。炕洞距地穴坑口1.96米，洞口为正方形，洞长1.55－2.3米，宽1.3米，高1.58米。炕洞口距离第四级台阶0.74米，其上发现红烧土硬面，应是炕洞口的活动面。炕洞内发现一处小坑，并有2件陶鼎。（图4-3-29）

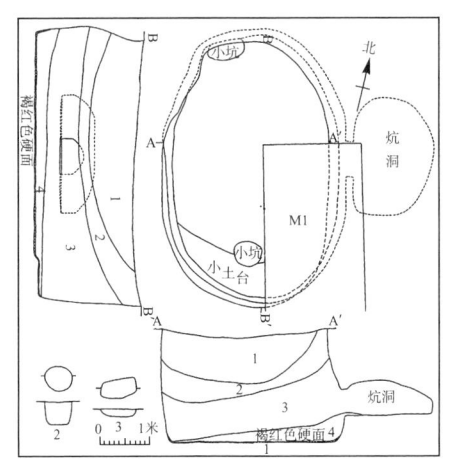

图4-3-29a　荒坡F1平剖面图

（据：河南省文物管理局等，2008年，图十二）

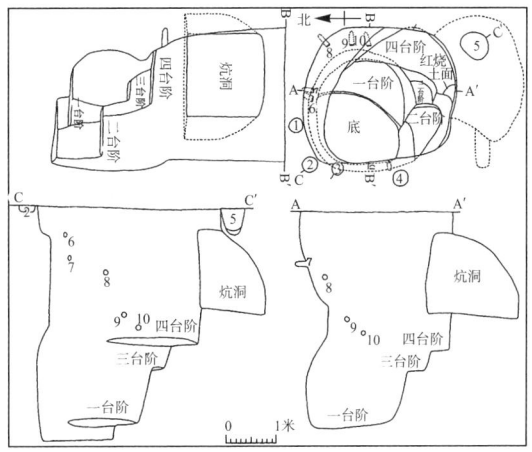

图4-3-29b　荒坡F3平剖面图

（据：河南省文物管理局等，2008年，图十三）

显然荒坡仰韶早期聚落的这种单体结构的地穴式建筑是适应黄土地区特点的建筑形式，从其规模以及仅有一处灶坑（火塘）的情况看，应为一个小家庭（单个对偶家庭）使用。这种单体式建筑的规模十分有限，又以深坑地穴为特征，缺乏日常公共的活动空间，日常生活设施亦不齐全，不同于后期黄土高原地区出现的前后室带有庭院的窑洞式组合建筑，其所能提供的功能有限，即仅作休息场所使用。仅从这几处房屋建筑还难以了解荒坡聚落的社会结构，但可据此推测婚姻形式不固定的对偶家庭或许存在于这一时期[①]。

渑池西湾遗址也发现有仰韶文化早期遗存，其中房址有两座，均为半地穴式建筑。F1椭圆形，口径3.9-4.8米，深0.8-1.3米。地面为料姜石硬面，北侧发现两个柱洞。F2椭圆形，口径4.9-5.5米，深0.9米。地面也是料姜石硬面，有二层台阶式入口的门道，未发现柱洞。这两座房址不仅规模小，设施简陋，缺乏明确的灶或火塘，可能仅仅是简易或临时性的居住设施[②]。

王湾聚落也发现有仰韶文化早期的房址。其中，F15平面为方形，门向西，南北宽7.4、东西进深7.2米，室内面积40多平方米。火塘在房屋中后部，为长方形，其正对门的前方有一个椭圆形凹坑。进门左侧是一处高出地面8厘米的土床，长2.3、宽1.5米，其南部近门处有小隔墙。房屋为平地起建，墙基先放置大石头，在上面垛泥，然后在外面抹草拌泥，墙不可能很高。从保存墙基的石块的分布看，南北两侧各向西部延伸，其北部还伴随有柱洞，由此推测，门前可能有出檐较长的前廊。室内柱洞分布不均匀，从倒塌堆积看，房顶以木板为椽，抹以厚约20厘米的草拌泥，可能为四面坡式。室内地面平整均抹以草拌泥。（图4-3-30）

在室内地面上摆放有圜底鼎、夹砂罐、钵、盆、2个尖底瓶和1个小石锛，另外北部两个小孩并排压在房顶之下，经鉴定，年龄分别为5-6岁和10岁左右[③]。

发掘者推测F15很可能毁于火灾，不排除其中室内地面上所压器物和小孩为来不及抢救所致，因此其内部遗存可大致代表房屋使用时的情境。从房屋内部设施和生活用具组合来看，大致能够构成一个完整的生活单元，但房屋面积超过40平方米，已经超过单个家庭所需。因此，该房屋很有可能为多个家庭（对偶家庭）使用，而门旁带有隔墙的土床或许专为夫妻生活所设置。

属于仰韶文化中期的房屋发现数量已经较丰富，主要发现在郑州地区，以方形为主，有单间和套间两种：

[①] 河南省文物管理局、河南省文物考古研究所：《黄河小浪底水库考古报告（三）》，郑州：大象出版社，2008年。
[②] 河南省文物考古研究所：《河南渑池县西湾遗址发掘简报》，《华夏考古》2008年第3期，第3-16页。
[③] 北京大学考古文博学院：《洛阳王湾》，第21-25页，北京：北京大学出版社，2002年。

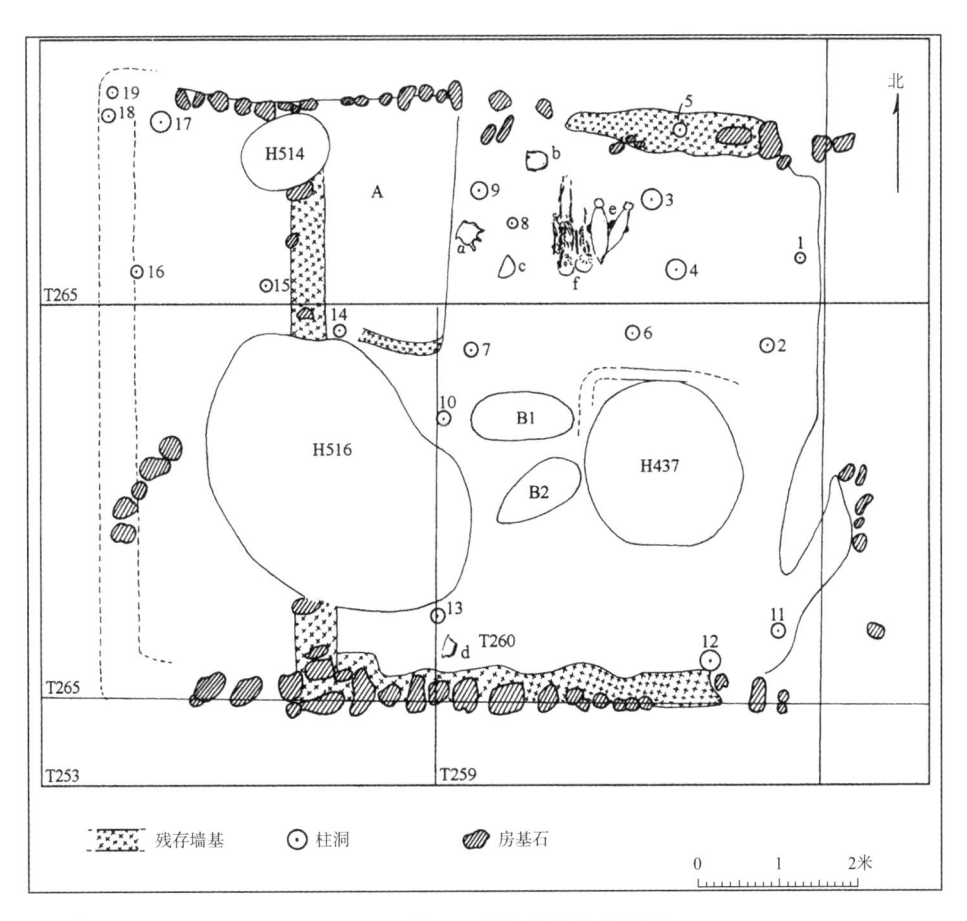

图 4-3-30 王湾聚落 F15 平面图
（据：北京大学考古文博学院,2002 年,图一一）

　　方形单间房。郑州后庄王 F3 为上下两座房基,显然下层房基毁坏之后在原地再次建房,其结构和大小基本相同。F3(上)为方形,东西宽 4.35、南北进深 4.23 米,室内面积 18 平方米。房屋为平地起建,先挖基槽,立柱,再用红烧土块夹草拌泥筑成墙。房门位于东南角,宽约 1.2 米,从南墙东端向南折看,似应有门道或门前前廊。室内靠近四面墙壁处各有一个大型柱洞,应为承重立柱。室内火塘位于房屋中北部,为红烧土块夹草拌泥筑成高出地面 1.5 厘米的土台,然后东、西、北三面筑窄墙,南面开口向门。室内地面为草拌泥之上夯打一层料姜石碎末,坚硬平整。从对地面的解剖来看,室内地面由多层草拌泥和料姜地面组成,在第二次铺草拌泥和料姜地面时又在火塘东面利用其东墙修筑一个小的火塘,可见房屋地面和火塘都经过多次修补,反复使用。(图 4-3-31)

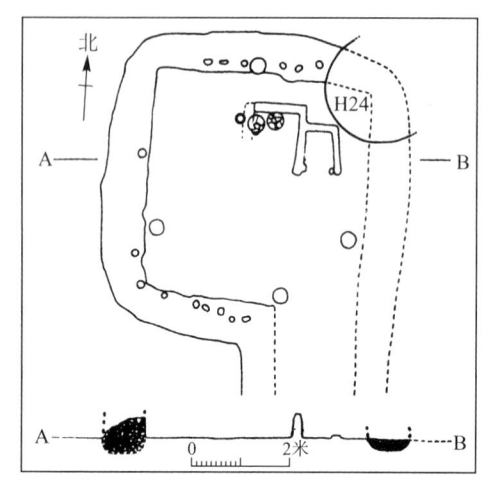

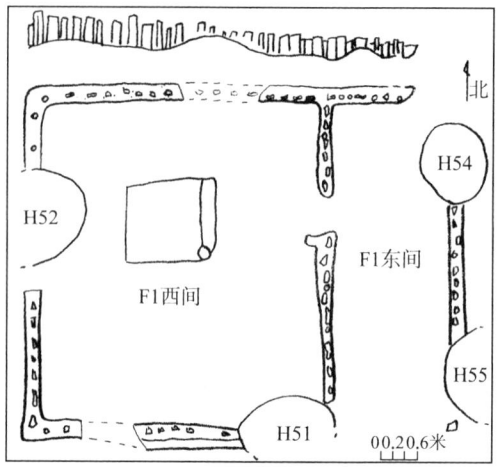

图 4-3-31　后庄王 F3(上)平面图
（据：河南省文物研究所，1988 年，图七）

图 4-3-32　点军台 F1 平面图
（据：郑州市博物馆，1982 年，图四）

在室内地面的火塘附近发现有生活用具陶罐 2 件、陶瓮和彩陶钵各 1 件[①]。显然该房屋有完备的生活设施，很可能为一个对偶或核心家庭所使用。

与郑州后庄王 F3 形似的方形单间房还有荥阳点军台的 F2，洛阳王湾的 F11 等，面积在 20 平方米以内，属于小型房屋。

方形套间房。以荥阳点军台 F1 为例。F1 为东西两间组成，西间为主间，东间为附间。东、西两间共用一座隔墙，其北部有一宽 0.55 米的门道，门道两边有向西伸出的短墙。西间南北宽 6.04 米，东西进深 5.4 米，室内面积约 32 平方米。其中部为方形火塘，高出地面 2 厘米，其东部挡风墙完整，高 23 厘米，并有立柱可能通往房顶。火塘灶面上有厚 0.5 厘米的草木灰。东间东西宽 2.08 米，面积约 13 平方米，无火塘，除了与西间的隔墙上有门之外，不见其他门。从布局结构来看，东间面积小，无灶等基本的生活设施，应为西间的附属，或许为卧室，功能大致同于王湾 F15 带隔墙的土床。从室内面积来看，整个套间能同时供多个家庭所使用。（图 4-3-32）

除了上述房屋之外，洛阳王湾 F1 为一座规模约 200 平方米的大型地面建筑，但由于破坏严重，其内部结构和功用已无法复原。仅从轮廓看，房基东西长 21 米，南北宽约 9.5 米，基础由 6 层垫土形成，其中第 6 层为厚约 5 厘米的陶片层，陶片均属于"王湾第一期文化"，因此其建筑年代大致应属于仰韶文化早中期。

总之，上述位于中原核心区的仰韶文化早中期房屋主要发现在渑池—洛阳—郑州

[①] 河南省文物研究所：《郑州后庄王遗址的发掘》，《华夏考古》1988 年第 1 期，第 9-10 页。

一线。房屋的建筑形式显然有各自的文化传统。西部的涧河流域流行地穴式或半地穴式建筑,而洛阳—郑州一线则主要是地面起建的木骨泥墙的方形建筑,有的带有隔间。这些房屋均为中小型建筑,还没有见到类似西坡的"大房子"。相比较而言,西部涧河流域的地穴或半地穴建筑的规模小,功能简单;中东部的地面式方形房屋规模更大,结构和生活设施也更复杂一些。或许除了文化传统的差异外,也有功能甚至社会基础单元的差异。但目前尚无证据表明这一时期单个的对偶家庭已经独立,成为社会生活的基本单元。

2. 墓葬

目前中原核心区发现的明确属于仰韶文化早期的墓葬数量极少,无法深入分析,而属于仰韶文化中期的墓葬已有一定数量。

汝州洪山庙发现一座大型瓮棺合葬墓 M1。该墓平面为长方形,墓口长 6.3 米,宽 3.5 米,东南角大概有 1/4 部分已被破坏。墓葬内现存瓮棺 136 个,复原大致为 170 个左右。从瓮棺的形制看均为大口直壁缸(即"伊川缸"),上部覆盖一半球状或其他形制的器盖。瓮棺有大有小,分别盛放成人和儿童[①]。(图 4-3-33)

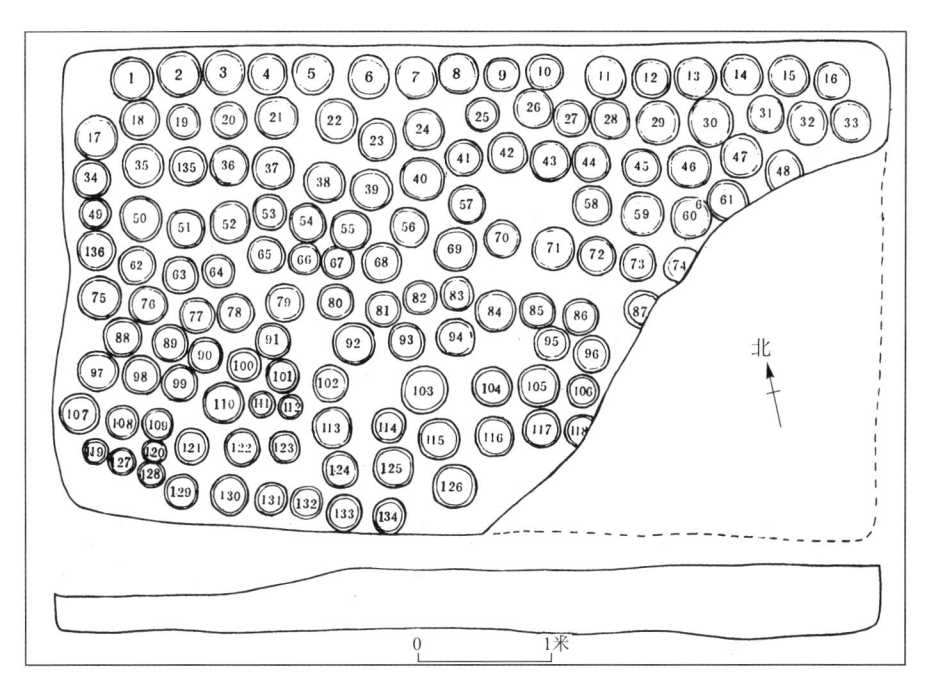

图 4-3-33 洪山庙 M1 平剖面图
(据:河南省文物考古研究所,1995 年,图九)

---

① 河南省文物考古研究所:《汝州洪山庙》,郑州:中州古籍出版社,1995 年。

目前已有研究者根据 M1 中瓮棺葬具的形式差异推测其所代表的社会集团的规模及性质等。然而 M1 中不同瓮棺葬具的形式差异是否即代表了它们制作年代上的差异还难以确定,而缸与器盖的形式组合也不固定。另外,从墓葬中这些不同形式葬具的排列位置来看也并无明显的规律可循。因此,仅根据目前的材料和方法,我们尚不能直接通过 M1 中葬具形式的差异而推测其内部不同个体之间的联系。

但在分析 M1 所代表的社会集团的规模及其内部成员间的关系时,我们注意到如下几个重要方面:

首先,M1 形状规整,田野发掘中并未发现其有多次使用的迹象。因此,虽然 M1 中各瓮棺里的人骨均为二次葬,但 M1 本身应为一次下葬行为的结果。从 M1 中瓮棺的排列特征看,第一排最为规整,且瓮棺个体均较大,似乎 5-6 个为一组(如 W1-5、W6-10、W11-16),自左至右依次摆放;但至第二排开始排列不甚规整,逐步散乱,甚至出现竖向(如 W17-34-49-136-75)和斜向排列(如 W88-101)的情况;儿童使用的小型瓮棺集中堆放在一起,其中以左下角数量最多(如 W119-120-127-128)。因此,M1 中瓮棺的下葬顺序很可能是从左上角开始依次成排向下摆放,在逐步散乱后,又根据空隙的情况竖向和斜向摆放了一些成人的瓮棺和儿童的瓮棺。

其次,M1 中除了上述不同形式的葬具在墓葬中的分布十分分散之外,不同类型的彩陶纹样组合在墓葬中也散布于各处。因此,墓葬中没有明显使用不同类型葬具和纹样区分不同社会集团的现象存在。或许一些纹样可能与死者的身份有联系,比如带有男根图案的瓮棺均为成年女性所使用,或反映了对生殖的祈求。总之,墓葬中并没有明显用以区分不同社会集团(比如不同家族)的标志,其成员属于同一个社会集团或社会组织的可能性较大。

再次,从对 M1 人骨鉴定的统计情况看,可鉴定标本中,男性比例 54.4%,女性比例 42.1%,儿童 3.5%;死亡年龄方面,儿童、青壮年和老年的比例分别为 8.3%、66.7% 和 25%,其中青年女性死亡率高可能是受到医疗条件的限制,难产导致死亡的情况较多所致。从以上这些比例看,基本能够代表一个较大规模的完整的社会集团的情况。(表 4-3-1、图 4-3-34)

表 4-3-1 洪山庙 M1 性别年龄统计表

	儿童 (14 岁以下)	青年 (16-30 岁)	壮年 (31-50 岁)	老年 (51 岁以上)	总计
男 性		2	3	5	31
女 性		11		1	24
总 计	2	13	3	6	57

图 4-3-34a　洪山庙 M1 性别比例　　　图 4-3-34b　洪山庙 M1 年龄比例

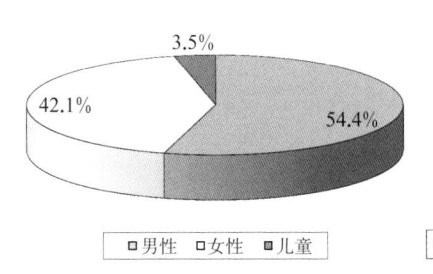

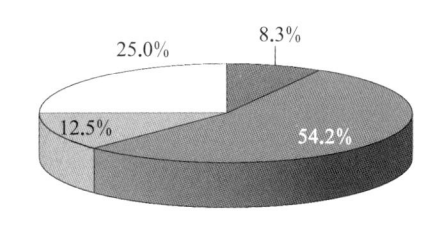

最后,根据一些研究者的论述,M1 仅属于洪山庙墓地中的一座,M1 所在的墓地中与其规模类似的大型合葬墓至少还有 3 座[1]。考虑到该聚落面积仅有 5 万余平方米,属于仰韶文化中期的中小型聚落,如果 M1 为代表的大型合葬墓仅能容纳一个大家庭或家族规模的人口,那么整个墓地所代表的氏族或胞族的人口数之巨,则显然与该聚落的规模很不匹配。因此,更有可能的是 M1 为代表的一个大型合葬墓中埋葬的是整个聚落在一定时期内死亡的人口,而不同的墓葬则很可能是该聚落不同时期死者的合葬墓。

与洪山庙 M1 形制完全相同的伊川缸大型合葬墓还发现于鲁山邱公城[2]、伊川土门[3]等同期聚落中,说明以一个聚落社群的人口为规模的大型瓮棺合葬墓在仰韶文化中期的伊河流域与沙汝河流域具有相当范围的普遍性。有研究者指出,以聚落为单位在一段时间内有组织的集体埋葬行为是仰韶文化兴盛时期的一种"葬仪"的表现,目的是加强社群内部的凝聚力[4]。

王湾聚落所发现的新石器时代墓葬包括长方形竖穴土坑墓和瓮棺葬两类,分别为成人和儿童所使用。其中竖穴土坑墓多无随葬品,仅从零星出土的若干随葬陶器看,墓葬年代应属于仰韶文化中期和晚期两个阶段。瓮棺葬按照葬具的不同可分为小口尖底瓶葬和瓮罐葬两类,其中前者均属于仰韶文化中期,后者有少量属于仰韶文化晚期。《洛阳王湾》报告对其中竖穴土坑墓的分期并无可靠依据,但从墓葬分布情况看,报告中第一期和第二期的墓葬均朝向西北,显示了较强的连续性。有鉴于此,我们暂将所有仰韶文化墓葬置于一起讨论。(图 4-3-35)

---

[1] 赵春青:《郑洛地区新石器时代聚落的演变》,第 69-70 页,北京:北京大学出版社,2001 年。
[2] 河南省文化局文物工作队:《河南鲁山邱公城遗址的发掘》,《考古》1962 年第 11 期,第 557-561 页。
[3] 洛阳市第二文物工作队、伊川县文化馆:《伊川土门、水寨新石器时代遗址调查简报》,《中原文物》1987 年第 3 期,第 19-21 页。
[4] 张弛:《仰韶文化兴盛时期的葬仪》,《考古与文物》2012 年第 6 期,第 17-27 页。

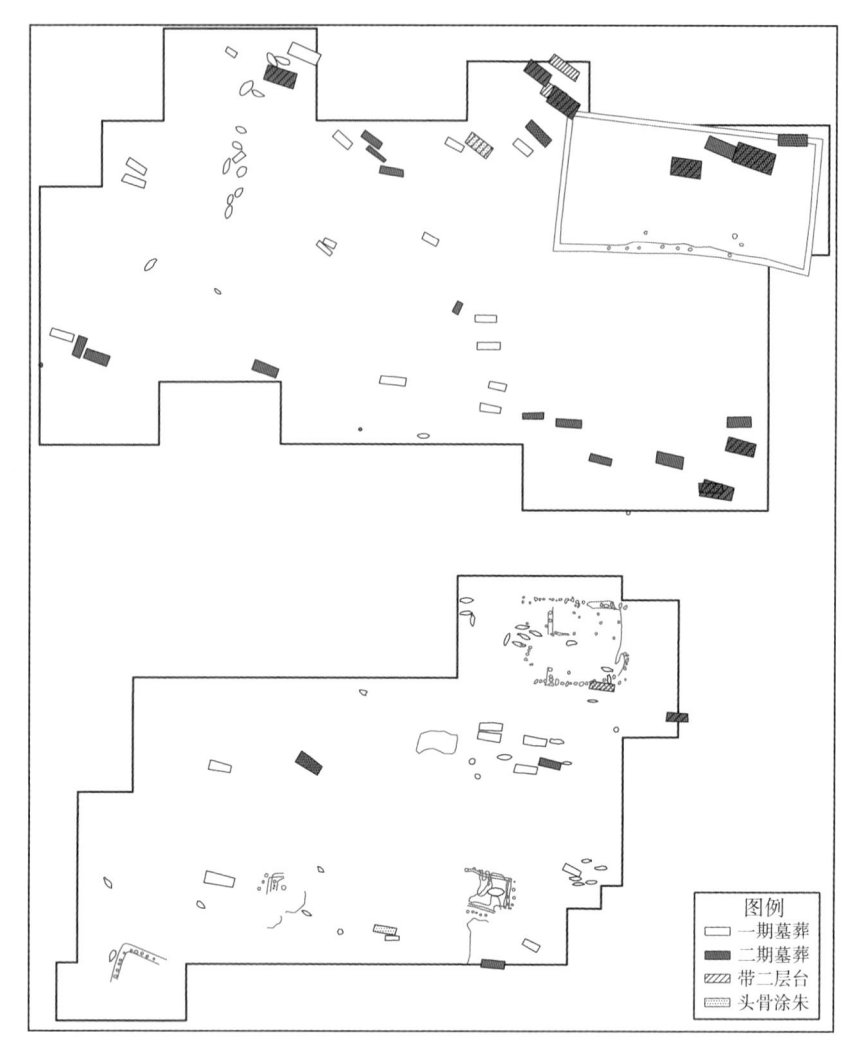

图 4-3-35　王湾聚落墓地分布图

（据：北京大学考古文博学院，2002 年，图三、五改绘）

王湾遗址的发掘并未揭露仰韶文化聚落的全部，主要发掘区为相邻的南北两区，均有相当数量的墓葬分布。从各类遗迹的分布图可见，墓葬与各期的灰坑交错分布，且多有相互间叠压打破现象。相对而言，房屋主要集中在南区，而北区墓葬数量明显多于南区。虽然总体而言，聚落的房屋、窖穴和墓葬交错分布在一起；但就某一段特定时间内，聚落内仍应有相对明确的公共墓地。

竖穴土坑墓与瓮棺葬各自集中，说明成人与儿童应分别埋葬。南北区之间有一排东西向密集分布的瓮棺，北区也有一排南北向密集分布的瓮棺将发掘区内的竖穴土坑墓至少分为三组：西北组发掘揭露面积小，情况不明；东北组墓葬分布较多，该区仅发现一座仰韶文化中期的大型房屋，并被一些竖穴土坑墓打破，但该大型房屋与墓葬的关系尚不清楚；南组墓葬数量较少，但房屋发现数量较多，且周围多有瓮棺葬零星分布，但房屋与竖穴土坑墓之间的关系也不清楚。

竖穴土坑墓中少数带有生土二层台，墓底有板灰痕迹。有的墓葬人骨头部有涂朱现象。一些墓葬，如 M45，既有二层台，又有头骨涂朱现象，同时还随葬有十分少见的绿松石，表明此类墓葬的墓主人可能具有特殊的身份。值得注意的是有生土二层台或头骨涂朱的墓葬在南北两区均有发现，且在潜在划分的不同墓组中均有集中分布的趋势，表明这些特殊身份的人很可能存在于各个以不同墓组的规模为代表的社会组织的内部。如果这种特殊身份代表了社会成员之间的分化的话，那么这种分化最早应出现在社群成员内部而不是社群之间。

墓地中或房屋周围相对集中分布的瓮棺葬表明这些夭折的儿童很可能按照大家庭或家族的归属集中埋葬，而不强调与父母之间的血缘联系。如果成人竖穴土坑墓中潜在划分的墓组很可能代表了一个类似于大家庭或家族规模的社会组织，那么整个墓地可能代表了由若干大家庭或家族组成的氏族的规模。由此可见，尽管埋葬的方式不同，王湾聚落与同时期的洪山庙聚落都代表了相似规模的社会组织。

后庄王遗址所发现的仰韶文化中期的墓葬主要是竖穴土坑墓和瓮棺葬两种，分别为成人和儿童所使用。虽然成人竖穴土坑墓中均无随葬品，但结合其所处层位，并从其与仰韶文化中期的小口尖底瓶葬并行排列，且无打破关系的情况看，应同属于仰韶文化中期[①]。

该遗址的发掘并未完整揭露仰韶文化中期的墓地，但从个别探方的情况仍可看出其中一些特征。就瓮棺葬来说主要分为两类，小口尖底瓶葬和瓮棺葬。其中小口尖底瓶葬均与成人竖穴土坑墓相间分布，方向也完全一致，形成小口尖底瓶与竖穴土坑墓组成的墓地。成人墓葬均为仰身直肢，头向西，与王湾遗址近似。瓮棺葬多数为陶瓮覆盖一个陶钵或鼎或釜构成，并集中分布在房基周围。（图 4-3-36）

在同一聚落的同一时期内出现对夭折儿童完全不同的埋葬方式或许与这些儿童的不同死亡年龄有关。但是与王湾遗址瓮棺葬集中分布的情况明显有所不同的是后庄王的部分瓮棺与成人竖穴土坑墓并列分布，这或许更强调了单个竖穴土坑墓与小口尖底瓶葬之间的联系。从发掘的 17 座竖穴土坑墓多数为女性的情况看，或许是母子之间的特殊联系，而非单个家庭的组合。

---

① 河南省文物研究所：《郑州后庄王遗址的发掘》，《华夏考古》1988 年第 1 期，第 5-22、29 页。

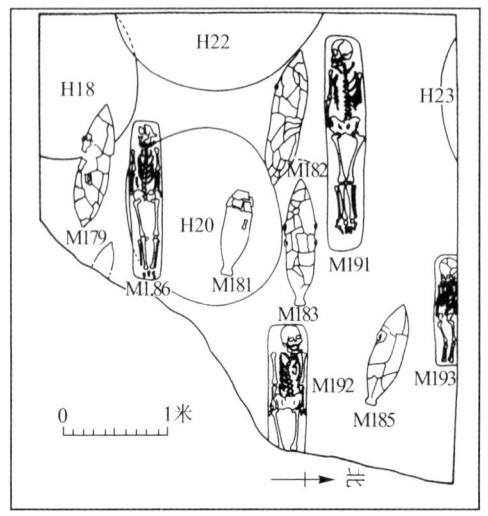

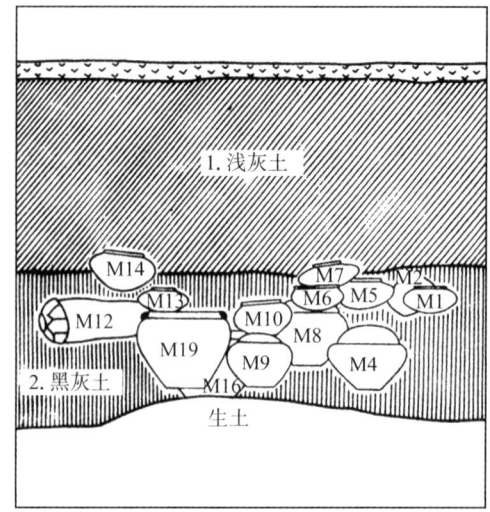

图 4-3-36a　后庄王 T13 墓葬、瓮棺分布图　　图 4-3-36b　后庄王房基附近瓮棺
（据：河南省文物研究所，1988 年，图九）　　（据：河南省文物研究所，1988 年，图十）

总之，仰韶文化中期中原各地的埋葬形式之间存在较大的差异：伊河流域和沙汝河流域流行以"伊川缸"为葬具的瓮棺合葬墓，其中成人与儿童常同葬于一个墓坑中；而郑州地区和洛阳盆地则流行成人竖穴土坑墓和儿童瓮棺葬，其中瓮棺葬又有小口尖底瓶和瓮罐两类葬具，成人与儿童常分别埋葬。

无论何种埋葬形式，各地的墓地或墓葬中均以家族或氏族为基本埋葬单元，基本不见单个家庭的因素。但相对而言，伊河流域和沙汝河流域的瓮棺合葬墓比郑州地区和洛阳盆地的竖穴土坑墓更强调社群内部的联系。整体来看，各地墓地或合葬墓中，社会成员之间多表现为平等的地位，但一些墓地中也开始出现了埋葬方式上的差异和分化的可能。

综上所述，聚落内部房屋和墓葬的研究表明中原核心区仰韶文化早中期的社会结构相对平等，构成基本社会关系的最小社会单元是大于单个家庭的大家庭或家族的规模，而一个聚落基本上代表了由若干大家庭或家族组成的氏族社会，社会成员之间分化不明显。

（二）仰韶文化晚期到龙山文化早期

目前中原核心区可以讨论的仰韶文化晚期到龙山文化早期的遗迹主要是房屋、墓葬和一些特殊遗迹现象。

1. 房屋

中原地区所发现的仰韶文化晚期到龙山文化早期的房屋数量较多，类型也复杂多样,但大致可分为单间房和多间房两类。这种差异可能与各地不同的文化传统有关,但也同时在某种程度上反映了社会关系的变化。

单间房,可分为圆形和方形两种类型。

圆形房屋集中在西部地区,以渑池仰韶村 F1 为代表。平面为不规则圆形,半地穴式建筑,口径 3.8—4.8 米,深 1.04 米,底径 3.2—3.36 米,室内面积约 8.6 平方米。房子周围未发现柱洞。门道向南,由两个台阶组成,台阶上有硬地面。房子底部平整,西北部有一处椭圆形的烧烤面,可能是灶。房屋地面上未发现有遗物[①]。(图 4-3-37)

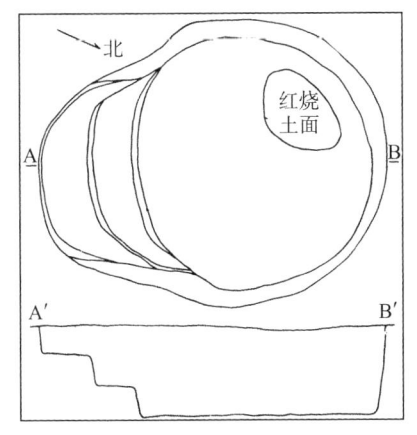

图 4-3-37 仰韶村 F1 平剖面图
(据:河南省文物研究所等,1985 年,图九)

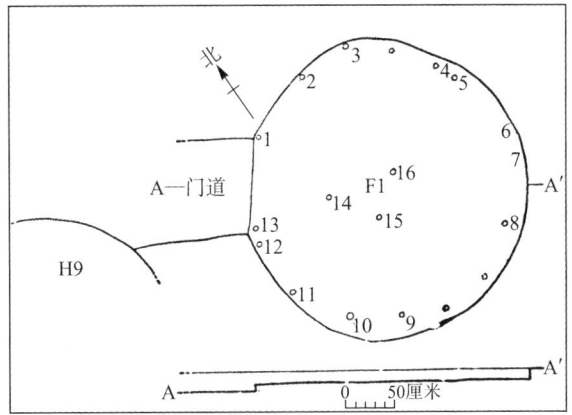

图 4-3-38 小潘沟 F1 平剖面图
(据:洛阳博物馆,1978 年,图五)

孟津小潘沟 F1,平面为圆形,半地穴式建筑,直径 2.9 米,室内面积约 6.6 平方米。房屋地面发现有 16 个柱洞,均位于墙内,靠墙一周有 13 个,另有 3 个位于室内正中。门道向西,为斜坡式。但室内未发现烧灶和烧坑,地面上也未发现遗物[②]。(图 4-3-38)

两处房屋均有门道和长期踩踏形成的室内活动地面,表明其出入频繁。仰韶村 F1 室内面积较小,带有烧灶,为较完整的生活单元,可能供单个对偶家庭使用。小潘沟 F1 室内面积也较小,但没有烧灶,可能具有特殊的储藏功能。

与仰韶村 F1 和小潘沟 F1 结构相似的半地穴式圆形房屋在孟津妯娌遗址有较多发现。妯娌聚落的房屋也多有门道,门道多设有台阶,室内有壁灶,各自形成独立的生活单元。按照空间位置的不同,居住区的房屋大致可分为四组:F1、F3、F5、F12

[①] 河南省文物研究所、渑池县文化馆:《渑池仰韶遗址 1980—1981 年发掘报告》,《史前研究》1985 年第 3 期,第 47 页。
[②] 洛阳博物馆:《孟津小潘沟遗址试掘简报》,《考古》1978 年第 4 期,第 246 页。

为一组,位于最东北,F1面积较大;F2、F4、F7、F14为一组,位于居住区南部,F2面积较大;F8、F9、F13、F15为一组,位于居住区西北,F9面积较大;F10、F11为一组,位于居住区西部,但有打破关系[①]。各组房屋中多有一个面积较大,三个面积较小,大的面积超过30平方米,可容纳人口较多的大家庭,而小的面积仅有10多平方米,仅可容纳单个对偶家庭,这样一组房屋可能代表了一个家族的规模。

方形房屋在东部的郑州地区发现较多,又可分为半地穴式和平地起建两类。

半地穴式方形房屋以大河村F16为代表。平面呈长方形,南北长约3.7米,东西宽约1.7米,室内面积6.29平方米。室内在仅靠东墙的偏北处有一个正方形的烧火台,边长78厘米,其北部有一道挡火墙。房内西北角有一个梯形土台,东西长96厘米,南北宽64-74厘米,高出地面4厘米。房屋建筑方法为先挖一个长方形土坑,以坑壁为房基下半部分的墙壁,地面上再沿坑壁用红烧土块垒砌成上半部墙壁。室内正中偏北有三个柱洞,可能为支撑屋顶所用。屋内出土有夹砂红陶鼎、彩陶罐、彩陶钵和折腹盆等器物。从该房屋的内部设施看,完全可以构成完整的日常生活单元,但房屋面积太小,最多只能容纳一个家庭。(图4-3-39)

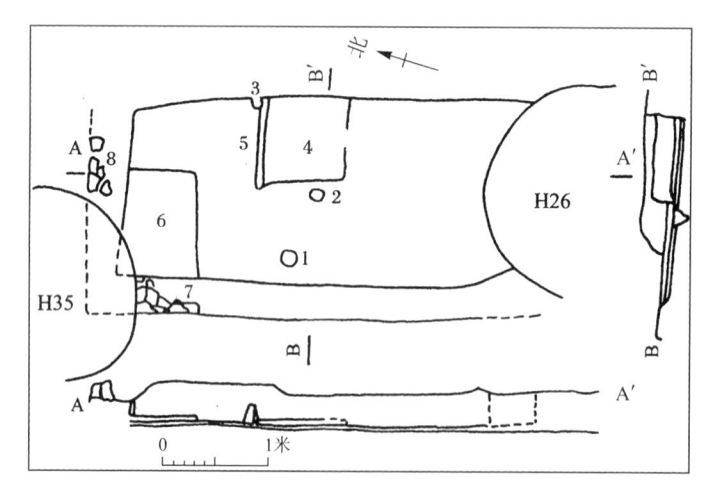

图4-3-39 大河村F16平面剖图

(据:郑州市文物考古研究所,2001年,图九一)

大河村除了F16之外,还发掘有F28、F42为方形地穴式建筑,但这两处房屋虽然有柱洞,且室内地面经过处理,但面积过小,只有约3平方米,且不见烧火坑和烧火台,因此很可能是特殊的储藏室。

---

① 赵春青:《郑洛地区新石器时代聚落的演变》,第100页,北京:北京大学出版社,2001年。

平地起建的方形房屋以大河村F13、F10为代表。F13平面呈长方形,南北长5.5米,东西宽4.6米,面积25.3平方米。房内中部略偏东南有一方形烧火台,长宽各1.1米,高出地面5-6厘米,烧火台西南和东北角各有一个较大的柱洞。东墙中部偏北有一凹入墙内的小型壁龛。室内地面平整,房门向东,与烧火台相对,门外有用碎石铺成的通道。(图4-3-40)F10平面也呈长方形,南北长3.2米,东西宽2.5米,面积8平方米。室内烧火台位于西墙北端,长80厘米,宽仅27厘米。屋内地面平整,正中有四个较大的柱洞①。(图4-3-41)

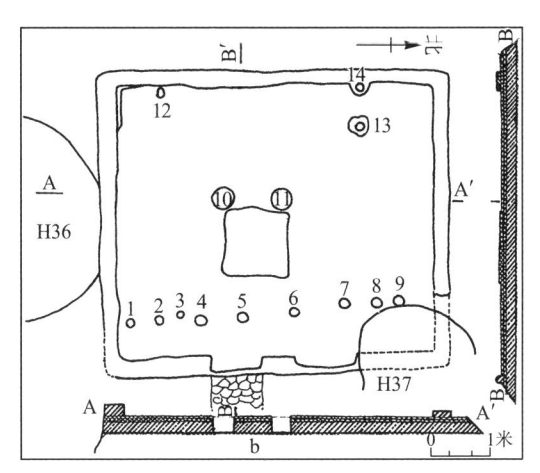

图4-3-40 大河村F13平剖面图
(据:郑州市文物考古研究所,2001年,图一三九)

图4-3-41 大河村F10平剖面图
(据:郑州市文物考古研究所,2001年,图一三八)

F13与F10建筑结构和室内设施大致相同,均构成完整的日常生活单元,但两者面积大小不同。F13面积较大,可容纳人口较多的大家庭,但F10面积较小,仅能容纳下一个对偶家庭。

总之,从单间房的结构看,仰韶文化晚期到龙山文化早期的中原地区位置偏西的涧河流域、洛阳盆地的西部圆形半地穴式房屋较多,而位置偏东的郑州地区则更流行地面起建的方形房屋。这种差异很可能反映的是各地文化传统上的不同。

尽管如此,无论方形还是圆形房屋中均可见到面积较大和面积较小的两种,分别适宜于大家庭和对偶家庭居住。从妯娌聚落的这两种规模的房屋组合情况看,家族聚居的形式仍然存在,单个对偶家庭仍未能完全独立。

---

① 郑州市文物考古研究所:《郑州大河村》,北京:科学出版社,2001年。

值得注意的是这一时期除了居住用的房屋外,一些面积不大的房屋不见烧火台或烧火坑,不能构成完整的生活单元,很可能作为储藏室使用。从空间位置上看它们分别与不同规模的单个房屋组合,表明这一时期单个家庭所居住的房屋功能很可能有所增加,其社会生产和生活的独立性也可能相应增强。

多间房均为方形,或为连房,或为套间,以郑州大河村聚落的多间房最有代表。

F1-4为四套间房,均为木骨泥墙,平地起建。从建筑结构上看,F1、F2为主体,首先起建。其中F1南北长5.2米,东西宽4米,室内面积20.8平方米。房内由南墙中部往北加筑一道南北长3.7米,而后再由北端向东拐0.88米的隔墙,将F1分为外间和套间。套间呈长方形,南北长3.58米,东西宽1.84米,面积6.59平方米,与外间连接的门开在东北角。外间呈拐角形,面积13.21平方米,通向外面的门在北墙的西部。(图4-3-42)

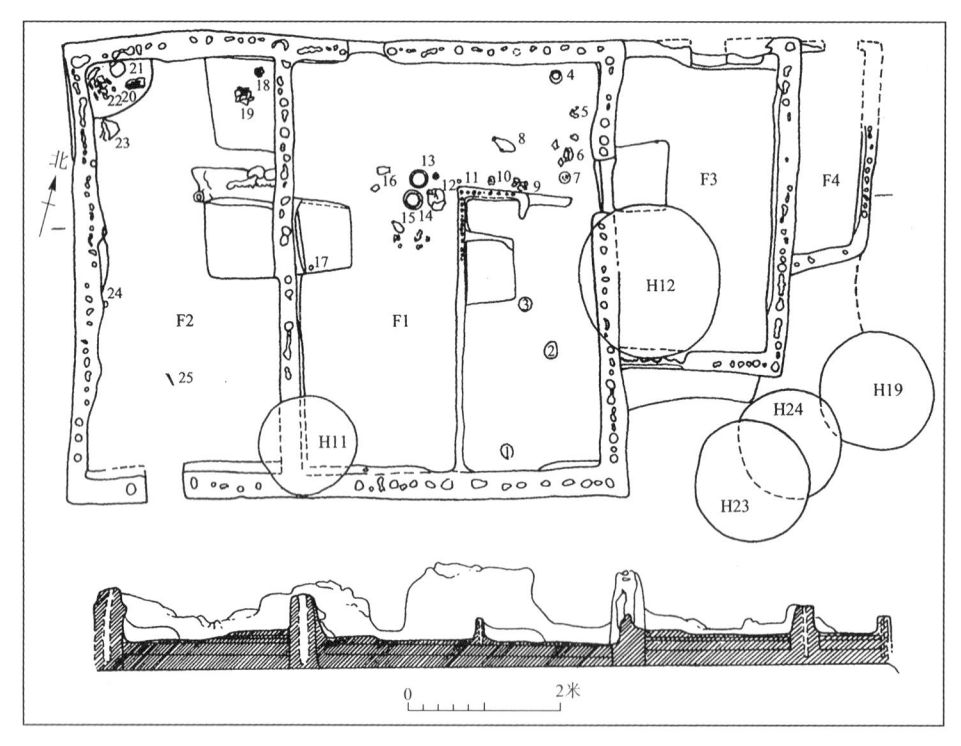

图4-3-42 大河村F1-F4平剖面图

(据:郑州市文物考古研究所,2001年,图九二)

F1的外间和套间均置有一个烧火台,外间烧火台位于西墙中部偏北,套间烧火台位于西墙北部,与火池相连。烧火台的北部均有一道高约20厘米的挡火墙。F1室内地面上遗留有大量遗物,集中在外间的中部和东北部,有鼎、罐、钵、盆、豆等,另外还有石器和骨器,均为日常生产和生活用具。

F2 位于 F1 西侧,两者共用一墙,平面长方形,南北长 5.39 米,东西宽 2.64 米,面积 14.23 平方米。房门向南,位于南墙中部偏西。室内有两个烧火台和一个土台。一个烧火台位于东北角,上面放置有一罐炭化粮食和两枚莲子;另一个烧火台位于东墙中部偏北,北侧筑有挡火墙,其西北角有一根烧火柱。土台位于房内西北角,呈扇形,台面上有放置器物的坑窝,并有 3 件陶器。F2 出土有罐、壶、缸、砺石、弹丸和骨器,形成完整的日常生产和生活用品。

F3 位于 F1 东侧,为二次扩建。它利用了 F1 的东墙,平面长方形,南北长 3.7 米,东西宽 2.1 米,面积 7.8 平方米。房门向北,与 F1 一致。室内有一个烧火台,位于西墙中部偏北,正好与 F1 东边废弃门相对。室内地面上未发现遗物。

F4 位于 F3 东侧,同属于扩建。它利用了 F3 的东墙,平面长方形,南北长 2.57－3.13 米,东西宽 0.87 米,面积约 2.5 平方米。房门向北,室内不见烧火台,但在南墙外 F3 东墙拐角处发现一堆木炭,F4 室内有烟熏痕迹和大量灰烬,因此发掘者推测该房为保留火种所用。

从整个 F1－4 套间的结构和建筑过程看,首先起建的是 F1－2 的双连房结构。F1、F2 均有各自完整的日常生产和生活设施,从房屋面积看 F2 适合于单个对偶家庭居住,F1 里外两间均有完整的生活设施,而其套间的结构表明有可能是一个大于对偶家庭的扩大家庭所居住。F1 与 F2 之间虽然共用一墙,但中间并不相通,且对外开的门完全相反,既表明二者之间的密切联系,又显示其对立性。F3 与 F1 的关系则不同,不但与 F1 的门向一致,均向北,而且两间房屋共同使用拐角处的木炭和 F4 特殊功能的附属房屋。实际上,F3 从结构上看与 F1 套间一样恰好能容纳一个对偶家庭,因此很可能是从 F1 的扩大家庭中进一步分裂出去的小家庭。总之,F1－4 套间为双连结构组成,即 F2 与 F1－F3－F4 的组合,其中 F2 为一个对偶家庭的规模,F1－F3－F4 可能为一个扩大家庭的规模,后者功能的多样化表明脱离了大家庭的单个家庭的社会生产和生活的独立性增强。

与 F1－4 双连房结构类似的套间在大河村聚落中多有发现:

F19－20 为双间房,F19 平面长方形,南北长 3.3 米,东西宽 2.3 米,室内面积 7.59 平方米,房门向东,门外有一个长方形门棚,室内西北角有一个方形烧火台;F20 与 F19 共用一墙,但无门相通,平面长方形,南北长 4.13 米,东西宽 3.7 米,室内面积 15.28 平方米,房门向南,室内东北隅有一个方形烧火台。F19－20 房屋室内地面均发现了大量日常生产和生活用具,为各自独立的社会单元,很可能分别属于两个对偶家庭。(图 4－3－43)

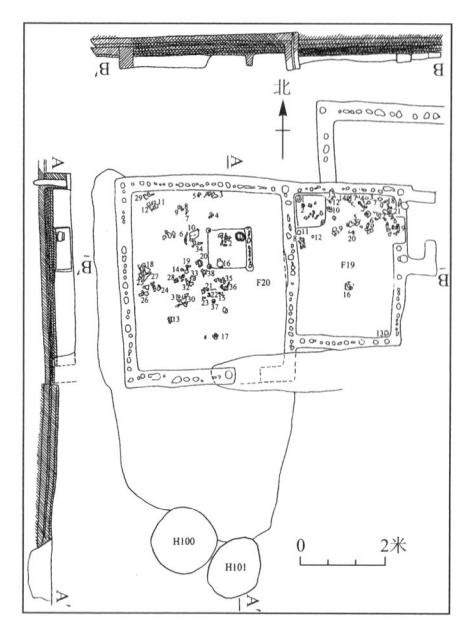

图 4-3-43　大河村 F19-F20 平剖面图　　图 4-3-44　大河村 F30-F32 平剖面图
（据：郑州市文物考古研究所，2001 年，图九四）　　（据：郑州市文物考古研究所，2001 年，图九八）

F30-32 为三间房，F31 平面呈梯形，南北长 7.5 米，东西宽 3.9-4.7 米，室内面积 32.25 平方米，门向不详，烧火台可能已被破坏。F30 与 F32 共用一墙，同时又与 F31 共用一墙。其中 F30 平面长方形，南北长 5.1 米，东西宽 4.2 米，室内面积 21.42 平方米。F32 平面长方形，东西长 4.2 米，南北宽 2.2 米，室内面积 9.2 平方米。F32 东北角有一处大型烧火台，并集中堆放有钵、壶等器物。F30 与 F32 有门相通，应为一体结构，与 F31 共同形成双连结构，但两者面积较大，应分别属于两个大家庭。（图 4-3-44）

大河村聚落同样结构的双连房还有 F17-18、F6-7、F8-9、F36-37、F38-39 等。除此之外，郑州的西山、点军台，颍河中上游地区的谷水河等仰韶文化晚期聚落中也常有类似的双连结构房发现。大河村仰韶文化晚期聚落中房屋的这种双连式的结构特征不仅表现在房屋面积规模较小的单个对偶家庭组合（如 F19-20）中，也表现在房屋面积规模较大的扩大家庭组合（F1-4）和大家庭组合（F30-32）之中。可见，双连结构很可能具有特定的文化象征意义，而不是专指某种规模的家庭组织。除了房屋建筑之外，这种双连结构的象征意义在器物风格上也有体现，最具代表的是上述大河村仰韶文化晚期聚落 F1-4 套间房屋中出土的双连壶（F1∶29）。（图 4-3-45a）此外，还有巩义塌坡遗址出土的双连鼎（TP∶41）[1]等。（图 4-3-45b）

---

[1] 巩义市文物管理所：《河南巩义市塌坡仰韶文化遗址调查》，《考古》1997 年第 11 期，第 22 页。

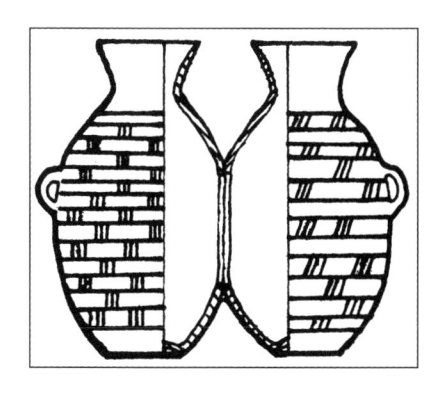

图 4-3-45a　大河村双连壶 F1:29　　　图 4-3-45b　塌坡双连鼎 TP:41
（据：郑州市文物考古研究所，2001年，图一二〇）　（据：巩义市文物管理所，1997年，图五）

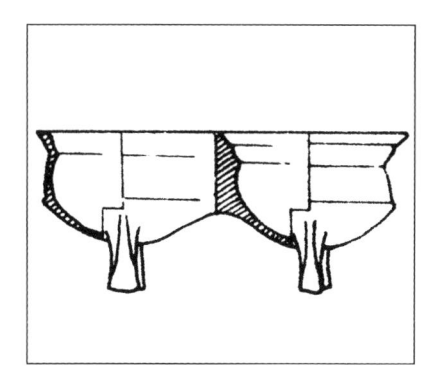

总之，仰韶文化晚期到龙山文化早期中原各地的房屋由于受到不同文化传统的影响而形成不同的类型结构。然而无论是单间结构还是复合式套间结构，均能够反映出大家庭——扩大家庭——对偶家庭的模式，单个对偶家庭仍未成为独立的社会经济单元。值得注意的是，单间组合的房屋和复合式套间结构的房屋中均较多出现了一些非居住类的特殊功能的房屋或房间，其功能的增加表明相应的对偶家庭或扩大家庭的社会经济职能有所扩展，独立性有逐步增强的趋势。

这些聚落中的普通房屋之间看不出明显的等级差异，但巩义双槐树、郑州西山城址等中心聚落内所发现的大型夯土建筑和普通房屋共存的现象或许表明了房屋功能的进一步分化，意味着社会成员之间也已经出现了身份和地位的差异。

2. 墓葬

目前中原地区已经发现了数量较多的仰韶文化晚期到龙山文化早期的墓葬，其中成人墓葬绝大多数为单人竖穴土坑墓，除了妯娌墓地中年代可能最早的 M3 为四人合葬墓之外，这一时期已经见不到仰韶文化早中期的多人二次合葬的形式。但是，在郑州西山、荥阳青台、禹州谷水河遗址发现了新式的男女合葬墓和成人与幼儿的合葬墓，是埋葬方式上的新变化。另外，一些带有二层台结构，出土高等级遗物的墓葬和乱葬坑的数量均相应增加，反映了社会分化的加剧。

目前中原核心区成片揭露的仰韶文化晚期到龙山文化早期的墓地主要是郑州大河村、西山、洛阳王湾和孟津妯娌。洛阳王湾墓地的情况在前文已详细论述，下面主要讨论郑州大河村、西山和孟津妯娌墓地的情况。

大河村仰韶文化晚期到龙山文化早期墓葬主要属于报告中大河村仰韶文化第四

期和龙山文化早期[①],即本书所划分的仰韶文化晚期中晚段到龙山文化早期阶段。其中最显著特征表现在墓葬的头向上。

这一时期大河村聚落的墓地大致可分为南区和北区,分别与房屋的布局相对应。我们先来讨论北区墓地的情况。

北区墓地集中发现在探方T14、T24之中,由成人单人竖穴土坑墓和瓮棺葬组成,它们相互之间多有打破关系。成人竖穴土坑墓头向分别有向西、南、东三类,但均未发现随葬品,这给我们讨论这些墓葬的下葬顺序和墓地形成过程造成了困难。但是,从竖穴土坑墓和瓮棺葬交错分布的情况看,两者之间应存在密切的联系,大致应遵循相似的下葬顺序,因此我们可根据瓮棺葬具的型式变化并结合竖穴土坑墓间的打破关系大致复原墓地的形成过程。然而墓地中多数瓮棺葬具在报告中均未发表详细的器物线图和照片,只是在登记表中提供了按报告所划分的型式,我们据此讨论墓葬下葬的大致规律。(图4-3-46)

结合墓葬分布图与瓮棺葬登记表,仅发现于东侧探方T24的瓮棺葬具是AⅡ、AⅢ、AⅣ、AⅥ、BⅠ式鼎,GⅣ式罐和C型缸,可暂定义为A组;仅发现于西侧探方

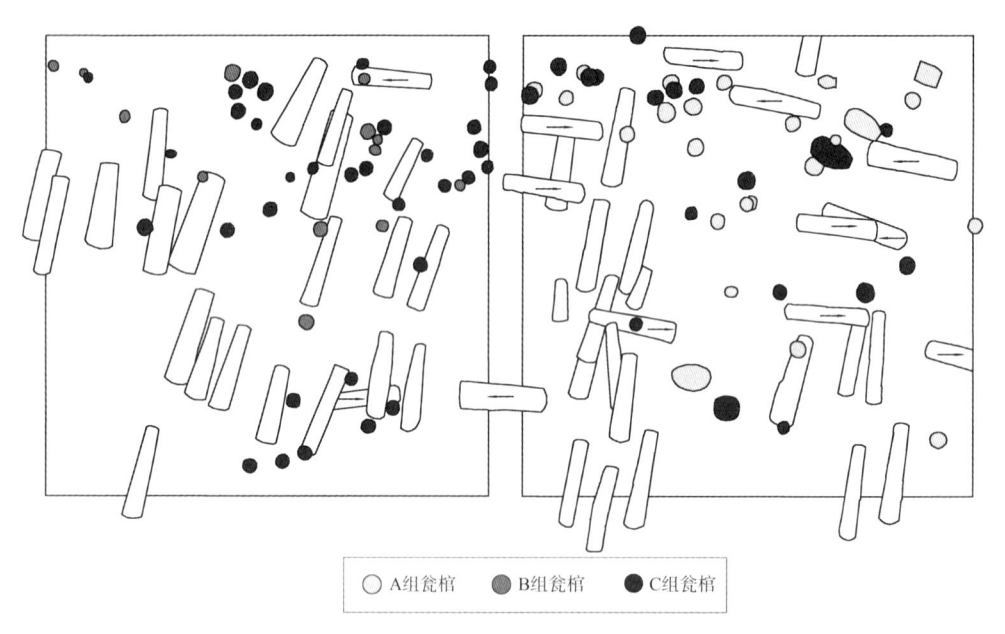

图4-3-46 大河村北区T14、T24墓葬分布图
(据:郑州市文物考古研究所,2001年,图一七五改绘)

---

① 郑州市文物考古研究所:《郑州大河村》,北京:科学出版社,2001年。

T14 的瓮棺葬具是 AⅨ式鼎，AⅡ、CⅠ、EⅣ式罐，D 型缸和 EⅣ式盆，可暂定义为 B 组；两探方中均有的瓮棺葬具为 AⅠ、AⅤ、AⅩ、CⅠ、CⅡ式鼎和 AⅠ式罐，可暂定义为 C 组。

仔细检讨报告中对上述瓮棺葬具的型式划分可以发现，A 组瓮棺葬具中 AⅡ、AⅢ、AⅥ式鼎形态比较接近，侧装三角形足较矮，与 C 组瓮棺葬具的 AⅠ、AⅤ式鼎侧装三角形足较高的特征不同；B 组瓮棺葬具 AⅨ鼎与 C 组瓮棺葬具 AⅩ式鼎均为跟部镂空的"Y"字形鼎足，但前者有小矮领，后者没有；A 组瓮棺葬具的 AⅣ式鼎的鸭嘴形足高大笨重。由瓮棺之间的打破关系 W68（AⅠ鼎）→W67（BⅠ鼎）、W69（CⅠ鼎）→W81（AⅣ鼎）、W77（AⅠ鼎）→W78（AⅣ鼎）、W88（AⅣ鼎）→W93（AⅠ鼎）→W102（AⅢ鼎）、W94（C 缸）→W86（AⅠ罐）、W49（AⅠ鼎）→W16（AⅡ罐）可知，A 组与 C 组瓮棺葬具早晚关系都有发现，但 B 组瓮棺葬具早于 C 组瓮棺葬具。墓葬分布图中看，西部探方 T14 内 B 组瓮棺葬仅位于北部，C 组瓮棺葬则扩展到南部；东部探方 T24 内 A、C 组瓮棺葬分布于探方各处。据此推断，整个墓地是自西北向东南方向发展。

进一步考察竖穴土坑墓之间的打破关系，头向西的墓葬显然最早，被头向东的墓葬所打破（如 M73→M72）；头向东的墓葬中，位于探方北部和中部的墓葬均打破头向南的墓葬（如 M68、M69→M60，M65→M66，M81→M85），位于探方南部的墓葬则均被头向南的墓葬所打破（如 M86→M81，M22、M31→M23）。头向西和头向东的墓葬多分布在探方的东部，头向南的墓葬则遍布探方各处，由此可见整个墓地大致可分为两个时期，墓葬头向西时期和墓葬头向东向南时期。墓葬头向西时期，墓地集中在东部探方 T24 内，到了头向东向南时期，墓地则扩展到了西部探方 T14 的范围，但这一时期整个墓地的墓葬下葬顺序则大致自西北向东南，这与上述瓮棺葬具的分析结论大致相同，因此也不排除 A 组瓮棺葬具中年代较早者属于墓地的墓葬头向西时期。

再看南区墓地的情况。南区墓地与各组房屋关系密切，大致可分为四组：探方 T48－T54 组、探方 T42－T44 组、探方 T23 组和探方 T6－T9 组。

探方 T42－T44 组位于南区最西部，墓葬分布比较零散，头向西、东、南的墓葬均有，但相互之间不见打破关系，其中北部探方 T44 和南部探方 T42 墓葬稀疏，中部探方 T43 墓葬分布较密集。北部 T44 仅见头向西和向南的墓葬，中部 T43 仅见头向东和向南的墓葬，而南部 T42 仅见头向东和向西的墓葬。探方 T43 中分布较多瓮棺，包含上述各组葬具。墓葬下葬顺序不详。

探方 T23 组位于南区最北部，墓葬分布集中，头向分向东和向西两种，两类墓葬之间无打破关系，但头向西的墓葬略靠东部。

探方 T6－T9 组位于南区中部，房屋 F5－10 南侧，墓葬分布较稀疏，头向分向东和向南两种,其中向东 M4 打破向南墓葬 M5。瓮棺分布较多,包括上述各组葬具,其中 B 组葬具仅见于偏西和偏北的位置,A 组和 C 组葬具则明显扩展到了东南部,据此推测墓葬的下葬顺序也是自西北向东南。(图 4-3-47)

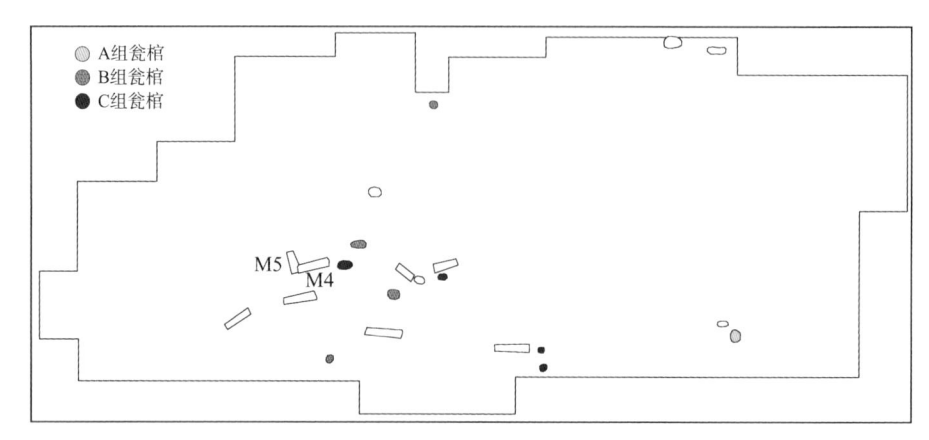

图 4-3-47 大河村南区 T6-T9 墓葬分布图
(据:郑州市文物考古研究所,2001 年,图一三二改绘)

探方 T48-T54 组位于南区最南部,墓葬分布集中,包括头向东和向西两种,其中向东墓葬 M144 打破向西墓葬 M146。头向西墓葬集中在该墓地的东部。瓮棺葬集中在西部,葬具包括上述 B 组和 C 组,东部少见。值得注意的是该组墓地持续使用至龙山文化早期,从墓葬分布图看,龙山文化早期的墓葬明显比仰韶文化晚期偏于东南,因此该组墓葬的下葬顺序也应是自西北向东南。(图 4-3-48)

综上分析,无论北区墓地还是南区墓地均包含头向西、东、南三个方向的墓葬,其中头向西的墓葬年代最早,头向东和向南的墓葬年代大致相当。各墓地中头向西时期的墓葬位置均偏东,头向东向南时期的墓葬大致按照自西北向东南方向的顺序下葬。

墓葬头向的不同很可能代表了不同的文化传统。中原地区仰韶文化早中期,尤其是位置偏西的涧河流域、洛阳盆地西部等地的墓葬均头向西,位于洛阳盆地西部的孟津妯娌墓地属于仰韶文化晚期,其中的墓葬均头向西。有研究者根据大河村墓地中一座头向东墓葬中出土典型大汶口文化背壶,指出该墓葬的主人"要么生前与大汶口文化居民有密切的交往,要么他们竟是居住在仰韶文化村落当中的大汶口居民"[1]。因此,头向东的墓葬应与东方大汶口文化间存在密切的联系。头向南的墓葬可能与

---

[1] 赵春青:《郑洛地区新石器时代聚落的演变》,第 107 页,北京:北京大学出版社,2001 年。

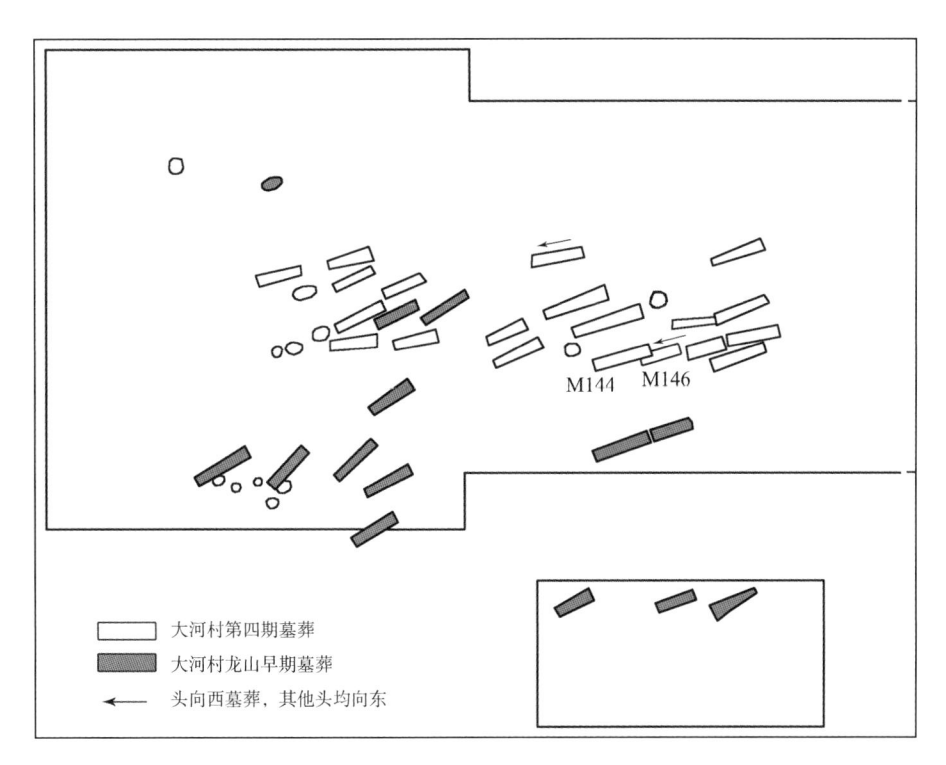

图 4-3-48　大河村南区 T48-T54 墓葬分布图

（据：郑州市文物考古研究所，2001 年，图一三二、图二四三改绘）

南方屈家岭文化之间存在某种联系。虽然在大河村墓地的头向南墓葬中未见屈家岭文化的随葬品，但位置更南的沙汝河流域襄城台王遗址龙山文化早期的墓葬 M3 头向南，其中即出土有典型的屈家岭文化的壶形器①。因此，头向西、东、南很可能分别代表了三个方向来源的不同文化传统。

大河村南、北区墓地中均同时出现上述三个头向的墓葬。但统计表明北区墓地中，头向南的墓葬 41 座，占该区土坑墓总数的 71.93%；头向东或西的墓葬 16 座，占该区土坑墓总数的 28.07%。南区墓地中，头向东的墓葬 42 座，占该区墓葬总数的 75%，头向南或西的墓葬 14 座，占该区墓葬总数的 25%②。显然，南区以头向东的墓葬为主，而北区以头向南的墓葬为主。头向西的墓葬在两区数量均很少，且年代可能略早，那么整个墓地主要是在墓葬头向东向南时期发展起来。这一时期形成的整个墓

---

① 河南省文物研究所：《襄城县台王遗址试掘简报》，《中原文物》1988 年第 1 期，第 7-13 页。
② 郑州市文物考古研究所：《郑州大河村》，第 304 页，北京：科学出版社，2001 年。

地南区以代表大汶口文化的头向东墓葬为主,北区以代表屈家岭文化的头向南墓葬为主,两种头向的墓葬并存发展或许同聚落中的双连房一样具有文化象征意义。但是无论南区还是北区均有成组的墓地,且与成组的房屋相对应,这或许也反映了不同血缘关系规模的家族——氏族的组织,而其中不同的文化背景则反映了在血缘关系为纽带的社会关系组织中不可忽视的融入了地缘的因素。

值得注意的是大河村墓地中各墓葬极少见随葬品和复杂的二层台结构,墓葬大小也相差不大,墓葬之间不见明显的等级分化。这或许反映了在文化融合繁荣的聚落中社会成员之间的等级分化反而并不凸显。

郑州站马屯仰韶晚期聚落也发现有单人竖穴土坑墓和瓮棺葬[1]。单人竖穴土坑墓均头向西偏北,头部比脚部略高,少有随葬品。其中,在聚落东部发现一处小型墓地,排列整齐,共40座墓葬,大致代表了聚落稳定发展时期的人口规模。瓮棺葬集中埋葬于一个大坑之中,应为聚落收集瓮棺而举行的一次集体仪式的表现,与仰韶文化中期流行的成人多人合葬墓所不同的是,将儿童瓮棺葬用于集中的丧葬仪式值得关注(图4-3-8)。另外,与大河村不同的是,站马屯仰韶晚期聚落的成人墓地与瓮棺葬是彻底分开的,反映了不同聚落的丧葬理念存在差异。仰韶晚期,中原地区多元文化融合,不同聚落之间丧葬礼仪的差异应与这个大的背景有关。

郑州西史赵遗址也发现有仰韶文化晚期的墓地,成人墓葬与瓮棺埋在一期,但又相对集中,成人墓葬均单人仰身直肢,头向西,与站马屯一致。但瓮棺均埋于独立的浅坑中,坑的形状不固定,有圆形和长方形两种,与站马屯集中埋于一坑的情况不同[2]。同样的情况还见于汝州北刘庄遗址的仰韶文化晚期墓地,成人墓葬与瓮棺相对集中的埋在一起,墓葬基本不见随葬品,属于聚落中普通居民的墓地[3]。

这一时期,除了上述普通居民的墓地之外,中原地区还发现了一些规格较高的墓葬和非中原传统的墓葬,体现出了社会阶层之间的分化和多元文化融入中原的状况。

妯娌聚落仰韶文化晚期到龙山文化早期的墓地最显著的特征体现在不同墓葬之间的分化方面[4]。

妯娌墓地共清理墓葬56座,这些墓葬排列相当规整,墓地由西北向东南分布,墓

---

[1] 河南省文物考古研究所、河南省文物管理局南水北调文物保护办公室:《郑州市站马屯遗址仰韶文化遗存2009-2010年的发掘》,《考古》2011年第12期,第58-73页。
[2] 郑州市文物考古研究院:《郑州市西史赵村仰韶文化遗址发掘简报》,《考古》2014年第4期,第3-18页。
[3] 河南省文物考古研究所:《河南临汝北刘庄遗址发掘报告》,《华夏考古》1990年第2期,第13-44页。
[4] 河南省文物管理局等:《黄河小浪底水库文物考古报告集》,第23-25页,郑州:黄河水利出版社,1998年。

葬头向均向西北。墓葬中极少见随葬品,墓地也不见同期的瓮棺,但该墓地西北边缘的 M3 为四人合葬墓,而其余墓葬均为单葬墓,据此推测整个墓地也可能是自西北向东南方向发展。

发掘者将单人墓分为六种类型,实际上可进一步归纳为三类:

第一类,即发掘者所称 A 型墓。只发现一座,位于墓地西南边缘。规模较大,墓坑长 5.15 米,宽 4.05 米,底部有生土二层台,内置单椁,椁用圆木铺盖,内葬一青年男性,死者手臂上套有象牙镯。

第二类,即发掘者所称 B、C 型墓。墓葬规模略大,长 2－3 米,宽 1.5－2 米,底部或设生土二层台或置单棺,死者头部或棺底有朱砂。

第三类,即发掘者所称 D、E、F 型墓。墓葬规模较小,长 2 米,宽 0.8－1 米,无二层台和棺椁,也没有任何随葬品。

第一、二类墓葬数量少,墓葬规模大,葬具和随葬品讲究,很可能反映出墓主人生前显赫的社会地位;第三类墓葬数量多,墓葬规模小,无葬具和随葬品,其墓主人生前的社会地位相对低下。很明显,妯娌聚落内部成员之间已经出现了明显的等级分化。鉴定表明,妯娌墓地中共有男性 41 人,女性 12 人,性别不明者 1 人。男女比例严重失调是该墓地的主要问题之一,这或许与考古发现有关,但或许也反映了以男性为主导的家庭结构的变化。无独有偶,郑州西山[①]、荥阳青台[②]、禹州谷水河[③]仰韶文化晚期的聚落中也发现有男女合葬墓和成年男性与幼儿瓮棺的合葬墓,可能同样反映了仰韶文化晚期以来家庭结构和男女社会地位的剧烈变化。

伊阙城遗址属于伊河流域,主要文化堆积为仰韶文化晚期到龙山文化早期[④]。遗址被破坏严重,曾发掘出一片仰韶文化晚期的墓地,共有墓葬 5 座。

5 座墓集中在一起,头向均朝向西南。墓葬长 3.1－4.56 米,宽 1.5－2.65 米,规模较大。墓葬均带有二层台结构,既有生土二层台,也有熟土二层台,均有棺有椁,部分似有漆痕。其中 M7 规模最大,带有两层二层台,最上一层上还排列有数个河卵石。(图 4－3－49)M6 有头骨涂朱的现象,表明与仰韶文化传统的密切联系。部分墓葬随葬有玉佩饰、玉璜、石铲和石斧,有的有个别陶器。

[①] 张玉石:《郑州西山遗址发掘的主要收获》,《河南文物考古论集》,第 24－27 页,郑州:河南人民出版社,1996 年。
[②] 郑州市文物工作队:《青台仰韶文化遗址 1981 年上半年发掘简报》,《中原文物》1987 年第 1 期,第 1－7 页。
[③] 河南省博物馆:《河南禹县谷水河遗址发掘简报》,《考古》1979 年第 4 期,第 300－307 页。
[④] 洛阳市第二文物工作队:《河南伊川县伊阙城遗址仰韶文化遗存发掘简报》,《考古》1997 年第 12 期,第 8－16 页。

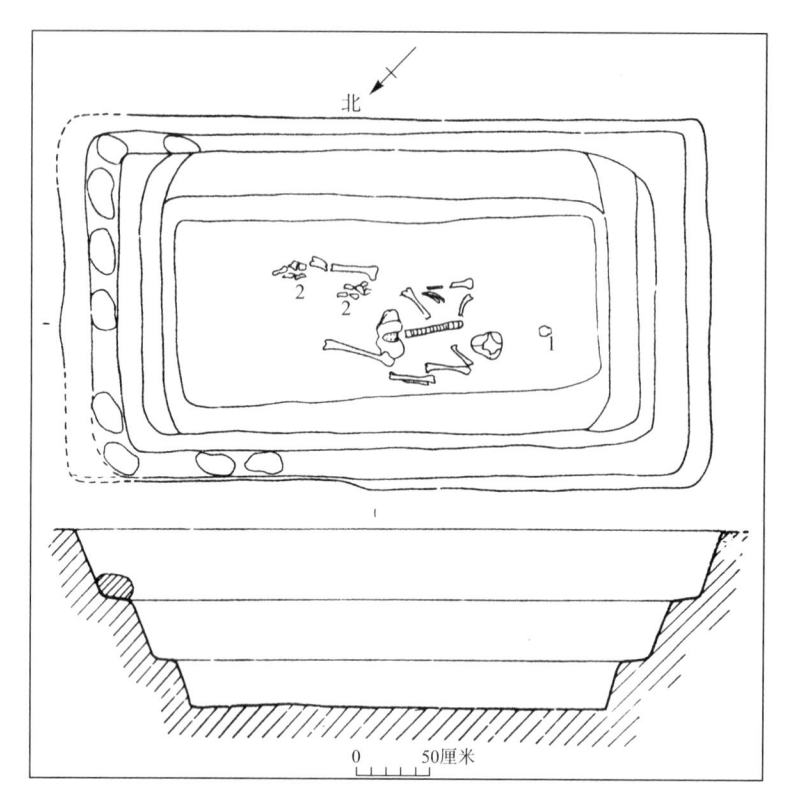

图 4-3-49　伊阙城 M7 平剖面图

（据：洛阳市第二文物工作队,1997 年,图九）

与大量发现的中原核心区的仰韶文化晚期的墓葬相比较,伊阙城的 5 座墓葬无论从规模结构还是随葬品来看均属于这一时期的高等级墓葬,与妯娌墓地仅有的一座第一类墓葬十分相似。这些墓葬的头骨有涂朱现象,随葬铲、斧、璜类玉石器,墓葬头向南。值得注意的是,伊阙城墓地中所见到的此类高等级墓葬集中出土的情况却不见于同期的其他墓地。限于发掘的有限性和遗址遭破坏严重,目前我们还无法进一步讨论这些高等级墓葬所反映出来的社会等级分化表现在墓地内部还是墓地之间。处于豫西的西坡仰韶晚期聚落也发现了高等级墓葬和中小型墓地的线索,因此这一重要问题还期待更多的发掘。

汝州煤山遗址 1995 年发掘出土了 6 座龙山文化早期的墓葬,应属同一个墓地[1]。其中,三座墓带有二层台结构和木质棺椁,头向均朝东,二层台均为生土结构,随葬品

---

[1] 河南省文物考古研究所、首都师范大学历史学院、郑州大学历史学院:《河南汝州市煤山龙山文化墓葬发掘简报》,《考古》2011 年第 6 期,第 3-10 页。

置于头部二层台上。随葬品以带彩绘的小陶壶、豆和杯为主,还出土一件玉铲。从墓葬形制和随葬品特征看与湖北石家河文化十分接近。对人骨的稳定同位素分析也表明,这些墓葬的主人生前以食用碳三类食物为主[1]。因此,可以判断煤山遗址龙山早期的这批墓葬应是南方石家河文化人群迁入中原的情况,反映了这一时期的文化融合和人群迁徙的情况。(图4-3-50)

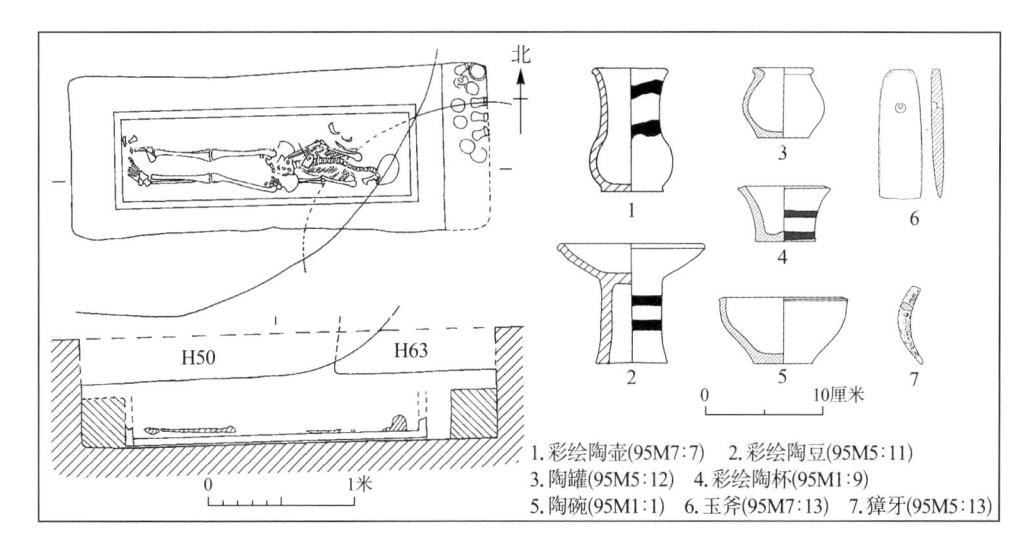

图4-3-50 汝州煤山遗址龙山文化早期墓葬M7及随葬品

(据:河南省文物考古研究所等,2011年,图三—五)

与煤山遗址龙山文化早期的石家河墓葬情况类似的还有襄城台王[2]、偃师滑城[3]、上蔡十里铺[4]等随葬典型大汶口文化随葬品的墓葬,反映了仰韶文化晚期以来大汶口文化和屈家岭—石家河文化的人口持续涌入中原的情况。

总之,墓葬的研究表明中原核心区仰韶文化晚期到龙山文化早期从埋葬方式到墓葬分化程度方面均较仰韶文化早中期有了较大的变化。洛阳王湾、孟津妯娌墓地的情况表明位置偏西的涧河流域和洛阳盆地西部保持更多的仰韶文化传统,但社会成员之间的分化也更加显著。郑州大河村、西山、禹州谷水河、汝州煤山的情况则表明嵩山东南地区更多融合了外来文化因素,墓葬的埋葬方式多样化。值得注意的是,

---

[1] 周立刚:《稳定碳氮同位素视角下的河南龙山墓葬与社会》,《华夏考古》2017年第3期,第145-152页。
[2] 河南省文物考古研究所:《襄城县台王遗址试掘简报》,《中原文物》1988年第1期,第7-13页。
[3] 中国科学院考古研究所洛阳发掘队:《河南偃师"滑城"考古调查简报》,《考古》1964年第1期,第30-35页。
[4] 河南省驻马店地区文管会:《河南上蔡十里铺新石器时代遗址》,《考古学集刊(3)》,第69-80页,北京:中国社会科学出版社,1983年。

随着外来文化的涌入,中原地区的丧葬传统中所缺乏的"厚葬"习俗,如木质棺椁、二层台结构、高级随葬品等也开始被中原地区所接受,为中原社会的变革注入了新的因素。

与仰韶文化早中期相比,仰韶晚期的中原各个区域高等级的墓葬频繁出现,墓葬间分化更加显著,与此同时由杀殉所造成的乱葬坑的数量也大量增加。一些墓地中出现的男女比例失调、男女合葬和成年男子与婴儿合葬的情况表明家庭结构和男女社会地位很可能也发生了重要的变化。

3. 特殊遗迹现象

中原核心区仰韶文化晚期到龙山文化早期的特殊遗迹现象主要是指不同于一般的居住或丧葬遗迹,但功能还不易解释的各种遗迹现象。

研究者常常将其中一部分遗迹现象解释为与祭祀和宗教相关。

巩义伏羲台遗址位于黄河与伊洛河交汇处的三角地带,在黄河南岸高出河床约80米。遗址所处台地地势平坦,东部沟壑纵横,北部由于黄河摆动大部分文化层塌陷河内。遗址平面略呈椭圆形,面积约6万平方米,主要文化堆积属于仰韶至龙山文化早期[①]。

遗址发现可能与宗教、祭祀相关的遗迹有台基、祭坛和祭祀坑。台基位于遗址中部最高处,直接压在仰韶文化晚期文化层下,由上下两层白灰面构成,暴露部分有15平方米,其上发现有墓葬。祭坛位于遗址西北角,有上下两个:下面的一个现存平面呈长方形,东西长约80米,南北宽约65米,高3米;上面的一个为椭圆形,建筑在下面方形坛之上,东西长约55米,南北宽约40米,比方坛高2-3米。祭祀坑位于遗址东部断崖处,从现存剖面看,灰坑直径1.7米,深0.9米,坑内填纯净黄土,填土中摆放数层猪骨架。(图4-3-51)

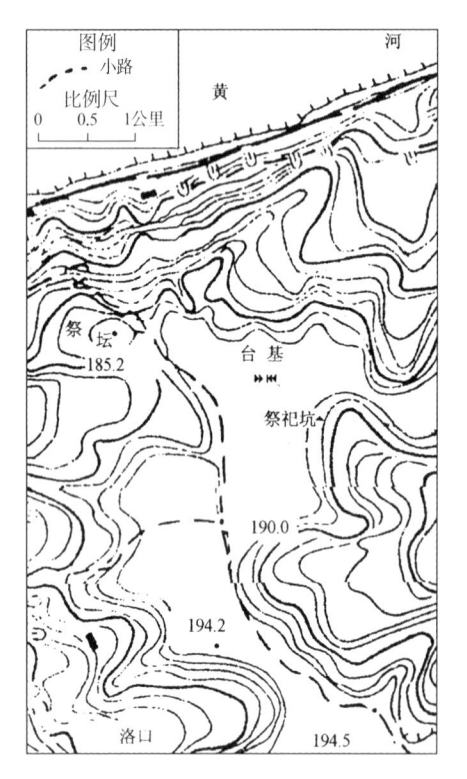

图4-3-51 伏羲台聚落平面图
(据:赵春青,2001年,图4-18)

---

① 河南省社科院河洛文化研究所、河南省巩义市文物保护管理处:《河南巩义市河汭地带古代遗址调查》,《考古学集刊(9)》,第17-22页,北京:中国大百科全书出版社,1995年。赵春青:《郑洛地区新石器时代聚落的演变》,第112-113页,北京:北京大学出版社,2001年。

值得注意的是,该遗址除了发现有与宗教、祭祀相关的遗迹之外,也发现有大量的房基、密集的灰坑和成人竖穴土坑墓和儿童瓮棺葬。因此,研究者认为伏羲台聚落也是仰韶文化晚期的普通聚落,只是"这种带祭坛的聚落是仰韶后期从普通农业聚落中新分化出的一种聚落形态"①。与伏羲台聚落位置邻近的双槐树中心聚落也发现有类似的台基建筑,关于此类台基式建筑的具体性质和功能还有待于进一步的发掘、研究。

非正常死亡现象在仰韶文化晚期以后开始不断增加。所谓非正常死亡现象是指这一时期的考古遗址中普遍发现的按照非正常方式埋葬人骨的现象,主要包括一些以人为对象的各种形式的"乱葬坑"。

自仰韶文化中期开始中原核心区即已出现了在灰坑中埋葬动物(主要是猪)的现象,到了仰韶文化晚期这种现象逐步增多。郑州大河村、西山、青台等仰韶文化晚期的聚落中均大量发现此类灰坑。以大河村 H80 为代表,在圆形袋状灰坑中分两层埋放猪骨,其中上层放置两具完整的猪骨架,下层零星有小猪和乳猪骨②。(图 4-3-52)这种在规则的灰坑(多为圆形袋状灰坑)中埋葬完整动物骨骼的现象或许反映了处理非正常死亡家畜(如因瘟疫而死亡)的特殊方式,但是从巩义伏羲台聚落中类似的灰坑与祭坛等特殊遗迹相关来看,也可能与祭祀或宗教活动有密切的关系。

仰韶文化晚期开始,中原各地开始广泛出现在规则的圆形袋状灰坑中埋葬人骨的现象,郑州大河村、洛阳王湾、汝州中山寨等仰韶文化晚期聚落中均有大量发现。以汝州中山寨 H56 为代表,在圆形袋状灰坑中分上中下三层叠压放置人、猪、狗的骨骼③。(图 4-3-53)总结所有这些乱葬灰坑,均有两点相同之处:首先是埋葬的灰坑均为规则的圆形袋状,表现出明显的选择性;其次,葬式不固定,有仰身、俯身、侧身和直肢、屈肢、跪姿、坐姿等各种样式,表现出对死者遗体

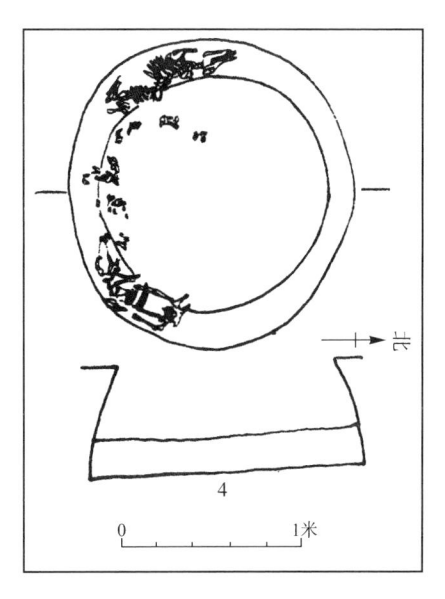

图 4-3-52 大河村 H80 兽骨坑
(据:郑州市文物考古研究所,2001年,图一四八)

---
① 赵春青:《郑洛地区新石器时代聚落的演变》,第 112 页,北京:北京大学出版社,2001 年。
② 郑州市文物考古研究所:《郑州大河村》,第 267 页,北京:科学出版社,2001 年。
③ 中国社会科学院考古所河南一队:《河南汝州中山寨遗址》,《考古学报》1991 年第 1 期,第 57-88 页。

的处理方式十分随意草率。中山寨聚落中将人与猪狗等同对待,同葬于一坑之中;郑州西山聚落将小孩葬于房基之下的灰坑中。这些现象均表明这种处理人骨的特殊方式可能与奠基或祭祀活动有关,其中作为牺牲的人应是社会成员中地位最为低下者或由战争而俘获的其他聚落的俘虏。

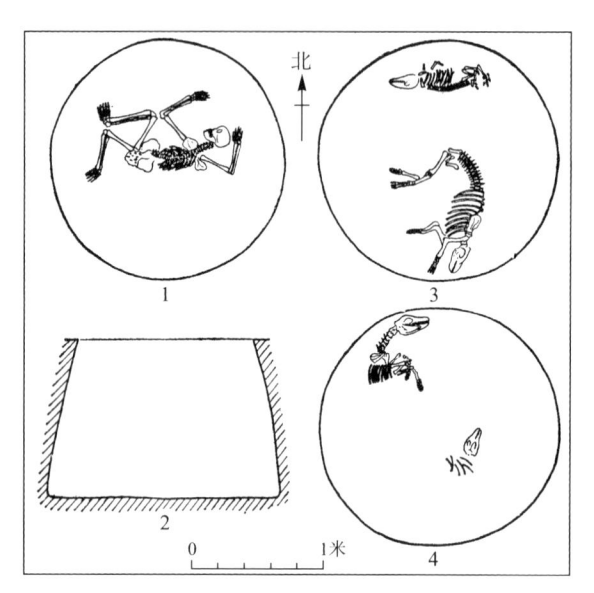

图 4-3-53 中山寨 H56 人、猪、狗分层埋葬坑

(据:中国社会科学院考古研究所河南一队,1991 年,图一九)

渑池笃忠仰韶晚期聚落集中发现了 4 例非正常死亡的"灰坑葬",同样埋在圆形袋状灰坑中,共处理 15 具人骨[1]。(图 4-3-54)这为我们推测此类非正常死亡现象的原因提供了线索。值得注意的是,这 15 具人骨均为成年,而男性又占了 90%,年龄和性别比例均失调;另外,每具人骨的葬式凌乱,经常是身首异处。因此,更大的可能性是处理战俘或奴隶等非本社群死亡人口的特殊方式,而不是瘟疫造成。

除了灰坑中的特殊埋葬方式之外,这一时期的聚落中也发现了一些既不在灰坑中,也非普通墓葬的非正常死亡埋葬方式。如,洛阳王湾 M79 不见墓圹,为一中年女性墓,俯身,双手扭向背后捆绑,双足合并一起,不见随葬品[2]。(图 4-3-55)这种情况与同一墓地中带有二层台结构、出土高等级遗物的墓葬形成鲜明的对比,反映出社会成员间等级的分化。

---

[1] 河南省文物考古研究所:《河南渑池笃忠遗址 2006 年发掘简报》,《华夏考古》2010 年第 3 期,第 3-18 页。
[2] 北京大学考古文博学院:《洛阳王湾》,第 47 页,北京:北京大学出版社,2002 年。

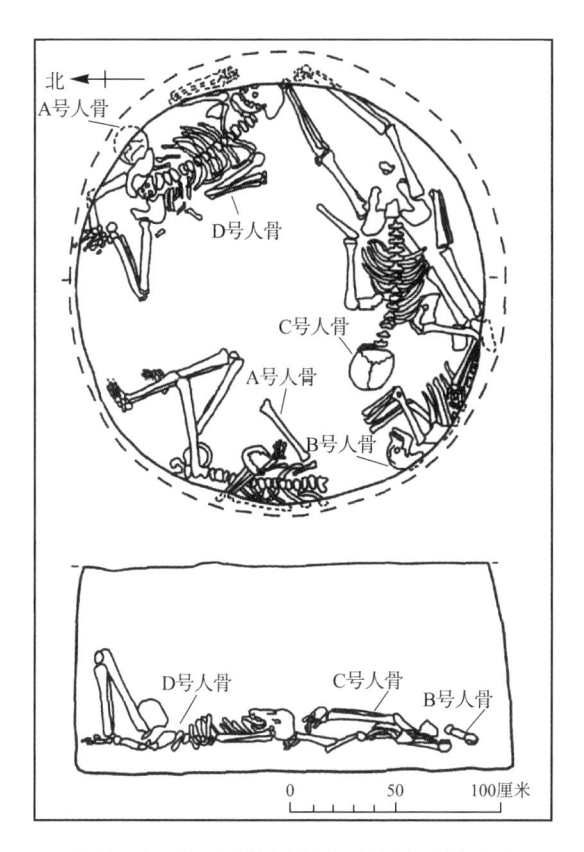

图 4-3-54　渑池笃忠聚落 H82 平剖面图

（据：河南省文物考古研究所，2010 年，图七）

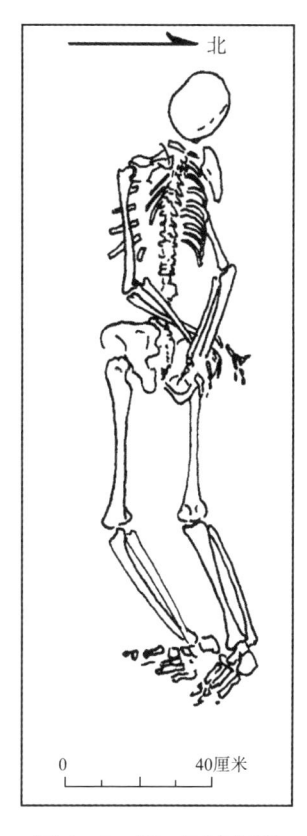

图 4-3-55　王湾 M79

（据：北京大学考古文博学院，2002 年，图三四）

总之，中原核心区仰韶文化晚期到龙山文化早期各地所发现的大量可能是祭祀、宗教性遗迹以及各种非正常死亡现象均暗示着这一时期聚落功能的增加和社会结构的复杂化以及可能社会成员之间等级分化的显著加剧。

（三）龙山文化晚期

中原核心区龙山文化晚期聚落内部的遗迹主要有大型建筑、普通房屋、墓葬、手工业专门化作坊和特殊遗迹。

1. 大型建筑

龙山文化晚期的中原各地均出现了不同形式的大型建筑，多数筑有夯土台基式，出现在城址和中心聚落里，包括新砦、王城岗、瓦店、煤山、古城寨等都有报道。其中以新密古城寨的大型建筑结构最为清楚。

古城寨 F1 与 F4 位于城内中部略偏东北的位置,从布局特征来看,为一体式建筑的一部分,方向坐西朝东①。(图 4-3-56)

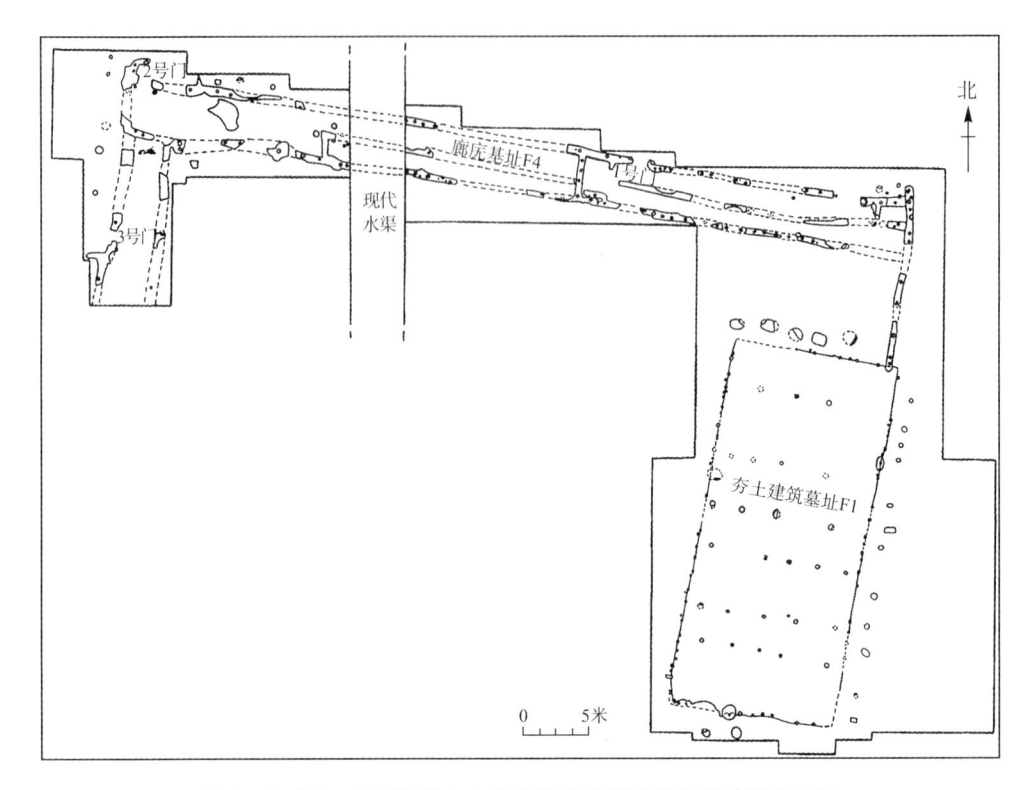

图 4-3-56 古城寨龙山文化晚期夯土建筑和廊庑建筑平面图
(据:河南省文物考古研究所,2002 年,图五)

F1 为夯土建筑,平面呈长方形,南北长 28.4 米,东西宽 13.5 米,面积 383.4 平方米。基址上南北排列六排大型柱洞,把房子分隔成七间。每排柱洞间距不一,在 2.15-4.5 米之间。房基周边也发现有柱洞,但均较小,其间还有更小的柱洞,推测为木骨泥墙中间的立柱。房基外围的南、北、东三面发现有大型柱洞,其中南北两侧分布均匀,东侧每 3 个一组,组内间距 1 米,组与组之间间距 2.5 米左右。据此推测,在建筑的南、北、东三面应有回廊,其中东面为正面,整个建筑的布局结构南北对称。

F4 为廊庑式建筑,从发掘揭露部分看,东起夯土建筑 F1 的东北,向北 7.4 米为围墙,既而转向西 60 米为两处廊庑,再转向南为另外一处廊庑。北侧南北并列两处廊庑

---

① 河南省文物考古研究所、新密市炎黄历史文化研究会:《河南新密市古城寨龙山文化城址发掘简报》,《华夏考古》2002 年第 2 期,第 53-82 页。

宽 4 米，由 2—3 道墙基组成，并共用一道短墙，形成内部的分间结构，各间均为东西向延伸南北并列的长廊。两廊庑开门均向北，门道狭窄仅能容身。廊庑西端转向南，还有一道南北延伸的廊庑，只发掘很少一段，亦有狭窄门道向西开。

从 F1 与 F4 的空间布局来看，似应围成一处长方形的庭院，整体的建筑结构很可能呈南北对称。但有趣的是，该庭院中无论是高台夯土建筑还是四周廊庑，均开门向外。该庭院式建筑群显然仅发掘揭露了其中一部分，完整的布局尚不清楚，但夯土台基式大型建筑与廊庑、围垣相结合形成庭院式建筑群的特点十分清晰。

新砦遗址也报道发现了一座"浅穴式大型建筑基址"[①]。发掘报告称该基址东西长 99.2 米，南北宽 14.5 米，活动面从西向东 84 米处向南收分 2.4 米。由于未发现建筑内的大型承重柱洞，也不见隔墙，因此发掘者推测"这不是一座带有房顶的普通建筑"，"这是一座不分间的通体式建筑"。（图 4-3-57）

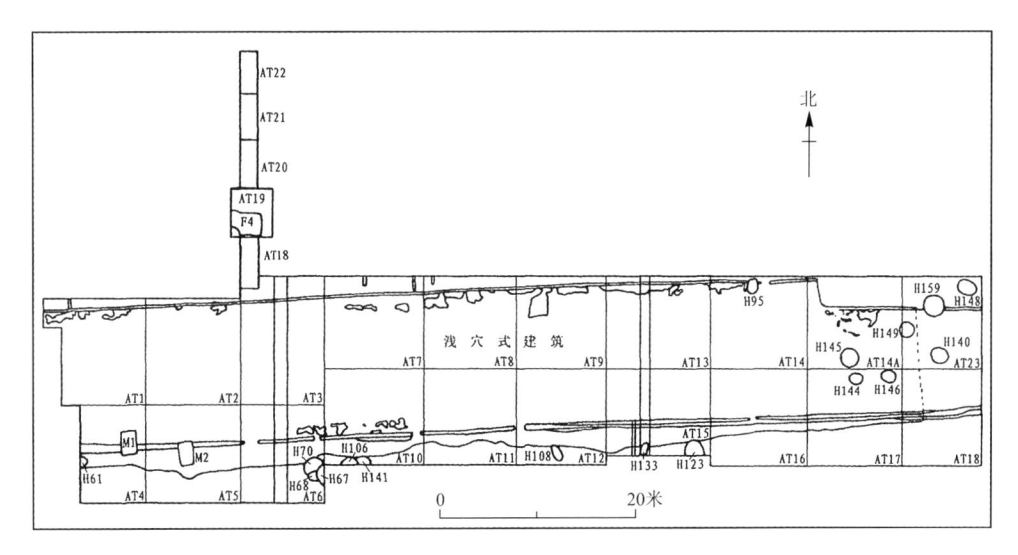

图 4-3-57 新砦聚落"浅穴式大型建筑基址"

（据：中国社会科学院考古研究所河南新砦队等，2009 年，图三）

从发掘报告所描述的建筑结构和建造程序来看，在这座东西长条形建筑的位置上曾有一条贯穿聚落东西的大路，向西对准西城墙的缺口，应为新砦城内的东西干道，年代为新砦期晚段。而这座"浅穴式大型建筑基址"正"坐落于这条东西向大路的上面"。浅穴式建筑内的地面经过多次处理，南墙还发现有门道类迹象。这些迹象表

[①] 中国社会科学院考古研究所河南新砦队、郑州市文物考古研究院：《河南新密市新砦遗址浅穴式大型建筑基址的发掘》，《考古》2009 年第 2 期，第 32—47 页。

明,这座"建筑"与城内东西向的大路很可能存在密切的关系。结合二里头都邑呈现的井字形大道与宫城围垣相结合的城市布局结构,我们推测新砦聚落的这座"浅穴式大型建造基址"有可能是两个围垣院墙及其他门之间的夹道。或许报告中所述的新砦期晚段的东西大道并未废弃,只是在晚期阶段在道路的南北分别兴建了围垣建筑。如果这一推测成立的话,那么显然二里头都邑城市规划布局可以在新砦聚落找到源头。

2. 普通房屋

中原核心区属于龙山文化晚期的普通房屋目前已多有发现,大致仍可分为单间房和多间房两类,但在不同遗址的情况有所差异。

第一,单间房的流行。

站马屯龙山文化遗址发掘面积较小,但发现有成排分布的龙山文化房基①。根据对各房基中出土器物的类型学研究,我们能较清晰地看到房屋形态的演化过程。从房屋修建的过程推测,F3、F4年代最早,位于发掘区中部,其中F3叠压F4,F4的年代为龙山文化早期,F3略晚。龙山文化晚期前段,在F3和F4东面又修建了F5和F7,不久又在F5之上修建了F2;同一时期在F2西边20米开外修建了F9。这几座房屋在东西方向上大致处于同一排。龙山文化晚期后段,在F5的东南修建了F1,位置已经比F5更靠南,既而又向东修建了F6和其南侧的F8。总之,从房屋的修建过程来看,大致从发掘区中心向两侧发展,并有逐步向南移动的趋势。(图4-3-58)

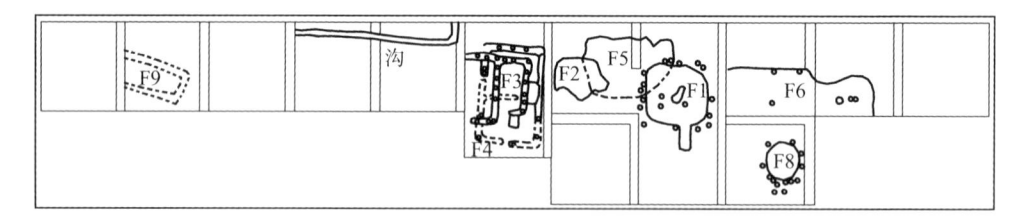

图4-3-58 站马屯遗址房屋布局平面图

(据:河南省文物研究所,1987年,图二改绘)

从各时期的房屋形态来看,F4年代最早,为典型的双连房,南北分间,平面长方形。北间开门在西,南北宽2.5米,东西进深3米,室内面积约7.5平方米;南间开门在南,南北宽3米,东西进深约2.5米,室内面积也是7.5平方米。南北两房间内均有大

---

① 河南省文物研究所、文化部文物局郑州培训中心:《郑州市站马屯遗址发掘报告》,《华夏考古》1987年第2期,第3-46页。

量烧土块,其中南间还有一处长方形火池,长0.66米,宽0.5米,深0.3米。房屋室内地面上可见到罐、鼎、甗、鬶、碗、杯、盆等陶器和蚌器。各间房均具有完整的生活设施,适于单个对偶家庭居住。从出土遗物的年代看,F4属于典型的龙山文化早期,而双间房的形态也常见于仰韶文化晚期的郑州地区。F3也为双连房,叠压在F4之上,年代略晚,但方向变为东西。

龙山文化晚期的房屋均为单间房,其中以F1结构最为清晰。F1平面为圆角方形,方向正南北,平地起建。东西长3.56米,南北宽3.3米,室内面积11.7平方米。南面偏东有斜坡式门道,室内正中有一不规则的烧土台,其西侧和南侧有三个大型柱洞,可能为支撑房顶的立柱之处。房内地面上出土有陶罐、鼎、澄滤器、鬶、盘和碗以及砺石等器物。从房屋的面积和内部完整的生活设施看,应为单个家庭所居住。(图4-3-59)

站马屯聚落从龙山文化早期的双连房到龙山文化晚期的单间房的演变轨迹十分清晰。这种变化可能表明构成社会关系的最小单位由双连式的扩大家庭向单一的核心家庭的转变。

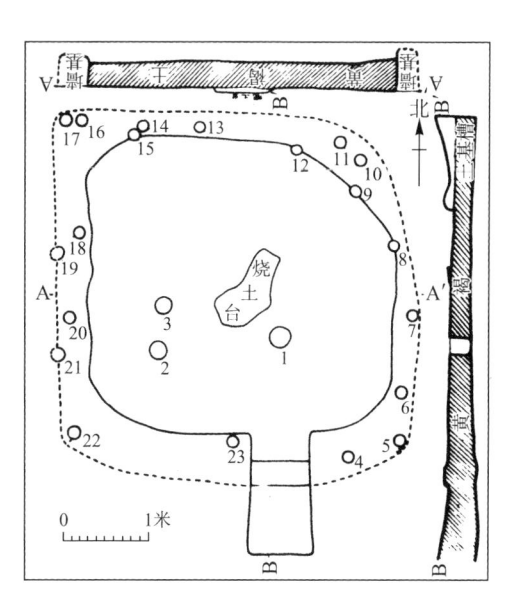

图4-3-59 站马屯F1平剖面图

(据:河南省文物研究所,1987年,图一八)

除了站马屯聚落之外,龙山文化晚期的单间房形态在中原地区也十分流行,广泛见诸各个区域。单间房又可分为半地穴式圆形、半地穴式方形和地面式方形三种。

半地穴式圆形房以王城岗F2为代表[1]。房基南北长3.24米,东西宽2.7米,室内面积约7平方米。室内地面平整,门道可能设在南面。居住面北有一处方形壁灶,高0.9米,灶面与居住面平齐,中间为圆形烧土面,灶南侧有两个小型柱洞。室内正中为一大型柱洞,为支撑房顶所用。(图4-3-60)

半地穴式方形房以小潘沟F6为代表[2]。房基平面为不规则长方形,南北长约5米,东西宽3.7—4.9米,室内面积约21.5平方米。门道在正南,为斜坡式。室内地面

---

[1] 河南省文物研究所等:《登封王城岗与阳城》,第64页,北京:文物出版社,1992年。
[2] 洛阳博物馆:《孟津小潘沟遗址试掘简报》,《考古》1978年第4期,第246页。

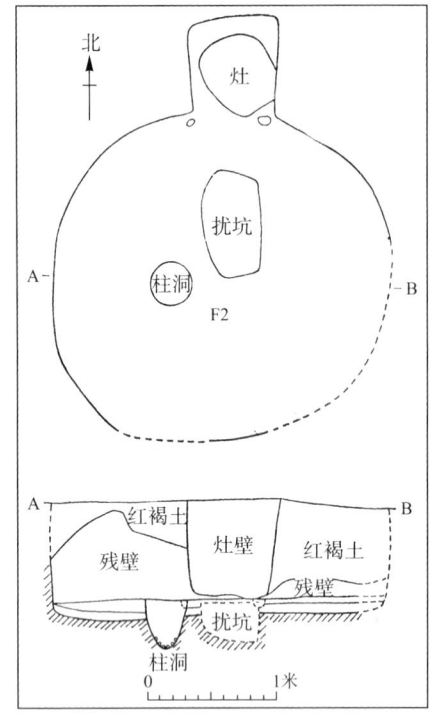

图 4-3-60　王城岗 F2 平剖面图　　　　图 4-3-61　小潘沟 F6 平剖面图
（据：河南省文物研究所等，1992 年，图三三）　　（据：洛阳博物馆，1978 年，图四）

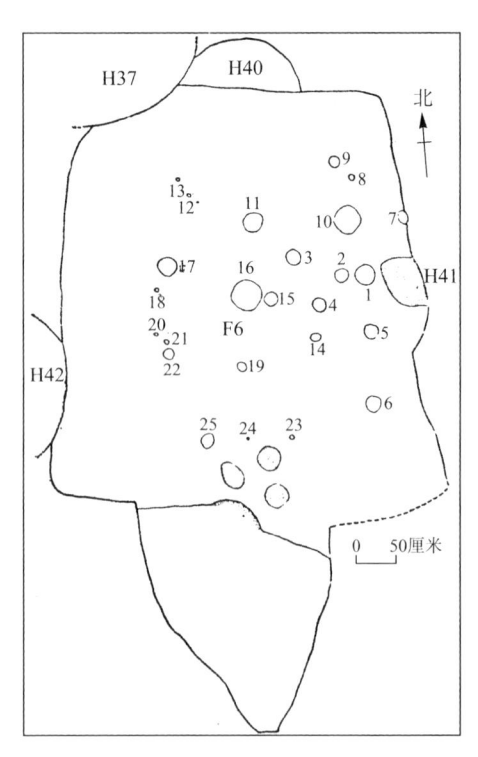

发现柱洞较多，共 25 个，排列不规整。烧坑和烧灶各有一个，烧坑靠近东壁，烧灶在屋内南头正中靠近门道处，由火门、火膛和火眼三部分组成，火门弧形，在灶南，火眼三个，呈等边三角形排列，可同时置放三件炊器。这种面积较大，结构略显复杂的房屋显示了其可能所具有的特殊用途。（图 4-3-61）

地面式方形房屋除了上述站马屯 F1 之外，还有煤山 F2 等，多数地面上涂有白灰以作防潮处理。

总之，龙山文化晚期单间房数量的增加、流行地域的扩大和样式的多样化，一方面或许反映了龙山文化晚期以来社会基层单元的小型化趋势，另一方面也与房屋的功能多样有关。

第二，长排房的兴起。

除了单间房之外，龙山文化晚期中原核心区还出现了大量的长排分布的多间房，主要流行在嵩山东南的沙、汝、颍河流域，以煤山、郝家台、蒲城店、阎寨[①]最具代表。

[①] 匡瑜、姜涛：《禹县阎寨龙山文化遗址》，《中国考古学年鉴·1984》，第 126 页，北京：文物出版社，1984 年。

煤山 F6 为长排房的一部分,双间结构,西侧与 F5 并连[1]。F6 方向大体为正南北,门向可能朝北。东间较大,室内面积约 13 平方米;西间较小,室内面积约 5.25 平方米。东西两间均有灶,位于北墙靠近隔墙处。东间偏东处有一道短墙,将东间分隔为两个相对独立的空间。东墙下有一土台,其上抹有白灰。东、西、南墙及其东室的短墙上有柱洞,大小不一,排列整齐,墙为草泥堆筑而成,两面抹泥多层。房屋居住面涂有白灰面。(图 4-3-62)

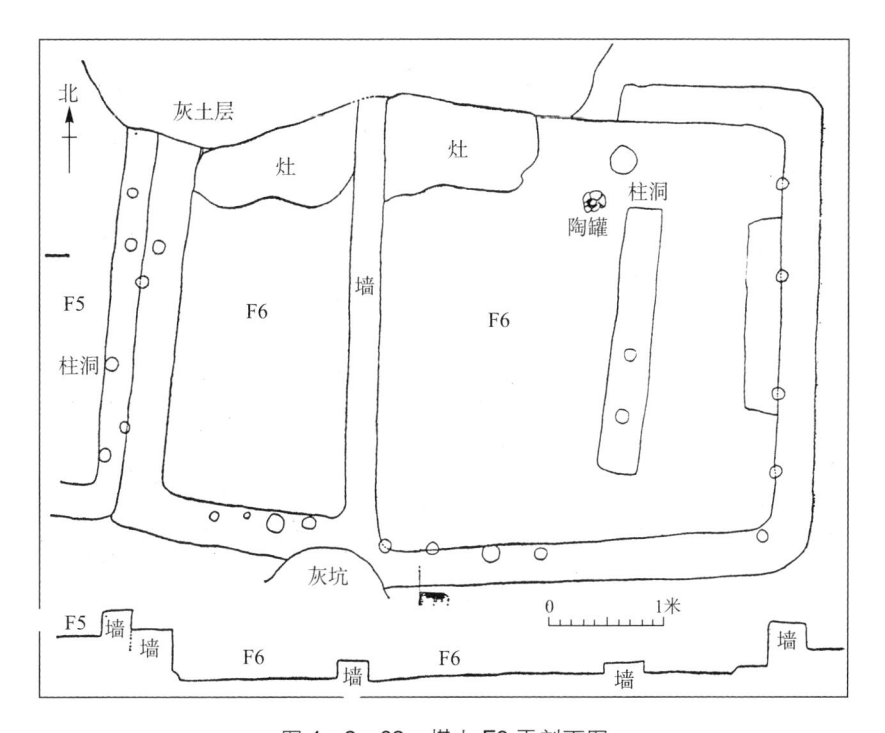

图 4-3-62 煤山 F6 平剖面图

(据:中国社会科学院考古研究所河南二队,1982 年,图五)

蒲城店 F39 为龙山文化晚期排房中的其中一间,保存较为完好,排房至少有三间[2]。墙外侧东西残长 4.8 米,南北宽约 3.9 米,为先挖基坑,再平地起建。墙体为堆筑而成,内外侧均抹泥,居住面抹黄泥,不见白灰。门道位于南墙中部,房内有火塘 2 处均贴北墙,形成曲尺形,并辟有专门的火塘区和挡火墙。F39 南侧墙外铺设有青灰

---

[1] 中国社会科学院考古研究所河南二队:《河南临汝煤山遗址发掘报告》,《考古学报》1982 年第 4 期,第 431-433 页。
[2] 河南省文物考古研究所、平顶山市文物局:《河南平顶山蒲城店遗址发掘简报》,《文物》2008 年第 5 期,第 32-49 页。

色土的斜坡状堆积,发掘者认为是散水结构,与室外面相连;北墙外有排水沟,底部有料姜,上部是淤沙。值得注意的是,F39四角各有一根立柱,据此推测可能有两面坡式屋顶结构。(图4-3-63)

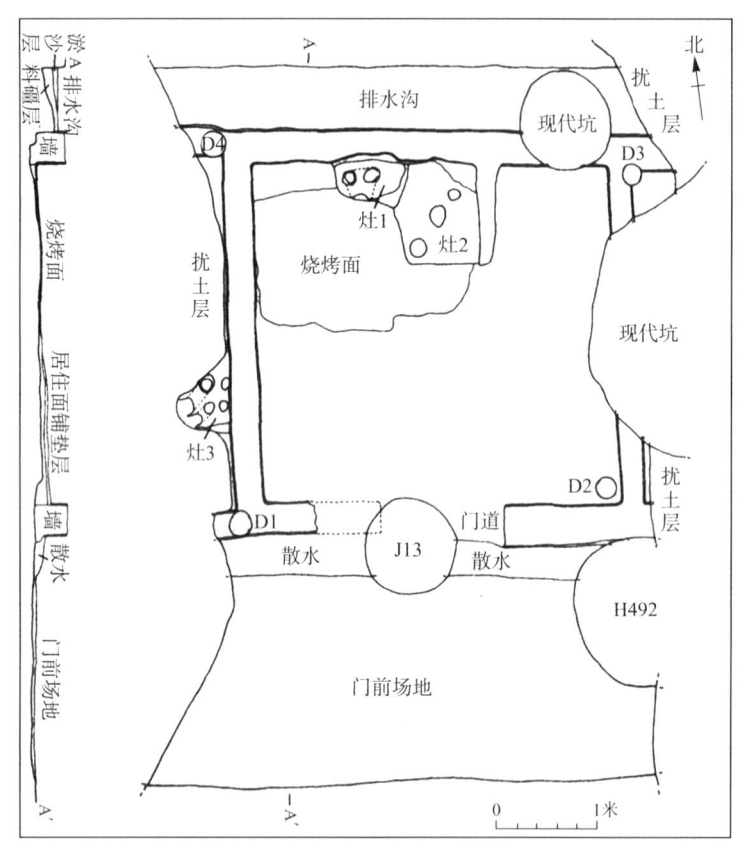

图4-3-63　蒲城店F39平剖面图

(据:河南省文物考古研究所等,2008年,图五)

郝家台发现较多的龙山文化排房,其中揭露完整的包括F10、F16和F18[①]。其中F16一排6间,F18一排9间,F10一排5间。各单元房均为长方形,门设在南部,单间面积10平方米左右,内部均设有一处简易的灶,平面为圆形或不规则形,没有灶台、灶坑和灶墙等设施。个别的房间还设有一个小的隔间,形成套间结构,但整体上设施十分简陋。墙体为黄泥堆筑而成,墙体两面均抹2-3层泥。室内地面经过处理,但不见使用白灰的情况。墙体不见柱洞,发现的柱洞均在墙外侧,推测为支撑屋檐所用。值

---

① 河南省文物考古研究所:《郾城郝家台》,郑州:大象出版社,2012年。

得注意的是,郝家台的排房虽然排列整齐,但各单元房多独立营建,虽然有共用隔墙的情况,但多数彼此错落,重建和扩建的情况比较常见。(图 4-3-64)

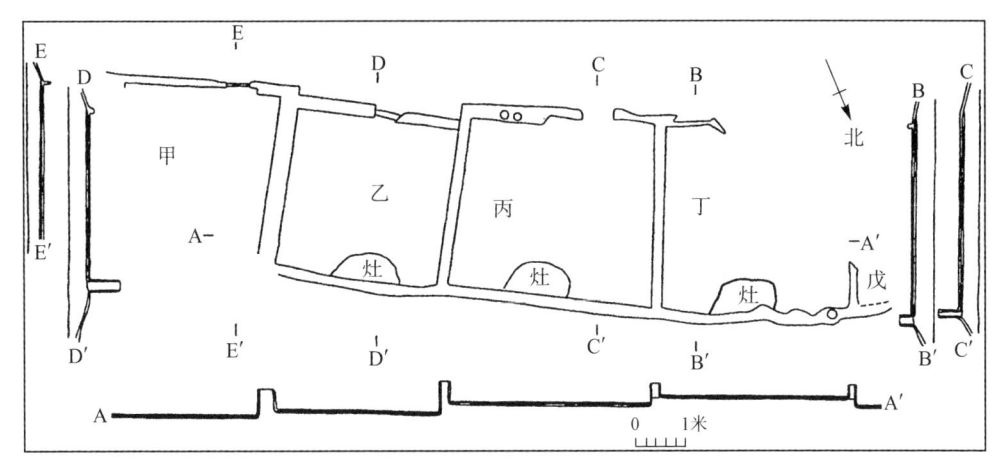

图 4-3-64　郝家台 F10 龙山文化排房平剖面图

(据:河南省文物考古研究所,2012 年,图三九)

总体来讲,嵩山东南地区流行的排房建筑大致表现出了两种建筑技术或文化传统:木骨泥墙和土筑墙。木骨泥墙以煤山为代表,墙体以木骨支撑,柱洞均发现在墙体内部,地面铺设白灰。这种木骨泥墙的建筑形式不仅在郑州大河村等仰韶晚期建筑中,在临近的南阳盆地八里岗仰韶聚落中也十分常见,当反映了本地仰韶文化的传统。郝家台和蒲城店则主要是土筑墙的新建筑形式(也有研究者将其看作是土坯墙)。这些墙体完全以黄泥或褐泥堆筑而成,内外两侧抹有多层墙皮,墙内和室内均不见柱洞,柱洞位于室外,作为撑檐结构。值得注意的是,这类土筑墙排房均建在高台之上,十分讲究排水,房前屋后有散水和排水沟之类的排水设施,应与纯土体墙的特殊结构有关。除了郝家台、蒲城店之外,此类高台式土筑墙排房在淮河流域有普遍的发现,临近的淮阳平粮台遗址还发现有与此类排房密切相关的完整城市排水系统。龙山文化晚期,中原地区出现此类新建筑形式的源头还有待探索,但在淮河流域的气候条件下这种土筑建筑的维护成本较高,更需要整个聚落社群内部的统一组织和管理,是这一时期基层社会复杂化的一个表现。

总之,龙山文化晚期从嵩山东南地区流行的多间排房建筑看,虽然样式复杂,但都强调了统一的规划(成排分布)和空间布局(开门方向和建筑结构)的一致性。组成排房的单元房多为长方形,大小不一,但一般面积不超过 20 平方米,虽然有局部的扩建或功能细化,但彼此之间看不出明显的差异和居住者之间社会地位的分化现象。

因此，这些排房应为聚落社群中的普通居民居住。而组成排房的单元房的数量不一，从三间到八九间不等，而且单元房之间多有增建现象。因此，如果一个单元房内生活居住的是一个核心家庭的话，那么一个排房所代表的社会单元显然不再是大家庭或氏族，而应该是整个聚落（社群）统一安排下的多个核心家庭的组合。这或许是血缘关系为纽带的社会组织逐步解体后，社群内部突出强调新秩序的一种方式。

3. 墓葬

进入龙山文化晚期，中原核心区的埋葬形式发生了重大变化，最突出的特点是公共墓地和高等级墓葬的缺失，相反"居葬合一"的新丧葬理念大为流行。这种变化应与社会组织基本单元的进一步小型化以及多元文化背景的不同人群的杂居有着密切的关系。

郝家台龙山聚落的墓葬表现出明显的"居葬合一"的特点。长排房屋建筑在高台之上，墓葬均埋于高台的坡角之下①。单纯从空间位置看，我们很难将每一座墓葬与

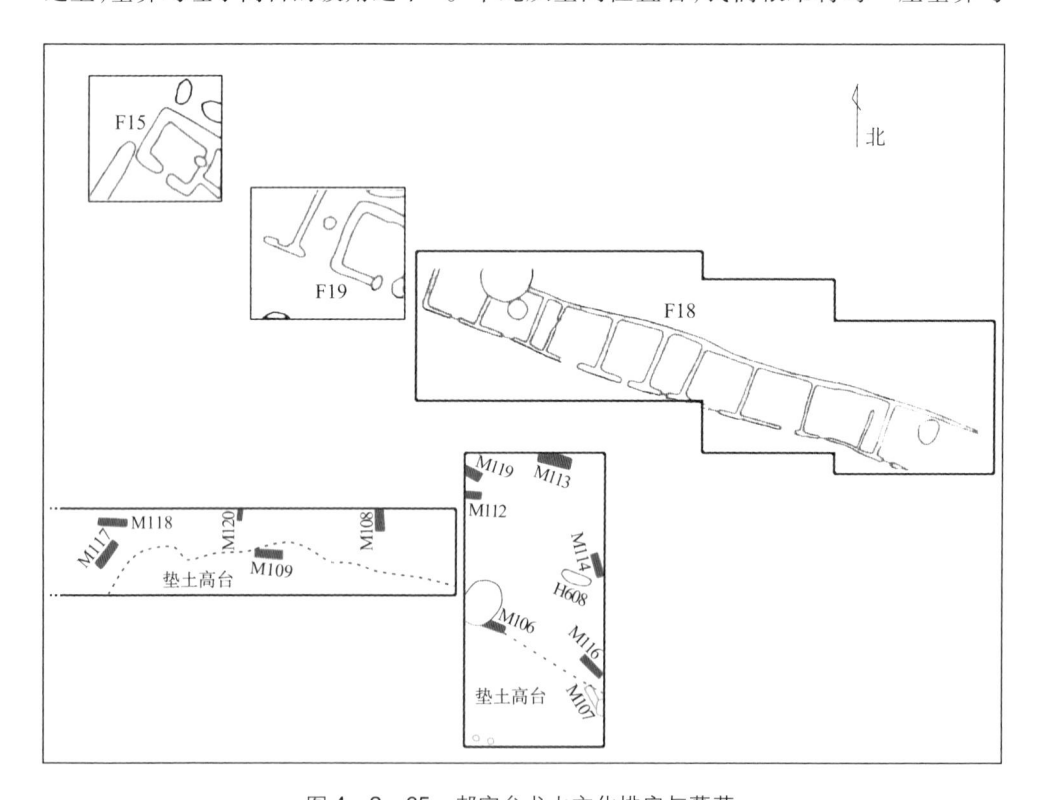

图 4-3-65　郝家台龙山文化排房与墓葬

（据：北京大学考古文博学院等，2017 年，图二七改绘）

---

① 北京大学考古文博学院、河南省文物考古研究院、漯河市文物考古研究所：《河南漯河郝家台遗址 2015－2016 年田野考古主要收获》，《华夏考古》2017 年第 3 期，第 14－49 页。

具体的单元房相对应,但很明显的是排房与墓葬之间形成了对应关系,因此从整个聚落来看,具备墓葬"大分散、小聚拢"的特点[1]。多数墓葬不见随葬品,头向不固定,甚至饮食文化传统截然不同[2],表现出多样和无序的特征。从发掘的层位看,高台上的房屋不断重建,墓葬也属于不同的层位,分别对应于不同层位的房屋,表现出这种"高台上建房,坡角下埋墓"的居葬合一的聚落发展模式相当稳定。

郝家台排列整齐的长排房屋为我们讨论中原地区龙山晚期的居葬形态提供了有效的借鉴。以此为线索检索其他遗址的情况,可以发现实际上这种"居葬合一"的丧葬模式在龙山晚期的中原地区十分普遍。

瓦店是嵩山东南地区的大型区域性中心聚落,出土的大型成人瓮棺葬十分引人注目。1997年发掘报告提供了遗址东南区的详细平面图,为我们讨论瓦店聚落的居葬形态提供了条件[3]。

发掘者依据出土器物形态的演变将东南发掘区 6 个探方的遗迹划分为四期,均属于龙山文化晚期阶段,可见本地龙山聚落具有很强的延续性。这 6 个探方中发现有八座房屋,三种样式:F2、F6、F8 为大型房屋,结构讲究,以纯黄土为基础铺垫,发现有短墙和动物奠基的现象,由于均未发掘清理完毕,是否为排房尚不清楚;F1、F3、F5、F7 为半地穴式小型方形房屋,房屋地面处理讲究,但均不见灶,有的有柱洞;F4 为半地穴式小型圆形房屋,发现有灶。很明显,这些房屋的功能和性质不同,尤其是半地穴式的小型方形房屋,不见室内灶和火塘,无法用作个体家庭的日常生活消费,因此这些房屋在功能上应存在组合关系。根据大型长方形房屋的格局,大致可将这些房屋分为南北两排,即北排的 F2、F8 一组,南排的 F6 一组,显然小型半地穴式房屋是夹杂中间的。(图 4-3-66)

值得注意的是,这 6 个探方中发现有 5 座墓葬,也明显分为两类和两组,并与两组房屋相对应:北组墓葬位于北组房屋 F2 和 F8 的前后,均为单人竖穴土坑墓,头向不固定,M2、M3 位于 F8 北侧,打破 F8 垫土,头朝东,M4 位于 F8 的南侧,头向东北;南组墓葬均为大型成人瓮棺,出土玉鸟形笄首,具有后石家河成人瓮棺的特点,在南侧地面式建筑 F6 的南北两侧均有发现,报告里报道了 W1 和 W2 两座,实际上发掘区南侧民房取土时还发现有若干座。(图 4-3-67)

---

[1] 李唯:《试论郝家台遗址龙山文化时期的墓葬》,《华夏考古》2017 年第 3 期,第 109-122 页。
[2] 周立刚:《稳定碳氮同位素视角下的河南龙山墓葬与社会》,《华夏考古》2017 年第 3 期,第 145-152 页。
[3] 河南省文物考古研究所:《禹州瓦店》,北京:世界图书出版公司,2004 年。

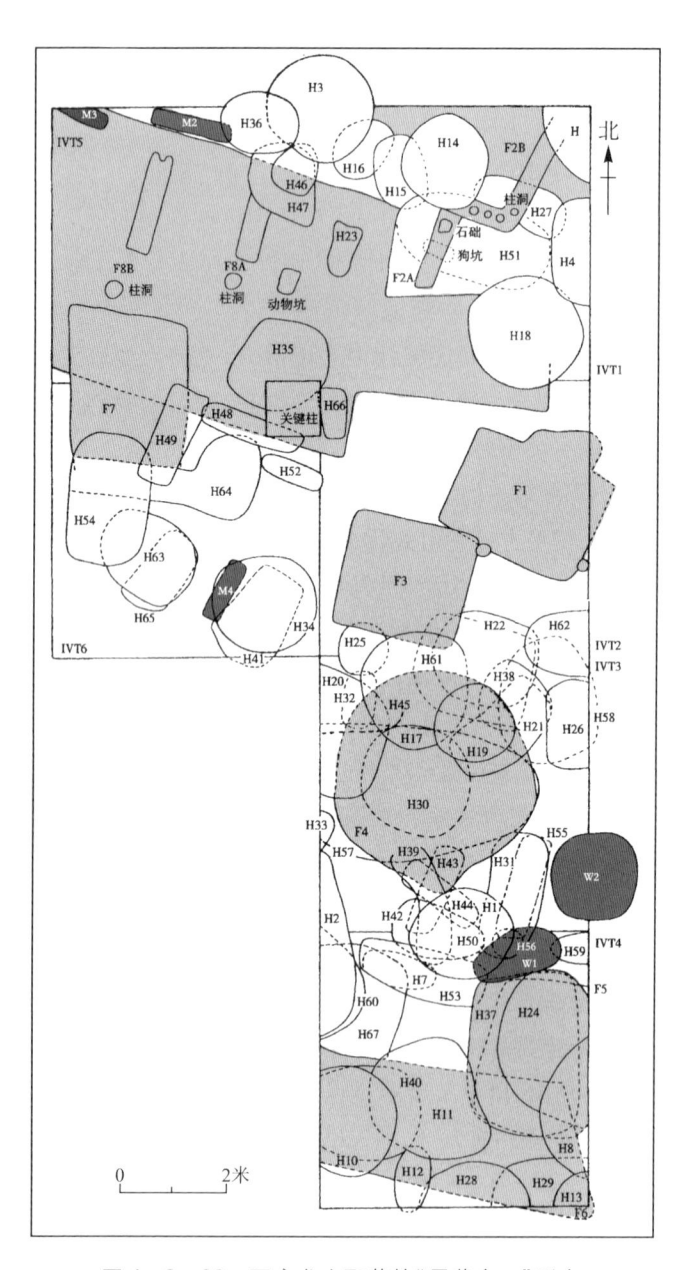

图 4-3-66 瓦店龙山聚落的"居葬合一"形态

（据：河南省文物考古研究所，2004 年，图一〇）

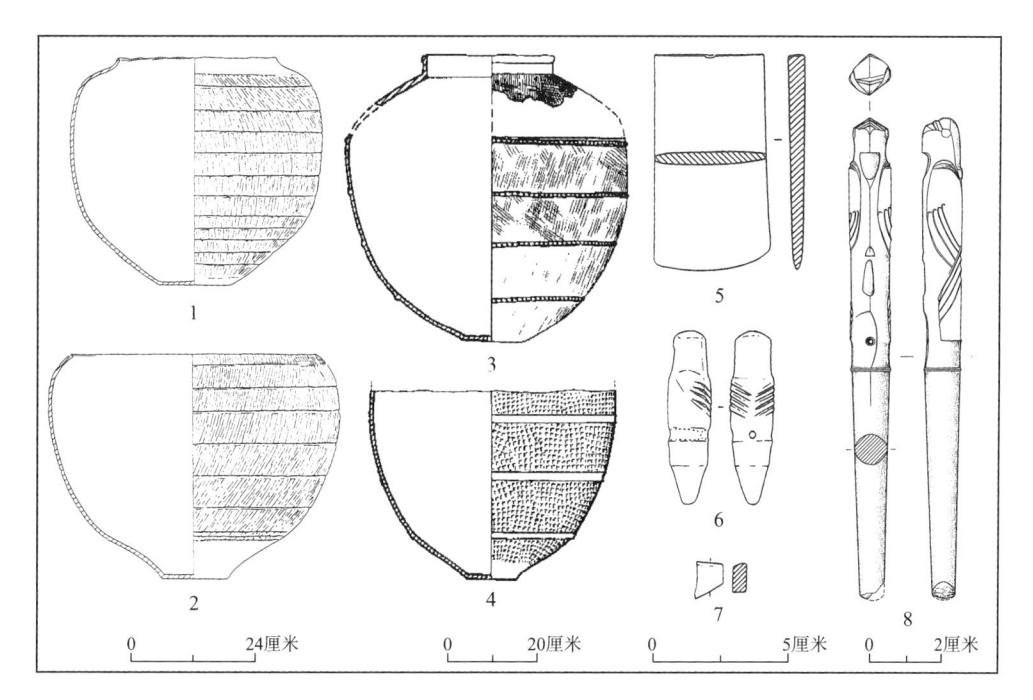

图 4-3-67 瓦店 W1 大型成人瓮棺葬具与随葬品

（1、2、5-7.瓦店 W1；3、4、8.肖家屋脊）

瓦店聚落的房屋和墓葬之间不仅形成了明确的对应关系，而且还可能存在不同文化背景人群的分居分葬现象。房屋功能的多样化和墓葬样式的多样化同时体现在了瓦店聚落，反映出瓦店作为一个多元文化融合的区域性中心的特点。

新砦聚落同样发现有墓葬集中分布在同期房址周边的情况。在探方 1999T2 中发现有属于"新砦期"的一座房址和竖穴土坑墓 7 座[①]。F1 为新砦期的地面式建筑，发掘仅仅揭露了其西北角，发现有纯垫土、西墙、北墙和室内活动地面。发现的墓葬均位于 F1 的西北侧，头向不一，各个方向均有，且相互之间有打破关系，可见延续的时间较长。

从层位关系看，M7 被 F1 的垫土所叠压，是 F1 修建之前就有的墓葬；M1 则打破 F1 的垫土，是 F1 使用或废弃之后的墓葬。可见，这 7 座墓葬并不完全与 F1"共时"，且数量多，也不能完全与 F1 相对应。因此，在 F1 周围应该还有其他房址的存在，或有比 F1 年代更晚的房址遭彻底破坏，但限于发掘面积还无法确认。（图 4-3-68）

[①] 北京大学震旦古代文明研究中心、郑州市文物考古研究院：《新密新砦——1999－2000 年田野考古发掘报告》，北京：文物出版社，2008 年。

394　中原核心区文明起源研究

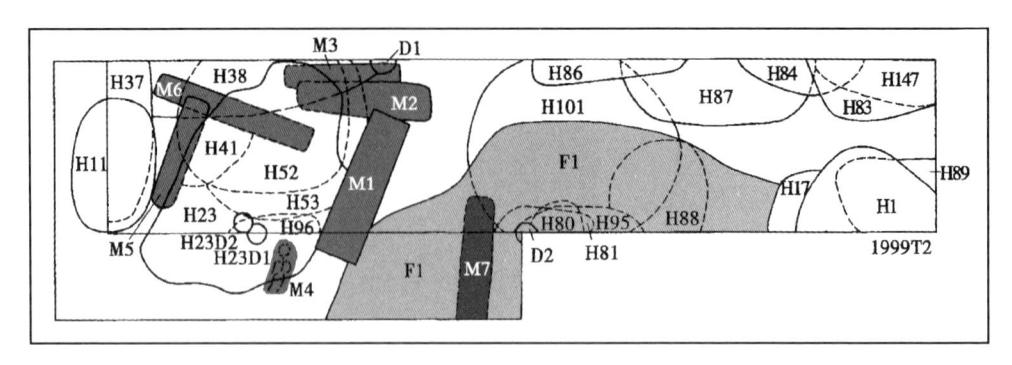

图 4-3-68　新砦聚落"新砦期"的"居葬合一"形态
（据：北京大学震旦古代文明研究中心等，2008 年，图一〇六）

大河村聚落龙山文化晚期的墓葬也发现有"居葬合一"的情况①。在北侧第Ⅲ区的探方中发现龙山晚期的房址两座和单人竖穴土坑墓 18 座。两座房址 F24、F25 均为地面式方形建筑，但结构简单，虽然有烘烤的地面，但缺乏灶等完整的生活设施。18 座墓葬集中分布于房址的西、北部和两房之间，墓葬的性别、年龄、朝向均无规律。显然这 18 座墓葬与两座功能不全的房址无法匹配，周边还应该有其他房屋的存在。（图 4-3-69）同样，在西侧第Ⅰ发掘区集中发现有 9 座墓葬，靠近展厅基槽也集中发现 4 座墓葬，它们头向各异，排列散乱，但限于发掘范围，周边暂未发现相关的房屋居住遗迹。

除了上述聚落之外，"居葬合一"的形式还可见于洛阳王湾②、偃师灰嘴③、郑州马庄④、汝州煤山⑤、北刘庄⑥等龙山晚期的聚落中，形成中原地区龙山文化晚期的一个重要特色。总结这种居葬合一的形式，主要有三个特点：第一，聚落中不再单独辟设墓葬区，墓葬与居住生活混杂在一起，除了同期的房址之外，还发现有大量的灰坑以及其中填埋的生活垃圾。第二，这些墓葬排列混乱，头向各异，完全缺乏规划和秩序；第三，墓葬基本不见随葬品，竖穴土坑墓坑狭窄，需要将尸体捆绑收敛后方能下葬，体现出鲜明的"薄葬"习俗。这些特点表明，龙山文化晚期社会组织的基本单元进一步

---

① 郑州市文物考古研究所：《郑州大河村》，北京：科学出版社，2001 年。
② 北京大学考古文博学院：《洛阳王湾发掘报告》，北京：北京大学出版社，2002 年。
③ 中国社会科学院考古研究所河南第一工作队：《河南偃师市灰嘴遗址 2006 年发掘简报》，《考古》2010 年第 4 期，第 3-13 页。
④ 郑州市博物馆：《郑州马庄龙山文化遗址发掘简报》，《中原文物》1982 年第 4 期，第 24-31 页。
⑤ 河南省文物研究所：《临汝煤山遗址 1987—1988 年发掘报告》，《华夏考古》1991 年第 3 期，第 5-23 页。
⑥ 河南省文物研究所：《河南临汝北刘庄遗址发掘报告》，《华夏考古》1990 年第 2 期，第 13-44 页。

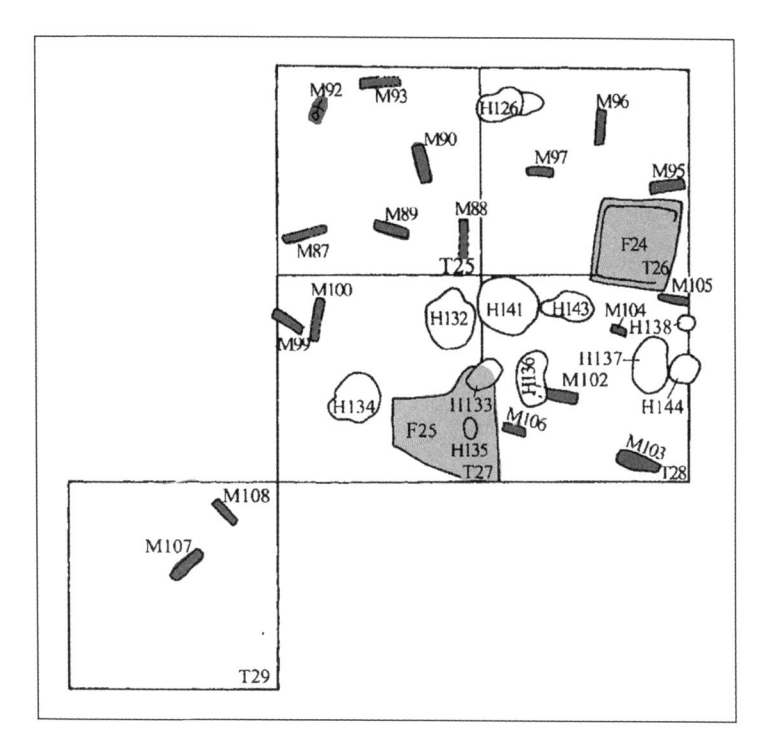

图 4-3-69 大河村龙山晚期的"居葬合一"形态

（据：郑州市文物考古研究所，2001 年，图二七九）

小型化，房屋与墓葬组合表现出来的核心家庭很可能已经具备独立的社会和经济地位。核心家庭的兴起打破了仰韶文化血缘关系社会组织的传统，有助于多元文化融合、新风尚和新观念①的形成以及新型社会关系的确立，是进一步推动中原社会复杂化的重要基础。

值得注意的是，龙山文化晚期的居葬合一形式主要表现在"环嵩山"地区，中原核心区的外围，如豫东的淮阳平粮台②、豫南的淅川下寨③都发现有龙山文化晚期的小型公共墓地，如此更加说明环嵩山地区正处于龙山文化时期中原社会变革漩涡的中心。

尽管龙山晚期的中原社会崇尚薄葬的习俗，但仍然发现了一些有随葬品的墓葬。需要注意的是，这些墓葬随葬品的组合并不固定，但大体来讲可分为四种类型：

---

① 韩建业：《龙山时代：新风尚与旧传统》，《华夏考古》2019 年第 4 期，第 47-51 页。
② 河南省文物考古研究院、北京大学考古文博学院《河南淮阳平粮台遗址龙山时期墓葬发掘报告》，《华夏考古》2017 年第 3 期，第 3-13 页。
③ 河南省文物考古研究院、河南省文物局南水北调文物保护办公室：《河南淅川下寨遗址龙山时代末期至二里头早期墓葬发掘简报》，《华夏考古》2017 年第 3 期，第 59-70 页。

第一,以斝、壶、豆、鬶为主体的饮器和食器组合,包括郾城郝家台①、襄城台王②、上蔡十里铺③等。(图4-3-70)此类墓葬目前主要发现在嵩山东南的沙颍河流域,具有明显的淮系龙山文化风格。

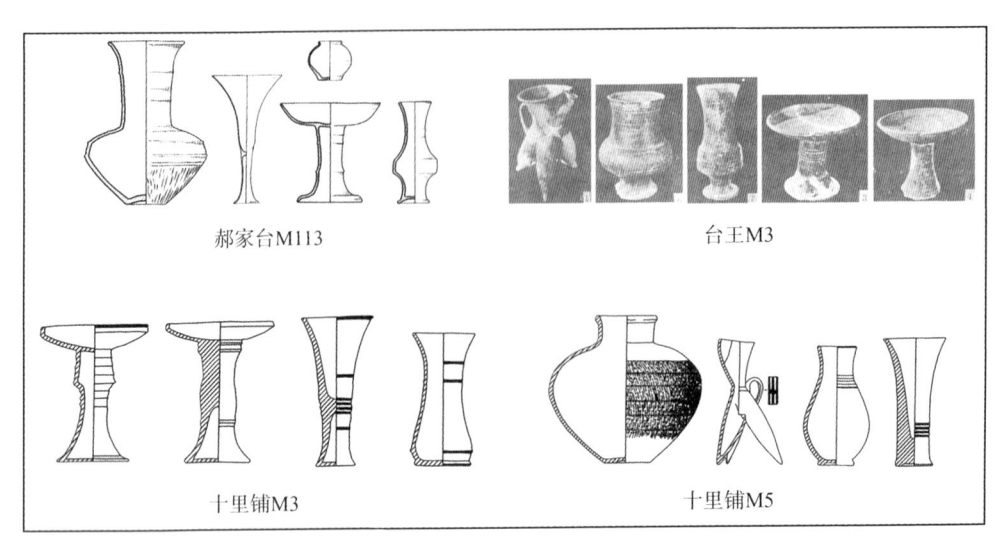

图4-3-70 中原地区龙山文化墓葬出土随葬品举例

此类墓葬延续至"新砦期"阶段,目前所发现的这一阶段的有随葬品墓葬有郾城郝家台和淅川下寨④。斝和豆仍然是随葬品组合中的关键器物,尤其是斝的形态发生了显著的变化,已经与二里头文化墓葬中随葬的陶斝十分接近。此类墓葬流行的范

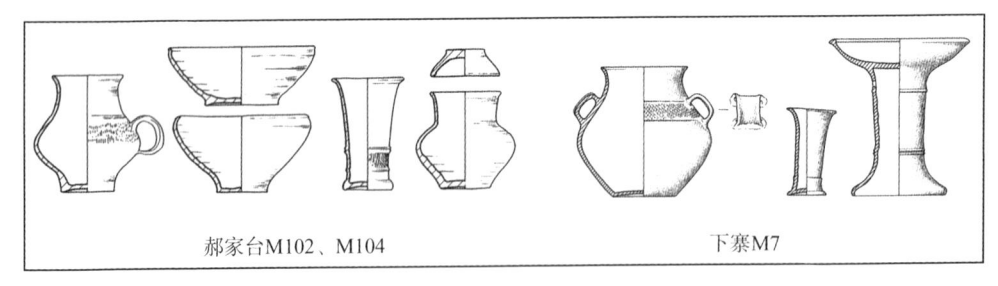

图4-3-71 中原地区"新砦期"阶段墓葬出土随葬品举例

---

① 北京大学考古文博学院、河南省文物考古研究院、漯河市文物考古研究所:《河南漯河郝家台遗址2015—2016年田野考古主要收获》,《华夏考古》2017年第3期,第14-49页。
② 河南省文物考古研究所:《襄城县台王遗址试掘简报》,《中原文物》1988年第1期,第7-13页。
③ 河南省驻马店地区文管会:《河南上蔡十里铺新石器时代遗址》,《考古学集刊(3)》,第69-80页,北京:中国社会科学出版社,1983年。
④ 河南省文物考古研究院、河南省文物局南水北调文物保护办公室:《河南淅川下寨遗址龙山时代末期至二里头早期墓葬发掘简报》,《华夏考古》2017年第3期,第59-70页。

围除了沙颍河流域之外,还扩展至汉水上游地区,与二里头文化早期的扩张线路完全一致。

第二,以圆腹罐为主体的储器组合,以中原核心区外围的驻马店正阳贾庄 M12[①]为代表。(图 4-3-72)同一墓葬出土 9 件形制接近的陶罐,无论是形态还是交错斜篮纹的拍印制法均承袭自长江中游石家河文化的特点。但与石家河文化墓葬不同的是不见二层台和棺椁结构,同时还随葬 3 件具有明显中原龙山风格的陶杯和陶壶。

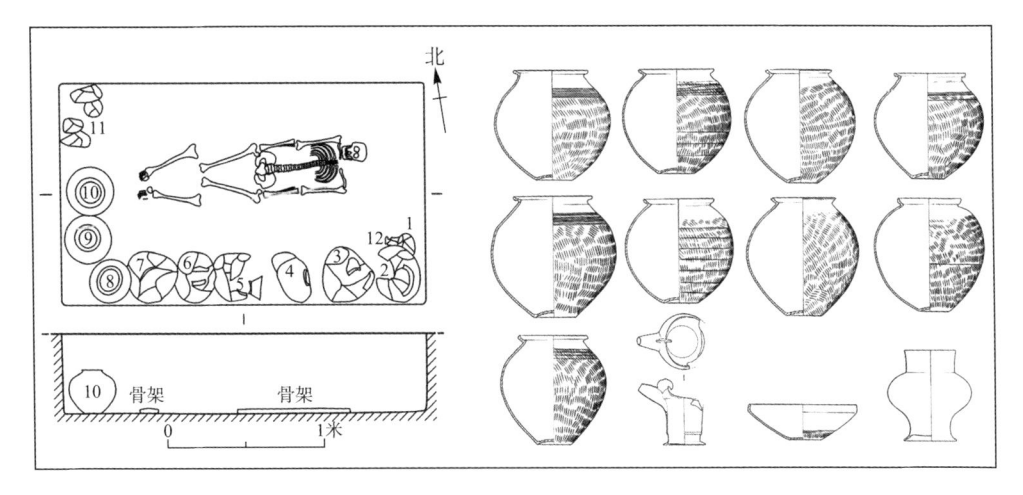

图 4-3-72　正阳贾庄 M12 及随葬品

(据:河南省文物考古研究院等,2017 年)

第三,大型成人瓮罐葬。目前中原地区仅瓦店聚落有成组的发现,出土有小件的玉石器,与长江中游的后石家河文化关系密切。(图 4-3-67)

第四,零星随葬单件器物,类型多样,不具备组合的含义。此类情况发现较多,包括洛阳锉李 M3 随葬单耳罐和豆的组合[②],汝州李楼随葬一件陶罐[③]等等。

上述第一类墓葬具有东方文化传统,并为二里头文化所继承;第二、三类墓葬具有南方文化传统,延续了石家河文化、后石家河文化的特征,在中原地区的发现十分有限。但是,无论哪类随葬品丰富的墓葬,都没有证据表明它们与无随葬品的其他墓葬之间存在明确的等级差异。除了随葬品之外,这些墓葬均不见木质棺椁和二层台结构,因此随葬品多寡的差异更多反映的应该是不同的文化传统,而不是社会阶层的分化。

[①] 河南省文物考古研究院、驻马店市文物考古管理所:《河南正阳贾庄遗址 12 号墓的发掘》,《华夏考古》2017 年第 3 期,第 84-88 页。
[②] 洛阳博物馆:《洛阳锉李遗址试掘简报》,《考古》1978 年第 1 期,第 5-17 页。
[③] 中国科学院考古研究所河南一队:《河南汝州李楼遗址的发掘》,《考古学报》1994 年第 1 期,第 63-97 页。

4. 手工业遗迹

到了龙山文化晚期中原各地的聚落中与手工业生产相关的遗迹开始增加,甚至出现了手工业专门化的趋向,与手工业生产相关的遗存主要是和陶器和石器制作有关。

龙山文化时期,制陶技术普遍进步,中原地区不乏龙山文化晚期的精致陶器,包括磨光蛋壳黑陶和白陶。有研究者指出龙山文化时期陶器生产以复杂的家户式作坊的形式存在,陶器的生产、分配和消费对于推动区域龙山社会的复杂化具有重要作用[①]。然而在实际的田野工作中,很少发现与陶器生产直接相关的遗存,其中最主要的发现是陶窑。然而,目前中原地区所发现的龙山文化陶窑数量有限,根本无法与这一时期高超的制陶技术和海量发现的陶器相匹配。

以汝州煤山聚落发现的一组龙山文化陶窑为例,主要由同一时期集中分布的陶窑和水井组成[②]。四座陶窑(编号为 Y1-Y4),集中分布在探方 T2 西北角的同一文化层中。简报指出"这四座陶窑从叠压和打破关系看,Y3 最早,Y2 次之,Y1 和 Y4 最晚",可见四座陶窑的修建和使用略有先后。从陶窑的结构来看,其为平面葫芦形,火膛与窑室分开的升焰窑结构。其中,窑室内火道为主火道与支火道组合的形式,火膛与窑室大致处于相同的高度或略低,中间有孔道相通,属于龙山文化晚期常见的陶窑样式。这四座陶窑不但集中分布,而且方向一致,窑口向西,很可能是一处长期烧制陶器的遗存。

与陶窑相关的水井 J2 位于 Y1-Y3 的东部,西距 Y2 约 0.3 米,距 Y1 约 0.85 米。井与 Y1 不仅处于同一地层,而且还发现二者有黄色路土相连,表明 Y1 烧窑用水应主要取自 J2 水井中。有关龙山文化时期各地普遍发现水井的情况,多数研究者认为与农业人口的增加,农业经济的扩大有关,但也有研究者指出其具体情况较为复杂,可能具有多方面的功能[③]。从中原核心区考古调查的情况看,先秦时期的聚落均沿河流分布,虽然龙山文化晚期开始大量出现了水井,但河流仍然是聚落赖以生存的主要水源,聚落的扩大也是沿河流展开,龙山文化晚期尚不见远离河流的聚落遗址。煤山聚落中所发现的水井 J2 的情况,表明水井的出现很可能与烧制陶器等手工业

---

① Anne.P. Underhill, Pottery production in chiefdoms: the Longshan Period in northern China. *World Archaeology* 23, 12–27. 文德安、王芬、栾丰实:《龙山时代陶器的生产、分配和消费:两城镇遗址陶杯研究》,《龙山文化与早期文明——第 22 届国际历史科学大会章丘卫星会议文集》,第 66–76 页,北京:文物出版社,2017 年。
② 中国社会科学院考古研究所河南二队:《河南临汝煤山遗址发掘报告》,《考古学报》1982 年第 4 期,第 427–476 页。
③ 杨肇清:《河南龙山文化水井初探》,《洛阳考古四十年——一九九二年洛阳考古学术研讨会论文集》,第 116–119 页,北京:科学出版社,1996 年。

生产有关。

煤山聚落所发现的陶窑与水井的组合与一个家户式的作坊生产的规模大致相当。同样的发现在新密新砦[1]、郾城郝家台[2]、平顶山蒲城店[3]等龙山聚落中均有报道,但遗憾的是这些发现均为单体的陶窑,缺乏其他相关遗迹的支撑,据此很难对龙山文化时期陶器生产组织状况进行评估。

考古发现表明,龙山文化晚期的中原地区已经出现了石器专门化生产的情况,并主要集中在使用鲕状灰岩生产石铲的环嵩山地区。通过对中心聚落王城岗[4]和瓦店[5]发掘的灰坑填土等日常生活废弃堆积中的石制品的研究和实验考古复原可以了解到,龙山文化中心聚落的石铲制作是从粗坯开始的,而基本不见石料。中心聚落是通过进口粗坯再进一步加工成品的消费单位,遗址上没有发现明确用于集中加工石器的作坊类遗迹。相反,通过区域系统调查,在距离遗址20公里之外的嵩山山前则大量发现了开采灰岩/白云岩的窝子矿坑和初步加工石料的作坊遗迹,包括有白灰面的房址以及房前大量倾泻的小石片、石屑等废弃物。(图4-3-73)

同样的情况也存在于嵩山北麓的灰嘴遗址。尽管灰嘴遗址尚未发现明确与加工石铲相关的作坊遗迹,但发掘和系统的研究表明,灰嘴聚落从龙山文化晚期开始即具备了专业化生产石铲的条件,粗坯和半成品占所有石制品的90%以上[6],显然超出了本聚落消费的需求而专供外销。龙山文化晚期的灰坑H100、H101中出土了大量小石块、石片和石屑,其中以小石片和直径小于0.5厘米的碎石屑为主[7],(图4-3-74)这些都是石料加工过程中与打制粗坯有关的废弃物,而类似的堆积基本不见于消费型的聚落。因此灰嘴也是一处与专业化生产石铲粗坯有密切关系的聚落,整个环嵩

---

[1] 中国社会科学院考古研究所河南新砦队、郑州市文物考古研究院、河南大学古代文明研究中心:《河南新密市新砦遗址王嘴西地发掘简报》,《考古》2018年第3期,第26-43页。
[2] 北京大学考古文博学院、河南省文物考古研究院、漯河市文物考古研究所:《河南漯河郝家台遗址2015—2016年田野考古主要收获》,《华夏考古》2017年第3期,第14-49页。
[3] 河南省文物考古研究所、平顶山市文物局:《河南平顶山蒲城店遗址发掘简报》,《文物》2008年第5期,第32-49页。
[4] 北京大学考古文博学院、河南省文物考古研究所:《登封王城岗考古发现与研究(2002-2005)》,第630-645页,郑州:大象出版社,2007年。
[5] 逯博、张海、方燕明:《河南禹州瓦店遗址出土石铲制品的初步研究——嵩山地区夏商时期石铲生产工业管窥》,《华夏考古》2013年第2期,第45-52、69页。
[6] Anne Ford. Ground stone tool production at Huizui, China: An analysis of a manufacturing site in the Yiluo River basin. *Indo-Pacific Prehistory Association Bulletin* 24, 2004.
[7] 中国社会科学院考古研究所河南一队:《河南偃师灰嘴遗址发掘的新收获》,《中国社会科学院古代文明研究中心通讯》2003年第5期,第36-39页。中国社会科学院考古研究所河南第一工作队:《2002-2003年河南偃师灰嘴遗址的发掘》,《考古学报》2010年第3期,第393-422页。

400　中原核心区文明起源研究

图 4-3-73　颍河中上游地区(瓦店)龙山文化石料开采与加工地点

(据：CORONA 影像 1968 年 11 月)

图 4-3-74a　灰嘴遗址 H101 龙山文化　　　图 4-3-74b　灰嘴遗址东址龙山文化
　　　　　　晚期小石片、石屑　　　　　　　　　　　　　灰坑出土石坯

(据：中国社会科学院考古研究所河南一队，　　(据：中国社会科学院考古研究所河南一队，
2003 年,图 2)　　　　　　　　　　　　　　　2003 年,图 3)

山地区在龙山文化时期即已经具备了区域性的、具有完整"生产—流通—消费"链条的石铲专业化生产模式，并延续发展至二里头文化时期[①]。

5. 特殊遗迹现象

龙山文化晚期中原地区所发现的特殊遗迹现象主要有宗教、祭祀性建筑和各类形式的杀殉现象。

这一时期除了王城岗、古城寨、新砦等聚落所发现的大型建筑可能与宗教、祭祀活动相关之外，还有一些小型的遗迹可能也具有某种宗教或祭祀的意义。

瓦店聚落曾经发现两座圆形台基，其中台基1打破台基2，均为圆形建筑，上小下大。F2保存较为完整，上部直径2.32-2.35米，下部直径2.9-3米，高1.4米，其外部筑一圈宽50-55厘米的硬黄灰土，内填以较松软的灰绿土。外圈东侧有一奠基头骨。瓦店聚落的此圆形夯土台基建筑结构特别，功能不详，或与宗教、祭祀等活动相关。

杀殉现象以各种形式的奠基坑和乱葬坑为主。奠基坑为修建大型建筑时奠基所用。从王城岗聚落中所发现的奠基坑的情况看，或与大型夯土宫殿建筑有关，或与夯土城墙的修建有关。这一时期的奠基坑中多以数层夯打的夯土填实，夯土中埋有人骨。王城岗奠1为圆形袋状灰坑，口径2.07-2.52米，底径2.82-2.94米，深2.66米。坑内发掘出夯土层20层，厚8-24厘米不等。坑内人骨分层放置，其中第3层为1个儿童，第4层为1个男性青年，第5层为青年男女各一人，第6层为1个女性青年和2个儿童，合计有7具完整的人骨架[②]。（图4-3-31）乱葬坑的形态与奠基坑类似，但其中填土未经夯实。王湾第三期的H79为典型的一处乱葬坑，口径1.88米，底径2.31米，深2.3米，坑内填土松软，底部发现有5具人骨架，相互交错叠压，头骨和肢骨也多破碎或折断。经鉴定，为一中年男性和未成年儿童，与人骨同埋的还有一具无头兽骨[③]。（图4-3-75）

中原地区龙山文化晚期的奠基坑和乱葬坑在各地均有发现，尤其是规模较大的中心聚落中更为普遍。对出土人骨的研究表明，其以青年、成年和儿童为最多，尤其是奠基坑中埋葬的儿童数量更多。从对人骨的处置方式来看，王城岗奠基坑中的尸首异处，小潘沟乱葬坑中的拦腰砍断，王湾乱葬坑中的头骨破碎和肢骨折断等现象均表明他们是在生前惨遭杀害后再被任意抛入废弃灰坑中埋葬的。这种现象的发生无

---

① 陈星灿：《从灰嘴发掘看中国早期国家的石器工业》，《中国考古学与瑞典考古学——第一届中瑞考古学论坛文集》，第51-61页，北京：科学出版社，2006年。Li Liu, Xingcan Chen, Baoping Li. Non-state crafts in the early Chinese state: An archaeological view from the Erlitou hinterland. *Indo-Pacific Prehistory Bulletin* 27, 2007.
② 河南省文物研究所、中国历史博物馆考古部：《登封王城岗与阳城》，第39-40页，北京：文物出版社，1992年。
③ 北京大学考古文博学院：《洛阳王湾》，第72页，北京：北京大学出版社，2002年。

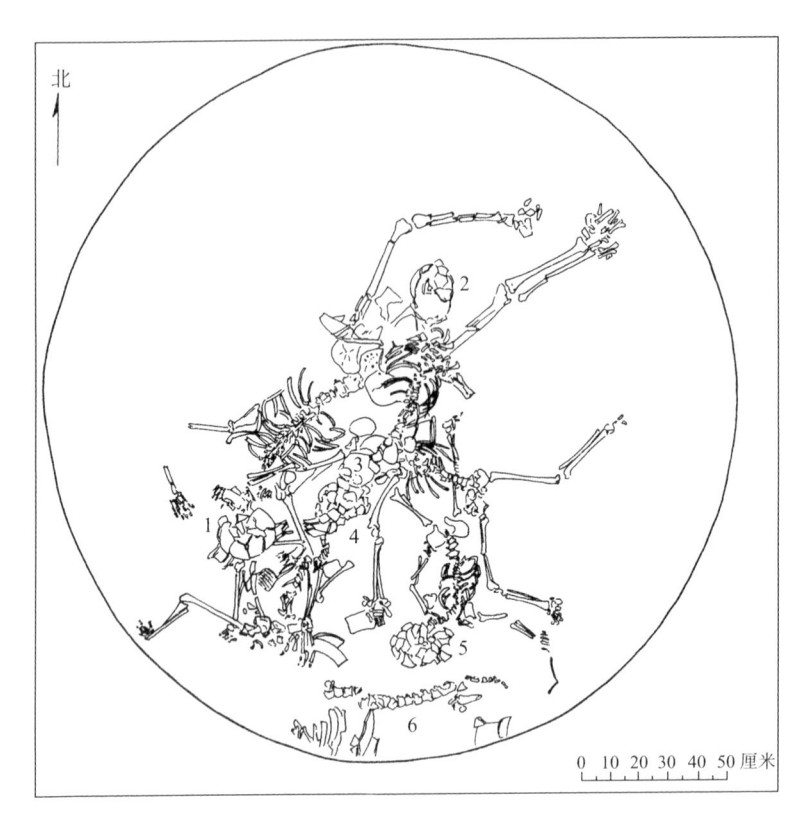

图 4-3-75　王湾 H79 乱葬坑平剖面图

（据：北京大学考古文博学院，2002 年，图五二）

论是源于同一聚落的不同成员之间，还是不同聚落之间的战争和冲突，均反映出中原地区龙山文化晚期在进入文明社会的过程中所普遍发生的人与人之间以及人群与人群之间的激烈矛盾冲突。

龙山文化晚期是中原社会文明化进程中的重要时期，各地聚落的发展呈现出繁荣但又动荡的整体态势。

从各聚落内部相对散乱的房屋和墓葬的布局以及新兴的"居葬合一"的形式来看，以血缘关系为纽带的凝聚式布局特征已不明显，相反流行单间房屋和房屋功能的多样化则表明核心家庭在整个社会生产和生活中的独立性显著增强。龙山文化晚期中原地区社会基本单元的小型化伴随着大量外来人群的迁入。但是，从各地包括城址在内的大型公共性建筑的出现来看，大规模劳动力的组织和管理意味着超出单个聚落的更大范围的聚落群已经联合起来，中心聚落功能的进一步复杂化、手工业生产的专业化都表明这一时期社会关系和社会结构更加复杂，而各类杀殉现象的增加又预示着人与人之间激烈的矛盾冲突及其鲜明的等级分化进一步加强。总之，龙山文化晚期的中原社会在动荡中孕育了诸多新的文明要素，是早期国家文明形成过程中的重要阶段。

（四）二里头文化时期

中原核心区二里头文化时期的主要遗迹包括大型宫殿建筑、普通房屋、墓葬、铸铜作坊和特殊遗迹。

1. 大型宫殿建筑

目前经过发掘，结构清楚的二里头文化的大型夯土建筑主要是在二里头宫城内发现的大型宫殿建筑基址，其中以 1、2 号宫殿为代表，分为东西两组建筑群，但存在明显的早晚差异[①]。

二里头早期宫殿建筑位于宫殿区的中东部，包括 3 号和 5 号建筑基址，均为多进式院落建筑，年代为二里头文化二期。

5 号基址为四进式院落，也是目前二里头遗址发现最早的宫殿建筑。5 号基址坐北朝南，方向为南偏东 4.5 度，每进院落均由主殿和院内路土组成，但不见外围围墙。各院主殿均以宽约 0.5 米的窄墙间隔，呈东西连间的多室排房分布。1 进院落主殿呈长方形，北距 2 进院落约 9.5 米，东西残长 13.3、南北宽 6.88 米，至少由三室组成，室内面积 12-36 平方米不等，门道向南；2 进院落北距 3 进院落主殿 8.7 米，东西长 11.4 米，南北宽 4 米，总面积 45.6 平方米，仅保存 2 室；3 进院落主殿北距 4 进院落主殿 10 米，东西长 34.7 米，南北宽 6.59-7.4 米，总面积约 250 平方米，保留有 5 室，第 1 室与第 5 室隔墙中间有东西向短墙；4 进院落主殿东西长 34.3 米，南北宽 5.2 米，总面积 178 平方米，包括 5 室，门道均向南，第 2、3、5 室中间均有东西向短墙。整个建筑群的建筑有先后，均为挖基坑夯筑而成，夯土结构讲究。院内地面之下埋葬有同期的贵族墓葬。（图 4-3-76）

自二里头文化二期之后，宫殿建筑形式发生了重要变化。一方面，在宫城区的中东部和西部同时发展了两组宫殿建筑群。另一方面，早期的多进式院落结构已不见，取而代之的是具有围墙的单殿和回庑的"四合院式"建筑。

西区 1 号宫殿是以主殿为核心，由主殿、廊庑、大门和庭院组成的建筑群。整体来看，1 号宫殿为一座大型夯土台基，平面为正方形，但东北角凹缺，同时使得东南角外

[①] 中国社会科学院考古研究所：《偃师二里头——1959 年~1978 年考古发掘报告》，北京：中国大百科全书出版社，1999 年。中国社会科学院考古研究所：《二里头（1999-2006）》，北京：文物出版社，2014 年。中国社会科学院考古研究所二里头工作队：《河南偃师市二里头遗址宫殿区 5 号基址发掘简报》，《考古》2020 年第 1 期，第 20-36 页。

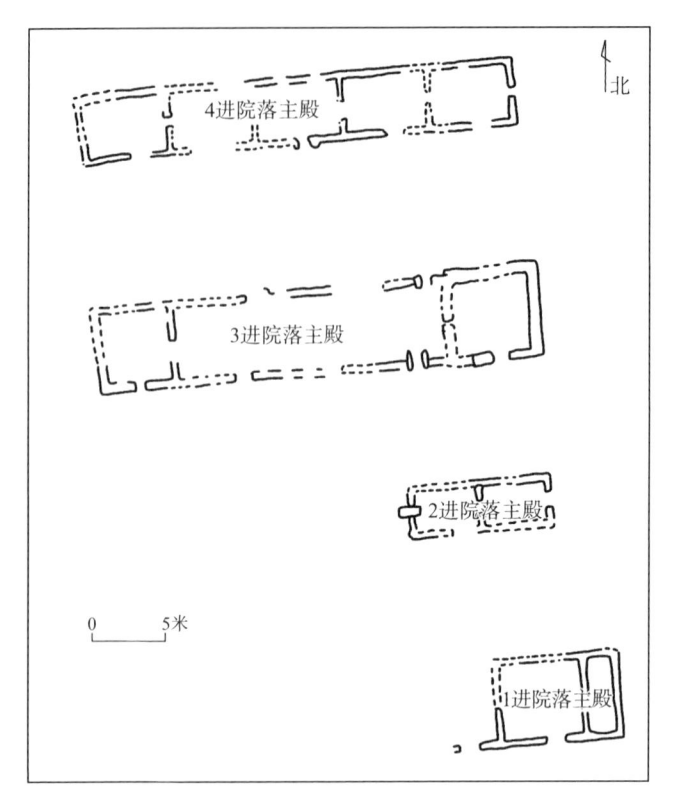

图 4-3-76 二里头 5 号宫殿建筑平面图

（据：中国社会科学院考古研究所二里头工作队，2020 年，图二改绘）

凸。台基西边长 98.8 米，北边长 90 米，东边南段长 48.4 米，总长 96.2 米，总面积达 9585 平方米。（图 4-3-77）

台基中部偏北为一处主体殿堂建筑，下面有基座，殿基高出台基面 0.1-0.2 米，平面呈长方形。东西长 36 米，南北宽 25 米，面积 900 平方米。基座围绕有一周大型柱洞，为主体殿堂的回廊柱。廊柱柱洞排列整齐，间距约 3.8 米。殿堂内墙基和室内布局由于破坏严重，已无法复原。

南面回廊中间有一个较大的缺口，形成南面的门道，是为宫殿正门。门道下有长方形基座，东西长 28 米，南北宽约 13 米，面积约 364 平方米。基座东西两面与回廊的基座相连，南北两边较回廊基座宽约 2 米。门道基座上保留有三条南北向的路土，均从柱洞之间通过，使基座形成四个隔断。基座上的建筑已经破坏，但根据柱洞推测，南大门南北有回廊，中间有三条通道和四座屋室。

1 号宫殿原有一周围墙，墙体已毁，仅存墙基，中间还保留一排小柱洞。西墙基本

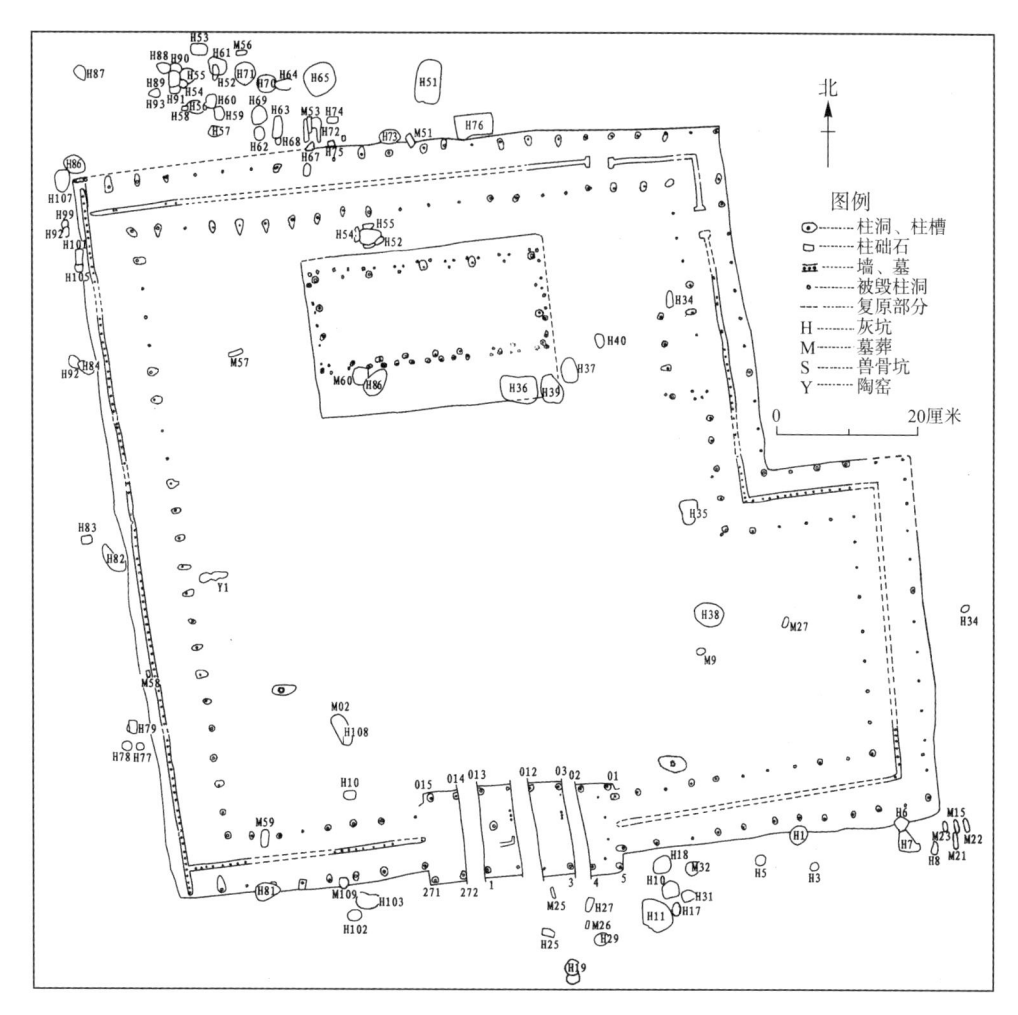

图 4-3-77 二里头 1 号宫殿建筑平面图

（据：中国社会科学院考古研究所，1999 年，图 84）

完好，全长 98 米；北墙基破坏严重，东段保留一座侧门道，复原全长 85 米；东部围墙全长 108 米，北段内移 19.5 米，保留一座侧门道，南段破坏严重；南墙基分东西两段，西段中部被毁，全长 33 米，东段破坏严重，全长 40 米。

西围墙内侧有一排南北向的大柱洞，与围墙基相距约 6 米。北、东、南三面围墙内、外侧各有一排与之平行的大柱洞，各距墙基均为 3 米，二者宽度与西排柱洞与围墙基的距离相等。以上柱洞排列整齐，间距约 3.7－3.8 米，形制结构与主体宫殿的大柱洞完全相同，组成宫殿四周的回廊式建筑。

1 号宫殿建筑内侧还发现有可能为同期使用的墓葬和祭祀遗迹，均分布于主殿和四周回廊附近,显示了该组建筑的特殊功用。

2号宫殿建筑位于中东区,与1号一样,是以主殿为核心,由主殿、廊庑、大门和庭院组成的长方形夯土台基建筑群,位于1号宫殿建筑的东北。夯土台基南北总长72.8米,东西宽57.5－58米,面积约4 200平方米,较1号宫殿建筑明显为小。(图4－3－78)

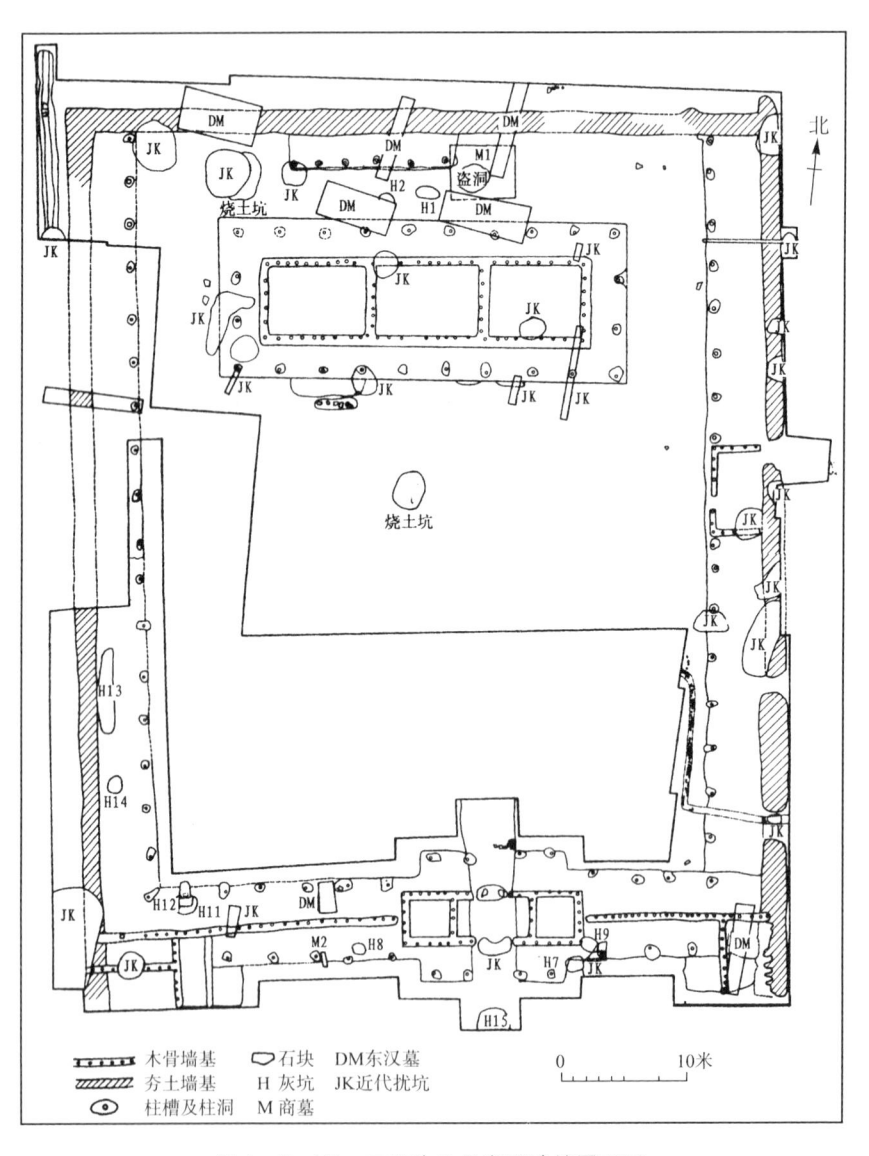

图4－3－78　二里头2号宫殿建筑平面图

(据:中国社会科学院考古研究所,1999年,图93)

整个台基以主殿部分夯筑最厚,约有3米。北面为北围墙和内侧短墙,东面为东围墙、东回廊和东塾房,西面为西围墙和西回廊,南面在南围墙的内外各有一条回廊,在南围墙的正中间有通道,两侧有塾房,将南围墙和内外回廊分成东、西两段。从北部的主体殿堂到南边的塾房之间,是一宽阔的庭院。

其主殿结构与1号宫殿建筑大体相似,但保存较好,可见到回廊内面阔三间的殿堂,中间略宽,但未发现门道。主殿台基南有三块夯土,可能为台阶。

台基四周均有围墙,其中东、西两面围墙具有内侧回廊。东墙北部有一处缺口,其下铺设有陶排水管道。东侧回廊中部为一单间塾房,其西墙南侧开有一门,北面东端恰对准东墙第二门道。南围墙被位于中间的门道分隔为东、西两段,其内外两面均有回廊。南墙东端以西3.5米处,外侧向南伸出一段墙基,在紧贴此墙基的西面有一块方形夯土,推测可能为一处单独的房屋;同样南墙西段外侧,东端以西15.6米处,也发现一段向南伸出的墙基,东边有一块方形夯土,可能也是一处单独的房屋。

南大门位于南墙的中部偏东处,四面有墙,是一座面阔三间的小型房屋。屋室南北两面都有廊,小型房屋的东西两室均为正方形,当中一间较宽,南北墙基槽中间有缺口,应是出入宫殿的主要门道。北门口基槽内放置两块较大的石板,大体在门道缺口略偏北;南门口被破坏,情况不详。北门廊外的东侧铺一排石板,可能为廊檐下散水。

北围墙较宽,不见回廊,但在中段南侧偏西处,有一紧依北墙的短廊式建筑,其基址为一夯土台,直接压在庭院夯土之上。

主殿与南门之间为建筑的庭院,内部曾发现有两处地下排水设施。

4号宫殿建筑是二里头遗址宫城内的一组与2号宫殿建筑密切相关的建筑基址,属于单体式大型建筑基址。发掘部分主要是主殿和东庑的北段[1]。(图4-3-79)

主殿为一座大型夯土台基,其位置恰位于2号基址的正前方,并与2号宫殿基址具有共同的建筑中轴线,可能属于同一组建筑。主殿台基上只在南北两侧发现两排柱洞,而东西两侧不见。有学者根据南北两排柱洞的不同特点推测,其北侧为木骨夯土墙,南侧仅有檐柱而无墙体,东西两侧也无山墙,整个宫殿仅有夯土台基、屋顶和北墙,而没有其余三面墙壁和屋室分隔的"明堂"[2]。

---

[1] 中国社会科学院考古研究所二里头工作队:《河南偃师市二里头遗址4号夯土基址发掘简报》,《考古》2004年第11期,第16-24页。中国社会科学院考古研究所:《二里头(1999-2006)》,第649-661页,北京:文物出版社,2014年。
[2] 杜金鹏:《偃师二里头遗址4号宫殿基址研究》,《文物》2005年第6期,第62-71页。

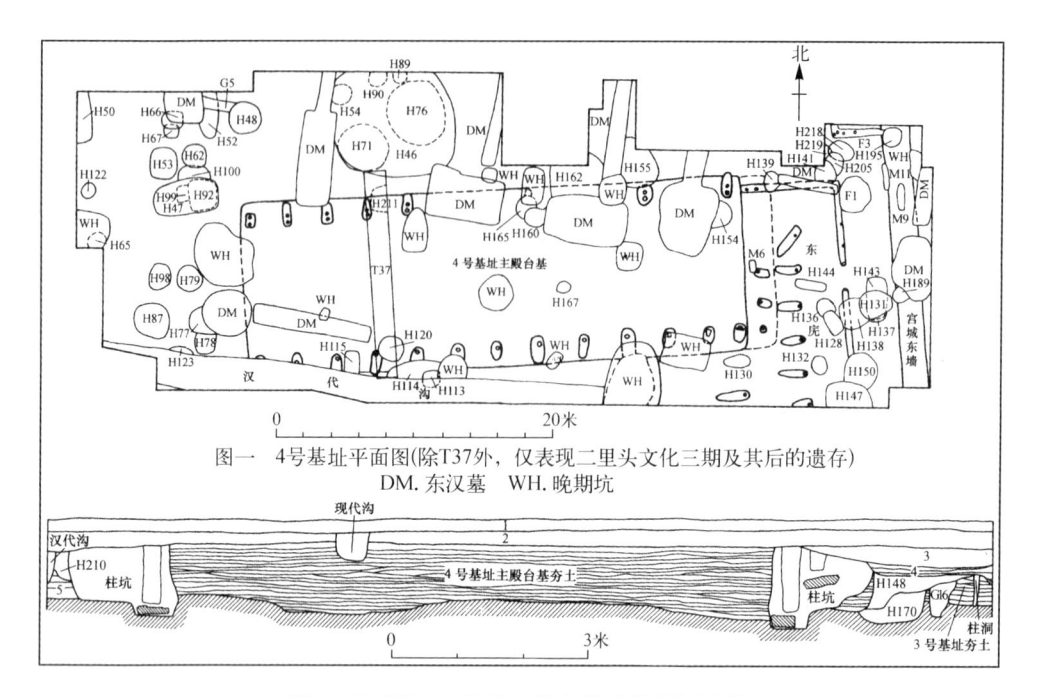

图一 4号基址平面图(除T37外，仅表现二里头文化三期及其后的遗存)
DM. 东汉墓　WH. 晚期坑

图 4-3-79　二里头4号宫殿建筑平剖面图

(据：中国社会科学院考古研究所二里头工作队,2004年,图二)

东庑位于主殿台基和宫城东墙之间,是主要由北墙和东墙围成的曲尺形空间,只在内侧有廊,东墙北端开有一门。总之,4号宫殿基址位于2号基址正前方,二者具有相同的建筑中轴线,应为一体结构,但主殿建筑结构明显不同,应具有不同的功能。

综上,位于二里头都邑中心宫城区内部的大型宫殿建筑有如下重要特征：

首先,各组大型夯土建筑均具有明显的中轴对称的特征,追求方正规矩的建筑风格。无论是以3、5号基址为代表的早期建筑,还是以1、2号基址为代表的晚期建筑群,均有明显的中轴线结构。

其次,各组夯土建筑均以主殿为中心,或由多进院落与主殿相结合,或由围墙与回廊组成相对封闭的向心式庭院结构。从功能来看,主殿成为整个建筑群的核心。主殿均为夯土建筑,周边或有服务设施,可能是宗庙类的纪念性建筑。晚期宫殿建筑的围墙常有向宫城开放的外部回廊,如1号建筑的北、东、南三面,2号建筑的南面,表明宫殿建筑的部分功能很可能已扩展到其外部。

最后,早期多进院落,多在院落中埋葬有贵族墓葬,外围无围墙;晚期为四合院式独立宫殿建筑群,有围墙和回廊,不见贵族墓葬。这些情况均说明在二里头文化二、三期之间,宫殿建筑的聚落结构发生了重要变化。有研究者根据对贵族墓葬的研究提出,这种变化当反映了二里头聚落在二、三期之间的一次重要的"礼制变革"[1]。

二里头中心聚落宫城内的宫殿建筑布局规整、结构严谨,遵循中轴对称的原则,呈现出以向心式为主,内外兼修的功能特征。多有学者根据上述建筑布局特征并结合文献推测宫殿的性质[2],其应与早期国家的贵族政治、宗教、礼仪等存在密切的关系。

除了二里头都邑之外,其他二里头文化中心聚落或城址所报道的大型建筑非常少。大师姑曾发现有二里头文化四期的陶排水管道,说明聚落中应存在大型建筑[3]。望京楼发现有夯土台,在二里头晚期城的西南部,通过解剖判断其最底层的夯土年代为二里头文化时期。夯土基础南北长95米,东西宽87米,规模相当大,但未详细发掘,布局结构尚不清楚。台基的北部发现一处大型的水池遗迹,或许是与大型建筑相配套的供水设施[4]。

2. 普通房屋

二里头文化时期无论是中心聚落还是普通聚落发现的普通房屋都较多,结构多样,主要有如下几类:

半地穴式单间房。二里头遗址ⅧF1,平面呈长方形,东西长3.76米,南北宽2.65米,深1.3米,室内面积9.9平方米。口大底小,四壁外斜。门在南壁偏西处,门道被毁,有土台阶可供上下,台阶仅存三级,在生土中挖成。居住面中间两个大柱洞,房屋周围可复原一周小柱洞,推测为两面坡式屋顶。居住面上堆积有杂乱的灰土和陶片,东南角还发现有一堆灰烬。(图4-3-80a)登封王城岗二里头三期WT15F1,平面为圆形,中间有一个大型柱洞,四周为小型柱洞[5]。(图4-3-80b)巩义稍柴遗址F4,平面为圆角长方形的半地穴式房基,并带有门道台阶和簸箕形的烧灶[6]。(图4-3-80c)伊川南寨F2,平面为椭圆形,居住面为白灰面,发现有3个柱洞和2个灶坑[7]。(图4-3-80d)

---

[1] 许宏:《二里头都邑的两次礼制大变革》,《南方文物》2020年第2期,第8-16页。
[2] 各类观点可见杜金鹏先生文章的相关论述(杜金鹏:《二里头遗址宫殿建筑基址初步研究》,《考古学集刊(16)》,第178-236页,北京:文物出版社,2006年)。
[3] 郑州市文物考古研究所:《郑州大师姑》,北京:科学出版社,2004年。
[4] 郑州市文物考古研究院:《新郑望京楼——2010-2012年田野考古发掘报告》,北京:科学出版社,2016年。
[5] 河南省文物研究所、中国历史博物馆考古部:《登封王城岗与阳城》,第126-127页,北京:文物出版社,1992年。
[6] 河南省文物研究所:《河南巩县稍柴遗址发掘报告》,《华夏考古》1993年第2期,第14-15页。
[7] 河南省文物研究所:《伊川考古报告》,郑州:大象出版社,2012年。

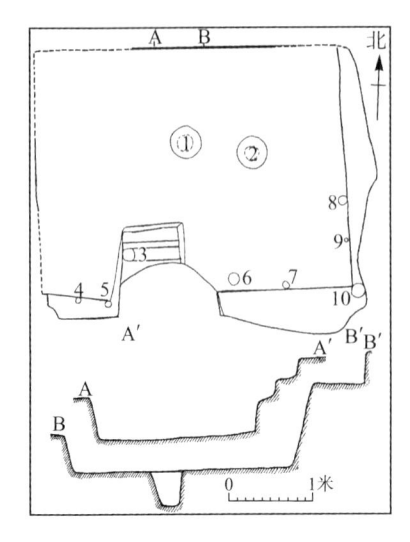

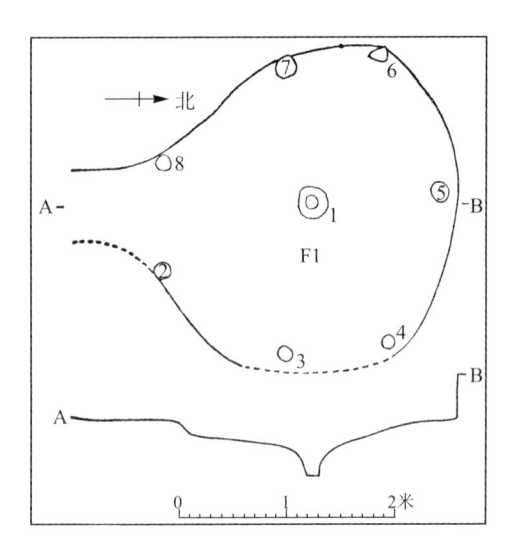

图 4-3-80a 二里头ⅧF1 平剖面图
（据：中国社会科学院考古研究所，图 41）

图 4-3-80b 王城岗 WT15F1 平剖面图
（据：河南省文物考古研究所，1992 年，图六五）

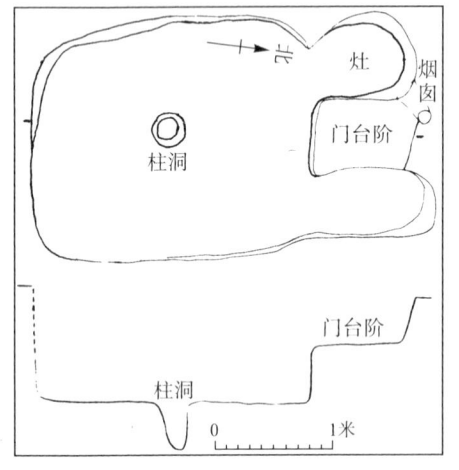

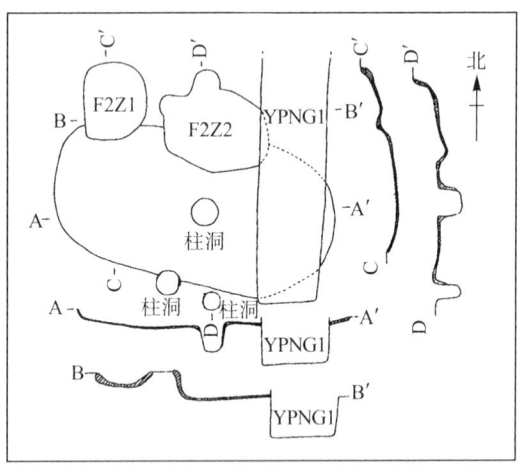

图 4-3-80c 稍柴 F4 平剖面图
（据：河南省文物研究所，1993 年，图一六）

图 4-3-80d 南寨 F2 平剖面图
（据：河南省文物考古研究所，2012 年，图一一）

地面式单间房。又可分为单间式和分间式两种。方形单间房以二里头遗址ⅣF1 为代表。平面近方形，南北长 3.1 米，东西宽 2.9 米，室内面积约 9 平方米。门在北面。房屋建筑方法为先清理地基，挖掉虚土，在中部形成一个梯形沟槽；然后在沟槽里层层铺垫，层层夯打；最后铺平地面，再用火烤。房屋北面有一个长方形的小夯土台，其南边与室内夯土地基连接，略高于室内地面，形成门外台阶。房屋室内地面上可见三种柱洞,小型柱洞位于北部夯土台阶两侧,中型柱洞位于基址周围,大型柱洞3个,位于房基中部偏北,有柱基坑,内部填土和碎陶片,经过夯打。由于房基被晚期坑破坏一角,内部是否有灶尚不清楚。(图4-3-81a)圆形单间房以南寨F1为代表,直径2.9米,灶坑和门道位于中部,室内发现3个柱洞,活动面为纯黄土铺垫,经过烧烤。(图4-3-81b)除了二里头、南寨之外,二里头文化单间地面式建筑在环嵩山地区的灰嘴、南洼、望京楼等聚落都有较多的发现。

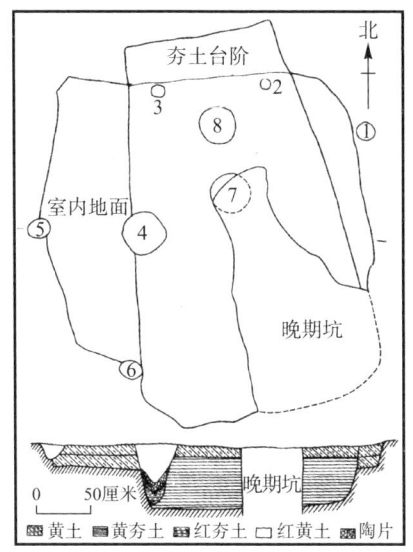

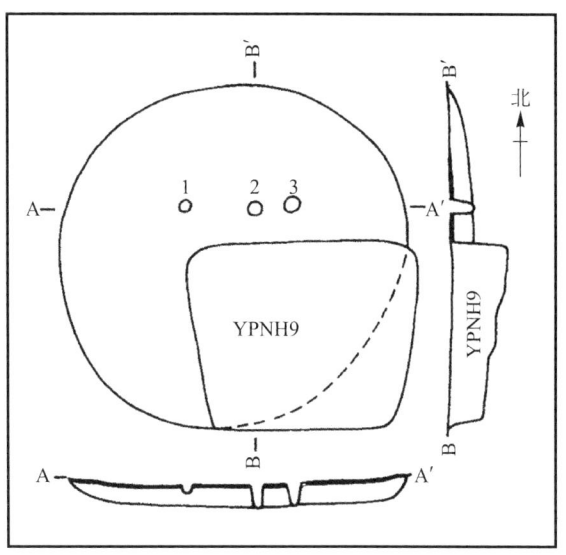

图4-3-81a 二里头ⅣF1平剖面图
(据:中国社会科学院考古研究所,1999年,图97)

图4-3-81b 南寨F1平剖面图
(据:河南省文物考古研究所,2012年,图一〇)

分间式地面建筑。二里头遗址ⅢF1,平面为长方形,建在夯土台基之上,东西长28.5米,南北宽8米,分为三室,木骨泥墙,四面均有开门,三室之间也有门相通。南北墙外有成排的柱洞,距墙1.4米左右,构成廊庑结构。北廊外有大片的路土,可能是庭院[1]。(图4-3-82a)望京楼F7,平面为田字形,四间套结构,各间有门道相通,单间面积18平方米左右。墙体上有柱洞,地面为纯黄土铺垫,室内未发现灶[2]。(图4-3-82b)这类分间式的建筑是二里头文化时期新出现的建筑形式,除了二里头、望京楼之外,大师姑也有发现,室内均未发现灶或火塘,可能具有某些特殊的功能。

---

[1] 中国社会科学院考古研究所二里头工作队:《偃师二里头遗址1980-1981年Ⅲ区发掘简报》,《考古》1984年第7期,第582-590页。
[2] 郑州市文物考古研究院:《新郑望京楼——2010-2012年田野考古发掘报告》,北京:科学出版社,2016年。

排房式建筑。主要发现在嵩山东南的沙颍河流域。蒲城店 F10 为六间相连的排房式建筑,东西总长 21.65 米,宽 6.5 米,单间面积不超过 15 平方米。发现有柱洞,在墙内作为墙壁的支撑。六间房中,A 间单独开门,C、D 间共用房门,B、C 间有内间门。因此 A 间单独为一组;B、C、D 三套间为一组;E 与 F 间被晚期破坏,不清楚是否为一组还是两组。灶发现两处,分别位于 A 间和 D 间。如此,F10 至少代表了三个基层社会组织单元,或许为三个核心家庭。而中间一个明显比其他两个规模更大,或许代表了核心家庭之间已经存在分化现象[①]。(图 4-3-83)与蒲城店 F10 类似的排房式建筑还有 F17,为两间并排结构,室外发现有散水。西平上坡遗址 F4 二里头早期排房也是类似的结构[②]。郾城郝家台也发现有类似的二里头文化排房,但保存不佳,难以看出布局结构,发现的铺设木质地板的现象不见于龙山文化时期。总之,嵩山东南地区的排房式建筑很明显是继承了本地龙山文化排房的传统,但从建筑技术、分间结构等方面看,又与龙山文化相比有了明显的变化,或许与技术的进步以及社群成员间的分化有关。

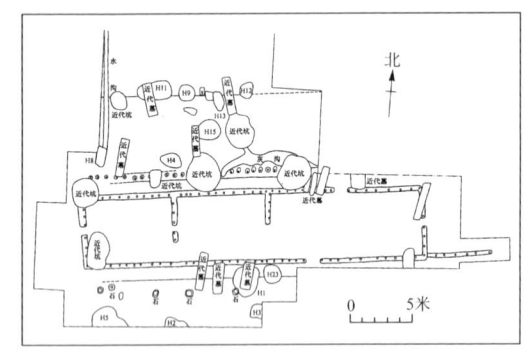

图 4-3-82a 二里头Ⅲ F1 平剖面图

(据:二里头工作队,1984 年,图二)

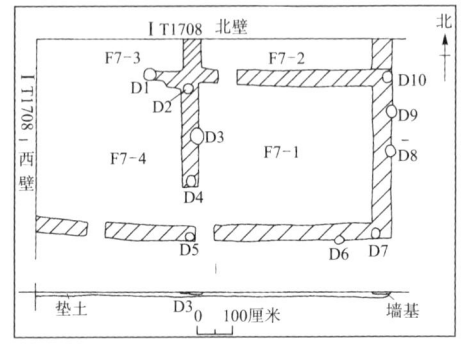

图 4-3-82b 望京楼 F7 平剖面图

(据:郑州市文物考古研究院,2016 年,图一五五)

总之,二里头文化时期所发现的各种形式的普通房屋建筑表明这一时期的房屋样式更加多样化,功能更加复杂。从房屋的规模看也有大有小,但带有烧灶的普通居住类房屋一般规模不大,面积在 10 平方米左右,适宜于单个核心家庭的居住,龙山文化时期的社会基本单元小型化趋势在二里头文化时期得到一定程度的延续。值得注

[①] 河南省文物考古研究所、平顶山市文物局:《河南平顶山蒲城店遗址发掘简报》,《文物》2008 年第 5 期,第 32-49 页。

[②] 河南省文物考古研究所、驻马店市文物工作队、西平县文物管理所:《河南西平县上坡遗址发掘简报》,《考古》2004 年第 4 期,第 7-28 页。

意的是,二里头文化时期房屋建筑技术出现了进步,如夯土地基、大型柱洞和柱基槽的广泛使用表明房顶的建筑结构可以做得更为复杂,半地穴式房屋和排房式建筑中更多使用台阶式门道和柱洞,地面铺设木质地板等。功能多样化、建筑技术复杂化或许正是二里头社会复杂化的一个物质层面的表现。

3. 墓葬

目前中原地区二里头文化墓葬发现数量较多,均为中小型墓,表现为"居葬合一"与家族墓地相结合的形式。

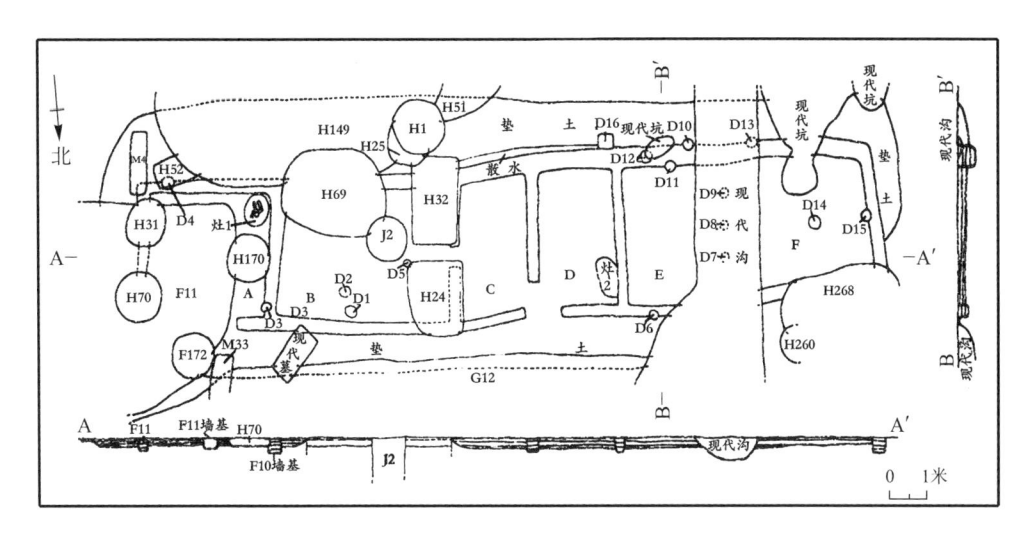

图 4-3-83　蒲城店二里头文化 F10 平剖面图

(据:河南省文物考古研究所等,2008 年,图十九)

据统计,二里头都邑内发现的墓葬超过 400 余座[①],但多数与建筑基址混杂在一起,属于"居葬合一"的形式,在宫城区也是同样的情况。以下我们先讨论宫城区的情况。

以 1 号宫殿建筑为核心的宫城西区,在 1 号宫殿的庭院内外分布有 20 座不同时期的墓葬。(图 4-3-84)

其中 M15、M22 和 M23 一组,属于二里头文化二期晚段。1 号宫殿一直被认为属于二里头文化三期。《二里头(1999-2006)》报告根据新补充的层位关系,推测 1 号宫殿的始建年代不早于二里头文化二期,由于建筑的夯土中只见二里头文化二期的陶片,因此 1 号宫殿自二里头文化二期晚段始建的可能性很大。那么恰好位于 1 号宫

---

① 许宏、陈国梁、赵海涛:《二里头遗址聚落形态的初步考察》,《考古》2004 年第 11 期,第 23-31 页。

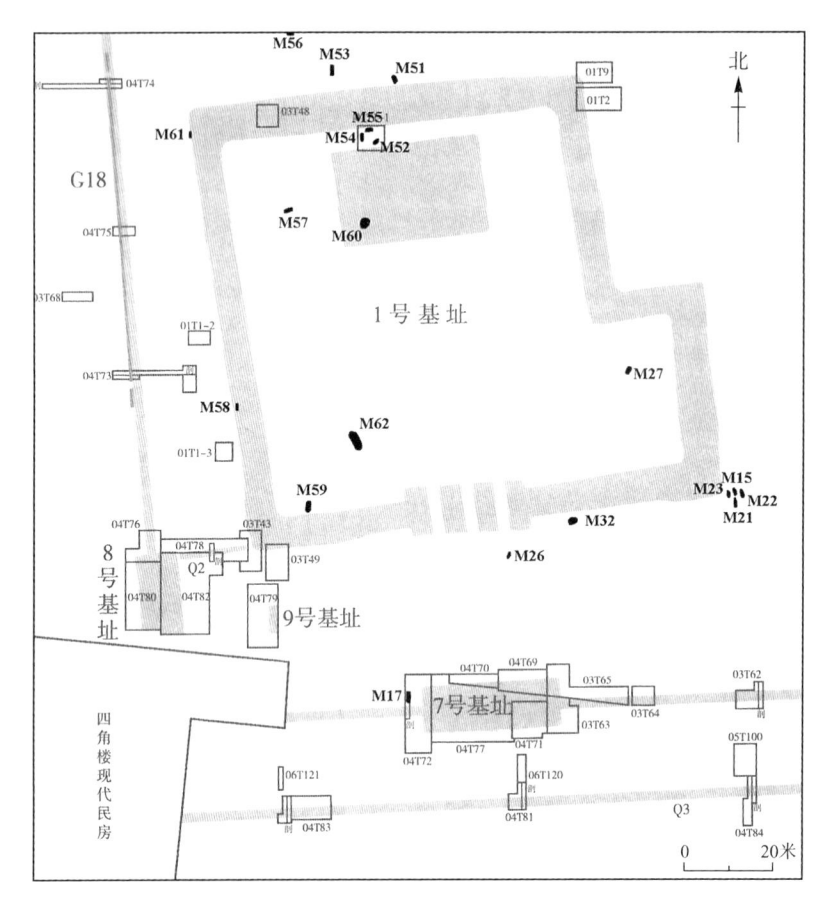

图 4-3-84 二里头宫城西区墓葬分布

（据：中国社会科学院考古研究所,2014 年,改绘）

殿建筑庭院外东南角的这一组二期晚段至三期早段的墓葬就很有可能与建筑的初始营建年代相当。

M15,墓底长 1.8 米,宽 0.5 米,墓室面积 0.9 平方米,人骨和器物上涂有朱砂。出土随葬品丰富,共计 22 件,包括鼎、罐、瓮、盆、盘、豆、觚的多件套完整组合。

M22,墓底长 1.95 米,宽 0.5 米,墓室面积 0.97 平方米,人骨和器物也有涂朱砂现象。出土随葬品 14 件,除了陶器之外,还包括一件铜铃、两件绿松石大扁珠和一件海贝。

这两座墓葬虽然还无法与其他二里头文化的贵族墓相比,但均有涂朱砂现象,出土陶器数量较同期其他墓葬丰富,或出土铜铃等稀有的随葬品,显示出这两座墓葬较为特殊,也是整个宫城西区等级最高的两座墓葬。据此推测,这两座墓有可能与 1 号宫殿建筑初期的使用有关。（图 4-3-85、4-3-86）

第四章 聚落形态 415

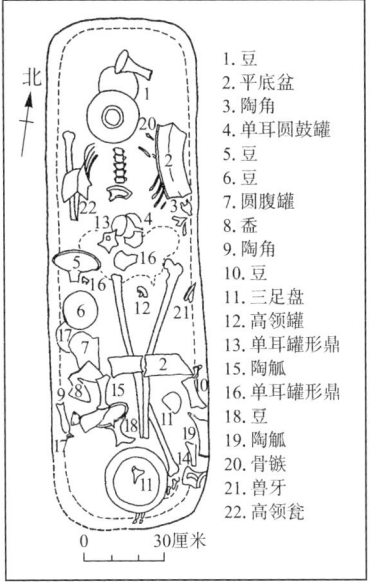

图4-3-85a 二里头ⅤM15

1. 豆
2. 平底盆
3. 陶角
4. 单耳圆鼓罐
5. 豆
6. 豆
7. 圆腹罐
8. 盉
9. 陶角
10. 豆
11. 三足盘
12. 高领罐
13. 单耳罐形鼎
15. 陶斝
16. 单耳罐形鼎
18. 豆
19. 陶斝
20. 骨镞
21. 兽牙
22. 高领瓮

（据：中国社会科学院考古研究所，2014年，改绘）

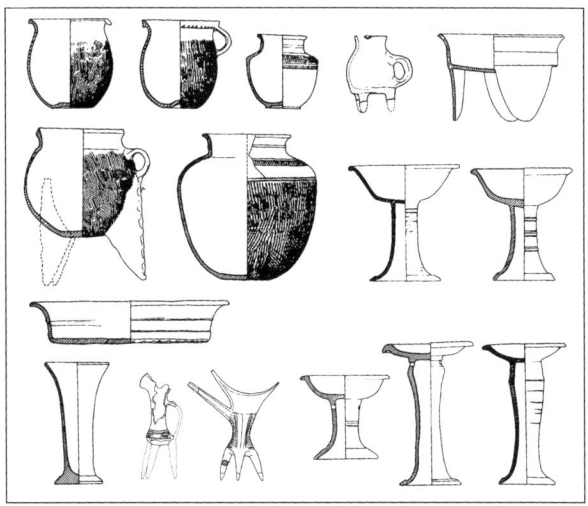

图4-3-85b 二里头Ⅴ·M15随葬品组合

（据：中国社会科学院考古研究所，2014年，改绘）

图4-3-86a 二里头ⅤM22

1. 平底爵
2. 豆
3. 陶斝
4. 豆
5. 折沿盆
6. 陶斝
7. 单耳鼎
8. 鬹
9. 蛋形瓮
10. 高领罐
11. 铜铃
12. 绿松石大扁珠
13. 绿松石大扁珠
14. 贝

（据：中国社会科学院考古研究所，2014年，改绘）

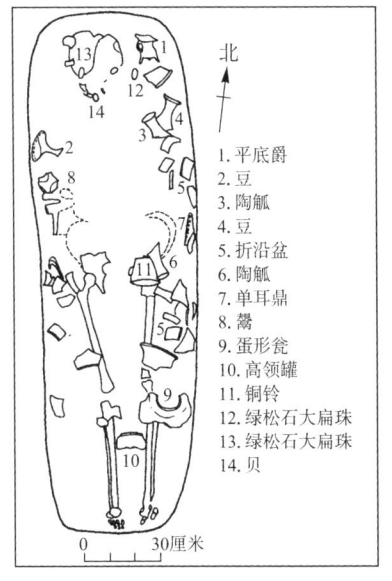

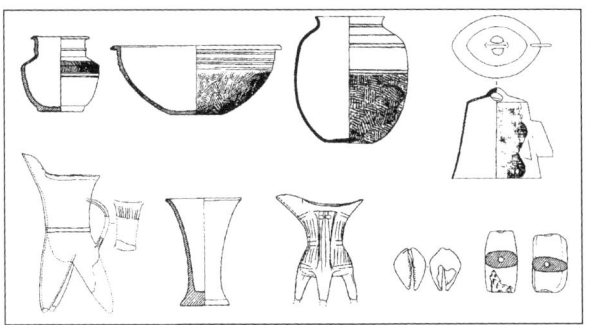

图4-3-86b 二里头Ⅴ·M22随葬品组合

（据：中国社会科学院考古研究所，2014年，改绘）

M52、M54 和 M55 为一组,年代为二里头文化第三期。这三座墓葬位于 1 号宫殿的主殿北和北墙内侧回廊之间,围绕一个圆形夯土坑分布。此坑口大底小,口部为近似圆形,直径 2.25-3 米,坑底收缩成长方形,长 2 米,宽 0.7 米,坑内填以大量夯土。此坑打破 1 号宫殿的夯土台基,年代不早于二里头文化第三期。M52 位于东南,为仰身跪姿;M54 位于正西,为俯身直肢;M55 位于正北,为俯身直肢。三座墓葬的头向均沿夯土坑呈顺时针方向,均为特殊的葬式,不见随葬品,夯土坑应是一处水井,这三座墓葬或许与该建筑的用水管理有关。(图 4-3-87)

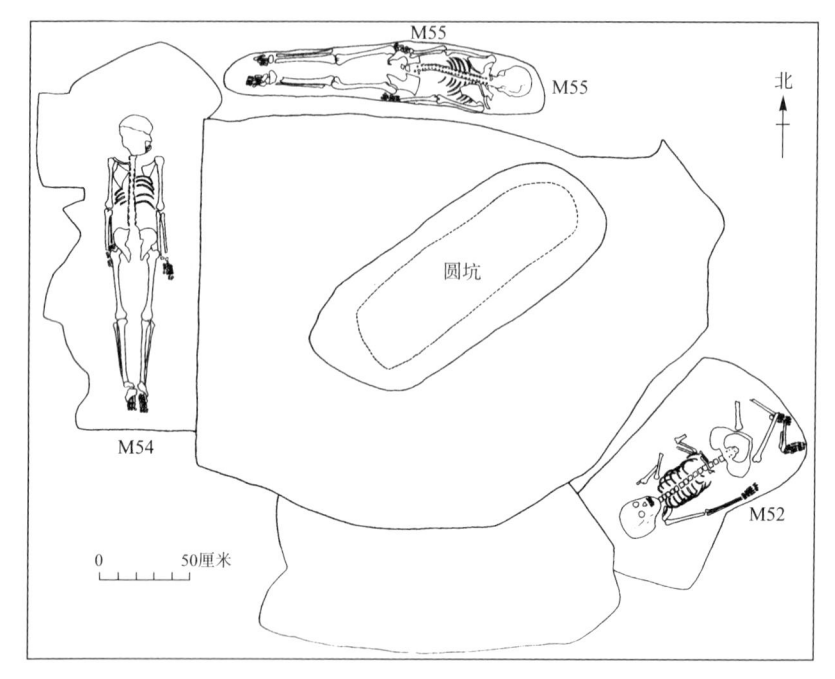

图 4-3-87 二里头 1 号宫殿北侧墓葬

(据:中国社会科学院考古研究所,图 90)

同样属于二里头文化三期的墓葬还有庭院内的 M27 和 M57。M57 为单人仰身直肢,无随葬品;M27 为折叠式跪姿,下肢被砍断,手足砍掉,为非正常死亡。这两座墓同样与宫殿的使用有密切的关系。

其他分布在庭院内打破主殿、廊庑的墓葬均为二里头四期,属于 1 号宫殿建筑使用后期的墓葬。又可分为两类:第一类,以 M17、M21、M51、M62 为代表,均出土随葬品,为普通的中小型墓葬。其中,M17 位于 7 号建筑基址的西北,宫城南墙的北部;M21 位于 1 号宫殿院墙外的东南角;M51 位于 1 号宫殿北墙外;M62 位于 1 号建筑庭院中。这四座墓葬不仅随葬品的数量少,而且种类不全,反映出明显的衰退现象,表明这一时期 1 号宫殿建筑群的衰落,周边墓葬等级也明显下降。(图 4-3-88、图 4-3-89)第二类,以 M56、M60、M61 为代表,均不见随葬品,墓坑不规整,葬式也各异,可能属于非正常死亡的情况。

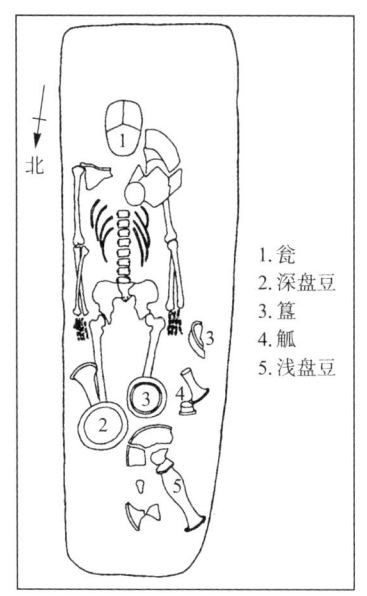

1. 瓮
2. 深盘豆
3. 簋
4. 觚
5. 浅盘豆

图 4-3-88a 二里头ⅤM21

(据:中国社会科学院考古研究所)

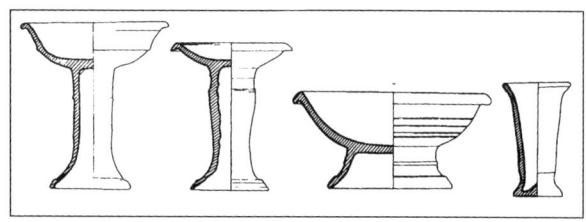

图 4-3-88b 二里头ⅤM21 随葬品

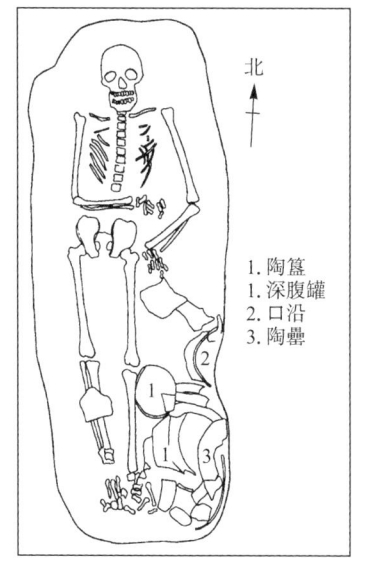

1. 陶簋
1. 深腹罐
2. 口沿
3. 陶罍

图 4-3-89a 二里头ⅤM51

(据:中国社会科学院考古研究所)

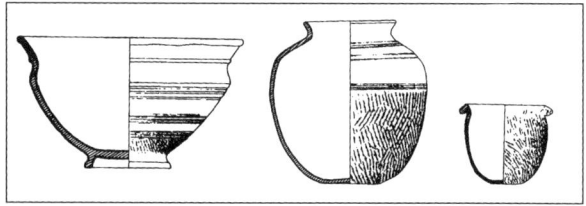

图 4-3-89b 二里头ⅤM51 随葬品

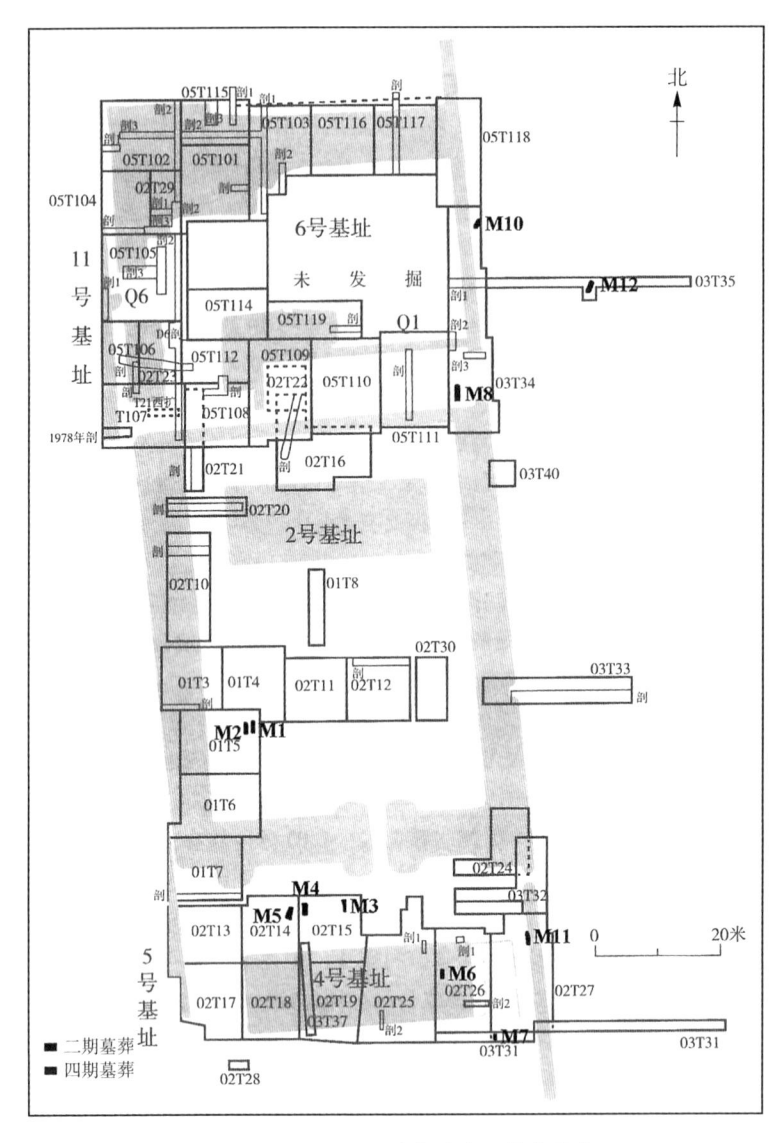

图 4-3-90 二里头宫城东区墓葬分布

（据：中国社会科学院考古研究所，2014年，改绘）

总之，从宫城西区1号宫殿建筑群的情况看：二里头文化二期之后，宫殿开始兴建，有两座同期级别略高的墓葬位于宫殿院墙外东南角，是与宫殿初期阶段相关的墓葬；二里头文化三期，宫殿的使用阶段出现了特殊的埋葬形式，或许与祭祀活动有关；二里头文化四期，宫殿衰落，建筑周边的墓葬等级明显下降，打破宫殿基址的普通墓葬和特殊埋葬现象明显增多。

再来看宫城东区,以3号、5号、2号、4号和6号宫殿基址为核心,分别属于二里头文化二至四期。这里共发现有11座二里头文化的墓葬,其中6座属于二里头文化二期,5座属于二里头文化四期,可分为三组:

第一组,M1-M5属于二里头文化二期,排列整齐,头向北,又可分为两群:北群包括M1和M2,年代略早,相当于二里头文化二期早段,位于3号基址的中院,与3号基址始建的年代大致相当;南群包括M3-M5,年代相当于二里头文化二期晚段,位于3号基址的南院,大致相当于3号宫殿的使用阶段。这五座墓葬属于二里头文化的高等级墓,均与3号基址有关,以下以M1和M3为例说明:

M1墓底长2.3米,宽1.03米,墓室面积2.3平方米,有朱砂和棺痕。在遭晚期破坏的情况下,仍出土有玉器、漆器、印纹硬陶等共计18件随葬品。从陶器组合来看,M1出土多件陶鼎、盆、鬶、爵,因此至少由两套组的器类组合构成。(图4-3-91)

图4-3-91a 二里头2001ⅤM1
(据:中国社会科学院考古研究所,2014年,改绘)

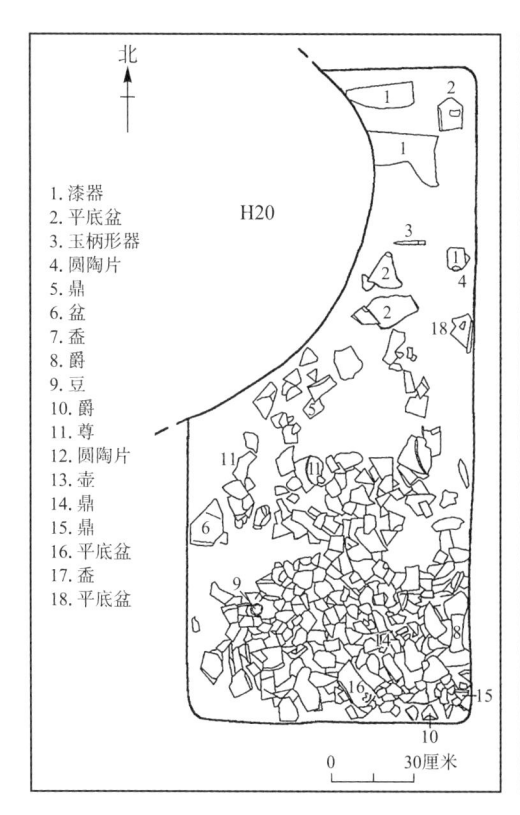

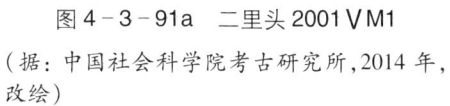

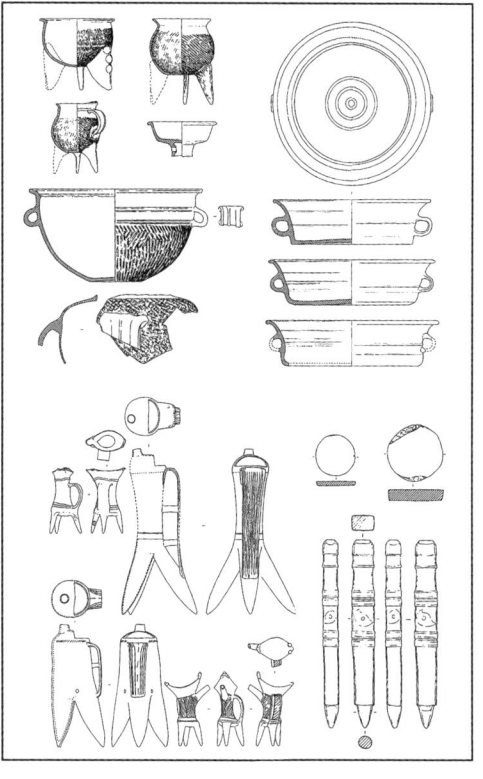

图4-3-91b 二里头2001ⅤM1随葬品
(据:中国社会科学院考古研究所,2014年,改绘)

M3 墓底长 2.2 米,宽 1.28 米,墓室面积 2.8 平方米,有朱砂,但未见棺痕。M3 也遭破坏,但仍出土 37 件套随葬品,不乏玉器、漆器、白陶、铜器、绿松石饰、海贝等精美器物,其中绿松石龙形器由 2 000 余片绿松石片拼合而成,造型精美、制作精湛,推测应黏附在有机质物体上,周围还有红色漆痕,同样的绿松石龙形饰品除了二里头遗址之外,仅在湖北盘龙城商代贵族墓葬中有发现。(图 4 - 3 - 92)M3 是目前二里头都邑发现的规格最高的墓葬[①]。

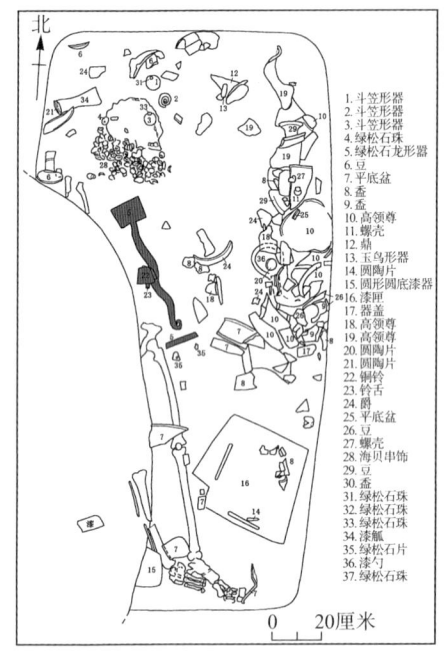

图 4 - 3 - 92a　二里头 2002 Ⅴ M3
(据：中国社会科学院考古研究所,2014 年,改绘)

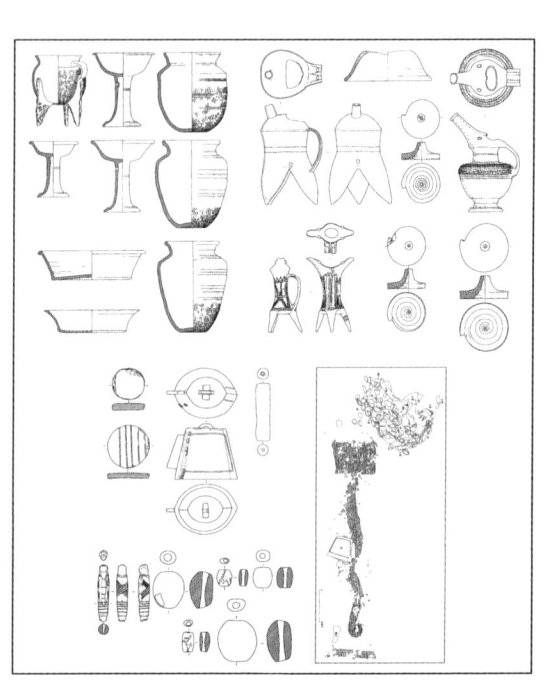

图 4 - 3 - 92b　二里头 2002 Ⅴ M3 随葬品
(据：中国社会科学院考古研究所,2014 年,改绘)

　　第二组,M7 为另外单独一组,年代也属于二里头文化二期晚段,位置在 3 号宫殿南院的南部。M7 被严重破坏,仅存脚部,只复原出两件陶器,而且头向朝南。M7 墓宽 0.56 米,规格明显比 M1 - M5 小,头向也不一致,因此虽然同在 3 号宫殿的院墙内,但应为另外一组规格低的墓葬。

　　第三组,M6、M8、M10、M11、M12,年代为二里头文化四期。这 5 座墓葬均位于

[①] 许宏:《二里头 M3 及随葬绿松石龙形器的考古背景分析》,《古代文明(第 10 卷)》,第 39 - 53 页,上海：上海古籍出版社,2016 年。

建筑群的东部,打破夯土基址或宫城围垣。M8 长 2 米,宽 0.47 米,墓室面积 0.94 平方米,出土 4 件随葬品;(图 4-3-93)M11 长 1.95 米,宽 0.64 米,墓室面积 1.2 平方米,出土随葬品为 6 件陶器。(图 4-3-94)无论是从墓葬规模还是随葬品来看,这一组墓葬的等级显然较低,应与 6 号、11 号等二里头四期宫殿的兴废有关。

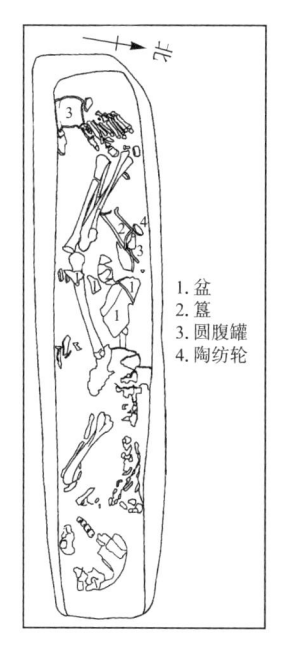

图 4-3-93a 二里头 2003 V M8

(据:中国社会科学院考古研究所,2014 年,改绘)

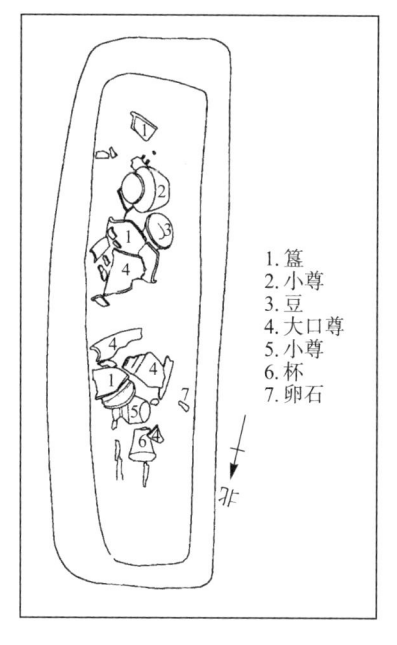

1. 盆
2. 簋
3. 圆腹罐
4. 陶纺轮

图 4-3-94a 二里头 2003 V M11

(据:中国社会科学院考古研究所,2014 年,改绘)

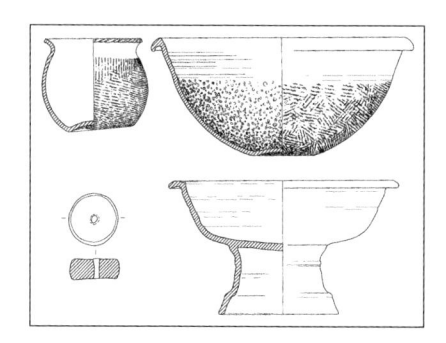

1. 簋
2. 小尊
3. 豆
4. 大口尊
5. 小尊
6. 杯
7. 卵石

图 4-3-93b 二里头 2003 V M8 随葬品

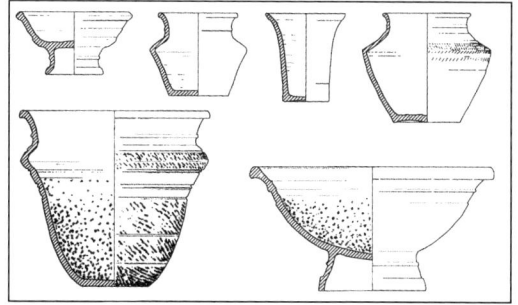

(据:中国社会科学院考古研究所,2014 年,改绘)

图 4-3-94b 二里头 2003 V M11 随葬品

(据:中国社会科学院考古研究所,2014 年,改绘)

宫城区东区除了3、2、4、6号建筑基址群一组之外,紧邻3号基址西侧的5号基址也发现有与宫殿建筑相关的一组墓葬,包括2010VM1－M3、2015VM5和2017VM1[①]。年代均为二里头文化二期晚段,打破院落主殿前的路土,又被更晚的路土叠压,显然也是建筑使用阶段下葬的。其中,M5埋于4进院落主殿前,M2、M11一组埋于3进院落主殿前,M1、M3一组埋于2进院落主殿前。(图4-3-95)

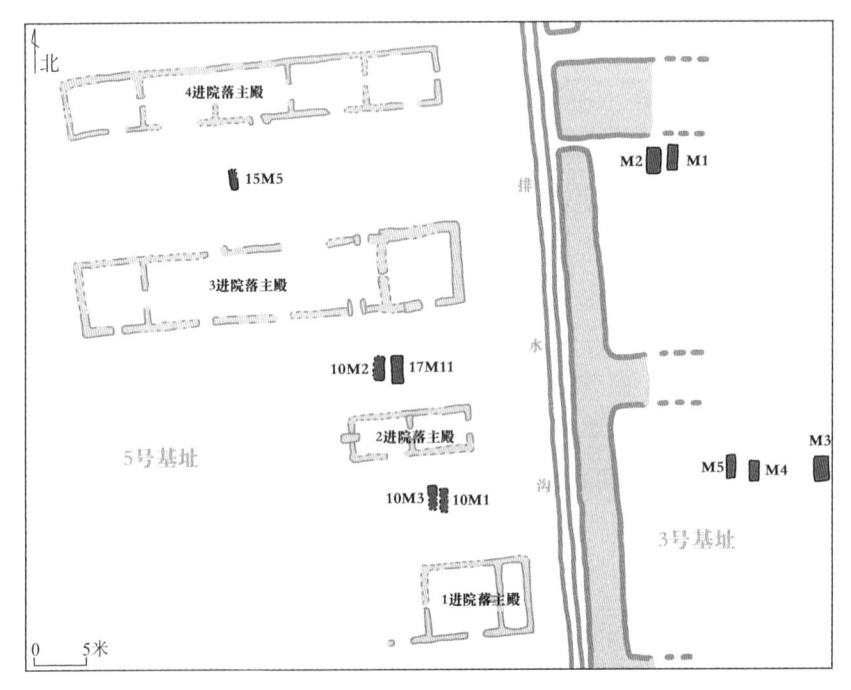

图4-3-95 二里头五号建筑基址及墓葬

(据:中国社会科学院考古研究所二里头工作队,2020年,图二改绘)

这五座墓葬排列整齐,墓葬形制略大,有木质棺椁葬具,出土有类似绿松石龙形饰、漆器、铜器等高等级随葬品,(图4-3-96)与同为二里头文化二期的邻近3号建筑基址的第一组墓葬(M1－M5)在墓葬规模、埋葬方式、葬俗和随葬品组合方面完全一致,同样为贵族墓葬。

总之,二里头宫城内表现出了复杂的居、葬演化关系:在二里头文化第二期宫殿始建阶段,有高等级的贵族墓葬埋于多进院落的主殿前;二里头文化三期,宫殿建筑的繁盛阶段,与宫殿相关的高等级墓葬反而不见,普通墓葬和人牲祭祀的现象增加;

---

① 中国社会科学院考古研究所二里头工作队:《河南偃师市二里头遗址宫殿区5号基址发掘简报》,《考古》2020年第1期,第20－36页。

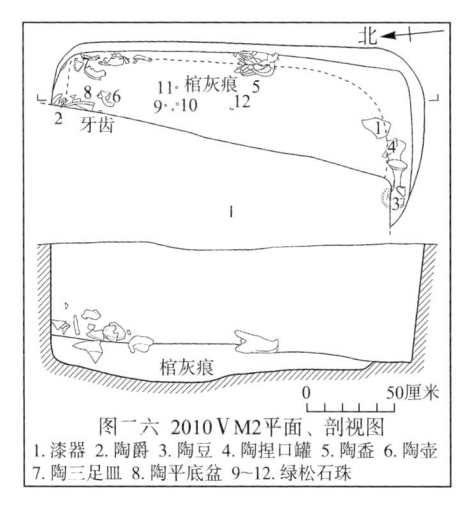

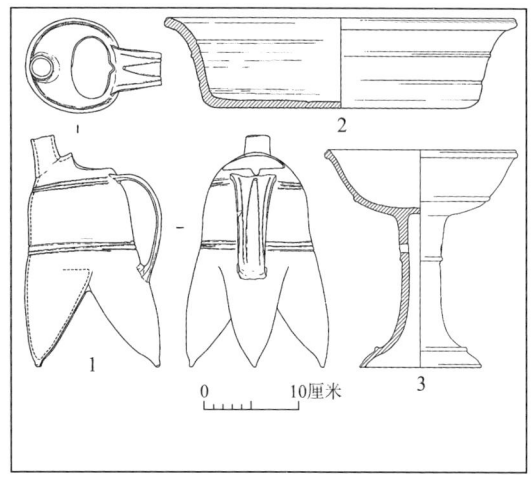

图4-3-96a 二里头2010VM2
平剖面图

图4-3-96b 二里头2010VM2出土
部分随葬品

（据：中国社会科学院考古研究所二里头工作队，2020年）

到了二里头文化四期宫殿建筑前后的同期普通墓葬增加，但墓葬的等级明显下降，目前所发现的二里头三、四期的高等级墓葬均不在宫城的范围内。

根据李志鹏的统计，二里头文化墓葬大致可分为三个等级：甲类墓，墓室面积超过2平方米，多有木棺，随葬高等级玉、铜、漆器；乙类墓，墓室面积1—2平方米之间，少数有木棺，随葬大量陶器、玉器和绿松石器；丙类墓，墓室面积在1平方米以下，随葬少量日用陶器，或无随葬品。在可鉴定的墓葬中，甲类墓葬较少，乙类略多，丙类数量最大，呈现出显著的金字塔式结构，表明社会成员之间已经存在明显的阶层分化现象[1]。东区早期宫殿3、5号基址相关的墓葬(二里头二期)均属于甲类Ⅰ级墓，尤其是2002VM3和2017VM11等级最高，出土绿松石龙形饰；西区较早的M15、M22(二里头二期晚段)虽被划入乙类墓，但亦属其中等级较高者。可见，无论东区还是西区，与早期阶段营建和使用宫殿(二里头二期晚段)相关的墓葬等级明显较高，但东西区之间仍然存在明显的差异。东区甲类墓葬均出土漆觚、圆陶片组合，而西区乙类墓中仅见到陶觚，亦可证明这种等级差异的存在[2]。进入二里头文化三期之后高等级的贵族墓葬在宫殿区消失，这与二里头

---

[1] 李志鹏：《二里头文化墓葬研究》，《中国早期青铜文化——二里头文化专题研究》，第1—123页，北京：科学出版社，2008年。
[2] 陈芳妹：《二里头M3——社会艺术史研究的新线索》，《二里头遗址与二里头文化研究：中国·二里头遗址与二里头文化国际学术讨论会文集》，第241—269页，北京：科学出版社，2006年。许宏：《二里头M3及随葬绿松石龙形器的考古背景分析》，《古代文明(第10卷)》，第39—53页，上海：上海古籍出版社，2016年。严志斌：《漆觚、圆陶片与柄形器》，《中国国家博物馆馆刊》2020年第1期，第6—22页。

二、三期之间宫殿建筑从"多进院落式"转变为"独立四合院式"的节奏是吻合的。结合墓葬随葬品的变化(漆觚和绿松石龙形饰组合到铜容器与绿松石牌饰组合),发掘者认为这既表现出了二里头聚落形态的变化,同时也是二里头都邑礼制的重大变革①。

在李志鹏统计的24座甲类墓葬中,仅有5座位于宫城范围内(新近在5号基址庭院又发现同期的5座墓),其他甲类墓葬分散于各个区,显然二里头都邑内的大多数贵族都不在宫城附近居住和埋葬,而且宫城内的甲类墓葬也仅出现在二里头文化二期。因此,宫城宫殿与埋于附近的墓葬之间并不存在等级上的必然关联。相反,包括二里头文化第二期在内,宫殿周围还大量存在小型墓葬和人殉祭祀的现象。因此,这些埋于宫城宫殿附近的墓葬主要应与宫殿的功能有关,而不是宫殿的所有者或居住者,以2002VM3和2017VM11为代表的高等级甲类墓葬的墓主人很可能是早期宫殿的设计规划人员或高级管理者。从这个意义上讲,"居葬合一"在这里主要表现的是职业与埋葬的关系,而不是居住。

二里头都邑大多数的墓葬发现在宫城之外,整体上分布较散,但局部上又非常集中,呈现"大分散,小聚拢"的态势,没有固定的埋葬区域。1980年以来的发掘,在Ⅲ区、Ⅴ区、Ⅵ区和Ⅸ区都发现有夯土基址与中小型墓葬共存的情况,其中每个区域都有甲类墓葬,研究者多将其看作是贵族居住区。这些墓葬多三五成组,有时排列整齐,均靠近建筑基址,建筑和墓葬均从二里头文化二期延续至四期,表明这种"居葬合一"的形式长期稳定发展。

甲类墓葬的"居葬合一"情况尤其值得我们关注。甲类墓葬不仅在遗址上分布分散,而且还出现在不同的功能区内。比如,铸铜作坊区的发掘,发现作坊与墓葬混杂,死者埋在铸铜作坊内,其中还发现有出土铜器和玉器的甲类墓葬②。最近,发掘者披露了宫城北部"祭祀遗存"区的一些情况,其中不乏甲类墓葬"居葬合一"的现象。发掘者将该区域发现的特殊类遗存,包括三座圆形夯土基址(84YLⅣF1、85YLⅣF3、87YLⅣF8)、一座长方形浅穴式建筑遗迹(87YLⅣF7),认定为"坛"和"墠"(祭祀遗迹)③,也有研究者认为其与粮仓有关④。重要的是,同时发现了与这些特殊遗迹关系密切的墓葬。

84YLⅣF1为长方形地面式建筑,有围墙和木骨,建造年代为二里头文化三期。(图4-3-97)与84YLⅣF1相关的一组墓葬共有11座,其中M6、M9、M11为甲类贵族墓。这三座墓葬均属于二里头文化四期,出土了丰富的铜器、玉器、绿松石、漆器、海贝、大扇贝等。(图4-3-98)这11座墓葬中,M3与M5的年代为二里头四期偏早,头向朝南,其他墓葬均头向朝北,应为两个阶段的家族墓地,显然与84YLⅣF1有密切的关系。

---

① 许宏:《二里头都邑的两次礼制大变革》,《南方文物》2020年第2期,第8-16页。
② 郑光:《偃师二里头遗址》,《中国考古学年鉴·1985》,第162-163页,北京:文物出版社,1985年。
③ 杜金鹏:《偃师二里头遗址祭祀遗存的发现与研究》,《中原文物》2019年第4期,第56-70页。
④ 曹大志:《二里头的干栏式圆仓》,《古代文明研究通讯》2019年总第83期,第39-42页。

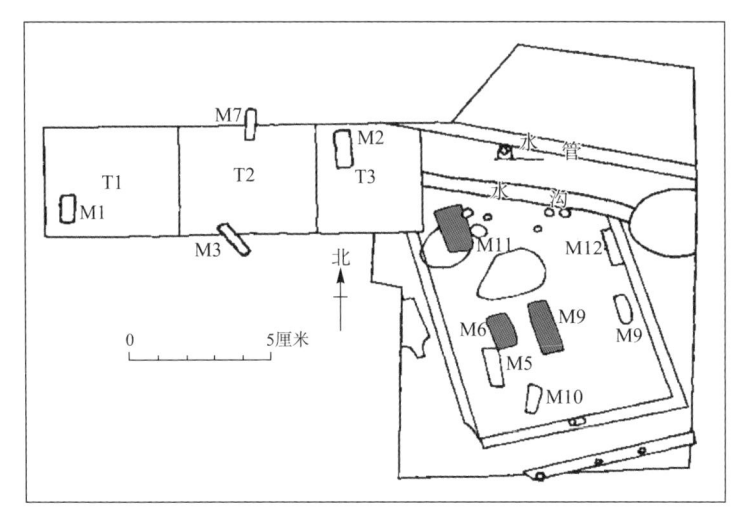

第四章 聚落形态 425

图 4-3-97 二里头 84YLⅣF1 建筑及其相关墓葬

（据：李志鹏，2008 年，图三）

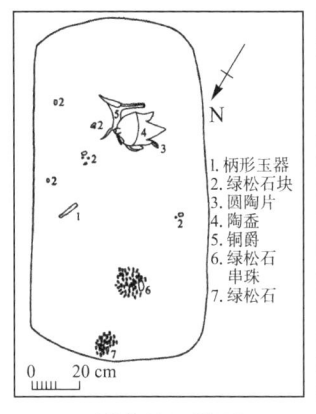

二里头84YLⅣM6

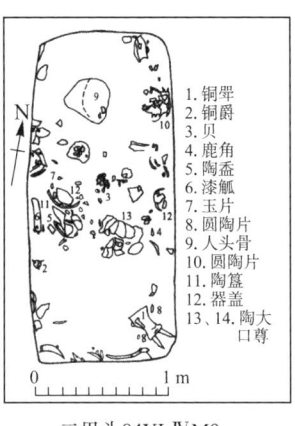

1. 柄形玉器
2. 绿松石块
3. 圆陶片
4. 陶盉
5. 铜爵
6. 绿松石串珠
7. 绿松石

二里头84YLⅣM9

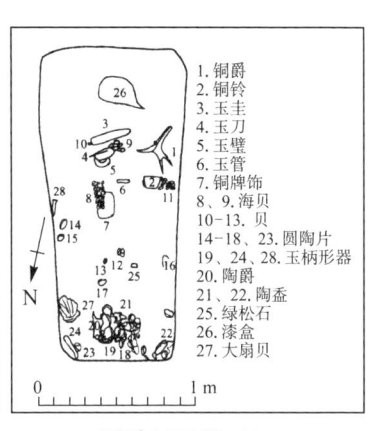

1. 铜斝
2. 铜爵
3. 贝
4. 鹿角
5. 陶盉
6. 漆觚
7. 玉片
8. 圆陶片
9. 人头骨
10. 圆陶片
11. 陶簋
12. 器盖
13、14. 陶大口尊

二里头84YLⅣM11

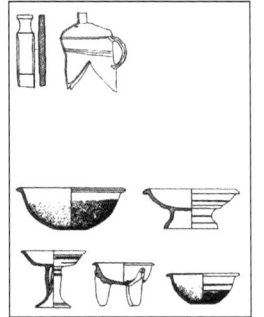

1. 铜爵
2. 铜铃
3. 玉圭
4. 玉刀
5. 玉璧
6. 玉管
7. 铜牌饰
8、9. 海贝
10—13. 贝
14—18、23. 圆陶片
19、24、28. 玉柄形器
20. 陶爵
21、22. 陶盉
25. 绿松石
26. 漆盒
27. 大扇贝

二里头84YLⅣM6随葬品 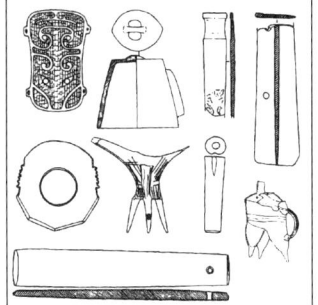　　二里头84YLⅣM9随葬品 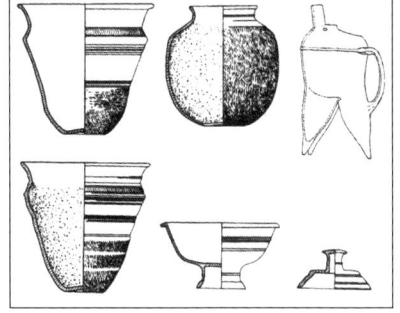　　二里头84YLⅣM11随葬品

图 4-3-98 二里头Ⅳ区与 84YLⅣF1 相关的部分墓葬及随葬品

（据：杜金鹏，2019 年，图四、五）

85YLⅣF3 为圆形土台式建筑,土台上分布 8 个用红黏土或掺料姜石夯打的圆形土墩。其建筑的西侧还有一个用同样的 7 个土墩围成的长方形建筑。由地层关系推测,该建筑的年代为二里头文化二、三期。与该建筑有关的墓葬为几座小型墓,M8、M9、M10 但未清理完毕,整体的规模不详,但也应是一处与此建筑关系密切的小型家族墓地。(图 4-3-99)

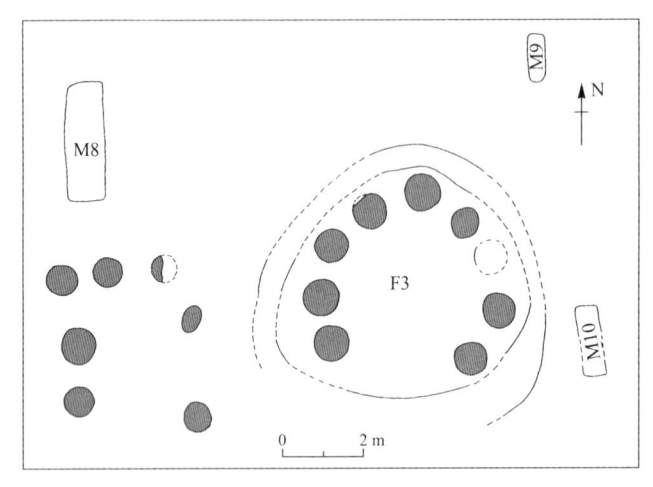

图 4-3-99　二里头 85YLⅣF3 建筑及其相关墓葬

(据:杜金鹏,2019 年,图八)

87YLⅣF8 是另外一处圆形地面式建筑,现存台面上发现有 18 个黏土圆墩。从地层关系推定,其年代为二里头文化三、四期,西部有相关墓葬 M58。M58 出土两件铜爵、漆器、陶器各一组,为甲类贵族墓。(图 4-3-100)

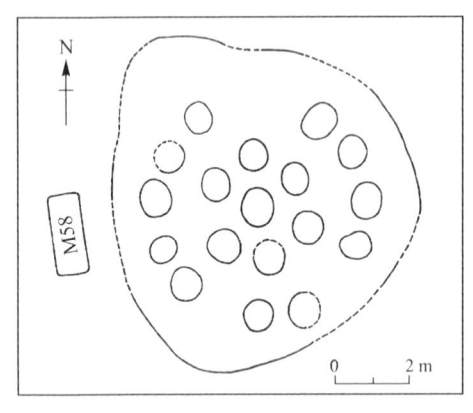

图 4-3-100a　二里头 87YLⅣF8 及其相关墓葬 M58

(据:杜金鹏,2019 年,图九)

图 4-3-100b　二里头 87YLⅣM58

(据:杜金鹏,2019 年,图十)

87YLⅣF7 为浅穴式建筑，平面呈不规则形，大致由三个长方形浅穴错位形成，东部遭破坏，整体结构不详。现存部分东西长 11 米，南北宽 7.8 米，四周有壁无墙，抹有墙皮。浅穴内有 4 层活动面，第③层活动面下叠压墓葬 M49、M50、M51、M52、M55。（图 4-3-101）

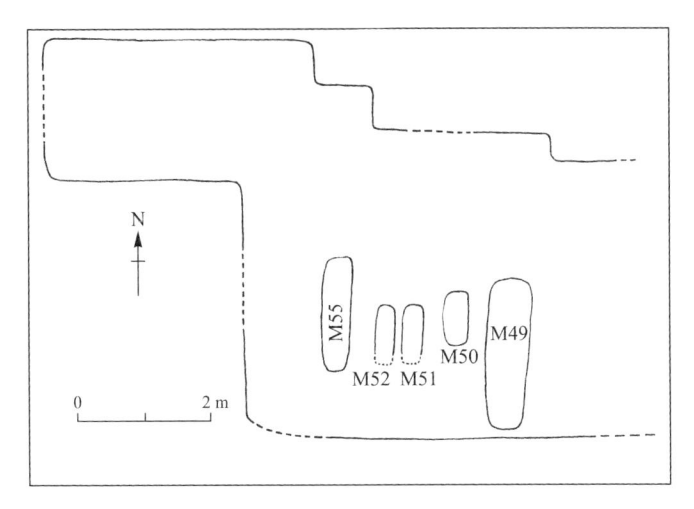

图 4-3-101　二里头 87YLⅣF7 及相关墓葬

（据：杜金鹏，2019 年，图十一）

根据层位关系，建筑始建于二里头二期，使用至三期。这五座墓葬东西一字并排，均为二里头文化第二期，其中位于两端的 M49 和 M55 为成年男女墓，夹在中间的三座为儿童墓，似乎表明他们之间可能为一个独立的核心家庭[1]。此排墓葬南侧还有另外一排墓葬，它们之间相距约 10 米。其中，M20、M23 东西并列，M25 位于 M23 之南，并打破 M23 墓圹；M28 与 M44 并列，间隔仅 25 厘米。此排墓葬或许代表了另外一个小型家族墓地，或许与北侧的 M49-M55 共同组成一个小型家族墓地。南侧一排墓葬中，M28 和 M57 两座墓的等级较高，墓室面积明显大于其他墓葬。其中 M28 有木质棺椁，并出土罕见的涂朱大鼍甲，M28 与多数墓葬的年代相似，均属于二里头文化第三期。M57 是一座甲类贵族墓，出土铜器、玉器、漆器多件套，还有一件绿松石铜牌饰，在这些墓葬中规格最高，但年代也最晚，属于二里头文化四期。（图 4-3-102、图 4-3-103）很明显的是墓葬之间的等级分化已经存在于家族成员的内部，地位显赫的家族成员往往拥有更多的财富。

---

[1] 中国社会科学院考古研究所二里头工作队：《1987 年偃师二里头遗址墓葬发掘简报》，《考古》1992 年第 4 期，第 294-303 页。

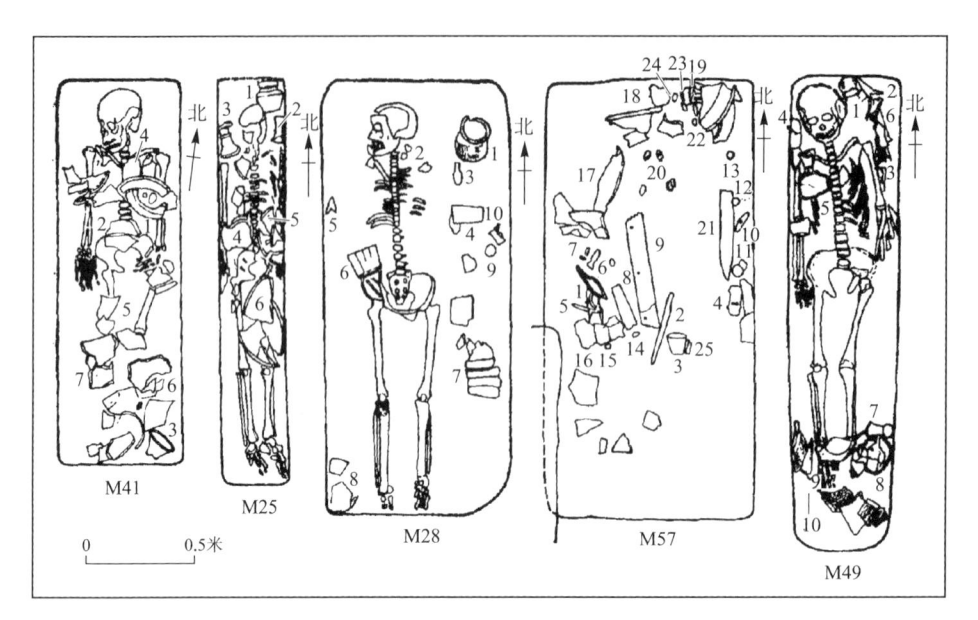

图 4-3-102　二里头 1987 年发掘Ⅵ区墓葬

（据：中国社会科学院考古研究所二里头工作队,1992 年,图一）

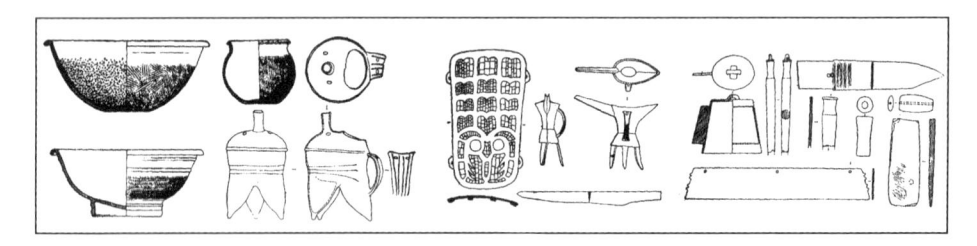

图 4-3-103　二里头ⅥM57 随葬品

（据：中国社会科学院考古研究所二里头工作队,1992 年）

除了 87YLⅣF7 之外,同样在第Ⅸ区也发现了类似的浅穴式建筑若干处,均有相应的小型墓地相对应,每处墓地大致有 3-10 个排列整齐的墓葬,其中不乏出土铜器、玉器、漆器和绿松石的中型甲类墓葬,年代从二里头文化二期至四期均有。可见,在第Ⅳ区、Ⅸ区发现的这些"特殊遗存"也普遍存在"居葬合一"的现象,其中往往有甲类贵族墓。

综合宫殿区、作坊区、贵族居住区和特殊遗存区的情况看,二里头都邑的不同功能区均存在包括贵族墓葬在内的小型墓地,他们很可能是以家族为单位从事不同职业的群体。他们生产、生活、居住和埋葬在同一场所,不同于龙山文化时期以核心家庭为单位的散乱的"居葬合一"模式,而是以职业化的小型家族为单位的"居葬合一"的新模式。社会成员之间的分化表现在不同时期的家族成员的内部。总之,二里头都邑内普遍存在的这种新型"居葬合一"的布局模式显然已经超出了龙山文化时期单纯的居住与埋葬的范畴,进而扩大到了专业化生产和社会管理的领域。按照职业分工差异的不同行业贵族阶层的存在,表明二里头都城很可能已经出现了行业化的管理方式和相应的官僚制度。这种世俗化的早期国家管理模式显然已经超越了原始的"宗教模式"或单纯的"血缘模式"的特点,并为之后的商文明所继承,它是中原地区新型国家制度得以确立的一个重要基础。

与二里头居葬合一式的家族墓地相似的情况还有伊川南寨聚落[①]。南寨遗址发掘出土了二里头文化时期的7座房址和24座墓葬。从遗迹分布图来看,房址、灰坑和墓地均在一起,房屋大致东西排列为两排,墓葬分布其间,呈现为"居葬合一"的状态。但仔细分析墓葬的布局情况,墓葬排列有序,头向一致。如果按照墓葬随葬品的早晚关系推测下葬顺序的话,可以大致将其划分为四组。(图4-3-104)

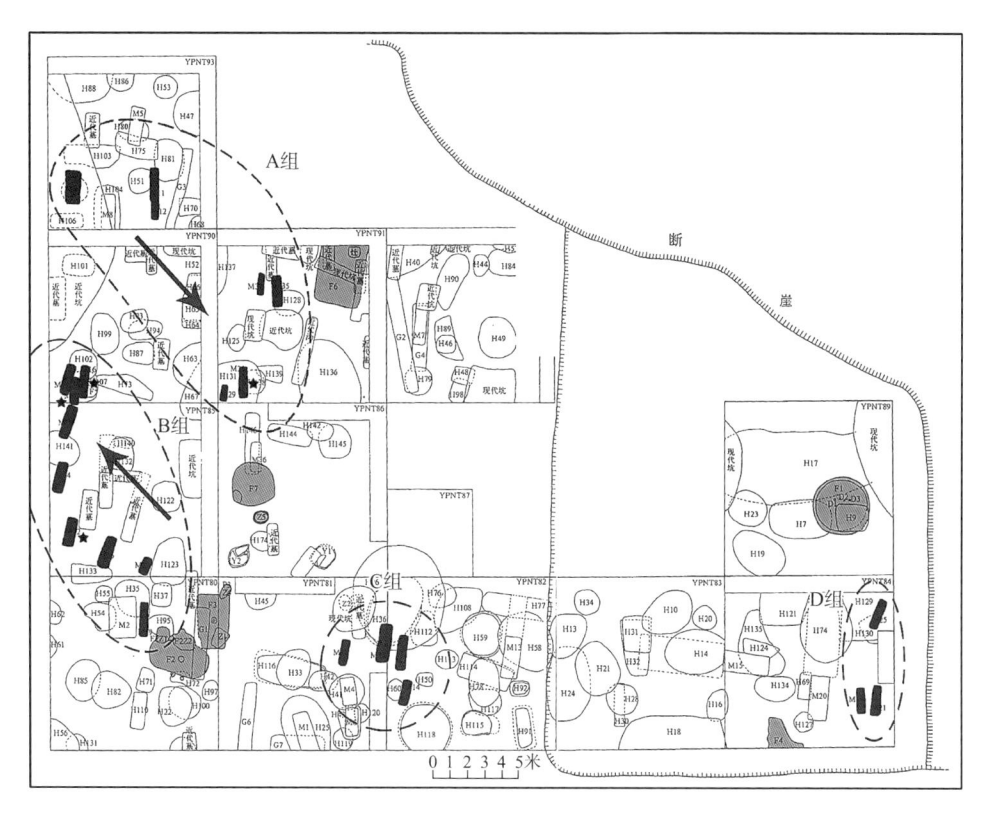

图4-3-104 南寨聚落墓葬分布图

(据:河南省文物考古研究所,2012年,图三改绘;五角星代表高级别墓葬;箭头代表下葬顺序)

---

① 河南省文物考古研究所:《河南伊川县南寨二里头文化墓葬发掘简报》,《考古》1996年第12期,第36-43页。河南省文物考古研究所:《伊川考古报告》,郑州:大象出版社,2012年。

C、D 两组墓葬的规模小,延续时间短,以二里头文化一、二期墓葬为主。A、B 两组墓葬的规模较大,延续时间长,从二里头文化一期晚段到四期都有。其中,A 组墓葬自西北向东南下葬,B 组墓葬正好相反,规律明显,应分别代表了两个家族的小型墓地。值得注意的是,虽然墓葬之间没有明显的等级分化,但两组墓葬均在二里头文化三期之后开始出现了等级略高的墓葬(有木质棺椁和涂朱现象,并随葬与漆觚相关的圆陶片),表明南寨聚落在二里头文化三期之后,墓地内部开始出现不显著的分化现象。或许从这一时期开始,聚落能够分配到更多的资源,并用于社会成员内部的再分配。

除了居葬合一的形式之外,二里头文化时期又开始出现了空间位置相对独立的墓地。登封南洼聚落发掘揭露了 22 座二里头文化时期的墓葬[①]。这些墓葬均头向朝南,排列有序,其中有 14 座墓与各期的房子、陶窑、灰坑混杂在一起,同样表现出生活、生产与埋葬的"居葬合一"特点。但其中另有 8 座墓,位于内外壕沟之间,它们远离生活居住区,形成一片单独的墓地。(图 4-3-105)其中,M1 与其他墓葬距离略远,但规模明显更大,随葬陶爵、豆、瓮各一件,均被打碎之后覆盖在骨架之上。墓主人面部覆盖一枚有 5 个小穿孔的大扇贝,头下还放置有 7 枚海贝。(图 4-3-106)M2 与 M1 相对位置最近,颈部随葬一件穿孔的绿松石项饰,其他墓葬均无随葬品。M1 随葬的海贝在高等级墓中常见,随葬大扇贝的情况也见于其他二里头文化的贵族墓葬,如上述 84YL6M11。(图 4-3-98)而且遗址上出土白陶数量和种类较多,其中就不乏有用白陶仿造的扇贝,由此更加凸显出 M1 覆面的这件真正的大扇贝的重要价值。此外,这 8 座墓葬中,M1、M3、M6、M8 为成年男性,M2、M4、M5、M7 为少年儿童,表现为少年儿童夹在成年人中间的埋葬方式,同样可见于二里头遗址的家族墓地。因此,这 8 座墓葬很可能是南洼二里头聚落中一个特殊的家族墓地,并承担特殊的社会服务或管理角色,而 M1 可能是这个家族的第一代也是最重要的首领。

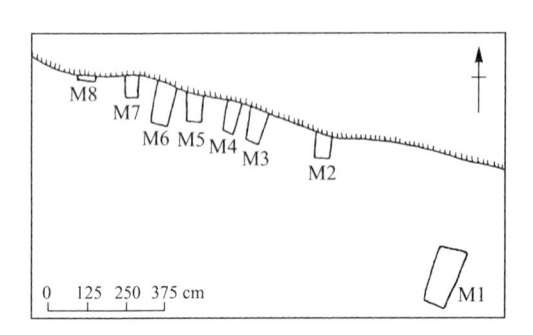

图 4-3-105 南洼遗址二里头文化墓地
(据:郑州大学历史学院考古系等,2006 年,图五)

[①] 郑州大学历史文化遗产保护研究中心:《登封南洼——2004-2006 年田野考古报告》,北京:科学出版社,2014 年。

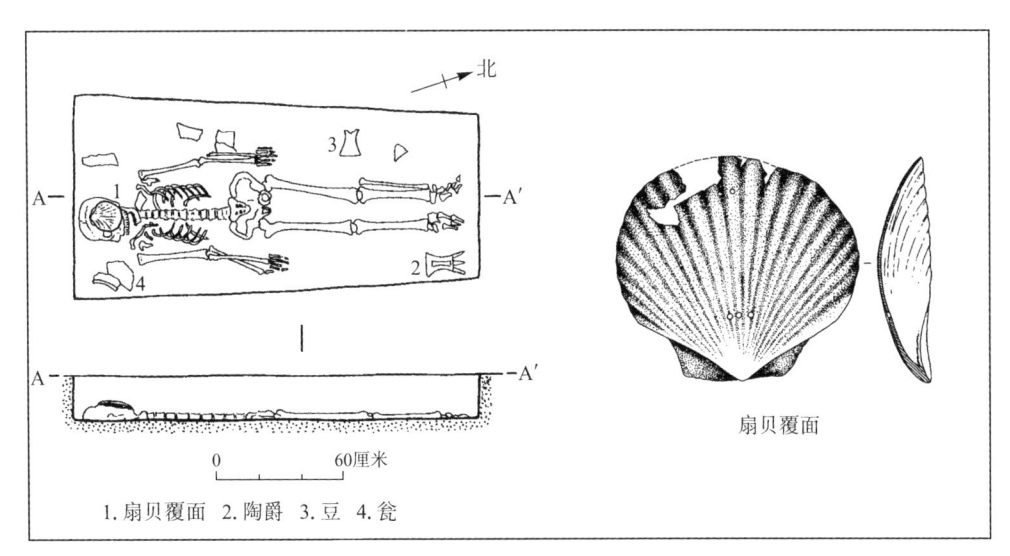

图 4-3-106 南洼 2004M1 及随葬的扇贝覆面

(据：郑州大学历史文化遗产保护研究中心，2014 年，图 3-77、3-140)

洛阳吉利东杨村遗址曾在相邻的两个探方中清理了 6 座属于二里头文化第三期的墓葬，形成一处小型的独立墓地[①]。这些墓葬东西排成一排，头向南，均为单人葬，但有仰身直肢和俯身直肢两种。墓坑均为圆角长方形，墓圹狭窄。男女间隔分布，男性墓随葬品放置在头部或胸部，女性墓放置在腿部或足下部。（图 4-3-107）

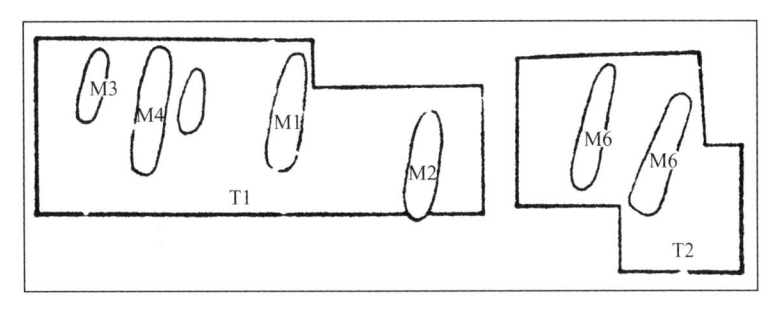

图 4-3-107 东杨村遗址二里头文化墓地

(据：洛阳市文物工作队，1983 年，图一一)

南洼和东杨村的两处二里头文化的独立墓地均属于二里头文化第三期，他们不仅内部排列整齐，而且十分讲究规律（南洼是成人与儿童相间，东杨村则是男女相间）。虽然他们的葬俗差异很大（南洼是脸覆大扇贝壳，东杨村是俯身葬），但性质却

---

① 洛阳市文物工作队：《河南洛阳吉利东杨村遗址》，《考古》1983 年第 2 期，第 101-105 页。

类似,与一般的"居葬合一"的情况不同,很可能是聚落中特殊人群的小型家族墓地。

总之,与龙山文化晚期相比,二里头时期"居葬合一"依然是主流的埋葬形式。但不同于龙山文化时期以核心家庭为单位的混乱埋葬状态,二里头文化的墓葬明显开始讲究秩序,一般情况下从几座到十几座墓葬不等构成一组,头向一致,排列有序,分布在房址的周围,并与灰坑混杂在一起。因此,二里头文化的"居葬合一"体现出小型家族俨然已经成为社会组织的基本单元。这样的基本社会单元的规模小于仰韶文化的氏族或大家庭,而又明显大于龙山晚期的核心家庭,尤其突出其中血缘关系的作用。更重要的是,无论在二里头都邑聚落还是二里头普通聚落,显然这种"聚族而居、聚族而葬"的小型家族同时承担了一些社会专门化生产分工甚至是社会管理的角色,其内部还出现了明显的分化现象。由此可见,二里头社会正是基于这种血缘关系的不同规模的小型家族,逐步和逐级组织社会生产,调配社会资源,维护社会秩序,从而形成了中原地区最早的国家管理体系。

4. 手工业作坊

在早期国家的管理下,二里头文化时期手工业生产的专业化大大加强。二里头都邑内,出现了专门的围垣作坊区,将铸铜、制玉(绿松石)、制骨等集中在一起,围于宫城正南的"井格"内,形成了中原地区最早的"国家工业园区"。

首先是铸铜。

经过数次大规模发掘,铸铜作坊区发现了一些与青铜冶铸相关的特殊遗迹现象[①]。铸铜作坊遗迹以几座南北排列的东西长方形大型浇铸场为主体。F9建于二里头二期,为半地穴式场地,东部遭破坏,现存部分长11米,宽6米,深0.8米,西南部有一缓坡状门道。场内地面平整,经过多次修整、改建,形成多层工作面。第二次改建时沿顺向两侧穴壁挖槽建墙,第三次改建时墙又被废弃,改在场内埋设木柱。由墙或柱的设施推测应有非封闭性的顶棚。在三次改建后的工作面上都发现有红烧土硬面和铜液泼洒形成的铜渣层,有的还有熔炉碎片,为长期使用的铸铜场地,至二里头文化四期废弃。在场地上有分层埋葬的墓葬,其中不乏高等级墓,应为从事铸铜行业相关的家族墓地。

F9之南另有两座青铜器浇铸场Z1和Z2。Z1为长条状的浅穴式建筑,东西长18米,宽约3.7米,其活动面上发现有柱洞和红烧土面。Z2叠压在Z1的西半部,东西长9.5米,南北宽约5米,亦属浅穴式建筑,在其东北部有门道和台阶,场内为层层叠压的路土,路土面上分布着许多红烧土面、溅泼铜液凝固面等遗迹,出土有熔炉残片、铜

[①] 中国社会科学院考古研究所:《中国考古学·夏商卷》,第111-113页,北京:中国社会科学出版社,2003年。

渣、小铜块等遗物。场内也发现有一些柱洞。其北边缘分布有小孩墓葬,或为最初奠基所用。场内路土层之间排列着几座成人墓葬,应与铸铜工匠有关。

Z1、Z2 与 F9 的性质应该相同,都是浇铸青铜器的"工场"或"工棚"。

在 F9 的北侧,有一座编号为 F2 的建筑物,属于二里头文化二期,为坐北朝南、面阔两间的地面起建的房子,每间房子均有一个向南的门。房内地面分成多层,每层都有火塘,有的火塘下凹成浅坑,有的则与地面持平,塘中竖立有几个土柱,起支撑作用。发掘者根据它与铸铜"工场"相邻,火塘内有支撑的土柱等现象,推测其与普通用于居住的房子有所不同,火塘内大约是上置陶范,下置炭火,或许是专门用来烘烤、预热陶范的地方。另外,铸铜作坊的范围内还发现有陶窑 83ⅣY1,可能也与烧制或烘烤陶范有关。

从上述描述看,二里头中心聚落内的铸铜作坊设施齐全,长期反复使用,并附有特殊的墓葬,表明这一时期的青铜冶铸技术已经实现了专业化的生产,并有专门的家族经营管理。

其次是玉器(绿松石器)加工。

在围垣作坊区的东北部靠近宫城的地方发现了绿松石器制作的作坊[①]。发掘表明,与绿松石器制作相关的作坊遗迹包括料坑和工作间。(图 4 - 3 - 108)

图 4 - 3 - 108a 二里头绿松石作坊集中出土的绿松石料

图 4 - 3 - 108b 二里头绿松石作坊集中出土的绿松石料

明确为料坑的遗迹是 2004ⅤH290 和被其叠压的 2004ⅤH323。H323 原为水井,其废弃堆积中发现近 4 000 件绿松石料、废料、半成品和石核以及加工工具砺石。H290 平面为刀把形,"刀身"近似长方形,比"刀把"低;"刀把"部分填土细腻,含有较多细沙。发掘者推测,H290 与 H323 为一组遗迹,东侧可能存在加工遗迹,H290 的

---

① 中国社会科学院考古研究所:《二里头(1999 - 2006)》,第 337 - 348 页,北京:文物出版社,2014 年。

"刀把"部分是从近旁的加工点冲刷废弃物的水道,"刀身"部分以及 H323 为盛放废弃物的地点。

在加工绿松石器的作坊区内还发现 5 座保存不佳的小型房址,平面多为方形,建在夯土地基之上,内部地面为灰土面,不见灶等生活遗迹。由于被严重破坏,详细的结构已无法复原。

除了铸铜和制玉(绿松石)之外,二里头文化时期的石器、骨器制作和陶器生产都有专业化的证据。但遗憾的是,均未发现明确的作坊遗迹。

灰嘴西址的发掘进一步确认了该遗址在二里头文化时期继续作为专业化生产石器的场所,其中 H1 出土近 8 000 件粗坯和废料,而不见成片,情况与东址龙山晚期的 H101 一致,表明灰嘴聚落的石器生产方式一直沿用到二里头文化时期[①]。

在二里头都邑的围垣作坊区内也曾发现与骨器制作相关的废料坑。1985 - 1986 年发掘的 H5,长 12 米,宽 9 米,深约 4 米,坑的上层非常集中地堆积着大批废骨料,以大型动物肢骨两端的关节最多,保留着锯割的痕迹,同时还出土大量的半成品以及加工用的砺石。发掘者描述,骨料上的锯割痕迹一般只有 2 毫米宽,非常均衡。由骨料的纵剖面上可以看到锯痕可知,锯子与骨料平行拉动,因此应为青铜锯切割。这些都是专业化加工骨器的证据[②]。

特殊类型陶器,如白陶,很可能也存在专业化生产和产品分配的情况。登封南洼聚落出土了大量的二里头文化白陶[③]。白陶常用作墓葬的随葬品,但南洼聚落发掘的二里头文化墓葬中基本不出白陶,遗址上发现的白陶也较破碎,因此发掘者推测这些白陶主要不是用于聚落自身的消费,而是由二里头中心控制和分配的。遗址发掘中,发现的二里头文化陶窑共有 7 座,集中出现在聚落晚期壕沟 G3 内侧的中心部位。但这 7 座陶窑规模不大,均为竖穴型的馒头窑,窑门的方向不一,没有统一的规划,是否为专门烧制白陶所用还需要更多的证据。

5. 水井

与龙山时期相比,二里头文化时期水井的数量大大增加,无论中心聚落还是一般聚落,水井均有大量发现。这种情况可能与打井技术的提高,以及人口集中和早期城市生活对水资源的需求量增加有关。

[①] 中国社会科学院考古研究所河南第一工作队:《河南偃师市灰嘴遗址西址 2004 年发掘简报》,《考古》2010 年第 2 期,第 36 - 46 页。
[②] 中国社会科学院考古研究所:《中国考古学·夏商卷》,第 121 - 122 页,北京:中国社会科学出版社,2003 年。
[③] 郑州大学历史文化遗产保护研究中心:《登封南洼——2004 - 2006 年田野考古报告》,北京:科学出版社,2014 年。

发掘表明，二里头文化时期的水井结构比较复杂。2002VH111-H112 实际上是一处水井，发掘时编为两个号。修建时先挖一个较大较深的长方形基础坑（H112Ⅱ），用土夯实、填平，然后在基础坑中部掏挖出长方形井圹（H111），H112Ⅰ是水井废弃后夯土塌陷的堆积。基础坑 H112Ⅱ，平面呈圆角长方形，口部南北长 4.48 米，东西宽 3.53 米，深 3.8 米。坑底不平，从西北向东南倾斜，由于坑底距离坑壁上的生土线高低不一，因此形成类似二层台结构。井圹口部南北长 1.56 米，东西宽 1.22 米，井壁陡直，中间有凸出。发掘和勘探表明，井深至原坑口 8.18 米。坑壁上有双齿工具的痕迹，东西两壁上发现有成排的脚窝，均为马蹄形。（图 4-3-109）先挖基础坑，并以夯土加固，形成类似井圈结构的基础部分。这种凿井方式在二里头都邑比较普遍，之前曾被认为是墓葬的宫殿后院的 1 号大墓（VD2M1，后编号为 2002VH463）实际上也是这种水井。（图 4-3-110）

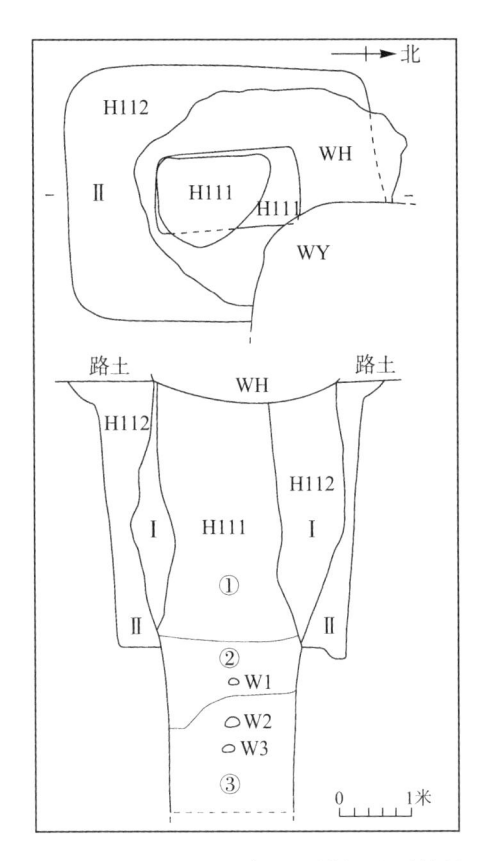

图 4-3-109　二里头 2002VH111-H112

（据：中国社会科学院考古研究所，2014 年，图 6-4-2-56-1）

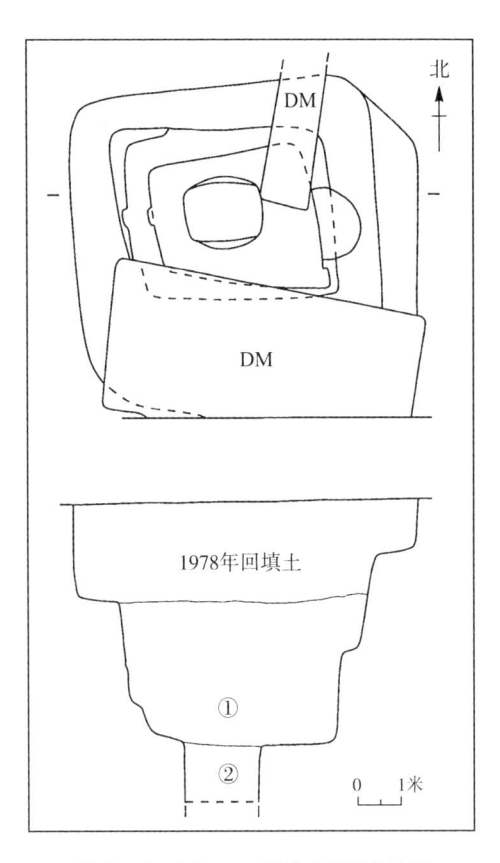

图 4-3-110　二里头 2002VH463

（据：中国社会科学院考古研究所，2014 年，图 6-4-2-38-1）

二里头都邑发现了大量的水井,遍布宫殿区、作坊区和贵族生活区,已经成为城市生产、生活的主要水源,甚至一些祭祀现象也与水井相关。在宫城的1号基址主殿和北围墙之间曾发现三座墓葬围绕一处圆形夯土深坑的特殊遗迹VH80,发掘编号为2001VH1,(图4-3-87)实际上也是一处给宫殿供水的水井。这里墓葬、水井与宫殿三种遗迹的组合,正是二里头都邑"居葬合一"的体现,三座墓葬埋葬的或许就是专职为宫殿供水服务的人员。

发掘者曾注意到二里头文化二期的两座水井,深度超过9米,而四期的水井深度普遍在7米左右,存在2米的水位差,再联系到孢粉研究指示了二里头四期出现气候转温凉湿润的情况,因此从水井的深度变化亦能反映出当时小尺度环境的变化情况[1]。

除了二里头都邑之外,其他中心聚落和一般聚落都普遍发现有水井。灰嘴遗址西址2004年发掘了两眼水井,年代为二里头文化二、三期。J1保存较好,口部为近似椭圆形,残长1.64米,宽1.02米,井口的东部有白灰面,并延伸至北、西边。因此,井口有井台和棚子等建筑设施。井壁较规整,且经过拍打,但未见工具痕迹和脚窝。井深5.16米,底部有0.87-0.97米的使用淤泥,可见当时的井水至少有1米深。(图4-3-111)[2]

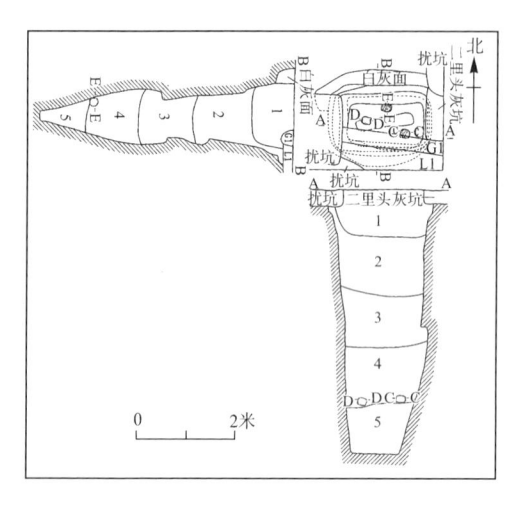

图4-3-111 灰嘴遗址J1平剖面图

(据:中国社会科学院考古研究所河南第一工作队,2010年,图五)

南洼聚落发现有二里头文化时期的水井6眼,其中J2保存较完整,属于二里头文化第三期。井口近椭圆形,井底为规整长方形,清理至口部以下4米深见水,未继续清理[3]。(图4-3-112)其他几眼水井,只有J1发掘至底部,从底部堆积看,淤泥厚1.1米,可见井水深度在此以上。南洼聚落发现的水井分散在发掘区的各处,与房址、陶窑混杂一起,表明这些水井是为聚落的生产和生活供水。

---

[1] 许宏:《二里头遗址发掘和研究的回顾与思考》,《考古》2004年第11期,第32-38页。
[2] 中国社会科学院考古研究所河南第一工作队:《河南偃师市灰嘴遗址西址2004年发掘简报》,《考古》2010年第2期,第36-46页。
[3] 郑州大学历史文化遗产保护研究中心:《登封南洼——2004-2006年田野考古报告》,北京:科学出版社,2014年。

望京楼二里头文化晚期的城址内也发现了大量的水井。J4 保存较为完整，且发掘至底部。井口平面为圆形，直径 2.15 米，底部不规则形，深 5 米。从井的构造来看，先挖一个深坑，然后在深坑底部向下掏挖至出水，井壁斜收，不见脚窝。（图 4-3-113）H509 是另外一种水井，体量略小，口部为长方形，长 1.14 米，宽 0.98 米，井壁直且有两排马鞍形脚窝。发掘深度 2.5 米，但因口部被破坏，原始深度不详①。（图 4-3-114）望京楼发现的水井同样遍布城内各处，为城市的生产生活供水。值得注意的是，这里存在不同样式的水井，或许与井的服务功能或打井技术的不同有关。

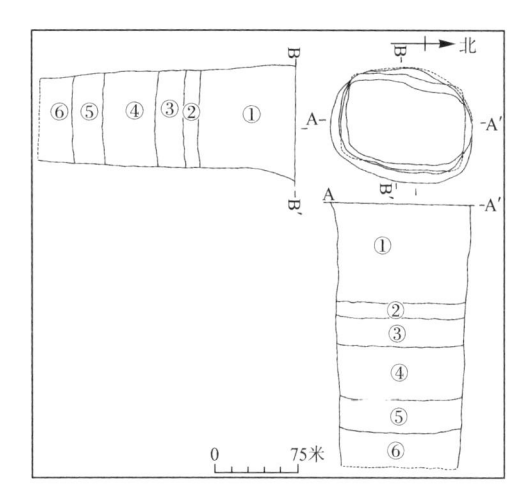

图 4-3-112 南洼遗址 2004J2 平剖面图
（据：郑州大学历史文化遗产保护研究中心，2014 年，图 3-21）

除了环嵩山地区之外，二里头文化时期中原核心区位置偏南的沙汝河流域的郝家台、皇寓等二里头聚落也发现有水井遗迹。但总体来看，虽然水井在各地已十分普遍，但仍然是二里头都邑的水井数量更多，结构也更复杂，使用也更为频繁。在二里头都邑内，宫殿区、作坊区、贵族居住区均发现大量水井。二里头都邑内大量水井的出现对早期城市生活、手工业生产的专业化都产生了重要作用，甚至影响了二里头都邑的布局结构，使得城市的发展和规划可以摆脱自然河流为主的水源限制，可以更加方便的随时随地取水，从而使得城市发展可以追求更加方正规矩的布局结构。因此在某种程度上，二里头文化时期凿井技术的提高和水井的大量出现可以看作是中原地区早期城市革命中独具特色的水管理系统的重要组成部分。

三、小结：单个聚落形态演变所见中原核心区早期社会复杂化的趋势

单个聚落形态的研究着重于考察聚落的微观构成，探索构成社会关系基本单位的组成、规模及相应基础社会组织的结构、功能及其演变过程。微观构成是宏观结构的基础，也是导致整个社会发展趋于复杂化的内在因素。因此，由单个聚落形态的演变讨论社会微观结构的变化是考古学探索文明演进和社会复杂化过程的重要内容。

---

① 郑州市文物考古研究院：《新郑望京楼——2010-2012 年田野考古发掘报告》，北京：科学出版社，2016 年。

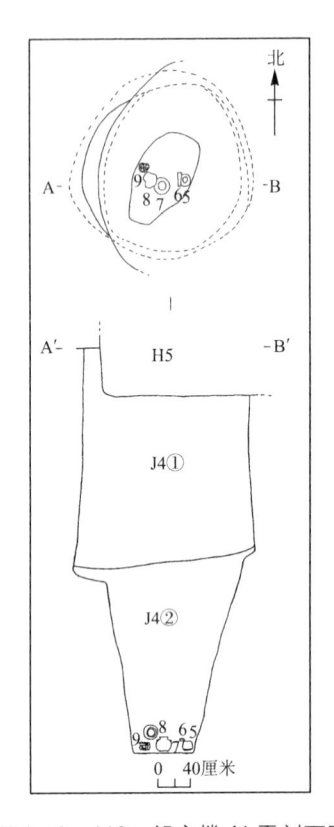

图 4-3-113　望京楼 J4 平剖面图

（据：郑州市文物考古研究院，2016年，图一六七）

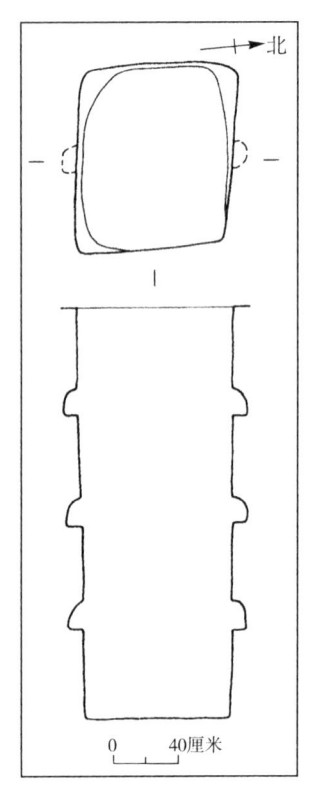

图 4-3-114　望京楼 H509 平剖面图

（据：郑州市文物考古研究院，2016年，图一八一）

中原核心区潜在的区域性差异决定了不同地区的微观社会构成必定存在横向的差异，然而限于考古材料的不平衡，目前还无法深入开展比较研究。因此，本章单个聚落形态的研究还只能是在整个中原核心区的宏观范畴内展开，聚落单元的"共时性"也定位在考古学文化谱系研究所确定的宏大时间框架之下。

仰韶文化早中期，从渑池荒坡和关家等大面积揭露的聚落情况看，环壕式的中小型聚落较为流行。聚落内居住区多位于中心，围绕以仓储区、墓葬区等其他功能区。聚落整体布局既有凝聚式特征，又具备向心式结构，布局紧凑，显示出氏族组织可能存在的强烈影响。但同时其功能区相对较少，区划清晰，发展稳定。

这一时期中原各地的聚落内部功能相对简单，目前所发现的聚落内部遗迹只有房屋和墓葬。从各地各种规模的房屋均包含有完整的生产和生活单元，且成组分布的特征看，氏族—家族—对偶家庭式的社会关系的组合较为流行。各地埋葬习俗之间可能存在一定差异,伊河流域和沙汝河流域盛行成人多人瓮棺合葬的习俗。洪山庙 M1 大型瓮棺合葬墓表明氏族和家族在整个社会生产和生活中具有核心地位,对偶家庭尚不能摆脱大家庭而独立成为基本的社会关系单元。王湾等聚落的墓地中成片分布的墓组表明,整个社会有可能以氏族的形式联系在一起,血缘关系构成了各类社会关系的主体。

仰韶文化晚期到龙山文化早期,各地聚落内部的结构均发生了重要变化。洛阳盆地西部的妯娌聚落仍可见清晰的居住区、仓储区、墓葬区的划分,但居住区在聚落中偏于一隅,内部虽也可分为若干房屋组,但布局散乱,向心式结构不明。郑州地区大河村聚落中,居住区与墓地虽仍有明显的划分,但两者均不集中,成组的房屋与成片的小型墓地对应分布,显示了其中可能存在的家族组织的强势。大河村聚落中成组分布的房屋虽缺乏共同的中心,但多门向相对,从而显示了其中凝聚而非向心式的布局特征。

这一时期,各地的房屋和墓葬的分布相当有规律,成组的房屋与成片的墓地常能对应,表明虽然以血缘关系为基础的氏族—家族—对偶家庭的社会关系组织仍然盛行,但氏族的联系很可能已经有所衰弱,而相应家族组织的核心地位进一步增强。同时,从对偶家庭或扩大化的对偶家庭所居住房屋的功能设施明显增加看,它们在社会经济生活中的独立性也有所增强。

随着大汶口文化的西进和屈家岭文化的北渐,这一时期外来文化因素不断融入中原,同样也表现在了微观聚落的层面。在大河村的墓地中已经明显见到了三种不同文化传统的墓葬共存发展的情况,房屋建筑也出现了具有象征意义的"双连房"。与此同时,随着人口的集中和社会经济的发展,聚落内部的功能比仰韶文化早中期显著增加,除了基本的日常生产、生活的功能设施之外,聚落的防御设施新出现了城的形式,区别于普通房屋的大型建筑和宗教、祭祀性遗迹也开始出现。

这一时期,郑州—荥阳地区成为中原社会发展的重心。社会的分化开始明显表现在微观聚落的各个层面上。巩义双槐树聚落拥有超过 100 万平方米的规模、带有院墙的大型建筑、夯土祭坛和大型墓葬。双槐树首次成为中原地区的区域性中心。与双槐树中心大致同时期的郑州西山、大河村还出现了中原地区最早的城址,形成了与双槐树相对抗的"中心—城址"的模式。这一时期,无论双槐树中心,还是西山、大河村、青台、汪沟等次中心或城址聚落都拥有多重环壕的聚落布局,显示了其社会内部稳定发展、聚落规模不断扩大的趋势。

值得注意的是,这一时期的社会成员间出现了明显的等级分化,并表现在了墓葬方面。一方面,贵族墓葬开始在西坡、伊阙城等聚落中出现,另一方面,妯娌墓地中墓葬等级的区分表明财富和地位的分化发生在了社会成员之间。同时,这一时期的非正常死亡现象的出现和增加也从另外的角度印证了这一趋势。一些墓地中出现的男女比例失调以及男女合葬等新的埋葬形式很可能表明家庭关系和男女社会地位开始发生重要的变化。

总之,仰韶文化早中期中原各地单个聚落内部的平衡和稳定的状态在这一时期开始被打破,社会内部开始变动起来。伴随外来文化的融入,单个聚落的布局开始变得疏松,凝聚式结构虽然还广泛存在,但向心式布局已经不见。与此同时,聚落内部功能增加,社会成员之间也开始出现了分化,城址和中心聚落出现,双槐树发展成区域性的中心,中原社会的复杂化在变动中拉开了帷幕。

龙山文化晚期,随着人口和社会发展重心转移到嵩山东南地区,这里区域社会的发展达到了高峰,出现了瓦店和新砦两个面积超百万平方米的区域性中心。与此同时,王城岗、古城寨、郝家台等中型规模的聚落中也开始出现了城址,区域聚落的"中心—城址"模式进一步发展。中心聚落都拥有多重(组)环壕,表明这里人口集中,社会稳定发展,聚落规模不断扩大;城址则表现出较强的防御色彩,尤其是以古城寨为代表的版筑技术使修建高墙深壕的防御体系成为可能。这种"中心—城址"的聚落发展模式也同时加剧了聚落之间和聚落内部的分化。

从目前有限的考古发现可以看到,龙山文化的聚落布局发生了重要变化,仰韶文化以血缘关系为纽带的居住、生产和埋葬的凝聚式模式在龙山文化晚期已经基本消失,取而代之的是以实用的功能性和等级为划分的聚落布局的新模式。这一时期,在中心聚落和城址不乏大型夯土建筑。综合新砦和古城寨发掘的情况看,这些大型建筑多由数组夯土建筑组成庭院式建筑群,带有廊庑结构,甚至是围墙。建筑群处于聚落的中心位置,外侧可能有贯通聚落的大道,从而形成了以大型建筑群为中心,区划和等级相结合的中原早期城市布局的雏形。

中原地区龙山晚期的房屋建筑技术和建筑形式都有了大的发展,房屋建筑出现了地穴式、半地穴式、地面式、单间式和排房式等多种样式。一方面反映了多元文化融入的现象,如同时出现了木骨泥墙和土筑墙两种地面建筑形式;另一方面也与房屋本身功能的多样化有关。很明显,与这些多样化的小型房屋组合相关的是以核心家庭为单位的社会基本生产生活单元更加突出,核心家庭的经济独立性更强。

核心家庭地位的上升同样反映在丧葬方面。与仰韶文化的氏族—家族墓地形成鲜明对照的是龙山文化晚期流行"居葬合一"的新形式。独立的公共家族墓地基本不见,取而代之的是将墓葬就地埋于房前屋后的现象。这些墓葬多无规律,不讲究朝向,也少有随葬品,但却都就近依附于居住的房屋,在聚落中表现出"大分散、小聚拢"

的态势。"居葬合一"的新风尚说明血缘关系对社会的凝聚力已经大大下降,核心家庭独立参与社会活动更加灵活多样,成为龙山社会大变革的重要基础。

龙山晚期的中原社会崇尚薄葬的习俗,因此从墓葬中难以见到社会成员的分化现象,但从各地大量发现的人殉和杀戮现象看,个体之间的身份地位的差异依然存在。龙山晚期中原地区发现有随葬品的墓葬均反映出与东方或南方地区龙山文化的联系,但显然并不是中原社会的主流,这也说明变革中的中原龙山社会并不接受周边地区传统的厚葬习俗和浓重的宗教信仰,而是一个更加世俗化的社会。突出社会治理能力是世俗社会的一个重要特点,显然以世俗化为特征的中原早期文明和新型国家的出现正是以龙山为基础而发展起来的。

进入二里头时期,中原社会发展的重心再度转移到洛阳盆地,中原早期王朝正式出现。位于洛阳盆地正中心的二里头都邑聚落整体上以井字形大道为骨干,规划出了位于中心的宫城宫殿区,围垣作坊区位于正南,特殊遗存区位于正北,贵族居住区位于外围的向心式对称布局的结构。与此同时,二里头都城的建设出现了纵横交错的道路系统,以水井为供水,沟渠和陶管道为排水的城市综合水管理系统。早期城市生活井然有序。这种主次分明的空间分布格局,再加上二里头聚落所处的中原中心位置,完全符合"择天下之中而立国,择国之中而立宫,择宫之中而立庙"的特点,充分体现出早期国家首都等级分明、秩序井然的统治格局,开创了中国王朝都城规划的先河。

除了二里头中心聚落之外,中原其他地区的城址和次等级中心聚落的营建则多沿用本地龙山文化晚期的传统,表现出了多样化的统治策略。龙山文化晚期的区域性"中心—城址"模式在二里头文化时期已经基本不见,人口再度向新的区域中心集中,反映出这一时期的社会发展相对稳定。随着二里头王朝的兴起和整个中原在社会政治和文化上的重组,社会发展趋同,区域社会的矛盾得到有效化解。至二里头文化晚期,一系列新型的城址出现在嵩山以东的郑州地区,可以看作是二里头后期社会发展重心开始逐步向东方移动的趋势。

二里头文化时期,无论是在都邑还是普通聚落中,小型家族墓地的兴起,表明中原社会早期文明化进程中血缘关系的纽带作用仍不可忽视。龙山文化时期"居葬合一"的模式在二里头文化时期得到了进一步发展,出现了考古学上可以观察到的成组的房屋、灰坑、小型墓地交织在一起的集居住、生产、生活和埋葬于一体的"居葬合一"的新模式。从二里头都邑的情况看,家族在社会生产和生活中作用的上升很可能与社会分工和专业化生产的发展有密切关系。无论是宫殿基址旁边、手工业作坊内部,还是特殊遗存的附近都集中分布着相应的小型家族墓地,他们很可能是专门为社会管理和手工业专业化生产服务的人群,同时又以血缘关系为基础实现技术的传承和职业的分工,成为二里头早期王朝维系社会运转,实现国家管理的基础。

在这些小型的家族墓地中可以明显看出家族成员之间的分化现象,一些地位显赫而有威望的家族成员常常拥有更多高档和稀缺的随葬品,如原料均来自远方且制作成本高的铜器、玉器、漆器、海贝等。墓地中这些反映身份地位的高档随葬品并不存在于所有的家族成员墓葬中,表明社会地位的获得并不是通过世袭来实现的,而应该是通过自身的能力而直接得到国王的赏赐。因此,社会分化和新型贵族阶层的成长都与"赏赐制度"下的国家管理体系密切联系起来,从而形成了新型的以血缘关系为基础的世俗化的早期国家管理体制。二里头世俗国家("广域王权国家")的出现已经大大不同于中国史前文明发展早期的诸多"古国"形态,标志着中国早期文明的演进进入了一个崭新的阶段。

第五章　结　　语

　　本书旨在通过考古学的观察探论中原核心区早期社会复杂化进程（公元前4000至前1500年）及其相关的文明和国家（二里头"广域王权国家"）起源问题。针对这一问题，我们在以上诸章节的具体论述中分别从考古学文化和聚落形态演变两个视角阐发了这一宏大历史进程的不同呈现层面，而下面这一章节则将进一步对上述各层面间的关联和互动进行更为宏观的总结和整合，并分别评估其中各类因素在中原核心区文明和早期国家起源过程中的影响和作用，进而提出中原核心区早期社会复杂化和早期国家起源的特殊模式及其考古学探索、研究这一重大课题的行之有效的方法。

　　社会发展逐步朝向复杂化的过程是考古学研究各地文明社会演进的共同特征，实际上所谓不同地区的文明和早期国家起源的不同模式正是各地社会复杂化道路和方式之间差异的最终结果，而导致这种差异的原因本身又是多维度的，且具有长期的历史效应。因此，考古学从长时段的视角出发探索这些不同历史维度之间的内在联系，有助于阐释不同文明和早期国家起源模式的特殊性。

　　本书所论述的中原核心区的社会复杂化过程包括了文化谱系和聚落形态两个方面。文化谱系的研究不但能够为我们认识长时段的历史过程构建起宏观的时空框架，而且也是考古学探索区域间文化交流、人群迁徙等问题的有效途径；聚落形态的演变包括宏观聚落形态和微观聚落形态两个层面，可以反映区域人口增减、社会发展重心的移动、社会组织和社会结构的变化等社会问题，是阐释文明和早期国家特征及其形成过程的核心内容。这两个方面之间的联系即构成了我们试图将要阐明的中原文明和早期国家起源的特殊模式及其对中华文明整体历史进程的深远影响。

　　由于外部地理环境的开放性和内部地貌环境的多样性，中原核心区无论从考古学文化谱系还是聚落形态演变的角度均存在区域的差异性、发展的异步性以及区域间的互动、整合现象。因此，研究中原核心区的早期文明化进程需要充分考虑以自然地理地貌划分的"小区域"这个重要的"单元"。实际研究发现，小区域内部的文化一致性更强，能够实现有效的人口集中和统一的劳力组织和社会动员，因此小区域同时也是早期中原社会运作发展的一个重要的基本社会组织单元。在以往的研究中，这种小区域的视角并没有得到足够的关注，因此这也是本项研究组织和分析材料的一个基本的视角。

以下我们首先按照时间顺序系统概括中原核心区文明和早期国家起源与初步发展的历史过程。

一、中原核心区的文化演进和社会复杂化过程的宏观架构

本书系统的研究表明,尽管公元前4000至前1500年的仰韶至二里头文化时期中原核心区的文化谱系发展与聚落形态的演变并不同步,但中原社会的发展演进仍整体呈现为阶段性的特征。仰韶文化在中原核心区兴起于公元前4000年前后,经过各地大致三个阶段的发展于公元前2400年前后进入龙山时代。龙山时代的中原地区在经过短暂的龙山文化早期的调整之后,于公元前2300年前后发展到了龙山文化晚期。公元前1800年左右,二里头文化兴起,并逐步扩展到中原各地,至公元前1500年前完成了其在整个中原核心区的扩张过程。

中原核心区在公元前4000年之前的前仰韶文化时代,主要为裴李岗文化及其后续文化。从目前掌握的文化谱系和聚落形态的资料看,文化和社会发展的重心主要围绕嵩、箕山脉和黄淮水系,并与东方地区保持着极为密切的联系[①]。

公元前4000年前后中原核心区进入仰韶文化时代。仰韶文化在中原地区延续了近1500年的时间,从文化谱系上能分为前后三个大的发展阶段。

仰韶文化早期,随着半坡类型在其晚期向关中以东地区的发展,晋南豫西地区兴起了东庄类型,中原核心区仰韶文化早期遗存也主要属于东庄类型的范畴。仰韶文化一经进入中原即表现出强大的发展态势,虽然早期遗存仍以中原西部的洛河中游、涧河流域最为发达,但从其分布范围来看,显然已经涵盖了整个中原。仰韶文化的这种发展态势在其中期阶段首度达到了极致。同样源自晋南豫西地区的庙底沟类型不仅一统中原,而且在中原各地均形成了空前统一的文化面貌。实际上,仰韶文化早中期的遗存不仅在文化面貌上存在明显的连续性,并具有共同的文化来源,而且在聚落分布的连贯性上也表现得异常强烈。目前中原核心区所发现的仰韶文化早期聚落均延续有发达的中期聚落。因此,无论从哪一个角度均可将中原核心区的仰韶文化早中期看作一个大的历史发展阶段。

仰韶文化早中期的中原核心区从文化面貌来看较为单一,属于仰韶文化东庄类型和庙底沟类型的控制范围。但中原各地的仰韶文化早中期遗存中鼎(主要是釜形

[①] 栾丰实:《试论后李文化》,《海岱地区考古研究》,第1—26页,济南:山东大学出版社,1997年。高广仁、邵望平:《淮系文化的早期发展与三代变迁》,《中国社会科学院古代文明研究中心通讯》2004年第7期。张忠培、乔梁:《后冈一期文化研究》,《考古学报》1992年第3期,第261—280页。

鼎和盆形鼎)的数量较多,显示了本地的传统特色。这一时期,中原社会的发展重心位于西部的涧河流域、洛河中上游和伊河流域。各地聚落的发展较为均衡,从聚落规模上看各区域内部基本是均衡的二级聚落结构,以中小型聚落为主,较大的中型聚落沿不同河流等距均匀分布。聚落内部布局清晰,房屋、窖穴、陶窑和墓地的研究表明,以血缘关系为基础的大家族很可能是社会生产和生活的基本单元,他们有独立的居住区、生产区、仓储区、墓葬区,彼此之间形成凝聚式向心式布局结构。

仰韶文化晚期,中原社会发生了重要变化。仰韶文化中期一统中原的庙底沟类型迅速衰落。与此同时,随着大汶口文化的西进和屈家岭文化的北渐,嵩山东麓的黄淮水系在继承了本地仰韶文化传统的基础上大量吸收了大汶口和屈家岭文化的因素,创造出了具有鲜明本地特色的仰韶文化秦王寨类型,其势力最远可达嵩山以西的洛阳盆地和黄河以北的济源盆地。而中原西部的涧河流域在这一时期则继续保持与晋南豫西的联系,为仰韶文化晚期西王类型的范畴。显然,与仰韶文化中期相比,这一时期中原核心区主要受东方和南方文化的强烈影响,文化发展的重心转移到了东部嵩山周围的黄淮水系,尤其是嵩山东北麓的郑州—荥阳地区。

值得注意的是,仰韶文化晚期的中原核心区开始大量接受多元外来文化的影响,不同外来文化影响的程度不同也导致了区域间差异的增强。从这一时期的大河村聚落中的陶器样式、房屋结构和墓地布局的特征看,"双连式"的文化象征意义广泛存在于社会生活的各个层面,很可能代表了中原核心区多元外来文化相互融合、共同发展的态势。

与仰韶文化中期相比,中原各地的仰韶文化晚期聚落均发生了显著变化。首先是聚落间的均衡状态被打破,区域性的中心开始出现。郑州—荥阳地区率先出现了以巩义双槐树为中心的三级聚落结构。其中,双槐树聚落拥有100万平方米以上的聚落面积,超出二级中心聚落一倍以上。双槐树拥有三重环壕的结构,表明社会持续稳定发展,聚落规模不断扩大。与此同时,郑州—荥阳地区出现了西山、大河村早期城址。从其近圆形的布局特征看,可能受到了长江中游早期城址的影响。这些城址均出现在二级中心聚落之中,反映出区域内来自与城址规模相当以及更大的中心聚落的压力所造成的紧张社会关系,从而构成了这一时期独特的"中心—城址"的区域社会发展模式。值得注意的是,作为单一中心聚落的双槐树发现有位于聚落中心且带有围墙的大型夯土建筑、祭祀台基和贵族墓葬等,表明中心聚落的社会发展复杂化程度远远超出了次级中心和普通聚落,在郑州—荥阳地区很可能已经率先出现了中原地区的早期复杂社会的形态。

其次,普通聚落内部的布局结构虽然仍保持凝聚式的特征,但向心式布局已不明显。房屋和墓地的研究表明,这一时期社会生产和生活的基本单元有逐步小型化的趋势,聚落内部在血缘关系的基础上开始融入了较多外来地缘关系的因素。与此同时,聚落之间功能开始分化,出现了祭祀宗教性质的聚落;而墓葬研究表明社会成员之间也开始出现了等级地位的分化。聚落形态上布局结构的疏松、社会基本单元的变小、聚落功能和社会成员间的分化显然与考古学文化上多元外来文化的融入形成鲜明对照,充分表明仰韶文化晚期中原社会的重大变化与人口的流动和文化的重组之间存在密切关系。

仰韶文化晚期晚段,中原核心区又发生了新的变化,有趣的是这种变化也是从文化面貌上首先开始的。这一阶段,兴起于晋南豫西的西王类型晚期开始向东扩张,其影响遍及整个中原。各地秦王寨类型陶器中夹砂灰陶数量增加,出现了大量的绳纹、浅篮纹和附加堆纹的组合。来自晋南豫西文化的这种影响一致持续至龙山文化早期,并最终导致了整个中原社会的再度变革。

总之,中原核心区仰韶文化时期文化和社会的变迁大致分为早中期和晚期两个大的阶段,其间的变化主要由多元外来文化的涌入而引起,历史发展的重心也相应由仰韶文化早中期的中原西部转移到仰韶文化晚期的嵩山东北地区。

公元前 2400 年前后中原核心区进入龙山时代。龙山时代在中原地区延续了 600 多年的时间,可明显分为龙山文化早期和晚期两个阶段。

龙山文化早期中原各地开始广泛接受来自晋南豫西地区庙底沟二期文化的强烈影响,文化面貌发生了重要变化。实际上,晋南豫西对中原核心区卷土重来的影响在仰韶文化晚期的晚段即已开始,至龙山文化早期再度发展至高潮。由于晋南豫西以西王类型和庙底沟二期文化为主导的两次文化东进对中原核心区影响的深度和广度的不同,我们分别将其纳入仰韶文化晚期和龙山文化早期的范围,但必须注意到的是这前后两阶段之间仍存在较强的一致性,尤其是表现在聚落形态方面。

值得注意的是龙山文化早期的中原各地,区域间的差异表现得较为明显。中原东南部地区的颍河中上游地区、沙汝河流域继续保持与东方、南方文化传统的密切联系;而洛阳盆地、郑州地区、洛河中游则接受更多的庙底沟二期文化的因素,涧河流域和济源盆地的西部还直接处于庙底沟二期文化的控制范围之内。

与仰韶文化时期相比,这一时期中原各地的聚落数量除了洛河中游地区之外的其他地区均有明显减少的迹象,表明了文化转型时期的社会动荡。但是,中原各地都具有一定数量的龙山文化早期聚落,且有共同发展繁荣的趋势,表明从龙山文化早期开始,中原核心区逐步进入全面开发的新时期。

从目前所掌握的这一时期的聚落内部特征来看,与仰韶文化晚期相比变化不大,嵩山周围仰韶文化晚期秦王寨类型聚落一般都延续到龙山文化早期,且聚落形态上略显疏松的布局结构、社会基本单元的逐步小型化、聚落功能和社会成员间的进一步分化等特征都源自仰韶文化晚期。

公元前 2300 年前后中原地区开始陆续进入龙山文化晚期阶段。这一时期是中原社会转型的重要阶段,中原核心区考古学文化发展最鲜明的特色是其区域间的显著差异。这种差异表现在多个层面上,且彼此之间并不整合,从而呈现出较龙山文化早期更为复杂的局面。但与龙山文化早期一样,中原各地龙山文化晚期遗存均不同程度地接受了周边地区的文化因素。整体来看,可以大体将其划分为东方文化系统、西北文化系统和南方文化系统三大类,从而表现出这一时期更大范围内和更加多元化的周边文化融入中原共同发展的繁荣局面。

龙山文化晚期,中原社会的发展重心转移到了嵩山东南地区。区域社会不仅进一步以流域这个"小区域"为单元进行了整合,而且内部得到了充分的发展,形成了若干三级聚落结构的区域复杂社会,一个区域性的小聚落群很可能代表了一个小规模范围内的独立政治实体。有趣的是,这些不同的区域聚落群不但其内部聚落组织结构有所差异,而且彼此之间文化面貌也不相同。因此,龙山文化晚期中原各地的区域性聚落群,很可能有着各自不同周边文化背景的联系和支持。在这些区域聚落群中,位于颍河中上游的瓦店聚落和位于双洎河流域的新砦聚落的面积均超过 100 万平方米,俨然成为新的区域性中心。瓦店和新砦都拥有多重(组)环壕,作为区域性的中心聚落,其内部社会稳定发展,聚落规模不断扩张。瓦店聚落无论从考古发现的多种文化因素的丰富遗存,还是从动植物遗存和人骨食性分析的多样性看,无疑是一处多元文化背景的人群聚集之处,体现了中原地区早期城市的多元文化融合和"商贸"因素的重要作用。瓦店聚落是龙山文化晚期出现的一处集政治、文化、经济、贸易为一体的新型中心城市。与瓦店聚落年代大体相当,但兴起时间略晚的新砦中心聚落同样拥有多元文化因素的背景,尤其是"新砦现象"发生最为显著的聚落。新砦聚落在内壕中心位置发现有疑似带有围墙的多组庭院式建筑群,外侧是纵贯聚落并连通城门的东西大道,体现了新型的城市规划建设的特点,并为之后的二里头都邑所继承。

除了中心聚落之外,龙山文化晚期的城址在嵩山以北、以东、以南地区都有广泛发现。这些城址多数处于二级结构的聚落之中,与中心聚落或其他同等规模的次中心聚落之间仍然保持着仰韶文化晚期以来的"中心—城址"的对立模式,表明紧张的社会关系依然广泛存在。从筑城技术上看,多数城址仍继承西山的小版筑夯土技术,并形成城壕一体式的高墙深壕防御设施。也有泛滥冲积平原地区利用土筑矮墙的方式,防御洪水自然灾害的现象。这一时期愈演愈烈的杀殉奠基现象也印证了紧张社会关系和聚落与聚落群之间的对抗。

龙山文化晚期,各个聚落的房屋建筑的样式和功能结构都更加多样化,墓葬也更加分散,呈现为"大分散、小聚拢"的态势。集中居住、集中生产和集中埋葬的现象已然不见,取而代之的是功能多样化的小型房屋的组合以及这一时期开始流行的"居葬合一"的新形式。环嵩山地区的聚落中不再出现集中埋葬的墓地,相反墓葬均埋葬在房前屋后,且无规律,多数无随葬品,它们以核心家庭为单位依附于所居住的房屋。这些情况反映了核心家庭在社会生产生活中的独立性大大加强,以单纯的血缘关系为纽带的社会组织结构被以核心家庭为基本单元的更强调实用性的新型社会组织所替代,而多元文化融入中原的过程又加速了这一趋势,这就为之后二里头早期国家管理的世俗化奠定了基础。

与中原各地龙山文化的区域性差异相一致的是各地龙山文化结束年代的不同,相应二里头文化在中原核心区的兴起和扩张也在不同的区域内逐步展开。考古年代学的研究表明,中原核心区早期国家诞生的重要历史变革大约发生在公元前 1800 年前后。这一重要转变的发生也首先以文化面貌的变化为先导,其动力同样也来自周边地区文化的再度大量涌入中原。

洛河中游地区、济源盆地龙山文化较早结束,具体原因不详。其他地区在龙山文化晚期最晚阶段再度出现了大量外来文化的因素。同样这些外来文化因素以东方文化系统、西北文化系统和南方文化系统为主要划分,对中原各地产生了不同程度的影响。在外来文化的强烈作用下,洛阳盆地率先发生了质的转变,在大量吸收周边不同文化因素的基础上产生了二里头文化;郑州地区也接受了较多外来文化的影响,但本地龙山文化的传统因素更加强烈,在一些遗址上大量外来文化因素与本地龙山文化因素相结合,发生了特殊的新砦现象,并持续了较长的时间;颍河中上游地区沙汝河流域和伊河流域虽然仍以继承本地龙山文化晚期的因素为主,但也较早地吸收了一些二里头文化的新因素。

二里头文化时期社会发展的重心转移到了洛阳盆地,以二里头都邑为中心。二里头文化一经形成即表现出其强大的扩张态势。首先在其诞生的二里头文化一期早段即已影响到了伊河流域和沙汝河流域,使得这些地区出现二里头文化一期早段阶段的因素。到了二里头文化的一期晚段,其势力已经迅速扩张到了除济源盆地之外的中原各地。这一阶段二里头文化不但彻底取代了各地残存的龙山文化势力;在郑州地区中断了新砦现象的发展,代之以二里头文化的新势力;而且也扩展到了先前龙山文化提前结束的洛河中游地区和涧河流域。至于二里头文化二期晚段,二里头文化进一步越过黄河,将黄河以北的济源盆地也纳入其统治的范围之内,从而完成了在整个中原核心区的扩张过程。

伴随二里头文化在整个中原地区的扩张,二里头早期国家的政治统治架构也逐步在整个中原核心区得以确立。从区域聚落形态看,作为早期国家首都的二里头都邑聚落在洛阳盆地逐步形成,并在二里头文化的大规模扩张过程中,通过四通八达的河流水系网络加强了对整个中原核心区的有效管控,并充分利用各地已有的龙山文化的区域聚落等级结构,从而在整个中原核心区形成了由占据地理要塞的多级聚落中心组成的有效资源分配和社会管理体系,首次真正意义上将整个中原核心区都纳为一体。结合年代学的研究,这个包括整个中原范围的二里头早期国家的政治实体应该在二里头文化第二期最终得以完成,略滞后于文化的扩张过程。

从二里头都邑的布局看,以井字形大道为骨干规划的宫城区、围垣作坊区、特殊遗存区和外围居住区共同组成了向心式对称布局的整体结构,与此同时完整的道路和水管理系统均可见于二里头都邑之中,无不体现出早期国家首都等级森严、秩序井然的统治格局,完全符合"择天下之中而立国,择国之中而立宫,择宫之中而立庙"的特点,开中国最早王朝建都规划的先河。二里头都邑内,小型家族墓地再度兴起,并与宫殿建筑、手工业作坊和特殊遗迹现象等混在一起,形成了"居葬合一"的新形态。这些家族墓地的规模大致在数人至数十人不等,有未成年人夹在成年人中间的现象,表明其中可能由若干核心家庭组成。每个墓地中都常见高等级随葬品的中型甲类墓葬,反映出家族成员之间存在非承袭性质的分化现象。从这些拥有中等贵族墓葬的小型家族墓地与他们的生产、生活区域合二为一的现象看,二里头新型贵族阶层的成长与他们所从事的职业有关。二里头都邑中按照不同的家族进行职业的分工,负责专业化手工业生产和公共管理等事务,从而形成了新型的世俗化的国家管理体制。这种将早期国家的世俗化管理与血缘关系的家族相结合的模式为二里头之后的二里岗、殷墟、西周王朝所继承,因此二里头早期国家的出现代表了中原地区社会复杂化发展已经从"古国"阶段发展到了"王国"的新阶段。

与龙山文化晚期相比,二里头文化时期对各类资源的开发和控制在程度上也有了革命性的变化。一方面,龙山文化晚期以小流域聚落群控制范围内的资源开发模式被打破,二里头都邑已经能够大量获取超出洛阳盆地之外的中原核心区的各类资源,比如自灰嘴等遗址开采灰岩来制作石铲、自南洼等遗址获取白陶。另一方面,二里头都邑还通过贸易或贡赋等形式获得中原之外的重要稀有战略资源,比如铜矿、透闪石玉料、绿松石料、海贝、盐等。用这些稀有资源制作的高档奢侈品常见于二里头都邑以及二里头之外中心聚落的贵族墓葬中,表明二里头都邑已经能够实现对稀缺原料和特殊产品手工业生产的控制以及相应产品的分配,从而对整个中原核心区实施有效的管控,形成真正意义上的"广域王权国家"。可见,二里头早期国家的管理模式以及资源控制已经超出了龙山社会本地化的局限,利用自己"天下居中"的地理位置的优势,通过控制网络获取中原之外的重要资源,重新定义了"中心"与"边缘"、"华夏"和"蛮夷"的概念,将地理的中原转变为政治、经济和文化上的中原,开启了真正意义上以中原为中心的历史发展趋势。

二、中原核心区文化演进与社会复杂化过程的特点

纵观中原地区新石器时代晚期以来的文化演进与社会复杂化进程,可以清楚地归纳出如下特点:

1. 整体来看,中原社会发展经历了由小到大,由区域性发展到整体繁荣的"滚雪球"式的一体化过程。从前仰韶文化开始至仰韶文化晚期,中原核心区由于受东西两面文化系统的交互影响,文化和社会发展的重心不断在东西方向上移动。至龙山文化早期,在周边文化的全方位影响下,整个中原地区开始进入全面开发的新阶段。龙山文化晚期,中原各地均得到了全面开发,各个小区域都进入空前繁荣的局面,并实现了聚落群内部的整合,形成等级鲜明的小区域性政治实体。二里头文化时期,以二里头为都邑的早期国家通过河流水系网络和各地不同等级的中心聚落实现了对中原各地的有效控制和开发,最终完成了早期国家统治疆域的形成和整个中原核心区的一体化过程。

2. 区域性的差异及其相互间的交流与互动贯穿了整个中原核心区社会复杂化的全过程,也是推动中原地区多元文化的融合和早期国家形成的重要因素。中原地区文化和社会发展的区域性差异与这里复杂多样的地理环境有着密切的关系。本书所述的中原八个小区既是各自相对独立的地理单元,又彼此相通,且由河流水系与不同的周边文化区建立联系,从而形成诸多文化缓冲地带,有助于多元文化的共存与协调发展。资源的整合和社会阶层的分化都是首先以这些"小区域"为单元展开的。而不同区域具有不同的地貌环境特征和不同的资源布局,从而形成了不同的社会分化和资源开发模式,而这些不同模式间的相互整合最终形成了整个中原范围内的社会等级分化和各类资源流通的早期国家形态。

3. 中原核心区在走向文明和早期国家的过程中,文化的变动与社会的变革相呼应,社会在动荡中求得革新和发展,外来多元文化的不断涌入成为推动中原社会变革的主要因素。纵观整个中原地区仰韶文化以来的文化演进和社会复杂化的全过程,重大的历史变革大致发生在仰韶文化早期、仰韶晚期到龙山文化早期和龙山晚期到二里头文化时期这三个大的历史阶段。恰恰这三次大的变革都率先以大量外来文化

的涌入为先导,进而带来聚落形态的变化和经济技术的进步。我们在中原核心区看不到一种单纯的文化和社会发展模式由小到大,由弱到强的过程,相反中原核心区的社会复杂化和文明起源是在经过数次文化和社会的变动与重组之后,在博采众长的基础上发展起来的。因此,中原地区早期国家的形成并非以固定的程式稳步兴起,而是以常新的姿态在变革中发展壮大起来。

4. 中原核心区文明和早期国家的形成既伴随着周边地区多元文化的融入,同时也带来了各地多元化的文明要素;既是一个文化的多元一体化过程,也是文明的多元一体化过程。比如,仰韶文化晚期出现的城址的防御形式可能源自东方或南方的文化传统;龙山文化的土筑式(土坯)建筑和黄牛、绵羊等源自中原的西部和西北地区;二里头文化时期同为玉礼器的琮、璧、多孔形刀等显然应来自东方的文化系统,而玉钺、牙璋、铲等形式则应源自西北的文化传统。同样,二里头早期国家获取各类重要战略资源的范围大大扩宽也应与其所具有的中原周边地区多元化的文化背景存在密切关系。总之,中原核心区的早期国家文明形式正是在广泛吸纳周边多元文明要素的基础上诞生的,是中国文明形成多元一体化过程的集中体现。

5. 人口的集中是中原地区早期社会复杂化和国家起源的一个重要的基础因素。造成中原地区区域性人口集中的主要原因是中原核心区内部不同区域之间的人群移动现象,并由此导致了社会发展重心不断转移的现象。从区域聚落规模(包括面积和数量指标)的统计分析看:仰韶文化早中期,中原社会的发展重心位于豫西地区,包括涧河流域、洛河中游、伊河流域;仰韶文化晚期,社会发展重心转移到嵩山东北的郑州—荥阳地区,社会复杂化开始加速发展;龙山文化晚期,中原社会发展重心再度转移到嵩山东南的双洎河、颍河中上游和沙汝河流域,形成若干区域性的等级社会;二里头文化时期,社会发展重心重新回到中原中心的洛阳盆地,二里头广域王权国家出现。区域间人口流动造成的某一段时间内人口的相对集中,从而引发了该地区社会的复杂化进程。因此,中原社会早期的复杂化,除了外来因素的影响之外,其内部的发展动因也不可忽视。

6. 中原地区早期社会复杂化过程中基层社会组织有逐渐小型化的趋势,血缘关系的纽带作用始终突出。仰韶文化早中期,中原社会以血缘关系为基础的氏族和大家族组织盛行,以家族为单位的生产、生活和埋葬空间规划有序,家族之间彼此平等,在聚落布局上表现为向心式和凝聚式的结构特征。仰韶晚期以来,伴随着大量外来文化的涌入,在房屋布局和墓地规划方面都开始出现新的变化,大型公共墓地减少,取而代之的是不同的小型化的家族墓地杂处现象。龙山文化时期,环嵩山地区基本不见排列有序的墓地,各个聚落的墓葬均表现为"大分散、小聚拢"的现象,墓葬以核心家庭为单位埋在房屋的前后,形成"居葬合一"的新形式。与此同时,多功能、多样式的房屋流行,核心家庭已经在社会生产生活方面具有独立的地位。龙山文化时期的"居葬合一"现象延续至二里头文化时期,但所不同的是,二里头文化时期小型家族墓地再度兴起。小型家族墓地常常埋葬在房屋、宫殿建筑、手工业作坊、特殊遗迹等的周围,形成居住、生产、生活、埋葬一体化的空间布局模式。以家族为单位从事专业化生产甚至承担一些社会服务和公共管理的现象在包括二里头都邑在内的聚落中十分常见。社会成员之间的分化也发生在家族内部,一些有威望的家族成员能够获得更多的财富和稀有物品,成长为新型的贵族。可见,血缘关系在中原社会复杂化过程中发挥着重要作用。

7. 崇尚实用和世俗化是中原地区早期社会复杂化的一个重要特征。仰韶文化晚期以来,中原社会开始表现出阶层分化的现象,一些随葬品丰富的大型墓葬出现,但明显这些墓葬都是外来因素,数量也极少,没有成为中原社会的主流,表明新石器时代晚期以来周边地区的权贵势力在中原并没有市场。相反,进入龙山时代,中原社会的阶层分化并没有表现在浪费资源的奢侈品的获取上,贵族墓葬基本不见,而社会的发展更加崇尚实用。中心聚落或城址组织动员劳动力主要服务于社会公共事务,新型的中心聚落多讲究内部的规划,城市强调方正布局,贯穿聚落的交通干道等公共服务设施开始在聚落中出现。进入二里头文化时期,以血缘关系为基础的家族在社会生产生活中的地位再度突显,他们按照职业的不同,分别从事不同的专业化生产的分工和社会公共事务的管理,并在这个过程中得到国王的赏赐,积累财富和社会威望,形成新的贵族阶层。而二里头早期国家也正以这种方式将以家族为单位的血缘关系与社会事务的管理有机结合起来,构建国家管理体系,世俗化成为中原早期国家起源与发展的一个标志性特征。

三、促成中原核心区文明和早期国家产生的各类因素的评估

综合中原核心区仰韶文化以来的文化演进和社会复杂化过程的诸多特点,有三类因素值得我们重点予以评估,以考察中原地区文明和早期国家起源的模式的特殊性:文化融合、环境变化和经济技术。

1. 文化融合

毋庸置疑,不同时期多元文化的融入是推动中原地区社会变革的主导因素。由文化融合所带来的社会诸方面的变革可从两个角度得到证实。

首先,从年代上看,聚落形态研究所反映的社会结构和社会关系的变化往往以中原周边地区多元文化的融入为先导。

中原各地仰韶文化晚期开始的周边多元文化的融入，带来了各地仰韶文化社会结构和社会关系的变化。这种由多元文化所构建起来的社会结构和社会关系一直持续至龙山文化早期。而在此期间，从仰韶文化晚期晚段开始即已出现了仰韶文化西王类型和庙底沟二期文化的东扩和融入中原的文化新过程。实际上，此次大规模的外来文化的融入所引起的中原各地社会的新变革直至龙山文化晚期才得以实现。

从龙山文化晚期晚段开始，中原各地再度出现了大量周边文化涌入的现象，二里头文化即在广泛吸收各类外来文化的基础上逐步形成，然而以二里头都邑为中心的包括整个中原范围的早期国家的统治形态主要在二里头文化第二期才得以初步确立。

显然在中原核心区仰韶到二里头文化的发展过程中社会结构和社会关系的变化略晚于文化的变动，社会的变革是在不同时期文化融合高潮的基础之上逐步得以实现的。

其次，从社会结构的具体内涵和各个时期获取的新资源和出现的新技术的内容来看，均与周边地区多元文化的融入存在密切关联。

仰韶文化晚期到龙山文化早期，以郑州地区大河村聚落为代表，其中一些陶器的制作样式、房屋建筑结构、墓地布局等均显然与聚落中同一时期大量出现的大汶口文化和屈家岭文化因素的融合存在密切联系。

仰韶文化晚期郑州地区青台聚落中新出现的石铲和石钺的制作工艺，西山聚落中新出现的城址的防御形式，龙山文化晚期各地新出现的白陶烧制技术，二里头文化时期出现的铜、玉、绿松石等战略资源和小麦等新的农作物品种等等都能在周边文化区中找到明确的更早的传统。

总之，多元文化的融入是推动整个中原核心区社会变革和经济技术进步的主导因素，同时也充分表明中原地区文明和早期国家起源的最显著特征即在于其文化和文明的多元一体化过程。

2. 环境变化

从环境因素的变化讨论文明起源的外部动因是国内外文明起源研究的热点。然而针对中原核心区的情况，还需要作具体的分析。对中原核心区而言，环境对文明和早期国家起源的影响要从两个角度做出区分：气候变化和地理地貌。

环境考古学研究表明，全新世中期的中国北方地区经历过几次明显的气候波动事件，这些气候波动事件对中原社会文明化进程的影响主要应从更大范围的角度观察。一些研究者指出中国北方地区在公元前 2600 年和前 2000 年前后的两次气候突变事件导致了黄河下游的改道和大汶口—龙山文化的西进，从而促成了东方文化系统进入中原的过程。同样在这两个时段内中国北方地区的两次气候突变事件也有可能与西北文化系统进入中原的过程有关。如此,气候的变化促成了不同文化区之间人群的迁移和多元文化融入中原的过程,并进而引起了整个中原社会的变革,那么气候变化对中原文明和早期国家的起源间接起到了重要的作用,而对这种作用的评估显然应该置于整个中国北方地区更宏大的环境和文化背景中来考虑。

从地理地貌的角度看,中原核心区最主要的环境优势即在于其独特的地理位置和多样的地貌环境。首先,地理位置上,中原地区天下居中、八方辐辏,既是北方旱作农业区和南方稻作农业区的交接地,也是东部沿海文化区与西部内陆文化区的交汇之地,有助于各种文化、经济和社会形态的交汇与融合。其次,中原核心区地处我国地形第二阶梯向第三阶梯的过渡地区,地貌环境复杂多样。内部山水相间,形成各自独立且又由河流水系相通的小区域,彼此之间存在诸多文化缓冲地区,有助于各类文化的共存与融合。而且复杂多样的地貌环境,使得人们在面对气候突发事件时,有宽裕的回旋空间。正因为中原这种独特的地理环境优势,才使得这里长期以来不断接受外来多元文化和各类先进的文明要素,并尽量减少恶劣气候突变事件的影响,逐步将环境的优势转变为文化和文明的优势,最终促成了早期国家和文明形态的诞生。

3. 经济技术

经济技术的变革也常被研究者引述来讨论早期国家和文明的起源问题,或被看作一些地区社会趋于复杂化的关键性因素。针对中原地区而言,有关经济技术方面的研究还相当薄弱。

中原核心区仰韶到二里头文化各个时期新资源的开发和新技术的出现多数与周边地区多元文化的融入密切相关,因此可以说中原核心区多元文化的融合对技术的进步起到了重要的先导性作用。但是,有关经济技术与社会结构和社会关系的复杂化之间的相互关系仍值得深入讨论。

中原核心区文明和早期国家起源过程中上层和下层社会的变革之间存在显著的差异,经济技术的变化也一样。对于普通资源的获取和日常农业和手工业生产技术的变革显然没有供上层社会使用的重要战略资源的获取和高档手工业产品生产技术的变革迅速。龙山到二里头文化时期普遍陶器的生产和作物加工基本保持了以家庭式为中心的小规模生产单元的形式,但是与大规模集体性工程和大型建筑的营建相关的石铲工具的资源开发和生产模式却从龙山文化晚期的小流域范围扩展至二里头文化时期整个中原的范围。二里头文化时期新出现的铜器、玉器、绿松石制品、漆器等高档手工业产品的专业化生产显然与这一时期二里头早期国家所控制范围的扩展有关。值得注意的是,龙山文化时期中原地区的社会复杂化以小流域为单位,只能获取本地的有限资源,玉石等稀缺资源缺乏。这或许也是龙山文化时期,因缺乏奢侈品作为特殊身份地位的标志物,而制约贵族阶层成长的一个重要原因。研究表明,二里头文化时期,成熟的青铜冶铸技术经欧亚草原引入中原,并迅速为中原社会所接纳和改进,并发展出了更先进的块范法冶炼技术,用于铸造以复杂容器为主的青铜礼器。青铜冶铸技术能够为二里头早期国家迅速接受,源于中原地区新石器以来积累的先进制陶和寻矿技术。它的出现既推动了早期国家以获取铜料资源为目的的对外扩张,又满足了新兴贵族阶层的成长和青铜礼制的出现,"国之大事,在祀与戎",可以说中原地区文明和早期国家起源过程中经济技术的进步与社会的复杂化之间是一种相辅相成的联动关系。

四、中原地区文明和早期国家起源的特殊模式及其对中华文明发展的长远影响

综合以上论述,无论是社会的变革还是技术的进步,中原核心区多元文化的融合起到了关键作用,文化的多元一体化过程是促成中原地区文明和早期国家起源的最核心要素,同时也是中原地区文明化进程的独特模式。

中原文明在形成过程中率先以其天下居中、八方辐辏的地理环境优势吸引了来自四面八方的先进文化和文明要素,并在中原社会的大熔炉中加以重新熔铸和创新,从而形成了更为先进的世俗化的中原文化和文明的新形式。因此,始终保持以对外开放的姿态和常新的理念,社会发展不极端地依赖于特殊资源的获取和特定宗教信仰的束缚,是中原文明得以产生并不断进步的重要原因。

中原核心区的文明和早期国家在起源过程中逐步将地理环境的优势转化为文化的优势,从而继续不断地吸引、同化和融合更多的外来文化和文明形式,奠定了以中原为中心的中国历史的发展趋势和中华文明长盛不衰的重要基础。

正如本书开篇所述,中原的概念从诞生之初的环境优势的狭义中原概念逐步扩展至整个中国北方黄河中下游地区的兼具环境和文化优势的广义中原的概念,正说明了这一点。中国历史上外来文化和文明被中原文化所吸引,进而被同化并融入中原文化本身的例子不胜枚举。从这个意义上讲,中华文明数千年来得以延续和发展的文化开放性的重要特征在其诞生之初即已奠定。可以说,中原地区文明的诞生和发展模式对整个中华文明的长期发展产生了深远的影响。

参 考 文 献

一、考古报告[①]

中国科学院考古研究所:《洛阳中州路(西工段)》,北京:科学出版社,1959年。

中国科学院考古研究所:《庙底沟与三里桥》,北京:科学出版社,1959年。

中国社会科学院考古研究所:《洛阳发掘报告》,北京:北京燕山出版社,1989年。

河南省文物研究所、长江流域规划办公室考古队河南分队:《淅川下王岗》,北京:文物出版社,1989年。

河南省文物考古研究所、中国历史博物馆考古部:《登封王城岗与阳城》,北京:文物出版社,1992年。

河南省文物考古研究所:《汝州洪山庙》,郑州:中州古籍出版社,1995年。

河南省文物管理局等:《黄河小浪底水库文物考古报告集》,郑州:黄河水利出版社,1998年。

河南省文物管理局、河南省文物考古研究所:《黄河小浪底水库考古报告(一)》,郑州:中州古籍出版社,1999年。

中国社会科学院考古研究所:《偃师二里头》,北京:中国大百科全书出版社,1999年。

中国历史博物馆考古部等:《垣曲古城东关》,北京:科学出版社,2001年。

郑州市文物考古研究所:《郑州大河村》,北京:科学出版社,2001年。

河南省文物考古研究所:《郑州商城——一九五三——一九八五年考古发掘报告》,北京:文物出版社,2001年。

北京大学考古文博学院:《洛阳王湾——田野考古发掘报告》,北京:北京大学出版社,2002年。

洛阳市文物工作队:《洛阳皂角树——1992-1993年洛阳皂角树二里头文化聚落遗址发掘报告》,北京:科学出版社,2002年。

郑州市文物考古研究所:《郑州大师姑》,北京:科学出版社,2004年。

河南省文物考古研究所:《禹州瓦店》,北京:世界图书出版公司,2004年。

[①] 按出版时间排列。

山西省考古研究所:《翼城枣园》,北京:科学技术文献出版社,2004年。

河南省文物管理局编:《黄河小浪底水库考古报告(二)》,郑州:中州古籍出版社,2006年。

北京大学考古文博学院、河南省文物考古研究所:《登封王城岗考古发现与研究(2002—2005)》,郑州:大象出版社,2007年。

北京大学震旦古代文明研究中心、郑州市文物考古研究院:《新密新砦——1999－2000年田野考古发掘报告》,北京:文物出版社,2008年。

河南省文物考古研究所、密苏里州立大学人类学系、华盛顿大学人类学系:《颍河文明——颍河上游考古调查试掘与研究》,郑州:大象出版社,2008年。

河南省文物管理局、河南省文物考古研究所:《黄河小浪底水库考古报告(三)》,郑州:大象出版社,2008年。

中国社会科学院考古研究所、河南省文物考古研究所:《灵宝西坡墓地》,北京:文物出版社,2010年。

河南省文物考古研究所:《伊川考古报告》,郑州:大象出版社,2012年。

河南省文物考古研究所:《郾城郝家台》,郑州:大象出版社,2012年。

河南省文物管理局、洛阳市文物考古研究院:《黄河小浪底水库考古报告(四)》,郑州:中州古籍出版社,2013年。

洛阳市文物考古研究院:《洛阳五女冢遗址——田野考古发掘报告》,郑州:中州古籍出版社,2014年。

中国社会科学院考古研究所:《二里头(1999－2006)》,北京:文物出版社,2014年。

郑州大学历史文化遗产保护中心:《登封南洼——2004－2006年田野考古报告》,北京:科学出版社,2014年。

郑州市文物考古研究院:《新郑望京楼——2010－2012年田野考古发掘报告》,北京:科学出版社,2016年。

赵春青、顾万发:《新砦陶器精华》,北京:科学出版社,2016年。

山西省考古研究所、运城市文物工作站、芮城县旅游文化局:《清凉寺史前墓地》,北京:文物出版社,2016年。

中国社会科学院考古研究所、美国哈佛大学皮保德博物馆:《豫东考古报告——"中国商丘地区早商文明探索"野外勘察与发掘》,北京:科学出版社,2017年。

中国社会科学院考古研究所、中澳美伊洛河流域联合考古队:《洛阳盆地中东部先秦时期遗址(1997—2007年区域系统调查报告)》,北京:科学出版社,2019年。

二、考古简报[①]

安志敏:《一九五二年秋季郑州二里冈发掘记》,《考古学报》1954 年第 8 期,第 65 – 98 页。

中国科学院考古研究所洛阳发掘队:《洛阳涧滨古文化遗址及汉墓》,《考古学报》1956 年第 1 期,第 11 – 28 页。

河南省文化局文物工作队一队:《郑州旭旮王村遗址发掘报告》,《考古学报》1958 年第 3 期,第 41 – 54 页。

河南省文化局文物工作队:《郑州牛砦龙山文化遗址发掘报告》,《考古学报》1958 年第 4 期,第 19 – 26 页。

郑州市博物馆:《郑州大河村遗址发掘报告》,《考古学报》1979 年第 3 期,第 301 – 374 页。

中国社会科学院考古研究所河南二队:《河南临汝煤山遗址发掘报告》,《考古学报》1982 年第 4 期,第 427 – 475 页。

中国社会科学院考古研究所河南一队:《河南汝州中山寨遗址》,《考古学报》1991 年第 1 期,第 57 – 88 页。

中国社会科学院考古研究所河南一队:《河南汝州李楼遗址的发掘》,《考古学报》1994 年第 1 期,第 63 – 97 页。

郑州市文物工作队、郑州市大河村遗址博物馆:《郑州大河村遗址 1983、1987 年发掘报告》,《考古学报》1996 年第 1 期,第 111 – 141 页。

袁广阔、秦小丽:《河南焦作府城遗址发掘报告》,《考古学报》2000 年第 4 期,第 501 – 536 页。

陈星灿、刘莉等:《中国文明腹地的社会复杂化进程——伊洛河地区的聚落形态研究》,《考古学报》2003 年第 2 期,第 161 – 218 页。

中国社会科学院考古研究所河南第一工作队:《2002—2003 年河南偃师灰嘴遗址的发掘》,《考古学报》2010 年第 3 期,第 393 – 422 页。

河南省文物工作队:《郑州上街商代遗址的发掘》,《考古》1959 年第 6 期,第 11 – 12 页。

中国科学院考古研究所洛阳发掘队:《1958 年洛阳东干沟遗址发掘简报》,《考古》1959 年第 10 期,第 537 – 540 页。

[①] 按杂志分类,按发表时间排列。

徐旭生：《1959 年夏豫西调查"夏墟"的初步报告》，《考古》1959 年 11 期，第 593 页。

河南省文化局文物工作队：《河南临汝大张新石器时代遗址发掘简报》，《考古》1960 年第 6 期，第 1-4 页。

中国科学院考古研究所洛阳发掘队：《1959 年豫西六县调查简报》，《考古》1961 年 1 期，第 29-32 页。

中国科学院考古研究所洛阳发掘队：《1959 年河南偃师二里头试掘简报》，《考古》1961 年第 2 期，第 82-85、81 页。

河南省文化局文物工作队：《河南荥阳河王新石器时代遗址》，《考古》1961 年第 2 期，第 94-98 页。

北京大学考古实习队：《洛阳王湾遗址发掘简报》，《考古》1961 年第 4 期，第 175-178 页。

河南省文化局文物工作队：《河南鲁山邱公城遗址的发掘》，《考古》1962 年第 11 期，第 557-561 页。

中国科学院考古研究所洛阳发掘队：《河南偃师"滑城"考古调查简报》，《考古》1964 年第 1 期，第 30-35 页。

河南省文化局文物工作队：《河南渑池鹿寺商代遗址试掘简报》，《考古》1964 年第 9 期，第 435-440 页。

河南省文化局文物工作队：《河南郑州上街商代遗址发掘报告》，《考古》1966 年第 1 期，第 1-7 页。

郑州市博物馆：《郑州大河村仰韶文化的房基遗址》，《考古》1973 年第 6 期，第 330-336 页。

中国科学院考古研究所二里头工作队：《河南偃师二里头早商宫殿遗址发掘简报》，《考古》1974 年第 4 期，第 234-248 页。

洛阳博物馆：《河南临汝煤山遗址调查与试掘》，《考古》1975 年第 5 期，第 285-294 页。

洛阳博物馆：《洛阳矬李遗址试掘简报》，《考古》1978 年第 1 期，第 5-17 页。

中国社会科学院考古研究所洛阳工作队：《1975 年豫西考古调查》，《考古》1978 年第 1 期，第 23-34 页。

洛阳博物馆：《孟津小潘沟遗址试掘简报》，《考古》1978 年 4 期，第 244-255 页。

河南省博物馆：《河南禹县谷水河遗址发掘简报》，《考古》1979 年第 4 期，第 300-307。

中国社会科学院考古研究所河南二队：《河南密县新砦遗址的试掘》，《考古》1981 年第 5 期，第 398-408 页。

中国社会科学院考古研究所二里头工作队:《河南偃师二里头遗址发现龙山文化早期遗存》,《考古》1982 年第 5 期,第 460 - 462 页。

洛阳市文物工作队:《河南洛阳吉利东杨村遗址》,《考古》1983 年第 2 期,第 101 - 115 页。

南阳地区文物队、方城县文化馆:《南阳方城县大张庄新石器时代遗址》,《考古》1983 年第 5 期,第 398 - 403 页。

洛阳地区文物保护管理处:《河南伊川马迴营遗址试掘简报》,《考古》1983 年第 11 期,第 1039 - 1041 页。

中国社会科学院考古研究所二里头工作队:《偃师二里头遗址 1980—1981 年Ⅲ区发掘简报》,《考古》1984 年第 7 期,第 582 - 590 页。

中国社会科学院考古研究所二里头工作队:《偃师二里头遗址发现仰韶文化遗存》,《考古》1985 年第 3 期,第 193 - 196 页。

临汝县文化馆:《河南临汝柏树圪垯遗址出土的遗物》,《考古》1985 年第 3 期,第 282 - 283 页。

中国社会科学院考古研究所山西队:《山西龙王崖遗址的两次发掘》,《考古》1986 年第 2 期,第 97 - 111 页。

临汝县博物馆:《河南临汝中山寨遗址调查简报》,《考古》1986 年第 6 期,第 481 - 484 页。

中国社会科学院考古研究所河南一队:《河南临汝中山寨遗址试掘》,《考古》1986 年第 7 期,第 577 - 585 页。

河南省文物研究所、禹县文管会:《河南禹县颍河两岸考古调查与试掘》,《考古》1991 年第 2 期,第 97 - 104、106 页。

中国社会科学院考古研究所二里头工作队:《1987 年偃师二里头遗址墓葬发掘简报》,《考古》1992 年第 4 期,第 294 - 303 页。

杨金贵、张立东、毋建庄:《河南武陟大司马遗址调查简报》,《考古》1994 年第 4 期,第 289 - 300 页。

郑州市文物工作队、郑州市大河村遗址博物馆:《郑州大河村遗址 1983、1987 年仰韶文化遗存发掘报告》,《考古》1995 年第 6 期,第 506 - 525、563 页。

郑州市文物工作队、巩义市文物保管所:《河南巩义市里沟遗址发掘简报》,《考古》1995 年第 6 期,第 526 - 540 页。

中国社会科学院考古研究所河南一队、焦作市文物工作队:《河南焦作地区的考古调查》,《考古》1996 年第 11 期,第 31 - 45 页。

河南省文物考古研究所：《河南伊川县南寨二里头文化墓葬发掘简报》，《考古》1996年第12期，第36－43页。

巩义市文物管理所：《河南巩义市塌坡仰韶文化遗址调查》，《考古》1997年第11期，第22页。

洛阳市第二文物工作队：《河南伊川伊阙城遗址仰韶文化遗存发掘简报》，《考古》1997年第12期，第8－16页。

河南省文物考古研究所：《河南孟县许村新石器时代遗址》，《考古》1999年第2期，第41－54页。

河南省文物考古研究所：《河南禹州市瓦店龙山文化遗址1997年的发掘》，《考古》2000年第2期，第16－39页。

河南省文物考古研究所、驻马店市文物工作队、西平县文物管理所：《河南西平县上坡遗址发掘简报》，《考古》2004年第4期，第7－28页。

中国社会科学院考古研究所二里头工作队：《河南偃师二里头遗址宫城及宫殿区外围道路的勘察与发掘》，《考古》2004年第11期，第3－13页。

中国社会科学院考古研究所二里头工作队：《河南偃师市二里头遗址4号夯土基址发掘简报》，《考古》2004年第11期，第16－24页。

中国社会科学院考古研究所河南一队等：《河南灵宝市西坡遗址发现一座仰韶文化中期特大房址》，《考古》2005年第3期，第5－8页。

中国社会科学院考古研究所二里头工作队：《河南洛阳盆地2001—2003年考古调查简报》，《考古》2005年第5期，第18－37页。

郑州市文物考古研究所、北京大学考古文博学院：《河南巩义市花地嘴遗址"新砦期"遗存》，《考古》2005年第6期，第3－6页。

北京大学考古文博学院、河南省文物考古研究所：《河南登封市王城岗遗址2002、2004年发掘简报》，《考古》2006年第9期，第3－15页。

中国社会科学院考古研究所河南新砦队、郑州市文物考古研究院：《河南新密市新砦遗址2002年发掘简报》，《考古》2009年第2期，第3－15页。

中国社会科学院考古研究所河南新砦队、郑州市文物考古研究院：《河南新密市新砦遗址东城墙发掘简报》，《考古》2009年第2期，第16－31页。

中国社会科学院考古研究所河南新砦队、郑州市文物考古研究院：《河南新密市新砦遗址浅穴式大型建筑基址的发掘》，《考古》2009年第2期，第32－47页。

中国社会科学院考古研究所河南第一工作队：《河南偃师市灰嘴遗址西址2004年发掘简报》，《考古》2010年第2期，第36－46页。

中国社会科学院考古研究所河南第一工作队：《河南偃师市灰嘴遗址2006年发掘简报》，《考古》2010年第4期，第3－13页。

河南省文物管理局南水北调文物保护办公室、山东大学考古系：《河南博爱县西金城龙山文化城址发掘简报》，《考古》2010年第6期，第22－35页。

河南省文物考古研究所、首都师范大学历史学院、郑州大学历史学院：《河南汝州市煤山龙山文化墓葬发掘简报》，《考古》2011年第6期，第3－10页。

河南省文物考古研究所、河南省文物管理局南水北调文物保护办公室：《郑州市站马屯遗址仰韶文化遗存2009－2010年的发掘》，《考古》2011年第12期，第58－73页。

中国社会科学院考古研究所河南新砦队、河南省文物管理局南水北调文物保护办公室：《郑州市站马屯西遗址新石器时代遗存》，《考古》2012年第4期，第14－35页。

郑州市文物考古研究院：《郑州市西史赵村仰韶文化遗址发掘简报》，《考古》2014年第4期，第3－18页。

中国社会科学院考古研究所二里头工作队：《河南偃师市二里头遗址城垣和道路2012－2013年发掘简报》，《考古》2015年第1期，第40－57页。

山东大学考古与博物馆学系、河南省文物局南水北调文物保护办公室：《河南禹州市前后屯遗址龙山文化遗存发掘简报》，《考古》2015年第4期，第3－22页。

河南省文物考古研究院、首都师范大学历史学院：《河南郾城县皇寓遗址二里头文化遗存发掘简报》，《考古》2017年第2期，第52－68页。

中国社会科学院考古研究所河南新砦队、郑州市文物考古研究院、河南大学古代文明研究中心：《河南新密市新砦遗址王嘴西地发掘简报》，《考古》2018年第3期，第26－43页。

中国社会科学院考古研究所二里头工作队：《河南偃师市二里头遗址宫殿区5号基址发掘简报》，《考古》2020年第1期，第20－36页。

韩维周、丁伯泉：《河南登封县玉村古文化遗址概况》，《文物参考资料》1954年第6期，第18页。

河南文物工作队第二队孙旗屯清理小组：《洛阳涧西孙旗屯古遗址》，《文物参考资料》1955年第9期，第58－64页。

河南省文化局文物工作队：《河南偃师灰嘴遗址发掘简报》，《文物》1959年第12期，第41－42页。

洛阳博物馆：《洛阳西高崖遗址试掘简报》，《文物》1981年第7期，第39－51页。

北京大学考古专业商周组等：《晋豫鄂三省考古调查简报》，《文物》1982年第7期，第1－16页。

河南省文物研究所、郑州大学历史系考古专业:《禹县瓦店遗址发掘简报》,《文物》1983年第3期,第37-45页。

国家文物局考古领队培训班:《郑州西山仰韶时代城址的发掘》,《文物》1999年第7期,第4-15页。

河南省文物考古研究所等:《河南灵宝西坡105号仰韶文化房址》,《文物》2003年第8期,第4-17页。

北京大学古代文明研究中心、郑州市文物考古研究所:《河南省新密市新砦遗址2000年发掘简报》,《文物》2004年第3期,第4-20页。

河南省文物考古研究所、平顶山市文物局:《河南平顶山蒲城店遗址发掘简报》,《文物》2008年第5期,第32-49页。

郑州大学历史学院、洛阳市文物工作队:《洛阳新安高平寨遗址试掘简报》,《文物》2008年第8期,第4-14页。

中国社会科学院考古研究所河南新砦队、郑州市文物考古研究院、河南大学古代文明研究中心:《河南新密市新砦遗址王嘴西地发掘简报》,《文物》2018年第3期,第26-43页。

河南省文物研究所:《长葛石固遗址发掘报告》,《华夏考古》1987年第1期,第3-125页。

河南省文物研究所、文化部文物局郑州培训中心:《郑州市站马屯遗址发掘报告》,《华夏考古》1987年第2期,第3-46页。

河南省文物研究所、渑池县文化馆:《渑池县郑窑遗址发掘报告》,《华夏考古》1987年第2期,第47-95页。

河南省文物研究所:《郑州后庄王遗址的发掘》,《华夏考古》1988年第1期,第5-22、29页。

河南省文物研究所:《郑州洛达庙遗址发掘报告》,《华夏考古》1989年第4期,第48-77页。

河南省文物研究所:《河南偃师灰嘴遗址发掘报告》,《华夏考古》1990年第1期,第1-33页。

河南省文物研究所:《河南临汝北刘庄遗址发掘报告》,《华夏考古》1990年第2期,第11-38页。

河南省文物研究所:《临汝煤山遗址1987—1988年发掘报告》,《华夏考古》1991年第3期,第5-23、4页。

河南省文物研究所:《登封八方、双庙仰韶文化遗址的试掘》,《华夏考古》1992年第2

期,第 1-13 页。

河南省文物研究所、郾城县许慎纪念馆:《郾城郝家台遗址的发掘》,《华夏考古》1992 年第 3 期,第 62-91 页。

河南省文物研究所:《河南巩县稍柴遗址发掘报告》,《华夏考古》1993 年第 2 期,第 1-45 页。

河南省文物研究所:《河南密县黄寨遗址的发掘》,《华夏考古》1993 年第 3 期,第 1-10 页。

杨贵金、张立东:《焦作市府城古城遗址调查报告》,《华夏考古》1994 年第 1 期,第 1-11 页。

中国河南省文物考古研究所、美国密苏里州立大学人类学系:《河南颍河上游考古调查中运用 GPS 与 GIS 的初步报告》,《华夏考古》1998 年第 1 期,第 1-16 页。

河南省文物考古研究所:《河南省登封矿区铁路登封伊川段古遗址调查发掘报告》,《华夏考古》1998 年第 2 期,第 5-28 页。

河南省文物考古研究所、焦作市文物工作队:《河南焦作隗城寨遗址的发掘》,《华夏考古》1998 年第 4 期,第 1-10 页。

袁广阔、秦小丽、杨贵金:《河南焦作市府城遗址发掘简报》,《华夏考古》2000 年第 2 期,第 16-35 页。

北京大学考古文博院、郑州市文物考古研究所:《河南新密市新砦遗址 1999 年试掘简报》,《华夏考古》2000 年第 4 期,第 3-10 页。

郑州市文物考古研究所、巩义市文物保护管理所:《河南巩义市里沟遗址 1994 年度发掘简报》,《华夏考古》2001 年第 4 期,第 3-24、83 页。

河南省文物考古研究所等:《河南新密市古城寨龙山文化城址发掘简报》,《华夏考古》2002 年第 2 期,第 53-82 页。

河南省文物考古研究所:《河南巩义市滩小关遗址发掘报告》,《华夏考古》2002 年第 4 期,第 3-38 页。

河南省文物考古研究所:《河南渑池县西湾遗址发掘简报》,《华夏考古》2008 年第 3 期,第 3-16 页。

河南省文物考古研究所、新密市黄帝文化历史研究会、新密市文物保护管理所:《河南新密市黄帝宫新石器时代遗址调查》,《华夏考古》2009 年第 2 期,第 3-11、33 页。

河南省文物考古研究所:《河南渑池笃忠遗址 2006 年发掘简报》,《华夏考古》2010 年第 3 期,第 3-18 页。

河南省文物考古研究所、漯河市文化局、郾城县文化局:《河南郾城县庙岗遗址调查简报》,《华夏考古》2010年第4期,第3-14页。

河南省文物考古研究院:《河南新郑龙湖兴田遗址龙山文化遗存发掘简报》,《华夏考古》2015年第2期,第3-25页。

郑州市大河村遗址博物馆:《郑州大河村遗址2014—2015年考古发掘简报》,《华夏考古》2016年第3期,第24-31、37页。

河南省文物考古研究院、河南省文物局南水北调文物保护办公室:《河南武陟东石寺遗址发掘报告》,《华夏考古》2017年第2期,第3-26、109页。

河南省文物考古研究院、北京大学考古文博学院《河南淮阳平粮台遗址龙山时期墓葬发掘报告》,《华夏考古》2017年第3期,第3-13页。

北京大学考古文博学院、河南省文物考古研究院、漯河市文物考古研究所:《河南漯河郝家台遗址2015—2016年田野考古主要收获》,《华夏考古》2017年第3期,第14-49页。

河南省文物考古研究院、河南省文物局南水北调文物保护办公室:《河南淅川下寨遗址龙山时代末期至二里头早期墓葬发掘简报》,《华夏考古》2017年第3期,第59-70页。

河南省文物考古研究院、驻马店市文物考古管理所:《河南正阳贾庄遗址12号墓的发掘》,《华夏考古》2017年第3期,第84-88页。

河南省文物考古研究院、北京大学考古文博学院:《禹州瓦店环壕聚落考古收获》,《华夏考古》2018年第1期,第3-29页。

河南省文物考古研究院:《河南新密古城寨城址2016-2017年度发掘简报》,《华夏考古》2019年第4期,第3-13、27页。

赵会军、曾晓敏:《河南登封程窑遗址试掘简报》,《中原文物》1982年第2期,第9-13页。

洛阳市文物工作队:《洛阳西吕庙龙山文化遗址发掘简报》,《中原文物》1982年第3期,第2-7页。

洛阳地区文物处:《伊川白元遗址发掘简报》,《中原文物》1982年第3期,第7-14页。

郑州市博物馆:《荥阳点军台遗址1980年发掘报告》,《中原文物》1982年第4期,第1-21页。

郑州市博物馆:《郑州马庄龙山文化遗址发掘简报》,《中原文物》1982年第4期,第22-28页。

郑州市博物馆:《郑州阎庄龙山文化遗址发掘简报》,《中原文物》1983年第4期,第1-8页。

河南省文物研究所、新乡地区文管会、孟县文化馆:《河南孟县西后津遗址发掘简报》,《中原文物》1984年第4期,第1-8页。

河南省文物研究所:《登封告成北沟遗址发掘简报》,《中原文物》1984年第4期,第9-12页。

刘东亚:《郑州市西山村新石器时代遗址调查简报》,《中原文物》1986年第2期,第23-26页。

张松林:《郑州市西北郊区考古调查简报》,《中原文物》1986年第4期,第1-11页。

郑州市文物工作队:《青台仰韶文化遗址1981年上半年发掘简报》,《中原文物》1987年第1期,第1-7页。

方孝廉:《洛阳市一九八四年古文化遗址调查简报》,《中原文物》1987年第3期,第5-20页。

洛阳市第二文物工作队、伊川县文化馆:《伊川土门、水寨新石器时代遗址调查简报》,《中原文物》1987年第3期,第19-21页。

河南省文物研究所:《襄城县台王遗址试掘简报》,《中原文物》1988年第1期,第7-13页。

张新斌、王再建:《河南温县仰韶文化遗址调查简报》,《中原文物》1988年第2期,第1-5页。

河南省文物研究所、禹县文管会:《禹县吴湾遗址试掘简报》,《中原文物》1988年第4期,第5-10页。

郑州市文物工作队:《河南荥阳阎河遗址的调查与试掘》,《中原文物》1992年第1期,第77-84页。

郑州市文物考古研究所、荥阳市文物保护管理所:《荥阳方靳寨新石器时代遗址发掘简报》,《中原文物》1997年第3期,第1-12页。

郑州大学历史学院考古系、郑州市文物考古研究所:《河南登封南洼遗址2004年春试掘简报》,《中原文物》2006年第3期,第4-12、22页。

河南省文物考古研究所:《洛阳市南陈遗址仰韶文化遗存的发掘》,《中原文物》2008年第2期,第4-9、26页。

郑州市文物考古研究院、新郑市旅游文物局:《河南新郑市华阳城遗址的调查简报》,《中原文物》2013年第3期,第4-21页。

中国历史博物馆考古部等:《河南济源苗店遗址发掘简报》,《考古与文物》1990年第

6期,第1－17页。

安金槐:《豫西颍河上游在探索夏文化遗存中的重要地位》,《考古与文物》1997年第3期,第54－60页。

洛阳市文物工作队、新安县文物保护管理所:《河南新安县太涧遗址发掘简报》,《考古与文物》1998年第1期,第3－21页。

安特生:《中国远古之文化》,《地质汇报》1923年第5号,第17－18页(中文第11－12页)。

考古研究所河南调查团(夏鼐):《河南成皋广武区考古纪略》,《科学通报》1951年第2卷第7期,第724－729页。

考古所河南调查团:《河南渑池的史前遗址》,《科学通报》1951年第2卷第9期,第933－938页。

李健永、裴琪、贾峨:《洛宁县洛河两岸古遗址调查简报》,《考古通讯》1956年2期,第51－53页。

河南省文化局文物工作队第一队:《郑州西郊仰韶文化遗址发掘简报》,《考古通讯》1958年第2期,第1－5页。

河南省博物馆:《河南省禹县谷水河遗址发掘简报》,《河南文博通讯》1977年第2期,第44－56、64页。

洛阳博物馆:《一九七五年洛阳考古调查》,《河南文博通讯》1980年第4期,第9－11页。

河南省驻马店地区文管会:《河南上蔡十里铺新石器时代遗址》,《考古学集刊(3)》,第69－80页,北京:中国社会科学出版社,1983年。

中国社会科学院考古研究所山西队:《山西垣曲丰村新石器时代遗址的发掘》,《考古学集刊(5)》,第27－60页,北京:中国社会科学出版社,1987年。

河南省社科院河洛文化研究所、河南省巩义市文物保护管理所:《河南巩义河汭地带古文化遗址调查》,《考古学集刊(9)》,第30－33页,1995年。

河南省文物研究所:《河南荥阳竖河遗址发掘报告》,《考古学集刊(10)》,第1－47页,北京:地质出版社,1996年。

郑州市文物考古研究所:《1982、1985年河南郑州市大河村遗址发掘》,《考古学集刊(11)》,第32－83页,北京:中国大百科全书出版社,1997年。

郑州市博物馆:《河南荥阳西史村遗址试掘简报》,《文物资料丛刊(5)》,第84－102页,北京:文物出版社,1981年。

河南省文物研究所、渑池县文化馆:《渑池仰韶遗址1980—1981年发掘报告》,《史前研究》1985年第3期,第38－58、80页。

洛阳市文物考古研究院:《洛阳五女冢遗址仰韶文化遗存发掘简报》,《洛阳考古》2014年第1期,第3-48页。

洛阳市第二文物工作队:《洛阳市杨窑遗址发掘简报》,《西部考古·第三辑》2008年,第5-14页。

洛阳市第二文物工作队:《洛阳市伊川县大庄遗址发掘简报》,《西部考古·第四辑》2009年,第3-21页。

中国社会科学院考古研究所河南一队:《河南偃师灰嘴遗址发掘的新收获》,《中国社会科学院古代文明研究中心通讯》2003年第5期,第36-39页。

顾万发、张松林:《巩县花地嘴遗址发现"新砦期"遗存》,《古代文明研究通讯》2003年9月第18期,第37-45页。

郑州市文物考古研究院、北京大学考古文博学院:《河南省郑州市索、须、枯河流域考古调查报告》,《古代文明》(第10卷),第301-375页,上海:上海古籍出版社,2016年。

韩国河、张继华、张松林:《2004年春季登封南洼遗址钻探试掘工作概述》,《中原地区文明化进程学术讨论会论文集》,第333-336页,北京:科学出版社,2006年。

赵春青、张松林、顾万发、江旭:《溱洧流域先秦聚落调查简报》,《区域、社会与中国文明起源——国家科技支撑计划课题"中华文明起源过程中区域聚落与居民研究"成果集》,第138-176页,北京:科学出版社,2019年。

樊温泉:《关家遗址发掘获重要成果》,《中国文物报》2000年2月13日第1版。

赵春青等:《河南新密新砦遗址发现城墙和大型建筑》,《中国文物报》2004年3月3日第1版。

赵春青等:《河南新密新砦城址发掘城墙西北角与浅穴式大型建筑》,《中国文物报》2006年6月30日第2版。

赵海涛、陈国梁、许宏:《二里头遗址发现大型围垣作坊区全面揭露一处二里头文化末期大型庭院建筑》,《中国文物报》2006年7月21日第2版。

毋建庄、邢心田等:《河南焦作徐堡发现龙山文化城址》,《中国文物报》2007年2月2日第2版。

三、专著[1]

董琦:《虞夏时期的中原》,北京:科学出版社,2000年。

段天璟:《二里头文化时期的中国》,北京:社会科学文献出版社,2014年。

---

[1] 按姓氏拼音字母排序。

G.R.Willey, Prehistoric Settlement Patterns in Viru Valley, Peru. Bulletin 155, Bureau of American Ethnology, Smithsonian Institution, 1953.

顾万发:《文明之光——古都郑州探索与研究》,北京:科学出版社,2016年。

郭伟民:《新石器时代澧阳平原与汉东地区的文化与社会》,北京:文物出版社,2010年。

河南省地质矿产局:《河南省区域地质志》,《中华人民共和国地质矿产部地质专报(一、区域地质,第17号)》,北京:地质出版社,1989年。

河南省文物考古研究所:《河南考古四十年》,郑州:河南人民出版社,1994年。

靳松安:《河洛与海岱地区考古学文化的交流与融合》,北京:科学出版社,2006年。

刘莉:《中国新石器时代——迈向早期国家之路》,北京:文物出版社,2007年。

Paul Wason, The archaeology of rank. Cambridge University Press. 1994.

Peter Haggett, Andrew D. Cliff and Allan Frey, Locational Analysis in Human Geography: Locational Models. Second edition, New York. 1997.

谭其骧主编:《中国历史地图集》,北京:中国地图出版社,1982年。

许宏:《最早的中国》,北京:科学出版社,2009年。

许宏:《先秦城邑考古》,北京:金城出版社、西苑出版社,2017年。

V.G.Childe. 1936. Man Makes Himself. London: Watts. 1st edition.

张光直:《考古学专题六讲》,北京:文物出版社,1985年。

赵春青:《郑洛地区新石器时代聚落的演变》,北京:北京大学出版社,2001年。

中国社会科学院考古研究所:《中国考古学·新石器时代卷》,北京:中国社会科学出版社,2010年。

中国社会科学院考古研究所:《中国考古学·夏商卷》,北京:中国社会科学出版社,2003年。

中国科学院考古研究所:《新中国的考古收获》,北京:文物出版社,1961年。

四、地方史志[①]

登封市地方志编纂委员会:《登封市志》,郑州:中州古籍出版社,2008年。

巩县县志编纂委员会:《巩县志》,郑州:中州古籍出版社,1991年。

河南省焦作市地方史志编纂委员会:《焦作市志》,北京:红旗出版社,1993年。

河南省孟津县地方史志编纂委员会:《孟津县志》,郑州:河南人民出版社,1991年。

---

① 按拼音字母排序。

河南省宜阳县地方志编纂委员会:《宜阳县志》,第1页,北京:生活·读书·新知三联书店,1996年。

济源市地方史志编纂委员会:《济源市志》,郑州:河南人民出版社,1993年。

李耀增主编:《伊川县志》,郑州:河南人民出版社,1991年。

洛宁县志编纂委员会:《洛宁县志》,北京:生活·读书·新知三联书店,1991年。

洛阳市地方史志编纂委员会:《洛阳市志》,郑州:中州古籍出版社,2000年。

鲁山县地方史志编纂委员会:《鲁山县志》,郑州:中州古籍出版社,1994年。

平顶山市地方史志编纂委员会:《平顶山市志》,郑州:河南人民出版社,1994年。

汝州市地方史志编纂委员会:《汝州市志》,郑州:中州古籍出版社,1994年。

新安县地方史志编纂委员会:《新安县志》,郑州:河南人民出版社,1989年。

禹州市地方史志编纂委员会:《禹州市志(修订版)》,郑州:中州古籍出版社,1989年。

郑州市地方史志编纂委员会:《郑州市志》,郑州:中州古籍出版社,1999年。

五、学位论文[①]

陈莺:《济源盆地龙山时代晚期遗存分析及相关问题研究》,北京大学硕士学位论文,2004年。

陈振裕:《洛宁县西王村龙山文化毕业专题实习报告》,北京大学历史系考古专业本科生毕业实习报告,1963年。

付永敢:《嵩山东南地区龙山时代的聚落与社会》,山东大学博士学位论文,2016年。

郭京宁:《龙山时代的洛河中游地区》,北京大学硕士学位论文,2003年。

韩佳佳:《双洎河流域史前遗存研究》,郑州大学硕士学位论文,2015年。

胡美舟:《洛宁地区仰韶文化早期遗存专题实习报告》,北京大学历史系考古专业本科生毕业实习报告,1963年。

马萧林:《论伊洛地区的王湾二期文化》,郑州大学硕士学位论文,1997年。

于福顺:《河南洛宁砦子村仰韶文化遗址试掘报告》,北京大学历史系考古专业本科生毕业实习报告,1963年

员雪梅:《燕辽、海岱、中原地区新石器时代玉器研究》,北京大学博士学位论文,2005年。

张莉:《从龙山到二里头——以嵩山南北为中心》,北京大学博士学位论文,2012年。

张小虎:《中全新世黄河流域不同区域的环境考古研究》,北京大学博士学位论文,2010年。

---

① 按姓氏拼音字母排序。

六、研究论文[1]

卜工：《庙底沟二期文化的几个问题》，《文物》1990年第2期，第38-47页。

卜工：《再论"庙二"》，《庆祝张忠培先生八十岁论文集》，第149-157页，北京：科学出版社，2014年。

蔡全法：《古城寨龙山城址与中原文明的形成》，《中原文物》2002年第5期，第27-32页。

曹大志：《二里头的干栏式圆仓》，《古代文明研究通讯》2019年总第83期，第39-42页。

常怀颖：《二里头文化一期研究初步》，《早期夏文化与先商文化研究论文集》，第45-71页，北京：科学出版社，2012年。

常怀颖：《中原腹地以北地区的"过渡期"遗存蠡探》，《三代考古（八）》，第437-469页，北京：科学出版社，2019年。

陈芳妹：《二里头M3——社会艺术史研究的新线索》，《二里头遗址与二里头文化研究：中国·二里头遗址与二里头文化国际学术讨论会文集》，第241-269页，北京：科学出版社，2006年。

陈良佐：《从生态学的交会带、边缘效应试论史前中原核心文明的形成》，《中国考古学与历史学之整合研究》，台北："史语所"出版品编辑委员会出版，1997年。

Chen XL, Fang YM and Hu YW et al. (2016) Isotopic reconstruction of Late Longshan Period (ca. 4200-3900 BP) dietary complexity before the onset of state-level societies at the Wadian site in the Ying River Valley, Central Plains, China. *International Journal of Osteoarchaeology* 26(5): 808-817.

陈相龙、方燕明、胡耀武、侯彦峰、吕鹏、宋国定、袁靖、Michael P. Richards：《稳定同位素分析对史前生业经济复杂化的启示：以河南禹州瓦店遗址为例》，《华夏考古》2017年第4期，第70-79、84页。

陈星灿：《庙底沟期仰韶文化"大房子"功能浅论》，《考古学研究（九）》，第587-611页，北京：文物出版社，2012年。

陈星灿：《从灰嘴发掘看中国早期国家的石器工业》，《中国考古学与瑞典考古学——第一届中瑞考古学论坛文集》，第51-61页，北京：科学出版社，2006年。

陈旭：《二里头一期文化是早期夏文化》，《中国历史文物》2009年第1期，第9-16页。

---

[1] 按姓氏拼音字母排序。

崔宗亮:《登封南洼遗址二里头文化白陶器鉴赏》,《文物鉴定与鉴赏》2010 年第 11 期,第 42-48 页。

戴向明:《试论庙底沟文化的起源》,《青果集——吉林大学考古系建系十周年纪念文集》,第 18-26 页,北京:知识出版社,1998 年。

戴向明:《黄河流域新石器时代文化格局之演变》,《考古学报》1998 年第 4 期,第 405-408 页。

德留大辅:《二里头文化二里头类型的地域间交流——初期王朝形成过程中的诸问题》,《中国考古学》第四号,第 79-110 页,福冈:日本中国考古学会,2004 年。

董琦:《王城岗城堡遗址分析》,《文物》1984 年第 11 期,第 69-72 页。

杜金鹏:《试论大汶口文化颍水类型》,《考古》1992 年第 2 期,第 63-75、87 页。

杜金鹏:《偃师二里头遗址 4 号宫殿基址研究》,《文物》2005 年第 6 期,第 62-71 页。

杜金鹏:《新砦文化与二里头文化——夏文化再探讨随笔》,《三代考古(二)》,第 66-72 页,北京:科学出版社,2006 年。

杜金鹏:《二里头遗址宫殿建筑基址初步研究》,《考古学集刊(16)》,第 178-236 页,北京:文物出版社,2006 年 11 月第一版。

杜金鹏:《偃师二里头遗址祭祀遗存的发现与研究》,《中原文物》2019 年第 4 期,第 56-70 页。

杜正胜:《从考古资料论中原国家的起源及其早期的发展》,《史语所集刊》第 58 本第 1 分册,第 1-82 页,1987 年。

段鹏琦:《汉魏洛阳城与自然河流的开发与利用》,《庆祝苏秉琦考古五十五年论文集》,第 504-514 页,北京:文物出版社,1989 年。

段天璟:《龙山时代晚期嵩山以西地区遗存的性质——从王湾遗址第三期遗存谈起》,《中原文物》2013 年第 6 期,第 13-21 页。

饭岛武次:《关于二里头文化——二里头类型第一期不属于二里头文化》,《夏商文明研究》,第 141-145 页,郑州:中州古籍出版社,1995 年。

方修琦、侯光良:《中国全新世气温序列的集成重建》,《地理科学》2011 年第 31 卷 4 期,第 385-393 页。

方燕明:《颍河上游早夏文化遗存的聚落形态考察》,《庆祝张忠培先生七十岁论文集》,北京:科学出版社,2004 年。

方燕明:《登封王城岗城址的年代及相关问题探讨》,《考古》2006 年第 9 期,第 16-23 页。

方燕明:《河南龙山时代和早期青铜时代考古六十年》,《华夏考古》2012 年第 2 期,第

47－67页。

Anne Ford. Ground stone tool production at Huizui, China: An analysis of a manufacturing site in the Yiluo River basin. *Indo-Pacific Prehistory Association Bulletin* 24, 2004.

高江涛:《洛阳盆地与晋南早期交通道路之"中条浢津道"》,《中原文物》2019年第1期,第40－47页。

高江涛:《洛阳盆地与晋南早期交通道路之"虞坂巅軨道"》,《中原文物》2019年第2期,第76－81页。

高江涛:《洛阳盆地与晋南早期交通道路之"轵关陉道"》,《中原文物》2019年第3期,第38－46页。

郜向平:《王湾三期文化至二里头文化埋葬方式的演进》,《早期夏文化与先商文化研究论文集》,北京:科学出版社,第141－150页,2012年。

顾问:《"新砦期"研究》,《殷都学刊》2002年第4期,第26－40页。

韩建业、杨新改:《王湾三期文化研究》,《考古学报》1997年第1期,第1－21页。

韩建业:《龙山时代早期中国的文化格局》,《无限悠悠远古情:佟柱臣先生纪念文集》,第344－354页,北京:科学出版社,2014年。

韩建业:《龙山时代:新风尚与旧传统》,《华夏考古》2019年第4期,第47－51页。

何努:《陶寺文化谱系研究综论》,《古代文明》(第3卷),第54－86页,北京:文物出版社,2004年。

侯卫东:《荥泽的范围、形成和消失》,《历史地理》2012年第26期,第285－292页。

靳松安:《王湾三期文化的南渐及其相关问题》,《中原文物》2010年第1期,第31－38页。

靳松安:《试论河洛与海岱地区史前文化交流的格局、途径与历史背景》,《中州学刊》2010年第3期,第170－175页。

靳松安:《论龙山时代河洛与海岱地区的文化交流及历史动因》,《郑州大学学报(哲学社会科学版)》2010年第43卷第3期,第158－163页。

Julian Thomas, Archaeologies of Placeand Landscape. in Archaeological Theory Today, edited by Ian Hodder, Polity Press. UK. pp.165－186.

李克煌:《论豫西山地区的水分平衡和气候干燥度》,《河南大学学报》(自然科学版)1985年第1期,第1－10页。

李润权:《资讯革命和国家起源兼谈二里头是否进入国家社会》,《北京论坛(2004)文明的和谐与共同繁荣:"东亚古代文化的交流"考古分论坛论文或摘要集》,北京,2004年。

Yun Kuen Lee, Control strategies and polity competition in the lower Yi-Luo Valley, North China, *Journal of Anthropological Archaeology* 23 (2004): 172 - 195.

李永飞、于革、李春海、胡守云、沈华东、尹刚:《郑州—荥阳附近全新世湖沼沉积环境及对人类文化发展的意义》,《海洋地质与第四纪地质》2014 年第 34 卷第 3 期,第 143 - 154 页。

李伟 译:《古巴比伦的度量衡单位制》,《中国计量》2006 年第 5 期,第 48 页。

李唯:《试论郝家台遗址龙山文化时期的墓葬》,《华夏考古》2017 年第 3 期,第 109 - 122 页。

李维明:《试论曲梁、岔河夏商文化遗址的分期》,《华夏考古》1991 年第 2 期,第 33 - 48 页。

李维明:《二里头文化一期遗存与夏文化初始》,《中原文物》2002 年第 1 期,第 33 - 42 页。

李维明:《二里头遗址二里头文化陶器编年辨微》,《中原文物》1991 年第 1 期,第 34 - 40 页。

李志鹏:《二里头文化墓葬研究》,《中国早期青铜文化——二里头文化专题研究》,北京:科学出版社,第 1 - 123 页,2008 年。

李中轩、吴国玺、许淑娜、徐永新、孙艳丽、莫多闻:《颍河上游新石器时期的地貌变迁对史前聚落的影响》,《第四纪研究》2018 年第 38 卷第 2 期,第 380 - 392 页。

梁亮、夏正楷、刘德成:《中原腹地距今 5000 - 4000 年间古环境重建的软体动物化石证据》,《北京大学学报》(自然科学版)第 39 卷第 4 期,第 532 - 537 页,2003 年。

林沄:《关于中国早期国家形成的几个问题》,《吉林大学社会科学学报》1986 年第 6 期,第 1 - 12 页。

刘昶、方燕明:《河南禹州瓦店遗址出土植物遗存分析》,《南方文物》2010 年第 4 期,第 55 - 64 页。

刘建国、张蕾:《遥感与 GIS 支持的洛阳盆地聚落与环境研究》,《二里头(1999 - 2006)》,第 1263 - 1269 页,北京:文物出版社,2014 年。

刘建国:《"天眼"看透古河山:遥感与 GIS 支持的洛阳盆地聚落与环境考古》,《世界遗产》2015 年第 8 期,第 49 - 51 页。

刘建国、张蕾:《遥感与 GIS 支持的洛阳盆地聚落与环境考古》,《科技考古(二)》,第 155 - 160 页,北京:科学出版社,2017 年。

Li Liu, Settlement patterns, chiefdom variability, and the development of early states in North China, *Journal of Anthropological Archaeology* 15 (1996): 237 - 288.

Li Liu, The development and decline of social complexity in China: Some environmental and social factors, *Indo-Pacific Prehistory Association Bulletin* 20 (2000): 14 - 34.

刘莉、陈星灿：《城：夏商时期对自然资源的控制问题》，《东南文化》2000年第3期，第45 - 60页。

刘莉、陈星灿：《中国早期国家的形成——从二里头和二里岗时期的中心和边缘之间的关系谈起》，《古代文明》（第一卷），第71 - 134页，北京：文物出版社，2002年。

Li Liu, Xingcan Chen, Baoping Li. Non-state crafts in the early Chinese state: An archaeological view from the Erlitou hinterland. *Indo-Pacific Prehistory Bulletin* 27, 2007.

刘莉、王佳静、陈星灿、李永强、赵昊：《仰韶文化大房子与宴饮传统：河南偃师灰嘴遗址F1地面和陶器残留物分析》，《中原文物》2018年第1期，第32 - 43页。

刘莉、陈星灿、李保平：《中国早期国家非国有手工业：二里头畿内的考古学分析》，《洛阳盆地中东部先秦遗址：1997—2007年区域系统调查报告》，第1318 - 1329页，北京：科学出版社，2019年。

刘绪：《新郑望京楼——2010 - 2012年田野考古发掘报告·序》，北京：科学出版社，2016年。

鲁鹏、田奇丁、邱士可、刘彩玲：《河南溱须河流域更新世地貌演变及机制分析》，《地域研究与开发》2014年第33卷第3期，第172 - 176页。

Lu, P., Wang, H., Chen, P., Storozum, M., Xu, J., Tian, Y., Mo, D., Wang, S., He, Y. and Yan, L. 2019. The impact of Holocene alluvial landscape evolution on an ancient settlement in the southeastern piedmont of Songshan Mountain, Central China: a study from the Shiyuan site. *Catena* 183: 1 - 12.

栾丰实：《龙山文化王油坊类型初论》，《考古》1992年第10期，第931页。

马世之：《登封王城岗城址与禹都阳城》，《中原文物》2008年第2期，第22 - 26页。

马寅清：《基于GIS的洛阳市史前聚落遗址空间分布特征研究》，《洛阳考古》2016年第2期，第81 - 92页。

逄博、张海、方燕明：《河南禹州瓦店遗址出土石铲制品的初步研究——嵩山地区夏商时期石铲生产工业管窥》，《华夏考古》2013年第2期，第45 - 52、69页。

庞小霞、高江涛：《关于新砦期遗存研究的几个问题》，《华夏考古》2008年第1期，第73 - 80页。

钱耀鹏：《中原龙山城址的聚落考古学研究》，《中原文物》2001年第1期，第29 - 39页。

乔玉：《伊洛地区裴李岗至二里头文化时期复杂社会的演变——地理信息系统基础上

的人口与农业可耕地分析》,《考古学报》2010 年第 4 期,第 3－34 页。

丘光明:《试论战国容量制度》,《文物》1981 年第 10 期,第 65－74 页。

丘光明:《中国古代度量衡》,北京:商务印书馆,1996 年。

全石琳、司锡明:《河南省农业综合自然区划》,《河南师范大学报》1980 年第 2 期,第 67－95 页。

施其仁:《伊洛河流域暴雨主要特征及其成因分析》,《河南师大学报》1983 年第 1 期,第 43－49 页。

施其仁:《淮河上游地形对大暴雨的影响》,《河南大学学报》(自然科学版)1997 年第 1 期,第 63－69 页。

宋兆麟:《云南永宁纳西族的住俗——兼谈仰韶文化大房子的用途》,《考古》1964 年第 8 期,第 43－47 页。

苏秉琦:《国家起源与民族文化传统》(提纲),《华人·龙的传人·中国人》,第 132－134 页,沈阳:辽宁大学出版社,1994 年 9 月第一版。

隋裕仁:《二里头类型早期遗存的文化性质及其来源》,《中原文物》1987 年第 1 期,第 49－55、23 页。

孙周勇:《公元前第三千纪北方地区社会复杂化过程考察——以榆林地区考古资料为中心》,《考古与文物》2016 年第 4 期,第 70－79 页。

孙祖初:《秦王寨文化研究》,《华夏考古》1991 年第 3 期,第 64－78 页。

孙祖初:《中原地区新石器时代中期向晚期的过渡》,《华夏考古》1997 年第 4 期,第 47－59 页。

谭其骧:《〈山经〉河水下游及其支流考》,《长水集》,第 33－55 页,北京:人民出版社,1987 年。

田建文、薛新民、杨林中:《晋南地区新石器时期考古学文化的新认识》,《文物季刊》1992 年第 2 期,第 35－44、34 页。

Anne. P. Underhill, Pottery production in chiefdoms: the Longshan Period in northern China.World Archaeology 23, 12－27.

王德甫、王超、王朝栋、郭仰山:《禹荥泽——古黄河的一块天然滞洪区》,《湖泊科学》2012 年第 24 卷第 2 期,第 320－326 页。

王辉:《双洎河中上游地区新石器时代的聚落分布变化与自然环境关系初探》,《科技考古(第二辑)》,第 141－154 页,北京:科学出版社,2007 年。

王辉、张海、张家富、方燕明:《河南禹州瓦店遗址的河流地貌演化及相关问题》,《南方文物》2015 年第 4 期,第 81－91 页。

王辉、张海、鲁鹏:《河南漯河郝家台遗址的地貌背景初探》,《华夏考古》2017年第3期,第123-130页。

王建新、张晓虎:《试论班村仰韶文化遗存的分期及相关问题》,《考古与文物》2001年第3期,第41-50页。

王立新:《从嵩山南北的文化整合看夏王朝的出现》,《二里头遗址与二里头文化研究》,北京:科学出版社,2006年。

王文楷、张震宇:《黄河冲积扇平原浅埋古河道带及其与浅层地下水关系初探》,《河南科学》1990年第8卷第2期,第89-94页。

王震中:《略论"中原龙山文化"的统一性与多样性》,《中国原始文化论集》,第153-174页,北京:文物出版社,1989年。

王子孟:《洛阳盆地二里头文化聚落的控制网络与模式——基于遗址资源域与泰森多边形的分析》,《华夏考古》2014年第3期,第56-64页。

魏继印:《试析王湾三期文化的来源》,《考古》2017年第8期,第80-90页。

魏继印:《论新砦文化的源流及性质》,《考古学报》2018年第1期,第5-28页。

魏兴涛:《豫西晋西南地区仰韶文化晚期遗存研究》,《考古学研究(十)》,北京:科学出版社,第352-389页,2012年。

魏兴涛:《仰韶文化东庄类型研究》,《考古学报》2018年第3期,第275-312页。

文德安、王芬、栾丰实:《龙山时代陶器的生产、分配和消费:两城镇遗址陶杯研究》,《龙山文化与早期文明——第22届国际历史科学大会章丘卫星会议文集》,第66-76页,北京:文物出版社,2017年。

吴小红、魏兴涛:《南交口遗址14C年代的测定与相关遗存的年代》,《三门峡南交口》,北京:科学出版社,2009年。

夏鼐:《我国近五年来的考古新收获》,《考古》1964年第10期,第485-497、503页。

谢维扬:《中国国家形成过程中的酋邦》,《华东师范大学学报》(哲学社会科学版)1987年第5期,第40-49页。

夏正楷、张俊娜、张小虎:《古代地理环境》,《二里头(1999-2006)》,第1239-1263页,北京:文物出版社,2014年。

夏正楷、王赞红、赵春青:《我国中原地区3500aBP前后的异常洪水事件及其气候背景》,《中国科学(D辑)》2003年第33卷第9期,第881-888页。

夏正楷、杨晓燕:《我国北方4kaB.P.前后异常洪水事件的初步研究》,《第四纪研究》2010年第30卷第2期,第422-429页。

徐海亮:《史前郑州地区地貌与水系演化问题初探》,《历史地理》(第二十八辑),第

33－44页,2013年。

许宏、陈国梁、赵海涛：《二里头遗址聚落形态的初步考察》,《考古》2004年第11期,第23－31页。

许宏：《二里头遗址发掘和研究的回顾与思考》,《考古》2004年第11期,第32－38页。

许宏：《嵩山南北龙山文化至二里头文化演进过程管窥》,《中原地区文明化进程学术研讨会论文集》,第212－222页,北京：科学出版社,2006年。

许宏：《"新砦文化"研究历程评述》,《三代考古(二)》,第146－158页,北京：科学出版社,2006年。

许宏：《二里头遗址及其周边区域的聚落考古学研究》,《中国考古学与瑞典考古学——第一届中瑞考古学论坛文集》,第62－89页,北京：科学出版社,2006年。

许宏：《二里头M3及随葬绿松石龙形器的考古背景分析》,《古代文明(第10卷)》,第39－53页,上海：上海古籍出版社,2016年。

许宏：《二里头都邑的两次礼制大变革》,《南方文物》2020年第2期,第8－16页。

许俊杰、莫多闻、王辉、周昆书：《河南新密溱水流域全新世人类文化演化的环境背景研究》,《第四纪研究》2013年第33卷第5期,第954－964页。

许天申：《洛阳盆地古河道变迁初步研究》,《河南省博物院落成暨河南省博物馆建馆70周年纪念论文集》,第138－141页,郑州：中州古籍出版社,1998年。

徐旭生：《1959年夏豫西调查"夏墟"的初步报告》,《考古》1959年第11期,第592－600页。

许志勇：《关于古城东关仰韶早期文化遗存的几个相关问题》,《中国历史博物馆馆刊》1996年第1期,第19－24页。

薛瑞则：《中原地区概念的形成》,《寻根》2005年第5期,第10－12页。

严文明：《龙山文化和龙山时代》,《文物》1981年第6期,第41－48页。

严文明：《论中国的铜石并用时代》,《史前研究》1984年第1期,第36－44、45页。

严文明：《中国史前文化的统一性和多样性》,《文物》1987年第3期,第38－50页。

严文明：《中国新石器时代聚落形态的考察》,《庆祝苏秉琦考古五十五年论文集》,第24－37页,北京：文物出版社,1989年。

严文明：《略论仰韶文化的起源和发展阶段》,《仰韶文化研究》,第122－165页,北京：文物出版社,1989年。

严文明：《聚落考古与史前社会研究》,《走向21世纪的考古学》,第104－122页,西安：三秦出版社,1997年。

严志斌:《漆觚、圆陶片与柄形器》,《中国国家博物馆馆刊》,2020年第1期,第6-22页。

杨贵金:《沁水下游的夏文化与先商文化》,《中原文物》1997年第2期,第34页。

杨林、裴安平、郭宁宁、梁博毅:《洛阳地区史前聚落遗址空间形态研究》,《地理科学》2012年第32卷第8期,第993-999页。

杨瑞霞、郭仰山、詹志明、王超:《遥感技术在河南省考古中的应用》,《国土资源遥感》2001年第2期,第19-24页。

杨肇青:《试论淅川下王岗仰韶一期文化的渊源》,《中原文物》1986年特刊,第247页。

杨肇清:《河南龙山文化水井初探》,《洛阳考古四十年——一九九二年洛阳考古学术研讨会论文集》,第116-119页,北京:科学出版社,1996年。

杨肇清:《试论郑州西山仰韶文化晚期古城址的性质》,《华夏考古》1997年第1期,第55-59页。

余扶危、叶万松:《河南孟津小潘沟遗址河南龙山文化陶器的分期》,《考古》1982年第2期,第186-191页。

于严严、吴海斌、郭正堂:《史前土地利用碳循环模型构建及其应用——以伊洛河流域为例》,《第四纪研究》2010年第30卷第3期,第540-549页。

张弛:《仰韶文化兴盛时期的葬仪》,《考古与文物》2012年第6期,第17-27页。

张弛:《龙山-二里头——中国史前文化格局的改变与青铜时代全球化的形成》,《文物》2017年第6期,第50-59页。

张东:《试论洛阳盆地二里头文化的形成背景》,《中原文物》2013年第3期,第27-34、73页。

张东:《编年与阐释——二里头文化年代学研究的时间观》,《文物》2013年第6期,第74-81页。

张光业:《河南省第四纪古地理的演变》,《河南大学学报》(自然科学版),1985年3期,第11-22页。

张光直 著,胡鸿保等 译:《考古学中的聚落形态》,《华夏考古》2002年第1期,第61-84页。

张光直 著,曹兵武 译:《考古学——关于其若干基本概念和理论的再思考》,第32-48页,沈阳:辽宁教育出版社,2002年。

张海:《ArcView地理信息系统在中原地区聚落考古研究中的应用》,《华夏考古》2004年第1期,第98-106页。

张海：《从瓦店遗址看中原腹地国家文明的起源——〈禹州瓦店〉读后感》，《华夏考古》2005 年第 1 期，第 108－110 页。

张海、方燕明、席玮、赖新川、赵亮、吴学明、逄博：《以 WEB 和 3S 技术为支持的南水北调禹州段考古区域系统调查》，《华夏考古》2012 年第 4 期，第 138－145 页。

张海、庄奕杰、方燕明、王辉：《河南禹州瓦店遗址龙山文化壕沟的土壤微形态分析》，《华夏考古》2016 年第 4 期，第 86－95 页。

张海：《考古学中的时间不确定性及其数学解决方案》，《江汉考古》2016 第 4 期，第 95－102 页。

张海、李唯、王辉、梁法伟：《黄淮平原西部漯河地区中全新世人地关系的初步研究》，《华夏考古》2019 年第 4 期，第 28－40 页。

张汉洁：《古圃田泽的变迁与开发利用》，《地域研究与开发》1988 年第 3 期，第 51 页。

张家强、郝红星：《沧海遗珠——郑州东赵城发现记》，《大众考古》2015 年第 8 期，第 20－27 页。

张居中：《仰韶时代文化刍议》，《中原文物》1986 年特刊，第 99 页。

张俊娜、夏正楷：《中原地区 4ka BP 前后异常洪水事件的沉积证据》，《地理学报》2011 年第 66 卷 5 期，第 685－697 页。

张俊娜、夏正楷：《洛阳二里头遗址南沉积剖面的粒度和磁化率分析》，《北京大学学报（自然科学版）》2012 年第 48 卷 5 期，第 737－743 页。

张莉：《新砦期年代与性质管见》，《文物》2012 年第 4 期，第 83－89 页。

张力刚、程晓钟：《浅议大地湾遗址 F901 的社会功能》，《丝绸之路》1999 年第 S1 期，第 123－124 页。

张良仁：《论二里头文化分期与性质》，《考古学集刊（14）》，北京：文物出版社，2004 年。

张民服：《黄河下游段河南湖泽陂塘的形成及其变迁》，《中国农史》1988 年第 2 期，第 40－47 页。

张松林、张莉：《嵩山与嵩山文化圈》，《中原地区文明化进程学术研讨会论文集》，第 109 页，北京：科学出版社，2006 年。

张松林：《郑州市聚落考古的实践与思考》，《中国聚落考古的理论与实践（第一辑）——纪念新砦遗址发掘 30 周年学术研讨会论文集》，第 199－247 页，北京：科学出版社，2010 年。

张雪莲、仇士华：《关于夏商周碳 14 年代框架》，《华夏考古》2001 年第 3 期，第 59－72 页。

张玉石:《郑州西山遗址发掘的主要收获》,《河南文物考古论集》,第 24-27 页,郑州:河南人民出版社,1996 年。

张玉石:《西山仰韶城址及相关问题研究》,《中国考古学的跨世纪反思》,第 175-194 页,香港:商务印书馆,1999 年。

张玉石、郝红星:《中原大地第一城——郑州西山古城发掘记》,《大众考古》2016 年第 5 期,第 19-27 页。

张震宇、周昆叔、杨瑞霞、张松林、蔡全法、鲁鹏、郝利民、王超:《双洎河流域环境考古》,《第四纪研究》2007 年第 27 卷第 3 期,第 453-460 页。

张志清:《豫东南地区新石器时代文化初探》,《河南文物考古论集》,郑州:河南人民出版社,1996 年。

张忠培:《试论东庄村和西王村遗存的文化性质》,《考古》1979 年第 1 期,第 37-44 页。

张忠培、乔梁:《后冈一期文化研究》,《考古学报》1992 年第 3 期,第 261-280 页。

张忠培:《黄河流域空三足器的兴起》,《华夏考古》1997 年第 1 期,第 30-48 页。

赵春青:《中原龙山文化王湾类型再分析》,《洛阳考古四十年》,第 95-115 页,北京:科学出版社,1996 年。

赵春青:《新砦期的确认及其意义》,《中原文物》2002 年第 1 期,第 21-23、27 页。

赵辉:《遗址中的"地面"及其清理》,《文物世界》1998 年第 2 期,第 78-87 页。

赵辉:《以中原为中心的历史发展趋势的形成》,《文物》2000 年第 1 期,第 41-47 页。

赵辉、魏俊:《中国新石器时代城址的发现与研究》,《古代文明(第 1 卷)》,第 1-34 页,北京:文物出版社,2002 年。

赵辉:《中国的史前基础——再论以中原为中心的历史趋势》,《文物》2006 年第 8 期,第 50-54 页。

赵建龙:《大地湾古量器及分配制度初探》,《考古与文物》1992 年第 6 期,第 37-42 页。

赵志军:《中华文明形成时期的农业经济发展特点》,《中国历史文物》2011 年第 1 期,第 19-31 页。

赵芝荃:《略论新砦期二里头文化》,《中国考古学会第四次年会论文集》,第 13-17 页,北京:文物出版社,1985 年。

赵芝荃:《试论二里头文化的源流》,《考古学报》1986 年第 1 期,第 1-19 页。

郑光:《试论二里头商代早期文化》,《中国考古学会第四次年会论文集》,第 18-24 页,北京:文物出版社,1985 年。

郑光:《二里头陶器文化论略》,《二里头陶器集萃》,北京:中国社会科学出版社,1995年。

郑光:《二里头陶器分期初论》,《中国商文化国际学术讨论会文集》,北京:中国大百科全书出版社,1998年。

周华山:《豫西中部山地区的地貌与国土整治》,《河南大学学报》(自然科学版)1986年第1期,第33页。

周立刚:《稳定碳氮同位素视角下的河南龙山墓葬与社会》,《华夏考古》2017年第3期,第145－152页。

周昆叔、宋豫秦:《颖河文明的人地关系分析》,《颖河文明——颖河上游考古调查试掘与研究》,第292－305页,郑州:大象出版社,2008年。

紫溪:《古代量器小考》,《文物》1964年第7期,第39－54页。

邹衡:《综述夏商四都之年代和性质》,《殷都学刊》1988年第1期,第2－16页。邹衡:《二里头文化的首和尾》,《中国历史文物》2006年第2期,第4－5页。

后　　记

本书是在我的博士论文的基础上修改而来的。虽说是博士论文,但那毕竟是13年前的事了。这十三年间中国考古学日新月异,尤其是关于文明起源的研究热度不减,重大发现层出不穷。良渚、石峁、陶寺、石家河不断刷新我们的认识,中华文明的五千年历史已然实证。然而,这段时间里"天下居中"的中原地区反而显得格外平静,甚至于有研究者怀疑中原地区成了文明的"洼地"。博士毕业后我持续关注中原地区,因此这种现象也敦促我不断思考,到底中原文明的特质是什么,我们究竟应该如何去理解中原地区的考古材料? 实际上,中原地区的考古工作一直没有停滞,新材料和新认识也在不断积累的过程中。但是,这十年间中原地区的研究兴趣点却悄然有了变化,大规模的主动性田野考古相对减少,而有关环境、生业、资源、技术方面的多学科交叉研究受到更多的关注。我本人也在积极参与这方面的工作,有幸先后主持或参与了禹州瓦店、郾城郝家台和淮阳平粮台的区域系统调查和考古发掘。但在多学科的探索过程中,我越来越深刻地认识到考古学基础性研究的重要性,特别是更加细致的文化谱系梳理和系统的聚落形态研究所提供的文化和社会发展的基本框架是有效开展多学科研究的重要前提。与此同时,在聚落考古理念下开展的上述遗址的考古工作也使得我对中原地区龙山文化至二里头文化时期的社会发展状况有了一些新的理解。基于此,我感觉到有必要在新材料和新认识的基础上重新整理发表博士论文,尝试将我对上述问题的粗浅思考正式提出,以期更好地就教于学界同行。

在重新审视旧论文和整理新材料的过程中,我发现虽然有十年的间隔,但以前的基本论点仍站得住脚,一些研究方法也还行之有效。因此,论文大的框架基本没有改动,只是删掉了环境和生业经济部分,而重点专注于文化和社会方面。实践中,以小流域划分的观察视角仍然显得十分必要,小流域本身就是早期中原的一级重要的社会组织单元,文化变迁和聚落演变都是首先以小流域为单位发生并在流域间完成整合的,而流域间的差异性也是中原文化多样性和开放融合的基础。基于小流域的细致观察,我进一步认识到,在中原早期社会复杂化过程中,文化与社会的变革呈现为异动性的特征,每次重要的社会变革都是首先以文化的变革为先导,因此多元文化融入中原客观上是推动中原社会文明演进的重要因素。这些都是当时论文认识中的一些重要观点。除此之外,通过对新材料的整理又进一步认识到:1. 伊河—沙汝河通道,即连接文献中"夏路"的通道,在二里头文化形成和早期扩张过程中的重要性;2. 区域间人口的频繁流动造成的不同时期人口规模的相对集中成为仰韶文化以来中原社会发展重心不断转移的重要基础;3. 仰韶文化晚期至龙山文化晚期区域社会复杂化表现出"中心—城址"的布局模式;4. 龙山文化晚期表现出的"居葬合一"的新丧葬理念,以及由此反映出的社会复杂化过程中基层社会组织单元的小型化和社群流动性的加强,成为社会关系得以重组的重要基础;5. 龙山文化晚期至二里头文化时期都邑城市规划建制的延续性和发展演变;6. 二里头文化时期由"居葬合一"的小型家族墓地所反映出的二里头文化早期国家世俗化的管理体系等等。这些都是新的认识,当然一些结论还非常初步,亟待今后更多材料的检验。

以上代表了我对中原早期文明持续关注过程中的一些粗浅思考。十多年来无论是当年论文的写作还是毕业后在河南的田野工作,均得到了河南诸多师友们的鼎力相助。这里借本书付梓之际,特别致谢贾连敏先生、马萧林先生、刘海旺先生、魏兴涛先生、方燕明先生的指导和无私帮助,特别致谢奋战在河南考古第一线的楚小龙、梁法伟、周立刚、武志江、杨树刚、曹艳朋、朱树政、张小虎、侯彦锋、李一丕、鲁鹏等诸位好友。

是以为记。

张 海

2020 年 7 月 18 日于河南淮阳工作站